Die Chronik-Bibliothek des 20. Jahrhunderts

Die Chronik-Bibliothek des 20. Jahrhunderts
wird herausgegeben von Bodo Harenberg

Bernhard Pollmann

Chronik 1905

Tag für Tag in Wort und Bild

Chronik Verlag

Abbildungen auf dem Schutzumschlag
(oben links beginnend)
Zerschossene Wracks der russischen Flotte im Hafen von Port Arthur. Am 2. Januar kapituliert die russische Festung vor den japanischen Belagerern.
Mit dem Berliner Dom wird ein typisches Beispiel für den wilhelminischen Historismus eingeweiht.
Albert Einstein formuliert die spezielle Relativitätstheorie und erschüttert das physikalische Weltbild.
Plakat der neugegründeten Künstlergemeinschaft »Die Brücke«
Eleonora Duse gehört zu den bedeutendsten Tragödinnen.
Der russische Zar Nikolaus II. mit seiner Frau Alexandra, geborene Prinzessin Alix von Hessen. Im von Unruhen erschütterten Rußland läßt er ansatzweise Reformen zu.
Kaiser Wilhelm II. besucht Tanger und löst damit die Marokkokrise aus.

Redaktion: Heinz Dieter Bulka (Text), Christine Niggemann (Bild)
Fachautoren: Dr. Jutta Köhler (Kunst), Dr. Ingrid Loschek (Mode), Felix R. Paturi (Wissenschaft und Technik), Jochen Rentsch (Musik)
Anhang: Ludwig Hertel, Bernhard Pollmann, Karl Adolf Scherer
Herstellung: Barbara Reppold-Hinz
Satz: Systemsatz, Dortmund
Druck: Mohndruck Graphische Betriebe GmbH, Gütersloh

Leihgeber für Zeitungen und Zeitschriften: Institut für Zeitungsforschung, Dortmund

ISBN 3-611-00157-0

Inhalt

Der vorliegende Band aus der »Chronik-Bibliothek des 20. Jahrhunderts« führt Sie zuverlässig durch das Jahr 1905 und gibt Ihnen – aus der Sicht des Zeitzeugen, aber vor dem Hintergrund des Wissens von heute – einen vollständigen Überblick über die weltweit wichtigsten Ereignisse in Politik und Wirtschaft, Kultur und Sport, Alltag und Gesellschaft. Sie können das Jahr in chronologischer Folge an sich vorüberziehen lassen, die »Chronik 1905« aber auch als Nachschlagewerk oder als Lesebuch benutzen. Das »Chronik«-System verbindet eine schier unübersehbare Fülle von Artikeln, Kalendereinträgen, Fotos, Grafiken und Übersichten nach einheitlichen Kriterien und macht damit die Daten dieses Bandes mit jedem anderen Band vergleichbar. Wer die »Chronik-Bibliothek« sammelt, erhält ein Dokumentationssystem, wie es in dieser Dichte und Genauigkeit nirgends sonst zu haben ist.

Hauptteil (ab Seite 8)

Jeder Monat beginnt mit einem Kalendarium, in dem die wichtigsten Ereignisse chronologisch geordnet und in knappen Texten dargestellt sind. Sonn- und Feiertage sind durch farbigen Druck hervorgehoben. Pfeile verweisen auf ergänzende Bild- und Textbeiträge auf den folgenden Seiten. Faksimiles von Zeitungen und Zeitschriften, die im jeweiligen Monat des Jahres 1905 erschienen sind, spiegeln Zeitgeist und herausragende Ereignisse.
Wichtige Ereignisse des Jahres 1905 werden – zusätzlich zu den Eintragungen im Kalendarium – in Wort und Bild beschrieben. Jeder der 272 Einzelartikel bietet eine in sich abgeschlossene Information. Die Pfeile des Verweissystems machen auf Artikel aufmerksam, die an anderer Stelle dieses Bandes ergänzende Informationen zu dem jeweiligen Thema vermitteln.
488 teils farbige Abbildungen und grafische Darstellungen illustrieren die Ereignisse und Entwicklungen des Jahres 1905 und werden damit zu einem historischen Kaleidoskop besonderer Art.
Hinter dem Hauptteil (auf S. 216) gibt die Chronik einen Überblick über alle Postwertzeichen, die im Jahr 1905 im Deutschen Reich neu ausgegeben wurden.

Chronik-Kästen (ab Seite 14)

Auf 79 Seiten ergänzen Artikel, die durch die mit einem Raster unterlegte »Chronik«-Marke kenntlich gemacht sind, Bilder und Berichte zu den wichtigen Ereignissen des Jahres 1905.
Im vorliegenden Band finden Sie folgende Chronik-Kästen:

- ▷ Chronik Dokument
- ▷ Chronik Hintergrund
- ▷ Chronik Protokoll
- ▷ Chronik Rückblick
- ▷ Chronik Stichwort
- ▷ Chronik Zeitzeuge
- ▷ Chronik Zitat
- ▷ Chronik Zur Person

Übersichtsartikel (ab Seite 24)

19 Übersichtsartikel, am blauen Untergrund zu erkennen, stellen Entwicklungen des Jahres 1905 zusammenfassend dar.
Alle Übersichtsartikel aus den verschiedenen Jahrgangsbänden ergeben – zusammengenommen – eine sehr spezielle Chronik zu den jeweiligen Themenbereichen (z. B. Film von 1900 bis 2000).

Anhang (ab Seite 217)

Der Anhang zeigt das Jahr 1905 in Statistiken und anderen Übersichten. Ausgehend von den offiziellen Daten für das Deutsche Reich, Österreich und die Schweiz, regen die Zahlen und Fakten zu einem Vergleich mit vorausgegangenen und nachfolgenden Jahren an.
Für alle wichtigen Länder der Erde sind die Staats- und Regierungschefs im Jahr 1905 aufgeführt und werden wichtige Veränderungen aufgezeigt. Die Zusammenstellungen herausragender Neuerscheinungen auf dem Buchmarkt sowie der Premieren auf Bühne und Leinwand werden zu einem Führer durch das kulturelle Leben des Jahres.
Das Kapitel »Sportereignisse und -rekorde« spiegelt die Höhepunkte des Sportjahres 1905. Internationale und Deutsche Meisterschaften sind ebenso nachgewiesen wie die Entwicklung der Leichtathletik- und Schwimmrekorde, alle Ergebnisse der großen internationalen Wettbewerbe im Automobilsport, Eiskunstlauf, Fußball, Gewichtheben, Pferde- und Rad-, Wintersport und Tennis sowie die Boxweltmeister im Schwergewicht.
Der Nekrolog enthält Kurzbiographien von Persönlichkeiten, die 1905 verstorben sind.

Register (ab Seite 234)

Das *Personenregister* nennt – in Verbindung mit der jeweiligen Seitenzahl – alle Personen, deren Namen in diesem Band verzeichnet sind.
Werden Personen abgebildet, so sind die Seitenzahlen kursiv gesetzt. Herrscher und Angehörige regierender Häuser mit selben Namen sind alphabetisch nach den Ländern ihrer Herkunft geordnet.
Wer ein bestimmtes Ereignis des Jahres 1905 nachschlagen möchte, das genaue Datum oder die Namen der beteiligten Personen aber nicht präsent hat, findet über das spezielle *Sachregister* Zugang zu den gesuchten Informationen.
Oberbegriffe und Ländernamen erleichtern das Suchen und machen zugleich deutlich, welche weiteren Artikel und Informationen zu diesem Themenfeld im vorliegenden Band zu finden sind. Querverweise helfen bei der Erschließung der immensen Informationsvielfalt.

Das Jahr 1905

Mit dem Jahr 1905 werden Systeme und Strukturen überwunden, die Jahrzehnte und sogar Jahrhunderte überdauert haben.
Erstmals im Zeitalter des Imperialismus besiegt im Russisch-Japanischen Krieg ein asiatischer Staat eine »europäische« Großmacht. In der Zeitschrift »Die Woche« heißt es dazu: »Der Geschichtsschreiber des 20. Jahrhunderts wird den 28. Mai 1905, den Tag der Seeschlacht von Tsushima, mit dem gleichen Recht als eine neue Epoche der Weltgeschichte bezeichnen, wie Goethe die Kanonade von Valmy.«
Mit dem Sieg über das Zarenreich hat Japan innerhalb von nur 50 Jahren den Sprung vom unterentwickelten, feudalen Shogunstaat zur weltweit anerkannten Großmacht geschafft – mit eben den Mitteln, die ihm der Westen zur Verfügung gestellt hat.
Die neue Großmacht handelt nun wie die traditionellen Kolonialmächte: Am 17. November erklärt Japan das Kaiserreich Korea zum »Schutzstaat« und beginnt seinerseits, die Völker Asiens brutal zu unterjochen.
Daß die Friedensverhandlungen zur Beendigung des Russisch-Japanischen Krieges unter Vermittlung von US-Präsident Theodore Roosevelt auf dem Boden der Vereinigten Staaten stattfinden, zeigt einen grundlegenden Wandel der amerikanischen Außenpolitik. Erstmals werden die USA auf der diplomatischen Bühne als Schiedsrichter aktiv und etablieren sich als weltpolitische Ordnungsmacht.
Für das Zarenreich hat die Niederlage im Krieg gegen Japan unmittelbare innenpolitische Folgen. Es brechen revolutionäre Unruhen aus, die Zehntausenden von Menschen das Leben kosten. Doch nicht nur »Aufrührer« verlangen das Ende der zaristischen Alleinherrschaft; auch Bürgertum und Wirtschaft fordern von Nikolaus II. eine Regierungsbeteiligung nach dem Muster westeuropäischer Verfassungsstaaten.
Während der Zar im Januar am »Petersburger Blutsonntag« noch auf eine unbewaffnete Menge schießen läßt, verspricht er unter dem Eindruck der Unruhen und Streiks im Oktobermanifest die Gewährung bürgerlicher Rechte und die Wahl eines Parlamentes. Damit hat das liberal-konservative Bürgertum sein Ziel erreicht: Die Arbeiterschaft bleibt von der politischen Willensbildung ausgeschlossen; sozialreformerische Ansätze werden nicht verwirklicht. Dieses Versäumnis gibt den Kommunisten langfristig Rückhalt in den sozial niederen Schichten und führt schließlich 1917 zur Oktoberrevolution.
Kaukasier, Armenier, Polen, Finnen und Balten nutzen die innenpolitisch unsichere Situation, um – allerdings vergeblich – für die staatliche Eigenständigkeit im russischen Vielvölkerstaat zu kämpfen. Dieses Ziel erreichen nur die Finnen: Am 4. Mai gewährt ihnen der Zar die Autonomie.
Während in Ostasien ein blutiger Krieg tobt und im Zarenreich Tausende von Juden als Sündenböcke für soziales Elend mißbraucht werden und bei Pogromen sterben, droht auch im Herzen Europas erneutes Blutvergießen. Zum Schutz der deutschen Wirtschaftsinteressen in Marokko erhebt Deutschland gegen die geplante französische Schutzherrschaft Einspruch. Kaiser Wilhelm II. betont mit seiner Landung in Tanger am 31. März nachdrücklich die Souveränität des Sultans und die Gleichberechtigung aller Mächte im Lande. Erst als der französische Außenminister Théophile Delcassé, der – mit Rückendeckung Großbritanniens – einen Krieg gegen das Deutsche Reich nicht ausschließen will, am 6. Juni zurücktritt, ist der Weg frei für eine internationale Marokkokonferenz.
Für das Deutsche Reich beginnt mit der Marokkokrise der Weg in die außenpolitische Isolation. Während Frankreich und Großbritannien, Frankreich und Rußland sowie Großbritannien und Japan Bündnisverträge schließen, findet Berlin nur noch in Österreich einen verläßlichen Partner. Wilhelm II. versucht zwar, sich im Alleingang mit dem Vertrag von Björkö Rußland anzunähern; die maßgebenden Politiker beider Seiten lassen seinen Vorstoß jedoch scheitern. So bleiben die Bündnisse bis zum Ausbruch des Ersten Weltkriegs zementiert.
Im Norden Europas bricht die seit 1814 bestehende Union von Schweden und Norwegen auseinander; Norwegen wird vor dem Hintergrund seines immer stärker werdenden Selbstbewußtseins wieder ein souveräner Staat. Die norwegische »Revolution« endet ohne Blutvergießen: Schweden erkennt die Unabhängigkeit an.
Das Auseinanderfallen der norwegisch-schwedischen Union findet Parallelen in den Auseinandersetzungen zwischen Österreich und Ungarn im Rahmen der Doppelmonarchie. Die nationalistische ungarische Parlamentsmehrheit will die Abgrenzung der Kompetenzen von österreichischer Krone und ungarischem Parlament, den »Ausgleich«, stößt dabei jedoch auf den hartnäckigen Widerstand des Kaisers in Wien. Der Rekruten- und Steuerboykott, den die Ungarn daraufhin proklamieren, macht Ungarn unregierbar und ist ein unübersehbares Indiz für den kommenden Zusammenbruch des Vielvölkerstaates.
Die weltpolitische Instabilität äußert sich auch in den Kolonien. Deutsche Soldaten führen in Südafrika einen Ausrottungskrieg gegen die Hottentotten; auch in Deutsch-Ostafrika erheben sich die Eingeborenen gegen das Deutsche Reich. Reichskanzler Bernhard Fürst von Bülow weist gegen Ende des Jahres trotzdem jeden Gedanken von Kolonialmüdigkeit im Deutschen Reich zurück. Er glaubt, »daß durch das Blut, das in Südwestafrika geflossen ist, die Schutzgebiete nur noch fester mit dem Mutterland verbunden sind«.
Der Aufbruch ins 20. Jahrhundert manifestiert sich jedoch nicht nur auf dem Gebiet der Politik: Albert Einstein formuliert in diesem Jahr seine spezielle Relativitätstheorie. Damit leitet er eine Revolutionierung der Grundlagen der bisherigen Physik ein. Der Faktor Zeit ist nun keine absolute Größe mehr. Die Theorie über die Entstehung des Weltalls sowie die Definitionen von Masse und Energie müssen neu überdacht werden.
Die Malerei bricht ebenfalls zu neuen Ufern auf. In Dresden wird die Künstlergemeinschaft »Die Brücke« gegründet, die zum Sammelpunkt des deutschen Expressionismus wird. In Paris stellen die »Fauves« aus und setzen sich mit ihren Gemälden vom Impressionismus ab.
Richard Strauss' Oper »Salome« bedeutet einen ersten Höhepunkt für das Musikdrama des 20. Jahrhunderts. Ohne den Rahmen der Tonalität zu verlassen, beschreitet er kompositorisch neue Wege und verschreckt so seine konservativen Kritiker.

Bernhard Pollmann

◁ Der Untergang des russischen Panzerschiffs »Admiral Uschakow« in der Seeschlacht von Tsushima wird zum Symbol für den Sieg Japans im Krieg mit Rußland (Zeichnung von Hand Berndt in der »Leipziger Illustrirten Zeitung«). Japan wird mit diesem militärischen Erfolg zu einer weltweit anerkannten Großmacht im ostasiatischen Raum.

Januar 1905

Mo	Di	Mi	Do	Fr	Sa	So
						1
2	3	4	5	6	7	8
9	10	11	12	13	14	15
16	17	18	19	20	21	22
23	24	25	26	27	28	29
30	31					

1. Januar, Neujahr

Beim Neujahrsempfang des diplomatischen Korps in Berlin schlägt Kaiser Wilhelm II. US-Botschafter Charlemagne Tower einen Gelehrtenaustausch vor. Gelehrte aus den USA sollten an deutschen Universitäten Vorlesungen halten; umgekehrt sollten deutsche Professoren US-amerikanische Hochschulen besuchen und dort deutsches Wissen verbreiten. Dies würde zur gegenseitigen Völkerverständigung beitragen.

Paul Freiherr Gautsch von Frankenthurn wird österreichischer Ministerpräsident als Nachfolger des am 27. Dezember 1904 zurückgetretenen Ernest von Koerber. → S. 27

Marc-Émile Ruchet löst turnusmäßig Robert Comtesse als Bundespräsident der Schweiz ab.

Die bisher »Togoland« genannte deutsche Kolonie in Westafrika wird in »Togo« umbenannt, die Hauptstadt »Klein-Popo« erhält wieder ihren Eingeborenennamen Aného. Am selben Tag tritt eine Verordnung in Kraft, die in allen Schulen außer den Landessprachen nur die deutsche Sprache zuläßt.

Das seit dem 12. Jahrhundert bestehende Kondominium (gemeinsame Oberhoheit) der Länder Baden und Hessen über die 1450 Einwohner zählende Landgemeinde Kürnbach wird aufgehoben. Die Gemeinde, von der bisher 128 Häuser zu Hessen und 90 zu Baden gehören, wird komplett dem Großherzogtum Baden zugeschlagen. Hessen erhält als Abfindung ein Stück Wald sowie 175 000 Mark.

In Berlin wird auf Initiative von Helene Stöcker der »Bund für Mutterschutz« gegründet. Nach einem in der Presse veröffentlichten Aufruf will er »Heimstätten schaffen, in welchen alle gesunden und arbeitswilligen unehelichen Mütter willkommen sind, die den ernsten Wunsch haben, ihre Kinder zu gesunden und nützlichen Menschen selbst zu erziehen«. Dem leitenden Komitee des Bundes gehören u. a. Marie Stritt, Hedwig Dahn, Friedrich Naumann und Ernst Müller-Meiningen an.

Auf Initiative des Belgiers Henri Oedenkoven wird in Ascona die »Vegetabilische Gesellschaft des Monte Verità« gegründet. Ihr Ziel sind möglichst naturnahes Essen, Wohnen und Kleiden.

Schwere Stürme und der bisher kälteste Winter des Jahrhunderts führen in ganz Europa zu mehr als einem Dutzend Todesfällen. → S. 28

Der französische Komponist und Organist Gabriel Fauré wird als Nachfolger von Théodore Dubois Direktor des Conservatoire de Paris, der Pariser Hochschule für Musik.

2. Januar, Montag

Die russische Festung Port Arthur kapituliert vor japanischen Truppen. → S. 12

Kaiser Wilhelm II. teilt Zar Nikolaus II. und dem japanischen Tenno Mutsuhito mit, daß er dem Verteidiger von Port Arthur, General Anatoli M. Stössel, und dem Eroberer, General Maresuke Graf Nogi, den Orden Pour le mérite verleihen werde.

3. Januar, Dienstag

Der marokkanische Thronprätendent Bu Hamara schlägt bei Oujda die Truppen von Sultan Abd Al Asis.

Im deutschen Pachtgebiet Tsingtau (China) werden mehrere russische Torpedoboote, die nach der Übergabe von Port Arthur an die Japanern entkommen sind, entwaffnet (→ 2. 1./S. 12).

4. Januar, Mittwoch

Während des Hottentottenkriegs in Deutsch-Südwestafrika erobern deutsche Schutztruppen die Festung Groß-Nabas. → S. 22

Der österreichische Kaiser Franz Joseph I. löst als König von Ungarn das Abgeordnetenhaus in Budapest auf. Die nationalistische magyarische Opposition verhindert durch einen Tumult die Verlesung der königlichen Thronrede (→ 26. 1./S. 27).

Ein dem US-Repräsentantenhaus in Washington vorgelegter Bericht fordert eine massive Förderung der einheimischen Handelsmarine und der Postdienste sowie eine Tonnagebesteuerung für ausländische Schiffe.

In Genf erscheint die erste Ausgabe des »Vpered« (Vorwärts) als neues Organ des bolschewistischen Flügels der russischen Sozialdemokratie. Herausgeber ist Wladimir I. Lenin, der seit 1900 in der Emigration lebt (→ 31. 10./S. 177).

5. Januar, Donnerstag

Sultan Abd Al Hamid II. entsendet 18 000 Soldaten in den Jemen zur Bekämpfung des Aufstands von Imam Hamid Ad Din Jahja, der 1904 die jemenitische Hauptstadt Sana von den Osmanen erobert hatte (→ 4. 5./S. 93).

6. Januar, Freitag

Der linksliberale Parteiführer Friedrich Payer, der Präsident der Württembergischen Abgeordnetenkammer, proklamiert auf der Landesversammlung der Deutschen Volkspartei in Stuttgart einen Zusammenschluß aller politisch links orientierten Kräfte unter Ausschluß der Sozialdemokratie.

Das US-Repräsentantenhaus verabschiedet das Gesetz über die militärische Befestigung der Häfen. Bisher sind 31 Häfen befestigt.

Bei einem politischen Streik der Naphta-Arbeiter im russischen Baku kommt es zu Unruhen und Zusammenstößen mit der Polizei. Die Streikenden zerstören zahlreiche Bohrtürme (→ 22. 1./S. 16).

7. Januar, Samstag

In einem Abkommen zwischen den USA und der Dominikanischen Republik garantieren die Vereinigten Staaten die Unversehrtheit des karibischen Inselstaates. → S. 26

Die Morgenschicht der Schachtanlage »Bruchstraße« in Bochum-Langendreer tritt in Streik (→ 9. 2./S. 36).

8. Januar, Sonntag

In Nürnberg verabschieden die liberalen Parteien Bayerns ein gemeinsames Aktionsprogramm gegen Sozialdemokratie und Zentrum (→ 17. 7./S. 125).

An der gesamten Nordseeküste verursacht eine Sturmflut schwere Schäden.

9. Januar, Montag

Der Zentrumspolitiker Georg Heim proklamiert auf dem Parteitag des bayerischen Zentrums in München ein Zusammengehen von Zentrum und Sozialdemokratie mit dem Ziel, eine Änderung des Wahlgesetzes herbeizuführen (→ 17. 7./S. 125).

In Berlin treten Regierungskommissionen der Länder Bayern, Baden, Württemberg, Sachsen, Oldenburg und Mecklenburg zusammen, um mit Preußen über die Schaffung einer Eisenbahngemeinschaft zu beraten.

In Caltagirone auf Sizilien beschließt eine Wählerversammlung die Gründung einer katholischen Partei, die die italienische Verfassung anerkennen will. Von kirchlicher Seite ist Katholiken in Italien die Teilnahme an Wahlen verboten (→ 19. 6./S. 114).

10. Januar, Dienstag

Die französische Abgeordnetenkammer in Paris wählt den Radikalen Paul Doumer zum Kammerpräsidenten. Sie votiert gegen die Regierung Émile Combes, die Henri Brisson favorisiert hat (→ 22. 4./S. 176).

11. Januar, Mittwoch

Ein Gericht spricht in Hamburg vier Fabrikantensöhne trotz erwiesener Tat vom Vorwurf der Notzucht frei. Sie hatten nacheinander ein 15jähriges Dienstmädchen mißbraucht. Die Presse bezeichnet den Freispruch, angesichts der gesellschaftlichen Stellung der Angeklagten, als »Klassenjustiz«.

12. Januar, Donnerstag

Der britische Premierminister Arthur James Balfour (konservativ) bezeichnet in Glasgow in einer Rede über die militärische Stärke Großbritanniens den Nordwesten Britisch-Indiens als den derzeit einzigen Konfliktherd. Die Gefahren für den Frieden lägen außerhalb Europas in den Regionen, die noch nicht zivilisatorisch entwickelt seien und wo die zivilisierten großen Nationen um die Vorherrschaft rängen.

Der bisherige dänische Kultusminister Jens Christian Christensen bildet in Kopenhagen als Nachfolger des zurückgetretenen Johann Heinrich Deuntzer ein linksliberales Kabinett. Als dringendste Aufgaben bezeichnet er die Einführung des allgemeinen Wahlrechts zur Gemeindevertretung und die Ordnung des Landesverteidigungswesens auf der Grundlage der dänischen Neutralität.

Zu heftigen Auseinandersetzungen zwischen Parlamentariern und Regierung kommt es in der Budgetkommission des Deutschen Reichstags. Die Regierung fordert Indemnität (Straffreiheit) für Ausgaben, die sie ohne Bewilligung des Reichstags im Hottentottenkrieg (→ 4. 1./S. 22) getätigt hat. In den bis zum 20. Januar dauernden Beratungen wird der Regierung vorgeworfen, das Budgetrecht des Reichstags schmälern zu wollen, in dem sie Gelder ohne Zustimmung des Parlaments für den Krieg bereitstellt.

13. Januar, Freitag

Hermann Freiherr von Stengel, der Staatssekretär des Reichsschatzamts, beziffert vor der Budgetkommission des Reichstags in Berlin die bisherigen Kosten des Hottentottenkriegs in Deutsch-Südwestafrika auf 42 Mio. Mark. Derzeit befänden sich 510 Offiziere und 11 068 Mann auf dem Kriegsschauplatz (→ 4. 1./S. 22).

Der Anatom Wilhelm von Waldeyer hält im Berliner Rathaussaal einen Vortrag über Umweltverschmutzung. Dabei weist er u. a. auf den Zusammenhang zwischen Großstadtlärm und Krankheiten hin (→ S. 181).

14. Januar, Samstag

In der französischen Abgeordnetenkammer erhält die Regierung Émile Combes ein Vertrauensvotum mit nur sechs Stimmen Mehrheit. Das Kabinett reicht daraufhin seinen Rücktritt ein (→ 22. 4./S. 176).

Mit dem »Rattenball« im Neuen Königlichen Operntheater wird in Berlin offiziell die Karnevalssaison eröffnet. Das Auftreten von Teilen der besten Gesellschaft erregt vor allem in der Presse großes Aufsehen.

15. Januar, Sonntag

In Daressalam, der Hauptstadt der Kolonie Deutsch-Ostafrika, wird die Deutsch-Ostafrikanische Bank mit eigenem Notenprivileg gegründet. Am 15. Juni gibt sie die erste deutsche Kolonialbanknote im Wert von fünf Rupien (6,65 Mark) heraus.

In Kellers Festsälen in Berlin findet das 14. Stiftungsfest der Arbeiterbildungsschule statt. Die Festrede hält Rudolf Steiner, der besonders auf den SPD-Politiker Wilhelm Liebknecht als Gründer der Schule eingeht.

In seiner zweiten Ausgabe des Jahres karikiert die satirische Wochenzeitschrift »Simplicissimus« die Verluste der deutschen Kolonialtruppen im Hottentottenkrieg. Daß die ohnehin nur leichten Verluste noch geringer erscheinen sollen, ist ein Seitenhieb auf die Kriegsführung und Berichterstattung.

Luxus-Ausgabe

10. Jahrgang — Nummer 2

SIMPLICISSIMUS

Abonnement vierteljährlich 3 Mk. 50 Pfg. — Illustrierte Wochenschrift — Bayr. Post-Zeitungsliste: No. 835

(Alle Rechte vorbehalten)

Tagesrapport in Südwestafrika

(Zeichnung von E. Thöny)

„Gefallen 2 Offiziere und 12 Mann, 23 Verwundete und 4 Vermißte, gestorben am Typhus 6 Mann, sonstiger Abgang 5 Mann. Donnerwetter, das ist zuviel auf einmal, das wollen wir auf drei Telegramme verteilen."

16. Januar, Montag

Im größten Rüstungsbetrieb von Petersburg, dem Putilow-Werk, bricht ein Streik aus (→ 22. 1./S. 16).

Am Magdeburger Stadttheater findet die Premiere der endgültigen Fassung von Eugen d'Alberts Oper »Tiefland« (erste Fassung 1903) statt. Die Oper gilt als Hauptwerk des Verismus in Deutschland.

Bei orkanartigen Stürmen über dem Ärmelkanal sinken zahlreiche Schiffe und Fähren. Über 15 Menschen sterben in den Fluten (→ 1. 1./S. 28).

17. Januar, Dienstag

Am Ramnefjell in Loen am norwegischen Nordfjord kommen 59 Menschen durch eine Flutwelle ums Leben. Mehrere Höfe werden zerstört.

Großherzogin Karoline von Sachsen-Weimar stirbt im Alter von 20 Jahren in Weimar an einer Grippe. Die Großherzogin ist das prominenteste Opfer der in Europa grassierenden Grippewelle. → S. 24

18. Januar, Mittwoch

Die britische Regierung teilt mit, daß sich während des Hottentottenkriegs mehrere Häuptlinge und 1800 Hottentottenkrieger sowie Hereros auf britisches Territorium in Südafrika geflüchtet haben (→ 4. 1./S. 22).

19. Januar, Donnerstag

Beim Salutschießen anläßlich des russisch-orthodoxen Jordansfestes gibt ein Unbekannter einen scharfen Schuß auf das Winterpalais in Petersburg ab. Mehrere Kartätschkugeln schlagen in einem Zimmer ein. Bei dem Vorfall soll es sich nicht um einen revolutionären Akt, sondern um ein »Versehen« gehandelt haben.

Reinhold Kraetke, der Staatssekretär des Reichspostamts, beziffert vor dem Reichstag in Berlin das im Post-»Gesamtbetrieb« steckende Kapital mit 652 Mio. Mark. Davon »arbeiten« in der Post 230, in der Telegrafie 143 und im Fernsprechwesen 279 Mio. Der Telefonbetrieb erwirtschafte bereits geringe Überschüsse.

20. Januar, Freitag

Der britische Unterstaatssekretär im Foreign Office, Sanderson, bezeichnet in einem Memorandum an Außenminister Henry Charles Keith Petty-Fitzmaurice Marquess of Lansdowne den Dreibund als kaum noch wirksam. Österreich sei durch den Nationalitätenkonflikt geschwächt (→ 1. 1./S. 27) und arbeite mit Rußland auf dem Balkan zusammen, Italien habe aus finanziellen und anderen Gründen mit Frankreich Freundschaft geschlossen (→ S. 145).

Reichskanzler Bernhard Graf von Bülow äußert sich in einer Grundsatzrede vor dem Reichstag in Berlin über den Ruhrbergarbeiterstreik (→ 9. 2./S. 36).

Die Botschafter Rußlands und Österreich-Ungarns fordern vom Osmanischen Reich, die makedonischen Provinzen einer europäischen Finanzkontrolle zu unterstellen.

Im Rittersaal des Königlichen Schlosses zu Berlin findet die Defiliercour statt. Traditionsgemäß werden dabei junge Damen aus besseren Häusern der Hofgesellschaft vorgestellt.

21. Januar, Samstag

Der als liberal geltende König Alfons XIII. von Spanien erläßt anläßlich seines Namenstags eine Amnestie, die auch für Parlamentsabgeordnete gilt, die aus politischen Gründen gerichtlich verfolgt werden (→ 31. 5./S. 93).

Das Trauerspiel »Das gerettete Venedig« von Hugo von Hofmannsthal erlebt am Berliner Lessingtheater seine Uraufführung.

In Glarus finden vor 6000 Zuschauern die ersten Schweizer Skimeisterschaften statt. Erster Sieger wird Fred Iselin. Sein Bruder Christoph hatte 1904 den Schweizer Ski-Verband gegründet.

22. Januar, Sonntag

Eine friedliche Demonstration für soziale Gerechtigkeit und politische Reformen in Petersburg wird vom Militär blutig niedergeschlagen (»Blutsonntag«). → S. 16

Eine Versammlung der Pfälzer Nationalliberalen in Neustadt an der Weinstraße beschließt, für eine Vereinigung aller liberalen Parteien im Kampf gegen Zentrum und Sozialdemokratie zu arbeiten.

Der Norweger Leif Berg erzielt in Glarus mit 27 m die größte bis dahin im Skispringen in der Schweiz erzielte Weite. Er war mit seinem Landsmann Thorleif Björnstadt zu den ersten Schweizer Skimeisterschaften eingeladen worden.

23. Januar, Montag

Die von dem Geistlichen Georgi A. Gapon gegründete »Vereinigung russischer Fabrikarbeiter von St. Petersburg« wird nach dem »Blutsonntag« vom Tag zuvor aufgelöst. → S. 20

In Florida beginnt das Zweite Automobil-Meeting. Sieger der bis zum 31. Januar dauernden Veranstaltung wird William Kisson Vanderbilt jr. in einem Daytona-Handicap.

24. Januar, Dienstag

Zar Nikolaus II. errichtet in Petersburg eine Militärdiktatur. Zum Generalgouverneur beruft er den bisherigen Oberpolizeimeister von Moskau, General Dmitri F. Trepow (→ 23. 1./S. 20).

Der bisherige französische Finanzminister Maurice Rouvier von der gemäßigten Linken wird als Nachfolger des zurückgetretenen Émile Combes zum Ministerpräsidenten gewählt. Sein Regierungsprogramm nennt als zentrale Punkte die Trennung von Staat und Kirche sowie die Einführung von Einkommensteuer und Altersversicherung (→ 22. 4./S. 76).

Der österreichische Ministerpräsident Paul Freiherr Gautsch von Frankenthurn bezeichnet in seiner Regierungserklärung die Annäherung und Verständigung zwischen Deutschen und Tschechen als dringlichste Aufgabe (→ 1. 1./S. 27).

Der mecklenburgische Bundesratsbevollmächtigte Dietrich von Oertzen protestiert im Reichstag in Berlin gegen eine Anfrage der Nationalliberalen, wann das Großherzogtum Mecklenburg-Schwerin gedenke, eine moderne Verfassung einzuführen.

25. Januar, Mittwoch

Der preußische Landtag in Berlin bewilligt 2 Mio. Mark für die innere Kolonisation in Ostpreußen und Pommern (→ 9. 8./S. 146).

In Berlin wird der Handelsvertrag zwischen dem Deutschen Reich und Österreich-Ungarn unterzeichnet (→ 22. 2./S. 38).

26. Januar, Donnerstag

Bei den ungarischen Parlamentswahlen erreichen die oppositionellen Kossuthisten die Mehrheit. → S. 27

Der spanische Ministerpräsident Marcelo de Azcárraga y Palmero tritt wegen Differenzen innerhalb seines Kabinetts zurück. Nachfolger wird Raimundo Fernández Villaverde (konservativ). Dies ist der erste von vier Regierungswechseln in diesem Jahr (→ 31. 5./S. 93).

Die für den Geburtstag von Kaiser Wilhelm II. am 27. Januar geplanten Hoffestlichkeiten werden abgesagt, da Prinz Eitel Friedrich in Potsdam im Verlauf einer Grippe an Lungenentzündung erkrankt ist.

Die sinfonische Dichtung »Pelleas und Melisande« von Arnold Schönberg wird in Wien unter der Leitung des Komponisten uraufgeführt.

27. Januar, Freitag

Bei wiederholten Zusammenstößen zwischen Streikenden und russisch-polnischen Soldaten in Lodz und Warschau werden mehrere hundert Arbeiter getötet. Aus Helsingfors (Helsinki) und Riga werden ebenfalls blutige Kämpfe gemeldet (→ 23. 1./S. 20).

Im Rigaer Neuen Theater wird das Drama »Der silberne Schleier« von Aspazija (eigentlich Elza Rozenberga) uraufgeführt. Das lettische Publikum versteht es als Aufruf zur Befreiung von russischer Fremdherrschaft, weil die Heldin des Stücks dem Gewaltregime eines Königs ein Ende setzt.

28. Januar, Samstag

In nahezu allen größeren Städten des Russischen Reiches, u. a. in Petersburg, Moskau, Riga, Warschau, Baku, Tiflis, Batum, erscheinen wegen der Unruhen und Streiks keine Zeitungen (→ 23. 1./S. 20).

Japan beginnt während des Russisch-Japanischen Kriegs mit der Blockade von Wladiwostok (→ 2. 1./S. 12).

Der erste »Prix Fémina« wird an die Schriftstellerin Myriam Harry für ihren 1903 erschienenen Roman »Die Eroberung Jerusalems« vergeben. Der Preis war 1904 von der Zeitschift »La Vie heureuse« (Glückliches Leben) gestiftet worden. Die Jury setzt sich nur aus Frauen zusammen.

29. Januar, Sonntag

Der Moskauer Stadthauptmann führt in einer öffentlichen Erklärung die revolutionären Unruhen auf britische und japanische »Machenschaften« zurück. Nach einem Protest der britischen Botschaft wird diese Erklärung zurückgezogen (→ 22. 1./S. 16).

30. Januar, Montag

Der Oberste Gerichtshof der USA in New York erklärt den »Beef Trust« für illegal. → S. 26

Der preußische Handelsminister Theodor von Möller kündigt im Abgeordnetenhaus eine Novelle des Berggesetzes als Reaktion auf den Ruhrbergarbeiterstreik an (→ 9. 2./S. 36).

31. Januar, Dienstag

Stübel, der Kolonialdirektor des Auswärtigen Amts, beziffert im Reichstag die Verluste, die deutsche Siedler während des Hottentottenkriegs in Deutsch-Südwestafrika erlitten haben, auf 12 Mio. Mark. Der Reichstag bewilligt nur 3 statt der von der Regierung geforderten 5 Mio. Mark als Entschädigung für die Siedler.

Der württembergische Ministerpräsident Wilhelm August von Breitling kündigt vor der Abgeordnetenkammer in Stuttgart eine Verfassungs- und Wahlrechtsreform für das laufende Jahr an (→ 7. 7./S. 124).

Im Januar wurden in London und 74 Provinzialstädten fast 40 000 Arbeitslose durch »Notstandsarbeiten« beschäftigt (→ S. 110).

Am Deutschen Theater in Berlin wird die Komödie »Ein Sommernachtstraum« von William Shakespeare in der Regie von Max Reinhardt erstmals aufgeführt. Die Inszenierung erregt, wegen des virtuosen Einsatzes einer Drehbühne, großes Aufsehen.

Das Wetter im Monat Januar

Station	Mittlere Lufttemperatur (°C)	Niederschlag (mm)	Sonnenscheindauer (Std.)
Aachen	0,8 (1,8)	55,0 (72)	– (51)
Berlin	–0,5 (–0,4)	33,7 (43)	– (56)
Bremen	0,6 (0,6)	50,9 (57)	– (47)
München	–0,3 (–2,1)	38,5 (55)	– (56)
Wien	–2,6 (–0,9)	14 (40)	87 (–)
Zürich	–2,6 (–1,0)	51 (68)	76 (46)

( ) Langjähriger Mittelwert für diesen Monat
– Wert nicht ermittelt

Die »Berliner Illustrirten Zeitung« übermittelt ihren Lesern zum Jahreswechsel einen Neujahrsgruß von bekannten Berliner Schauspielern. In einem Automobil posierend demonstrieren sie Optimismus für das neue Jahr.

XIV. Jahrgang
Nr. 1

Berliner
Illustrirte Zeitung

Berlin, 1. Januar 1905.
Einzelpreis
10 Pfg.
oder 12 Heller.

Verlag Ullstein & Co., Berlin SW. 12.

Profit Neujahr wünscht das lustige Berlin

B. J. G. phot.

Ida Perry (Apollo-Theater). Martha Glück (Deutsch-Amerikanisches Theater). Guido Thielscher (Thalia-Theater). Frau Guido Thielscher. Robert Steidl (Apollo-Theater).

Russisch-Japanischer Krieg: Port Arthur kapituliert

2. 1., Port Arthur. Während des Russisch-Japanischen Krieges kapituliert die russische Besatzung von Port Arthur nach 157 Tagen verlustreicher Belagerung durch die Japaner. Die Kapitulation bedeutet die Vorentscheidung in einem Krieg, den Japan nicht nur begonnen hat, um das militärische und politische Übergewicht im südostasiatischen Raum zu gewinnen, sondern auch um sich als Weltmacht zu etablieren.

Die eisfreie Hafenstadt Port Arthur an der Südspitze der Halbinsel Liaotung, von China zum Kriegshafen ausgebaut, war bereits zehn Jahre zuvor im Chinesisch-Japanischen Krieg von Japan erobert worden: Am 21./22. Dezember 1894 erstürmten japanische Truppen die Festung im Verlauf eines Krieges, den Tokio ausgelöst hatte, um die Herrschaft im chinesischen Vasallenstaat Korea zu erringen. Im Präliminarfrieden von Schimonoseki ließ sich Japan 1895 Port Arthur abtreten; darüber hinaus erkannte China die »Unabhängigkeit« Koreas an, das nun seinerseits zu einem Vasallenstaat Japans wurde, trat Formosa (Taiwan) sowie die Pescadoresinseln an Japan ab und zahlte eine hohe Kriegsentschädigung. Als jedoch Rußland, das Deutsche Reich und Frankreich gegen die Abtretung von Liaotung und Port Arthur protestierten, gab Japan die Halbinsel mit dem Kriegshafen an China zurück. Japan mußte zwar auf seine wertvollste Beute verzichten, seinem Expansionsstreben war damit aber nicht Einhalt geboten.

In einem in Moskau unterzeichneten Vertrag sicherte Rußland 1896 China Unterstützung gegen ein weiteres Vordringen Japans zu. Schon ein Jahr später besetzten die Truppen des Zarenreichs Port Arthur, und 1898 »pachtete« das Russische Reich von China die Halbinsel Liaotung mit Port Arthur auf 25 Jahre. Rußland begann in der Folgezeit mit dem Ausbau Port Arthurs zu seinem stärksten Flottenstützpunkt in Ostasien.

Am 30. Januar 1902 einigten sich Japan und Großbritannien in einem Bündnisvertrag über den Schutz ihrer Interessen in China und Korea und verpflichteten sich für den Fall eines Kriegs mit einer dritten Macht zu wohlwollender Neutralität (→ 12. 8./S. 144). Durch diesen Vertrag verschaffte sich Japan die diplomatische Rückendekkung für einen Krieg mit Rußland. Der vorprogrammierte Konflikt begann zwei Jahre später. Überfallartig erschien die japanische Flotte unter Admiral Haihachiro Togo am 8./9. Februar 1904 vor Port Arthur und drängte das auf Reede liegende russische Geschwader in den Hafen. Die japanische 2. Armee unter General Yasukata Oku landete nördlich der Stadt und warf durch ihren Sieg bei Kintschau die Truppen des Verteidigers des russischen Stützpunkts, General Anatoli M. Stössel, zurück. Die Belagerung von Port Arthur übernahm nun die 4. japanische Armee unter General Maresuke Nogi. Als der Hafen in Reichweite ihrer Geschütze gekommen war, unternimmt die russische Flotte am 10. August erfolglos einen Ausbruchversuch. In schweren Kämpfen erstürmten die Japaner im November und Dezember die zentralen Stellungen der Nordwestfront und mehrere Forts der Nordostfront.

Am 1. Januar erobern die Japaner das Fort H und das neue Fort von Palungschan sowie die Höhen im Süden von Housanyantao. Am Nachmittag des Neujahrstags erstürmen sie das Fort Wangtai. Fünf Stunden später erhält General Nogi von General Stössel einen Brief, in dem er auf jeden weiteren Widerstand verzichtet und die Übergabe von Port Arthur ankündigt – obwohl die ganze Südwestseite der Fortlinie nahezu unversehrt ist. In der Nacht zum 2. Januar räumen die Russen die Forts Ostikwanschan und Ma und sprengen am Morgen die Mehrzahl der im Hafen liegenden Kriegsschiffe in die Luft. Die Konferenz über die Kapitulation Port Arthurs endet um 22 Uhr mit der Unterzeichnung des formellen Kapitulationsakts durch die japanischen und russischen Bevollmächtigten.

Die Bilanz des Kampfs um Port Arthur ist furchtbar: An Toten und Verwundeten haben die Russen etwa 25 000, die Japaner rund 70 000 Mann zu beklagen.

Der Krieg geht nach dem Fall von Port Arthur mit unverminderter Heftigkeit weiter (→ 27. 5./S. 90) und endet erst mit dem Frieden von Portsmouth (→ 5. 9./S. 162).

△ Der russische General Anatoli M. Stössel (r.) ergibt sich mit 24 000 Mann dem japanischen General Maresuke Nogi (l.). Stössel befehligte im Russisch-Japanischen Krieg die Streitkräfte von Port Arthur. Zeichnung von H. W. Koekkoek in der zweiten Januarausgabe der Wochenzeitung »Illustrated London News«.

△ Zerschossene Wracks der russischen Flotte im Hafen von Port Arthur. Nach der Kapitulation übergeben die Russen vier Schlachtschiffe, zwei Kreuzer, 14 Kanonenboote und Torpedobootzerstörer sowie zehn größere Dampfer, die nach geringen Reparaturen wieder einsatzfähig sind. Darüber hinaus gelangen an Material 1920 Pferde, 35 282 Gewehre, 3000 kg Pulver, 82 670 Granaten, 546 Geschütze und 59 dauerhaft installierte Befestigungen in japanische Hände.

◁ Gefallene russische Soldaten in der Mandschurei, die seit dem 17. Jahrhundert Ziel der russischen Expansionspolitik ist. 1858 trat China das Amurgebiet, 1860 die Küstenprovinz an Rußland ab. 1896 erhielt Rußland die Erlaubnis zum Bau von Eisenbahnen in der Mandschurei, sicherte sich 1898 durch einen Pachtvertrag die Halbinsel Liaotung mit Port Arthur und besetzte die Mandschurei 1900 während des Boxeraufstands vollends. Trotz des Räumungsvertrags von 1902 wurde die russische Besetzung aufrechterhalten.

Krieg im Fernen Osten

Chronik Protokoll

Überfallartig eröffnet Japan den Russisch-Japanischen Krieg. Er resultiert aus dem Zusammenprallen von russischem Imperialismus und japanischem Hegemonialstreben in Ostasien.

6. 2. 1904: Japan bricht ohne Vorankündigung die diplomatischen Beziehungen zu Rußland ab.

8./9. 2. 1904: Mit dem nächtlichen Überfall auf die vor Port Arthur ankernde russische Flotte eröffnet Japan den Krieg gegen Rußland. Die japanische Flotte unter Admiral Haihachiro Togo beginnt mit der Blockade von Port Arthur.

10. 2. 1904: Japan erklärt Rußland offiziell den Krieg. Durch einen aufgezwungenen Bündnisvertrag wird Korea zur vorbehaltlosen Unterstützung Japans verpflichtet. Zum Oberkommandierenden der russischen Truppen wird Admiral Jewgeni I. Alexejew ernannt.

13. 4. 1904: Der russische Panzerkreuzer »Petropawlowsk« läuft bei Port Arthur auf eine japanische Mine. Admiral Stepan O. Makarow, der Oberkommandierende der Fernostflotte, und der Maler Wassili W. Wereschtschagin kommen dabei ums Leben.

1. 5. 1904: Die japanische 1. Armee unter General Tamesada Kuroki erzwingt den Übergang über den Jalu, den Grenzfluß zwischen Korea und der südlichen Mandschurei. Sie dringt in die Mandschurei ein, wo ihr 100 000 russische Soldaten unter General Aleksei N. Kuropatkin gegenüberstehen.

26. 5. 1904: Die japanische 2. Armee unter General Yasukata Oko schlägt die russischen Feldtruppen unter General Anatoli M. Stössel bei Kintschau.

27. 5. 1904. Die japanische 2. Armee besetzt Dairen an der Südspitze der Halbinsel Liaotung. – Die Stadt wird Landungsplatz der japanischen 3. Armee unter General Maresuke Nogi, die Port Arthur belagert. Die 2. Armee rückt weiter nach Norden vor.

15. 6. 1904: Die japanische 2. Armee schlägt bei Wa-fangk'ou russische Truppen unter General Baron Stackelberg. Sie rückt – ebenso wie die 1. Armee unter General Kuroki in der Mandschurei, dem Stammland des chinesischen Kaiserhauses (→ 1. 9./S. 165) – weiter nach Norden vor. Zwischen Oku und Kuroki rückt die 4. japanische Armee unter General Nozu nach Norden vor.

1. 8. 1904: Die 1., 2. und 4. japanische Armee mit insgesamt 200 000 Soldaten stehen unter dem Oberbefehl von Marschall Iwao Oyama auf einer fast 100 km langen Bogenlinie südlich und östlich vor dem befestigten Raum von Liaoyüan gleichwertigen Kräften Kuropatkins gegenüber.

10. 8. 1904: Die russische Flotte von Port Arthur wird bei einem Ausbruchsversuch aus dem Hafen völlig zersprengt.

14. 8. 1904: Das russische Kreuzergeschwader von Wladiwostok erleidet eine entscheidende Niederlage und wird endgültig von der See vertrieben.

3. 9. 1904: Die Schlacht um Liaoyüan in der Mandschurei endet mit dem Sieg der Japaner. General Kuroki erzwingt durch einen Rechtsabmarsch den Rückzug der Russen in die Schaho-Linie.

18. 10. 1904: Die Schlacht am Schaho endet mit einer schweren Niederlage des russischen rechten Flügels. Die Front erstarrt zum winterlichen Stellungskrieg.

29. 10. 1904: General Kuropatkin übernimmt den Oberbefehl über die russischen Truppen im Fernen Osten.

15. 12. 1904: Der russische General Kondratenko, der als Seele des Widerstands im belagerten Port Arthur gilt, fällt.

1. 1. 1905: Ein zum Entsatz der Festung Port Arthur vorgesehenes russisches Geschwader unter Konteradmiral Sinowi A. Roschdestwenski geht bei Sainte Marie de Madagascar vor Anker. Rußland und Frankreich sind seit 1892 im Zweiverband alliiert.

2. 1. 1905: Port Arthur kapituliert nach 157 Tagen Belagerung.

19. 2. 1905: Marschall Oyama eröffnet die große Schlacht um Mukden (Schenjang), nachdem er die durch die Kapitulation von Port Arthur freigewordene Armee Nogis sowie eine 5. Armee vom oberen Jalu herangezogen hat. In der Schlacht verliert Kuropatkin bis zum 13. März fast ein Drittel seines Heeres, kann sich jedoch der völligen Umklammerung entziehen.

20. 3. 1905: General Nikolai P. Linewitsch löst Kuropatkin als Oberbefehlshaber der russischen Truppen im Fernen Osten ab.

21. 4. 1905: Die französische Regierung unter Maurice Rouvier richtet wegen der Anwesenheit der Baltischen Flotte in der Kamranh-Bucht eine Protestnote an die russische Regierung. Als Großbritannien diesen Protest unterstützt, erteilt die russische Regierung Konteradmiral Roschdestwenski den Befehl, die zum französischen Kolonialgebiet Indochina gehörende Bucht zu verlassen.

9. 5. 1905: Die russische Baltische Flotte vereinigt sich mit dem zweiten Geschwader bei Saigon.

27. 5. 1905: Die Niederlage Rußlands in der Seeschlacht von Tsuschima in der Koreastraße entscheidet den Russisch-Japanischen Krieg (→ 27. 5./S. 90).

5. 9. 1905: In Portsmouth wird der Friedensvertrag zur Beendigung des Russisch-Japanischen Kriegs unterzeichnet. Rußland erkennt Korea als japanisches Interessengebiet an und tritt die Pachtrechte an Port Arthur sowie den südlichen Teil von Sachalin an Japan ab (→ 5. 9./S. 162).

Mit gewaltigen Granaten beschießt die japanische Artillerie während der Belagerung von Port Arthur die Forts der umkämpften Stadt.

Die japanischen Truppen ziehen am 12. Januar feierlich in das eroberte Port Arthur ein und paradieren vor dem siegreichen General Maresuke Nogi.

Vom Schogunat zur Großmacht – aggressiv und gnadenlos

Chronik Hintergrund

1867 endete in Japan nach über 600 Jahren die Herrschaft der Schogune (»Kronfeldherren«). Angesichts des wachsenden Widerstands der Bauern, des städtischen Bürgertums und der mächtigsten Daimio (Territorialfürsten), die sich auf die Seite des Meidschi Tenno (Kaiser) Mutsuhito geschlagen hatten, sah sich der letzte Schogun gezwungen, die oberste Macht an den Kaiser zurückzugeben.

In der ersten Zeit der Meidschi-Regierung wurden grundlegende Reformen durchgeführt, die die rasche Modernisierung des Landes begünstigten: Die feudalen Lehen wurden abgeschafft, die feste Bindung der Bauern an den Boden aufgehoben und der freie An- und Verkauf von Land ermöglicht; Wissenschaftler und Techniker wurden zu Studienzwecken nach Westeuropa und in die USA delegiert, ausländische Spezialisten ins Land gerufen. Es entstand eine Wirtschaft, die auf den Errungenschaften der entwickeltesten Industriestaaten fußte.

Für den beschleunigten Ausbau des militärischen Sektors war in den ersten Jahrzehnten der Meidschizeit von Bedeutung, daß Japan in den 50er Jahren mit den USA und europäischen Staaten ungünstige Handelsverträge hatte abschließen müssen und nun um die Wiedererlangung seiner vollen Souveränität rang. Beim Aufbau der staatlichen Industrie wurde deshalb von Anfang an der Rüstungsbereich bevorzugt.

1873 wurde die allgemeine Wehrpflicht eingeführt, und schon 1874 begannen mit der Truppenlandung auf Taiwan die aggressiven außenpolitischen Unternehmungen Japans. 1875 fiel Japan in Korea ein und zwang es ein Jahr darauf zum Abschluß des Vertrags von Kanghwa, der dem Handel drei Vertragshäfen öffnete. 1879 annektierte Japan die Riukiuinseln, 1894/95 sicherte es sich im Chinesisch-Japanischen Krieg die Vorherrschaft in Korea. Die von China zu zahlenden Kriegskontributionen beschleunigten den industriellen Aufschwung.

◁ Die Karikatur vom japanischen Meidschi Tenno (Kaiser) Mutsuhito als der »aufgehenden Sonne« bezieht sich auf den Sieg im Krieg gegen Rußland ebenso wie auf die japanische Bezeichnung »Nippon« (Sonnenaufgang) für »Japan«. Bei der japanischen Kriegsflagge ziehen sich vom Rand des roten (Sonnen-)Balls rote, verbreiternde Streifen nach außen. Mutsuhito wurde nach dem Ende des Schogunstaats im Jahr 1867 der eigentliche politische Herrscher in Japan und führte die das Land modernisierenden Meidschireformen durch.

◁◁ Zar Nikolaus II. als »untergehende Sonne«; wie die Karikatur vom japanischen Tenno schuf auch diese Karikatur der französische Künstler Denizard Orens.

Nach dem Chinesisch-Japanischen Krieg wurde Japan Kolonialmacht: Es annektierte Taiwan und die Pescadoresinseln. Nach Intervention von Rußland, Deutschland und Frankreich mußte es zwar auf die Halbinsel Liaotung in der Südmandschurei verzichten; die Revision der Handelsverträge im Jahr 1899 zeigte jedoch, daß die USA und die europäischen Großmächte begannen, Japan als gleichberechtigt anzusehen.

Petersburger Blutsonntag

22. 1., Petersburg. In Petersburg (1924–1991 Leningrad) lösen Soldaten eine friedliche Demonstration von etwa 140 000 Arbeitern, Frauen und Kindern brutal auf. Vor dem Schloßplatz des Winterpalais eröffnen die Truppen das Feuer auf die unbewaffnete Menge. 1000 Menschen finden den Tod, über 2000 werden verletzt. Der Tag erhält im Ausland sofort die Bezeichnung »Blutsonntag«.

Das Massaker ist der traurige Höhepunkt einer Welle von Streiks und Demonstrationen, die seit einer Woche andauern. Die Demonstranten waren zum Winterpalais gezogen, um Zar Nikolaus II. eine Bittschrift zu überreichen. Darin forderten sie neben der Einführung des Achtstundentags und eines Arbeiterschutzgesetzes auch die Trennung von Kirche und Staat, die Übereignung des Bodens an die Bauern sowie die progressive Einkommensteuer.

Allgemein beschreibt die Petition die Lage der Arbeiterschaft wie folgt: »Man behandelt uns wie Sklaven, ... die ihr bitteres Schicksal schweigend tragen müssen. Wir duldeten all dies, aber man stößt uns immer weiter und weiter in den Pfuhl der Armut, der Rechtlosigkeit und Unwissenheit ... Wir sind bei dem furchtbaren Augenblick angelangt, in dem der Tod willkommener ist als die Fortsetzung der unerträglichen Qualen.«

Hauptgrund für die große Unruhe und Unzufriedenheit in der Arbeiterschaft ist der Russisch-Japanische Krieg (→ 2. 1./S. 12). Er hat eine Teuerung von 20 bis 40% gebracht, die durch Lohnerhöhungen in keiner Weise aufgefangen werden konnte.

Die Streiks zur Durchsetzung der Forderungen nahmen am 16. Januar ihren Anfang im Putilow-Werk, dem größten Petersburger Rüstungsbetrieb, der etwa 20 000 Arbeiter beschäftigt. Zwei Tage später traten auch die 8000 Arbeiter der Stieglitzschen Fabrik in den Ausstand. Am selben Tag proklamierten die 12 000 Arbeiter der Newski-Schiffbauanstalt den Streik. Dadurch stoppte die Produktion der für den Russisch-Japanischen Krieg so wichtigen Unterseeboote, Torpedo- und Kanonenboote. Zuletzt schlossen sich die 7000 Arbeiter der Newa Zwirn- und Flachsmanufakturen am 18. Januar der Streikwelle an. Am 20. Januar streikten in Petersburg bereits 130 000 Arbeiter. Finanzminister Wladimir N. Kokowzew erklärte am selben Tag einer Fabrikanten-Abordnung, daß Zar Nikolaus II. beschlossen habe, drei Kavallerieregimenter aus Peterhof sowie eine Division Infanterie aus Reval zur Bewachung der Fabriken einzusetzen. In das Petersburger Arbeiterviertel wurde Artillerie entsandt, das Militär erhielt scharfe Patronen. Führer der Streikbewegung ist der Pope Georgi A. Gapon, der 1904 im Einvernehmen mit der Polizei die »Vereinigung russischer Fabrikarbeiter von St. Petersburg« gegründet hat. Alle elf Sektionen der Vereinigung beschlossen, dem Zaren eine von Gapon verfaßte Bittschrift zu überreichen.

Eine Abschrift der Petition wurde am 21. Januar um 23 Uhr dem Innenminister, Fürst Pjotr D. Swjatopolk-Mirski übergeben, der das Schriftstück unverzüglich dem Zaren zuleitete. Dieser lehnte es ab, eine Delegation der Arbeiter am 22. Januar um 14 Uhr im Winterpalais zu empfangen. Noch in der Nacht suspendierte Nikolaus II. die Gewalten der Zivilbehörden in Petersburg und übertrug die Wahrung der öffentlichen Ordnung seinem Onkel, Großfürst Wladimir Alexandrowitsch, dem Kommandanten des Petersburger Militärbezirks. Dann reiste er nach Zarskoje Selo, ist also am »Blutsonntag« für die Bittsteller nicht erreichbar.

Der politische Schaden für Zar Nikolaus II. ist enorm. Das Vertrauen, das die Arbeiterschaft in ihn hatte, ist völlig zerstört. Es tritt das ein, wovor der Pope Gapon in seinem Schreiben an den Zaren gewarnt hat, die Revolution: »Herrscher, glaube nicht, daß Dir die Minister die volle Wahrheit über die Lage [der Arbeiter] gesagt haben. Das ganze Volk vertraut Dir und beschloß, morgen Nachmittag um 2 Uhr vor dem Winterpalais zu erscheinen, um Dir seine Not darzulegen. Wenn Du, wankelmütig, nicht vor dem Volk erscheinst, dann zerreißt Du das moralische Band zwischen Dir und dem Volk.«

▷ *Soldaten feuern auf Demonstranten an der Troizki-Brücke (Darst. aus der »Illustrated London News«).*

Die Demonstrationsteilnehmer, die zum Winterpalais strömen, tragen Banner, Heiligenbilder und Porträts von Zar Nikolaus II.

Schüsse auf friedliche Arbeiter, Frauen und Kinder

Chronik Protokoll

8.00 Uhr: Die Brücken, die aus dem Arbeiterviertel Wassiljewski-Ostrow ins Stadtzentrum führen, sind von Kosaken und Ulanen besetzt. Die Arbeiter, die sich in der Nähe der Brücken versammelt haben, um zum Winterpalais zu ziehen, dürfen in Zweier- und Dreiergruppen passieren.

10.00 Uhr: Ein Zug von 15 000 Demonstranten rückt von der Ochtenski-Werft aus vor. Als Kosaken Salven abfeuern, fliehen die Arbeiter auf die zugefrorene Newa.

12.00 Uhr: Mehrere tausend Arbeiter ziehen aus Wassiljewski-Ostrow, wo es bislang ruhig geblieben ist, zur Nikolai-Brücke, fordern Durchlaß und bitten die Soldaten, nicht zu schießen. Diese drängen die Menge zurück.

14.00 Uhr: Die Truppen vor dem Winterpalais geben zwei Salven ab. Die Verwundeten und Toten werden über den Newski-Prospekt abtransportiert. Truppen verfolgen die Demonstranten, die sich in angrenzende Straßen flüchten.

Der Pope Georgi A. Gapon (M. mit Kutte) und Mitglieder des von ihm gegründeten Arbeitervereins

14.35 Uhr: Auf dem Suworow-Platz an der Troizki-Brücke feuern die Truppen drei Salven auf die von Norden von der Petersburger Seite herandrängenden Arbeiter.

15.45 Uhr: Die Arbeiter gehen zum gewaltsamen Widerstand über, bewaffnen sich mit Werkzeugen und Säbeln und errichten Barrikaden.

16.30 Uhr: Mit drei Salven vertreibt das Militär die dichtgedrängte Menge vom Newski-Prospekt.

17.00 Uhr: Die Meldung von der Verhaftung des als Rädelsführer betrachteten Popen Gapon erweist sich als falsch. Die Polizei hat irrtümlicherweise einen anderen Priester festgenommen, Gapon ist entkommen.

Soldaten und Demonstranten stehen sich vor dem Winterpalais gegenüber. Szene aus dem nach den blutigen Ereignissen 1925 gedrehten Film »Schwarzer Sonntag«, der das Massaker propagandistisch ausschlachtet

Die Teilnehmer an dem Demonstrationszug führen neben Fahnen auch Kruzifixe mit sich, um auf ihre friedlichen Absichten aufmerksam zu machen.

Großfürst Wladimir Alexandrowitsch befehligt am Petersburger »Blutsonntag« die Truppen.

General Dmitri F. Trepow, ab 24. Januar Generalgouverneur von Petersburg mit diktatorischer Gewalt

»Gehen wir zum Zaren«

Chronik Zeitzeuge

Der Revolutionär und spätere Historiker Michail N. Pokrowski schildert den Petitionszug zum Winterpalais und betont die Rolle der Sozialdemokraten. Pokrowski wandelt sich unter dem Eindruck der Ereignisse von 1905 zum aktiven Bolschewiken. Als Bolschewik verschweigt er die Tatsache, daß der Petitionszug von dem Popen Georgi A. Gapon initiiert wurde, von einem Popen allerdings, den die Arbeiterschaft bald verdächtigte, mit der zaristischen Geheimpolizei Ochrana zusammenzuarbeiten:

»Noch vor Morgengrauen begannen sich an diesem schicksalsvollen Tage Arbeiter um die Abteilungszentren zu versammeln. Es erschienen ungefähr 200 000 Menschen, aber den Beteiligten war es noch zu wenig; ›zu wenig Volk, zu wenig‹, hörte man in der Menge.

Zum letzten Male vernahm man Reden, in denen das unaussprechliche Arbeiterelend geschildert wurde, ... mit all den wirren Gedanken, den alten und neuen, die nach außen drängten: ›Genossen, ihr wißt, wohin wir gehen. Wir gehen in Wahrheit zum Zaren selbst. Wir haben keine Kraft mehr, so zu leben ... Wir müssen Rußland vor den Beamten retten, unter deren Joch wir leiden. Man preßt aus uns Schweiß und Blut heraus. Man braucht euch unser Arbeiterleben nicht zu schildern. Bis zu zehn Familien leben wir in einem Zimmer, darunter auch Unverheiratete. Stimmt es, was ich gesagt habe?‹ – ›Es stimmt, es stimmt‹, schrie man von allen Seiten. ›Und nun, Genossen, gehen wir zum Zaren. Wenn er unser Zar ist, wenn er sein Volk liebt, muß er uns anhören.‹

In dieser Zeit waren alle Vorbereitungen zum Schießen schon getroffen. Die Truppen standen in Bereitschaft. Da man sich auf die Petersburger Truppen nicht verließ, war Infanterie aus Pskow herbeigeholt worden ...

Den ersten Truppen und den ersten Schüssen begegneten die Arbeiter schon an der Stadtgrenze, ... jedoch gelang es dem größten Teil der Manifestanten, den Schloßplatz zu erreichen. Das leere Winterpalais wurde von dichten Truppenmassen mit Artillerie gedeckt, als drohe ihm eine Belagerung. Man ließ die Menge sich versammeln, als wollte man sie in eine Falle locken. Sie begann sich schon zu beruhigen, in der Meinung, die Schüsse wären nur ein Mißverständnis, vielleicht eine Dummheit der einzelnen Truppenchefs gewesen, als plötzlich auf dem Platze ein Horn erschallte und das Feuer begann. Zu Hunderten fielen Getötete und Verwundete – in das menschliche Dickicht konnte man leicht zielen. Nach dem ersten Augenblick der Panik gerieten die auseinandergelaufenen Arbeiter in Wut und rächten sich an einzelnen Soldaten und Schutzleuten für die Verbrechen der Generale und Polizeichefs. Das rief neue Salven hervor und neue Wutausbrüche der Menge.

Zu irgendwelchen organisierten Handlungen kam es fast gar nicht, außer auf der Wassiljewski-Insel, wo man ein Waffenmagazin plünderte und Barrikaden zu bauen begann. Die Sozialdemokraten, die man am Tage vorher noch nicht anhören wollte, begannen eine Rolle zu spielen: ›Man hörte ihnen jetzt zu‹, schreibt ein Augenzeuge. Einige Tage war in Petersburg alles ruhig, so ruhig, daß der neuernannte Generalgouverneur Trepow ... es für notwendig hielt, ›die Sache gutzumachen‹; er stellte selbst eine Deputation ›aus Arbeitern‹ zusammen. Diese ›von der Polizei erlaubte‹ Deputation wurde von Nikolaus in Zarskoje Selo empfangen. Als die ›Deputierten‹ zurückkehrten, konnten sie sich des Spotts und der Angriffe der Arbeiter in den Fabriken nicht erwehren.

Aber wenn es in den Straßen Petersburgs ruhig war (der Streik wurde nicht für einen Tag unterbrochen), so rief der 9. Januar [julianischer Zeitrechnung, nach der in Westeuropa üblichen gregorianischen Zeitrechnung 22. Januar] auf dem flachen Lande Rußlands eine solche Bewegung hervor, wie man sie vorher noch nicht gesehen hatte. Zwei Monate lang dehnte sich der Streik von einem Ort auf den andern aus. Er erfaßte 122 Städte und Städtchen und etwa bis zu einer Million Arbeiter.

Das Rußland im Januar 1905 und das Rußland im März desselben Jahres, es waren zwei verschiedene Länder – so sehr das erste untertänig war, so sehr war das zweite revolutionär, wenn auch noch unorganisiert.«

Streikende Arbeiter des Putilow-Werks. Im größten Petersburger Rüstungsbetrieb beginnt am 16. Januar die Streikwelle.

»Blutzar« regiert als Diktator mit eiserner Faust

23. 1., Petersburg. Als erste Reaktion auf die Unruhen des »Blutsonntags« (→ 22. 1./S. 16) wird die von dem Popen Georgi A. Gapon gegründete »Vereinigung russischer Fabrikarbeiter von St. Petersburg« verboten. Ansonsten herrscht in der russischen Hauptstadt weitgehend Ruhe. Die Streiks gehen zwar weiter, es kommt aber nicht mehr zu gewaltsamen Zusammenstößen zwischen Arbeitern und Soldaten.

Während der Ausstand auf Moskau übergreift, errichtet Zar Nikolaus II., den viele westeuropäische Zeitungen nun den »Blutzaren« nennen, in der Nacht auf den 25. Januar in Petersburg eine Militärdiktatur. General Dmitri F. Trepow, bisher Oberpolizeimeister in Moskau, erhält den Titel eines Generalgouverneurs von Petersburg mit diktatorischen militärischen und administrativen Befugnissen – die entsprechenden Machtmittel des Innenministeriums gehen ebenfalls auf ihn über. Während sich Trepow für diesen Posten durch die blutige Niederwerfung von Studentenunruhen im Dezember 1904 in Moskau empfohlen hat, muß sich Innenminister Pjotr D. Swjatopolk-Mirski ungerechtfertigterweise den Vorwurf gefallen lassen, die Situation mitverschuldet zu haben; er habe nämlich die Möglichkeit geschaffen, Mißstände offen zu diskutieren. Swjatopolk-Mirski reicht daraufhin seinen Rücktritt »wegen zerrütteter Gesundheit« ein und wird durch den Erzkonservativen Alexandr G. Bulygin ersetzt.

General Trepow verfügt sofort nach Amtsantritt erste Zwangsmaßnahmen, als er eine große Anzahl oppositioneller Intellektueller verhaften läßt. Allen Streikenden wird die sofortige Zwangsdeportation in die Heimat angedroht, falls sie nicht bis zum 27. Januar die Arbeit wieder aufnehmen.

Angesichts dieses harten Kurses flauen die Unruhen im Innern Rußlands vorübergehend ab. In Moskau, Kiew, Saratow, Reval und Riga wird Ende Januar bis Anfang Februar die Arbeit wieder aufgenommen, dafür brechen Streiks in Tiflis, Batumi und Poti aus. Nach westlichen Berichten ist die Lage in Petersburg weiterhin gespannt: Die Arbeiter der Hauptstadt begegnen den Mitgliedern einer »Arbeiterdelegation«, die der Zar am 1. Februar auf Anraten Trepows empfängt, mit Spott und Verachtung.

In Russisch-Polen, im russischen Großfürstentum Finnland und in Kaukasien tritt hingegen keine Ruhe ein: Bei den nichtrussischen Nationalitäten ist das Ziel der Erhebung die Erringung ihrer staatlichen Unabhängigkeit.

Gorki im Kerker – weltweite Proteste

Chronik Zur Person

Weltweiten Protest löst die Verhaftung des Dichters Maxim Gorki aus. Er ist der im Ausland bekannteste unter den Intellektuellen, die nach dem Amtsantritt des Petersburger Generalgouverneurs Dmitri F. Trepow wegen ihrer offenen Sympathien für die Revolution eingekerkert werden.

Noch am 22. Januar hatte Gorki seinen »Aufruf an alle russischen Bürger und an die öffentliche Meinung der europäischen Staaten« verfaßt. Damit protestiert er gegen das Vorgehen des Militärs beim »Blutsonntag«.

Gorki, »der Bittere«: Sozialkritischer Erzähler und Dramatiker

△ Studentendemonstration in Petersburg. Im ganzen Russischen Reich finden Kundgebungen für den Erlaß einer Verfassung statt. Beim Einschreiten der Polizei gibt es überall Tote und Verwundete.

◁ Streikende Naphta-Arbeiter setzen die Bohrtürme in Baku (Aserbeidschan), einem der größten Industriezentren Rußlands, in Brand. Die von den Unruhen am heftigsten betroffenen Städte sind Petersburg, Moskau, Riga, Warschau, Baku, Tiflis und Batumi.

Am 29. Januar reiten Husaren in Warschau, der Hauptstadt Russisch-Polens, streikende Arbeiter nieder, die ein Stiefelgeschäft plündern. Bei Zusammenstößen werden in Russisch-Polen Ende Januar mehrere hundert Arbeiter getötet.

Elend in Stadt und Land

Chronik Hintergrund

Die soziale Lage der russischen Industriearbeiter und Bauern im Jahr 1905 unterscheidet sich grundlegend, obwohl beide Gruppen in völliger materieller Verelendung leben.

Das Los der Fabrikarbeiter ist im Durchschnitt weniger hart als das der großen Masse der Bauern. Die Fabrikarbeiter beziehen vergleichsweise höhere Löhne und zeichnen sich durch ein höheres Bildungsniveau aus. Dies hat zu einem ausgeprägten Klassenbewußtsein geführt – in einem so hohen Maße, daß die Obrigkeit die proletarischen Ideale der Industriearbeiterschaft durch eine Art »Polizeisozialismus« zu kanalisieren versucht: Mit Hilfe der Polizei werden »Arbeitervereinigungen« gegründet. Der frühere Zusammenhalt zwischen Fabrikarbeitern und Bauern ist fast völlig aufgehoben. Bis zur Bauernbefreiung durch Zar Alexander II. im Jahr 1861 fehlte eine persönlich freie, an Grund und Boden nicht gebundene Arbeiterschaft. So zählte Moskau, das Zentrum der russischen Industrie, zwar Anfang des 19. Jahrhunderts rund 40 000 sog. Fabrikarbeiter, aber nur 10% von ihnen gehörten zur städtischen Bevölkerung, die übrigen waren von Gutsherren verkaufte oder vermietete Leibeigene. Mit der Reform des Jahres 1861, die den Bauern die persönliche Freiheit brachte, änderten sich diese Zustände.

Die Bauern erhielten das Recht, durch Geld oder Arbeitsleistung ihre Gehöfte als Eigentum zu erwerben. Zahlreiche Reste der alten Ordnung wurden jedoch beibehalten, so die gutsherrlichen Latifundien und Elemente feudaler Zwangsarbeit in Form von Dienstverpflichtung und »Abarbeit« (»Otrabotka«). Dies führte dazu, daß sich kapitalistische Strukturen in der Landwirtschaft weit weniger rasch entfalten konnten als in der Industrie, obwohl auch in der Landwirtschaft das System der Lohnarbeit gegenüber dem der »Abarbeit« bald überwog.

Die alte Dorfgemeinde, die »Obschtschina« bzw. der »Mir«, geriet in Verfall. An die Spitze der sozialen Hierarchie, die sich in den Dörfern herausbildete, traten die Mittel- und Großbauern. Das Gros der »freien« Bauern verarmte, obwohl nach blutigen Bauernaufständen die Ablösungszahlungen für die zu erwerbenden Gehöfte wiederholt gesenkt wurden. Agrarrevolutionäre Gruppen wie die Narodniki (»Volkstümler«) konnten zwar auf die Armut der Bauern aufmerksam machen, an der Politik der zaristischen Regierung änderte sich jedoch nichts.

Während die Regierung die Landwirtschaft nach der Bauernbefreiung weitgehend sich selbst überließ, entwickelte sich die Industrie rasant, vor allem unter Sergei J. Witte, der 1892 das Finanzministerium übernahm und seither großen Einfluß auf die Innenpolitik ausübt; seit 1903 ist er Vorsitzender des Ministerkomitees. Witte gilt als Urheber der Industrialisierung Rußlands. Durch direkte und indirekte Begünstigung zog das »System Witte« französisches, belgisches und deutsches Kapital ins Land; es kam zu einem bis dahin nicht erlebten Gründerboom. Der Zustrom proletarisierter Bauern ließ als Folgeerscheinung die Städte wachsen. Die Zahl der Fabrikarbeiter stieg von 1890 bis 1900 um 66,5% auf rund 3 Mio., die der Werke und Fabriken um 18,3%. Der Wirtschaftskrise, die 1899 ausbrach und erst vor Beginn des Russisch-Japanischen Kriegs etwas gemildert war, fielen Tausende von kleinen und mittleren Betrieben zum Opfer. Das Anwachsen des Großstadtproletariats während des Aufbaus der Großindustrie unter Witte bedeutete eine Vermehrung der sozialen und politischen Spannungen, wobei die Sozialdemokratie an Boden gewann. Die Niederlagen im Krieg gegen Japan, die auch beim Bürgertum das Ansehen der zaristischen Regierung untergruben, lösten schon 1904 revolutionäre Erhebungen sowie Meutereien in Heer und Flotte aus.

Vernichtungsfeldzug gegen Hottentotten und Hereros

4. 1., Groß-Nabas. Deutsche Schutztruppen unter Oberst Berthold Deimling erstürmen nach fünfzigstündigem Gefecht die Hottentotten-Festung Groß-Nabas. Es ist die für beide Seiten verlustreichste Schlacht im Hottentottenkrieg, der seit 1904 in Deutsch-Südwestafrika (Namibia) tobt.

Mit der Eroberung von Groß-Nabas geht die Siegesserie der deutschen Truppen weiter, die begann, als der auch von Konservativen als »Völkermörder« bezeichnete General Lothar von Trotha 1904 die Führung in diesem blutigen Kolonialkrieg übernommen hat.

△ Eine deutsche Maschinengewehrabteilung im Hottentottenkrieg. Am 1. Januar 1905 stehen 11 741 deutsche Soldaten mit 9987 Pferden, 54 Geschützen und 16 Maschinengewehren auf dem Kriegsschauplatz in der südwestafrikanischen Kolonie.

◁◁ Generalleutnant Lothar von Trotha (56), Oberbefehlshaber in Deutsch-Südwestafrika

◁ Hottentottenhäuptling Hendrik Witbooi (80) begann 1886 einen Raubkrieg gegen Hereros und Deutsche. Generalgouverneur Leutwein nahm ihn 1894 in der Naukluft gefangen. Zehn Jahre leistete Witbooi den Deutschen darauf Heeresfolge.

Ovambos, Klippkaffern, Bastaards

Die einheimische Bevölkerung der Kolonie Deutsch-Südwestafrika scheidet sich ethnographisch in zwei Hauptstämme, die sich feindselig gegenüberstehen und bekämpfen: Bantus im Norden und Hottentotten im Süden.

Zu den Bantus gehören die Ovambos, die um die Jahrhundertwende 53 000 Stammesangehörige zählten, und die Hereros (80 000), zu den Hottentotten (80 000) die Namas. Hinzu kommen noch die hottentottisch-burischen Mischlinge oder »Bastaards« (2000) und die über das ganze Gebiet verstreuten, aber meist im Norden lebenden, räuberischen, nomadisierenden Bergdamas oder Klippkaffern (35 000) sowie die Namabuschmänner (3000).

Der Hottentottenkrieg entwickelte sich aus einem Aufstand der Bondelswart-Hottentotten unter ihrem Häuptling Hendrik Witbooi Ende 1903. Ursachen der Erhebung waren u.a. ein starker Zustrom weißer Farmer, die die Eingeborenen zurückdrängten, und die Verschuldung vieler Eingeborener bei weißen Händlern. Generalgouverneur Theodor Leutwein versuchte vergeblich, die weitere Verschuldung der Eingeborenen durch Kreditverordnungen zu verhindern.

Als sich zusätzlich zu den Bondelswarts am 12. Januar 1904 die Hereros unter Samuel Maharero erhoben, forderte Leutwein militärische Verstärkung aus dem Deutschen Reich an, da seine Schutztruppen nicht in der Lage waren, die Unruhen niederzuwerfen – inzwischen hatte sich der Bondelswart-Aufstand zu einer allgemeinen Erhebung der Hottentotten ausgeweitet. In dieser Situation erhielt Trotha den Oberbefehl.

Während Generalgouverneur Leutwein die »Befriedung« der Aufständischen erzielen wollte, um die »Volkskraft« der Eingeborenen in der Kolonie zu erhalten, vertrat Trotha den militärischen Standpunkt, nur durch die Vernichtung des Gegners könne der Frieden erreicht werden. Am 11. August 1904 schlug er die Hereros am Waterberg und trieb sie in die wasserarme Sandwüste, wo Tausende verdursteten.

Aus Protest gegen diesen Völkermord trat Leutwein von seinem Posten zurück und traf am 30. Dezember wieder in Deutschland ein. In einem Interview mit der »Berliner Zeitung« sagt er: »Man hat mir Milde vorgeworfen, und ich kann diese auch gar nicht falsch finden; denn die Politik ist ein Rechnen mit Möglichkeiten, und ich habe die Politik des Möglichen getrieben.« Nach Leutweins Ansicht »gärt« es in ganz Afrika derart, daß ein allgemeiner Aufstand befürchtet werden muß. Die Erhebung des Hottentottenhäuptlings Hendrik Witbooi sei ohne lange Vorbereitung erfolgt; hätte sich Witbooi ein Jahr früher erhoben, hätte es ihm gelingen können, die Deutschen mit seiner Übermacht zu schlagen. Auch der Herero-Aufstand sei ohne Ankündigung ausgebrochen: Nicht einmal die Siedler, die mitten unter den Hereros wohnten, hätten die Gefahr geahnt, sonst würden sie sich in Sicherheit gebracht haben. Als Hauptgrund für die Aufstände nennt der zurückgetretene Generalgouverneur Leutwein den Umstand, »daß die weiße Bevölkerung von Jahr zu Jahr zugenommen und sich dadurch die Reibungsfläche zwischen Schwarzen und Weißen vergrößert hat«.

Während Leutwein in Deutschland Interviews gibt, geht der blutige Kolonialkrieg in Südwestafrika weiter. Einige der überlebenden Hereros kämpfen inzwischen auf der Seite der Hottentotten, ihrer einstigen Hauptfeinde. Die Aufständischen verwickeln die deutschen Schutztruppen in einen langwierigen und mühsamen Guerillakrieg. Reichskanzler Bernhard Graf von Bülow hat nach Protesten in der deutschen Öffentlichkeit über Trothas brutales Vorgehen den General telegraphisch angewiesen, seine Vernichtungsstrategie dahingehend zu ändern, allen freiwillig sich ergebenden Hereros »Aufnahme« zu gewähren; nicht geschont werden sollen nur »Schuldige« und »Anführer«.

Gefangene Hereros in Ketten. »In Deutschland rufen die schwachnervigen Gemüter Weh und Ach«, kommentiert Frieda Freiin von Bülow in der Zeitschrift »Die Woche« (Nr. 34), »wenn sie von blutigen Striemen hören, die gelegentlich Hiebe der Nilpferdgerte auf dem Rücken des Negers hinterlassen. Sie würden sich vollkommen beruhigen, wenn sie wüßten, wie gut und schnell der Negerrücken solche Striemen überwindet und wieviel weniger hart eine kurze körperliche Züchtigung für ihn ist als eine Geld- oder Freiheitsstrafe.«

◁ Von den deutschen Truppen unter General Lothar von Trotha in die wasserlose Wüste Kalahari getriebene Hereros, wo viele ihrer Stammesgenossen verdursten. Von den 80 000 Hereros überleben 12 280 den Krieg in deutschen Gefangenenlagern und weitere 700 als Flüchtlinge im britischen Betschuanaland.

Deutsch-Südwestafrika: Widerstand gegen Kolonialherren

Chronik Rückblick

Die Kolonie Deutsch-Südwestafrika liegt zwischen der portugiesischen Kolonie Angola im Norden, dem britischen Protektorat Betschuanaland im Osten und der britischen Kapkolonie im Süden; die Westgrenze bildet der Atlantische Ozean.

1486 entdeckte der portugiesische Seefahrer Bartolomeu Diaz an der Küste von Südwestafrika eine Bucht, die er wegen ihrer Kleinheit Angra Pequeña nannte. Ab 1805 wirkten hier deutsche Missionare, anfangs im Dienst der London Missionary Society, später für die Rheinische Mission.

Als Gründer der Kolonie Deutsch-Südwestafrika gilt der Großkaufmann Franz Adolf Lüderitz. 1883 erwarb er durch Kaufverträge mit dem Nama-Häuptling Frederiks die Küste vom Oranjefluß bis 26° südlicher Breite und ließ im Hafen von Angra Pequeña die Handelsstation Fort Vogelsang anlegen. Dieses sog. Lüderitzland wurde 1884 unter deutschen Reichsschutz gestellt; der Schutz wurde noch im selben Jahr vom 26. Breitengrad bis Fort Frio ausgedehnt; ausgenommen waren die Walfischbucht und die vorgelagerten kleinen Inseln, die Großbritannien für sich beanspruchte. Durch Verträge mit Portugal (1886) und Großbritannien (1890) wurden die äußeren Grenzen der Kolonie festgelegt. Im Inneren wurden bis 1890 Schutzverträge mit den Häuptlingen abgeschlossen, doch mußte sich der erste Reichskommissar, Heinrich Ernst Goering, in die britische Walfischbucht zurückziehen, da er kaum über militärische Hilfsmittel verfügte.

Deutsche Kolonien in Afrika

1889 entsandte die Reichsregierung eine kleine Schutztruppe unter dem Kommando von Hauptmann Kurt von François. Diese hatte ihren Hauptstützpunkt in Windhuk, konnte aber die andauernden Kämpfe zwischen den verfeindeten Hottentotten und Hereros nicht beenden.

Erst dem folgenden Gouverneur, Theodor Leutwein, gelang es im Herbst 1894, den rebellischen Hottentottenhäuptling, Hendrik Witbooi, in der Naukluft zu unterwerfen. 1896 schlug Leutwein einen Aufstand der Hereros nieder, 1897/98 zerschlug er eine Erhebung der Swartboi-Hottentotten. Durch geschicktes Gegeneinanderausspielen der verfeindeten Hottentotten und Hereros gelang es ihm, die deutsche Herrschaft in Südwestafrika zu stabilisieren. 1898 richtete er Eingeborenenreservate ein, in denen sich kein Stammesfremder ohne Erlaubnis des Gouverneurs ansiedeln oder Handel treiben durfte. Dennoch drängte der wachsende Zustrom weißer Farmer die Eingeborenen zurück.

Gesundheit 1905:

Grippe sucht Europa heim

Chronik Übersicht

Der Kampf gegen Infektionskrankheiten und Seuchen ist das herausragende Thema des Jahres 1905.

Eine epochale Entdeckung auf diesem Gebiet gelingt dem deutschen Zoologen Fritz Schaudinn am 3. März am Kaiserlichen Gesundheitsamt in Berlin: Bei den gemeinsam mit dem Dermatologen Erich Hoffmann vorgenommenen Untersuchungen über einen angeblichen Syphiliserreger entdeckt er die Spirochäte als Erreger der »Franzosenseuche«. Damit ist, nachdem die Erreger von Tripper und Weichem Schanker bereits im letzten Jahrhundert gefunden wurden, auch der Verursacher der »Lustseuche« entdeckt.

Nach der Entdeckung des Syphiliserregers beginnt die fieberhafte Forschung nach einem Mittel gegen die tödliche Geschlechtskrankheit. Wie bei der Bekämpfung der anderen Infektionskrankheiten ist die Forschung dabei in zwei Lager gespalten: Serumtherapeuten contra Chemotherapeuten.

Die Serumtherapie geht davon aus, daß der Körper nach Injektion eines Gegenmittels die Krankheitserreger abtötet. Dies ist jedoch nicht immer der Fall. Oft bilden sich »serumfeste Stämme«, die wieder mit einem anderen Serum bekämpft werden müssen, worauf wieder neue Immunstämme entstehen können.

Die Chemotherapie geht davon aus, daß chemische Stoffe die Vermehrung der Krankheitserreger im Körper so weit hemmen, daß sie die Erreger entweder abtöten oder diese durch körpereigene Abwehrreaktionen unschädlich gemacht werden. Auf dieser Grundlage und auch diesen Vorteil nutzend beginnt Paul Ehrlich, Leiter des Instituts für experimentelle Therapie in Frankfurt am Main, mit der Entwicklung eines Gegenmittels. Er nennt es Salvarsan; die Erprobung am Menschen gelingt dem Japaner Sahatschiro Hata.

Eine andere Infektionskrankheit, die Grippe, die im Jahr 1889 Europa erstmals seit Jahrzehnten wieder als Epidemie heimgesucht hat und der Tausende zum Opfer gefallen sind, ist inzwischen zur Dauerkrankheit geworden. Die Grippe hat zwar ihren tödlichen Schrekken verloren – 1892 entdeckte der deutsche Bakteriologe Richard Pfeiffer den Erreger –, doch zählt sie auch in diesem Jahr zu den epidemisch auftretenden Krankheiten. Die Menschen haben sich anscheinend an sie gewöhnt; sie ist jetzt lediglich eine »witterungsbedingte Saisonkrankheit«, die allerdings einen aufsehenerregenden Todesfall fordert: Am 17. Januar stirbt die erst 20jährige Großherzogin Karoline von Sachsen-Weimar daran. Wegen der Grippewelle werden auch die für den 27. Januar anläßlich des Kaisergeburtstags vorbereiteten Hoffestlichkeiten abgesagt.

Die Pest fordert jedoch mehr Opfer. In Britisch-Indien sterben allein in den ersten drei Monaten dieses Jahres 400 000 Menschen an dieser mörderischsten aller Infektionskrankheiten. Europa kann sich dieser Krankheit gegenüber nicht in Sicherheit wiegen: Zwar ist die Pest 1720/21 in Europa zum letzten Mal epidemisch aufgetreten, doch die Kolonialpolitik und die Fortschritte im Verkehrswesen haben die Welt zusammenrücken lassen. Anders als in den 90er Jahren ist die Medizin 1905 besser gerüstet. Die furchtbaren Pestkatastrophen von Hongkong (1894) und Bombay (1896) haben die moderne Pestforschung ausgelöst: 1894 entdeckten der schweizerische Tropenarzt Alexandre Yersin und der japanische Bakteriologe Schibasaburo Kitasato unabhängig voneinander den Erreger der Pest, und Yersin entwickelte das nach ihm benannte Pestserum.

Was die Cholera betrifft, die 1905 auch nach Deutschland eingeschleppt wird, so bewähren sich die von Robert Koch vorgeschlagenen Maßnahmen, die in den Epidemien von 1892 bis 1894 ihre Feuerprobe bestanden haben, auch diesmal (→ 23. 8./S. 151).

Der britische Physiologe Ernest Henry Starling führt 1905 den Begriff »Hormone« ein. Er wendet ihn auf das Sekretin an, einen von Schleimhautzellen des Zwölffingerdarms gebildeten Stoff.

Leprakranke in Marokko betteln um Almosen. Die Kranken müssen vorgeschriebene »Leprakleidung« und Masken tragen. Um Körperkontakt zu vermeiden, empfangen sie die ihnen angebotenen Almosen in Schalen.

An die Bürgervereine!
Eine Anzahl Lehrer haben sich sowohl zur Desinfection als auch zur Feststellung und Linderung der Noth unglücklicher Familien den Bürgervereinen zur Verfügung gestellt. — Erwünschte Kräfte sind auf dem Melde-Bureau, Neust. Fuhlentwiete 82, beim activen Comité in Erfahrung zu bringen.
Der Central-Ausschuß Hamburger Bürgervereine.
G. R. Richter,
d. Z. 1. Vorsitzender.

Vorbeuge gegen Cholera!!!
Zucker bietet bekanntlich einen besonders geeigneten Nährboden für pflanzliche Krankheitserreger im menschlichen Körper, zu denen auch die Kommabacillen, die Erzeuger der Cholera, gehören. Zuckergenuss befördert Diarrhoe, Magen- und Darmkatarrhe. Zucker ist daher bei herrschenden Epidemien streng zu vermeiden. Der einzige, beste und ganz besonders bei Magen- und Darmerkrankungen geeignete Zuckerersatz ist
Saccharin,
das die Gefahr des Zuckers für die Gesundheit nicht nur völlig ausschliesst, sondern als vollkommen unschädliches Konservirungsmittel
antifermentativ auf Spaltpilz-Entwicklung
und hemmend auf die durch diese verursachten abnormen Gährungen in Magen und Darm wirkt. Man sollte sich daher bei der gegenwärtigen Choleragefahr nur des Saccharin als Versüssungsmittel bedienen, das durch die Verkaufsstellen der Fabrik, sowie Apotheken und Drogerien zu beziehen ist.

Carl Mick, Conditorei & Café,
Hamburg, Reeperbahn 33–36, St. Pauli,
empfiehlt als Mittel gegen die
Cholera
seinen beliebten schwarzen Mocca, sowie Congo-Thee, englisch. Cakes, ff. Champagner-Cognac 2c. 2c.
(Größte Reinlichkeit garantirt!!!)

Elbschloss-Brauerei Nienstedten.
In Folge der vielen an uns gerichteten Anfragen erklären wir, daß:
1) unsere sämmtlichen Flaschen nur in gekochtem Wasser gespült werden und
2) daß unsere drei artesischen Brunnen uns ein für Brauzwecke besonders geeignetes, vorzügliches Wasser liefern.
Im Uebrigen verweisen wir auf die nachstehende Analyse unserer Biere seitens des
Handels-Chemikers, Herrn Dr. Oscar Pieper in Hamburg.
Die Direction.
Attest
für die
Elbschloss-Brauerei Nienstedten.
Die Probe Bier
Gemarkt Lagerbier:
Spec. Gewicht bei 15° C. = 1,0204
Enthält in 100 %.
4,40 % Alkohol,
7,38 % Extrakt,
0,56 % Eiweißstoffe,
3,35 % Dextrin und Gummi,
0,87 % Maltose,
0,166 % Milchsäure,
0,263 % Asche,
0,121 % Phosphorsäure,
16,1 % Stammwürze,
54,4 % Vergährungsgrad.
Das Bier war von lichtbrauner Farbe, ganz klar und blank und frei von Gährungspilzen und sonst schädlichen Keimen. Hopfen-Surrogate waren nicht nachweisbar. Auf Grund vorstehender Untersuchungen wird begutachtet, daß dieses ein kräftiges, gesundes und gut vergohrenes Bier ohne irgend welche gesundheitsschädliche Bestandtheile ist.
gez. Dr. Oscar Pieper.

Erfolgreichste
Cholera-Tropfen.
Unentbehrliches Begleitmittel für Jedermann!
Diese wunderbaren, in der Cholerazeit ums Jahr 1875 von den öffentlichen Behörden Galiziens verwendeten Cholera-Tropfen

Der beste Schutz
bei der jetzt herrschenden Seuche ist eine gute Verdauung und reines Blut im Körper. Dies wird erzielt durch meine sich in unzähligen Fällen bei Magen-

Fertige
Särge
Schröderstraße 3, Hohenfelde.

Patient den negativen und ich den

Wie zur Zeit der Hamburger Cholera-Epidemie von 1892, so werden auch 1905 in Inseraten angebliche Heilmittel angepriesen.

Emil von Behring (r.) und Louis Martin in Paris

Frankreichs Staatspräsident Émile Loubet bei der Eröffnung des Tuberkulosekongresses

Tuberkulose – Volkskrankheit Nummer eins

In Paris wird am 2. Oktober ein internationaler Tuberkulosekongreß eröffnet. Die dreitägige Veranstaltung wurde von der 1902 in Berlin gegründeten »Internationalen Vereinigung zur Bekämpfung der Tuberkulose« organisiert; ihr gehören Wissenschaftler aus aller Welt an.

Zweck des Kongresses ist der Erfahrungsaustausch über Behandlungsmethoden und Forschungsergebnisse bei der Bekämpfung einer der gefährlichsten Volkskrankheiten. So ist die Tuberkulose in den Industriestaaten bei 15% aller Todesfälle die Ursache.

Seit der Isolierung des Tuberkelbazillus im Jahr 1882 sowie der Entwicklung der Testsubstanz Tuberkulin 1890 durch Robert Koch ist die Zahl der Erkrankungen zurückgegangen; bei der Kindertuberkulose hat sich die Situation jedoch kaum gebessert.

Zu enge Wohnungen und schlechte Ernährung schließen unter den Arbeitern in den Großstädten eine Genesung nahezu aus und begünstigen neue Ansteckungen.

◁ »Fehlerhafte und gesundheitsschädliche Haltung des Fahrers« auf einem »Motorniederrad«

▽ Die richtige Haltung zeigt dieses Foto in der Zeitschrift »La Vie au Grand Air«.

»Hygienisches Schlafzimmer«; Ausstellungsraum während des Tuberkulosekongresses. Der Raum soll sauber, hell und nicht mit Möbeln vollgestellt sein. Gewarnt wird vor engen Alkoven und vor Schlafstellen, die durch einen Vorhang vom Raum abgetrennt sind.

Mit dem Knüppel nach Santo Domingo

7. 1., Santo Domingo. Die USA und die Dominikanische Republik unterzeichnen ein Abkommen, wonach die Vereinigten Staaten die Unversehrtheit der Dominikanischen Republik garantieren. Sie übernehmen zudem die Zahlung ihrer Schulden und üben die Finanzhoheit über das mittelamerikanische Land aus. Faktisch wird die Dominikanische Republik eine Kolonie der USA.

Mit diesem Vorgehen zeigen die USA, wie ernst es ihnen mit dem Roosevelt-Corollary (»Roosevelt-Zusatz«) zur Monroedoktrin ist: In seiner Kongreßbotschaft vom 6. Dezember 1904 hatte Präsident Theodore Roosevelt für die USA das Recht proklamiert, internationale Polizeifunktion auszuüben, falls andere amerikanische Staaten ihren Verpflichtungen gegenüber dritten Ländern nicht nachkämen. Grund für diese Erklärung war die Drohung europäischer Mächte, in der Karibik zu intervenieren, um die Dominikanische Republik zur Zahlung der Schulden zu zwingen.

Die von US-Präsident James Monroe im Jahr 1823 proklamierte Monroedoktrin hatte den europäischen Mächten jede weitere Kolonisation auf dem amerikanischen Kontinent untersagt. Durch den Roosevelt-Corollary wird die Doktrin dahin ergänzt, daß die USA das Recht zur Intervention in anderen amerikanischen Staaten haben.

Theodore Roosevelt mit großem Polizeiknüppel und Schuldeneintreiber-Flotte in der Karibik auf dem Weg zur Dominikanischen Republik

Die Herrschaft über die Dominikanische Republik erstreben die USA seit der zweiten Hälfte des 19. Jahrhunderts: 1869 handelten Vertreter von US-Präsident Ulysses Simpson Grant und des dominikanischen Präsidenten Buenaventura Baez die Verträge über den Anschluß an die USA sowie über die Pacht der Bucht von Samaná für 99 Jahre aus; als Gegenleistung wünschte Baez eine Anleihe von 20 Mio. US-Dollar. Der US-Senat verhinderte allerdings die Ratifikation dieser Verträge. 1892 unterstellte Präsident Ulises Heureaux die Wirtschaft der Insel der weitgehenden Kontrolle der New Yorker San-Domingo-Entwicklungsgesellschaft.

Dollardiplomatie – wo das Geld regiert

Chronik Stichwort

Unter Dollardiplomatie bzw. Dollarimperialismus wird die von US-Präsident Theodore Roosevelt betriebene Außenpolitik verstanden, die darauf abzielt, unterentwickelte Staaten durch den Einsatz finanzieller Mittel in wirtschaftlicher und politischer Abhängigkeit zu halten. Die sich in mehr oder weniger offener Einmischung äußernde Aggressivität dieser Politik hat Roosevelt den Spitznamen des Manns mit dem »Big Stick« (Großen Knüppel) eingetragen. Die bevorzugten Zielgebiete dieser Dollardiplomatie sind Mittel- und Südamerika sowie Ostasien. Das Eindringen von US-Kapital schafft zwar neue Arbeitsplätze für die Einheimischen; die wirtschaftliche Entwicklung dieser Staaten wird jedoch von den US-amerikanischen Trusts diktiert. So ist auf Kuba seit 1901 sprunghaft die Monokultur von Zuckerrohr angestiegen. Die US-amerikanische United Fruit Company wiederum läßt riesige Bananenplantagen anlegen.

Erste Erfolge in Roosevelts Kampf gegen Big Business

30. 1., New York. Der Oberste Gerichtshof der USA fällt ein Urteil, wonach der »Beef-Trust« (Rindfleisch-Trust) illegal ist. Der Trust wird aufgrund der bestehenden Antitrust-Gesetze für schuldig befunden, durch unlautere Methoden eine Monopolstellung errungen und den Wettbewerb konkurrierender Firmen eingeschränkt bzw. ausgeschaltet zu haben.

Mit diesem Urteil erringt die Antitrustkampagne von US-Präsident Theodore Roosevelt, der 30 Verfahren gegen Trusts angestrengt hat, einen weiteren Erfolg. »Trust« ist ein Zusammenschluß von Unternehmen mit dem Ziel der Marktbeherrschung. Im Unterschied zu den im Deutschen Reich verbreiteten Kartellen, bei denen die Firmen selbständig bleiben, sind die einem Trust angeschlossenen Unternehmen nur rechtlich selbständig, wirtschaftlich aber von einer Kontrollgesellschaft abhängig, die die Aktienmehrheit der einzelnen Unternehmen hält. 1904 stammten bereits drei Viertel der US-amerikanischen Industrieerzeugung aus Trustunternehmen. Die größten Trusts wiederum kontrollieren zugleich die Banken.

John D. Rockefeller (65)

Der mächtigste Wirtschaftsboß der Welt

Chronik Zur Person

John Davison Rockefeller ist der Gründer des mächtigsten US-amerikanischen Trusts, der Standard Oil Company of New Jersey (heute Exxon Corp.). Die Entflechtung dieses weltgrößten Ölkonzerns aufgrund der bestehenden Antitrust-Gesetze wird seit mehr als einem Jahrzehnt vergeblich betrieben.

Rockefeller, ursprünglich Buchhalter, gründete in den 60er Jahren eine Ölraffinerie-Gesellschaft, mit der er zugleich im Transport- und Verkaufswesen einstieg und durch den Bau von Pipelines sowie durch Aufkäufe angeschlagener Unternehmen eine Monopolstellung errang. Nach mehreren Fusionen wurde die Gesellschaft vom Standard Oil Trust übernommen, den Rockefeller 1882 gründete.

Dieser Trust kontrollierte mehr als 90% des gesamten Erdölmarkts. 1892 mußte Rockefeller sein Unternehmen aufgrund der Antitrust-Gesetze in kleinere Unternehmen aufteilen, was seine Macht aber nicht beeinträchtigte.

Ernest von Koerber war seit 1900 Ministerpräsident; die nationalen Gegensätze konnte er nicht ausgleichen.

Wien: Tschechen gegen Deutsche

1. 1., Wien. Paul Freiherr Gautsch von Frankenthurn bildet in Wien eine neue Regierung als Nachfolger des Ende Dezember zurückgetretenen Ernest von Koerber.

Gautsch übernimmt sein Amt auf dem Höhepunkt einer der heftigsten Krisen in der Geschichte Österreichs: Der Nationalitätenstreit zwischen Deutschen und Tschechen hat zur Lähmung der parlamentarischen Arbeit geführt.

Auslöser der Krise waren 1897 die Sprachenverordnungen des Ministerpräsidenten Kasimir Felix Graf Badeni – eines Polen –, die für alle Behörden die Doppelsprachigkeit vorschrieben und auf eine Tschechisierung der böhmischen Beamtenschaft hinausliefen. Die Deutschen verweigerten deshalb die Mitarbeit im Parlament, bis die Sprachenverordnungen 1899 aufgehoben wurden. Daraufhin brachen blutige Unruhen in Böhmen aus, die tschechischen Abgeordneten verweigern seither ihrerseits die parlamentarische Mitarbeit: Die wichtigsten Gesetze können seither nur per Notverordnung in Kraft gesetzt werden.

In seiner Regierungserklärung bezeichnet Gautsch die Verständigung zwischen Tschechen und Deutschen als die Lösung des »größten Problems der österreichischen Politik«.

Zerreißprobe in der Donaumonarchie

26. 1., Ungarn. Mit 159 Abgeordneten erreichen die oppositionellen magyarischen Kossuthisten bei den ungarischen Parlamentswahlen die Mehrheit. Daraufhin erklärt Ministerpräsident István Graf Tisza, dessen Liberale Partei 151 Mandate errungen hat, am 1. Februar seinen Rücktritt. Bis zur Ernennung einer neuen Regierung durch König Franz Joseph, zugleich Kaiser von Österreich, bleibt er jedoch im Amt. Die Wahlen sind von blutigen Ausschreitungen magyarischer Nationalisten überschattet.

Mit dem Sturz der Liberalen und dem Sieg der nationalistischen Kossuthisten erreicht in Ungarn eine Entwicklung ihren Höhepunkt, die die Doppelmonarchie Österreich-Ungarn zu zerreißen droht. Auslöser waren die Verhandlungen über einen neuen »Ausgleich« zwischen den beiden Reichshälften der Donaumonarchie.

Unter »Ausgleich« werden die 1867 getroffenen Abmachungen über das staatsrechtliche Verhältnis zwischen den Reichshälften der Habsburgermonarchie verstanden. Gemäß diesen Gesetzen sind Österreich und Ungarn in allen inneren Angelegenheiten selbständige Staaten. Verbunden sind sie durch die Dynastie der Habsburger und durch die »gemeinsamen Angelegenheiten«: Der »Ausgleich« von 1867 erklärte die Außenpolitik, das Heerwesen und die darauf bezogenen Finanzen zu »gemeinsamen Angelegenheiten« und unterstellte sie jeweils einem »gemeinsamen« Ministerium. Die Beitragsquote zu den gemeinsamen Angelegenheiten wurde auf 70% für die österreichische und auf 30% für die ungarische Seite festgesetzt. Dieses Verhältnis will Österreich nun zuungunsten von Ungarn ändern.

Der Streit Österreichs und Ungarns um die Höhe der Beiträge hat sich seit 1897 zu einem Kampf um den Fortbestand der »gemeinsamen Angelegenheiten« überhaupt ausgeweitet. Inzwischen geht es um mehr als um Quoten: Radikale Anhänger von Lajos Kossuth (1802–1894), den viele Magyaren als eine Art Nationalhelden verehren, gründeten 1874 die »Unabhängigkeitspartei«; diese lehnt den »Ausgleich« ab und will die Verbindung mit Österreich auf eine reine Personalunion beschränken. Seit 1902 agitiert die Unabhängigkeitspartei darüber hinaus in der Heeresfrage: Statt der deutschen Sprache soll das Ungarische als Kommandosprache in der ungarischen Armee eingeführt werden; außerdem werden selbständige ungarische Streitkräfte gefordert. 1904 wurde die Unabhängigkeitspartei durch den Anschluß der von Albert Georg Graf Apponyi geführten »Nationalpartei« noch verstärkt. Nun entreißt diese allgemein als »Kossuthpartei« bzw. »Kossuthisten« bezeichnete Opposition den gemäßigten Liberalen, die beim österreichisch-ungarischen Ausgleichspoker eher zu Kompromissen bereit sind, die Mehrheit im Parlament.

Am 12. Februar empfängt König Franz Joseph in Wien Ferenc Kossuth, den Präsidenten der Unabhängigkeitspartei. Die Gespräche über die Bildung einer parlamentarischen Regierung mit Kossuth als Ministerpräsidenten scheitern, da der König gegenüber den zentralen Forderungen der Kossuthisten unnachgiebig bleibt.

Die folgenden Verhandlungen zwischen der Krone und der kossuthistischen »Opposition«, die die Mehrheit im Parlament hat, ziehen sich ergebnislos bis Ende Mai hin. Am 13. Juni entläßt der König die Minderheitsregierung Tisza und ernennt ein außerparlamentarisches Kabinett unter Géza Baron Fejérváry, der als »bedingungslos königlich gesinnt« gilt. Das mehrheitlich kossuthistische Parlament begegnet der Regierung mit unverhohlener Feindschaft (→ 21. 6./S. 107).

Franz Joseph I. erklärt am 4. Januar im Zeremoniensaal der Ofener Burg in Budapest das ungarische Abgeordnetenhaus für aufgelöst.

Rücktritt: Ministerpräsident István Graf Tisza von den Liberalen

Ferenc Kossuth: Zu radikal, um Regierungschef zu werden

Eis, Sturm, Schnee – erster kalter Winter

1. 1., Europa. Die orkanartigen Stürme, die am Jahresende 1904 über die Länder an Nord- und Ostsee hinweggefegt sind, erreichen nun die Adriaküsten. Der Schiffsverkehr vor Istrien und Dalmatien kommt völlig zum Erliegen. Der Eisenbahnbetrieb auf der Strecke Triest – Venedig muß wegen umgestürzter Bäume und Schneeverwehungen eingestellt werden.

Am vorletzten Tag des alten Jahres trat in ganz Mitteleuropa ein gewaltiger Witterungsumschwung ein, der sich durch einen Nordoststurm ankündigte und von starkem Schneefall begleitet war. Am 31. Dezember hatte dies an den Küsten von Ost- und Nordsee eine Sturmflut zur Folge, wie sie seit 1872 nicht mehr zu verzeichnen gewesen war. 43 Menschen fallen dem Sturmwetter zum Opfer.

In Kiel breitet sich das Hochwasser, das am 31. Dezember um 10 Uhr vormittags bereits 2,5 m über dem Normalpegel stand, gegen Mittag auch auf die Hauptverkehrsstraße der Stadt, die Holstenstraße, und auf die am Kleinen Kiel gelegenen Straßen aus. Die Ufer der Lübecker Bucht sind vollständig überflutet. In Laboe sinken sechs Fischerboote, deren Mannschaften jedoch gerettet werden. In Saßnitz spülen die Wellen die Strandpromenade fort. Der Fährverkehr zwischen Stralsund und Rügen muß unterbrochen werden. Die Travemünder Bahn stellt den Betrieb ein. Das Dorf Wieck bei Eldena steht unter Wasser und ist von der Umwelt abgeschnitten; beim Einsturz des Armenhauses finden drei Frauen und vier Kinder den Tod.

Ähnliche Unwetter und Katastrophen ereignen sich auch in den Niederlanden, auf den Britischen Inseln, in Dänemark, Schweden und Österreich. Nur die norwegische Küste bleibt von dem verheerenden Unwetter verschont.

Das Wetter am Jahresanfang

Stadt	*31. Dezember*	*1. Januar*
Breslau	− 1 °C Sturm	−17 °C heiter
Brüssel	+ 3 °C bedeckt	− 8 °C heiter
Budapest	+ 5 °C bedeckt	−10 °C bedeckt
Hamburg	− 3 °C bedeckt	− 7 °C heiter
Kopenhagen	− 4 °C Sturm	− 9 °C heiter
Kristiansund	− 5 °C heiter	+ 1 °C bedeckt
München	0 °C bedeckt	−13 °C bewölkt
Paris	+ 4 °C heiter	− 4 °C bedeckt
Petersburg	−23 °C heiter	−17 °C Schnee
Stockholm	−14 °C Sturm	−12 °C bedeckt
Wien	+ 2 °C bewölkt	−13 °C heiter

Dieses Transportschiff wird bei einem Schneesturm im Schwarzen Meer völlig mit Eis überzogen.

In Grindelwald im Berner Oberland ist die Straße zu einer Rodelbahn umfunktioniert worden. Daneben vergnügen sich Skifahrer noch mit Hilfe nur eines Skistocks.

▷ »Wettschlitteln in St. Moritz« (Originalbildzeile in der Zeitschrift »Sport im Bild«). »Die Woche« berichtet über das Schlitteln in St. Moritz: »Die Schlittler benutzen die Bobsleigh, lange, niedrige Polsterschlitten, auf denen bis zu einem Dutzend Teilnehmer Raum haben. Unter dieser großen Last schießen die Schlitten mit erschreckender Schnelligkeit zu Tal, wenn die Straße vereist ist, mit der Geschwindigkeit eines Expreßzuges. Der Vordermann winkt, wie automatisch folgt die Gesellschaft von Damen und Herren seinem Zeichen, neigt sich zur Führung des Schlittens nach links oder nach rechts, bremst, mit ausgestreckten Armen den Schnee streifend ...«

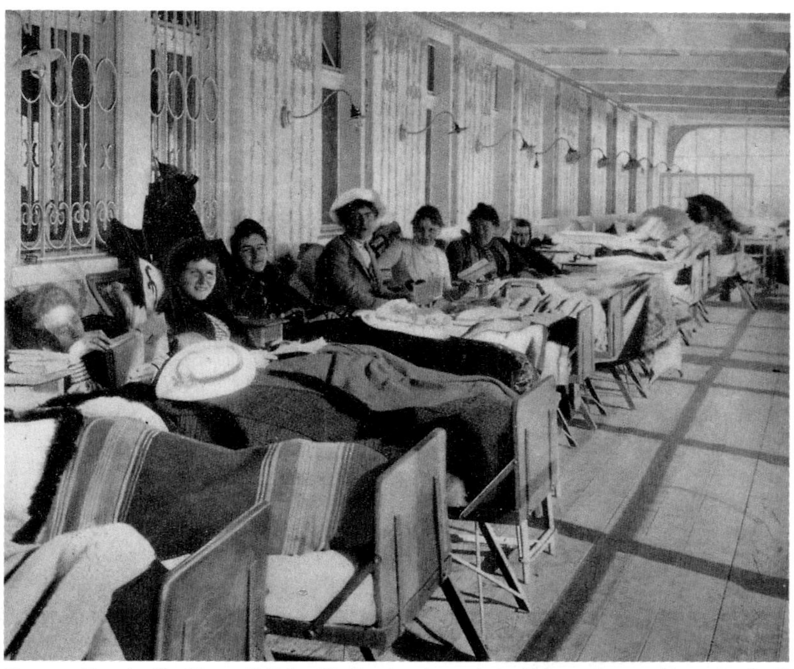

Sonnenliegehalle für weibliche Patienten im winterlichen Arosa. Das oberhalb von Chur auf 1800 m über NN im Quellgebiet der Plessur in Graubünden gelegene Dorf Arosa hat sich im vergangenen Jahrzehnt zu einem gut besuchten Luftkurort entwickelt. Seither sind in dem naturschönen Gebiet zahlreiche Hotelbauten und Kuranlagen errichtet worden.

Britische Winterurlauber vergnügen sich bei einer Partie Curling im Schweizer Wintersportort St. Moritz. Das Fegen mit dem Besen läßt das Eis glatter werden und den Spielstein eine längere Strecke gleiten. Zudem kann die Bahn des Steines durch entsprechendes Wischen so verändert werden, daß er gegnerische Steine in eine ungünstigere Position stößt.

Bildungswesen 1905:

Ein Lehrer für 80 Schüler

Chronik Übersicht

Die Volksschulmisere ist das zentrale bildungspolitische Thema im Jahr 1905. Nach amtlichen Angaben sind allein in Preußen 1862 Lehrer- und Lehrerinnenstellen unbesetzt, 14 919 Schulklassen haben keine eigene Lehrkraft, und rund 50% aller Landlehrer unterrichten je 80 und mehr Kinder. Ähnlich sieht es in den anderen deutschen Staaten aus.

Kaum Förderung für Frauen

Gertrud Bäumer, Vorstandsmitglied des Allgemeinen Deutschen Lehrerinnenvereins und führende Vertreterin der gemäßigten Richtung der bürgerlichen Frauenbewegung, fordert gleiche Chancen für Lehrerinnen und Lehrer und nennt die folgenden Zahlen:

»Der Hauptgrund, weshalb die Lehrerinnenbildung noch nicht zu so geordneten, gleichmäßigen Verhältnissen gekommen ist wie die Lehrerbildung, ist die verschwindend kleine Zahl von staatlichen und städtischen Anstalten ...
Es gibt in Preußen nur 12 staatliche Lehrerinnenseminare gegenüber 125 für Lehrer; der Staat gibt annähernd 4 Millionen im Jahr für die Lehrerbildung und noch nicht 400 000 Mark für die Lehrerinnen aus.«

Schulpolitiker klagen, daß für den Lehrberuf Ungeeignete nicht mehr abgewiesen werden könnten wie früher, sondern der Staat an Lehrkräften nehmen müsse, was sich bietet. »Der Wettbewerb der Nationen nicht nur um die äußeren Erfolge, sondern auch um die inneren Werte der Kultur wird in der Zukunft nicht weniger heftig sein als in der Gegenwart, und auch wir Deutsche haben alle Ursache, dafür zu sorgen, daß wir nicht zurückbleiben«, warnt in diesem Zusammenhang die Zeitschrift »Die Woche« und fordert eine Verbesserung der Lehrerausbildung sowie eine Erhöhung der Zahl an Lehrkräften. Einige Bildungspolitiker schlagen vor, das Schuleintrittsalter von derzeit sechs auf acht Jahre heraufzusetzen: Würde Preußen diese Änderung einführen, würde sich die Gesamtvolksschülerzahl im folgenden Jahr um 700 000 und im übernächsten Jahr um 1,7 Mio. verringern; außerdem seien Achtjährige »geistig und körperlich ein viel vollkommeneres Erziehungsobjekt« als Sechsjährige.
Der Mangel an Volksschullehrkräften ist eine Folge der sehr geringen Bezahlung, aber auch von Mesner- u. a. Sonderdiensten, die Volksschullehrer vor allem auf dem Lande ausüben müssen.
In Preußen ist daher die Diskussion über ein »Volksschulunterhaltungsgesetz« in vollem Gang. Dabei geht es nicht nur um eine bessere Bezahlung der Lehrkräfte, sondern auch um die »geistliche Schulaufsicht« – die Aufsicht in Volksschulen nicht durch ausgebildete Pädagogen, sondern durch Geistliche – und um die »Simultanschulen«, d. h. Schulen, in denen Kinder verschiedener Konfessionen unterrichtet werden.
Das Zentrum, die Partei des politischen Katholizismus, fordert uneingeschränkt die Beibehaltung der geistlichen Volksschulaufsicht: Zur Schulaufsicht gehöre gesunder Menschenverstand und Pflichttreue, also sei ein Geistlicher ebenso gut dazu befähigt wie ein Seminardirektor. Die Regierungsvorlage sucht einen Kompromiß: Sie hält an der Konfessionsschule fest, jedoch sollen bestehende Simultanschulen nicht beseitigt werden; die geistliche Volksschulaufsicht soll allerdings nicht durch eine »fachmännische« ersetzt werden.
Gegenüber der Volksschuldiskussion gerät die Tatsache, daß Frauen in Preußen, Sachsen, Thüringen u. a. deutschen Staaten noch nicht studieren dürfen, in den Hintergrund, obwohl Schlagzeilen wie »eine Frau als Hospitaldirektor« (in Japan) auch auf dem Ausbildungssektor für Aufsehen sorgen. Vier Jahre ist es her, daß sich die ersten deutschen Universitäten für Frauen öffneten: Freiburg im Breisgau und Heidelberg immatrikulieren seit dem Sommersemester 1901 regulär Studentinnen, 1903/04 folgte Bayern, 1904/05 Württemberg.
In Preußen sind Frauen zwar als Zuhörerinnen zugelassen, dürfen aber kein Examen machen.

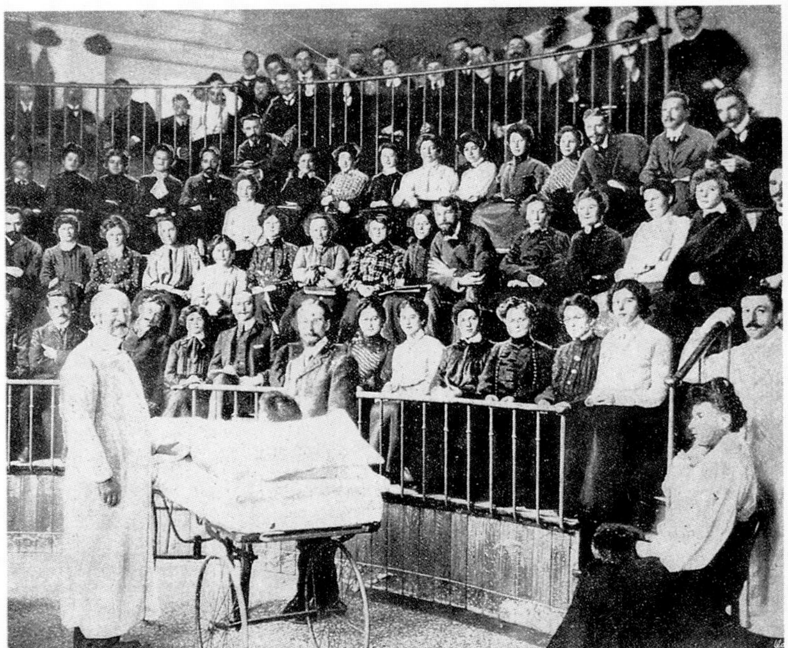

Chirurgie-Vorlesung in Genf. In der Schweiz können Frauen fast uneingeschränkt studieren.

Zeichenunterricht am Königlichen Lehrerinnenseminar zu Burgsteinfurt in Westfalen

Nur 122 Studentinnen eingeschrieben

An den Hochschulen des Deutschen Reichs sind im Wintersemester 1904/05 122 Frauen als rechtmäßige Studentinnen (mit Reifezeugnis) immatrikuliert.
Den größten weiblichen Andrang verzeichnet München mit 47 Studentinnen; davon studieren zwei Staatswirtschaft, 27 haben sich in Medizin und neun in Philosophie eingeschrieben. Es folgen Heidelberg mit 32 und Freiburg im Breisgau mit 31 Studentinnen.
Ebenfalls in München fällt eine weitere »Bastion«, die bis jetzt die Männer im Bildungswesen gehalten haben. Erstmals schreibt sich eine Hörerin (nicht: Studentin) an der Architekturabteilung der Technischen Hochschule ein. Sie darf zwar keine Prüfungen ablegen, jedoch am Lehrbetrieb teilnehmen.

◁ Volksschülerin zu Beginn des Schuljahres im »Sonntagskleid«

Musikunterricht in einer Waldschule in Charlottenburg bei Berlin. Die Reformpädagogik erstrebt eine lebensnahe, allseitige Ausbildung der Kinder.

Moderner »Handfertigungsunterricht« in der Gemeindeschule Friedenau

»Anschauungsunterricht in Naturgeschichte« am Lehrerinnenseminar

Karikatur zur deutschen »Prügelpädagogik« aus »Der Wahre Jacob«.

Wieder Prügel für die Schüler

Zu den ersten Amtshandlungen des neuen preußischen Kultusministers Konrad Studt zählte die Aufhebung des von seinem Vorgänger Robert Bosse erlassenen Züchtigungsverbots für Lehrer. Studt kündigte an, jeden Mißbrauch des Züchtigungsrechts streng zu ahnden, bekundete aber den Lehrern das Vertrauen, daß sie die Prügelstrafe »nur zu Nutz und Frommen der Schüler« anwenden werden.

Februar 1905

Mo	Di	Mi	Do	Fr	Sa	So
		1	2	3	4	5
6	7	8	9	10	11	12
13	14	15	16	17	18	19
20	21	22	23	24	25	26
27	28					

1. Februar, Mittwoch

Der russische Zar Nikolaus II. empfängt in Zarskoje Selo (Puschkin) eine Arbeiterdelegation aus Petersburg. Er sichert ihnen zu, »alles Mögliche« zu unternehmen, um die Lage der Arbeiterschaft zu verbessern (→ 22. 1./S. 16; 3. 3./S. 65).

Die Verhandlungen über das norwegisch-schwedische Konsulatswesen scheitern und führen zum Bruch der Union von Norwegen und Schweden. Der norwegische Staatsminister, Francis Hagerup, erklärt, Norwegen müsse die staats- und völkerrechtliche Stellung einnehmen, die ihm als souveränem Staat zukomme. Könne dies in der Staatsverbindung mit Schweden nicht verwirklicht werden, so müsse eine andere Form des Zusammenlebens beider Staaten gefunden werden. (→ 7. 6./S. 108).

Die ungarische Regierung unter István Graf Tisza (Liberale Partei) reicht nach dem ‚Wahlsieg der nationalistischen Kossuthisten ihren Rücktritt ein. Bis zur Berufung einer neuen Regierung durch Ungarns König Franz Joseph I. führt sie interimistisch die Staatsgeschäfte weiter (→ 26. 1./S. 27).

Der Postverkehr zwischen Australien und Europa wird unterbrochen, da sich die europäischen Reedereien weigern, ausschließlich Weiße auf den Schiffen zu beschäftigen. Die australische Regierung hatte dies gefordert, um die steigende Einwanderung Farbiger einzudämmen.

Großherzog Ernst Ludwig von Hessen vermählt sich mit Prinzessin Eleonore zu Solms-Hohensolms-Lich. Nach den Hochzeitsfeierlichkeiten in Darmstadt verbringt das Paar die Flitterwochen in Schloß Romrod bei Alsfeld.

2. Februar, Donnerstag

Zar Nikolaus II. ernennt Alexandr G. Bulygin zum neuen Innenminister als Nachfolger von Fürst Pjotr D. Swjatopol-Mirski, der am 30. Januar entlassen worden war (→ 23. 1./S. 20).

In Petersburg stürzt die sog. Ägyptische Brücke über die Fontanka in dem Augenblick ein, als eine Abteilung Dragoner über sie hinwegreitet. 30 Reiter stürzen ins Wasser, einer kommt dabei ums Leben. Nach Angaben der Polizei kann ein Anschlag von Revolutionären nicht ausgeschlossen werden (→ 22. 1./ S. 16).

Um mißliebige Bergleute auszusperren, führen zahlreiche Revierzechen während des großen Ruhrbergarbeiterstreiks Überweisungsscheine mit Angaben über Streikaktivitäten ein (→ 9. 2./S. 36).

3. Februar, Freitag

Niederländische Kolonialtruppen erleiden auf Atjeh (Sumatra) eine Niederlage im Kampf gegen einheimische Truppen. Der Krieg zur Unterwerfung des Sultanats Atjeh dauert seit 1873 an (→ S. 142).

Truppen des Osmanischen Reiches dringen auf das Gebiet des aufständischen Jemen vor (→ 4. 5./S. 93).

In Lodz in Russisch-Polen werden bei Zusammenstößen im Verlauf von Aufständen zwischen streikenden Arbeitern und Militär sechs Menschen getötet und 48 schwer verletzt. Die Zahl der bei den Unruhen in Warschau Getöteten wird von Ärzten mit 600, die Zahl der Verwundeten mit mehr als 1000 angegeben (→ 23. 2./S. 20).

In britischen Zeitungen erscheinen Artikel, die sich kritisch mit den sinkenden Geburtenziffern auseinandersetzen; beklagt wird weiter ein drastischer Anstieg der Kindersterblichkeit. Von den 76 größten Städten des Landes weisen zwei Baumwollindustriestädte in Lancashire den größten Prozentsatz an Kindersterblichkeit in Großbritannien auf (→ S. 181).

4. Februar, Samstag

Die Zentrumspartei bringt im Deutschen Reichstag in Berlin einen »Toleranzantrag« ein. Die Vorlage sieht vor, daß staatlich anerkannte Religionsgemeinschaften in allen deutschen Bundesstaaten ihren Kultus frei ausüben können. → S. 45

In Norfolk (Virginia) stechen 15 US-amerikanische Kriegsschiffe in Richtung der Philippinen in See, um die dortige US-amerikanische Kolonie während des Russisch-Japanischen Krieges vor japanischen Übergriffen zu schützen (→ 2. 1./S. 12).

Der argentinische Ministerrat unter Präsident Manuel Quintana verhängt wegen Streiks und damit einhergehenden Unruhen für einen Monat den Belagerungszustand über das Land.

Das Drama »Die Quelle der Heiligen« des irischen Schriftstellers John Millington Synge wird im Abbey Theatre in Dublin uraufgeführt.

In Berlin wird in Gegenwart von Kaiser Wilhelm II. die Internationale Automobilausstellung eröffnet.

Auf der Bühne des Londoner Vergnügungspalastes »Colosseum« wird erstmals ein Eisenbahnwettrennen veranstaltet.

5. Februar, Sonntag

Das japanische Abgeordnetenhaus in Tokio verabschiedet ein Gesetz, das es Ausländern untersagt, in Japan Bergwerke zu betreiben.

Der internationale Eislaufverband beschließt, ab 1906 Weltmeisterschaften im Eiskunstlauf auch für Damen durchzuführen.

6. Februar, Montag

Die Adelsversammlung von Petersburg fordert Zar Nikolaus II. auf, »erwählte Vertreter des Volkes« an der Gesetzgebung und an Beratungen über Maßnahmen der Regierung zu beteiligen (→ 3. 3./S. 65).

In Genua beginnt ein Kongreß der italienischen Gewerkschaften, die 350 000 Arbeiter vertreten. Auf der bis zum 9. Februar dauernden Veranstaltung wird vom Staat eine energische Sozialpolitik verlangt.

Arthur Graf von Posadowsky-Wehner, der Staatssekretär des Innern, kündigt auf eine Anfrage der Freisinnigen Partei im Reichstag in Berlin an, Preußen werde eine Änderung der Reichsverfassung beantragen, um Schiffahrtsabgaben auf künstlichen Wasserstraßen erheben zu können.

7. Februar, Dienstag

Zu einer Debatte über die Einführung des zehnstündigen Maximalarbeitstags kommt es im Reichstag in Berlin. Die meisten Redner halten die gesetzliche Einführung des Zehnstundentags für erwünscht, wirtschaftlich jedoch für nicht durchführbar. Bisher ist der 12- bis 14stündige Arbeitstag die Regel (→ 4. 4./S. 78).

Die Sobranje, das Parlament des Fürstentums Bulgarien, verabschiedet ein Gesetz, das das Staatsmonopol auf Salz, Zündhölzer und Zigarettenpapier einführt. Das Gesetz stößt bei Opposition und Bevölkerung wegen der erwarteten Preiserhöhung für diese Güter auf heftigen Protest.

8. Februar, Mittwoch

König Oscar II. von Schweden und Norwegen überträgt die Regierungsgeschäfte für unbestimmte Zeit an Kronprinz Gustav (V.), da er sich körperlich nicht in der Lage fühle, den Verfassungskonflikt mit Norwegen beizulegen (→ 7. 6./S. 108).

9. Februar, Donnerstag

Die Delegierten aller Schachtanlagen des Ruhrgebiets beschließen auf einer Konferenz in Essen den Abbruch des seit 7. Januar andauernden Ruhrbergarbeiterstreiks. → S. 36

Der italienische Außenminister Tommaso Tittoni hebt vor dem Senat in Rom hervor, zwischen den Dreibundpartnern Italien und Österreich-Ungarn herrsche »aufrichtige Übereinstimmung« und »volles Vertrauen«. Gleichwohl sei die italienische Öffentlichkeit wegen der Verstärkung der Heerespräsenzstärke in Österreich und der Vorgänge in Makedonien beunruhigt (→ 7. 5./S. 93).

Das Professorenkollegium der Universität Dorpat im russischen Gouvernement Livland beschließt, wegen der revolutionären Stimmung unter den Studenten den Vorlesungsbetrieb vorläufig einzustellen (→ 3. 3./S. 65; 14. 12./ S. 207).

Prinz Adalbert von Preußen führt in Daressalam, der Hauptstadt der Kolonie Deutsch-Ostafrika (Tansania), den ersten Spatenstich zum Bau der Eisenbahn nach Mrogoro durch. →S. 39

Adolph von Menzel, einer der wichtigsten Vertreter der deutschen Malerei im 19. Jahrhundert, stirbt im Alter von 89 Jahren in Berlin. → S. 47

10. Februar, Freitag

Im Bochumer Revier finden sich die meisten Bergarbeiter wieder zur Arbeit ein; im Essener Revier dauert der Streik jedoch noch bis zum 12. Februar (→ 9. 2./S. 36).

Im Zartum Polen beginnt ein Schulstreik. Ziel dieses unbefristeten Unterrichtsboykotts ist es, von der Regierung in Petersburg die Zulassung des Polnischen als Schul- und Verwaltungssprache zu erreichen.

In Moskau verabschiedet eine Ärztekonferenz des Gouvernements Moskau eine Grußbotschaft an die streikenden Arbeiter von Petersburg (→ 23. 2./S. 20). Zugleich protestieren die Ärzte gegen die Fortdauer des Russisch-Japanischen Krieges (→ 2. 1./S. 12).

Die französische Abgeordnetenkammer in Paris spricht der neuen Regierung unter Ministerpräsident Maurice Rouvier mit 338 zu 185 Stimmen das Vertrauen aus. Diese hat die Absicht, so rasch wie möglich einen Gesetzentwurf über die Trennung von Staat und katholischer Kirche vorzulegen (→ 22. 4./S. 76).

König Viktor Emanuel III. von Italien gründet das Internationale Institut zum Schutz des Ackerbaus. Es hat seinen Sitz in der italienischen Hauptstadt Rom und soll ohne politische Zielrichtung die Lage der Landwirtschaft aller Länder studieren und sich um ihre Verbesserung bemühen.

Luise Gräfin von Montignoso verweigert in Florenz einem Abgesandten ihres geschiedenen Mannes, des Königs Friedrich August III. von Sachsen, die Herausgabe der gemeinsamen Tochter, Prinzessin Pia Monica. → S. 45

11. Februar, Samstag

Zar Nikolaus II. ordnet in einem Ukas die Bildung einer Kommission an, die die Gründe der Arbeiterunruhen untersuchen soll (→ 22. 1./S. 16). Den Vorsitz der Kommission übernimmt das Reichsratsmitglied Nikolai W. Schidlowski (→ 3. 3./S. 65).

Der Parteitag der Freisinnigen Vereinigung in Berlin fordert in einer Entschließung die Einführung der unentgeltlichen Volksschule und lehnt die konfessionellen Schulen sowie die geistliche Schulaufsicht ab (→ S. 30). Gegen eine Minderheit nehmen die Delegierten am 12. Februar eine Resolution an, die die neuen Handelsverträge des Deutschen Reichs wegen ihrer einseitigen Begünstigung des Großgrundbesitzes auf Kosten der Kleinbauern ablehnt (→ 22. 2./S. 38).

Die Zeitschrift »Der Wahre Jacob« beschreibt im Zusammenhang mit dem Ruhrbergarbeiterstreik den Gegensatz zwischen den Arbeitern und den Unternehmern im Revier. Der Tod peitscht ausgemergelte Gestalten, die einen mit Geld beladenen Wagen ziehen, auf denen die Unternehmer Stinnes und Thyssen als Vertreter des Kapitals sitzen.

12. Februar, Sonntag

Die deutsche Abessinien-Gesandtschaft unter Friedrich Rosen zieht in Addis Abeba ein. → S. 39

König Eduard VII. von Großbritannien eröffnet in London mit seiner Thronrede die neue Sitzungsperiode des Parlaments; er unterstreicht die Neutralität seines Landes im Russisch-Japanischen Krieg (→ 2. 1./S. 12). Seit 1902 ist Großbritannien mit Japan verbündet (→ 12. 8./S. 144).

Bei den Parlamentswahlen in Portugal wird die konservative Regierung von Ministerpräsident José Luciano de Castro bestätigt. Die Republikanische Partei verzeichnet in den Ballungszentren Stimmengewinne. → S. 40

Der österreichische Kaiser Franz Joseph I. empfängt in Wien Franz von Kossuth, den Führer der ungarischen Unabhängigkeitspartei, zu Verhandlungen über die Neubildung der ungarischen Regierung. Die oppositionelle Unabhängigkeitspartei hatte bei den Parlamentswahlen die Mehrheit errungen (→ 26. 1./S. 27).

Die Adelsversammlung des russischen Gouvernements Samara bittet Zar Nikolaus II., das System der autokratischen Selbstherrschaft beizubehalten, den Adel jedoch an Reformen zu beteiligen (→ 3. 3./S. 65).

Karl Liebknecht (SPD) bezeichnet in einem Vortrag vor 2500 Zuhörern in Leipzig die Revolution in Rußland als einen Wendepunkt in der europäischen Geschichte (→ 22. 1./S. 16).

Die Delegierten des Essener Reviers beschließen einstimmig, die Arbeit in den Kohlegruben wieder aufzunehmen. Damit ist der Ruhrbergarbeiterstreik endgültig beendet (→ 9. 2./S. 36).

Nach achttägiger Dauer gehen in Stockholm die dritten Nordischen Skispiele zu Ende. → S. 49

Die Schweiz unterliegt bei ihrem ersten Fußballänderspiel der Auswahl Frankreichs in Paris 0:1 (0:0). → S. 49

13. Februar, Montag

Die Generalversammlung des Bunds der Landwirte in Berlin erkennt an, daß die neuen Handelsverträge eine »leichte Verbesserung« für die deutsche Landwirtschaft bringen werden (→ 22. 2./S. 38).

14. Februar, Dienstag

Der britische Außenminister Henry Charles Keith Petty-Fitzmaurice Marquess of Lansdowne lehnt im Oberhaus in London jede Vermittlung Großbritanniens im Russisch-Japanischen Krieg ab (→ 2. 1./S. 12).

Der österreichische Ministerpräsident Paul Freiherr Gautsch von Frankenthurn erklärt im Reichsrat in Wien, daß er die Interessen Österreichs gegenüber den Forderungen ungarischer Nationalisten »energisch« auf der Basis des österreichisch-ungarischen Ausgleichs von 1867 vertreten werde (→ 26. 1./S. 27).

15. Februar, Mittwoch

Die Polenclub-Fraktion des österreichischen Reichsrats in Wien fordert die in Österreich lebenden Polen dazu auf, sich von den Unruhen in Russisch-Polen zu distanzieren (→ 1. 5./S. 94).

Das preußische Herrenhaus in Berlin nimmt die Hiberniavorlage an, die am 21. Januar vom Abgeordnetenhaus verabschiedet worden war. Damit übernimmt der preußische Staat von der Bergwerksgesellschaft Hibernia 46% der Aktien und erhält Einfluß auf die Preispolitik des Rheinisch-Westfälischen Kohlesyndikats (→ 24. 9./S. 168).

16. Februar, Donnerstag

In Kopenhagen beginnt die Internationale Konferenz der Ost- und Nordsee-Reeder. Die Veranstaltung endet am 18. Februar mit dem einstimmigen Beschluß der rund 100 Beteiligten, eine internationale Vereinigung von Reedern zu gründen, die den Handel im Bereich von Ost- und Nordsee sowie im Weißen Meer fördern wollen.

17. Februar, Freitag

Großfürst Sergei Aleksandrowitsch, seit 1891 Generalgouverneur von Moskau und enger Berater von Zar Nikolaus II., wird im Moskauer Kreml durch ein Bombenattentat des Sozialrevolutionärs Iwan P. Kaljaew getötet.

Das britische Unterhaus in London verwirft einen Antrag der Liberalen, die Schutzzollpolitikverstöße des konservativen Premierministers Arthur James Balfour zu verurteilen (→ 4. 12./S. 206).

18. Februar, Samstag

In Tschifu werden zwei chinesische Dschunkenführer verhaftet. Sie geben zu, den deutschen und den französischen Militärattaché, Hentschel von Gilgenheimb und de Cuverville, bei der Fahrt aus Port Arthur über Bord geworfen zu haben.

Als geschlossene Veranstaltung des Neuen Vereins – eines Kunstvereins – findet im Münchner Schauspielhaus die Uraufführung von Frank Wedekinds Schauspiel »Hidalla oder Sein und Haben« statt.

19. Februar, Sonntag

Im Russisch-Japanischen Krieg beginnt der Angriff der Japaner auf Mukden (Schenjang). Die größte Landschlacht des Kriegs endet mit einer russischen Niederlage (→ 27. 5./S. 90; 2. 1./S. 12).

Im Kaukasus brechen blutige Nationalitätenunruhen aus. Zu den schwersten Kämpfen kommt es in Baku zwischen Armeniern und persischen Tataren (→ 3. 3./S. 65).

Die Parlamentswahlen im Königreich Rumänien erbringen der konservativen Regierung eine klare Mehrheit. Die Partei des konservativen Ministerpräsidenten Gheorghe Cantacuzino, der am 3. Januar von König Karl mit der Regierungsbildung beauftragt worden war, erhält 157 Sitze. Die Opposition stellt nur noch 15 Abgeordnete.

20. Februar, Montag

In Petersburg findet eine Großdemonstration von Studenten gegen die Fortführung des Russisch-Japanischen Kriegs und gegen das zaristische Regime statt. Um auf ihre revolutionären Ziele aufmerksam zu machen, beschließen die Teilnehmer, bis zum 13. September die Vorlesungen zu boykottieren (→ 2. 1./S. 12; 3. 3./S. 65).

Bei einer Debatte im britischen Unterhaus in London über die Verwaltung Irlands erklärt John Redmond, der Führer der irischen Nationalpartei, das irische Volk sei zum bewaffneten Aufstand bereit, wenn Großbritannien Irland nicht mehr Unabhängigkeit gewähren wolle.

21. Februar, Dienstag

Der kanadische Premierminister Wilfried Laurier legt die Grenzen der neu zu bildenden Provinzen Alberta und Saskatchewan fest. Die Provinzen waren 1869 bzw. 1870 dem kanadischen Dominion übergeben worden.

22. Februar, Mittwoch

Der Reichstag in Berlin verabschiedet die neuen Handelsverträge, die durch die Erhöhung der Einfuhrzölle vor allem der Landwirtschaft erhebliche Mehreinnahmen bringen sollen. → S. 38

Der französische Marineminister Gaston Thomson begründet die verstärkte Flottenrüstung Frankreichs mit dem Hinweis, daß die deutsche Flotte 1898 nur 25% der französischen Schlagkraft besessen habe, im Jahr 1908 bereits drei Viertel und sie im Jahr 1917 an Stärke übertreffen werde (→ 1. 4./S. 74).

23. Februar, Donnerstag

Wegen der Unruhen im Zartum Polen werden in Warschau alle privaten Jungen- und Mädchenschulen geschlossen (→ 1. 5./S. 94).

In Moskau werden 15 oppositionelle Schriftsteller verhaftet; unter ihnen befindet sich der Erzähler und Dramatiker Leonid N. Andrejew (→ 23. 1./S. 20).

24. Februar, Freitag

In Moskau und Kasan treten die Eisenbahner in den Streik. Militärzüge sollen jedoch weiterhin abgefertigt werden.

Der russische Landwirtschaftsminister Alexei S. Jermolow überreicht Zar Nikolaus II. eine Denkschrift, in der er die Einführung einer Verfassung und die Berufung von Volksvertretern empfiehlt (→ 3. 3./S. 65).

Die schwedische Frauenrechtlerin und Pädagogin Ellen Key hält in Berlin Vorträge über die Situation der Frauen, die ein großes Publikum finden. → S. 45

Der Simplontunnel, der längste Eisenbahntunnel der Welt, wird durchstochen. → S. 41

25. Februar, Samstag

Die internationale Hull-Kommission in Paris verurteilt das Russische Reich zu einer Geldbuße wegen der ungerechtfertigten Beschießung britischer Fischerboote am 21. Oktober des vergangenen Jahres. → S. 40

Alfred von Tirpitz, der Staatssekretär im Reichsmarineamt und Initiator des deutsch-britischen Flottenwettrüstens, weist im Reichstag in Berlin die vom SPD-Parteivorsitzenden August Bebel unterstellte »Beziehung« zwischen Regierung und Flottenverein zurück (→ 1. 4./S. 74).

26. Februar, Sonntag

Die russische Regierung unter Sergei Graf Witte unterstellt die Eisenbahnangestellten den Kriegsgesetzen. Grund sind die Streiks, die den Nachschub für die Truppen im Russisch-Japanischen Krieg behindern.

27. Februar, Montag

In Berlin wird der nach Plänen von Julius Raschdorff errichtete Neubau des Doms geweiht. → S. 46

August Bebel, der Parteiführer der SPD, wird wegen des Verkaufs seines Hauses in der Schweiz von der Presse scharf angegriffen. → S. 45

Der Schriftsteller Maxim Gorki wird nach Massenprotesten für seine Freilassung gegen eine Kaution von 10 000 Rubeln aus dem Gefängnis in St. Petersburg entlassen. Als Aufenthaltsort wird ihm Riga zugewiesen. Gorki war nach dem »Blutsonntag« von Petersburg verhaftet worden (→ 23. 1./S. 20).

28. Februar, Dienstag

Der preußische Kriegsminister Karl von Einem fordert im Reichstag in Berlin eine massive Aufrüstung des Heeres (→ 1. 4./S. 74).

In der Generaldebatte über den Militäretat in der französischen Abgeordnetenkammer in Paris wird darauf hingewiesen, daß der Gesundheitszustand der Soldaten und Offiziere im deutschen Heer besser als im französischen sei. Die Redner betonen außerdem, daß das Deutsche Reich fortgesetzt neue Forts und strategische Eisenbahnlinien errichte.

Das Wetter im Monat Februar

Station	Mittlere Lufttemperatur (°C)	Niederschlag (mm)	Sonnenscheindauer (Std.)
Aachen	2,6 (2,1)	78,0 (59)	– (74)
Berlin	1,6 (0,4)	46,6 (40)	– (78)
Bremen	2,4 (0,9)	52,8 (48)	– (68)
München	1,2 (–0,9)	51,6 (50)	– (72)
Wien	1,6 (0,6)	41,0 (41)	47 (–)
Zürich	1,4 (0,2)	21,0 (61)	89 (79)

( ) Langjähriger Mittelwert für diesen Monat
– Wert nicht ermittelt

Die »Lustigen Blätter« gehen mit ihrer Nr. 10 auf den Durchstich des Simplontunnels von der Schweiz nach Italien ein. Ein Tunnelarbeiter wird von einem katholischen Priester begrüßt. Im Hintergrund strahlt der Petersdom in Rom.

Ruhrbergarbeiterstreik – 200 000 sind im Ausstand

Die Proklamation des Generalstreiks auf der Delegiertenversammlung in der Essener Tonhalle am 16. Januar. Auf Zechen, bei denen wegen des Streiks die Gefahr endgültiger Stillegung durch die Unternehmen besteht, soll trotz des Ausstandes weitergearbeitet werden. Die Gesamtzahl der streikenden Arbeiter wird am 16. Januar mit 91 011 in 124 Zechen und Schachtanlagen angegeben.

9. 2., Essen. Die Delegierten aller Schachtanlagen des Ruhrgebiets beschließen, den Bergarbeiterstreik abzubrechen. An dem seit dem 7. Januar dauernden Ausstand hatten sich rund 200 000 Kumpel beteiligt.

Auslösendes Moment für diesen Beschluß ist das Versprechen der Reichsregierung, die bestehende Berggesetzgebung zu reformieren. Hinzu kommt, daß die Finanzkraft der vier Bergarbeiterverbände nach dem wochenlangen Ausstand nahezu erschöpft ist. Da jeder weitere Tag die Gewerkschaften einem Zusammenbruch des Streiks näherbringt, bietet das Angebot der Regierung die Möglichkeit, den Ausstand auf seinem Höhepunkt mit der Solidarität von 200 000 Streikenden zu beenden.

Der Ausstand begann am 7. Januar: Als die Zechenleitung der Stinnes-Schachtanlage Bruchstraße in Bochum-Langendreer sich weigerte, eine am 22. Dezember 1904 verfügte halbstündige Schichtzeitverlängerung zurückzunehmen, trat die gesamte Morgenschicht in einen wilden Streik. Obwohl die Führer des Alten Verbandes, des christlichen Gewerkvereins, der Hirsch-Dunckerschen und der polnischen Gewerkschaft ihre Mitglieder am 8. Januar in verschiedenen Aufrufen von einem allgemeinen Ausstand abzuhalten versuchten, weitete sich der Streik auf das gesamte Ruhrgebiet aus. Schon am 11. Januar befanden sich 50 000 Arbeiter im Ausstand. Der Streik wird damit zur bislang größten Konfrontation zwischen den im Bergbaulichen Verein und dem Rheinisch-Westfälischen Kohlensyndikat zusammengeschlossenen Zechenunternehmern und der organisierten Ruhrbergarbeiterschaft.

Um die Kontrolle über die Mitgliederbasis zu behalten und eine einheitliche Kampfstrategie zu entwickeln, wählten die Delegierten der Bergarbeiterverbände auf einer gemeinsamen Ruhrgebietskonferenz am 12. Januar in Essen einen ständigen Siebenerausschuß als Streikleitung und formulierten in einem 14-Punkte-Programm ihre Forderungen an den Bergbaulichen Verein.

Als der Bergbauliche Verein zwei Tage später die Forderungen ablehnte, rief eine für den 16. Januar nach Essen einberufene zweite Revierkonferenz den Generalstreik aus. Vier Tage später sprach Otto Hue vom Vorstand des Alten Verbandes im Deutschen Reichstag in Berlin über die soziale Not der Bergarbeiter und übermittelte der Reichsregierung die Forderungen:

▷ Achteinhalbstündige Schichtzeit einschließlich Ein- und Ausfahrt ab 1906, achtstündige Schichtzeit ab 1907
▷ Sechsstündige Schichtzeit in nassen Orten sowie in heißen Orten mit Temperaturen von über 28 °C
▷ Sonntags- und Überschichten nur zur Rettung von Menschenleben sowohl bei außerordentlichen Betriebsstörungen als auch bei Schachtreparaturen
▷ Sofortige Beseitigung des Wagennullens; Eichung aller Kohlenwagen
▷ Jährliche geheime Wahl eines Wagenkontrolleurs bzw. Wiegemeisters durch die Belegschaft
▷ Minimallöhne für Hauer und Lehrhauer im Gedinge (Akkord) 5 Mark, im Schichtlohn 4,50 M; Lohnzahlung dreimal monatlich
▷ Errichtung eines Arbeiterausschusses zur Regelung aller Beschwerden und Mißstände, aller Lohndifferenzen und zur Mitverwaltung der Unterstützungskassen; jährliche Bekanntmachung des Kassenstandes durch öffentlichen Aushang
▷ Gute Deputatkohlen zum Selbstkostenpreis (mindestens monatlich einen Wagen)
▷ Beseitigung der zu vielen und zu harten Strafen
▷ Humane Behandlung; Bestrafung oder Entlassung aller die Arbeiter mißhandelnden und beschimpfenden Beamten
▷ Anerkennung der Arbeiterorganisationen.

Arbeiter verteilen Flugblätter: Ihre Gewaltlosigkeit verschafft den Streikenden auch beim Bürgertum viele Sympathien. Diese verstärken sich noch, als die Unternehmer die Forderungen der Bergleute schroff ablehnen.

Die Konsequenz aus dem Bergarbeiterstreik ist das »Gesetz, betreffend die Abänderung einzelner Bestimmungen des allgemeinen Berggesetzes«, das am 26. Mai vom preußischen Abgeordnetenhaus verabschiedet wird. Kern der preußischen Bergnovelle ist neben der Einführung einer Achteinhalbstundenschicht einschließlich Einund Ausfahrt die gesetzliche Einführung von Arbeiterausschüssen auf allen Zechen mit mehr als 100 Beschäftigten.

Aufgabe der Ausschüsse ist es, »das gute Einvernehmen innerhalb der Belegschaft und zwischen den Belegschaften und den Arbeitgebern zu erhalten oder wiederherzustellen«.

Zur Überwachung der richtigen Beladung der Kohlenwagen sollen von den Ausschüssen Vertrauensmänner gewählt werden.

Auf engstem Raum arbeiten die Bergleute unter Tage, hier mit einer mechanischen Schrämmaschine, bei Temperaturen von oft mehr als 30 °C.

Sinkende Löhne und Schikanen führen zum Ausstand

Chronik Hintergrund

Als am 7. Januar mit dem wilden Streik auf der Zeche Bruchstraße in Bochum-Langendreer der bis dahin größte Arbeitskampf im Ruhrbergbau beginnt, eskaliert ein Konflikt, dessen Ursachen bis ins vergangene Jahrhundert zurückreichen.

Nachdem seit Ende der 90er Jahre die Bergarbeiterlöhne im Ruhrgebiet gestiegen waren, fielen sie im zweiten Quartal 1902 auf 3,78 Mark und lagen damit um 0,46 Mark unter dem Stand des Jahres 1900. Im Zusammenhang mit steigenden Preisen für Speck und Schweinefleisch sorgte die soziale Not in den Bergarbeiterfamilien für wachsende Unruhe unter den Belegschaften. Die Unzufriedenheit der Bergarbeiter wurde verstärkt, als das Rheinisch-Westfälische Kohlensyndikat zum 1. Juni 1903 neun Kleinzechen im Ruhrtal stillegte. Weitere Rationalisierungspläne bedrohten die Arbeitsplätze von rund 10 000 Kumpeln.

Zunehmend gereizter wurde die Stimmung auf den Zechen, als sich die Grubenverwaltungen 1903 weigerten, den von der Wurmkrankheit befallenen Bergleuten die Lohnausfälle zu erstatten. Die Seuche war im gleichen Jahr von ausländischen Bergarbeitern eingeschleppt worden und konnte sich aufgrund der in den Gruben herrschenden mangelhaften hygienischen Verhältnisse schnell ausbreiten. Hinzu kamen alltägliche Konflikte wie die Praxis der Nichtanrechnung unrein beladener Wagen (Wagennullen) und schikanöses Verhalten der Vorgesetzten.

Die Ankündigung einer Schichtzeitverlängerung auf der Zeche Bruchstraße vom 22. Dezember 1904 an, ohne der Belegschaft Gelegenheit zu geben, sich gemäß dem Preußischen Berggesetz zur Änderung der Arbeitsordnung zu äußern, führte zum Ausbruch der angestauten Unzufriedenheit und damit zum Streik im Ruhrrevier.

Das idyllische Familienbild einer Bergarbeiterfamilie trügt. Die geringen Zuwendungen aus der Streikkasse führen zu wachsender materieller Not.

▷ Arbeiten unter Tage in ständiger Lebensgefahr: Reparatur der Zimmerung in einem Steinkohlenbergwerk nach einem Gebirgsdruck

Neue Handelsverträge fördern die Landwirtschaft

22. 2., Berlin. Der Deutsche Reichstag verabschiedet die neuen Handelsverträge mit Italien, Belgien, Rußland, Rumänien, Serbien, der Schweiz und Österreich-Ungarn mit großer Mehrheit. Auf den Verkehr mit diesen Staaten entfällt mehr als ein Drittel des deutschen Außenhandels. Mit anderen wichtigen Handelspartnern, darunter den USA, Großbritannien und Argentinien, steht das Deutsche Reich noch in Verhandlungen.

Die neuen Verträge, das Werk von Reichskanzler Bernhard Graf von Bülow, bedeuten die Abkehr von der liberalen Handelspolitik des früheren Reichskanzlers Georg Leo Graf von Caprivi. Während die Caprivischen Handelsverträge, die zwischen 1891 und 1894 abgeschlossen wurden, die deutschen Landwirtschaftszölle gesenkt hatten, macht Bülow dies wieder rückgängig. Er begründet seine Maßnahme im Reichstag: »Ich habe mehr als einmal an dieser Stelle gesagt, Deutschland ist nicht lediglich Industriestaat, es ist Agrar- und Industriestaat.«

Die Konservativen (meist ostelbische Junker und Agrarier) begrüßen daher die neuen Verträge als »Abwendung von der einseitigen Industriepolitik Caprivis und Rückkehr zu der Bismarckschen Politik«. Caprivis Vorgänger als Kanzler, Fürst Otto von Bismarck, war ein entschiedener Gegner der Caprivischen Handelsverträge, die seiner Meinung nach durch die Getreidezollermäßigungen die deutsche Landwirtschaft schädigten und eine ungesunde Konkurrenz zwischen Industrie und Landwirtschaft hervorriefen.

Bülow schwenkte wieder mehr auf Bismarcks Linie ein. Der neue deutsche Generaltarif, den er 1902 durchsetzte, enthielt fast durchweg Zollerhöhungen und außerdem feste Mindestzölle für Getreide. Die innenpolitischen Gegner dieses neuen Tarifs fürchteten, daß Deutschland unweigerlich in einen Zollkrieg mit den wichtigsten Handelspartnern geraten und eine wirtschaftlich-politische Koalition gegen das Deutsche Reich die Folge sein müsse. Bülow ließ sich nicht beeindrucken: Deutschland befinde sich keineswegs in einer wirtschaftlichen Zwangslage; das Deutsche Reich habe Einfuhrüberschüsse von mehr als einer Milliarde Mark und verfüge über die höchste Kaufkraft der Welt.

Debatte im Deutschen Reichstag. Die Handelsverträge werden kontrovers diskutiert. Industrie und Landwirtschaft versuchen, ihre Interessen zu wahren.

Bülow nahm zunächst Verhandlungen mit dem Russischen Reich auf. Der Abschluß der deutsch-russischen Verhandlungen erfolgte unter dem Eindruck der russischen Niederlagen im Krieg mit Japan (→ 2. 1./S. 12). Das Russische Reich sicherte sich durch den neuen Handelsvertrag einen wohlwollenden Nachbarn im Westen und erhielt zudem Zugangsmöglichkeiten zum deutschen Geldmarkt. Nach Abschluß des deutsch-russischen Vertrags war die Grundlage für die Verhandlungen mit den anderen Staaten gegeben.

Obwohl die Verhandlungen mit den USA und anderen wichtigen Außenhandelspartnern noch nicht abgeschlossen sind, hat Bülow mit den Verträgen die Marschroute vorgegeben und erntet überwiegend Zustimmung, obwohl Industrie und Handel Nachteile haben.

Kaiser Wilhelm II. dankt dem Reichskanzler in einem persönlichen Handschreiben für die »zielbewußte Leitung« der Handelsvertragsverhandlungen und spricht die Hoffnung aus, »daß die Verträge eine neue Kräftigung der deutschen Volkswirtschaft und ein neues Band des friedlichen Wettstreites zwischen dem Deutschen Reich und den uns befreundeten Ländern schaffen werden«.

Die neuen Handelsverträge bringen der deutschen Landwirtschaft entschiedene Vorteile, werden jedoch unter Bedingungen abgeschlossen, die viele Vertragspartner – vor allem Rußland und Österreich-Ungarn – als demütigend empfinden. So erhöht das Deutsche Reich die Getreidezölle von 3,50 auf 5 Mark pro Doppelzentner. Hinzu kommt eine Bestimmung, die einer Exportprämie bzw. einer Subventionierung der ostelbischen Landwirtschaft gleichkommt und pro Tonne ausgeführten deutschen Getreides einen staatlichen Zuschuß von 50 Mark ausmacht.

Schutz gegen billiges Importgetreide

Chronik Stichwort

Die Form der modernen Handelsverträge hat sich im 19. Jahrhundert entwickelt, als die Industriestaaten auf neue Märkte drängten. So dienten die sog. Freundschafts-, Handels- und Schifffahrtsverträge in den 50er und 60er Jahren vor allem der Öffnung des Handels mit Staaten, die sich gegen einen rechtlich geordneten Handel mit den europäisch-amerikanischen Industriestaaten abschlossen. Solche Verträge wurden u. a. Japan (→ S. 15), Siam, China sowie einigen mohammedanischen Ländern aufgezwungen. Anderen Staaten gegenüber haben die Handelsverträge die Funktion, den bereits bestehenden Wirtschaftsverkehr weiter auszubauen, z. B. durch die Vereinbarung besonderer Zolltarife oder durch die Gewährung der Meistbegünstigung.

Reichskanzler Bülow, Anhänger der Schutzzollpolitik, ist Schöpfer des neuen Handelsvertragswerks.

Bei Meistbegünstigungsverträgen werden dem Vertragspartner die günstigsten Zölle gewährt, die der vertragschließende Staat in anderen Verträgen einem dritten Staat bereits eingeräumt hat.

Die Handelsverträge spiegeln die wirtschaftlich starke Stellung des Deutschen Reichs und werden unter Bedingungen abgeschlossen, die für viele Vertragspartner – vor allem Rußland und Österreich-Ungarn – ungünstig sind. Die deutsche Steigerung des Roggenexports z. B., die auf der Grundlage der Handelsverträge erfolgt, läßt die russischen Verkäufe im Deutschen Reich sinken. Hatte die deutsche Roggenausfuhr nach Rußland im Jahr 1902 noch 6500 t betragen, so erreicht sie 1913 213 000 t; demgegenüber sinkt die russische Roggenausfuhr nach Deutschland von 842 000 t im Jahr 1902 auf 269 000 t im Jahr 1913. Zwar erwächst den russischen Agrariern durch den Handelsvertrag ein Gegner im Deutschen Reich, andererseits muß die deutsche Industrie nun mit Konkurrenz aus Rußland rechnen.

Acht »lange Kerls« der preußischen Gardes du Corps reiten der Gesandtschaft in Adlerhelmen und mit Fahnen voran.

Deutschland faßt Fuß in Abessinien

12. 2., Addis Abeba. Kanonenschüsse verkünden den Einzug der kaiserlich deutschen Gesandtschaft unter Leitung von Friedrich Rosen in die Residenzstadt des Negus Negesti Menilek II. Ziel der Delegation ist es, einen Handelsvertrag mit dem einzigen unabhängigen Staat Afrikas zu schließen und das riesige Reich der deutschen Wirtschaft zu öffnen.

Anders als das Deutsche Reich unterhalten Frankreich, Italien, Großbritannien und Rußland schon lange diplomatische Vertretungen in der Hauptstadt Abessiniens. Die ersten deutschen Kontakte wurden erst 1901 geknüpft, als Baron Karlo von Erlanger während einer Forschungsreise nach Ostafrika Abessinien durchquerte und von Kaiser Menilek II. empfangen wurde. Im folgenden Jahr begann der Kaufmann Arnold Holtz-Saatel eine »Studienreise« in dem für den deutschen Handel nahezu unerschlossenen Land. Holtz-Saatel, der inzwischen umfangreiche Goldkonzessionen im Gebiet von Addis Abeba erhalten hat, verstand es, sich während seines fast dreijährigen Aufenthalts am Hof des Negus Negesti eine Stellung zu verschaffen, die Kaiser Wilhelm II. und die deutsche Regierung bewog, eine »friedliche Mission« unter Rosen nach Abessinien zu entsenden.

Am 19. Februar empfängt Menilek II. die Gesandtschaft im Adarasch, einer 8000 Menschen Platz bietenden Halle des kaiserlichen Palasts, umgeben von den Ras (Statthaltern), die wie der Herrscher im Kriegsschmuck erschienen sind. Friedrich Rosen händigt dem Negus im Auftrag des deutschen Kaisers ein Handschreiben aus, das in einer goldverzierten Ledertruhe überreicht wird.

Am 7. März schließlich wird der »Freundschafts- und Handelsvertrag« unterzeichnet, der Abessinien dem deutschen Handel öffnet.

Menilek II. schuf das moderne Äthiopien

Chronik Zur Person

Menilek II. ist seit 1889 Kaiser von Abessinien (Äthiopien).

Als Ras (Provinzstatthalter) von Schoa nahm er 1865, als 21jähriger, den Namen Menilek II. an, um seine Herkunft von Menilek I. zu betonen. Dieser legendäre Gründer von Äthiopien soll der Sohn des alttestamentlichen Königs Salomo und der Königin von Saba sein.

1889 schloß Menilek II. mit Italien den Vertrag von Uccialli, weil er sich von einer engeren Bindung an Italien europäische Unterstützung bei der Entwicklung seines Landes erhoffte. Ziel Italiens war jedoch die Errichtung einer kolonialen Schutzherrschaft. Es kam zum Krieg. Durch den Sieg über Italien in der Schlacht bei Adua sicherte Menilek 1896 seinem Reich die Unabhängigkeit.

Kaiser Menilek II., Negus Negesti, »König der Könige« in Abessinien

Im Innern unterwarf er aufständische Stämme, verbot die Sklaverei, führte Reformen nach europäischem Muster durch und trieb die industrielle Entwicklung voran. 1897 ließ er an der Stelle eines Zeltlagers seine Hauptstadt Addis Abeba bauen.

Neue Strategie: Bahnen statt Krieg

9. 2., Daressalam. Prinz Adalbert von Preußen gibt in der Hauptstadt von Deutsch-Ostafrika (Tansania) mit dem ersten Spatenstich das Signal zum Bau der Eisenbahnlinie nach Mrogoro.

Die Bahn ist eines von mehreren Eisenbahnprojekten, die die deutsche Kolonialmacht seit kurzem in Angriff genommen hat. Traditionell hatte die militärische Unterwerfung der Kolonien Priorität, doch unter dem Eindruck des Hottentottenkriegs (→ 4. 1./S. 22) hat ein Umdenken in Richtung Ausbeutung wirtschaftlicher Ressourcen begonnen: Politik und Wirtschaft ist klar, daß eine entschiedene Förderung des Eisenbahnbaues die Prosperität der Kolonien erhöht und so den Eingeborenenunruhen vorbeugen wird.

So ist in der westafrikanischen deutschen Kolonie Togo im Oktober 1904 mit dem Bau der eingleisig geführten, 122 km langen Bahnlinie von Lomé nach Palimé (Kpalimé) begonnen worden. Am 18. Juli wird in Togo die Küsteneisenbahn Lomé – Aneho dem Verkehr übergeben. Die Kameruner Eisenbahn wiederum soll nach dem Entscheid des Reichstags binnen vier Jahren den Betrieb aufnehmen. Ein weiteres Projekt, an dem derzeit gebaut wird, ist die Usambarabahn in Deutsch-Ostafrika – 352 km lang –, damit das ganze Hinterland der Kolonie erschlossen werden kann.

Alle diese Bahnen dienen militärischen Zwecken und der wirtschaftlichen Erschließung der Kolonien. So durchquert die Lomé-Palimé-Bahn die fruchtbare Ölpalmzone in Deutsch-Ostafrika und bindet die Baumwollanbaugebiete der Kolonie an den Verkehr an.

Ähnliche Unternehmen werden auch in den Schutzgebieten der anderen Kolonialstaaten verwirklicht. Das größte Projekt dieser Art ist die britische Kap-Kairo-Bahn, die den schwarzen Kontinent von Kairo bis Kapstadt durchqueren soll – auf einer Länge von 9000 km, von denen schon fast 2000 befahren werden können. Das stolzeste Projekt der französischen Kolonialmacht wiederum ist die Sahara-Eisenbahn. Wo noch vor wenigen Jahren jede Expedition ein Wagnis auf Leben und Tod bedeutet hat, fahren heute Salonwagen.

Republikaner Portugals im Aufwind

12. 2., Lissabon. Bei den Parlamentswahlen im Königreich Portugal erhält die Regierung von Ministerpräsident José Luciano de Castro zwar die absolute Mehrheit; als besorgniserregend werten die Konservativen jedoch den Stimmenzuwachs der Republikaner vor allem in den Großstädten Porto und Lissabon. Die Republikanische Partei war 1876 gegründet worden, ein Jahr zuvor die sozialistische Partei Portugals.

Die Unzufriedenheit des zahlenmäßig starken Kleinbürgertums über die Verschlechterung der Existenzbedingungen, das starke Anwachsen der Schicht von Lohnarbeitern, die wirtschaftliche Abhängigkeit von Großbritannien und die kolonialen Auseinandersetzungen mit der Weltmacht jenseits des Kanals haben in den letzten 15 Jahren zu einer Krise der Monarchie und des bürgerlichen Zweikammersystems geführt. Weitere Gründe dafür, daß sich das Volk mehr und mehr der Monarchie entfremdet, sind die hohen Steuern, die Verschwendungssucht des Hofes – diese führte 1892 zur Erklärung des Staatsbankrotts – und die Korruption der herrschenden Parteien. Dem Großgrundbesitz besonders im Süden steht die Masse der landarmen Bauern im Norden sowie der Landarbeiter im Süden gegenüber.

Viele Portugiesen versuchen, sich der hoffnungslos scheinenden Lage durch die Emigration – vor allem nach Brasilien und in die Vereinigten Staaten – zu entziehen. Allein zwischen 1872 und 1900 wanderten rund 580 000 Portugiesen aus (bei einer Bevölkerung von etwa fünf Mio.). Seit 1904 kehren jährlich rund 35 000 Menschen ihrem Heimatland den Rücken.

Um von den innenpolitischen Problemen abzulenken und gleichzeitig bei der Aufteilung Afrikas nicht zu kurz zu kommen, begann Portugal eine aktive Kolonialpolitik zu betreiben und seine Besitzungen von der Küste Angolas und Moçambiques ins Innere des schwarzen Kontinents auszudehnen. Dies führte zum Konflikt mit Großbritannien, das seinerseits eine durchgehende Verbindung seiner Kolonien von Ägypten bis Südafrika erstrebte. Der Kolonialbesitz sorgt auch nicht dafür, daß Portugal der Sprung vom Agrar- zum Industriestaat gelingt. Nach einem britischen Ultimatum mußte Portugal 1890 territoriale Zugeständnisse in Moçambique machen. Die Welle des Nationalismus und antibritischer Stimmungen nutzten 1891 die Republikaner zu einem Aufstand gegen die Monarchie in Porto; diese Erhebung scheiterte. 1902 kam es zu Aufständen in Flotte und Heer.

Carlos I., König seit 1889, führte Portugal in den Staatsbankrott.

Rußland bezahlt für Angriff auf Fischerboote aus Hull

25. 2., Paris. Die internationale Hull-Kommission fällt das Urteil über den sog. Doggerbank-Zwischenfall. Das Russische Reich wird zu finanzieller Entschädigung von 65 000 britischen Pfund (umgerechnet etwa 1,3 Mio. Mark) für die ungerechtfertigte Beschießung britischer Fischerboote aus Hull verurteilt, obwohl den verantwortlichen russischen Admiral Sinowi P. Roschdestwenski subjektiv keine Schuld treffe. Rußland beugt sich dem Schuldspruch widerspruchslos durch Zahlung der Summe.

Am Abend des 21. Oktober 1904 sah sich das russische Zweite Ostasiatische Geschwader unter Admiral Roschdestwenski auf der Fahrt zum Kriegsschauplatz in Südostasien (→ 2. 1./S. 12) bei der Doggerbank in der Nordsee von Schiffen umringt. Als der Kommandant der »Kamtschatka« einen Torpedobootangriff meldete, gab der Admiral das Zeichen zum Feuern, obwohl es sich bei den Booten tatsächlich nur um eine britische Fischerflotille handelte und sich in der Gegend keine Torpedoboote befanden. Andererseits wurde auch der russische Kreuzer »Aurora« von mehreren Geschossen getroffen.

Die Kommission erkennt einstimmig an, daß Roschdestwenski alles Mögliche getan habe, um das Schießen auf die als solche erkannten Fischerboote zu verhindern. Nach Einstellung der zwölf Minuten dauernden Beschießung habe zudem weiterhin subjektiv Ungewißheit über eine für das russische Geschwader bestehende Gefahr bestanden. Die Mehrheit der Kommissionsmitglieder bedauert jedoch, daß Roschdestwenski bei der Weiterfahrt durch den Kanal die Seebehörden nicht auf die beschossenen Fischerboote aufmerksam gemacht habe.

Der französische Admiral Fournier (Nr. 7) leitet die internationale Hull-Kommission in Paris.

Der längste Eisenbahntunnel der Welt

24. 2., Simplon. Zwischen dem schweizerischen Brig und der italienischen Ortschaft Iselle erfolgt um 7.20 h unter dem Osthang des Monte Leone durch Sprengung der mit Spannung erwartete Durchstich des Simplontunnels nach einer Bauzeit von rund sechseinhalb Jahren.

Der Durchstich findet, wie vorausberechnet, genau bei Meter 9387 statt. Im kritischen Moment versagt jedoch die Kaltwasserkühlanlage: In der Hitze, die sich nach der Explosion ausbreitet, fällt eine große Anzahl Arbeiter in Ohnmacht; der Vertreter der Simplongesellschaft in Domodossolo, Gressy, stirbt wenige Stunden später an Herzlähmung.

Trotz dieser Unglücksfälle herrscht in der Schweiz und in Italien Jubel. Die beiden Länder hatten 1895 den Bau dieses Eisenbahntunnels vereinbart, der die Strecke Paris – Mailand um 81 km verkürzen soll. Nach der geplanten Eröffnung im Jahr 1906 wird der Simplontunnel mit 19,8 km der längste Eisenbahntunnel der Welt sein. Die verantwortlichen Ingenieure für das Vorhaben sind Alfred Brandt auf der Nord- und Karl Brandau auf der Südseite des Tunnels.

Schon am 2. April durchfährt erstmals ein Zug mit Ehrengästen den Tunnel.

Immer längere Eisenbahnröhren

Chronik Hintergrund

Der Bau von Verkehrstunneln begann in der zweiten Hälfte des 17. Jahrhunderts. Der Malpas-Tunnel für den Kanal von Languedoc in Südfrankreich (1666 bis 1681) war der erste Tunnel, der nicht in das Gestein geschlagen, sondern aus ihm herausgesprengt wurde. 1707 wurde als Teil des Gotthardwegs in den Alpen das »Urnerloch« als erster alpiner Straßentunnel durchschlagen.

Den Anstoß zur Entwicklung der modernen Tunnel gab der Eisenbahnbau. Die ältesten Tunnel sind die von George Stephenson 1826–1830 ausgeführten Durchstiche auf der Strecke Manchester – Liverpool. In Deutschland wurde der erste Eisenbahntunnel 1837 auf der Strecke Leipzig – Dresden bei Oberau gebaut. Die bisher längsten Eisenbahntunnel waren der Gotthardtunnel aus dem Jahr 1881 (15 km) und der Mont-Cenis-Tunnel von 1871 zwischen Frankreich und Italien (12,8 km).

Illuminierung als effektiver Werbeträger genutzt

Die Mitte des 19. Jahrhunderts erfundene und 1879 durch Thomas Alva Edison in ihrer jetzigen Form entwickelte Glühlampe verändert das Aussehen der Weltstädte und ermöglicht der Wirtschaft, spektakulär auf neuartige Produkte sowie moderne Vergnügungsstätten aufmerksam zu machen.

Der neue Vergnügungspalast Londons, das »Colosseum«, fällt durch die metallene Drehkugel auf dem Turm des Gebäudes auf. Sie wird abends durch Glühlampen illuminiert und lockt stets Tausende von Neugierigen an.

In Paris macht sich die Autoindustrie das neue Werbemittel zunutze. Als in der französischen Metropole der achte Autosalon stattfindet, werden die Ausstellungsräume ebenfalls von zahlreichen Scheinwerfern angestrahlt, um Aufmerksamkeit zu erregen und auf diese Weise Passanten zum Besuch der Verkaufsausstellung zu bewegen.

Der achte Pariser Autosalon findet im Grand Palais statt, das abends angestrahlt wird. Die Abbildung in der Zeitschrift »L'Illustration« zeigt das Palais vom Quai d'Orsay.

◁ Der weithin sichtbare Turm des Londoner »Colosseums« trägt eine rotierende Metallkugel, die nachts von einer großen Zahl Glühbirnen erleuchtet wird und zu einem neuen Blickfang der Hauptstadt des britischen Empire geworden ist.

Wissenschaft und Technik 1905:

Schnellzüge und Turbinen

Chronik Übersicht

Eine bedeutende technische Innovation ist für das Jahr 1905 nicht zu vermelden; dafür ist eine gewisse Technikeuphorie kennzeichnend. Furcht vor weltverändernden neuen Techniken gibt es nicht. Die Ingenieure setzen auf die Anwendung und Verbesserung bereits gemachter Erfindungen und die Maßstabsvergrößerung des Bekannten und Bewährten. Das bedeutet wirtschaftliches Wachstum und Verbesserung des allgemeinen Lebensstandards. So beeinflussen auch 1905 vorwiegend wirtschaftliche und z. T. sogar utopische Komponenten das technisch-naturwissenschaftliche Denken. Nur gleichsam am Rande bahnen sich wirklich weltbewegende neue Einsichten an, die die Fachleute nur zögernd, die Allgemeinheit überhaupt nicht zur Kenntnis nehmen: Einsteins Formulierung der speziellen Relativitätstheorie (→ S. 43) und seine Enträtselung des »Fotoeffekts«.

Die wichtigsten Leistungen – Innovationen können sie kaum genannt werden – betreffen das Verkehrswesen. »Größer, stärker, schneller« heißt hier die Devise. In mehreren europäischen Staaten werden neue Schnellzuglokomotiven gebaut, die mit ihren kegelförmigen Kesselfronten und aerodynamischen Verkleidungsblechen so etwas wie eine stromlinienförmige Erscheinung erkennen lassen. Wegbereiter sind u. a. die französische Eisenbahngesellschaft Chemin de Fer Paris – Lyon – Méditerranée sowie die deutschen Lokomotivenbauunternehmen Henschel & Sohn in Kassel und J. A. Maffei in München.

Berlin bereitet sich auf das Zeitalter des motorisierten Straßenverkehrs vor: Ab November verkehren in der Reichshauptstadt die ersten öffentlichen Autobusse. Von Villingen, wo die Firma C. Werner den ersten Fahrpreisanzeiger für Droschken, das Taxameter »T 1« vorstellt, geht die weitere Durchorganisation des Taxiverkehrs im Deutschen Reich aus.

In der Hochseeschiffahrt setzt sich mit dem technisch mustergültigen 19 566 BRT großen Cunard Liner »Carmania« endgültig der Turbinenantrieb durch.

Eine neuartige Turbine für stationären Betrieb wird in Frankreich entwickelt, wo die Ingenieure Marcel Armengaud und Charles Lemale eine erste wirtschaftlich arbeitende Gasturbine entwickeln und bauen.

Einen Fortschritt für die Navigation auf dem Meer stellt der von dem deutschen Ingenieur Hermann Anschütz-Kaempfe erfundene und in einer von ihm in Kiel gegründeten Firma gefertigte Kreiselkompaß dar; das Gerät zeigt auch bei starken Eigenbewegungen des Schiffes zuverlässig die Himmelsrichtung an.

Die Luftfahrt schließlich kann sich eines neuen Weltrekords für unbemannte Ballons rühmen: Dem Oberrheinischen Verein für Luftschiffahrt in Straßburg gelingt es, einen Registrierballon für wissenschaftliche Meßaufgaben 25 800 m hoch bis in die Stratosphäre aufsteigen zu lassen. Der Ballon verbessert damit den Rekord aus dem Jahr 1894 um 7350 m.

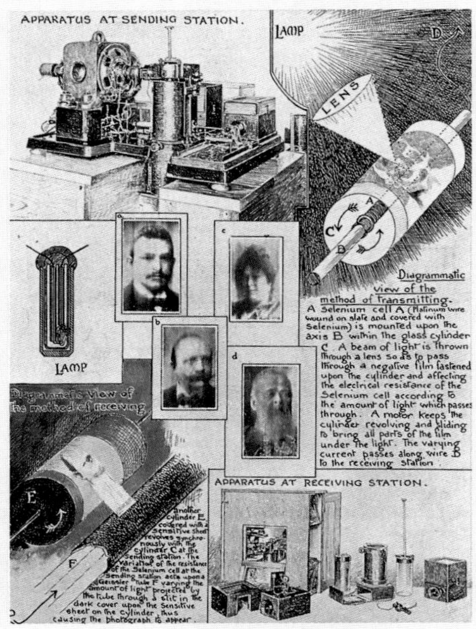

△ Als sensationeller technischer Fortschritt wird die vom Chefkonstrukteur der Firma Maffei, Anton Hammel, entwickelte Schnellzuglokomotive »S 3/6« gefeiert.

◁ Weitgehend im Bereich der Utopie ist noch die Bildtelegraphie angesiedelt. So führt der französische Telegraphendienst Versuche zwischen Paris und Rouen durch. Nach einer von dem Münchener Arthur Korn entwickelten Methode gelingt es, mit einer Selen-Fotozelle abgetastete Fotografien in elektrische Signale umzusetzen und am Empfangsort in einer Geißlerschen Kathodenstrahlröhre sichtbar zu machen.

Ein Monumentalbau ist das neue Syrtal-Viadukt in Plauen im Vogtland. Bei der Einweihung wird es als »Hymne an die moderne Technik« bezeichnet.

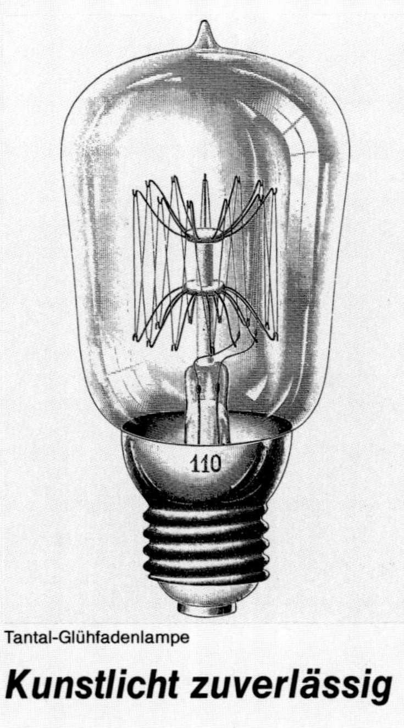

Tantal-Glühfadenlampe

Kunstlicht zuverlässig

Werner Bolten entwickelt die erste Metallfaden-Birne (mit Tantal-Faden), die Deutsche Gasglühlicht-Gesellschaft eine Lampe mit Osmium-Wolfram-Faden (»Osram«). Der Glühfaden wird so haltbarer.

Einstein revolutioniert festgefügtes Bild des Kosmos

Der als Patentprüfer in Bern arbeitende deutsche Physiker Albert Einstein formuliert die Gesetze der speziellen Relativitätstheorie. Er revolutioniert damit das gesamte physikalische Weltbild, das bisher auf rein mechanistischen Denkmodellen aufbaute. Die Grundlage dieses Weltbilds lieferten Naturwissenschaftler wie Galileo Galilei, Christian Huygens und Isaac Newton. Erstmals in seiner Allgemeingültigkeit in Frage gestellt wurde diese Physik, als 1881 der US-Physiker Albert Abraham Michelson die bekannten naturgesetzlichen Zusammenhänge von Zeit und Raum auf sehr hohe Geschwindigkeiten anwenden und die Relativitätsbewegung der Erde gegenüber dem ruhenden »Äther« des Weltalls ermitteln wollte. Bei seinen Experimenten erwies sich die Lichtgeschwindigkeit als von der Bewegung des Beobachters unabhängige Konstante.

Die Erklärung dieses merkwürdigen empirischen Befundes gelingt erstmals Albert Einstein. Er stellte fest, daß es keine absoluten Bewegungen in einem als feststehend aufgefaßten Raum und damit auch keinen »Welt-Äther« geben kann. Nach seinem neuen physikalischen Verständnis läßt sich jedes beliebig bewegte, aber nicht beschleunigte System als ruhend auffassen und damit zum Inertialsystem (Bezugssystem) für Raum-Zeit-Beobachtungen wählen. Mißt ein Beobachter die Zeit in seinem eigenen System (A) und vergleicht sie mit der Zeit, die währenddessen in einem an ihm vorbeiziehenden Inertialsystem (B) verstreicht, so stellt er fest, daß eine völlig gleich arbeitende Uhr im System (B) langsamer als in seinem eigenen System läuft (Zwei-Uhren-Paradoxeon). Weil beide Systeme gleichberechtigt sind, stellt aber auch ein sich im System befindender Beobachter fest, daß die Uhren im System (A) langsamer laufen.

Der 1879 in Ulm geborene Albert Einstein studierte in Zürich an der Technischen Hochschule, bevor er am dortigen Patentamt angestellt wurde.

Die Gesetze der Relativität

Durch die Relativitätstheorie definiert Albert Einstein wesentliche physikalische Grundbegriffe. Masse, Energie und Lichtgeschwindigkeit werden grundlegend in eine neue Beziehung gesetzt:

Ist $\triangle t$ ein Zeitintervall im Inertialsystem A und $\triangle t'$ ein zugehöriges Intervall im System B, das sich gegenüber dem System A mit der Geschwindigkeit v bewegt, so gilt für die Messungen im System A:

$\triangle t = \triangle t' / \sqrt{1 - v^2/c^2}$

und für Messungen im System B:

$\triangle t' = \triangle t / \sqrt{1 - v^2/c^2}$.

Für die Längen l im System A und l' im System B gilt entsprechend je nach Beobachter:

$l = l' \sqrt{1 - v^2/c^2}$ und

$l' = l \sqrt{1 - v^2/c^2}$.

Für die Masse m eines Körpers, der sich relativ zum Beobachter bewegt, gilt:

$m = m_0 / \sqrt{1 - v^2/c^2}$.

In diesen Gleichungen sind c die Lichtgeschwindigkeit und m_0 die Ruhemasse. Dies entspricht der Energie $E = m_0 c^2$.

Die Masse eines Körpers ist also nur eine bestimmte Erscheinungsform der Energie.

Vision: Bild- und Berührungs-Telefonie

Vision: Die tönende »Bildzeitung«

Vision: Technisierte Landwirtschaft

Phantastische Visionen in technikgläubiger Zeit sollen den Alltag der Menschen verändern

In erster Linie die noch junge Elektrotechnik ist es, die vor allem die Gemüter von Journalisten zu zahlreichen Zukunftsvisionen anregt. Einige davon werden später zur Realität, andere bleiben im Bereich reiner Utopie angesiedelt. So wird die Entwicklung der Telefonie nicht nur bis zum Bildtelefon in Gedanken weiterentwickelt, sondern auch zu technischen Anlagen, die auf mysteriöse Weise auch körperliche Kontakte über größere Distanzen hin elektromechanisch übertragen.

Die Weiterentwicklung der Zeitung sieht ein Zeichner der »Illustrated London News« in öffentlichen Kinematographenbildern, gekoppelt mit dem Ton aus Megaphonen. Statt des klassischen Ackerbaus stellt er sich für die Jahrhundertmitte riesige Getreidefabrikationsanlagen vor.

»Fräulein« Gertrud Eisenmann aus Hamburg auf dem »Motorzweirad«

Miss Jane Larkins ist der erste weibliche Automobillehrer in den Vereinigten Staaten von Amerika. Immer mehr Frauen brechen in Bereiche ein, die als männliche Domäne gelten, und emanzipieren sich.

»Corpsdamen« der schlagenden Verbindung »Germania« in Heidelberg. Heidelberg und Freiburg im Breisgau waren die ersten deutschen Städte, wo Frauen studieren durften.

Blick in die erste russische Frauenapotheke in Petersburg. In Rußland arbeiten rund 1000 Apothekerinnen mit akademischem Examen.

Bürgertöchter wollen keine »alten Jungfern« mehr sein

Immer mehr Frauen drängen in Berufe, die bisher Männern vorbehalten waren. Schlagzeilen wie »Die erste Frau als Automobillehrer« oder »Die Frau in der Luftschiffahrt« sorgen zwar noch immer für Aufsehen, sind jedoch längst keine Seltenheit mehr.

»Der Wunsch nach einem Beruf, der die Frauen der Gegenwart erfüllt, hat seinen Ursprung einerseits im Drang nach materieller Selbständigkeit und anderseits in der Sehnsucht nach Ausfüllung des Lebens ...«, resümiert Eliza Ichenhaeuser in der gutbürgerlichen Zeitschrift »Die Woche« (Nr. 22/1905) und faßt die Hintergründe folgendermaßen zusammen: »Das erstere ist nur zu begreiflich in einer Zeit, in der der Kampf ums Dasein schlimmer denn je tobt, in der die Ehe als Versorgungsinstitut mehr und mehr schwindet, sowohl aus Mangel an Ehekandidaten als auch weil die Frauen nachgerade das Unmoralische einer solchen Auffassung der Ehe einsehen ... Nicht minder verständlich ist die Sehnsucht nach Entwicklung und Betätigung der Kraft, ebenso zur eigenen Entfaltung wie auch zugunsten der Mitmenschen ...«

Das Problem der »Versorgungsehe« war in der zweiten Hälfte des 19. Jahrhunderts der Auslöser für die heute als »Frauenbewegung« bezeichnete soziale Bewegung des bürgerlichen Mittelstands, die mit ihrer Forderung nach Frauenerwerbsarbeit vor allem die Probleme der unverheirateten Frauen lösen wollte. Um die Mitte des 19. Jahrhunderts waren mehr als 50% aller Frauen zwischen 15 und 50 Jahren unverheiratet; sie stammten vorwiegend aus dem Bürgertum und fristeten ein unwürdiges Dasein als »alte Jungfern« bei Brüdern oder Verwandten, von denen sie meist unwillig versorgt wurden. Bis heute hat sich dies nicht wesentlich geändert: Nach den Ergebnissen der letzten Volkszählung im Jahr 1900 lebten von 16,9 Mio. erwachsenen Frauen in Deutschland nur 8,8 Mio. in einer Ehe.

Einer der Hauptgründe dafür ist der tatsächliche Frauenüberschuß. Obwohl durchschnittlich auf 100 Mädchen 106 Jungen geboren werden, dezimiert die höhere Knabensterblichkeit schon früh den männlichen Bevölkerungsanteil. Kriege und gefährliche oder anstrengende Berufe führen zudem zu einer höheren Sterberate bei Männern. Hinzu kommt, daß viele Bürgerfamilien lieber ihr Vermögen in die Ausbildung der Söhne investieren. Dies wiederum geht zu Lasten der Aussteuer; damit sinkt die Möglichkeit, geheiratet zu werden. Darüber hinaus leben mittlerweile viele Männer des bürgerlichen Mittelstands im Angestelltenverhältnis und können wie die Arbeiter ihre erwachsenen Töchter nicht angemessen versorgen.

Kommt es nach dem Schulabschluß im Alter von 16 Jahren nicht bald zur Heirat, so gilt der Grundsatz: »Nur der Beruf kann der Frau die Ehe ersetzen!« Ein zumindest zeitweise ausgeübter Beruf wird damit immer mehr Bestandteil dieser neuen Rolle junger bürgerlicher Frauen.

Ellen Key tritt für ein neues Selbstbewußtsein der Frauen ein.

Freiheit für Frau und Kind

Chronik Zeitzeuge

Großen Zulauf verzeichnen im Februar die Vorträge der schwedischen Reformpädagogin Ellen Key in Berlin. In der gutbürgerlichen Leipziger »Illustrirten Zeitung« porträtiert Marie Heller Ellen Key als eine engagierte Frauenrechtlerin:

»Es gibt vielleicht kaum eine zweite lebende Schriftstellerin des Auslandes, die sich in so kurzer Zeit in Deutschland so begeisterte Anhänger für ihre Ideen und Probleme erworben hat ... in ihren Schriften pulsiert das, was der Masse ihrer Mitschwestern, sehr zum Schaden ihrer Sache, mehr und mehr abhanden gekommen ist: Eine warme, frohe Begeisterung für das Gute, Große und Schöne, und mehr als das, der Glaube an den endgültigen Sieg des Guten.

Ellen Key wird im allgemeinen als Vorkämpferin für die Rechte der Frauen bezeichnet, und doch nimmt sie gerade hier eine absolute Sonderstellung ein. Ja, sie ist tatsächlich jahrelang nach dem Erscheinen ihrer Schrift ›Mißbrauchte Frauenkraft‹, die einen Sturm der Entrüstung hervorrief, von den Frauenrechtlerinnen als eine Feindin ihrer Sache betrachtet worden. Und doch ist vielleicht gerade sie die wärmste und beste Freundin der Frauensache, denn sie ist von Anfang an mit aller Energie für die nun einmal nicht umzustoßende Wahrheit eingetreten, daß die Frau dem Manne niemals ... gleich werden könne, sondern daß gerade in der Verschiedenheit und in der Bewahrung ihrer Eigenart ihre größte Kraft und ihr Segen für die Menschheit liegt. Sie will, daß die Frauen bei ihren Bestrebungen nach Erweiterung ihrer Arbeitsgebiete in erster Linie diejenigen Tätigkeiten ergreifen, in denen ›das Weibliche in ihrer Natur Verwendung findet‹. Nicht aber sollen sie ›fremde und ihnen nicht angeborene Eigenschaften zu künstlicher Blüte treiben‹ ...

Und ähnliche Ideen spricht sie in ihrem berühmten Werk ›Das Jahrhundert des Kindes‹ aus. Sie will, daß sowohl die Frau wie das Kind wirklich frei sein sollen, daß sie ihrer Natur folgen können, ohne an dem Besten, was sie haben, an ihrer Seele, beständig vergewaltigt zu werden.«

Toleranzantrag gestellt

4. 2., Berlin. Das Zentrum, die Partei des politischen Katholizismus, bringt im Deutschen Reichstag den sog. Toleranzantrag ein. Danach sollen alle staatlich anerkannten Religionsgemeinschaften in allen deutschen Ländern die gleichen Rechte haben. Hintergrund ist die unterschiedliche Behandlung von evangelischen und katholischen Christen in einigen Staaten.

Wörtlich fordert der Antrag unter anderem: »Religionsgemeinschaften, welche in einem der Bundesstaaten vom Staate anerkannt sind, steht innerhalb des Reichsgebietes die freie und öffentliche Ausübung ihres Kultus zu. Dieselben sind insbesondere befugt, überall im Deutschen Reiche ohne staatliche oder kommunale Genehmigung Gottesdienste abzuhalten, Kirchengebäude mit Türmen zu erbauen und auf denselben Glocken anzubringen ... Die Aufnahme in eine anerkannte Religionsgemeinschaft, die Zulassung zu deren Religionshandlungen sowie die Vornahme einer Taufe, einer kirchlichen Trauung oder eines kirchlichen Begräbnisses ist von einer Mitwirkung der Behörden des Staates ... unabhängig.«

Der Zentrumspolitiker Julius Bachem betont, der Antrag sei kein Angriff gegen den Protestantismus; die Katholiken verlangten nichts als »Gleichberechtigung der Konfessionen auf staatlichem Gebiet«; »schwere« Diskriminierungen der Katholiken in protestantischen Staaten wie Sachsen und Braunschweig müßten endgültig der Vergangenheit angehören und ließen sich nicht »mit moderner Auffassung vereinbaren«.

Den Toleranzantrag bringt die Zentrumspartei seit 1902 immer wieder vor den Reichstag. Das Ziel der ungehinderten Religionsausübung in allen deutschen Staaten wird jedoch erst mit der Weimarer Verfassung von 1919 verwirklicht.

Ludwig Windthorst (1812-1891), einer der Vorkämpfer für Toleranz gegenüber den Katholiken in Deutschland

SPD-»Kaiser« Bebel verkauft seine Villa

27. 2., Berlin. Spöttische und sarkastische Bemerkungen muß sich August Bebel, der Parteiführer der deutschen Sozialdemokratie, in der konservativen Presse gefallen lassen, als bekannt wird, daß er seine Villa in Küßnacht am Zürcher See an einen Kaufmann aus St. Gallen verkauft hat.

»Der beneidenswerte Umstand, Eigentümer eines hübschen Ruhesitzes zu sein«, bemerkt z.B. die Leipziger »Illustrirte Zeitung«, habe seltsamerweise nie zu Vorwürfen seitens seiner »Gesinnungsgenossen« geführt, obwohl der Besitz im Widerspruch zu Bebels klassenkämpferischen Anschauungen stehe. Daß Bebel das Haus kaum benutzte und Teile stets vermietet hatte, bleibt unerwähnt.

Neue Landesmutter in Sachsen gefordert

S10. 2., Florenz. Luise Gräfin von Montignoso weigert sich, einem Gesandten von König Friedrich August III. von Sachsen die gemeinsame Tochter Pia Monica zu überlassen. Die Gräfin, die jetzt mit dem Pianisten Enrico Toselli eine Liaison unterhält, war 1903 von dem damaligen Prinzen von Sachsen wegen Untreue geschieden worden. Zum König wurde Friedrich August 1904 gekrönt.

Die Sympathien in der »Montignoso-Affaire« stehen eindeutig auf seiten des Königs; seine ehemalige Frau wird als gesellschaftlich diskreditiert angesehen. In zahlreichen Petitionen hatte die Bevölkerung den König aufgefordert, wieder zu heiraten, damit Sachsen eine »Landesmutter« habe.

Westansicht des von Julius Raschdorff erbauten Doms in Berlin, dessen Architektur viele kritisch sehen

Hauptkirche der Protestanten geweiht

27. 2., Berlin. In der Reichshauptstadt Berlin wird der Neubau des Doms geweiht. Erbaut wurde das Gotteshaus nach Plänen von Julius Raschdorff. Anwesend sind u. a. Kaiser Wilhelm II. und dessen Gattin Auguste Victoria, die am gleichen Tag ihren 24. Hochzeitstag begehen. Die Feierlichkeiten gestalten sich zu einem Bekenntnis zum Protestantismus in Preußen.

Nach der Schlüsselübergabe durch Dombaumeister Raschdorff an Wilhelm II. öffnet Dom- und Oberhofprediger Ernst von Dryander die Pforte. Während Raschdorff das Gebäude als »Hauptkirche des Deutschen Protestantismus« bezeichnet hatte, geht Dryander in seiner Weihrede weiter. Er weist darauf hin, daß sich in der Person des Königs das oberste Kirchenregiment der evangelischen Kirche Preußens vereinige; der erste protestantische Dom in Preußen habe eine Signalwirkung, die in die anderen deutschen Länder hineinreiche. Im Laufe des Gottesdienstes spielt ein Bläserchor das »Halleluja« aus Georg Friedrich Händels Oratorium »Der Messias«. Es stellt sich heraus, daß die Akustik, entgegen den Befürchtungen, zufriedenstellend ist.

Kaiser Wilhelm II. und seine Gattin Auguste Victoria treffen mit großem Gefolge zur feierlichen Einweihung des Berliner Doms ein.

Der Dom, ein Zentralbau mit Kuppel, ist 114 m lang und 75 m hoch. Baumaterial war schlesischer Sandstein. Insgesamt hat die Kirche zwölf Eingänge; neun befinden sich an der Seite zum Lustgarten, zwei an der Spreeseite und einer gegenüber dem Schloß. Sie ist unterteilt in die Predigtkirche, die Kirche für Taufen und Trauungen, sowie die Gruftkirche.

Dom ist »lärmend protziger Schwall«

Chronik Hintergrund

Der von Julius Raschdorff errichtete Kuppel-Zentralbau ist bereits der dritte Dom am Berliner Lustgarten. Er stellt zugleich den gewaltigsten Propagandabau des wilhelminischen Deutschland dar. Die vorherige Anlage wurde 1893 für den Neubau abgerissen.

1867/68 wurde ein internationaler Architekten-Wettbewerb für den Neubau des Berliner Doms veranstaltet. 1892 bewilligte das preußische Abgeordnetenhaus 10 Mio. Mark für den Bau. Unter dem Einfluß von Kaiser Wilhelm II. entschied sich die Wettbewerbskommission für den Entwurf Raschdorffs. Der Baumeister hatte bereits 1889/90 das Mausoleum für Kaiser Friedrich in Potsdam entworfen.

Kennzeichnend für Raschdorffs Architektur ist ein eklektisches Zurückgreifen auf die Stilelemente der deutschen und italienischen Renaissancearchitektur. Er kopierte deren Formensystem und steigerte es zu dem seit den 70er Jahren im Deutschen Reich charakteristischen äußeren Formenaufwand mit seiner gewollten Monumentalität.

Schon im Vorfeld der Fertigstellung stieß der Raschdorffsche Dom auf heftige Kritik in der Öffentlichkeit. Zeitgenossen bezeichnen das Gebäude als »Höhepunkt des Verfalls« oder auch als »lärmend protzigen Schwall«.

Mit dem Abriß der ersten Domkirche südlich des Schlosses wurde 1747 begonnen, da sich die ehemalige Klosterkirche schwer in das Gesamtbild einer barocken Residenz einfügte. Der Entwurf des neuen Doms, dem angeblich eine eigenhändige Skizze von König Friedrich II., dem Großen, zugrunde lag, stammte von dem niederländischen Baumeister und königlichen Baudirektor Johann Boumann. 1750 wurde der einschiffige, kuppelgekrönte Querbau mit seiner säulengetragenen Vorhalle geweiht.

Adolph von Menzels »Das Flötenkonzert von Sanssouci« (Öl auf Leinwand, 142 × 205 cm, Neue Nationalgalerie, Berlin), ein Gemälde, das das Bild von der Wilhelminischen Zeit bis weit ins 20. Jahrhundert nachhaltig beeinflußt.

»Ruhmeskünder Friedrichs« verstorben

9. 2., Berlin. In Berlin stirbt der Maler und Grafiker Adolph von Menzel im Alter von 89 Jahren. Menzel, der als einer der bedeutendsten Vertreter des deutschen Realismus gilt, hinterläßt etwa 400 große Werke sowie umfangreiche Skizzenbücher.

Menzel wurde am 8. Dezember 1815 in Breslau als Sohn eines Schulvorstehers geboren. 1830 kam die Familie nach Berlin, wo der Vater eine lithographische Anstalt betrieb. Als er 1832 starb, führte der Sohn den Betrieb weiter. Erste künstlerische Anerkennung erhielt Menzel 1833; in diesem Jahr schuf er im Auftrag des Kunstverlegers Sachse Federzeichnungen zu Johann Wolfgang von Goethes Gedicht »Künstlers Erdenwallen«. Berühmt wurde Menzel, ein reiner Autodidakt, mit seinen Zeichnungen zu »Denkwürdigkeiten aus der brandenburgisch-preußischen Geschichte«. Sie machten ihn zum malenden Chronisten des friderizianischen Preußens. In seinen Gemälden widmete er sich zunächst ebenfalls historischen Themen. Impressionistische Züge finden sich erst in späteren Phasen seines Schaffens (u. a. in »Das Balkonzimmer« aus dem Jahr 1845). Zwischen 1850 und 1860 malte Menzel acht Ölbilder aus dem Leben Friedrichs II., des Großen; das bekannteste von ihnen ist »Das Flötenkonzert von Sanssouci«.

Die »kleine Exzellenz«, wie die Berliner Menzel nannten, auf der Leiter vor der Leinwand im Atelier.

Die Berliner Zeitschrift »Die Woche« druckt eine ganzseitige Todesanzeige mit dem Bild des Malers.

Bei den vier Tage später stattfindenden Trauerfeierlichkeiten nennt Kaiser Wilhelm II. Menzel den »Ruhmeskünder Friedrichs des Großen und seiner Armee«. Neben den Historienbildern widmete sich Menzel dem Berliner Alltagsleben, z. B. in »Die Berlin-Potsdamer Eisenbahn« aus dem Jahr 1847. Mit »Das Eisenwalzwerk«, das er 1875 vollendete, begründete er das Genre der Industriebilder.

Menzel, der wegen seiner bissigen Bemerkungen gefürchtet war, wurde 1898 geadelt. Er arbeitet bis zu seinem letzten Lebenstag.

»Berufener Herold des Preußentums«

Chronik Zeitzeuge

Die Leipziger »Illustrirte Zeitung« bringt am 16. Februar eine Würdigung Adolph von Menzels, die die Bedeutung des Malers für die Kunst des Kaiserreichs erläutert:

»Und das müssen wir – nicht nur die Preußen, sondern wir Deutschen alle – dem Meister über das Grab hinaus danken, daß er uns nationale Heldengestalten geschaffen hat, die für alle Zeiten im deutschen Volk so fortleben werden, wie ihnen Menzel Fleisch und Blut gegeben hat. Friedrich der Große lebt unter uns nicht in den Bildern von Antoine Pesne und Knobelsdorff oder Chodowiecki fort, sondern in der Gestalt, die Menzels Erfindungsgabe entsprungen ist. Seine friderizianischen Heldengestalten gehören zu den glanzvollsten Charakterfiguren der Kunst des neunzehnten Jahrhunderts; das ganze Zeitalter des großen Königs ist unserem Volk erst durch seine Kunst in Fleisch und Blut übergegangen ...

Aber auch seiner eigenen Zeit gegenüber ist er als Künstler ein Geschichtsschreiber von unbedingter Autorität und Wahrhaftigkeit geworden. Er, der berufene Herold des Preußentums, seines Ruhms und seiner Größe unter Friedrich dem Großen, hat mit derselben Begeisterung als Künstler Kaiser Wilhelm I. gedient, wenn auch hier die Aufgabe wesentlich leichter dadurch war, daß er die Zeit persönlich miterlebt hatte und Zeuge der Ereignisse gewesen war, die sein Pinsel geschildert hat ...

Diese Zeitgeschichte hat ihm aber auch nach einer anderen Seite hin ein lebhaftes Interesse abgewonnen. Das große Gemälde der Nationalgalerie ›Die modernen Zyklopen‹, der Blick in ein ›Eisenwalzwerk‹ und sein vielseitiges Getriebe, wird in der Geschichte dereinst vielleicht nicht nur um seiner künstlerischen Bedeutung willen eine Rolle spielen, sondern auch als ein Zeugnis für die sozialen Fragen der modernen Zeit angesehen werden.«

Nordische Skispiele zum zweiten Mal ausgetragen

12. 2., Stockholm. Mit einem Schlußbankett und der feierlichen Preisverleihung finden die dritten Nordischen Skispiele ihren Abschluß. Sie hatten am 4. Februar begonnen. Die Veranstalter sind mit dem Verlauf dieses internationalen Sportfestes, das zum Vorläufer der Olympischen Winterspiele wird, zufrieden, obwohl die Ski-Konkurrenzen wegen Schneemangels in der Nähe Stockholms in das 600 km nördlich gelegene Oestersund verlegt werden mußten.

Sportlich wertvollster Wettbewerb, der im Rahmen der Spiele ausgetragen wird, ist die Weltmeisterschaft im Eiskunstlauf der Herren. Der Schwede Ulrich Salchow beherrscht die Konkurrenz und holt sich zum fünften Mal hintereinander den WM-Titel. Auf Platz zwei kommt der Österreicher Max Bohatsch, der am 22. Januar in Bonn vor den beiden Deutschen Heinrich Burger und Karl Zenger Europameister geworden war. Salchow war bei diesem Wettbewerb nicht anwesend. Den Eisschnellauf-Titel erringt in Stockholm der Finne John Wikander mit zwei Einzelsiegen über 500 und 1500 m.

Das Programm der Nordischen Spiele umfaßt jedoch nicht nur rein winterliche Sportarten. Auf dem Norra Brunsviken, einem Teil des zugefrorenen Hafens, findet ein Trabrennen statt, bei dem unter die Sulkys Kufen statt Räder montiert sind. Ein weiterer Höhepunkt ist ein Distanzritt von Uppsala nach Stockholm über 100 km. Turniere der Sommersportarten Schwimmen, Wasserball, Fechten und Turnen sowie eine Autowettfahrt komplettieren das Programm der Spiele.

Mit ständiger Präsenz bei vielen Sportveranstaltungen, auf Bällen und Empfängen werten König Oscar II. und Prinzregent Gustav (V.) die Nordischen Spiele zu einem hochrangigen gesellschaftlichen Ereignis auf. Die Königsfamilie versucht auf diese Weise den politischen Streit zwischen Schweden und Norwegen (→ 7. 6./S. 108), das offiziell keine Sportler gemeldet hat, zu überspielen.

Die ausländischen Gäste, die von der reibungslosen Organisation und der freundlichen Atmosphäre beeindruckt sind, loben die »olympische Atmosphäre« der Spiele.

Die Eishockeywettbewerbe der Nordischen Skispiele finden auf dem zugefrorenen Nybroviken inmitten des Stockholmer Stadtgebietes statt.

▷ Der inoffiziell angetretene Norweger Heyerdahl erreicht im Skispringen eine Weite von 24 m. Mit ausgebreiteten Armen stabilisiert er seinen Flug.

◁ Der Sprunghügel der Schanze in Vestersund ist relativ flach. Die Körperhaltung der Springer zeigt, daß der Sport noch in seinen Anfängen steckt.

▽ Schlittschuhsegeln gehört zu den populären Wintersportarten. Die Läufer versuchen, mit ihren Segeln den Wind optimal zu nutzen.

Spielszene aus dem ersten offiziellen Länderspiel der Eidgenossen. Die Franzosen sind dem Schweizer Team in der Schlußphase weit überlegen.

Knappe Niederlage bei erstem Schweizer Länderspiel

12. 2., Paris. Das erste offizielle Fußballänderspiel einer Schweizer Nationalmannschaft bringt dem Team der Eidgenossen eine Niederlage ein. Knapp 5000 Zuschauer verfolgen im Prinzenparkstadion das Länderspiel der französischen Auswahl gegen die Schweiz, das die Heimmannschaft knapp 1:0 gewinnt. Bei Halbzeit hatte es noch unentschieden gestanden.

Im gesamten Spiel ist ein großer Klassenunterschied zwischen beiden Auswahlmannschaften nicht zu sehen. Nachteilig für das Schweizer Nationalteam macht sich jedoch bemerkbar, daß die Bahnfahrt von Genf in die französische Hauptstadt 15 Stunden betragen hat. So ist in der zweiten Halbzeit ein Konditionsabfall zu beobachten, der letztlich spielentscheidend wird.

Die Spieler der Schweizer Mannschaft werden nach mehreren Übungsspielen ausgewählt. Das Kontingent wird von Vereinen aus La-Chaux-de-Fonds, Basel, Genf, Bern, St. Gallen, Neuchâtel, Zürich und Lausanne gestellt.

Das erste offizielle Länderspiel der Schweiz war jedoch nicht die erste internationale Begegnung der Eidgenossen. Bereits 1898 hatte es ein »Repräsentativspiel« gegen eine Auswahl Süddeutschlands gegeben, das die Schweiz mit 3:1 siegreich beendete. Drei Jahre vorher war die Schweizerische Football-Association gegründet worden.

Die erste Abbildung einer deutsch-englischen Begegnung bringt 1902 die »Leipziger Illustrirte«.

Fußball wird international anerkannt

Chronik Rückblick

Nachdem das Fußballspiel sich zunächst auf der Britischen Insel zu einem Spiel mit festem Regelwerk entwickelte und dort auch die bei weitem besten Spieler und Mannschaften zu Hause sind, faßte es im letzten Viertel des vergangenen Jahrhunderts auch auf dem europäischen Festland Fuß. Im Jahr 1874 gründete der Gymnasialprofessor Konrad Koch in Braunschweig die erste deutsche Schülermannschaft und gab erstmals Fußballregeln in deutscher Sprache heraus. Fünf Jahre später wurde in Haarlem der erste Fußballklub der Niederlande gegründet. 1894 wurde mit dem »First Vienna Football Club« (FC Vienna) der erste Fußballverein Österreichs ins Leben gerufen. Beim Prager Regatta-Club organisierte sich 1897 eine Fußballabteilung. Vier Jahre zuvor hatten sich in Genua Sportbegeisterte in einem Fußballverein zusammengeschlossen. Der entscheidende Schritt zum »Weltsport« wurde am 21. Mai 1904 getan, als sich in Paris die nationalen Verbände der Schweiz, Frankreichs, Belgiens, der Niederlande, Spaniens und Schwedens zur FIFA, dem Weltfußballverband, zusammenschlossen. Die Verbände Deutschlands und Österreichs kommen in diesem Jahr dazu.

Musik 1905:

»Miroirs« und »Lustige Witwe«

Chronik Übersicht

Gemessen an der umjubelten, aber auch umstrittenen Uraufführung von Richard Strauss' Oper »Salome« (→ S. 51) haben die weiteren Ereignisse des Musikjahres 1905 weniger große Bedeutung. Gustav Mahler – der Intendant der Wiener Hofoper – arbeitet an seiner 7. Sinfonie, mit der er an die Grenzen der Tonalität stößt und bewußt neue Aussagedimensionen durch zahlreiche atonale Abläufe prägt.
Der junge Arnold Schönberg, noch stark von den Klangwelten der Spätromantik beeinflußt, führt selber am 26. Januar in Wien seine Tondichtung »Pelleas und Melisande« auf. Mit diesem Werk deutet sich bereits ein Verlassen des bisher genutzten Tonsystems an.
Es sind aber vor allem die französischen Komponisten Claude Debussy und Maurice Ravel, die in ihren größtenteils 1905 entstandenen Klavierwerken »Images« bzw. »Miroirs« bewußt mit stilistischen Gegensätzen arbeiten: Sie verzichten auf gefühlswuchernde und klangbombastische Aussagen und setzen eine leicht faßbare, thematisch auf Durchsichtigkeit ausgerichtete Werkstruktur dagegen.
Für den ungarischen Komponisten Béla Bartók wird das Jahr von entscheidender Bedeutung. Zusammen mit dem gleichgesinnten Zoltán Kodály unternimmt er seine erste Reise, um bei Bauern und Zigeunern Volkslieder zu sammeln. Zur gleichen Zeit schreibt er an seinen Rhapsodien und Suiten, die wegen ihrer ungestümen, rhythmischen Variantenbreite beim Publikum sofort wohlwollende Aufmerksamkeit finden. Gleiches gilt auch für die Oper »Osud« des Tschechen Léoš Janáček.
Die sich in den Folgejahren immer deutlicher abzeichnende »Aufbruch-Situation« spiegelt sich auch in den melancholischen Werken des finnischen Komponisten Jean Sibelius wider. Sein überarbeitetes, 1904 bei der Uraufführung in Helsinki vom Publikum unfreundlich aufgenommenes Violinkonzert d-Moll stößt auch in Berlin am 19. Oktober weitgehend auf Unverständnis. Es entwickelt sich aber schnell zu einem Standard-Repertoirewerk für alle Geiger.
Das Musiktheater präsentiert gefällige und heitere Stücke. Am 14. April wird im Königlichen Opernhaus zu Berlin Engelbert Humperdincks »Heirat wider Willen« uraufgeführt. Mit diesem Werk erringt der Komponist der Märchenoper »Hänsel und Gretel« (1893) einen Achtungserfolg.
Ein großer Wurf gelingt Franz Lehár mit der am 28. Dezember im Wiener »Theater an der Wien« uraufgeführten Operette »Die lustige Witwe«. Das Libretto von Victor Léon war eigentlich für den angeseheneren Richard Heuberger bestimmt. Nach Meinungsverschiedenheiten mit Léon wurde es ihm entzogen. Lehár komponierte ein Meisterwerk der Wiener Operette.
Die Handlung ist eine Liebesgeschichte zwischen dem Diplomaten Graf Danilo Danilowitsch und der reichen Erbin Hanna Glawari. Nach einigen Mißverständnissen heiraten die beiden, und das Vermögen der »Lustigen Witwe« bleibt dem Kleinstaat Pontevedrinien erhalten. Die Walzermelodien und Märsche entsprechen jeweils der Stimmungslage der Personen und vertiefen die Handlung; sie sind aber auch für sich genommen Glanzstücke ihres Genres. Nummern wie »Heut geh' ich ins Maxim«, »Lippen schweigen, 's flüstern Geigen« oder »Ja, das Studium der Weiber ist schwer« sind sofort Gassenhauer. Lehár wird allein durch die Tantiemen dieses Werkes ein vermögender, wenn auch von Konkurrenten bösartig verleumdeter Mann von Weltruf.
(Siehe auch Übersicht »Uraufführungen« im Anhang.)

Der Komponist Engelbert Humperdinck komponiert neben Opern auch Schauspielmusiken, Lieder und andere Orchesterstücke.

Zu Arnold Schönbergs Schülern in Wien gehört u. a. Alban Berg.

Der ungarische Komponist Béla Bartók als Konzertpianist (US-amerikanische Zeichnung)

Das Ensemble des »Theaters an der Wien« anläßlich der 25. Aufführung von Franz Léhars Erfolgsoperette »Die lustige Witwe«. In der Uraufführung spielt Louis Treumann den Danilo und Mizzi Günther die Hanna Glawari.

Aus der Uraufführung der »Salome«. Die Prinzessin Salome (Marie Wittich, ganz r.) tanzt für Herodes (Carl Burrian) den Tanz der sieben Schleier.

Neue Form der Oper durch »Salome«

Als Richard Strauss' Oper »Salome« uraufgeführt wird, ist der Komponist Kapellmeister an der Berliner Oper. Vorher bekleidete er dieses Amt in München.

◁ Verzeichnis des Musikverlages Adolph Fürstner. Die Farblithographie mit dem »Salome«-Motiv stammt von Max Karl Tilke. Der Kritiker Gerhard Schulz schildert seinen Eindruck von der Uraufführung: »Niemals bis dahin wurde in der Oper ein ähnlicher Klang gehört.«

Als im königlichen Opernhaus zu Dresden am 9. Dezember unter der Leitung von Ernst von Schuch die Oper »Salome« uraufgeführt wird, macht sie den Komponisten Richard Strauss mit einem Schlag zum führenden Musikdramatiker der Gegenwart.

Das Libretto beruht auf einem Drama von Oscar Wilde. Dort wird der Mord an dem Propheten Jochanaan nicht, wie in der Bibel, mit der Anstiftung durch Herodes' Frau Herodias begründet, sondern mit der Begierde seiner Stieftochter Salome. Die Benutzung dieses Librettos bringt Richard Strauss aus aufgeschlossenen Kreisen (wie z.B. von Gustav Mahler, der »Salome« sofort in Wien herausbringen will) eindeutige Zustimmung; prüde Zensoren feinden ihn jedoch an. So darf das Werk zunächst weder an der Wiener Hofoper noch in England aufgeführt werden.

Musikalisch hat Richard Strauss mit »Salome« endgültig seinen Stil gefunden und mit musikalischen Mitteln die psychologische Studie einer Frau mit widerstreitenden Gefühlen vorgelegt. Beim Einsatz des mit 120 Musikern umfangreich besetzten Orchesters setzt er neue Maßstäbe. Die Wahl von Dissonanzen und verzerrten Akkorden entspricht der Zerrissenheit der Hauptfigur, die zwischen Liebe und Begierde schwankt. Der Prophet Jochanaan wird durch Klänge von Feierlichkeit und Pathos beschrieben. Dem Herrscherpaar entsprechen hektische Sequenzen. Strauss verwendet die Leitmotivtechnik Richard Wagners. Er verläßt jedoch zu keinem Moment den Bereich der Tonalität. Er entfernt sich nur von ihr, wenn die Geschehnisse auf der Bühne dies erfordern. Der Spannungsbogen des in einem durchgespielten, eineinhalb Stunden dauernden Werkes hält stets an. Auch hier spielt die Führung des Orchesters die entscheidende Rolle.

Die Oper erreicht ihren Höhepunkt vor der Hinrichtung des Propheten, als das Orchester nahezu verstummt.

März 1905

Mo	Di	Mi	Do	Fr	Sa	So
		1	2	3	4	5
6	7	8	9	10	11	12
13	14	15	16	17	18	19
20	21	22	23	24	25	26
27	28	29	30	31		

1. März, Mittwoch

Der britische Flottenetat 1905/06 veranschlagt Kosten von 33,389 Mio. Pfund (rund 628 Mio. Mark) gegenüber 36,889 Mio. Pfund (753 Mio. Mark) im Vorjahreszeitraum. Die Verringerung um mehr als 9% wird u. a. damit begründet, daß die Forderungen für neue Projekte und Reparaturen geringer würden. Der Hauptgrund ist jedoch der Bau der Dreadnought-Kampfschiffe, der kleinere Kampfschiffe überflüssig macht (→ 1. 4./S. 74).

2. März, Donnerstag

Arthur Graf von Posadowsky-Wehner, der Staatssekretär des Reichsamts des Innern, kündigt vor dem Reichstag in Berlin eine Reform und Erweiterung der Sozialversicherung an. Als frühestmöglichen Termin nennt er 1910.

3. März, Freitag

Der russische Zar Nikolaus II. stellt in einem Erlaß an das Innenministerium Reformen unter Mitarbeit nichtadliger Kreise in Aussicht. → S. 65

Der russische Botschafter in London, Aleksandr K. Graf Benkendorff, überreicht dem britischen Außenminister Henry Charles Keith Petty-Fitzmaurice Marquess of Lansdowne die Entschädigungssumme von 65 000 britischen Pfund (rund 1,3 Mio. Mark) für die Huller Fischer, die 1904 vom russischen Zweiten Ostasiatischen Geschwader in der Nordsee versehentlich beschossen worden waren (→ 25. 2./S. 40).

Der britische Staatssekretär für Irland, George Wyndham (konservativ), tritt nach Protesten seiner Partei zurück. Er plante, Irland größere Selbständigkeit in Verwaltungsfragen zu gewähren. Nachfolger wird Walter Long. Die Iren verlangen von der Regierung das sog. Homerule (Selbstregierung) im Rahmen des britischen Empire.

Der deutsche Zoologe Fritz Schaudinn entdeckt am Kaiserlichen Gesundheitsamt in Berlin den Erreger der Syphilis (→ S. 24).

4. März, Samstag

In Washington wird Theodore Roosevelt als US-Präsident in seine zweite Amtsperiode eingeführt. Der Republikaner Roosevelt hatte das Amt 1901 übernommen. → S. 64

Der Hottentotten-Führer Hendrik Witbooi überfällt während des Hottentottenkriegs in Deutsch-Südwestafrika zwischen Zwartfontein und Witkranz einen deutschen Wagentransport. Bei den Kämpfen kommen auf deutscher Seite elf Mann ums Leben (→ 4. 1./ S. 22).

Der italienische Ministerpräsident Giovanni Giolitti reicht »wegen andauernder Kränklichkeit« seinen Rücktritt ein. Daraufhin brechen die Eisenbahner ihren Streik, den sie wegen Giolittis neuen Eisenbahngesetzes begonnen hatten, ab.

Das naturalistische Drama »Elga« von Gerhart Hauptmann wird mit Irene Triesch in der Titelrolle am Lessing-Theater in Berlin uraufgeführt.

Auf Anordnung des österreichischen Justizministeriums werden die deutschen Übersetzungen von Werken der französischen Schriftsteller Guy de Maupassant, Alfred de Musset und Octave Mirabeau, die im »Wiener Verlag« erschienen sind, beschlagnahmt. Nach Ansicht des Justizministeriums handelt es sich bei den genannten Autoren um »höchst anstößige, unzüchtige und pornographische« Schriftsteller, deren Werke in einem katholischen Land nicht weiterverbreitet werden sollten (→ 12. 5./S. 95).

5. März, Sonntag

In den russischen Gouvernements Saratow, Orel und Kursk brechen Bauernrevolten aus, die rasch um sich greifen. Im Frühjahr erfassen die Unruhen bereits 20%, im Herbst über 37% aller Landkreise des europäischen Teils von Rußland.

In Berlin findet ein Fußballspiel der Stadtauswahlen von Berlin und Wien statt. → S. 67

6. März, Montag

Papst Pius X. fordert in einem Brief an den österreichischen Episkopat zu »begeistertem« Kampf gegen die Los-von-Rom-Bewegung auf. Diese Bewegung, deren prominentester Verfechter der Deutschnationale Georg Ritter von Schönerer ist, agitiert für den Massenaustritt deutschsprachiger Österreicher aus der katholischen Kirche, um damit gegen die angeblich deutschfeindliche und slawenfreundliche Haltung vieler katholischer Priester zu protestieren (→ 1. 1./S. 27).

7. März, Dienstag

In Addis Abeba wird zwischen dem Kaiserreich Abessinien und dem Deutschen Reich der »Freundschafts- und Handelsvertrag« unterzeichnet (→ 12. 2./S. 39).

Nationalistische bulgarische Extremisten unternehmen mehrere bewaffnete Einfälle in das zum Osmanischen Reich gehörende Makedonien (→ 23. 11./S. 190).

8. März, Mittwoch

Aus der britischen Flotte werden 155 Schiffe als unbrauchbar ausgemustert; darunter befinden sich vier Schlachtschiffe aus den 80er Jahren und vier große Kreuzer aus dem Jahr 1889 (→ 1. 4./S. 74).

Der badische Justizminister Alexander Freiherr von Dusch wird neuer Ministerpräsident als Nachfolger des aus Gesundheitsgründen zurückgetretenen Arthur von Brauer.

Ein Kriegsgericht der 1. Gardedivision in Berlin verurteilt einen Sergeanten zu eineinhalb Jahren Gefängnis, Degradierung und Verlust der bürgerlichen Ehrenrechte. Er hatte monatelang 44 Untergebene homosexuell mißbraucht (→ 21. 3./S. 60).

Französische Zeitungen melden einen angeblichen Brand des Louvre in Paris. Grund der Meldung ist eine Fotomontage. → S. 66

9. März, Donnerstag

Im Küstengebiet von Deutsch-Südwestafrika kommt es zu schweren Gefechten zwischen aufständischen Hottentotten und Soldaten der Kolonialmacht. Beide Seiten beklagen hohe Verluste (→ 4. 1./S. 22).

Nach dem Besuch einer Untersuchungskommission in der Kolonie Belgisch-Kongo begeht der Vizegouverneur, der belgische General Paul Costermans, Selbstmord. Grund sind die von der Kommission festgestellten Grausamkeiten an den Ureinwohnern, die während Costermans Tätigkeit begangen wurden (→ S. 142).

In der Nacht auf Freitag brennen 20 Zimmer und Nebenräume des Hospizes auf dem Gotthardpaß völlig aus, weil die Holzverkleidung eines Kamins durch Überhitzung eines Ofens Feuer gefangen hatte.

In Breslau sterben erneut zwei Personen an Genickstarre (übertragbare Hirnhautentzündung). Diese epidemische Krankheit, die seit Ende November in Oberschlesien auftritt, hat bereits mehr als 300 Menschenleben gefordert. Allein in Königshütte (Chorzów) sterben in der dritten Märzwoche 18 Kinder daran.

10. März, Freitag

Die seit dem 19. Februar andauernde Schlacht bei Mukden endet mit einem Sieg der Japaner (→ 2. 1./S. 12; 27. 5./ S. 90).

König Karl von Rumänien betont bei der Eröffnung des Parlaments in Bukarest Sympathie für die im Osmanischen Reich lebenden Makedo-Rumänen. Wie Griechenland und Bulgarien erhebt auch Rumänien Ansprüche auf Makedonien, das zum Osmanischen Reich gehört und von Unruhen, die von Nationalisten hervorgerufen wurden, erschüttert wird (→ 23. 11./S. 190).

In Monte Carlo endet das internationale Tennisturnier. → S. 67

11. März, Samstag

Christian Michelsen wird norwegischer Staatsminister. Sein Vorgänger Francis Hagerup, der sich in den Unionsverhandlungen mit Schweden verhandlungswillig gezeigt hatte, war auf Druck der Öffentlichkeit zurückgetreten (→ 7. 6./S. 108).

Zar Nikolaus II. löst eine im Februar gebildete Kommission, welche die Ursachen der Arbeiterunruhen untersuchen sollte, wieder auf. Die Arbeiter hatten sich geweigert, Vertreter in diese Kommission zu entsenden (→ 22. 1./ S. 16; 3. 3./S. 65).

In Eisenach wird der sog. Erste Deutsche Studententag eröffnet. → S. 61

12. März, Sonntag

Anläßlich des 84. Geburtstags des bayerischen Prinzregenten Luitpold eröffnet sein Sohn, Prinz Ludwig, in München das am Hofgarten gelegene Armeemuseum.

Erstmals findet im Deutschen Reich ein Cross-Country-Lauf statt. → S. 67

13. März, Montag

Bei den Kommunalratswahlen in allen 49 spanischen Provinzen erhalten die Konservativen 206 Mandate, die Liberalen 101 und die Demokraten 99. Weit abgeschlagen rangieren die Republikaner mit 39 Mandaten. Die Regierung Raimundo Fernández Villaverde bezeichnet dieses Ergebnis als vollen Erfolg ihrer Politik.

US-Präsident Theodore Roosevelt hält auf dem Nationalkongreß der Mütter in New York eine Rede über Rassenselbstmord und Mutterpflichten (→ 4. 3./ S. 64).

14. März, Dienstag

Der britische Premierminister Arthur James Balfour (konservativ) bezeichnet es im Unterhaus in London als »Unmöglichkeit«, daß eine ausländische Macht in Großbritannien einfallen könne mit dem Ziel, das Land zu erobern. Parteifreunde hatten vor der Stärke der deutschen Flotte gewarnt (→ 1. 4./S. 74).

15. März, Mittwoch

Der neue norwegische Staatsminister Christian Michelsen gibt seine Regierungserklärung ab. Darin betont er, die Regierung werde gegenüber Schweden das verfassungsmäßige Recht Norwegens auf ein eigenes Konsulatswesen durchsetzen (→ 7. 6./S. 108).

Die SPD fordert im Reichstag in Berlin die Regierung auf, die Auslieferungsverträge Bayerns und Preußens mit Rußland aufzuheben. Das Russische Reich habe keine regelmäßige, einem Kulturstaat angemessene Rechtspflege, daher sei eine Auslieferung an Rußland »Barbarei«. Reichskanzler Bernhard Graf von Bülow lehnt diese Kritik der russischen Zustände ab, da sie nicht auf Sachkenntnis beruhe (→ 3. 3./S. 65).

Reichskanzler Bernhard Graf von Bülow spricht sich im Reichstag in Berlin gegen eine Zentrums-Resolution aus, wonach dem Reichsland Elsaß-Lothringen eine verfassungsmäßige Regierung sowie eine selbständige Vertretung im Bundesrat gewährt werden soll (→ 5. 4./S. 76).

Die Familienzeitschrift »Daheim« widmet das Titelblatt ihrer Märznummer Kaiser Wilhelm II. Der Bildhauer Norbert Pfretzschner ist der erste, der den Monarchen als Jäger dargestellt hat. Geplant ist, die Statue verkleinert in Silber zu gießen und sie Wilhelm II. zu seiner Silberhochzeit am 27. Februar 1906 zu überreichen.

Daheim

Ein deutsches Familienblatt

41. Jahrgang * vom Oktober 1904 bis dahin 1905. * * * Ausgegeben am 25. März 1905. * Nr. 26.

Diese Nummer ist nur vollständig, wenn sie auch den Daheim-Anzeiger nebst Briefkasten der Redaktion enthält.

Aus der Zeit — für die Zeit. Illustrierte Rundschau.

Eine Jägerstatue des Kaisers. Eine interessante Jägerstatue Kaiser Wilhelm II., unseres Wissens die erste, die den Monarchen als Weidmann darstellt, hat der bekannte Bildhauer Norbert Pfretzschner geschaffen. Sie zeigt den Monarchen, die „Saufeder" über der rechten Schulter, einen Keiler betrachtend, den er soeben nach uralt weidmännischem Brauch mit dem Jagdspieß eigenhändig abgefangen hat. Wie bekannt, ist gerade durch unseren Kaiser wieder diese, bei Hofjagden lange wenig in Uebung gewesene Sitte, die Mut, Kraft und Geschicklichkeit in gleich hohem Maße erfordert, aufgekommen. Man hatte vorher mehr das Abfangen des von den Hunden gehaltenen Keilers mit dem Hirschfänger beliebt. Der ritterlichere Fang mit der Saufeder wird dagegen von dem Jäger ganz allein ohne jede Hilfe von Mensch und Tier besorgt. Der Jäger nähert sich hierbei dem gestellten Wild, das bekanntlich verwundet, leicht sehr bösartig wird und den Jäger furchtlos annimmt. Er schreit dabei die Sau an, um sie zum Angreifen herauszufordern. Der gereizte Keiler schießt denn auch blindwütend auf den Waidmann los, der nun im letzten Augenblick der Sau aus dem Weg springt und von der Seite her ihr die Saufeder ins Blatt stößt. Gerade ein Künstler wie Norbert Pfretzschner war wohl besonders berufen, den Kaiser bei diesem edlen Weidmannsbrauch darzustellen, denn er ist selbst ein weidgerechter Jäger, der unter Anleitung des verstorbenen Herzogs Ernst II. von Koburg in dessen prächtigen Thüringer Revieren so manchen Bassen mit der Saufeder abgefangen hat. Die vortrefflich gelungene Statue, die die Züge des Kaisers ebenso wie seine Haltung in charakteristischer Weise wiedergibt, ist zur Zeit im Kunstsalon von Schulte in Berlin ausgestellt, wo sie lebhaftes Interesse erweckt. Es besteht, wie wir hören, die Absicht, die Statue verkleinert in Silberguß ausführen zu lassen, um sie seitens einer bekannten deutschen Jagdkorporation dem Kaiser anläßlich seiner bevorstehenden Silber-Hochzeit zu überreichen, oder sie in Lebensgröße in Bronze für Rominten herstellen zu lassen.

Kaiser Wilhelm als Jäger, von Bildhauer Norbert Pfretzschner, Berlin.

* * *

Probst D. Freih. Hermann von der Goltz 70. Geburtstag. In das achte, das Jahrzehnt der Jubiläen, tritt am 17. März der Vizepräsident des Evangelischen Oberkirchenrates Professor D. Freiherr Hermann von der Goltz ein, in dem die preußische Landeskirche einen ihrer vornehmsten Vertreter verehrt. Seit Jahrzehnten schon ist Freiherr von der Goltz als hervorragender Dogmatiker, als Universitätslehrer anerkannt, seit einer Reihe von Jahren hat er aber auch an allen kirchlichen Zeit- und Streitfragen — sei es als Vertreter der preußischen Kirchenregierung bei der Eisenacher Kirchenkonferenz, sei es bei den Arbeiten der inneren Mission, die in ihm einen ihrer freudigsten und bewährtesten Mitarbeiter sieht, oder als Mitglied der Synoden und des Oberkirchenrates, dessen geistlicher Vizepräsident er seit 1892 ist — regen Anteil genommen und nicht selten dabei einen entscheidenden Einfluß ausgeübt. Freiherr von der Goltz ist aber auch ein ausgezeichneter Kanzelredner. Seine „Tempelbilder aus dem Leben des Herrn Jesu", ein stattlicher Predigtenband, sind wiederholt aufgelegt worden und haben sicherlich weit über den Kreis der Gemeinde zu St. Petri hinaus, wo Freiherr v. d. Goltz die kirchliche Würde eines Probstes bekleidet, Trost und Erbauung gespendet. Freiherr v. d. Goltz, der am 17. März 1835

16. März, Donnerstag

Zeitungen in Frankreich melden, daß deutsche Unternehmen zwischen Addis Abeba, der Residenzstadt von Abessinien (Äthiopien), und Dschibuti (Djibouti), dem Verwaltungssitz der französischen Kolonie Somaliküste, eine Eisenbahn bauen werden. Die deutsch-französische Konkurrenz, die in Marokko offen zutage tritt (→ 31. 3./S. 56), kommt damit auch in Abessinien zum Tragen (→ 12. 2./S. 39).

In Berlin protestieren mehr als 2500 Büroangestellte von Anwaltskanzleien gegen ihre »demütigende« Bezahlung. Nach der amtlichen Statistik der Krankenkassen verdienen 20% der Angestellten weniger als 35 Mark im Monat, 19% zwischen 35 und 70 Mark, 15% zwischen 70 und 100 und weitere 19% zwischen 100 und 166 Mark. Von den restlichen 27% kämen die meisten auf ein Monatsgehalt von unter 200, wenige auf 200 bis 300 Mark; nur drei Bürovorsteher bezögen 500 Mark.

Pietro Mascagnis Musikdrama »Amica« wird im Théâtre du Casino in Monte Carlo mit Geraldine Farrar in der Titelrolle uraufgeführt.

In der Kirche Saint George in London heiraten der italienische Physiker Guglielmo Marconi, der Erfinder der drahtlosen Telegraphie, und die Irin Beatrice O'Brien.

17. März, Freitag

General Nikolai P. Linewitsch löst Aleksei N. Kuropatkin als Oberbefehlshaber der russischen Truppen im Fernen Osten ab (→ 2. 1./S. 12).

Die französische Abgeordnetenkammer in Paris verabschiedet das umstrittene Wehrgesetz. Dadurch wird die zweijährige statt der bisher üblichen dreijährigen Dienstzeit eingeführt. Der Ausfall des dritten Jahres bedeutet eine Verringerung der Truppenstärke um 110 000 Mann. Kritiker sehen in dem Gesetz eine »dramatische Gefährdung der französischen Sicherheit« (→ 1. 4./S. 76).

Das britische Unterhaus in London genehmigt das Gesetz über die Einführung des Acht-Stunden-Tags für im Kohlenbergbau beschäftigte Arbeiter unter 18 Jahren (→ 17. 4./S. 78).

Der österreichische Ministerpräsident Paul Freiherr Gautsch von Frankenthurn erklärt im Abgeordnetenhaus in Wien während einer Debatte über die Beziehungen zwischen Österreich und Ungarn, er werde gegenüber den nationalistischen Bestrebungen Ungarns eindeutig die Interessen Österreichs vertreten (→ 1. 1./S. 27; 26. 1./S. 27).

Der spanische Sänger und Gesangspädagoge Manuel García feiert in London seinen 100. Geburtstag. → S. 67

18. März, Samstag

57 Jahre nach der Märzrevolution von 1848 werden im ganzen Deutschen Reich Gedenkfeiern veranstaltet. Die bedeutendste findet auf dem Friedhof der Märzgefallenen in Berlin statt. Von der Polizei verboten wurde eine Anarchistenversammlung unter dem Motto »Die geschichtliche Bedeutung der Märzkämpfe« im Böhmischen Brauhaus in Berlin.

Das russische Konsulat in der Berliner Hedemannstraße erhält eine Sonderbewachung durch preußische Schutzleute. Ihre Aufgabe ist es, Attentate aus dem Zarenreich geflohener Exilrussen zu verhindern.

19. März, Sonntag

Der marokkanische Sultan Abd Al Asis ernennt den Rebellenführer Mulai Ahmed Ibn Muhammed Raisuli zum Gouverneur der Atlas-Stämme, die bisher dem Aufständischen Bu Hamara gefolgt sind.

Die italienische Nachrichtenagentur Agenzia Stefani meldet den Abschluß eines Schutzvertrags zwischen der italienischen Regierung und dem »tollen« Mullah von Somaliland. Danach unterstellt sich der Mohammedanerführer, der den Briten 1902/03 mehrere Niederlagen beigebracht hat, der italienischen Schutzherrschaft.

Bei einer Volksabstimmung in der Schweiz wird der Erfindungsschutz (Patentrecht) von künstlerischen auf chemische und gewerblich verwendbare Erfindungen ausgedehnt.

Hermann Fürst zu Hohenlohe-Langenburg, der Statthalter des Reichslandes Elsaß-Lothringen, eröffnet im alten Schloß in Straßburg die »Wanderausstellung deutscher Künstler am Rhein«. Zum ersten Mal, so Hohenlohe-Langenburg, sei es mit dieser Ausstellung in »Jungdeutschland« gelungen, zwischen deutscher und französischer Kunst eine Brücke zu schlagen (→ 5. 4./S. 76).

In Santiago de Chile stürzt das Teatro Lirico ein. Zahlreiche Menschen werden dabei getötet.

Am Muckenkogel bei Lilienfeld führt Matthias Zdarsky den ersten Torlaufwettbewerb im Skifahren durch. Auf einer Strecke von 489 m Höhenunterschied sind 85 Tore ausgesteckt.

20. März, Montag

Kaiser Wilhelm II. ernennt Theobald von Bethmann Hollweg als Nachfolger des verstorbenen Hans Freiherr von Hammerstein-Loxten zum preußischen Innenminister. → S. 60

Bei der Beratung der Friedenspräsenzstärke im Reichstag in Berlin spricht sich August Bebel (SPD) gegen eine Verstärkung der Armee aus, da diese in der momentanen politischen Lage keinerlei Rechtfertigung finde. Vor allem die Vermehrung der Kavallerie sei unnötig, wie der Russisch-Japanische Krieg beweise (→ 1. 4./S. 74).

Die Vereinigung der Handelskammern des niederrheinisch-westfälischen Industriegebiets spricht sich gegen die preußische Bergnovelle aus. Sie würde die Kohlenpreise erhöhen und die Partei der Sozialdemokraten stärken (→ 9. 2./S. 36).

21. März, Dienstag

Bei der Beratung des Militäretats im Reichstag in Berlin kritisieren Sprecher mehrerer Parteien Mißhandlungen von Untergebenen durch Offiziere sowie die Militärrechtsprechung. → S. 60

Das umgebaute Königliche Schauspielhaus in Berlin wird in Anwesenheit von Kaiser Wilhelm II. mit einer Aufführung von Heinrich von Kleists Schauspiel »Prinz Friedrich von Homburg« feierlich eröffnet.

22. März, Mittwoch

Eine Ausweitung der revolutionären Unruhen im Russischen Reich wird von der Petersburger Telegraphenagentur aus Kaukasien und Transkaukasien gemeldet. Über das Gouvernement Kutais wird der Belagerungszustand verhängt (→ 3. 3./S. 65).

Die Düsseldorfer Strafkammer spricht den Hauptlehrer Gustav Brockers vom Vorwurf der gefährlichen Körperverletzung frei. Brockers hatte einen Schüler, der einen Satz nicht lesen konnte, gewürgt und mit dem Kopf gegen die Tafel gestoßen. In der Beweisaufnahme war festgestellt worden, daß Brockers auch andere Schüler an Kehle und Hinterkopf festzuhalten und heftig zu schütteln pflege, weil das »die Denkfähigkeit anrege«. Das Gericht ist jedoch der Überzeugung, daß »eine subjektive Überschreitung des Züchtigungsrechtes nicht vorliegt« (→ S. 31).

23. März, Donnerstag

Bei der Enthüllung des Kaiser-Friedrich-Denkmals in Bremen hält Kaiser Wilhelm II. eine Rede über die deutsche Weltpolitik. Dabei fällt der Satz: »Wir sind das Salz der Erde.« → S. 58

24. März, Freitag

Der chilenische Präsident Cipriano Castro lehnt den Vorschlag der USA ab, die Lösung von Streitigkeiten zwischen Chile und den Vereinigten Staaten einem internationalen Schiedsgericht zu übertragen.

Auf der Krim brechen revolutionäre Unruhen aus. In Jalta wird das kaiserliche Schloß geplündert. Militär und Kriegsschiffe stellen die Ruhe wieder her (→ 3. 3./S. 65).

25. März, Samstag

Die deutsche Kaiserin Auguste Viktoria trifft in Civitavecchia mit dem italienischen Königspaar, Viktor Emanuel III. und Helene, zusammen.

26. März, Sonntag

Bei Saloniki, das zum Osmanischen Reich gehört, liefern sich griechische und bulgarische Extremisten blutige Kämpfe.

27. März, Montag

In einem geheimen Konsistorium beklagt Papst Pius X. die geplante Trennung von Staat und Kirche in Frankreich (→ 22. 4./S. 76).

Nach einer Übergangsregierung unter Außenminister Tommaso Tittoni bildet Alessandro Fortis als italienischer Ministerpräsident eine neue Regierung.

Kaiser Wilhelm II. wird zu Beginn seiner Mittelmeerreise in Lissabon von König Carlos I. von Portugal empfangen. Beim Galadiner bringen die Monarchen Toaste auf die guten Beziehungen ihrer Länder aus (→ 12. 2./S. 40; 31. 3./S. 56).

28. März, Dienstag

In Berlin tritt der erste preußische Bergarbeitertag zusammen. Auf ihm treffen sich Vertreter der christlichen und der sozialdemokratischen sowie der Hirsch-Dunckerschen Gewerkschaften (→ 9. 2./S. 36).

29. März, Mittwoch

Reichskanzler Bernhard Graf von Bülow betont im Reichstag in Berlin anläßlich der Mittelmeerreise von Kaiser Wilhelm II., das Deutsche Reich erstrebe in Marokko keine territorialen Vorteile (→ 31. 3./S. 56).

Zar Nikolaus II. beauftragt den Generalgouverneur von Russisch-Polen, die revolutionären Unruhen »gesetzmäßig« und »fest« zu unterdrücken und gleichzeitig Reformen auszuarbeiten (→ 3. 3./S. 65).

30. März, Donnerstag

Auf der Nationalversammlung der Kreter in Chania proklamieren die Vertreter der nationalistischen panhellenischen Volksgruppen die Vereinigung der Insel mit Griechenland. Kreta gehört zum Osmanischen Reich (→ 20. 4./S. 77).

31. März, Freitag

Kaiser Wilhelm II. landet in Tanger, um gegen das Vordringen Frankreichs in Marokko zu protestieren. → S. 56

Der Deutsche Reichstag in Berlin nimmt die Gesetze über die Friedenspräsenzstärke des Heeres und die Änderung der Wehrpflicht an.

Nach Behördenangaben aus Britisch-Indien sind in Indien in diesem Monat 150 000 Menschen an der Pest gestorben. Im Januar waren es 126 526, im Februar 125 041. → S. 24

Das Wetter im Monat März

Station	Mittlere Lufttemperatur (°C)	Niederschlag (mm)	Sonnenscheindauer (Std.)
Aachen	6,2 (5,5)	106,7 (49)	– (125)
Berlin	5,3 (3,9)	40,6 (31)	– (151)
Bremen	5,5 (4,0)	52,7 (42)	– (117)
München	4,9 (3,3)	65,5 (46)	– (142)
Wien	5,8 (4,9)	70,0 (42)	76 (–)
Zürich	5,4 (4,2)	129,0 (69)	87 (149)

( ) Langjähriger Mittelwert für diesen Monat
– Wert nicht ermittelt

Die monatlich erscheinende französische Zeitschrift »Figaro Illustré« bringt in einer Sondernummer eine Kulturgeschichte des Essens und Trinkens. Der Autor behandelt den Zeitraum von der Antike bis zur Gegenwart.

FIGARO ILLUSTRÉ

PUBLICATION MENSUELLE

NUMÉRO SPÉCIAL

23e Année — No 180
Mars 1905
26, RUE DROUOT (IXe)

La Table

EN FAMJLLE, par Bouvet

Le manger et le boire

a travers les siecles

Abonnement d'un an { France........ 36 francs
Etranger (Union postale). 42 —

PRIX { 3 FRANCS;
ÉTRANGER : 3 FR. 50

Deutscher Kaiser in Tanger – Marokkokrise beginnt

31. 3., Tanger. Im Rahmen einer Mittelmeerreise, die er vier Tage zuvor mit einem Besuch in Portugal begonnen hat, landet Kaiser Wilhelm II. in der marokkanischen Hafenstadt Tanger. Der Besuch löst die sog. Marokkokrise aus, die an den Rand eines deutsch-französischen Kriegs führt.

Während des siebenstündigen Besuchs, der betont herzlich verläuft, unterstreicht der deutsche Monarch mehrmals, er halte sich in einem freien Land mit einem unabhängigen Herrscher auf und hoffe, daß sich Marokko dem Handel der europäischen Nationen öffnen werde, und zwar »auf dem Boden völliger Gleichberechtigung« (→ S. 57).

Im Vorfeld des Tangerbesuchs hatte Reichskanzler Bernhard Graf von Bülow präzisiert, das Deutsche Reich erstrebe in Marokko in keiner Weise Gebietserwerbungen; es wolle jedoch das Prinzip der »offenen Tür« erhalten, da das Deutsche Reich in Marokko bedeutende Wirtschaftsinteressen wahren müsse.

Am 8. April 1904 hatten sich Frankreich und Großbritannien in dem als »Entente cordiale« (herzliches Einvernehmen) bezeichneten Übereinkommen unter anderem auf die französische Vorherrschaft in Marokko und die britische Vorherrschaft in Ägypten geeinigt. Großbritannien akzeptierte das schon seit längerem erkennbare Bestreben Frankreichs, aus Marokko ein französisches Protektorat zu machen. Großbritannien stimmte zu, daß Frankreich für die »Aufrechterhaltung der Ruhe« in Marokko sorgen und den Sultan bei militärischen und finanziellen Reformen »unterstützen« solle; dafür verpflichtete sich Frankreich, Großbritannien in Marokko 30 Jahre wirtschaftlich gleichberechtigt zu behandeln. Dieses Abkommen wurde getroffen, obwohl die Rechte der ausländischen Staaten in Marokko durch die Madrider Konvention von 1880 festgeschrieben worden waren: Marokko wurde auf internationaler Ebene als souveräner Staat anerkannt, wirtschaftlich wurde das Prinzip der »offenen Tür« (ungehinderter Zugang) für alle Länder proklamiert.

Dieses britisch-französische Abkommen über Marokko bedeutete für die sich positiv entwickelnden

Auf einem Araberhengst reitet Kaiser Wilhelm II. mit seinem Gefolge in das festlich geschmückte Tanger ein. Marokkanische Reiterei eskortiert den Monarchen, der vom Stellvertreter des Sultans empfangen wird.

deutsch-marokkanischen Wirtschaftsbeziehungen einen Rückschlag. Anfang 1905 überreichte der französische Gesandte René Taillandier dem marokkanischen Sultan Abd Al Asis in Fes Forderungen, die faktisch auf das Ende der Souveränität Marokkos hinausliefen: In Armee und Polizei sollten französische Instruktoren und Offiziere führende Positionen erhalten; ein Teil der marokkanischen Zolleinnahmen sollte direkt an Frankreich als Gegenleistung für den Ausbau der marokkanischen Häfen gehen; ein französisches Bankenkonsortium sollte weitgehende wirtschaftliche und politische Privilegien erhalten.

In dieser Situation schaltete sich das Deutsche Reich ein, um seine Wirtschaftsinteressen zu wahren. Der deutsche Gesandte erklärte gegenüber dem Sultan, Deutschland habe dem französischen Gesandten keine Ermächtigung für die Forderungen von Fes gegeben und bestehe im Gegenteil auf der vollen Souveränität Marokkos. Die Unterstützung durch das Deutsche Reich sorgte in dem nordafrikanischen Land für eine Sympathiewelle gegenüber Berlin. Im Vertrauen auf die Haltung Deutschlands leistete Marokko den französischen Forderungen gegenüber nachhaltigen Widerstand. Der prunkvolle Empfang des Kaisers in Tanger soll nun der Weltöffentlichkeit die guten deutsch-marokkanischen Beziehungen vor Augen führen.

Damit ist die französische Marokkopolitik durchkreuzt.

Die französische Karikatur zeigt die Entente-cordiale-Partner, den britischen König Eduard VII. und Frankreichs Staatspräsident Émile Loubet, unter dem »Marokko-Ei«, aus dem Wilhelm II. schlüpft. Frankreich, das sich wegen seines algerischen Kolonialbesitzes als »natürlicher Nachbar« von Marokko versteht, nahm innermarokkanische Unruhen zum Anlaß, um die Forderungen von Fes zu präsentieren: Da die Truppen des Sultans unfähig seien, müsse Frankreich die Ordnung in Marokko aufrechterhalten, um seine Grenzen vor Übergriffen marokkanischer »Banden« zu schützen.

Kaiser Wilhelm II. (r.) wird an der Reede von Tanger von Abd Al Malik (im weißen Burnus), dem Onkel und Vertreter des Sultans, empfangen.

»Friedliche Konkurrenz«

Chronik Protokoll

Die knapp sieben Stunden des Staatsbesuchs von Wilhelm II. lassen kaum erahnen, daß Europa zwischen Krieg und Frieden schwebt:

8.00 Uhr: Bei starkem Seegang legt die »Hamburg« mit Kaiser Wilhelm II. an Bord an der Reede von Tanger an. Die Strandbatterien sowie zwei an der Reede ankernde französische Panzerkreuzer feuern Salut.

8.30 Uhr: An Bord der »Hamburg« empfängt Kaiser Wilhelm II. die Vertreter der deutschen Gesandtschaft in Tanger.

11.45 Uhr: Der Kaiser wird an Land von Abd Al Malik, dem Onkel und Vertreter von Sultan Abd Al Asis, empfangen. Der Kaiser betont in seiner Ansprache, er habe »großes Interesse an dem Wohlergehen und Gedeihen des marokkanischen Reiches«, besuche den Sultan als »unabhängigen Herrscher« und hoffe, daß unter der Herrschaft des Sultans »ein freies Marokko der friedlichen Konkurrenz aller Nationen ohne Monopole und ohne Ausschließung« der Welt geöffnet werde.

12.00 Uhr: Der Kaiser zieht in die festlich geschmückte Stadt ein.

12.15 Uhr: Auf dem Außenmarkt (Sacco di Barra) vor dem westlichen Stadttor wird zu Ehren des hohen Gastes eine maurische »Fantasia« veranstaltet, wobei die marokkanischen Soldaten ihre Gewehre abfeuern, während das Musikkorps des Sultans einen Marsch spielt.

13.00 Uhr: In der deutschen Gesandtschaft verliest Abd Al Malik ein Schreiben des Sultans, in dem dieser die Freundschaft unterstreicht, die immer zwischen seinen Vorfahren und Deutschland bestanden habe. Kaiser Wilhelm dankt in der Erwiderung für die Ausdrücke aufrichtiger Freundschaft, die die Botschaft des Sultans enthalte; er teile die Gefühle des Sultans und stimme den Worten Abd Al Maliks über die göttliche Allmacht und Weisheit, die das Schicksal der Völker lenke, zu. Er hege außerdem aufrichtige Wünsche für die Entwicklung und die Wohlfahrt des marokkanischen Reiches ebenso zum besten seiner Untertanen wie dem der anderen europäischen Nationen, die in Marokko Handel trieben, und zwar, wie er hoffe, »auf dem Boden völliger Gleichberechtigung«.

14.30 Uhr: Kaiser Wilhelm II. begibt sich an den Landungsplatz zurück, wo ihm Abd Al Malik Geschenke des Sultans Abd Al Asis, darunter sechs Berberhengste, überreicht.

14.50 Uhr: Die deutschen Schiffe verlassen Tanger und fahren nach Gibraltar weiter.

Die marokkanische Delegation in malerischen weißen Burnussen empfängt die deutsche Abordnung an der Reede im Hafen von Tanger und geleitet Kaiser Wilhelm II. in die Stadt. Der gesamte Kurzbesuch des deutschen Monarchen ist sehr vom höfischen Zeremoniell geprägt; politische Vereinbarungen werden nicht getroffen.

Omar Sarhuni bzw. Bu Hamara, der marokkanische Thronprätendent. Er gehört zu den Stammesführern, die nicht europafreundlich sind.

Wilhelm II.: Martialische Reden prägen Schlagworte

Chronik Zitat

Kaiser Wilhelm II. beansprucht mit starkem Selbstbewußtsein sein Recht auf ein »persönliches Regiment«. Er achtet zwar die Verfassung, aber die oft unvorsichtige und unglückliche Art seines persönlichen Auftretens ruft immer wieder Kritik hervor.

Der gern und viel reisende Monarch pflegt in der Öffentlichkeit einen gewaltigen Prunk zu entfalten, da er das seiner Stellung als Deutscher Kaiser schuldig zu sein glaubt. Er nutzt jede Gelegenheit, um öffentlich das Wort zu ergreifen, und seine blumigen, bilderreichen Reden werden in der konservativen Presse wie Texte antiker Schriftsteller analysiert.

Dabei prägt Kaiser Wilhelm II. immer wieder eingängige Schlagworte für die deutsche Politik. So gab er 1898 mit dem Ausspruch »Unsere Zukunft liegt auf dem Wasser!« die politische Marschrichtung für das Flottenbauprogramm vor (→ 1. 4. /S. 74). Am 26. Oktober 1905 gibt er bei dem Festbankett nach der Enthüllung eines Denkmals des preußischen Generalfeldmarschalls Helmuth Graf von Moltke in Berlin die Parole aus: »Das Pulver trocken, das Schwert geschliffen, das Ziel erkannt, die Schwarzseher verbannt!« Am Tag zuvor hatte er in Dresden gefordert, daß »jeder wehrhafte junge Deutsche bereit sein muß, für das Vaterland einzutreten«.

Solche und ähnliche martialische Wendungen in seinen Reden tragen Wilhelm II. immer wieder den Vorwurf ein, ein Kaiser der Kriegsvorbereitung zu sein, obwohl er sich selbst als Friedenskaiser versteht und seinen Friedenswillen immer wieder öffentlich betont.

Am 11. September stellt er bei der Paradetafel des 8. Korps in Koblenz fest: »Nicht im lichten Paradekleide, sondern wie zum ernsten Waffengange standen die Söhne des Rheinlands heute vor mir ... Die schönste Wehr, die der preußische Soldat tragen kann, ist das Kleid, in dem er seinem Gegner im Felde siegreich gegenüber tritt, das schönste Gewand, das ein Grenzkorps tragen kann, wenn es sich vor seinem Kaiser zeigt.«

Denkmalsenthüllungen wie die des Bremer Kaiser-Friedrich-Reiterstandbilds sind für Wilhelm II. willkommener Anlaß für markige Reden, die im Deutschen Reich wie im Ausland nicht nur Zustimmung finden.

»Wir sind das Salz der Erde – wir müssen dessen auch würdig sein«

Bei der feierlichen Enthüllung des Kaiser-Friedrich-Denkmals in Bremen hält Kaiser Wilhelm II. am 23. März eine Rede über die deutsche Weltpolitik. Dabei verwirft er das Streben nach »einer öden Weltherrschaft«, skizziert das deutsche »Weltreich, das Ich Mir geträumt habe« und bezeichnet die Deutschen als »das Salz der Erde«:

»Ich habe mir damals den Fahneneid geschworen, als Ich zur Regierung kam nach der gewaltigen Zeit Meines Großvaters, daß, was an Mir liegt, die Bajonette und Kanonen zu ruhen hätten, daß aber die Bajonette und Kanonen scharf und tüchtig erhalten werden müßten, damit Neid und Scheelsucht von außen uns an dem Ausbau unseres Gartens und unseres schönen Hauses im Innern nicht stören. Ich habe Mir gelobt auf Grund Meiner Erfahrungen aus der Geschichte, niemals nach einer öden Weltherrschaft zu streben, denn was ist aus den sogenannten Weltreichen geworden? Alexander der Große, Napoleon I. und alle die großen Kriegshelden – im Blute haben sie geschwommen und unterjochte Völker zurückgelassen, die beim ersten Augenblick aufgestanden sind und die Reiche zum Zerfall gebracht haben. Das Weltreich, das Ich Mir geträumt habe, soll darin bestehen, daß vor allem das neuerschaffene Deutsche Reich von allen Seiten das absoluteste Vertrauen als das eines ruhigen, ehrlichen und friedlichen Nachbarn genießen soll und daß, wenn man dereinst vielleicht von einem deutschen Weltreich oder einer Hohenzollern-Weltherrschaft in der Geschichte reden sollte, sie nicht auf Politik begründet sein soll durch das Schwert, sondern durch gegenseitiges Vertrauen der nach gleichen Zielen strebenden Nationen ...

Als Ich an dem heutigen Tage Bremens Bürgerschaft überflogen habe, sah Ich die Alten und Jungen nebeneinander stehen ... Vor ihnen [den Alten] die Jugend, die hineinwachsen soll in das neue Reich und seine Aufgaben. Was werden ihre Aufgaben sein: Stetig auszuharren, Streit, Haß, Zwietracht und Neid zu meiden, sich zu erfreuen an dem deutschen Vaterlande, wie es ist, und nicht nach Unmöglichem streben, und sich der festen Überzeugung hinzugeben, daß unser Herrgott sich niemals so große Mühe mit unserem deutschen Vaterlande und seinem Volke gegeben hätte, wenn er uns nicht noch Großes vorbehalten hätte. Wir sind das Salz der Erde. Aber wir müssen dessen auch würdig sein. Darum muß unsere Jugend lernen, zu entsagen und sich zu versagen, was nicht gut ist für sie, fernzuhalten, was eingeschleppt ist von fremden Völkern und Sitten, Zucht, Ordnung, Ehrfurcht und Religiosität zu bewahren. Dann möge über das deutsche Volk einst geschrieben werden, was auf den Helmen Meines 1. Garderegiments steht: Semper talis. Stets derselbe ... Das ist Mein innigster Wunsch.«

»Außen entschlossen, innen geschlossen«

Am 12. September ruft Kaiser Wilhelm II. in Koblenz zu mehr Gottvertrauen auf, damit das deutsche Volk befähigt sei, die Kulturaufgaben zu lösen, die ihm die Vorsehung in der Welt bestimmt habe:

»Wiederum in dem schönen Rheinland eingetroffen, umbrandet von dem begeisterten Jubel der patriotischen Volksmengen, der aus leuchtenden Augen und durch begeisterten Zuruf Uns entgegengetragen worden ist, empfanden Ihre Majestät die Kaiserin und Ich den ganzen Zauber des hiesigen Landes, den es auf jeden ausübt, sei er nun Deutscher oder herbeigereist aus fremden Landen ...

Wem haben wir das zu verdanken? Durch Gottes Gnade Seiner Majestät Kaiser Wilhelm [I.] dem Großen, dem Großen Einiger unseres Vaterlandes und Volkes und demnächst seinem Sohne [Friedrich III.] und seinen treuen Paladinen! Fürwahr in unserem Deutschen Reiche hinterließ uns der hohe Herr ein herrlich prächtiges Gebäude, ein stattlich Haus, und da erinnert es Mich im Bilde gleichsam an die hochragende Burg Meiner Ahnen ...

Hoch und hehr, mächtig und fest, so steht das deutsche Haus ..., eingeteilt in kleine Gemächer und Kemenaten und große Säle, je nach Bedarf. Und diesem Volke, dem wünsche Ich von Herzen, daß es in froher Eintracht miteinander in diesem Hause leben möge, vor allen Dingen in Achtung der Persönlichkeit und Würdigung derselben in jedem Menschen, emporblickend zum Firmament da droben, welches über unserem Hause sich wölbt, aufschauend zu unserem gemeinsamen Erlöser und Heiland, von dem wir hoffen und erwarten, daß er uns von unseren Sünden erlöse, und zu unserem allerhöchsten Gott Vater, vor dem wir in Ehrfurcht die Knie beugen. Wenn so das deutsche Volk in sich gefestet, auf Gott vertrauend in die Welt hinaustritt, dann wird es auch befähigt sein, die großen Kulturaufgaben zu lösen, welche ihm die Vorsehung in der Welt bestimmt hat: Nach innen geschlossen, nach außen entschlossen! ... Hurra, hurra, hurra!«

◁ *Wilhelm als Friedenskaiser; Gemälde von Karl Wiesenmann anläßlich des 46. Kaisergeburtstags*

Erzkonservative Ära geht zu Ende

20. 3., Berlin. Neuer preußischer Minister des Inneren wird Theobald von Bethmann Hollweg, der Oberpräsident der Provinz Brandenburg. Der Jurist Bethmann Hollweg tritt die Nachfolge des am gleichen Tag verstorbenen Hans Freiherr von Hammerstein-Loxten an. Am Tag darauf teilt Kaiser Wilhelm II. Bethmann Hollweg die Ernennung bei der Einweihung des umgebauten Königlichen Schauspielhauses persönlich mit.

Bethmann Hollweg, der politisch als gemäßigt konservativ eingeschätzt wird und als fähiger Verwaltungsbeamter gilt, übernimmt ein Ministerium, das unter seinem Vorgänger zu den meistkritisierten in Preußen gezählt hat: Vetternwirtschaft, Stümperhaftigkeit, mangelnder Reformwille – so und ähnlich bewerten selbst konservative Blätter die Amtsführung Hammerstein-Loxtens. Bethmann Hollweg ist daher für viele ein Hoffnungsträger nach dem Tod des erzkonservativen Ministers, der »in den Sielen stirbt«, wie die Presse hervorhebt.

Hammerstein-Loxten, der 1901 zum Innenminister berufen worden war, war ein erklärter Gegner des von ihm zutiefst verachteten »modernen Zeitgeistes«. Seine Ansichten spiegeln das politische Klima im größten und mächtigsten deutschen Bundesstaat wider. So begegnete er der Forderung, daß Frauen Zugang zu politischen Vereinen erhalten sollten, mit dem Hinweis, daß das soziale Wirken der Frauen hoch willkommen, eine politische Tätigkeit von Frauen im Staate jedoch »unerträglich« sei. Wurden Klagen über eine angebliche Bevorzugung des Adels und ehemaliger Korpsstudenten im Verwaltungsdienst erhoben, so erwiderte der preußische Innenminister: Wenn 40% der Referendare adlig seien, so beweise das, daß der Adel auch heute noch dem Staat dienen wolle; wenn andererseits viele Beamte aus den Korps stammten, so könne daraus durchaus der Schluß gezogen werden, daß die Korps eine gute Erziehungsanstalt seien. Lediglich die Vorwürfe wegen Übergriffen der Polizei fanden bei Hammerstein-Loxten offene Ohren: Er erkannte die Vorwürfe wiederholt als berechtigt an und ließ Polizeischulen errichten, um eine bessere Ausbildung der Beamten zu gewährleisten.

Konservativ und kaum beliebt: Hans von Hammerstein-Loxten, seit 1901 preußischer Innenminister

Der neue Mann: Theobald von Bethmann Hollweg, hochgebildet und um Ausgleich bemüht

Liberaler Kurs in der Innenpolitik

Chronik Zur Person

Der neue preußische Innenminister Theobald von Bethmann Hollweg (48) gilt als gemäßigt. Er macht sich einen Namen als geschickter innenpolitischer Taktiker und versucht, durch sozialpolitische Maßnahmen sozialdemokratische Wähler für sich zu gewinnen. Er plädiert für eine liberalere Handhabung des Vereinsgesetzes, das Frauen die Mitgliedschaft in politischen Vereinen verbietet.

Seine Karriere begann Bethmann Hollweg 1896 als Oberpräsidialrat in Potsdam. Im Juli 1899 wurde er Regierungspräsident in Bromberg und im Herbst desselben Jahres Oberpräsident der Provinz Brandenburg. Bereits 1901 sollte er das Amt des preußischen Innenministers übernehmen, stellte jedoch liberale Bedingungen für die Amtsübernahme, die nicht erfüllt wurden.

Er ist der Enkel von Moritz August von Bethmann Hollweg, der nach der 1848er Revolution zu den Führern der »Wochenblattspartei« zählte.

Politiker fordern: Brutale Offiziere hart bestrafen

21. 3., Berlin. Zu einer Debatte über Mißhandlungen von Soldaten in der Armee kommt es anläßlich der Beratung des Militäretats im Reichstag. Der preußische Kriegsminister Gottfried von Einem sieht sich parteiübergreifend harter Kritik ausgesetzt.

Ernst Müller-Meiningen von der Freisinnigen Volkspartei fordert eine strengere Bestrafung von mißhandelnden Vorgesetzten sowie die Einführung des Begriffs »Notwehr von Untergebenen« in die militärische Rechtsprechung; außerdem sollten Militärgerichtsverfahren öffentlich stattfinden. Der Zentrumsführer Adolf Gröber fordert eine völlige Revision des Militärstrafgesetzbuches. Der Sozialdemokrat Georg Gradnauer wiederum führt zahlreiche Fälle von Mißhandlungen an und verlangt eine Reform des Beschwerderechts.

Kriegsminister von Einem betont demgegenüber, daß die Zahl von Mißhandlungen in der Armee stetig abgenommen habe und weiter sinken werde, sobald die geplante Trennung von Unteroffizieren und Mannschaften in den Kasernen vollzogen sei. Ein unterschiedliches Strafmaß bei gleichen Vergehen von Offizieren und Mannschaften sei gewollt: »Es ist allerdings unerläßlich, daß der Untergebene, welcher gegen seinen Vorgesetzten sich vergeht, ernster bestraft werden muß als der Vorgesetzte, der sich gegen seinen Untergebenen vergißt. Jener vergreift sich an dem Rechtsgute einer einzelnen Person, dieser auch an der Allgemeinheit, an der Grundlage für die Armee, an der Disziplin.«

Garde-Dragoner üben auf dem Kasernenhof das Kommando »Aufgesessen«. Der Offiziersadel bildet die gesellschaftlich angesehenste Schicht im Deutschen Kaiserreich. Von den Mannschaften wird absolute Unterordnung verlangt, »Kadavergehorsam«.

Die Delegierten des Ersten Deutschen Studententags im Burghof der Wartburg bei Eisenach

Studenten gründen ihren neuen Bund

11. 3., Eisenach. Im Hotel »Kaiserhof« wird der sog. Erste Deutsche Studententag eröffnet. Teilnehmer an der viertägigen Veranstaltung sind 120 freistudentische Delegierte von 31 Universitäten, Technischen Hochschulen und Bergakademien. Katholische Studentenverbindungen sind dem Treffen ferngeblieben.

Hintergrund für die Einberufung des Studententags sind der Streit um ein Verbot konfessioneller Verbindungen sowie staatliche Eingriffe in den Universitätsbetrieb. Auslöser war Anfang Februar die Auflösung des Studentenausschusses der Technischen Hochschule in Hannover, weil die dortigen Studenten den deutschen Kommilitonen in Innsbruck telegraphisch ihre Sympathien im österreichischen Nationalitätenkonflikt übermittelt hatten (→ 1. 1./S. 27). In zahlreichen Universitätsstädten kam es daraufhin zu Protestaktionen: Ungehinderter Verkehr mit anderen Hochschulen wurde gefordert; die Studenten wollten sich nicht wie Beamte disziplinieren lassen.

Der Studententag in Eisenach beschließt die Gründung eines alle Hochschulen umfassenden Studentenverbands. Verabschiedet wird eine Resolution, der zufolge konfessionelle Verbindungen als studentische Körperschaften keine Existenzberechtigung hätten. Konfessionelle Studentenverbindungen würden zu einer »Absonderung« im studentischen Leben führen und die konfessionelle Kluft im deutschen Volk vergrößern.

»Semesteranfang«; Karikatur von Eduard Thöny in der Münchener politisch-satirischen Wochenschrift »Simplicissimus«: »Das kann man wohl sagen, daß das Korpsstudententum gewisse Anforderungen an den persönlichen Mut stellt. Denk mal bloß an Mensur und Säuferleber.« In einem Grußtelegramm an den Eisenacher Studententag fordert Kaiser Wilhelm II. die Studenten auf, »die deutsche Geistesfreiheit auch durch Achtung vor der Überzeugung Andersdenkender hochzuhalten«. Für viele Studenten ist die Zugehörigkeit zu einer Burschenschaft zumindest so wichtig wie der Vorlesungsbesuch.

Burschenschaften straff organisiert

Chronik Hintergrund

Die Burschenschaften im Deutschen Kaiserreich gehen auf die studentischen Korps oder Landsmannschaften zurück, die in den Napoleonischen Freiheitskriegen gegründet wurden. Diese unterscheiden sich durch ihre »Farben«, die in Band, Mütze und Bierzipfel sowie bei feierlichen Anlässen »im Wichs« (Repräsentationstracht) gezeigt werden. 1874 bzw. 1878 schlossen sich die Burschenschaften der deutschen Universitäten in Eisenach zum Allgemeinen Deputierten-Convent zusammen, der 1902 in »Deutsche Burschenschaft« umbenannt wurde. Die Burschenschaften bzw. Korps versuchen, die historischen Formen des studentischen Lebens aufrechtzuerhalten. Dazu zählen vor allem die Ablehnung politischer und konfessioneller Sonderbestrebungen, das Farbentragen, der studentische Zweikampf (Mensur), die Scheidung der Mitglieder in Burschen (Ältere) und Füchse (Jüngere) sowie die Leitung der Verbindung durch Konvent (Mitgliederversammlung) und Chargierte (Sprecher, Fechtwart und Schriftwart); hinzu kommt der Kontakt mit den sog. Alten Herren, ehemaligen Mitgliedern, die die Verbindungen finanziell unterstützen.

Seit Anfang der 80er Jahre entstanden neue Verbindungen, die dem Führungsanspruch der Korps entgegentraten. Die wichtigste unter ihnen ist die sog. Freie Studentenschaft, deren Mitglieder keinem der traditionellen Korps angehören und die sich als Interessenvertretung aller nichtkorporierten Studenten versteht. Ihre Geschichte begann 1896 mit der Gründung der Leipziger »Finkenschaft«; 1900 wurde der Zentralverband der Deutschen Freien Studentenschaft gegründet. Den Hauptakzent ihrer Aktivitäten legt die Freie Studentenschaft auf kulturelle und soziale Arbeit.

Wirtschaft 1905:

Industrie vor Landwirtschaft

Chronik Übersicht

Das zentrale wirtschaftspolitische Thema ist 1905 die Schutzzollpolitik. Mit den Handelsverträgen, die das Deutsche Reich in diesem Jahr mit ausländischen Staaten abschließt, fällt die Reichsregierung zugleich die Grundsatzentscheidung, daß sich das Land nicht einseitig zum Industriestaat weiterentwickeln soll. Als Reichskanzler Bernhard Graf von Bülow die Handelsverträge, die dem Agrarsektor erhebliche Mehreinnahmen verschaffen, im Reichstag vorlegt (→ 22. 2./S. 38), formuliert er die politische Marschrichtung mit folgenden Worten: »Deutschland ist nicht lediglich Industriestaat, es ist Agrar- *und* Industriestaat.«

Schutzzölle sind Zölle, die nicht wie Finanzzölle lediglich zum Zweck der Erhöhung staatlicher Einnahmen erhoben werden (Zölle auf Tabak, Tee u. a.), sondern die Inlandserzeugung gegenüber dem Wettbewerb des Auslands schützen sollen. Niedrigere Preise ausländischer Anbieter sollen den Inlandspreisen durch Schutzzölle zumindest angeglichen werden. Die Einführung von Schutzzöllen löst in der Regel Gegenmaßnahmen des Auslands aus, das nun seinerseits versucht, durch Zölle die Einfuhr zu erschweren. Hauptnachteil des Schutzzollsystems ist eine zumindest vorübergehende Verteuerung des Inlandsverbrauchs, die wie bei indirekten Steuern die ärmeren Volksschichten in aller Regel am schwersten trifft. Auch diese Folge der neuen Handelsverträge bekommen die Deutschen im »Hungerjahr 1905« zu spüren (→ 29. 11./S. 195).

Seit 1879 hat die Industrie ihre Produktion um fast 100% steigern können. Die permanente Kriegsgefahr, die in diesem Jahr anläßlich der Marokkokrise wieder deutlich zutage tritt (→ 31. 3./S. 56), hat die Rüstungsindustrie und ihre Zulieferer zu wichtigen Sektoren der Volkswirtschaft avancieren lassen. Die Landwirtschaft hingegen hat im selben Zeitraum ihre Produktion nur um rund 30% gesteigert. Ein Grund für diese Entwicklung ist, daß die Industrie vermehrt Landarbeiter abwirbt, da Landarbeiterlöhne im Vergleich zu den Löhnen in der Industrie nur gering sind. Die dadurch verursachte »Leutenot« in der Landwirtschaft stellt die adligen Großgrundbesitzer Ostelbiens vor große Probleme: Während aufgrund der kleinbäuerlichen Besitzstruktur in der Landwirtschaft Südwestdeutschlands – oder beispielsweise Frankreichs – die bäuerlichen Betriebe praktisch von der Familie des Hofeigentümers bearbeitet werden, ist dies auf den großen Junkerbetrieben im Norden und Osten Deutschlands nicht möglich. So entfallen über 20% der landwirtschaftlichen Nutzfläche Deutschlands auf 50 000 Großbetriebe; diese wiederum machen nur 0,4% der gesamten Betriebszahl aus. Im Gegensatz hierzu bearbeiten mehr als 3 Mio. oder fast 60% Klein- bzw. Kleinstbauern insgesamt knapp 7% der landwirtschaftlichen Nutzfläche.

Das Wirtschaftsjahr 1905 war – wie seit Jahrzehnten nicht mehr – von der Politik geprägt. Selbst die Dividendenermäßigungen seitens der Kohlenbergwerke wurden nicht als Zeichen für eine Verschlechterung der Marktlage gedeutet, sondern als demonstrative Reaktion gegen die Berggesetzgebung (→ 9. 2./S. 36) und die daraus folgenden Mehrbelastungen für die Unternehmen aufgefaßt. Trotz der Ankündigung, daß niedrigere Dividenden ausgeschüttet würden, stiegen die Aktienkurse. Eine Abschwächung trat erst ein, als die deutsch-französischen Spannungen während der Marokkokrise zu einem Krieg zu eskalieren drohten (→ 6. 6./S. 106). Das britisch-japanische Bündnis vom → 12. August (S. 144) macht die Hoffnung zunichte, die von der deutschen Rüstungsindustrie in Japan gesetzt wurde: Den Zuschlag für den Bau neuer japanischer Kriegsschiffe erhalten nicht deutsche, sondern britische Werften. Trotzdem ist die Auftragslage der deutschen Schiffbauindustrie gut. Um die Rüstungsaufträge herrscht ein erbitterter Konkurrenzkampf zwischen der Stettiner Vulkan-Werft und Blohm & Voss in Hamburg.

Diskontsätze europäischer Notenbanken 1900 - 1905[1]

	1900	1901	1902	1903	1904	1905
Deutsche Reichsbank	5,33	4,10	3,32	3,84	4,22	3,82
Bank von England	3,96	3,72	3,33	3,75	3,30	3,01
Österreichisch-ungarische Bank	4,58	4,08	3,55	3,50	3,50	3,70
Schweizerische Emissionsbanken	4,88	3,99	3,77	4,06	4,05	4,05
Russische Staatsbank	5,56	5,16	4,56	4,50	5,38	5,64

Die Zentralbanken beeinflussen durch Veränderungen des Diskontsatzes und der Höhe des den Banken gewährten Diskontkredits die volkswirtschaftlich verfügbare Geldmenge. Wird z.B. der Diskontsatz erhöht und der Diskontkredit eingeschränkt, vergeben die Banken ihrerseits weniger Kundenkredite. Die verfügbare Geldmenge verringert sich.

[1] in %, Durchschnitt

© Harenberg

Anteil der größten Industriestaaten am Weltaußenhandel 1900 - 1905[1]

	1900	1901	1902	1903	1904	1905
Großbritannien	19,5	19,1	18,6	18,0	17,9	17,6
Deutsches Reich (Zollgebiet)	12,1	11,3	11,4	11,4	11,7	12,0
USA	10,3	10,4	10,0	10,0	9,8	9,8
Frankreich	10,0	9,3	9,4	9,1	8,7	8,8
Niederlande	6,7	6,9	7,0	7,0	7,1	6,9
Österreich-Ungarn	3,5	3,4	3,3	3,5	3,5	3,5

[1] in %, ohne Kolonien

© Harenberg

Die bedeutendsten Roheisenerzeuger 1900 - 1905[1]

	1900	1901	1902	1903	1904	1905
USA	14,011	16,133	18,107	18,298	16,762	23,361
Deutsches Reich / Luxemburg	8,521	7,880	8,530	10,018	10,058	10,875
Großbritannien / Irland	9,103	8,056	8,819	9,078	8,833	9,762
Frankreich	2,714	2,389	2,405	2,841	2,974	3,077
Rußland	2,934	2,867	2,598	2,488	2,972	2,715
Österreich-Ungarn[2]	1,495	1,522	1,471	1,427	1,424	1,584

[1] in Mio. metr.Tonnen
[2] mit Bosnien und Herzegowina

© Harenberg

Ernteerträge der wichtigsten Nährfrüchte
für Menschen und Vieh im Deutschen Reich 1900 - 1905[1]

	Roggen	Weizen	Winter-Spelz (u. -Emer)	Sommer-gerste	Kartoffeln	Hafer	Wiesenheu
1900	8,551	3,841	0,466	3,002	40,585	7,092	23,116
1901	8,163	2,499	0,432	3,321	48,687	7,050	22,370
1902	9,494	3,900	0,483	3,100	43,462	7,467	26,017
1903	9,904	3,555	0,448	3,324	42,902	7,873	26,355
1904	10,061	3,805	0,454	2,948	36,287	6,936	21,507
1905	9,607	3,700	0,487	2,922	48,323	6,547	26,265

[1] in Mio. Tonnen

Marktpreise von Nahrungsmitteln[1]
im Deutschen Reich 1905

Städte (Auswahl)	Kartoffeln[2]	Butter[3]	Rindfleisch[3]	Schweinefleisch[3]	Weizenmehl[3]
Danzig	5,07	238	135	145	28
Breslau	6,09	236	158	171	30
Berlin	6,05	246	144	155	35
Hannover	6,20	243	147	150	29
Aachen	8,30	254	146	199	29
München	6,44	212	148	166	38
Straßburg i. E.	6,74	220	145	168	36

[1] Durchschnittsware [2] Preise für 1 dz in Mark [3] Preise für 1 kg in Pfennig

Der Handel des Deutschen Reiches
nach Warengruppen 1905[1]

	Einfuhr[2]		Ausfuhr[2]		Außenhandels-überschuß /-defizit[2]	
Rohstoffe für Industriezwecke	3,457	(3,178)	1,401	(1,257)	-2,056	(-1,921)
Fabrikate	1,328	(1,220)	3,824	(3,442)	+2,496	(+2,222)
Nahrungs- und Genußmittel, Tiere/Vieh	2,344	(1,956)	0,507	(0,524)	-1,837	(-1,432)
Edelmetalle, roh und gemünzt	0,307	(0,500)	0,110	(0,093)	-0,197	(-0,407)
gesamt	7,436	(6,854)	5,842	(5,316)	-1,594	(-1,538)

Die Export- und Importstatistik des Deutschen Reiches zeigt, daß Deutschland ein Importstaat mit negativer Außenhandelsbilanz ist. Das Argument, Deutschland sei »der beste Käufer der Erde«, ist für die Reichsregierung das Hauptargument bei den Verhandlungen über die neuen Handelsverträge (→22.2./S.38).

[1] Spezialhandel; in Mrd. Mark [2] in Klammern: Vorjahrsergebnisse

Förderungsleistung der Bergwerksbetriebe
im Deutschen Reich 1900 - 1905[1]

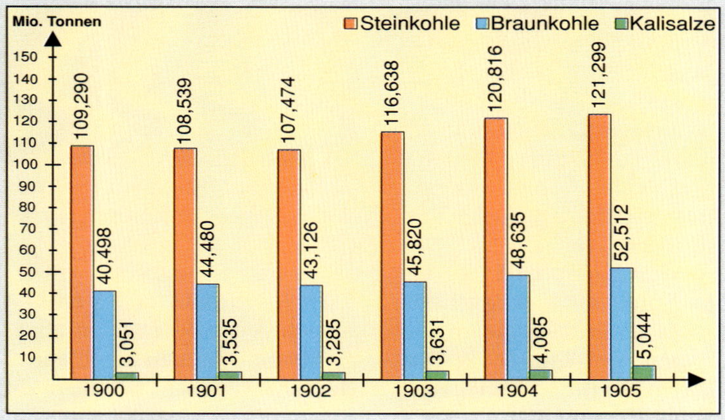

[1] mit Luxemburg

Exporte deutscher Kolonien 1905[1]

Kolonie	Erzeugnisse (Auswahl)								Gesamtausfuhr
	Kautschuk	Kopra	Kakao	Kaffee	Elfenbein	Häute / Felle	Palmkerne	Sonstiges	
Ostafrika	2257	916		464	486	1479		4348	9950
Kamerun	4071		1281		1271		1665	1027	9315
Togo	1002						606	2349	3957
Südwestafrika						68		148	216
Neu-Guinea[2]		1234						101	1335
Marshall-Inseln		695						5	700
Marianen		95						2	97
Samoa		1979	30	2				18	2029
Karolinen[3]		184						54	238
Summe	7330	5103	1311	466	1757	1547	2271	8052	27837

Kopra ist der Hauptexportartikel der deutschen Kolonien in der Südsee. Die zerschnittenen und getrockneten Kokosnußkerne sind der Rohstoff für die Herstellung des Kokosöls.

[1] Werte jeweils in 1000 Mark [2] Bismarck-Archipel und Kaiser-Wilhelmsland [3] Ost- und Westkarolinen

Soziale Gerechtigkeit mit Roosevelts »Square Deal«

US-Präsident Theodore Roosevelt auf der Rednertribüne vor dem Kapitol in Washington während der Feier zur Neueinführung in sein Amt. Tausende von Anhängern haben sich eingefunden, um ihrem »Teddy« zuzujubeln.

4. 3., Washington. Mit großem Pomp wird die Einführung von US-Präsident Theodore Roosevelt in seine zweite Amtsperiode gefeiert. Mit seinem Wahlsieg und den gleichzeitigen Kongreßwahlen im November 1904 hat der Republikaner Roosevelt seine Stellung als Präsident gefestigt: Im Repräsentantenhaus verfügt seine Partei nun über 250 statt 208 Sitze, während die oppositionellen Demokraten von 178 auf 136 Abgeordnete abgerutscht sind.

Roosevelt hatte sein Amt 1901 angetreten, jedoch nicht als gewählter Präsident: Am 14. September 1901 starb US-Präsident William McKinley an den Folgen eines Anarchistenattentats, sein Vize Roosevelt wurde daraufhin als 26. Präsident der Vereinigten Staaten von Amerika vereidigt.

Roosevelt, der sich schon an der Spitze des Freiwilligenregiments »Rough Riders« (Rauhreiter) im Spanisch-Amerikanischen Krieg große Popularität erworben hatte, zeichnete sich durch einen effektvollen Führungsstil aus und avancierte zum populärsten Politiker der USA. Seine Person wird zugleich zur Verkörperung des Progressive Movement.

Diese Bewegung vertritt liberale Reformen und ist in erster Linie eine Reaktion auf die katastrophalen sozialen Verhältnisse in den Großstädten. Zu ihr bekennen sich die unterschiedlichsten gesellschaftlichen Gruppen: Akademiker, Mitglieder des gebildeten Bürgertums, Arbeiterführer, Geistliche, aber auch Manager oder Industrielle der zweiten Generation wie John D. Rockefeller Junior gehören dazu. Die Vertreter des Progressive Movement sind übereinstimmend der Ansicht, daß die soziale Gärung in offene Gewalt umschlagen könnte, falls die Ursachen nicht beseitigt würden.

Roosevelts Autorität gegenüber dem Kongreß war nach seinem Amtsantritt 1901 gering, weil er nur aufgrund der Ermordung McKinleys Präsident geworden war. Gestärkt durch den Wahlsieg von 1904, geht er nun daran, sein Schlagwort vom »Square Deal« (gerechtes Handeln) im Sinne sozialer Gerechtigkeit für alle durchzusetzen. Sein Hauptaugenmerk gilt dabei den Trusts, deren Macht er einzuschränken versucht (→ 30. 1./S. 26). Gleichzeitig stärkt seine Außenpolitik des Dollarimperialismus die Macht der Industrie, die in den unterentwickelten Regionen Mittelamerikas ganze Staaten unter ihre Kontrolle bringt (→ 7. 1./S. 26).

Neben seinem sozialen Engagement setzt sich Roosevelt zugleich energisch für den Naturschutz ein. Als Cowboy im Westen hatte er erlebt, daß die Zeit leichter Neulandgewinnung in den USA endgültig vorbei ist. Roosevelt mahnt die Industrie, daß auch die unbegrenzt scheinenden natürlichen Ressourcen des Landes rasch erschöpft seien, wenn sie nicht sorgfältiger genutzt würde. »Effizienz« heißt dieses Schlagwort des Progressive Movement.

Doch will sich der Präsident nicht auf Mahnungen beschränken. Sein Ziel ist die völlige Kontrolle von Millionen Hektar Staatsforst, um den Raubbau an einem wichtigen Teil des nationalen Erbes der USA zu unterbinden. »Die Bedingungen, die zu unserer wunderbaren materiellen Wohlfahrt beigetragen haben«, sagt er am 4. März in einer Grundsatzrede nach der Amtseinführung, »haben auch eine Sorge mitgebracht, die untrennbar ist von der Anhäufung großer Reichtümer in den Industriezentren. Wir haben daher eine große Verantwortlichkeit uns selbst, der heutigen Welt und den kommenden Geschlechtern gegenüber.« Zugleich prangert Roosevelt seine Landsleute an, die für ein angenehmes, luxuriöses Leben »auf den höchsten Kindersegen verzichten«.

Die Präsidenten der Vereinigten Staaten von Amerika

	Name	*Lebensdaten*	*Parteizugehörigkeit*	*Amtszeit*
1.	George Washington	1732–1799	Föderalist	1789–1797
2.	John Adams	1735–1826	Föderalist	1797–1801
3.	Thomas Jefferson	1743–1826	Republikaner/Demokrat	1801–1809
4.	James Madison	1751–1836	Republikaner/Demokrat	1809–1817
5.	James Monroe	1758–1831	Republikaner/Demokrat	1817–1825
6.	John Quincy Adams	1767–1848	Unabhängig	1825–1829
7.	Andrew Jackson	1767–1845	Demokrat	1829–1837
8.	Martin Van Buren	1782–1862	Demokrat	1837–1841
9.	William H. Harrison	1773–1841	Whig	1841
10.	John Tyler	1790–1862	Whig/Demokrat	1841–1845
11.	James Knox Polk	1795–1849	Demokrat	1845–1849
12.	Zachary Taylor	1784–1850	Whig	1849–1850
13.	Millard Fillmore	1800–1874	Whig	1850–1853
14.	Franklin Pierce	1804–1869	Demokrat	1853–1857
15.	James Buchanan	1791–1868	Demokrat	1857–1861
16.	Abraham Lincoln	1809–1865	Republikaner	1861–1865
17.	Andrew Johnson	1808–1875	Demokrat	1865–1869
18.	Ulysses Simpson Grant	1822–1885	Republikaner	1869–1877
19.	Rutherford B. Hayes	1822–1893	Republikaner	1877–1881
20.	James A. Garfield	1831–1881	Republikaner	1881
21.	Chester A. Arthur	1830–1886	Republikaner	1881–1885
22.	Stephen Grover Cleveland	1837–1908	Demokrat	1885–1889
23.	Benjamin Harrison	1833–1901	Republikaner	1889–1893
24.	Stephen Grover Cleveland	1837 -1908	Demokrat	1893–1897
25.	William McKinley	1843–1901	Republikaner	1897–1901
26.	Theodore Roosevelt	1858–1919	Republikaner	1901–1909

Roosevelt bei der Amtseinführung; Titelbild der »Berliner Illustrirten«

Cowboy wird Präsident

Chronik Zur Person

Theodore Roosevelt, geboren am 27. Oktober 1858 in New York, verkörpert für viele den urwüchsigen Pioniergeist eines »echten Amerikaners«.

Der republikanische Politiker arbeitete vor seiner politischen Karriere als Viehzüchter im »Wilden Westen« Dakotas – was ihm bei der Übernahme des Präsidentenamts 1901 bei Gegnern den Vorwurf eintrug, er sei nur »ein verdammter Cowboy«.

1895 wurde er Polizeipräsident von New York. Als einer der Hauptverfechter der US-amerikanischen Expansionspolitik bereitete er ab 1897 als Unterstaatssekretär der Marine unter Präsident William McKinley den Krieg gegen Spanien unter dem Schlagwort »Befreiung Kubas« vor. Nach Ausbruch des Spanisch-Amerikanischen Kriegs 1898 legte er sein Amt nieder und kämpfte an der Spitze einer Freiwilligentruppe, den »Rough Riders« (Rauhreiter), auf Kuba. Dadurch erwarb er sich solche Popularität, daß er 1899 zum Gouverneur von New York gewählt wurde und 1900 zum Vizepräsidenten der USA avancierte.

Präsident Roosevelt als »Rauhreiter« auf Bärenjagd in Colorado

Halbherzige Versprechen

3. 3., Petersburg. Zar Nikolaus II. kündigt in einem Erlaß an Innenminister Alexandr G. Bulygin an, daß künftig »von der Bevölkerung gewählte Männer« an »Ausarbeitung und Beratung legislativer Entwürfe« beteiligt werden sollen. Der Zar spricht von »Reformen«, die er mit Hilfe dieser Männer durchführen will. Er stellt jedoch klar, daß Reformen nur »unter unbedingter Wahrung der Unerschütterlichkeit der Grundgesetze des Reiches« verwirklicht werden können.

Viele werten den Ukas als Einlenken des Zaren, nachdem in den vergangenen Wochen nicht nur Arbeiter, Studenten und oppositionelle Intellektuelle eine Verfassung verlangt hatten, sondern im Anschluß an den »Blutsonntag« von Petersburg (→ 22. 1./S. 16) auch Vertreter von Adel, Großbürgertum und konservative Intellektuelle Nikolaus aufgefordern, »erwählte Vertreter des Volkes« an Gesetzgebung und Regierung zu beteiligen. Daß auch sie sich zunehmend von der Politik des Zaren distanzieren, liegt in den Niederlagen begründet, die das Russische Reich im Krieg mit Japan hinnehmen muß (→ 2. 1./S. 12). Die Presse unterstützt seit dem »Blutsonntag« diese Forderungen und artikuliert sich trotz Zensur viel offener als bisher gegen die Politik des Zaren. Eine Unterdrükkung dieser Opposition, die fast alle Schichten des russischen Volkes erfaßt, ist mit Waffengewalt und Deportation nicht mehr möglich. Je mehr Hiobsbotschaften vom Kriegsschauplatz in Ostasien gemeldet werden, desto offener werden die Forderungen nach einer Verfassung formuliert. Die Regierung wiederum kann sich zu keiner einheitlichen Linie durchringen, da sich in ihr Erzkonservative und den neuen Forderungen aufgeschlossene Minister gegenüberstehen. Zu letzteren zählt Landwirtschaftsminister Alexei S. Jermolow, der dem Zaren am 24. Februar angesichts der Bauernunruhen eine Denkschrift überreicht hatte, in der er die Einführung einer Verfassung empfahl.

Mit dem Erlaß gibt Nikolaus II. der Regierung nun in Ansätzen eine vorsichtige Reformpolitik vor. Daß es sich nicht um eine tiefgreifende Umgestaltung des Russischen Reiches – gar im Sinne der Forderung nach einem Ende der zaristischen Alleinherrschaft – handeln werde, macht der Zar am selben Tag in einem Manifest »über den äußeren und inneren Feind« kund, das im »Regierungsboten« veröffentlicht wird. In diesem Artikel gibt er den Streiks und antizaristischen Unruhen indirekt die Schuld an den Niederlagen im Krieg gegen Japan und bezeichnet eine Verfassung nach westeuropäischem Muster als für Rußland nicht angemessen: »Von Hochmut verblendet, machen übelgesinnte Führer einer aufrührerischen Bewegung freche Anschläge …, indem sie meinen, wenn sie den natürlichen Zusammenhang mit der Vergangenheit zerreißen, würden sie die bestehende Staatsordnung zerstören.«

Angesichts dieser Haltung gelingt es dem Zaren nicht, die Unruhe zu dämpfen (→ 7. 5./S. 92).

Nikolaus II., russischer Zar seit 1894, mit seiner Frau Alexandra, der gebürtigen Prinzessin Alice von Hessen, beide im feierlichen Ornat

Vermeintliche »Löscharbeiten« am Louvre; rechts der Pavillon de Flore mit Kolonialministerium, daneben der Trakt mit Rubens- und Van-Dyck-Saal

Der Louvre brennt – »nationale Gefahr«

8. 3., Paris. Französische Zeitungen berichten über einen angeblichen Brand im Pariser Louvre, jenem Palast, in dem seit 1793 die staatlichen Kunst- und einige wissenschaftliche Sammlungen untergebracht sind und in dem das Kolonialministerium seinen Sitz hat.

Tatsächlich ist diese Meldung, die stets mit dem gleichen Foto illustriert wird, eine »Ente«. Das Foto ist lediglich eine Montage; sie soll, so ihr Urheber, der Öffentlichkeit vor Augen führen, daß ein Brand des Louvre eine dauernde »nationale Gefahr« sei, über die viel gesprochen werde, ohne daß jemals Gegenmaßnahmen ergriffen würden. Die Nachrichten der getäuschten Presse lesen sich durchaus realistisch: ». . . Den Löschmannschaften vom Markt Saint Honoré gelang es nach einer halben Stunde, den Brand unter Kontrolle zu bringen.«

Fotografie ist weiter in der Entwicklung

Chronik Rückblick

Die Fotomontage des Louvre-Brandes demonstriert den rasanten Fortschritt in der Fotografie. Noch keine 80 Jahre ist es her, als dem französischen Fotopionier François Nicéphore Niepce im Jahr 1826 die erste fotografische Aufnahme gelang; die Belichtungszeit dieses Fotos mit einer Camera obscura betrug damals acht Stunden.

1860 erhielt der britische Fotograf Thomas Sutton das Patent auf die erste Spiegelreflexkamera.

Als 1878 in Großbritannien die fabrikmäßige Herstellung von Bromsilbergelatine-Trockenplatten begann, nahm auch die Amateurfotografie ihren Aufschwung. Als am problemlosesten zu handhabende Kamera erwies sich die sogenannte Box, die der US-amerikanische Erfinder und Unternehmer George Eastman 1888 unter der Bezeichnung »Kodak« auf den Markt brachte. Eastman hatte 1880 ein Unternehmen zur Herstellung von Fotoplatten und Rollfilmen gegründet. Einen Meilenstein im Objektivbau stellt das vierlinsige »Tessar«-Objektiv mit der Lichtstärke 1:6,3 dar, das die Werke von Carl Zeiss in Jena auf den Markt gebracht haben. Die Farbfotografie hingegen ist noch nicht aus dem Stadium des Experimentierens heraus.

1838 stellte Jacques Daguerre der Öffentlichkeit die von ihm und dem fünf Jahre zuvor verstorbenen François Nicéphore Niepce entwickelte Silberplattenfotografie vor.

Star-Lehrer García wird 100 Jahre alt

17. 3., London. Gelehrte und Künstler aus aller Welt gratulieren dem spanischen Gesangspädagogen Manuel García zum 100. Geburtstag. Der deutsche Kaiser Wilhelm II. hat dem Jubilar, der die bedeutendsten Sänger und Sängerinnen zu seinen Schülern zählt, die Große Medaille für Kunst und Wissenschaft verliehen.
García gab bereits als 25jähriger die aktive Sängerlaufbahn auf und ließ sich als Gesangslehrer in Paris nieder. Zu seinen bekanntesten Schülerinnen zählen neben Sybil Sanderson und Etelka Gerster vor allem Jenny Lind, die »schwedische Nachtigall«, und Nellie Melba, eine der berühmtesten Vertreterinnen des Koloratursoprans. Indirekt, so stellt die Presse anläßlich des Geburtstags fest, seien jedoch alle Größen der Gesangskunst seit 1840 aus der Schule Garcías hervorgegangen, da er seinerseits der Lehrer berühmter Lehrer war, wie z.B. des deutschen Gesangspädagogen Julius Stockhausen.
García gilt außerdem als Erfinder des Kehlkopfspiegels (1855). Damit gelang es ihm erstmals, einen Kehlkopf im lebenden Menschen zu betrachten.

Die Teilnehmer des zweiten Laufes nach dem Rennen; Sieger Hermann Müller im schwarzen Trikot trägt die Nummer 8.

Berlin sieht ersten Cross-Country-Lauf im Deutschen Reich

12. 3., Berlin. *Am Hundekehlensee im Berliner Grunewald verfolgen eine große Zahl an Spaziergängern einen Cross-Country-Lauf. Die Strecke hat eine Länge von 7000 m. Es siegt Hermann Müller vom Sportclub Teutonia in einer Zeit von 31:41 min. 16 Läufer, die meisten aus Berliner Vereinen, sind am Start. Es handelt sich um die erste derartige Veranstaltung im Deutschen Reich.*
Kurios ist, daß das Rennen zweimal durchgeführt werden muß. Obwohl die ursprünglich über 8 km führende Strecke deutlich mit Schnitzeln markiert ist, hält sich kein einziger Athlet an die vorgegebene Strecke. Disqualifikation aller Teilnehmer und anschließender Neustart sind die Folge. Die Zeitschrift »Sport im Bild« kommentiert dazu in ihrer Nr. 12.: »Diese seltene Einmütigkeit im Irren hatte wenigstens das eine Gute, dass kein Unwürdiger mit dem Preise gekrönt wurde . . .«
Anders als im Deutschen Reich ist das Cross-Country-Laufen in Großbritannien und Frankreich populär. Zu den großen Rennen, wie z. B. in St. Cloud am 16. Januar, kommen häufig mehr als 20 000 Zuschauer. Vor allem die Militärs beider Länder unterstützen diese Sportart, um die Fitneß der Soldaten und Wehrpflichtigen zu steigern.

Wien unterliegt im Städtespiel

5. 3., Berlin. In einem Städtevergleichskampf unterliegt die Fußballauswahl Wiens der Vertretung Berlins mit 1:3. Mehr als 3000 Zuschauer sind Zeuge der Begegnung, die im Sportpark Friedenau stattfindet.
Überragender Spieler auf Berliner Seite ist H. Röpnack von Victoria Berlin, der alle drei Treffer für seine Mannschaft erzielt. Die zuvor siegessicheren Wiener hatten im Verlauf des Spiels nie eine Siegchance, weil vor allem die Verteidigungsreihe der Berliner Auswahl den gegnerischen Sturm nicht zur Entfaltung kommen läßt. Infolgedessen gehen die Berliner als verdiente Sieger vom Platz.
Weil sich der Fußballsport immer mehr verbreitet, erfreuen sich Städtespiele steigender Beliebtheit. Der Verband Berliner Ballspielvereine mißt der Auseinandersetzung sogar so große Bedeutung bei, daß er alle anderen für diesen Tag vorgesehenen Spiele absagt, »um allen Fussballspielern den Zutritt zu diesem interessanten sportlichen Ereignis zu ermöglichen«.
Weil die Fußballvereine noch nicht alle in nationalen Verbänden organisiert sind, in der Regel jedoch schon auf Stadt- oder Landesebene, sind solche Vergleiche für Spieler und Zuschauer im Deutschen Reich die einzige Möglichkeit, auch den Vergleich mit dem Ausland zu suchen. Deutschland tritt zwar in diesem Jahr dem internationalen Weltfußballverband (FIFA) bei, das erste offizielle Länderspiel findet jedoch erst 1908 statt.

Die Auswahlmannschaft aus Wiener Fußballvereinen, die in Berlin eine 1:3-Niederlage einstecken mußte, vor Beginn der Begegnung

Spitzentennis am Mittelmeer

10. 3., Monte Carlo. Nach siebentägiger Dauer geht im monegassischen Seebad das offene internationale Tennisturnier zu Ende. Die Konkurrenz der Herren gewinnt der dreimalige britische Wimbledonsieger Hugh Laurence (»Laurie«) Doherty 6:4, 8:6, 6:4 gegen M. J. G. Ritchie. Er erhält einen Ehrenpreis im Wert von 3000 Francs.
Mit »Laurie« und dessen Bruder Reginald Frank (»Reggie«), der in diesem Turnier allerdings früh ausscheidet, sind die momentan besten Spieler der Welt am Start. »Reggie« war von 1897 bis 1900 viermal im Einzel in Wimbledon, dem wichtigsten Tennisturnier überhaupt, erfolgreich. Im Doppel ist er mit seinem Bruder nahezu unschlagbar. Für eine Art Tennishysterie in Europa hat »Laurie« gesorgt, als er 1903 als erster Ausländer die US-Meisterschaften im Herreneinzel gewann.

Essen und Trinken 1905:

Preise steigen – Reiche schlemmen

Chronik Übersicht

Das meistdiskutierte Thema im Bereich Essen und Trinken ist die Fleischteuerung. Sie setzt im Juni/Juli in den größeren Städten mit Preissprüngen von bis zu 30 und 40% ein. Auf zahlreichen Versammlungen wird die deutsche Reichsregierung aufgefordert, zur Linderung der Fleischnot die Grenzen für die Einfuhr ausländischen Schlachtviehs zu öffnen. Die Regierung weist diese Forderung der Liberalen und Sozialdemokraten sowie des Deutschen Städtetags ebenso zurück wie den Vorwurf, die Teuerung sei auf die neuen Handelsverträge (→ 22. 2./S. 38) und die staatliche Schutzzollpolitik (→ S. 62) zurückzuführen. Der einzige Grund für die Teuerung sei die schlechte Futterernte von 1904.

Das Sortiment der städtischen Konsumläden reicht von Brot, Kaffee, Spirituosen und Wurstwaren bis zu Blechgeschirren, Schöpfkellen und Fahrrädern sowie anderen Gegenständen des täglichen Bedarfs.

Schweinefleischpreise in Städten

Stadt	*1905*	*1904*
Danzig	1,45	1,16
Breslau	1,71	1,32
Stettin	1,64	1,42
Berlin	1,55	1,32
Magdeburg	1,46	1,30
Dresden	1,75	1,56
Aachen	1,99	1,73
Mannheim	1,61	1,36
München	1,66	1,40

Marktpreise in Mark je kg im Jahresdurchschnitt

Während das Fleisch teurer wird, bleiben die Preise für Getreide und Mehl weitgehend stabil. Ein Überangebot herrscht auf dem Früchtemarkt, wo immer mehr Exotica auftauchen, die vor kurzer Zeit noch unbekannt oder nur zu unerschwinglichen Preisen zu haben waren: Apfelsinen und Mispeln aus Italien, Feigen aus Syrien, Datteln, Erdnüsse aus Kamerun werden angeboten. Was in früheren Zeiten nur dem Hochadel vorbehalten schien, kann sich jetzt der Mittelstand leisten. »Und wenn in Kaiser Karls Reich die Sonne auch nicht unterging, für all sein Gold und trotz seiner Armada konnte er in Madrid keine frische Banane haben, die sich jetzt ein Kind in der Ackerstraße kauft, wenn es einen Nickel dazu hat«, urteilt »Die Woche« (Nr. 4/1905).

Trotz der neuartigen Gewürze, die aus den Kolonien auf den Markt kommen, gilt es in der feinen Küche des Jahres 1905 als unschicklich, zu »überwürzen«. Scharfe Saucen sind vom gutbürgerlichen Speiseplan verbannt. Dafür kommt ein neues Gewürz in Mode, dem eine »aromatische, leicht zu regulierende Schärfe« nachgesagt wird: »Indischer Currypowder«, der in Großbritannien schon länger beliebt ist, bürgert sich mehr und mehr in den Haushalten des Kontinents ein.

Das reiche Bürgertum, das sich anders als viele Arbeiter auch Fleisch leisten kann, beschäftigt sich 1905 zudem intensiv mit Tischmanieren. So berichtet die gutbürgerliche Zeitschrift »Die Woche« von einem neuen Besecktrend und rät der Hausfrau: »In letzter Zeit ist es mehr Sitte geworden, Torten und weiche Süßspeisen mit der Gabel statt mit dem sogenannten Dessertlöffel zu essen. Etliche benutzen die Gabel auch beim Kompott und verzichten dann auf manchen erfrischenden Saft eingemachter Früchte und dergleichen. Wer im unklaren ist, legt seinen Gästen beides hin, Gabel wie Löffelchen.«

Markt auf der Kaiser-Wilhelm-Straße in Berlin. In der Reichshauptstadt Berlin wurden in den letzten 20 Jahren 13 Markthallen errichtet. Die Zentralmarkthalle befindet sich am Alexanderplatz im Zentrum der Stadt.

Eine Anleitung, wie anständige Kinder im Vergleich zu Tieren essen sollen, bietet dieses Gedicht von Marx Möller in der bürgerlichen Zeitschrift »Die Woche« (Nr. 51/1905). Zeichnung: Hellmut Eichrodt.

Mondäner Speisesaal eines Pariser Nobelrestaurants. Er ist Treffpunkt für die »oberen Zehntausend«. Die französische Metropole gilt als Hauptstadt für Feinschmecker aus aller Welt. Dort befinden sich die meisten Restaurants von internationalem Ruf.

In der patentierten Tet-Packung halten sich Kekse »frisch und knusperig«. Der Hersteller kann auf den »Grand Prix« bei der Weltausstellung in St. Louis 1904 in den USA hinweisen und so sein Image verbessern.

In einem sog. Glaciersaal eines Süßwarenunternehmens im Eisacktal werden in Zuckerlösung eingekochte Früchte mit einer speziellen Zuckerkruste überzogen. Die »Bozener Früchte« werden in alle Welt verschickt.

April 1905

Mo	Di	Mi	Do	Fr	Sa	So
					1	2
3	4	5	6	7	8	9
10	11	12	13	14	15	16
17	18	19	20	21	22	23
24	25	26	27	28	29	30

1. April, Samstag

Der Reichstag in Berlin verabschiedet ein Gesetz, wonach die Friedenspräsenzstärke des deutschen Heeres um 2% erhöht wird. → S. 74

Zar Nikolaus II. hebt das finnische Wehrgesetz von 1901 auf. Damals war das Heer des autonomen Großfürstentums Finnland aufgelöst und die Wehrdienstpflicht der finnischen Untertanen im ganzen Russischen Reich eingeführt worden. Nun soll die Rekrutierung finnischer Soldaten eingestellt werden; dafür muß die finnische Landeskasse künftig umgerechnet 10 Mio. Mark jährlich zu Kriegszwecken an die Reichskasse abführen (→ 4. 11./S. 193).

Das Preußische Herrenhaus in Berlin verabschiedet die Wasservorlage in der vom Abgeordnetenhaus angenommenen Fassung. Danach wird der Mittellandkanal auf die Strecke Dortmund – Hannover beschränkt; auf den großen Flüssen werden das staatliche Schleppmonopol und Schiffahrtsabgaben eingeführt.

Zu Unruhen kommt es während einer Hungersnot in Spanien. In Lérida versuchen Bauern, die Getreidespeicher der Armee zu plündern.

In Gegenwart des württembergischen Königs Wilhelm II. wird das neue Rathaus von Stuttgart eingeweiht. → S. 82

Anläßlich des 90. Geburtstages des »Reichsgründers« Otto von Bismarck werden an zahlreichen Orten im Deutschen Reich »Bismarcktürme« und Denkmäler des 1898 verstorbenen ehemaligen Reichskanzlers eingeweiht.

Auf der Londoner Themse findet zum 63. Mal das Bootsrennen Oxford – Cambridge statt. → S. 83

2. April, Sonntag

In Tokio demonstrieren mehrere hundert Arbeiter unter der Losung »Es lebe der Sozialismus«. Ähnliche Demonstrationen unter dem Einfluß der russischen Revolution finden auch in anderen Städten Japans statt.

In Warschau werden bei einem Zusammenstoß zwischen Militär und jüdischen Sozialisten vier Personen getötet und zahlreiche verletzt.

Durch den Simplontunnel, den längsten Eisenbahntunnel der Welt, fährt erstmals ein Zug mit Ehrengästen (→ 24. 2./S. 41). Der reguläre Zugverkehr wird erst 1906 aufgenommen.

3. April, Montag

In Moskau beginnt ein Ärztekongreß zur Bekämpfung der Cholera. Der Kongreß gerät zu einer Demonstration für die Einführung einer Verfassung im Zarenreich (→ 3. 3./S. 65).

In Zeigler im US-Bundesstaat Illinois kommen bei einer Gasexplosion in einer Kohlengrube 20 Menschen ums Leben.

4. April, Dienstag

Der neue italienische Ministerpräsident Alessandro Fortis betont in seinem Regierungsprogramm die Friedensliebe seines Landes. Aus diesem Grund müsse die Rolle des Militärs gestärkt werden (→ 1. 4./S. 74).

Ein Erdbeben in Britisch-Indien richtet zwischen Agra und Simla große Verwüstungen an. Mehr als 1400 Menschen, darunter 16 Europäer, finden bei dem Beben den Tod.

5. April, Mittwoch

Der Landesausschuß von Elsaß-Lothringen genehmigt einen Antrag, wonach das Reichsland gleichberechtigt dem Deutschen Reich beitreten soll. → S. 76

Der Oberprokurator des Heiligen Synods, Konstantin P. Pobedonoszew, tritt während der revolutionären Unruhen in Rußland zurück. Der seit 1880 ranghöchste Vertreter der russisch-orthodoxen Kirche war Gegner jeder Liberalisierung nach westeuropäischem Vorbild. Nach seinem Rücktritt beschließt der Heilige Synod, die Stelle eines Oberprokurators nicht mehr zu besetzen; statt dessen soll das Patriarchenamt wiederhergestellt werden.

Der österreichische Kaiser Franz Joseph I. verläßt Budapest, nachdem alle Versuche, in Ungarn eine Regierung zu bilden, gescheitert sind (→ 26. 1./S. 27).

Der norwegisch-schwedische Kronprinzregent Gustav (V.) fordert den gemeinsamen Staatsrat auf, Verhandlungen mit dem Ziel aufzunehmen, die völlige Gleichstellung von Norwegen und Schweden zu verwirklichen. Dabei schlägt Gustav ein gemeinsames Außenministerium, aber besondere Konsuln für beide Königreiche vor. Die norwegische Regierung unter Christian Michelsen erklärt, sie könne keine Verhandlungen aufnehmen, bevor nicht ein eigenes norwegisches Konsulatswesen eingerichtet worden sei (→ 7. 6./ S. 108).

Im Hottentottenkrieg in Deutsch-Südwestafrika wird der Hottentottenführer Abraham Morris bei einem Rückzugsgefecht mit deutschen Truppen getötet (→ 4. 1./S. 22).

6. April, Donnerstag

Die britische Regierung unter Arthur James Balfour (konservativ) gibt im Unterhaus in London bekannt, daß der Abschluß der britisch-französischen Entente cordiale aus dem Jahr 1904 der deutschen Regierung ebenso wenig mitgeteilt worden sei wie die französisch-britischen Abmachungen in bezug auf Marokko (→ 31. 3./S. 56).

Im Rahmen seiner Mittelmeerreise trifft der deutsche Kaiser Wilhelm II. in Neapel ein, wo er von König Viktor Emanuel III. empfangen wird.

König Eduard VII. von Großbritannien und Irland trifft in Pierrefitte-sur-Seine mit dem französischen Staatspräsidenten Émile Loubet zusammen und fährt mit ihm gemeinsam im Zug nach Paris. Zentrales Thema der Gespräche ist die Reise des deutschen Kaisers nach Tanger (→ 31. 1./S. 56).

Hans Pfitzners Oper »Die Rose vom Liebesgarten« wird in Wien unter der Leitung von Gustav Mahler erstaufgeführt.

7. April, Freitag

In Petersburg beginnen die Allrussischen Kongresse der Advokaten und der Professoren. In den beiden bis zum 11. April dauernden Veranstaltungen wird die Einführung einer Verfassung auf demokratischer Grundlage gefordert (→ 3. 3./S. 65).

Die italienische Abgeordnetenkammer in Rom verabschiedet den Handelsvertrag mit dem Deutschen Reich mit 213 zu 46 Stimmen (→ 22. 2./S. 38).

Während des Hottentottenkriegs in Deutsch-Südwestafrika erstürmt eine deutsche Kompanie südlich von Nurudas eine von 200 Hottentotten gehaltene Stellung (→ 4. 1./S. 22).

8. April, Samstag

Beim Einsturz eines im Bau befindlichen Wasserreservoirs in Madrid kommen mehr als 400 Menschen ums Leben. Die Ursache des Unglücks wird auf »unsolide Bauart« zurückgeführt.

König Christian IX. von Dänemark wird 87 Jahre alt. Der Monarch wird wegen seiner weitverzweigten Verwandtschaft und geschickten Heiratspolitik »Großvater« Europas genannt.

Der Franzose Paul Guignard verbessert den Stundenweltrekord der Radrennfahrer. → S. 83

9. April, Sonntag

Auf Kreta finden Demonstrationen panhellenistischer Kreter für die Vereinigung der unter osmanischer Herrschaft stehenden Insel mit Griechenland statt (→ 20. 4./S. 77).

10. April, Montag

Der Österreicher Josef Steinbach gewinnt in Berlin die Weltmeisterschaft im Gewichtheben.

11. April, Dienstag

Der Landesausschuß von Elsaß-Lothringen verabschiedet das Gesetz über das Vereins- und Versammlungsrecht in einer Fassung, die für das französische Sprachgebiet den »Mitgebrauch« des Französischen gestattet. Nach Protesten von Staatssekretär Ernst Matthias von Köller wird das Gesetz ohne diesen Passus genehmigt (→ 5. 4./S. 76).

Die russische Pressekonferenz in Petersburg beschließt als Liberalisierungsmaßnahme die Aufhebung der Zensur für Privattelegramme an Zeitungen (→ 3. 3./S. 65).

Die epidemische Genickstarre (Hirnhautentzündung), die seit November 1904 in Oberschlesien Hunderte von Menschenleben gefordert hat, verbreitet sich auch in Mecklenburg und Österreichisch-Schlesien. Bis zum 31. März sind in Oberschlesien nach amtlicher Mitteilung 1081 Menschen erkrankt, von denen 578 starben.

12. April, Mittwoch

Zar Nikolaus II. löst die »Besondere Beratung für die Bedürfnisse der landwirtschaftlichen Industrie« unter Ministerpräsident Sergei Graf Witte auf und ersetzt sie durch eine »Besondere Beratung zur Frage von Maßnahmen zur Stärkung des bäuerlichen Landbesitzes«. Eine Korrektur seiner Politik ist damit jedoch nicht verbunden.

13. April, Donnerstag

Der schwedische Ministerpräsident Erich Gustav Boström tritt während des Unionskonflikts mit Norwegen zurück (→ 7. 6./S. 108). Vorläufiger Nachfolger wird John Ramstedt.

Im Dresdner Elektrizitätswerk wird im Beisein von König Friedrich August III. von Sachsen die Station für drahtlose Telegrafie der Strecke Dresden – Berlin eröffnet.

14. April, Freitag

Auf Kreta kommt es zu blutigen Zusammenstößen zwischen Ordnungskräften und aufständischen Griechen (→ 20. 4./S. 77).

Im Königlichen Opernhaus in Berlin findet unter der Leitung von Richard Strauss die Uraufführung von Engelbert Humperdincks Oper »Die Heirat wider Willen« statt (→ S. 50).

15. April, Samstag

Der französische Kolonialminister Étienne Clementel betont vor dem Senat in Paris, die Ära der kolonialen Anstrengungen sei zu Ende. Statt dessen müsse sich Frankreich darauf konzentrieren, die erworbenen Gebiete zu erhalten und zu verteidigen.

Der oberste Gerichtshof des Reichslandes Elsaß-Lothringen lehnt einen Antrag von Katholiken ab, wonach überall dort, wo Andersgläubige wohnen, besondere Abteilungen auf den Friedhöfen eingerichtet werden müßten. Die Gemeinde Fameck hatte sich mit Unterstützung des Metzer Bischofs Willibrord Benzler einer Verfügung des Lothringer Bezirkspräsidiums widersetzt, die die Teilung des Gemeindefriedhofs von Fameck nach Konfessionen untersagt hatte.

In der Zeitschrift »Die Woche« wird eine Aufstellung über die Gehälter der preußischen Beamten veröffentlicht. → S. 82

Über den Pariser Frühjahrssalon berichtet die Zeitschrift »L'Illustration« mit einem ausführlichen Bildteil. Die ausgestellten Gemälde sind nur von mittelmäßiger Qualität; anders als beim Herbstsalon sind die dort ausstellenden Maler noch sehr dem Traditionalismus verhaftet.

16. April, Sonntag

Auf dem Kriegsschauplatz in Deutsch-Südwestafrika gehen deutsche Kolonialtruppen erfolgreich gegen die Hottentotten vor. Das Ziel, den Hottentottenführer Hendrik Witbooi gefangenzunehmen, wird jedoch nicht erreicht (→ 4. 1./S. 22).

In Limoges treten die Arbeiter der Porzellanmanufakturen in den Ausstand. Die Regierung Maurice Rouvier entsendet Truppen, um die Arbeitsniederlegungen zu beenden. Der Ausstand von Limoges markiert den Beginn einer Streikwelle in Frankreich.

König Eduard VII. von Großbritannien und Irland trifft in Algier, der Hauptstadt der französischen Kolonie Algerien, ein. Der britische Monarch betont mit diesem Besuch die Solidarität der Entente-cordiale-Partner Großbritannien und Frankreich im Konflikt um Marokko (→ 31. 3./S. 56).

17. April, Montag

Der Oberste Gerichtshof der USA erklärt ein Gesetz für nicht verfassungskonform, das die Arbeitszeit in Bäckereien auf zehn Stunden täglich beschränkt hat. → S. 78

In Italien proklamiert das sozialistische Agitationskomitee den Ausstand aller Eisenbahnangestellten. Damit soll das Gesetz zur Verstaatlichung der Eisenbahnen zu Fall gebracht werden. Die Regierung Alessandro Fortis läßt die Streikenden durch Maschinisten und Heizer der Marine ersetzen. Am 21. April wird der Streik ergebnislos abgebrochen.

Das preußische Justizministerium veröffentlicht einen Erlaß über die Neugestaltung der Gefängnisbibliotheken. Danach müssen alle Romane außer den historischen entfernt werden. Neue Bücher sollen evangelische und katholische Geistliche beschaffen. In erster Linie sollen religiöse Bücher bestellt werden.

18. April, Dienstag

Die japanischen Marinebehörden erklären während des Russisch-Japanischen Kriegs die Tongarustraße als in der Verteidigungszone liegend (→ 2. 1./S. 12; 27. 3./S. 90).

19. April, Mittwoch

Der Sozialistenführer Jean Jaurès greift in der französischen Abgeordnetenkammer in Paris Außenminister Théophile Delcassé an, weil dieser sich nicht mit dem Deutschen Reich über Marokko verständigt habe (→ 31. 3./S. 56). Als Delcassé wegen seiner wenig einleuchtenden Erwiderung auf diesen Vorwurf auch von der Presse attackiert wird, reicht er sein Rücktrittsgesuch ein. Er bleibt jedoch im Amt, da die Regierung Maurice Rouvier seine Politik billigt (→ 6. 6./S. 106).

Das italienische Abgeordnetenhaus in Rom verabschiedet in geheimer Abstimmung mit 289 zu 45 Stimmen die von den Gewerkschaften heftig bekämpfte Vorlage zur Verstaatlichung des Eisenbahnwesens.

20. April, Donnerstag

Auf Kreta beschließt die Abgeordnetenkammer in Chania den Anschluß der Insel an Griechenland. Die Abgeordneten leisten den Eid auf König Georg I. von Griechenland und die griechische Verfassung. → S. 77

Die konservative britische Regierung unter Arthur James Balfour bringt im Unterhaus in London den Gesetzentwurf zur Beschränkung der Einwanderung ein. Danach darf Einwanderern, die mittellos oder krank sind oder wegen »nichtpolitischer Verbrechen« verurteilt worden sind, die Einreise verweigert werden (→ 1. 7./S. 130).

Richard Strauss beendet die Komposition seiner Oper »Salome« (→ S. 51).

21. April, Karfreitag

Die französische Regierung unter Maurice Rouvier richtet wegen der Anwesenheit der Baltischen Flotte in der Kamranh-Bucht eine Protestnote an die russische Regierung. Als Großbritannien diesen Protest unterstützt, erteilt die russische Regierung Konteradmiral Sinowi P. Roschdestwenski den Befehl, die zum französischen Kolonialgebiet Indochina gehörende Bucht zu verlassen (→ 27. 5./S. 90).

Das Britische Museum in London erhält das Skelett eines Sauriers der Spezies Diplodocus. → S. 79

22. April, Samstag

Die französische Abgeordnetenkammer in Paris genehmigt den Gesetzesartikel über die Trennung von Staat und Kirche. → S. 76

23. April, Ostersonntag

Die Britischen Inseln werden um 1.40 Uhr von einem Erdstoß erschüttert. In den Grafschaften Yorkshire, Nottinghamshire, Derbyshire und Lincolnshire bricht eine Panik aus.

Der Berliner Fußballverein »Preußen« besiegt in einem Städtevergleich die dänische Mannschaft »Boldklubben Frem Kopenhagen« 4:0. → S. 83

24. April, Ostermontag

Aus Petersburg wird die Bereitstellung weiterer Militärverbände für den Russisch-Japanischen Krieg (→ 2. 1./S. 12) gemeldet: Die 53. Infanteriedivision, die 1. ostsibirische Telegrafenkompagnie sowie berittene Maschinengewehrkommandos sind marschbereit. Darüber hinaus sollen acht weitere Eisenbahnbataillone formiert werden (→ 27. 5./S. 90).

In Moskau streiken 20 000 Bäckergehilfen für eine Verkürzung der Arbeitszeit. Wegen des Ausstands steigt der Schwarzbrotpreis von 2,5 auf 7 Kopeken. Dies führt bei ärmeren Bevölkerungsschichten zu Brotknappheit.

Zu antideutschen Kundgebungen kommt es in den USA, als die Presse die Nachricht verbreitet, Kaiser Wilhelm II. habe während seiner Mittelmeerreise auf der »Hamburg« (→ 31. 3./S. 56) gesagt: »Ich bin überzeugt, daß mehr als ein Amerikaner wer weiß was dafür blechen würde, könnte er eine Zeitlang in den Kabinen leben, die ich bewohnte, und in dem nämlichen Bett schlafen, in dem der Kaiser schlief.«

25. April, Dienstag

Die britische Regierung veröffentlicht einen Verfassungsentwurf für die Kolonie Transvaal (Südafrika). → S. 77

In Paris geht nach dreitägiger Dauer der Gründungsparteitag der Sozialistischen Partei Frankreichs zu Ende (SFIO). → S. 77

Vor einem Kriegsgericht in Petersburg beginnt der Prozeß gegen General Anatoli M. Stoessel, den Verteidiger der Festung Port Arthur (→ 2. 1./S. 12). Die Anklagebehörde wirft ihm vor, die Kapitulation der von den Japanern belagerten Stadt widerrechtlich unterzeichnet zu haben. 1908 wird Stoessel deswegen zum Tod verurteilt, 1909 jedoch begnadigt.

In London beginnt unter der Bezeichnung »III. Parteitag der Sozialdemokratischen Arbeiterpartei Rußlands« eine Delegiertenkonferenz der Anhänger Wladimir I. Lenins. Die gegnerischen Menschewiki, die keine Delegierten entsandt haben, bestreiten die Rechtmäßigkeit des Parteitags und organisieren in Genf eine Gegenveranstaltung (→ 31. 10./S. 177).

26. April, Mittwoch

Die japanische Regierung verhängt das Kriegsrecht über Formosa (Taiwan). Seit Ausbruch des Russisch-Japanischen Krieges ist es auf der seit 1895 zu Japan gehörenden Insel zu antijapanischen Aufständen gekommen.

Die SPD-Landeskonferenz im Königreich Sachsen beschließt, daß sich die Sozialdemokraten trotz des Dreiklassenwahlrechts an den Landtagswahlen beteiligen werden (→ S. 125).

Die württembergische Abgeordnetenkammer genehmigt einen Antrag, Geschworenen und Schöffen Diäten zu gewähren. Damit soll auch Arbeitern die Mitwirkung bei der Rechtsprechung ermöglicht werden.

27. April, Donnerstag

Die regierungsfreundliche Pariser Zeitung »Le Matin« veröffentlicht einen gegen das Deutsche Reich gerichteten Artikel; darin wird ihm vorgeworfen, es wolle in Marokko den europäischen Frieden stören (→ 31. 3./S. 56). Die als offiziös geltende Verlautbarung verursacht an der Börse eine Panik.

Prinz Albert (I.) von Belgien eröffnet die Weltausstellung in Lüttich (Liège). Sie wird von den Feiern zum 75. Jahrestag der Unabhängigkeit Belgiens begleitet. → S. 79

Den Soldaten der Garnisonen im Norden und Osten Frankreichs wird während der Marokkokrise verboten, die bisher üblichen Nachbarbesuche auf deutsches Gebiet fortzusetzen. Damit soll jeder Anlaß zu Konflikten vermieden werden.

28. April, Freitag

Im japanischen Parlament in Tokio wird bekanntgegeben, daß die Zahl der bisher im Russisch-Japanischen Krieg Gefallenen etwa 50 000 betrage. Hinzu kämen rund 300 000 Verwundete (→ 2. 1./S. 12; 27. 5./S. 90).

29. April, Samstag

In Russisch-Polen brechen Streiks und Unruhen aus. In Tschenstochau werden bei einem Zusammenstoß mit dem Militär zahlreiche Arbeiter getötet.

Die russische Regierung verfügt, daß in allen Hochschulen, in denen infolge von Unruhen der Lehrbetrieb unterbrochen wurde, keine Prüfungen stattfinden sollen.

30. April, Sonntag

Der britische König Eduard VII. trifft in Paris mit dem französischen Staatspräsidenten Émile Loubet und Außenminister Théophile Delcassé zusammen. Zentrales Thema ihrer Gespräche ist die Marokkokrise (→ 31. 3./S. 56; 6. 6./S. 106).

Das »Gesetz über die Grundsätze der Glaubenstoleranz« tritt in Rußland in Kraft. Es erlaubt erstmals den legalen Austritt aus der russisch-orthodoxen Staatskirche und den Anschluß an andere Konfessionen oder Sekten.

Ein Ukas von Zar Nikolaus II. erläßt den Bauern in mehreren Gouvernements Steuerrückstände seit 1867 in der Höhe von 75 Mio. Rubeln (→ S. 21).

Die kroatische Presse fordert die Einführung des Kroatischen als Heereskommandosprache, falls das Deutsche in Ungarn durch das Ungarische als Kommandosprache ersetzt werden sollte (→ 26. 1./S. 27).

Preußische Kriminalpolizei beschlagnahmt im Verlag Holzmann in Charlottenburg bei Berlin die noch verbliebenen 2000 Exemplare der eine Woche zuvor in der Übersetzung von Otto Bueck in einer Auflage von 10 000 Exemplaren erschienenen Schrift »An die Soldaten und die jungen Leute« von Lew N. Tolstoi. Diese Schrift, so heißt es in der Begründung für die Aktion, habe eine »antimilitaristische Tendenz«.

Das Wetter im Monat April

Station	Mittlere Lufttemperatur (°C)	Niederschlag (mm)	Sonnenscheindauer (Std.)
Aachen	7,2 (8,8)	67,2 (63)	– (178)
Berlin	6,4 (8,3)	55,2 (41)	– (193)
Bremen	6,0 (8,2)	57,3 (50)	– (185)
München	7,1 (8,0)	70,9 (59)	– (173)
Wien	7,7 (9,6)	77,0 (54)	138 (–)
Zürich	8,7 (8,0)	123,0 (88)	157 (173)

( ) Langjähriger Mittelwert für diesen Monat
– Wert nicht ermittelt

Das »Illustrierte Volks- und Familienblatt« veröffentlicht romantische Geschichten und vermittelt den Eindruck einer heilen Welt. Die Probleme aus Politik, Wirtschaft und Gesellschaft werden ausgeklammert. Die wöchentlich erscheinende Zeitschrift wird im 29. Jahrgang im Leipziger Verlag von Georg Wiegand verlegt.

Sonntag, den 9. April 1905.

Nr. 28. 1904/1905. | Ausgabe in Wochennummern vierteljährlich 1 M. 50 Pf., jährlich 6 M. | XXIX. Jahrgang.

Zum Lande der Freiheit.

Von Elisabeth Freiin von le Fort. (Fortsetzung.)

An einem der nächsten Tage brachte eine Fahrt über Land Armgard mit ihren Eltern durch das Dörfchen, das für das junge Mädchen seit dem abenteuerreichen Spazierritte mit jenem eigenen Märchenzauber umsponnen war, den phantastische Naturen so schnell finden. Es blühte in ihr empor; lange, rankende Gewinde mit leuchtenden Blumen wurden es, die schlangen sich um die alten rohrgedeckten Häuser, um die verkrüppelten Weiden am Landwege, um die dunklen Kiefern- und die weißen Birkenstämme, die zwischen den verstreuten Bauernhäusern wuchsen, und weiter wanden sie sich um die kahle Pfarrstube und um die ungestrichenen Bänke und Stühle. Es kam hernieder wie ein Blumenregen, die Ranken umkränzten die Gestalten eines Greises, einer Bauernmagd, eines blassen Kindes und einen Mann, der, die Feder in der Hand, am Schreibtische saß. Lichtfunken sprühten hervor; es war fast wie ein Heiligenschein, der den Kopf umstrahlte.

Sie war der Welt entrückt; wie verklärt war sie, als sie durch das stille Dörfchen fuhren.

„Ein ödes Dorf,“ sagte ihr Vater.

„Eine schlechte, arme Gegend ist hier, nur Sand und Heide,“ sagte ihre Mutter. „Ist das das Pfarrhaus?“

„Ja; er soll ein wunderlicher Heiliger sein, der neue Pfarrer. Nun, wir haben ja nichts mit ihm zu tun.“

Armgard sah still vor sich hin; ihren Mund umspielte ein Lächeln.

Die dunklen Augen der kleinen Lene hatten durch das Fenster dem Wagen nachgesehen, solange sie ihn sehen konnten. Dann stieg das Kind vom Fenstersims herunter, nicht hastend, denn es war langsam und schwerfällig in allen seinen Bewegungen. „Marthing,“ sagte sie, als sie in die Küche kam, „dor is eben 'n Wagen vörbiführt, und dor was de Dam' in, de nülich bi uns was. Ob sei woll wedderkümmt?“

„I wat. So 'nn Dams, de hewwen kein Tid för uns, Lütting.“

„Sei hett seggt, sei wull wedderkamen.“

„Dat seggt männigein un deit't nich. Un'n anner kümmt wedder, wo ein' nie nich an dacht hett. Dat is nu so in't Leben.“

„Wat kümmt wedder, wo ein nie nich an dacht hett?“

„Du süllst hochdütsch mit mi spreken, Kining, du weitst dat doch; sünst lierst du dat nie ornlich.“ Und nun machte Martha ein geheimnisvolles Gesicht und sagte feierlich: „Also, wenn ein Toter sein Recht nicht bekommen hat, dann kommt er wieder. Aber das verstehst du noch nicht, Lening.“

Das Kind sah nachdenklich vor sich hin; nein, es verstand das nicht. Aber es liebte als echtes Kind seiner Heimat das Hochdeutsch nicht, auf das Martha so stolz war. „Wenn de Lüd dod sünd,“ sagte sie, „un sei sünd ünner de Ird, künnen sei wedder nah baben kamen?“

„Und ob,“ sagte Martha. Du solltest einmal mit mir übern Kirchhof gehen spät am Abend — na, du würdest es am Ende nicht sehen, denn das sehen eben nicht alle; aber ich sehe es.“

„Wat sühst du?“

„Na, ich seh' sie sitzen auf die Gräber; das kenn ich ja nu schon, und ich fürchte mich nicht vor ihnen. Manche die reden mich wohl gar an in ihren weißen Kleidern, aber ich

Deutsches Reich rüstet auf – England hält dagegen

1. 4., Berlin. Im Reichstag wird das Gesetz über die Erhöhung der Friedenspräsenzstärke des deutschen Heeres verabschiedet. Innerhalb von vier Jahren soll das Heer einen Bestand von mehr als 500 000 Gemeinen, Gefreiten und Obergefreiten erreichen. Das entspricht einer Steigerung von 2% bzw. 10 000 Mann. Unter Friedenspräsenzstärke wird die Zahl der in Friedenszeiten eingezogenen Soldaten verstanden.

Der Reichstag hat das entsprechende Gesetz ohne große Debatten verabschiedet, auch wenn es nach Ansicht der Sozialdemokraten keinen Grund zu einer Erhöhung gibt: Rußland sei durch den Krieg in Ostasien gebunden (→ 2. 1./S. 12), der Zeitpunkt für eine Heeresverstärkung sei daher ungünstig. Weitgehende Einigkeit herrscht in der Einschätzung, daß Deutschland momentan bei einem Landkrieg jedem Gegner überlegen sei. Kriegsminister Karl von Einem begründet die »maßvolle« Erhöhung: »Wir rüsten nicht auf Grund einer unmittelbaren Notwendigkeit, sondern wegen eines dauernden Bedürfnisses . . . Kommen wir in einen Krieg mit Frankreich, so müssen wir uns zum mindesten gegen Rußland sichern.«

Anders als bei der Erhöhung der Friedenspräsenzstärke führt der Regierungsvorschlag über eine Flottenverstärkung zu erheblichen Kontroversen. Die Erste Marokkokrise (→ 31. 3./S. 56) wirft in der Öffentlichkeit die Frage auf, ob das Deutsche Reich einem Krieg mit den Ententemächten Frankreich und Großbritannien gewachsen sei. Was die Landstreitkräfte betrifft, wird diese Frage bejaht, doch bezogen auf die Flottenstärke hegen die Militärs erhebliche Zweifel. Die Diskussion über eine Vergrößerung der Flotte wird mit solcher Schärfe geführt, daß sogar Kaiser Wilhelm II., der zu den Verfechtern einer starken deutschen Flotte zählt, eingreift: Am 27. Mai mißbilligt er in einem Telegramm an den Deutschen Flottenverein dessen maßloses Werben für die Flotte.

Die Agitation richtet sich vor allem gegen Großbritannien, das über die größte Kriegsflotte der Welt verfügt. Alfred von Tirpitz, der seit 1897 das dem Kaiser direkt unterstehende Reichsmarineamt leitet und zu den entschiedenen Befürwortern einer Flottenaufrüstung gehört, hatte die 1898 verabschiedete 1. Deutsche Flottennovelle formuliert. Dieses Flottengesetz hatte die Abwendung vom defensiven Küstenschutz zu offener Hochseekriegführung bedeutet und das deutsch-britische Wettrüsten zur See ausgelöst. Das ebenfalls von Tirpitz initiierte 2. Flottengesetz (1900) sah quasi eine Verdoppelung der deutschen Flotte bis 1917 vor und stellte die britische Vorherrschaft zur See in Frage: Der bisherige Two-Power-Standard (zwei britische auf ein deutsches Kriegsschiff) sollte in ein 3:2-Verhältnis geändert werden.

1904 reagierte Großbritannien mit einem Programm zum Bau eines neuen Schlachtschifftyps, des sog. Dreadnought (»Fürchte nichts«). Diese mit zehn Geschützen vom Kaliber 30,5 cm bestückten Panzerschiffe – das erste läuft 1906 vom Stapel – haben eine Wasserverdrängung von 22 500 t und sind zu groß, um den Kaiser-Wilhelm-Kanal (heute: Nord-Ostsee-Kanal) passieren zu können. Daher rechnet Großbritannien damit, daß das Deutsche Reich derart große Schiffe nicht so bald nachbauen werde.

Deutschland stellt sich jedoch in kurzer Zeit auf die neue Situation ein. Bereits im November legt die Regierung eine Novelle vor, die den Bau entsprechender Großkampfschiffe vorsieht. Auch der Kaiser-Wilhelm-Kanal soll erweitert werden, damit diese gewaltigen Schiffe schnell von der Ost- in die Nordsee wechseln können. Die deutsche Entscheidung zugunsten von Großkampfschiffen des Dreadnought-Typs stellt den deutsch-britischen Rüstungswettlauf auf eine völlig neue Basis. Bei diesem Schiffstyp beginnt das Wettrüsten nun mit gleichen Ausgangspositionen.

△ Stärkstes Panzerschiff der deutschen Kriegsmarine ist momentan das Linienschiff »Elsaß«. Im Oktober 1904 wurde es in Dienst gestellt. Gebaut hat es die Schichauwerft. Die »Elsaß« ist vom Schiffstyp her ein großer Kreuzer. Ihre Hauptaufgabe ist im Frieden der Schutz der deutschen Handelsflotte.

◁ Die während des Russisch-Japanischen Kriegs gebauten russischen Schlachtschiffe »Imperator Pawel I.« und »Andrej Pjerwoswannji« zählen zu den größten Kriegsschiffen der russischen Flotte. Die Armierung der Ozeanriesen besteht aus je 72 Geschützen, darunter vier des Kalibers 30,5 cm. Je acht Maschinengewehre vervollständigen die Bewaffnung.

Größtes Schlachtschiff der Welt ist die britische »King Edward VII.«, hier im Trockendock in Portsmouth.

In Elswick bei Newcastle läuft am 22. März das japanische Kriegsschiff »Kaschima« vom Stapel.

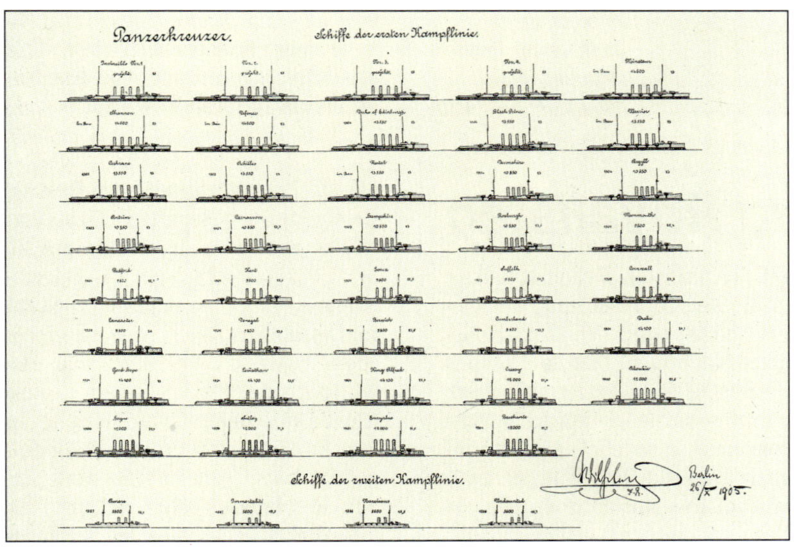

◁ *Eine Übersicht der stärksten Panzerkreuzer der britischen Kriegsflotte zeichnet Kaiser Wilhelm II. am 26. Oktober in Berlin. 1898 prägte der Kaiser, der zusammen mit Marineminister Alfred von Tirpitz die deutsche Flottenrüstung initiierte, mit den Worten »Unsere Zukunft liegt auf dem Wasser!« das Schlagwort für die Flottenpropaganda. Weite Kreise der Schwerindustrie und des Handels, aber auch ein großer Teil des Bürgertums unterstützen die Flottenrüstung. Sie alle sehen darin einen Schritt in Richtung auf die Verwirklichung einer deutschen »Weltpolitik«. Zugleich stellt die Aufrüstung zur See für viele einen Weg dar, die Kolonien in Afrika zu sichern.*

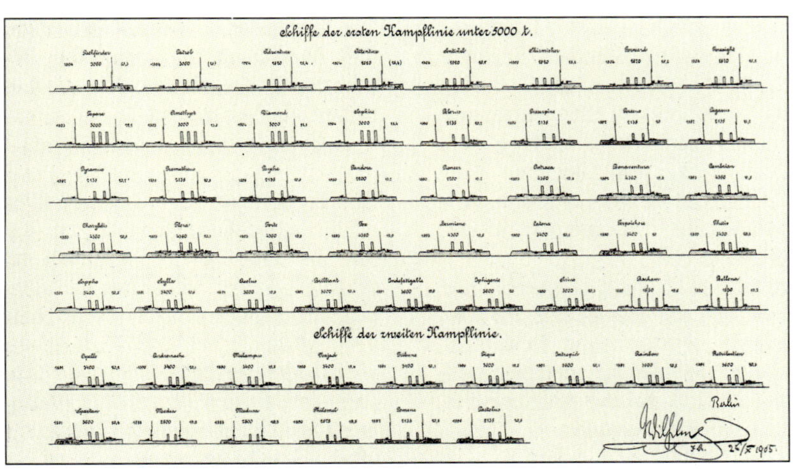

◁ *Am 26. Oktober nimmt Kaiser Wilhelm II. auch eine Aufstellung der britischen Kriegsschiffe unter 5000 t zur Kenntnis. Maßgebliche Unterstützung findet die Flottenpolitik in der Bevölkerung durch die Aktivitäten des Deutschen Flottenvereins. Er wurde 1898 auf Initiative des Reichsmarineamtes gegründet und zählt inzwischen mehr als 600 000 Mitglieder. Neuerdings richtet er, unter der Leitung von August Keim, heftige Angriffe gegen das Reichsmarineamt, dem er eine halbherzige Rüstungspolitik vorwirft, die die Stellung Deutschlands in der Welt schwäche.*

Schlachtkreuzer als Handelsschutz

Chronik Dokument

Alfred von Tirpitz, der Staatssekretär im Reichsmarineamt, begründet am 7. Dezember im Reichstag in Berlin die neue Flottenvorlage. Sie fordert den Bau der 1900 abgelehnten sechs großen Kreuzer bis 1917. Ferner wird die Vermehrung der 16 Torpedoboot-Divisionen (96 Boote) auf 24 Divisionen mit 144 Booten verlangt:

»Meine Herren, die Novelle enthält die gesetzliche Vermehrung unseres etatsmäßigen Kreuzerbestandes um sechs große Kreuzer . . .

Der ersteren Zweckbestimmung verdanken die Kreuzer ihren Namen: Auslandskreuzer. Dieselben sind bestimmt, überall da verwendet zu werden, wo es die Seeinteressen des Reichs erfordern. Sie sollen unserem Handel im Auslande einen Rückhalt geben und die Flagge dort zeigen und repräsentieren, wo es erforderlich ist . . . Das, was die verbündeten [deutschen] Regierungen an Auslandsvertretung planen . . ., das ist im Vergleich zu dem, was andere Nationen nach dieser Richtung hin tun, glaube ich, sehr mäßig. Es entspricht aber nicht der Stellung und Würde des Reiches sowie der Bedeutung dieser Interessen, daß sie nur von kleinen, schwachen Schiffen vertreten werden . . .

Ich komme nun zur Kriegsverwendung unserer großen Kreuzer . . . : Es ist natürlich nicht mit Sicherheit zu sagen, wie die Schiffe im Einzelfalle verwendet werden . . . Ich kann hier nur allgemein sagen, daß die großen Kreuzer, welche sich bei uns in der Heimat befinden, die Schlachtflotte zu unterstützen haben werden, und daß die großen Kreuzer, die sich im Auslande befinden, sich bemühen werden, möglichst viel Interessen des Gegners zu schädigen, daß sie bestrebt sein werden, möglichst viel fremde Kreuzer auf sich zu ziehen, und daß sie auf diese Weise unserem Handel so viel nützen werden, als sie können, und unseren heimischen Kriegsschauplatz durch Abziehen fremder Kreuzergeschwader entsprechend entlasten werden.«

Frankreich trennt Staat und Kirche

22. 4., Paris. Die französische Abgeordnetenkammer genehmigt mit 509 zu 44 Stimmen den entscheidenden Artikel des Gesetzes über die Trennung von Staat und Kirche. Danach werden alle Kirchengüter neu zu bildenden, örtlichen »Kultusgemeinschaften« übertragen. Diese wiederum bedürfen der staatlichen Zulassung.

Das Gesetz, das am 11. Dezember als Ganzes verabschiedet wird, geht davon aus, daß die Religion persönliche Angelegenheit der Gläubigen sei. Der Staat müsse von jeder Leistung für »religiöse Handlungen« befreit sein und habe nur darüber zu wachen, daß seine Interessen durch die Ausübung des Kultus nicht gefährdet würden.

Die Vorlage sieht vor, daß ab 1. Januar 1906 jede staatliche Zahlung für Religionsgemeinschaften eingestellt wird. Die Kultusgemeinschaften haben selbst für die Besoldung ihrer Geistlichen und die Erhaltung der Kirchen zu sorgen. Dafür verzichtet der Staat auf jede Einflußnahme bei der Wahl der Kirchendiener.

Ob dieses Gesetz die Macht der katholischen Kirche in Frankreich brechen kann, wird von Kritikern bezweifelt. Ohne Einflußmöglichkeit bei den Wahlen würden Pfarrer und Bischöfe im Einvernehmen mit der Kurie gewählt, was den Einfluß des Papstes in den Gemeinden stärke. Strafandrohung gegen Geistliche bei Angriffen gegen den Staat würden der Kirche »billige Märtyrer« verschaffen.

Bei der Erarbeitung des Gesetzes über die Trennung von Kirche und Staat wirken neben Juristen auch prominente Vertreter aus Literatur und Geistesleben mit. Die Zeitschrift »L'Illustration« widmet den Beteiligten ihr Titelblatt vom 25. März nebst einem ausführlichen Artikel. Die Abbildung zeigt (v. l.) den Theaterregisseur M. Brieux, Paul Hervieu von der Académie française sowie den Dichter Marcel Prévost; er ist gleichzeitig Präsident der Gesellschaft für Literatur.

Gegen die Macht von Klerus und Royalisten

Chronik Hintergrund

Die Regierungsübernahme des radikalen »Republikanischen Blocks« im Jahr 1899 mit Pierre Waldeck-Rousseau als Ministerpräsident markierte in Frankreich das politische Aus für das Bündnis aus Nationalisten, reaktionären Militärs, Klerus und Royalisten, das sich während der Dreyfus-Affäre gebildet hatte.

Der Republikanische Block, getragen vom mittleren Bürgertum und von Teilen der sozialistischen Arbeiterbewegung – mit Alexandre Millerand als Handelsminister kam 1899 erstmals ein Sozialist ins Kabinett –, vertritt einen sozialen Reformkurs und zugleich eine strikt antiklerikale Linie, da die katholische Kirche als die gefährlichste Macht der »Reaktion« angesehen wird. Die Folge ist ein Kulturkampf, der 1905 mit dem Gesetz zur Trennung von Staat und Kirche seinen Höhepunkt erreicht.

Alexandre Millerand ist der erste sozialistische Minister Frankreichs.

1901 wurde ein »Vereinsgesetz« erlassen, das den geistlichen Orden jede politische Betätigung verbietet. Nachdem die Abgeordnetenkammer im März 1903 die von den meisten Orden erbetene staatliche Anerkennung verweigert hatte, ließ Waldeck-Rousseaus Nachfolger Émile Combes (1902–1905) die Klöster aufheben. 1903/04 schaffte er den Religionsunterricht in den Schulen ab und brach 1904 die Beziehungen zum Vatikan ab – Maßnahmen, die vor allem bei der katholischen Landbevölkerung in West- und Südfrankreich sowie in der Bretagne auf Widerstand stießen. Ergänzt wurde der Kulturkampf durch das Vorgehen von Kriegsminister Louis André (1900–1904) gegen royalistische und klerikale Einflüsse in der Armee; er nahm eine umfassende Umbesetzung im Generalstab vor.

Papst Pius X. weist vergeblich die Vorwürfe der Regierung zurück, er habe »katholische Demokraten« in Frankreich gemaßregelt und Einfluß auf die französische Politik nehmen wollen.

Elsaß-Lothringen für Gleichstellung

5. 4., Straßburg. Der Landesausschuß von Elsaß-Lothringen genehmigt einen Antrag, wonach das Reichsland gleichberechtigt dem Staatenbund des Deutschen Reiches beitreten will.

Der Antrag ist Teil einer Kampagne der sog. Autonomisten, die für die Gleichstellung des Reichslands mit den anderen deutschen Bundesstaaten kämpfen: Sie wollen nicht mehr ohne Verfassung in einem Land »zweiter Klasse« leben.

Im Frieden von Frankfurt am Main trat Frankreich 1871 nach dem verlorengegangenen Deutsch-Französischen Krieg das Elsaß, einen Teil Lothringens und Metz an das Deutsche Reich ab. Diese Abtretungen sollten Süddeutschland größeren militärischen Schutz gewähren. Die Gebiete wurden zum »Reichsland Elsaß-Lothringen« zusammengeschlossen und bis 1879 nach dem Muster einer preußischen Provinz verwaltet. 1879 erhielt das Reichsland Teilautonomie mit einer eigenen Landesregierung, einem kaiserlichen Statthalter, dem ein Ministerium und ein Landesausschuß unterstellt waren.

»Feste Zugehörigkeit zum Reich«
Reichskanzler Bernhard Graf von Bülow wertet in einer Rede am 15. März die Bestrebungen Elsaß-Lothringens, ein eigenständiger Staat im Deutschen Reich zu werden, als »den Beweis, wie sehr das Bewußtsein der festen Zugehörigkeit Elsaß-Lothringens zum Reiche in der dortigen Bevölkerung Boden gefaßt hat«. Eine Verfassung für das Reichsland lehnt er mit der Begründung ab, dies sei »von so hoher politischer Bedeutung und weittragender Verantwortung«, daß der Reichsregierung die Bestimmung des Zeitpunkts vorbehalten bleiben müsse.

Die Forderung der Autonomisten erhält zusätzliche Brisanz, da die Marokkokrise (→ 31. 3./S. 56) zu einer Welle antideutscher Kundgebungen der franzosenfreundlichen »Protestler« führt. Die »Protestler« verurteilen grundsätzlich die Abtrennung ihrer Heimat von Frankreich und verlangen nachträglich eine Volksabstimmung.

Sozialistische Parteien vereinigen sich

25. 4., Paris. Die sich bekämpfenden Richtungen des französischen Sozialismus, die Sozialistische Partei Frankreichs unter dem Marxisten Jules Guesde und die Französische Sozialistische Partei unter dem Revisionisten Jean Jaurès, vereinigen sich zur »Sozialistischen Partei, Französische Sektion der Arbeiterinternationale« (SFIO). Die neue Partei gibt sich ein marxistisches Programm.

Der Eintritt von Alexandre Millerand in das Kabinett Pierre Waldeck-Rousseau (1899–1902) hatte die französischen Sozialisten in der Frage der Beteiligung an bürgerlichen Regierungen gespalten. Die Gegner einer solchen Koalitionsbildung schlossen sich 1901 zum Revolutionären Sozialistischen Bund zusammen (ab 1903 Sozialistische Partei Frankreichs). Die Vereinigung erfolgt nun gemäß einer 1904 auf dem Internationalen Sozialisten-Kongreß in Amsterdam verabschiedeten Resolution über die Einheit sozialistischer Parteien. Hauptsprecher der SFIO im Parlament wird Jean Jaurès.

Übersicht über Gründung sozialdemokratischer Parteien in Europa

Land	Jahr	Partei
Deutsches Reich	1869	Sozialdemokratische Arbeiterpartei, SDAP (ab 1890: Sozialdemokratische Partei Deutschlands, SPD)
Spanien	1879	Partido Socialista Obrero Español (Spanische Sozialistische Arbeiterpartei)
Belgien	1885	Parti Ouvrier Belge (Belgische Arbeiterpartei)
Norwegen	1887	Det Forenede Norske Arbeiderparti (Vereinigte Norwegische Arbeiterpartei, ab 1891: Norwegische Arbeiterpartei)
Schweiz	1888	Sozialdemokratische Partei der Schweiz
Österreich	1889	Sozialdemokratische Arbeiterpartei Österreichs
Schweden	1889	Sveriges Socialdemokratiska Arbetareparti (Sozialdemokratische Arbeiterpartei Schwedens)
Italien	1892	Partito dei Lavoratori Italiani (Partei der Italienischen Werktätigen, ab 1895: Italienische Sozialistische Partei)
Ungarn	1897	Független Szocialista Párt (Unabhängige Sozialistische Partei)
Rußland	1898	Rossiskaja sozial-demokratitscheskaja rabotschaja partija (Sozialdemokratische Arbeiterpartei Rußlands, SDAPR)
Großbritannien	1900	Labour Party (Arbeiterpartei)

Kreter fordern den Anschluß an Athen

20. 4., Chania. Die von nationalistischen Panhellenen dominierte Abgeordnetenkammer Kretas beschließt den Anschluß der zum Osmanischen Reich gehörenden Insel an Griechenland.

Die Spannungen zwischen den griechisch-orthodoxen Kretern, die fast 70% der Bevölkerung auf der strategisch wichtigen Mittelmeerinsel bilden, und der moslemischen Minderheit entluden sich bereits 1897 in einem blutigen Aufstand gegen die osmanische Herrschaft. Der Aufruhr wurde unter Mitwirkung der Großmächte niedergeschlagen, die Insel erhielt jedoch einen Autonomiestatus.

Die neuerlichen Unruhen werden ebenfalls von Truppen der Großmächte unterdrückt. Während die griechische Regierung betont, die einzige Lösung der Kreta-Frage sei die Vereinigung der Insel mit Griechenland, bezeichnet Italien dies als »unmöglich« wegen der Auswirkungen auf den Balkan. Auch Großbritannien lehnt eine Vereinigung ab, vertritt jedoch die Ansicht, daß die Verwaltung der Insel einer sorgfältigen Prüfung bedürfe.

Britische Verfassung für Burenkolonie Transvaal

25. 4., Johannesburg. Die Veröffentlichung eines Verfassungsentwurfs für die britische Kolonie Transvaal in Südafrika löst Proteste der Buren aus.

Die Einwände richten sich nicht gegen eine Verfassung als solche, sondern dagegen, daß die britische Regierung dem Land eine Verfassung aufzwingen will, ohne daß der burischen Bevölkerung Gelegenheit gegeben wurde, sich an der Erarbeitung zu beteiligen. London wiederum wertet den Entwurf als »großmütige Geste« gegenüber dem Land, das 1902 nach dem Burenkrieg annektiert worden war.

Der Vorschlag sieht eine gesetzgebende Versammlung vor, die aus dem britischen Gouverneur, sechs bis neun vom Gouverneur ernannten Mitgliedern sowie 30 bis 35 gewählten Mitgliedern bestehen soll. Das Wahlrecht sollen alle Männer erhalten, die »Bürger« der 1902 annektierten Republik Transvaal gewesen sind, sowie britische Staatsbürger, die Grundstücke im Wert von mindestens 10 Pfund Sterling (200 Mark) jährlicher Rente oder Kapital im Wert von 100 Pfund (2000 Mark) besitzen. Das Wahlrecht ist also nur Weißen vorbehalten. Der Gouverneur muß jedoch für jeden Gesetzentwurf, der die politischen Rechte der Farbigen einschränkt, die Genehmigung der britischen Regierung einholen. Die Verhandlungen im Parlament sollen in englischer Sprache geführt werden, doch soll der Parlamentspräsident berechtigt sein, den Mitgliedern den Gebrauch des Niederländischen zu erlauben.

Es ist der erste Verfassungsentwurf für einen der nach dem Burenkrieg von Großbritannien annektierten Burenstaaten in Südafrika. Die Verfassung tritt 1907 mit Änderungen in Kraft.

Schwarze Bergwerksarbeiter vor dem Eingangsstollen einer Goldmine bei Johannesburg. Wie die Deutschen in ihren Kolonien benutzen die Briten die Ureinwohner lediglich als billige, rechtlose Arbeitskräfte.

Botha erstrebt Verständigung
Louis Botha (1864), ab 1900 Oberbefehlshaber der Transvaalstreitkräfte, zählt zu den führenden Burenpolitikern in Transvaal. Nach dem Krieg hatte er in Europa 116 000 Pfund Sterling (2,3 Mio. Mark) für die Linderung der Not der unter den Kriegsfolgen leidenden Bevölkerung gesammelt. Er tritt für eine Verständigung zwischen Buren und Briten ein.*

Täglich zehn bis 14 Stunden am Arbeitsplatz

17. 4., New York. Der Oberste Gerichtshof der USA erklärt ein Gesetz für verfassungswidrig, das die Arbeitszeit in den Bäckereien auf zehn Stunden täglich und 60 Stunden wöchentlich festgelegt hatte. Ein solches Gesetz stünde im Widerspruch zur freien Ausübung der Kontraktrechte.

Dieses Urteil bestätigt die Unternehmerauffassung, daß sich die »Polizeigewalt« der US-Bundesstaaten wie der Bundesregierung nur auf Angelegenheiten »von öffentlichem Interesse« erstrecken dürfe; die Regelung von Mindestlöhnen und Höchstarbeitszeiten hingegen könne nicht durch ein Gesetz festgelegt werden, da sie gemäß dem Prinzip der »Vertragsfreiheit« individuell zwischen Arbeitnehmer und Arbeitgeber ausgehandelt werden müsse.

Das Urteil spiegelt allerdings auch die unternehmerfreundliche Politik der USA trotz des von Präsident Theodore Roosevelt verkündeten »Square Deal« (→ 4. 3./S. 64) wider. Die politischen Entscheidungen fallen nicht aufgrund von Präsidentschaftswahlen, bei denen die Arbeiter meist nur die Alternative zwischen einem demokratischen und einem republikanischen »Kapitalisten« haben, sondern im Kongreß. Dieser wiederum ist von den Vertretern der Wirtschaft beherrscht. So sprach sich die Bevölkerung des Bundesstaats Colorado 1902 mit überwältigender Mehrheit für die Einführung des Achtstundentags für Bergarbeiter aus, doch die Legislative ließ den Gesetzentwurf fallen.

Ebenso wenig wie in den USA ist die maximale Arbeitszeit in anderen Industriestaaten gesetzlich geregelt, obwohl Gewerkschaften und sozialistische Parteien seit 15 Jahren für die Einführung des Achtstundentags kämpfen. Bei der Reichstagsdebatte über die Einführung des zehnstündigen Maximalarbeitstags am 7. Februar lehnt Innenminister Arthur Graf von Posadowsky-Wehner eine gesetzliche, für alle Branchen verbindliche Regelung ab: Da »die Verhältnisse in den verschiedenen Industrien doch außerordentlich verschieden sind«, müsse die Regelung der Arbeitszeit »der freien Vereinbarung zwischen Arbeitgeber und Arbeitnehmer überlassen« werden.

Streikbrecher schießen auf streikende Arbeiter in den USA, die sich gegen ihre soziale Lage zur Wehr setzen.

Bitterste Armut in grenzenlosem Reichtum

Chronik Hintergrund

Im Vergleich mit Rußland (→ S. 21), Großbritannien und Deutschland verfügt die Arbeiterschaft in den USA über ein hohes Einkommen und genießt einen relativen Wohlstand, auch wenn ein System von Sozialleistungen kaum entwickelt ist. Diese weit verbreitete Ansicht, die Menschen aus aller Welt in die USA auswandern läßt, wird korrigiert durch die Aussage des Sozialarbeiters Robert W. Hunter, wonach in den USA zwischen 10 und 20 Mio. Menschen inmitten grenzenlosen Reichtums in bitterster Armut lebten. Das entspricht immerhin einem Viertel der Gesamtbevölkerung.

Die 60- bis 70-Stunden-Woche ist für die meisten Arbeiter die Regel. In den Textilfabriken der Südstaaten gehen mindestens 20 000 Kinder täglich einer Zwölfstundenschicht nach. Die Gesamtzahl der in den USA regelmäßig arbeitenden Kinder unter 15 Jahren wird auf fast 2 Mio. geschätzt. In Ballungszentren hausen die Arbeiter zu großem Teil in fensterlosen Zimmern oder in Lagerhäusern. Die Sterblichkeitsrate der an Tuberkulose Erkrankten ist höher als im London der 1850er Jahre.

Ungelernte Arbeiterin in einer amerikanischen Textilfabrik

Baumwollspinnerei in den USA: Frauen sind billige Arbeitskräfte.

Produktionshalle einer Metallfabrik in den USA zu Jahrhundertbeginn, die Mechanisierung ist kaum fortgeschritten.

Weltausstellung ohne Superlative

27. 4., Lüttich. Prinz Albert (I.) von Belgien eröffnet die »Exposition Universelle« in Lüttich. Diese 18. Weltausstellung war bereits für 1903 geplant. Sie wurde jedoch verschoben, damit sie 1905 mit den Feiern zum 75. Jahrestag der Unabhängigkeit Belgiens von den Niederlanden stattfinden konnte.
Einen sog. Clou, wie ihn bisher fast alle Weltausstellungen aufzuweisen hatten, bietet die Lütticher Ausstellung nicht, und bei der Eröffnungsfeier sind viele Pavillons noch im Bau. Mit 6,2 Mio. Besuchern, die sich bis Ende November über die Entwicklungen auf allen Gebieten der Technik, Wissenschaft, Kunst und Kultur informieren, werden die Erwartungen der Veranstalter enttäuscht.
Auf der Plaine des Vennes decken die Hallen der Industrie und des Handels ein Areal von 110 000 m^2 ab, mehr als bei allen bisherigen Weltausstellungen mit Ausnahme von Paris (1900) und St. Louis (1904). Abgesehen von Belgien, beanspruchen das Deutsche Reich und Frankreich den größten Raum in diesen Hallen. Im Park der Boverie erhält das Publikum im Palast der Schönen Künste Einblick in die Kunst der »zivilisierten Völker«. Auf dem Plateau von Cointe wurde eine Ausstellung mit Musterhäusern für Arbeiter errichtet. Tennisturniere und Turnfeste runden das Programm ab.

Das Hauptgebäude der Hallen für Handel und Industrie, in denen auch Post- und Telegrafenämter sowie Reisebüros untergebracht sind

Der Haupteingang der Weltausstellung in Lüttich mit dem alles überragenden Turm der Internationalen Bohrgesellschaft im Hintergrund

»Gern gesehen . . . leicht vergessen«

Chronik Rückblick

Während die Weltausstellung in St. Louis im Vorjahr 20 Mio. Besucher zählte und die Weltausstellung in Paris im Jahr 1900 gar 39 Mio. Menschen in ihren Bann zog, verbucht Lüttich weit weniger Zuschauer. Diese rückläufige Tendenz beweist nach Meinung vieler Beobachter, daß der Mitte des 19. Jahrhunderts entstandene Gedanke, auf »Weltausstellungen« die Errungenschaften aller Völker in allen Bereichen zu präsentieren, erheblich an Anziehungskraft verloren hat. In einer Zeit der Spezialisierung gehöre die »Weltausstellung« der Vergangenheit an und müsse durch Fachmessen ersetzt werden.
Die erste Weltausstellung wurde 1851 in London veranstaltet; mehr als 6 Mio. Zuschauer sahen dort Joseph Paxtons Kristallpalast. 28,1 Mio. Menschen strömten 1889 zur Weltausstellung nach Paris, um den Eiffelturm zu bewundern. Im Vergleich zu früheren Ausstellungen, so meint die Berliner »Illustrirte Zeitung«, sei Lüttichs Weltausstellung eine Veranstaltung, »die man gern sieht, und die man leicht vergißt«.

Stahlmilliardär Carnegie verschenkt Dinosaurier

21. 4., London. Eine außergewöhnliche Neuerwerbung für die naturgeschichtlichen Sammlungen des British Museum, eines der bedeutendsten und reichsten Museen der Welt, meldet die Presse. Danach schenkt der US-amerikanische Stahlmilliardär und Mäzen Andrew Carnegie dem Museum das Skelett eines im westlichen Nordamerika aufgefundenen Diplodocus. Der echsenförmige Dinosaurier, der im Mesozoikum vor rund 150 Mio. Jahren gelebt hat, weist eine Rückenlänge von 23 m auf. König Eduard VII. von Großbritannien und Irland soll die Anregung zu dieser Schenkung gegeben haben. Mitte des Jahres soll der Diplodocus in den Räumen des Museums aufgestellt werden und der Öffentlichkeit zugänglich sein. In den vergangenen Jahrzehnten sind in Nordamerika Dutzende von bisher unbekannten Dinosaurierarten gefunden worden. Einige weisen krokodil-, känguruh- und sogar vogelähnliche Gestalt auf. Allen gemeinsam ist lediglich, daß sie ein sehr kleines Gehirn haben.

Das Skelett des Diplodocus im British Museum. Diese Gattung der Dinosaurier konnte bis zu 30 m lang und bis zu 10 t schwer werden. Er lebte im nordamerikanischen Jura. Charakteristisch sind der lange Schwanz und der lange Hals mit dem kleinen, langgestreckten Schädel. Vermutlich lebten diese Tiere ähnlich wie Amphibien und ernährten sich von Wasserpflanzen, Insektenlarven und anderen Kleintieren.

Chinchilla gefütterter und verbrämter Abendmantel aus Samt; Abendkleid aus gelb-weißer Spitze

Prinzeßkleid im Directoire-Stil; darüber ein mit Chinchilla gefütterter Seidenmantel

Sommerliche »Robe tailleur« im Sans-Ventre-Stil mit Battistbluse; dazu ein Chasseurhut

Mode 1905:

Die Dame von Welt trägt knallgelb und rosa Rosen

Chronik Übersicht

Die Mode dieses Jahres liebt das Auffallende. Modefarbe der Saison ist knallgelb. Das »Blatt der Hausfrau« (Heft Nr. 4) warnt jedoch, diese Farbe zu wählen, wenn man nicht über genügend Mode-Etat verfügt, denn »so sieht man es sich über und in der nächsten Saison sagt oder denkt mindestens jede freundliche Kompatriotin: ›Das ist ein Kleid aus der vorigen Saison‹«. Ein weiteres modisches Muß sind Rosen. Rosafarbene Seidenrosen verzieren Hut, Kleidsaum oder die Vorderfront eines Mantels. Als besonders wichtiges Problem wird in den Modezeitschriften immer wieder die Frage der richtigen Toilettennuancen für jede einzelne Gelegenheit betont, um »den Ästhetiker nicht zu verletzen«.

Für Besorgungen am Tage wird das Straßenkostüm vorgeschlagen. Es ist aus gutem Wollstoff oder aus Pepita, im Winter aus Ripp-Samt mit einem einfachen Bahnenrock und kleiner Schleppe gearbeitet.

Für die große Toilette ist nur der Sans-Ventre-Stil erlaubt. Seine Silhouette wird durch das stark geschnürte Korsett bestimmt, das den Bauch vollkommen wegnimmt, dagegen Brust und Gesäß betont. Der majestätischen Haltung entspricht ein meist aus Spitze gearbeiteter steifer Stehkragen. Beim reinen Abendkleid ist ein großes Dekolleté en vogue. Besonders mondän sind Abendkleider aus schwarzer Mousseline mit inkrustierten Spitzen über einem hellen Seidenkleid. Beeinflußt wird der Schnitt der Saison stark vom Rokoko und bringt die Taillen-Schneppe in Mode. Als Accessoire darf ein kostbarer Fächer nicht fehlen. Junge Frauen wählen bevorzugt als Sommer-, Riviera- oder Strandkleider die in diesem Jahr beliebten Trägerkleider. Dafür sind helle Karostoffe besonders für »Backfische« geeignet.

Unter den Pariser Couturiers haben die Modehäuser von Callot Sœurs, Béchoff-David, Paquin, Panem und Rouff den besten Ruf. Paul Poiret rückt immer mehr in den Mittelpunkt, bringen seine Modelle doch interessante orientalische Details. Der originelle Kimono-Reisemantel »Révérand« in Dunkelrot mit hellem, ausschlagbarem Innenfutter kündigt einen neuen Stil an. Seine neueste, dem Reformstil nahestehende Linie »La Vague« setzt sich dagegen noch nicht durch.

Haarstecker aus Schildpatt

Als Accessoire spielt wie immer der Hut die größte Rolle. Die Hüte sind in der Regel asymmetrisch gearbeitet und werden stets schräg, steil in die Höhe stehend getragen. Eine kostbare Hutnadel sichert den notwendigen Halt. Die Haare sind in großen Wellen lokker aufgesteckt, so »als wären sie dem Zufall überlassen«. Zierkämme aus Schildpatt, Schottisch-Horn oder Zierholz unterstreichen die attraktive Form.

Um dem weiblichen Schönheitsideal zu entsprechen, bedarf es hingebungsvoller Körperpflege: Für die Haare wird Birkenwasser, für die tägliche Gesichtswäsche Kaiser-Borax verwendet; auch Mittel gegen Schuppen, Leberflecken und rote Nasen empfehlen erfahrene Spezialärzte, und gegen Bleichsucht werden Pillen angeboten.

Tief dekolletiertes Abendkleid mit modischer Kunstblumengirlande und breitem, von Blumenapplikationen gerahmtem Spitzeneinsatz

Weiter Abendmantel mit Spitzeneinsatz im Oberteil und um den Saum

Teekleid mit Flügelärmeln, in der Taille locker geschlungen

Reformkleid oder »Reformsack«?

Noch immer wird das um 1900 aufgekommene Reformkleid viel diskutiert und von Medizinern und Künstlern engagiert verteidigt, weil es den Vorstellungen einer der Natur gemäßen Lebensweise näher kommt und den Körper nicht einzwängt.

Das Reformkleid fällt lose von den Schultern herab, ohne die Taille einzuschnüren, behält aber entsprechend der Mode den schleppenden Saum bei. Seine Ärmel sind bequem weit geschnitten. Es soll ohne das gesundheitsschädliche enggeschnürte Korsett und nur mit einem leichten Miederleibchen getragen werden. Von den eleganten Damen wird es jedoch als »Reformsack« abgelehnt. Nur als Haus- oder Teekleid trägt auch die Dame der Gesellschaft eine lose herabhängende Toilette, die ein unbequemes Korsett nicht nötig erscheinen läßt.

Begrüßt wird das Reformkleid jedoch in den Kreisen der Frauenbewegung. Besonders in England setzen sich ihre Vertreterinnen für die neue Kleidung ein.

Perfekt sitzendes, im Rücken zu schnürendes Korsett in der Sans-Ventre-Form mit Strapsen

Rathäuser – Spiegel bürgerlicher Macht

1. 4., Stuttgart. In Gegenwart des württembergischen Königs Wilhelm II. wird das neue Stuttgarter Rathaus seiner Bestimmung übergeben. Das Rathaus ist eines von zahlreichen Repräsentationsbauten, die 1905 in den Städten des Deutschen Reichs entstehen.

Der Neubau von Rathäusern ist eine Folge des sprunghaften Bevölkerungsanstiegs, der für die Städte im Zuge der Industrialisierung einen gesteigerten Verwaltungsaufwand mit sich bringt. So ist das nach einem preisgekrönten Entwurf von Heinrich Reinhardt und Georg Süßenguth errichtete Rathaus von Charlottenburg bei Berlin, das am 20. Mai eingeweiht wird, bereits das dritte Rathaus, das Charlottenburg nach 1791 und 1900 erhält.

Allen diesen Bauten gemeinsam ist nicht nur der Pomp wilhelminischer Prägung, sondern der Rückgriff auf historische Baustile. Diese Repräsentationsbauten spiegeln den Versuch des städtischen Bürgertums, durch Monumentalität und durch die Reaktivierung historischer Formen dem eigenen wirtschaftlichen und sozialen Aufstieg Ausdruck zu verleihen. So bezieht Hugo Licht den Turm der Pleißenburg in den Rathausneubau von Leipzig mit ein, als Symbol dafür, daß die Macht nicht mehr allein vom Adel ausgeht, sondern teilweise in den Händen des Bürgertums liegt, dieses Bürgertum sich aber als Wahrer der Tradition versteht. Viele der aufwendigen Bauten, die das Bürgertum errichten läßt, werden daher folgerichtig auch als »Palast« bezeichnet, z. B. Sport-»Palast« oder Eis-»Palast«.

△ Das von Hugo Licht im Stil der Renaissance erbaute Neue Rathaus in Leipzig wird am 7. Oktober in Gegenwart von König Friedrich August III. von Sachsen eingeweiht. Licht errichtete den Monumentalbau an der Stelle der alten Pleißenburg (1550–1567).

◁ Das neue Rathaus der Stadt Stuttgart, errichtet nach einem Entwurf des Architekten Professor Heinrich Jassoy, stellt eine Mischform aus Elementen von Gotik, Renaissance und Jugendstil dar. Die mächtige Vorderfront dominiert den Marktplatz.

»Kein gekünsteltes Altertümeln mehr«

Chronik Zeitzeuge

Die Leipziger »Illustrirte Zeitung« würdigt in ihrer Ausgabe vom 13. April das Stuttgarter Rathaus als gelungenen Repräsentationsbau moderner Stadtarchitektur:

»Das dem Marktplatz zugekehrte Querhaus hat seiner Lage nach den Charakter eines Repräsentationshauses ... und kennzeichnet sich als solches durch seine in reichem künstlerischem Schmuck gehaltene und von einer Turmanlage überragte Hauptfassade. Die gewählten Bauformen sind die der bereits vom Geiste der Renaissance beeinflußten Spätgotik, doch in freier Behandlung, so daß alles gekünstelte Altertümeln vermieden wird und der Beschauer ... den Eindruck gewinnt, ein neues, zu modernen Zwecken bestimmtes Bauwerk vor sich zu haben ...

Der Grundton für die horizontale Gliederung wird durch die fünf mächtigen Bogenfenster des zweiten Obergeschosses angegeben, die uns in nicht mißzuverstehender Formsprache sagen, daß wir hinter ihnen die Fest- und Repräsentationsräume des Hauses zu suchen haben. Die ganze künstlerische Ausgestaltung dieser Hauptschauseite mit ihrer überaus originellen Turmanlage muß als eine meisterliche Lösung der Frage nach der harmonischen Verbindung des Hauses mit dem ihm vorgelagerten Marktplatz bezeichnet werden.«

Nur 900 Mark Jahresgehalt für einen Schaffner

15. 4. Berlin. Die auflagenstarke Zeitschrift »Die Woche« veröffentlicht einen Vergleich der Beamtengehälter in Preußen. Danach erhält ein Oberpräsident 21 000 Mark und ein Eisenbahnschaffner je nach Dienstalter zwischen 900 und 1200 Mark jährlich. Ein Arbeiter in der Textilindustrie bekommt vergleichsweise einen Jahreslohn von durchschnittlich 637 Mark, der Verdienst in der Metallindustrie beläuft sich auf etwa 1113 Mark.

Die Aufstellung zeigt, daß die Besoldungserhöhungen der Beamtenkategorien seit der Gründung des Kaiserreichs (1871) sehr unterschiedlich ausgefallen sind. So bezieht ein Ministerialdirektor mit 15 000 Mark jährlich ebensoviel wie im Jahr 1872, während die Besoldung der Kassendiener u. a. »unterer Beamter« um mehr als 23% gestiegen ist. Anders als Arbeiter haben die Beamten außer der Besoldung jedoch wesentliche Vergünstigungen, darunter den 1873 eingeführten Wohngeldzuschuß.

Entwicklung der Beamtengehälter in Preußen zwischen 1872 und 1905

Beamtenkategorie	*1872*		*1905*		*Wohngeld*
	Minimum	*Maximum*	*Minimum*	*Maximum*	
Oberpräsidenten	21 000	21 000	21 000	21 000	Dienstwohnung
Regierungspräsidenten	11 400	11 400	12 000	12 000	1800–2000
Vortragende Räte	7 500	9 900	7 500	11 000	1200
Regierungsräte	4 200	6 000	4 200	7 200	420–900
Landräte	3 600	5 400	3 600	6 600	420–900
Oberförster	3 150	4 950	2 700	5 700	Dienstwohnung
Richter I. Instanz	2 400	4 500	3 000	6 600	420–900
Ministerium-Kanzleisekretäre	2 100	3 600	1 800	3 800	540
Gerichtssekretäre I. Instanz	1 800	3 000	1 500	3 800	216–540
Stationsvorsteher 1. Klasse	1 950	3 000	2 400	4 200	216–540
Stationsvorsteher 2. Klasse	1 650	1 950	1 800	3 000	216–540
Lokomotivführer	1 200	1 650	1 200	2 200	216–540
Kassendiener bei der Eisenbahn	810	1 050	1 000	1 500	72–240
Schaffner	780	990	900	1 200	72–240

Kronprinz Wilhelm (an der Barriere mit Fotoapparat) als Zuschauer bei dem Fußballspiel zwischen der Berliner Germania und dem Civil Service Football Club London

Deutsche Fußballmannschaften gewinnen langsam Anschluß an europäisches Niveau

23. 4., Berlin. *Der Berliner Fußballclub Preußen besiegt in einem vielbeachteten Heimspiel das dänische Team von Boldklubben Frem Kopenhagen 4:0. Das Spiel ist nur eines einer Reihe von Fußballbegegnungen in den Ostertagen, bei denen sich Mannschaften aus Berlin mit Vertretungen aus dem Ausland messen. So spielt der Fußballklub Union am gleichen Tag gegen den Akademisk Boldklub Kopenhagen und siegt 6:2. Bei den innerdeutschen Vergleichen stehen sich Berliner Teams und Mannschaften aus Hamburg und Halle gegenüber.*

Das größte Interesse beansprucht jedoch das Aufeinandertrefen des B. F. C. Germania und der Londoner Mannschaft vom Civil Service Football Club. Überraschenderweise gelingt der Berliner Mannschaft ein knapper 3:2-Sieg über die erheblich stärker eingeschätzten Gäste. Der Erfolg zeigt, daß der deutsche Fußball in den letzten Jahren an Spielstärke gewonnen hat (→ 5. 3./S. 67). Die Gegenwart von Kronprinz Wilhelm, die in der Presse mehr als der Berliner Sieg gewürdigt wird, macht das Spiel zu einem gesellschaftlichen Ereignis.

Hinter dem Schrittmacher fast 90 km/h

8. 4., Paris. In der französischen Hauptstadt stellt der Radrennfahrer Paul Guignard mit 89,904 km einen sensationellen Stundenweltrekord auf. Der Franzose bewältigt diese Strecke im Prinzenparkstadion hinter einer Schrittmachermaschine der Marke »Motocyclette Bertin«.

Dieser von der Fachwelt für unglaublich gehaltene Rekord gelang Guignard erst nach mehreren Anläufen. Sein erster Versuch im Frühjahr des Jahres wurde, obwohl er immer im »Plansoll« lag, durch einen Reifendefekt vereitelt. Bei seinem zweiten Versuch stürzte er schwer und mußte aufgeben.

Paul Guignard, der Inhaber des Stundenweltrekordes hinter seinem Schrittmachergefährt, von der Fachpresse als »Motorniederrad« bezeichnet. Grund für Guignards Sturz bei seinem zweiten Weltrekordversuch, den er unmittelbar nach dem mißlungenen ersten wagte, war ein Motorschaden an der Schrittmachermaschine.

Cambridge rudert weiter hinter Oxford

1. 4., London. Auf der Themse zwischen Putney und Mortlake findet das traditionelle Ruderrennen der Universitätsmannschaften von Oxford und Cambridge statt. Überlegener Sieger ist mit drei Längen Vorsprung der Achter aus Oxford, der den Wettkampf damit zum 34. Mal gewonnen hat. Das Rennen ist bereits nach kurzer Zeit entschieden, als der Oxford-Achter mit einem Blitzstart sofort eine beruhigende Distanz zwischen sich und seinen Kontrahenten legt.

Die Auswahl aus Cambridge wurde nur 28mal in dem erstmals 1829 ausgetragenen Rennen Sieger. Ein Rennen wurde unentschieden gewertet (1877), angeblich weil der Schiedsrichter betrunken war und seinen Rausch ausschlief, als die beiden Boote nah beieinander die Ziellinie überquerten.

Das Rennen findet auch im Deutschen Reich große Beachtung, wo Rudern neben Turnen als Nationalsport betrachtet wird.

Theater 1905:

Phantasie statt Realität

Chronik Übersicht

Mit der Ablösung von Otto Brahm an der Spitze des Deutschen Theaters in Berlin durch Max Reinhardt geht eine Ära zu Ende: Die Vorherrschaft des Naturalismus auf deutschen Bühnen.
Brahm zählte als Theaterkritiker zu den Wegbereitern des naturalistischen Dramas und als Theaterleiter zu seinen Förderern. Er war auch Mitbegründer des Vereins »Freie Bühne«, der die durch Zensur verbotenen naturalistischen Dramen in geschlossenen Aufführungen zeigte.
Die aus dem Realismus hervorgegangene neue Kunstform setzte nicht nur das Alltägliche und die soziale Frage ins Zentrum der Darstellung, sondern auch das aus gutbürgerlicher Sicht Niedrige, Häßliche und Triebhafte. Sie machte zuvor ausgegrenzte Themen wie Stadtproletariat oder Prostitution bühnenfähig.
Die Gegenbewegung zum Naturalismus dauert seit der Jahrhundertwende an. 1899 wechselte der Schauspieler Josef Kainz aus Protest gegen den Aufführungsstil Brahms vom Deutschen Theater an das Wiener Burgtheater. 1900 resümierte die Zeitschrift »Neue Deutsche Rundschau«, das Publikum sei der ewigen Elendsschilderungen überdrüssig. Es wurde statt dessen vorgeschlagen, dem naturalistischen »freien« Theater eine Bühnenwelt nach dem Vorbild großbürgerlicher Salons gegenüberzustellen. Reinhardt verwirklicht diesen Gedanken, indem er die Gründung der Kammerspiele in Berlin vorbereitet; sie werden 1906 eröffnet. Der österreichische Schriftsteller und Kritiker Hermann Bahr hatte bereits 1891 in seiner programmatischen Schrift »Die Überwindung des Naturalismus« eine erneuerte »Romantik« und einen »Impressionismus« angekündigt, der »aus dem flachen und rohen Naturalismus weg nach der Tiefe verfeinerter Ideale« strebe und »allen Rest, der nicht Stimmung ist«, verdränge.
Als Beispiel für ein solches Theater hatte Bahr die lyrischen Kleindramen Hugo von Hofmannsthals angeführt. Mit einem solchen Stück, dem symbolisch überhöhten Trauerspiel »Das gerettete Venedig«, feiert Hofmannsthal 1905 in Berlin einen grandiosen Erfolg. »Wie ein Stück verwehte Seelengüte, die in dem verworfenen Venedig zugrunde gehen muß, ist diese Handlung«, urteilt der Kritiker Erich Schlaikjer nach der Premiere: »Wie ein Atmen reinen Menschentums, das uns bezeugt, wie die menschliche Seele selbst im alten Venedig nicht umgebracht werden konnte.«
Nicht alle Abwendungen vom Naturalismus haben jedoch eine so eindeutige Tendenz zur Verinnerlichung und Esoterik. Wilhelm von Scholz, dessen Tragödie »Der Jude von Konstanz« im Hoftheater zu Dresden uraufgeführt wird, strebt in bewußtem Gegensatz zum Naturalismus eine Erneuerung der Klassik an. Er versucht, seinen Ansatz u. a. mit der Einheit des Ortes und in den ersten vier Akten auch der Einheit der Zeit zu verwirklichen.
Auch Arthur Schnitzler hat sich von den naturalistischen Tendenzstücken distanziert, denen die Bühnenstücke seiner ersten Schaffensperiode verbunden waren. Er entnimmt die Themen seiner Stücke weiterhin der sozialen und politischen Realität der Donaumonarchie; die Kritik an der bestehenden Gesellschaftsordnung tritt jedoch zurück zugunsten der Schilderung von Individuen mit ihren persönlichen Empfindungen.
Der größte Erfolg unter den Gegnern des Naturalismus ist jedoch Max Reinhardt beschieden. Naturalistische Inszenierungen hatten sich noch durch natürliche Sprechweise und karge Bühnenbilder ausgezeichnet. Reinhardt hingegen setzt auf opulente Inszenierungen. Er benutzt die Drehbühne bewußt als Gestaltungsmittel und entdeckt Reliefbühne und Rundhorizont wieder neu. Sein Regiestil zeichnet sich durch Experimentierfreudigkeit und Phantasie aus. Das Publikum nimmt Reinhardts Inszenierungen entsprechend begeistert auf.
(Siehe auch Übersicht »Uraufführungen« im Anhang.)

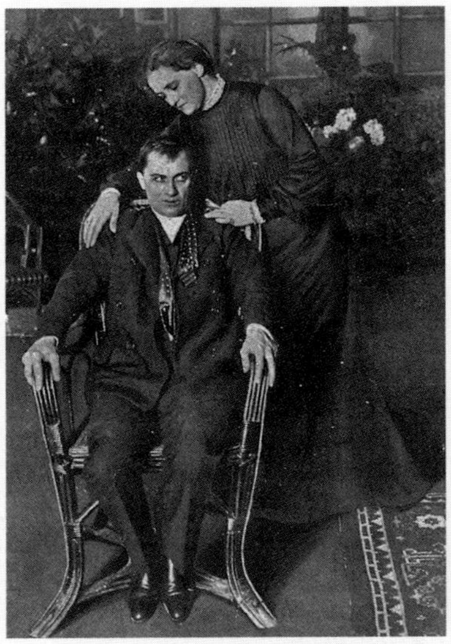
Gastspiel der Wiener Hofburgschauspieler Josef Kainz und Hedwig Bleibtreu in Henrik Ibsens »Gespenster« in Berlin

Albert Bassermann spielt die Hauptrolle in dem naturalistischen Schauspiel »Stein unter Steinen« von Hermann Sudermann.

Die italienische Schauspielerin Eleonora Duse (1858) wird zu den bedeutendsten Tragödinnen der Jahrhundertwende gerechnet. Mit gefühlsbetontem, auf jede Gespreiztheit und Effekthascherei verzichtendem Stil verkörpert sie sensible Gestalten aus den Dramen von Maurice Maeterlinck, Henrik Ibsen, Victorien Sardou, von ihrem Freund Gabriele D'Annunzio, Hermann Sudermann und Alexandre Dumas d. J.*

Gerhart Hauptmann erhält im Juni die Ehrendoktorwürde der Universität Oxford als »hervorragendster Dichter der Gegenwart«. Hauptmann zählt zu den Hauptvertretern von Naturalismus und Realismus.

»Heitere und reine Luft der Schönheit«

Mit der Inszenierung von William Shakespeares »Ein Sommernachtstraum« gibt Max Reinhardt bereits im Januar seinen vielumjubelten Einstand als neuer Direktor des Deutschen Theaters in Berlin.

Schon nach Antritt seiner neuen Stellung hatte er bekannt, er wolle die enge Gegenständlichkeit des naturalistischen Spielraums überwinden und ihn frei von jeder starren Ideologie in einen impressionistisch-magischen, durch das Gefühl erfahrbaren Bedeutungsraum verwandeln.

Was Reinhardt vorschwebt, ist nach seinen eigenen Worten »ein Theater, das den Menschen wieder Freude gibt; das sie aus der grauen Alltagsmisere über sich selbst hinausführt in eine heitere und reine Luft der Schönheit. Ich fühle es, wie es die Menschen satt haben, im Theater immer wieder das eigene Elend wiederzufinden und wie sie sich nach helleren Farben und einem erhöhten Leben sehnen.«

Mit seinen illusionistischen Inszenierungen revolutioniert Reinhardt den Theaterstil in ganz Europa und weist der Bühne neue Wege durch Beleuchtungs- und Ausstattungseffekte sowie durch die eindrucksvolle Gestaltung von Massenszenen. Ferner nutzt er Reliefbühne und Rundhorizont zu theatralischen Experimenten.

△ Die Schauspielschule des Deutschen Theaters in Berlin, gegründet von Max Reinhardt

◁ In Shakespeares »Ein Sommernachtstraum« setzt Reinhardt erstmals die Drehbühne ein, die blitzschnelle Szenenwechsel erlaubt.

▽ Reinhardt, geboren 1873 in Baden bei Wien, kam 1894 ans Deutsche Theater nach Berlin, wo er bis 1902 als Charakterdarsteller unter Otto Brahm wirkte. 1901 begann er seine Regietätigkeit am Kabarett »Schall und Rauch« (seit 1902: »Kleines Theater«).

Hermann Bahr (1863) fordert die Überwindung des Naturalismus.*

Arthur Schnitzler (1862) bringt Leidenschaften auf die Bühne.*

Hermann Sudermann (1857), Erfolg mit »Stein unter Steinen«*

Hugo von Hofmannsthal (1874), Applaus für »Gerettetes Venedig«*

Mai 1905

Mo	Di	Mi	Do	Fr	Sa	So
1	2	3	4	5	6	7
8	9	10	11	12	13	14
15	16	17	18	19	20	21
22	23	24	25	26	27	28
29	30	31				

1. Mai, Montag

Während der Maikundgebungen kommt es in Warschau, der Hauptstadt von Russisch-Polen, zu blutigen Zusammenstößen zwischen Demonstranten und Militär. → S. 94

In Preußen tritt eine Regelung in Kraft, wonach die Höchstgeschwindigkeit auf Nebenstraßen auf 50 km/h festgelegt wird (→ S. 128).

In Tokio organisiert die »Gesellschaft des einfachen Volkes« die erste illegale Maikundgebung in Japan.

2. Mai, Dienstag

Das britische Unterhaus in London verabschiedet mit 211 zu 59 Stimmen eine Gesetzesvorlage zur Erschwerung der Einwanderung (→ 1. 7./S. 130).

3. Mai, Mittwoch

In Moskau findet der erste Kongreß des Allrussischen Eisenbahnerverbandes statt.

Bulgarische Nationalisten überfallen den walachisch-griechischen Ort Kliszura (Osmanisches Reich) und ermorden fast 60 Griechen. Hintergrund für das Massaker ist der Nationalitätenkonflikt in Makedonien (→23.11./S.190).

Bei einem Kutscherstreik in Chicago kommt es zu blutigen Kämpfen zwischen Streikenden und Arbeitswilligen. Während der Unruhen werden 3000 neue Polizisten eingestellt.

4. Mai, Donnerstag

Der osmanische Kriegsrat in Konstantinopel (Istanbul) beschließt die Mobilisierung von zusätzlich 100 000 Soldaten zur Unterdrückung des Aufstands im Jemen. → S. 93

Prinz Georg von Griechenland, seit 1898 Oberkommissar von Kreta, fordert die kretischen Schutzmächte Rußland, Großbritannien und Frankreich auf, der Vereinigung der zum Osmanischen Reich gehörenden Insel mit Griechenland zuzustimmen (→ 20. 4./S. 77).

5. Mai, Freitag

Die britische Regierung gibt in London die Verschiebung der Flottenmanöver auf unbestimmte Zeit bekannt. Die Entscheidung steht in Zusammenhang mit dem Russisch-Japanischen Krieg (→ 27. 5./S. 90) und der Marokkokrise (→ 31. 3./S. 56; 6. 6./S. 106).

Die russische Monarchistenpartei verlangt in Moskau innere Reformen unter Stärkung der zaristischen Selbstherrschaft und der orthodoxen Kirche (→ 5. 9./S. 162).

6. Mai, Samstag

Eine Versammlung liberaler Semstwo-Mitglieder in Moskau fordert eine Verfassung mit Einführung des geheimen, allgemeinen Wahlrechts sowie der Presse- und Versammlungsfreiheit (→ 3. 3./S. 65).

Kuba und Großbritannien unterzeichnen einen Freundschafts- und Handelsvertrag.

7. Mai, Sonntag

In Schitomir in der Ukraine kommt es zu einem Judenpogrom. → S. 92

Der französische Kriegsminister Maurice Berteaux betont während der Marokkokrise, kein Franzose habe den Deutsch-Französischen Krieg von 1870/71 vergessen. Wenn es die inneren und äußeren Umstände erforderten, müsse Frankreich »stark« sein (→ 6. 6./S. 106).

Der Imam des Jemen, Hamid Ad Din Jahja, läßt sich während des Aufstandes gegen das Osmanische Reich zum unabhängigen Kalifen ausrufen (→ 4. 5./S. 93).

In Sterzing in Südtirol wird der Tirolische Volksbund zur Bekämpfung italienisch-irredentistischer Bestrebungen gegründet. → S. 93

In Berlin finden zum ersten Mal die Wahlen der Arbeitnehmer zu den Kaufmannsgerichten statt. Die meisten Stimmen erhält die Liste des antisemitischen deutschnationalen Handlungsgehilfenverbands, der von 100 Beisitzern 31 stellt. Zweitstärkste Gruppe wird der sozialdemokratische Zentralverband der Handlungsgehilfen und -gehilfinnen Deutschlands.

Der deutsche Bakteriologe Robert Koch trifft mit einer Expedition in Deutsch-Ostafrika ein, um die Erforschung des Rückfallfiebers zu organisieren (→ S. 24).

8. Mai, Montag

In Bern wird eine vom schweizerischen Bundesrat einberufene Internationale Arbeiterschutzkonferenz eröffnet. Die Delegierten beschließen u. a., weiblichen Arbeitern in Industriebetrieben von 23 bis 5 Uhr die Arbeit zu untersagen (→ 17. 4./S. 78).

9. Mai, Dienstag

Die niederländische Abgeordnetenkammer in Den Haag verabschiedet das Unterrichtsgesetz. Danach sind die konfessionellen Universitäten den öffentlichen in der Diplomerteilung gleichgestellt.

In Deutschland, Österreich und der Schweiz sowie in den Ansiedlungen Deutscher in anderen Ländern wird der 100. Todestag des Dichters Friedrich Schiller mit Gedenkfeiern und Denkmalsenthüllungen gefeiert. → S. 95

10. Mai, Mittwoch

In London endet der von den Bolschewiki einberufene III. Parteitag der Sozialdemokratischen Arbeiterpartei Rußlands (SDAPR). Dabei gelingt es dem Bolschewiki-Anführer Wladimir I. Lenin, seine Vorstellungen über eine Kaderpartei und über die revolutionäre Taktik durchzusetzen. Sein Ziel, endgültig mit den Menschewiki zu brechen, erreicht Lenin jedoch nicht (→ 31. 10./S. 177).

Auf die Frage, ob osmanische Behörden französischen Unternehmern in Tripolis Konzessionen zum Bau eines Hafens erteilt hätten, erwidert der italienische Außenminister Tommaso Tittoni im Senat in Rom, Italien habe sich in Tripolis gewisse Vorrechte gegenüber den anderen Großmächten sichern lassen. Er droht, Tripolis zu besetzen, falls italienische »Vorzugsrechte« nicht ausreichend berücksichtigt würden. Für Italien sei Tripolis das Element, welches das Gleichgewicht des Einflusses der Mittelmeermächte bestimme; eine Störung dieses Gleichgewichts werde Italien nicht zulassen (→ S. 145).

Das preußische Abgeordnetenhaus in Berlin verabschiedet gegen die Stimmen der Nationalliberalen und Freisinnigen einen Antrag, wonach die Warenhaussteuer bei 200 000 anstatt bei 400 000 Mark beginnen und progressiv bis zu 5% des Umsatzes steigen soll. Die Regierung unter Bernhard Graf von Bülow erklärt den Antrag für unannehmbar. Am 31. Mai lehnt das Herrenhaus den Warenhausantrag ab.

11. Mai, Donnerstag

Bei einer Debatte über die Landesverteidigung im britischen Unterhaus in London betont Premierminister Arthur James Balfour, daß Großbritannien keine Besetzung Afghanistans durch das Russische Reich zulassen werde.

Das italienische Marineministerium legt einen neuen Entwurf zur Flottenpolitik vor. Danach sollen Schiffskapazität und Mannschaftsstärke bis 1909 verdoppelt werden (→ 1. 4./S. 74).

Nach einem Urteil des herzoglich-braunschweigischen Verwaltungsgerichtshofs ist ein künstliches Gebiß ein Heilmittel im Sinne des Krankenversicherungsgesetzes. Das Gericht bestätigt damit ein Urteil vorangegangener Instanzen, durch das die Ortskrankenkasse gezwungen wurde, einem Setzer vier künstliche obere Schneidezähne zu bezahlen.

Der Deutsche Reichstag in Berlin verweist die Vorlage über den Bau der Kameruner Eisenbahn an die Budgetkommission. Danach wird einer als Kolonialgesellschaft zu bildenden Kameruner Eisenbahngesellschaft Bau und Betrieb der Bahn von Duala bis zu den Manengubabergen auf 90 Jahre übertragen. Es ist geplant, daß die Bahn nach vier Jahren ihren Betrieb aufnehmen soll (→ 9. 2./S. 39).

12. Mai, Freitag

Der italienische Außenminister Tommaso Tittoni bezeichnet in der Abgeordnetenkammer in Rom eine Vereinigung Kretas mit Griechenland als »unmöglich«, da sie das Gleichgewicht auf dem Balkan störe (→ 20. 4./S. 77). Den Dreibund zwischen dem Deutschen Reich, Österreich-Ungarn und Italien beschreibt er als völlig intakt (→ S. 145).

Im Deutschen Reichstag in Berlin findet eine Debatte über die Bekämpfung der Unsittlichkeit in Literatur und Kunst statt. → S. 95

13. Mai, Samstag

Das österreichische Abgeordnetenhaus debattiert über die Einrichtung nationaler Universitäten im Vielvölkerstaat. Dabei wird eine italienische Universität in Triest (→ 7. 5./S. 93), eine slowenische in Laibach (Ljubljana) und eine ruthenische in Lemberg (Łwow) gefordert (→ 1. 1./S. 27).

14. Mai, Sonntag

Der Hamburger Senat bringt eine Wahlrechtsänderungsnovelle ein, um eine Zunahme sozialdemokratischer Stimmen bei den Bürgerschaftswahlen zu verhindern. Der Antrag sieht die Teilung der Wahlberechtigten in drei Gruppen gemäß ihrem Einkommen vor. Jede Gruppe soll 24 Abgeordnete wählen.

Nach einer Meldung aus Beuthen sind seit dem 19. November 1904, dem Tag des ersten Auftretens der Genickstarre-Epidemie, in Oberschlesien fast 1100 Menschen an der Hirnhautentzündung gestorben. Wie gleichzeitig gemeldet wird, haben die thüringischen Staaten Verfügungen u. a. an Gerichte und Gefängnisse erlassen, wonach Strafgefangenen aus »Genickstarre-Gebieten« die Aufnahme in thüringische Strafvollzugsanstalten verweigert werden soll.

In Moskau werden Flugblätter verteilt, in denen die Bevölkerung aufgefordert wird, »alle Juden zu erschlagen«, da sie Rußland ins Verderben führten. Zur Verhütung von Pogromen wird die Garnison verstärkt (→ 7. 5./S. 92).

In den westlichen Gouvernements des Russischen Reiches werden Polnisch und Litauisch als Schulsprachen wieder zugelassen. Polen dürfen künftig auch wieder Land erwerben.

15. Mai, Montag

Die Motorboot-Wettfahrt von Algier nach Toulon wird wegen heftigen Sturms abgebrochen, da die meisten Boote gesunken sind. Menschen kommen jedoch nicht ums Leben, da sie von den als Begleitfahrzeuge eingesetzten Kriegsschiffen gerettet werden. Das Motorbootrennen sollte die Zugehörigkeit der Kolonie Algerien zu Frankreich unterstreichen.

General Lothar von Trotha, der deutsche Oberkommandierende im Hottentottenkrieg in Deutsch-Südwestafrika, setzt auf die Ergreifung Hendrik Witboois und anderer Hottentottenführer eine Belohnung von je 5000 Mark aus (→ 4. 1./S. 22).

Die französische satirische Zeitschrift »L'Assiette au Beurre« würdigt den Besuch des spanischen Königs Alfons XIII. in Paris als gesellschaftliches Ereignis ersten Ranges. Frauenzeitschriften bezeichnen den Monarchen als »schönsten Junggesellen Europas«.

16. Mai, Dienstag

Das Storting, das norwegische Parlament in Kristiania (Oslo), beschließt mit 81 zu 36 Stimmen die Einführung der Direktwahl seiner Abgeordneten.

In New York starten elf Hochseejachten zu einer Wettfahrt um den Ozean-Pokal über den Atlantik (→ 29. 5./S. 99).

17. Mai, Mittwoch

Die Geistlichen des Königreichs Württemberg werden ermächtigt, vor einer Leichenverbrennung im Verbrennungsraum einen herkömmlichen Trauergottesdienst zu halten. Dagegen muß auch weiterhin bei der Bestattung der Aschenreste im Grab oder Kolumbarium die Mitwirkung von Geistlichen unterbleiben.

Die Geraer Strafkammer verurteilt den 13 Jahre alten Paul Franz Harsch aus Triebes wegen »Gefährdung eines Eisenbahnzuges« zu einem Jahr Gefängnis. Der Täter hatte einen Stein auf ein Gleis gelegt, um zuzusehen, wie ein Zug entgleist. Da der Knabe zur Zeit der Tat zwölf Jahre alt gewesen sei, habe er »ausreichendes Verständnis« für sein Vorgehen gehabt.

18. Mai, Donnerstag

Während des Hottentottenkriegs drängen deutsche Truppen die Verbände der Hottentottenführer Jakob Morenga, Hendrik Witbooi u. a. über die Grenze nach Britisch-Betschuanaland (→ 4. 1./S. 22).

In Lyon beginnt ein Streik der Polizeibeamten wegen der Ernennung eines unbeliebten Kommandanten. Der Ausstand wird am 22. Mai ergebnislos abgebrochen.

19. Mai, Freitag

Bei einem Bombenattentat in Warschau, das dem Generalgouverneur galt, kommen vier Menschen ums Leben; 19 Personen werden teilweise lebensgefährlich verletzt. Der Gouverneur entgeht dem Anschlag.

20. Mai, Samstag

Der württembergische Außenminister Julius Freiherr von Soden gibt vor der Abgeordnetenkammer in Stuttgart die Kilometersätze bekannt, auf die sich die Delegiertenversammlung der deutschen Eisenbahnverwaltungen geeinigt hat: 7 Pfennig sollen einheitlich in Deutschland für die I. Klasse pro Kilometer gezahlt werden, 4,5 Pfennig für die II., 3 Pfennig für die III. und 2 Pfennig für die IV. Klasse.

Aufsehen erregt im Salon Cassirer in Berlin eine Ausstellung mit Gemälden des verstorbenen niederländischen Malers Vincent van Gogh. Die Reaktionen des Publikums schwanken zwischen Bewunderung und Ablehnung.

21. Mai, Sonntag

In Dresden wird der Parteitag der Nationalliberalen eröffnet. In seinem Hauptreferat auf der zweitägigen Veranstaltung lehnt Parteiführer Ernst Bassermann ein Zusammengehen mit der Sozialdemokratie scharf ab.

Die griechische Regierung unter Theodoros Delijannis betont in der Abgeordnetenkammer in Athen, die einzig logische und praktische Lösung des Kreta-Problems sei die Vereinigung der Insel mit Griechenland. Rückwirkungen auf die makedonische Frage seien dabei nicht zu befürchten (→ 20. 4./S. 77).

In Moskau beginnt der zweitägige Gründungskongreß des »Verbands der Verbände«. Ziel dieses Zusammenschlusses berufsständischer Organisationen unter der Führung von Pawel N. Miljukow ist der Kampf der Reichsangehörigen für ihre verfassungsmäßigen Rechte.

Das nach einem preisgekrönten Entwurf von Heinrich Reinhardt und Georg Süßenguth errichtete Rathaus von Charlottenburg bei Berlin wird seiner Bestimmung übergeben (→ 1. 4./S. 82).

Deutscher Fußballmeister wird in Köln Union 92 Berlin durch einen 2:0-Sieg gegen den Karlsruher FV. → S. 99

Auf seinem Bundestag in Köln gibt der Deutsche Fußball-Bund (DFB) seinen Beitritt zur Fédération Internationale de Football Association (FIFA) bekannt. Auch Österreich schließt sich der FIFA an.

22. Mai, Montag

In Köln beginnt der fünfte Kongreß der Freien Gewerkschaften. → S. 94

Der russische Zar Nikolaus II. bildet unter dem Eindruck der Niederlagen im Krieg gegen Japan einen »Staatsverteidigungsrat« unter Vorsitz des Großfürsten Nikolaus Nikolajewitsch (→ 27. 5./S. 90). Seine Aufgabe ist die Erarbeitung von Gesetzen zur Verbesserung des Militärwesens.

Das internationale Schiedsgericht in Den Haag entscheidet in der Streitfrage zwischen Japan und dem Deutschen Reich, Frankreich und Großbritannien zugunsten der europäischen Mächte, über die ehemaligen in den Fremdenniederlassungen erhobenen Steuern. Auf diese Steuereinnahmen muß Japan verzichten.

Streikende japanische Arbeiter treiben auf der Hawaii-Insel Maui die weiße Bevölkerung von Lahaina im Gerichtsgebäude zusammen und beginnen eine förmliche Belagerung, um ihre Forderungen durchzusetzen. Der Vorfall spiegelt die emotionsgeladene Atmosphäre zwischen US-Amerikanern und den Einwanderern aus Japan wider (→ 1. 7./S. 130).

23. Mai, Dienstag

Nach dem Odelsting (Unterhaus) genehmigt das Lagting, die erste Kammer des norwegischen Parlaments, die Errichtung eines eigenen norwegischen Konsulatswesens ab 1. April 1906 (→ 7. 6./S. 108).

In Nachitschewan in Aserbeidschan brechen blutige Nationalitätenunruhen zwischen Armeniern und Tataren aus (→ 7. 5./S. 92). Die Kaukasusbergvölker fordern ihre Autonomie.

Ein Irade (Erlaß) des osmanischen Sultans Abd Al Hamid II. gewährt den in Makedonien lebenden Makedo-Rumänen, den Kutzowalachen, das Recht, Gottesdienste in rumänischer Sprache zu zelebrieren sowie rumänische Schulen mit eigenen Schulinspektoren und Lehrern zu errichten. Sie sollen zudem das Recht haben, Gemeinden mit eigenen Bürgermeistern zu gründen und Delegierte in die Verwaltungsräte des Wilajets (Provinz) zu entsenden (→ 23. 11./S. 190).

Das russische Ministerkomitee lehnt weitere Russifizierungsmaßnahmen in den Schulen ab (→ 4. 11./S. 193).

Das Schauspiel »Mensch und Übermensch« von George Bernard Shaw wird im Royal Court Theatre in London uraufgeführt.

24. Mai, Mittwoch

Der Deutsche Reichstag in Berlin verabschiedet gegen die Stimmen von SPD, Freisinnigen, Polen, Wirtschaftlicher Vereinigung und Reformpartei die Zivilprozeßreform.

Der österreichische Kaiser Franz Joseph I. empfängt in Wien als König von Ungarn den ungarischen Oppositionsführer Gyula Graf Andrássy d. J. zu Verhandlungen über die Regierungsbildung in Budapest (→ 26. 1./S. 27). Die Gespräche scheitern an der Forderung, in der ungarischen Armee Deutsch durch Ungarisch als Kommandosprache zu ersetzen (→ 21. 6./S. 107).

25. Mai, Donnerstag

In Paris endet der dreitägige Gründungskongreß des freigewerkschaftlichen Weltverbands der Diamantenarbeiter. Die Gründung erfolgt nach einem bereits 1897 gefaßten Beschluß. Sitz des Verbands wird Antwerpen.

26. Mai, Freitag

Das preußische Abgeordnetenhaus in Berlin verabschiedet gegen die Stimmen der Deutschkonservativen und Polen sowie einer Anzahl Freikonservativer und Freisinniger das Berggesetz (→ 9. 2./S. 36).

Während des Generalstreiks in Iwanowo-Wosnessensk wird erstmals in Rußland ein gesamtstädtischer Arbeiterdeputiertenrat gebildet (→ 1. 5./S. 94).

27. Mai, Samstag

Die Seeschlacht von Tsuschima endet mit einem Sieg der japanischen über die russische Flotte. → S. 90

König Oscar II. von Schweden und Norwegen verweigert im norwegischen Staatsrat in Kristiania (Oslo) dem norwegischen Konsulatsgesetz seine Zustimmung. Daraufhin tritt die norwegische Regierung unter Christian Michelsen aus Protest zurück; der König nimmt das Entlassungsgesuch jedoch nicht an (→ 7. 6./S. 108).

Großbritannien entsendet ein halbes Bataillon Sussex-Infanterie nach Kreta, um die Unruhen auf der Insel niederzuschlagen (→ 20. 4./S. 77).

In Stuttgart findet die Jahresversammlung des Deutschen Flottenvereins in Anwesenheit von Wilhelm II. statt (→ 1. 4./S. 74).

In Genf erscheint mit dem vom Bolschewiki-Führer Wladimir I. Lenin kontrollierten »Proletari« die erste Nummer des neuen Zentralorgans der Sozialdemokratischen Arbeiterpartei Rußlands (→ 31. 10./S. 177).

Ferdinand Ferber führt in Meudon einen der ersten Motorflüge in Europa durch. → S. 98

28. Mai, Sonntag

In Warschau brechen im Gefolge von Streiks blutige Unruhen aus (→ 1. 5./S. 94), bei denen nach offiziellen Angaben vor allem jüdische Arbeiter eine zentrale Rolle spielen (→ 7. 5./S. 92).

29. Mai, Montag

In Stockholm endet ein zweiwöchiger Streik der Straßenreiniger ergebnislos, weil sich auf einen Aufruf der Unternehmer zahlreiche Aushilfskräfte, darunter viele Studenten, melden.

Die amerikanische Jacht »Atlantik« gewinnt die Regatta um den Ozean-Pokal. → S. 99

30. Mai, Dienstag

Sultan Abd Al Asis von Marokko lädt zu einer internationalen Marokkokonferenz nach Tanger ein (→ 31. 3./S. 56). Im Lauf des Juni und Juli nehmen alle angesprochenen Regierungen die Einladung an.

Zwischen Truppen des Osmanischen Reichs und des Königreichs Montenegro kommt es zu heftigen Kämpfen. Den Vorwand liefern Rinderdiebstähle, die Montenegriner auf osmanischem Gebiet verüben (→ 23. 11./S. 190).

31. Mai, Mittwoch

In der Nacht auf den 1. Juni verübt in Paris ein spanischer Anarchist ein Bombenattentat auf König Alfons XIII. von Spanien. → S. 93

Das württembergische Abgeordnetenhaus lehnt einen Antrag auf Zulassung konfessionsloser Volksschulen mit 53 zu 9 Stimmen ab (→ S. 31).

Das Wetter im Monat Mai

Station	Mittlere Lufttemperatur (°C)	Niederschlag (mm)	Sonnenscheindauer (Std.)
Aachen	12,0 (12,8)	37,9 (67)	– (205)
Berlin	14,5 (13,7)	23,0 (46)	– (239)
Bremen	13,0 (12,8)	31,2 (56)	– (231)
München	11,9 (12,5)	68,6 (103)	– (217)
Wien	14,2 (14,6)	48,0 (71)	215 (–)
Zürich	11,6 (12,5)	107,0 (107)	177 (207)

( ) Langjähriger Mittelwert für diesen Monat
– Wert nicht ermittelt

Die Zeitschrift »Jugend« feiert in ihrer 19. Nummer den 100. Todestag des Dichters Friedrich Schiller. Das Titelbild gibt idealtypisch wieder, wie das wilhelminisch geprägte Deutschland Schiller sieht – als heroischen Genius.

Katastrophe der russischen Flotte bei Tsuschima

27. 5., Tsuschima. In der Seeschlacht bei Tsuschima in der Koreastraße erringt der japanische Admiral Heihachiro Togo im Russisch-Japanischen Krieg den entscheidenden Sieg über die russische Flotte unter Admiral Sinowi P. Roschdestwenski (→ 2. 1./S. 12).

Die Seeschlacht bei Tsuschima sichert den Japanern definitiv die Seeüberlegenheit in Ostasien, während sich auf dem Kriegsschauplatz in der Mandschurei noch keine Entscheidung abzeichnet. In dieser Situation drängen Frankreich und Großbritannien, die beide mit je einer kriegführenden Macht verbündet sind, sowie die USA auf einen Friedensschluß.

Das Geschwader Roschdestwenskis hielt sich zu Beginn des Jahres in den Gewässern der französischen Kolonie Madagaskar auf und steuerte dann langsam nach Osten, während eine zweite Ersatzflotte unter Admiral Nebogatow den russischen Kriegshafen Libau in Lettland verließ, um sich mit Roschdestwenski zu vereinigen. Um sie zu erwarten, kreuzte Roschdestwenski längere Zeit in französischen Hoheitsgewässern vor Indochina. Schon die Anwesenheit Roschdestwenskis vor Madagaskar war als Verletzung der Neutralität empfunden worden. Sein Aufenthalt in Indochina, wo er sich bei Saigon mit Nebogatow vereinigte, führte zu internationalen Protesten – darunter Großbritanniens –, woraufhin die französische Regierung ihrerseits gegen die Anwesenheit der russischen Flotte in ihren Hoheitsgewässern protestierte. Als die vereinigte russische Flotte in der Absicht, nach Wladiwostok zu gelangen, durch den Ostarm der zu Japan gehörenden Koreastraße fährt, treten ihnen die Großkampfschiffe Togos entgegen, während die japanischen Kreuzer die russische Nachhut angreifen. Togo verfügt über vier Linienschiffe, acht Panzerkreuzer, 22 größere und kleinere Kreuzer, 21 Zerstörer und 42 Torpedoboote; die Russen zählen acht Linienschiffe, drei Küstenpanzerschiffe, zwei Panzerkreuzer, sieben Kreuzer, neun Zerstörer und acht Troßschiffe. Ein Artilleriegefecht der großen Linienschiffe leitet die Schlacht ein. Nach fünfstündigem Kampf ist am Abend ein großer Teil der russischen Flotte vernichtet; in der Nacht werden die Reste der russischen Flotte fast vollständig zerstört. Am 28. Mai ergibt sich der russische Konteradmiral Nebogatow, auf den nach einer Verwundung Roschdestwenskis das Kommando übergegangen ist, mit den letzten vier ihm verbliebenen Schiffen. Nur ein russischer Kreuzer und zwei Zerstörer erreichen Wladiwostok; drei Troßschiffe entkommen in die Heimat und nach Schanghai, drei Kreuzer nach Manila, der Hauptstadt der US-amerikanischen Kolonie Philippinen, wo sie entwaffnet werden. Sieben Schiffe bleiben in den Händen der Japaner, 21 Schiffe sinken während und nach der Schlacht. Die russischen Verluste an Menschen belaufen sich auf etwa 4000 Tote und 6000 Gefangene; unter letzteren befindet sich auch Admiral Roschdestwenski.

◁ Admiral Sinowi P. Roschdestwenski, der Verlierer von Tsuschima. Nach der Rückkehr aus der Kriegsgefangenschaft kommt er vor ein Kriegsgericht, wird aber freigesprochen.

◁◁ Der siegreiche Admiral Togo (l.), Oberkommandant der japanischen Flotte. Am → 2. Januar (S. 12) erzwang er auch die Übergabe von Port Arthur.

Die größten Seeschlachten der Geschichte

Chronik Rückblick

480 v. Chr.: Bei Salamis siegt die griechische Flotte unter Themistokles über die Flotte des persischen Königs Xerxes I.

31 v. Chr.: Bei Aktium besiegt Marcus Vipsanius Agrippa, der Feldherr des späteren römischen Kaisers Augustus, die Flotte von Marcus Antonius und sichert die Einheit des Römischen Reiches.

1571: Bei Lepanto schlagen die venezianische, spanische und päpstliche Flotte unter Don Juan d'Austria die osmanische Flotte. Der Sieg leitet den Niedergang der osmanischen Vorherrschaft im Mittelmeerraum ein.

1588: Die englische Flotte unter Francis Drake und Walter Raleigh besiegt im Ärmelkanal die spanische Invasions-Armada.

1798: Der britische Admiral Horatio Nelson vernichtet bei Abukir die französische Flotte, die die ägyptische Expedition von Napoléon Bonaparte decken soll.

1805: Horatio Viscount Nelson vernichtet bei Trafalgar den Großteil der französisch-spanischen Flotte. Sein Sieg sichert die britische Vorherrschaft zur See.

1866: Bei Lissa (heute Vis) besiegt die österreichische Flotte unter Wilhelm Freiherr von Tegethoff die italienische Flotte unter Carlo Graf Persano.

»Die Schlacht bei Trafalgar« (Gemälde von William Turner, 1823, London, Tate Gallery). Der tödlich verwundete Horatio Viscount Nelson, Kommandant der britischen Flotte, wird auf die Brücke seines Flaggschiffes »Victory« gebracht.

Der russische Admiral Roschdestwenski verläßt schwer verletzt mit dem Torpedobootzerstörer »Buinij« das sinkende Linienschiff »Borodino«.

»Aus dem Kanonendonner tönt Europa Halt entgegen«

Chronik Zeitzeuge

Die Zeitschrift »Die Woche« (Nr. 25/1905) ordnet die historische Bedeutung der Seeschlacht von Tsuschima wie folgt ein:

»Die weltgeschichtliche Bedeutung der japanischen Siege liegt in dem gewaltigen Halt, das aus ihrem Kanonendonner den Europäern entgegentönt, die sich vier Fünftel des Erdballs unterworfen haben. Die gelbe Rasse bringt den Eroberungszug Europas, das noch eben Ostasien als ungeteiltes Kolonisationsgebiet ansah, mit den Mitteln zum Stillstand, die sie von ihm erworben hat und in dessen Gebrauch sie von ihm unterrichtet worden ist. Der Geschichtsschreiber des 20. Jahrhunderts wird den 28. Mai 1905, den Tag der Seeschlacht von Tsuschima, mit dem gleichen Recht als den Beginn einer neuen Epoche der Weltgeschichte bezeichnen, wie Goethe die Kanonade von Valmy ... Die Seeschlacht von Tsuschima zerstört alle Hoffnungen, die die gegen den Osten Asiens verbündeten europäischen Mächte zu ihren diplomatischen Aktionen zusammenschloß. Wer gewohnt ist, die Ereignisse der Gegenwart in ihrem weltgeschichtlichen Zusammenhang zu betrachten, der weiß, daß nicht Rußland allein in dieser Schlacht besiegt worden ist. Sie sichert voraussichtlich den Japanern die Herrschaft zur See in den ostasiatischen Gewässern, und diese Herrschaft bedeutet eine gefährliche Bedrohung aller nichtjapanischen Interessen im Fernen Osten, auch ... der Interessen Englands und der Vereinigten Staaten.«

Aleksei N. Kuropatkin, Oberbefehlshaber der russischen Truppen im Fernen Osten, und seine Soldaten während eines Feldgottesdienstes bei Mukden. Kuropatkin wurde am 10. März bei Mukden von den Japanern geschlagen.

In offenen Karren werden die mit Tüchern bedeckten Leichen der bei einem Pogrom in Odessa am Schwarzen Meer getöteten Juden zum Friedhof geschafft.

Pogrome und Unruhen erschüttern das Zarenreich

7. 5., Schitomir. In der Hauptstadt des russischen Gouvernements Wolhynien in der Ukraine bricht ein Judenpogrom aus. Drei Tage lang werden jüdische Häuser und Geschäfte geplündert. Die beiden hebräischen Buchdruckereien, die die Hälfte der in Rußland verkauften hebräischen Bücher drucken, werden zerstört. Fast 200 Menschen kommen ums Leben.

Das Pogrom von Schitomir ist kein Einzelfall. Seit dem Ausbruch der Unruhen (→ 22. 1./S. 16) sind die Judenverfolgungen im Russischen Reich immer massiver geworden. In Stellungnahmen der Regierung werden Juden ohne Unterschied mit Revolutionären, Anarchisten sowie Nihilisten gleichgesetzt und als Urheber für Unruhen bezeichnet. So beschuldigen offizielle Stellen »jüdische Sozialisten«, die Streiks angezettelt zu haben, die Ende Mai in Warschau ausbrechen. Vielfach werden die Pogrome von Agenten der zaristischen Polizei vorbereitet und ausgelöst. An den Plünderungen jüdischer Häuser und Geschäfte sowie wahllosen Erschießungen beteiligen sich auch Soldaten und Polizisten.

Judenverfolgungen in großem Stil begannen in Rußland, als die Regierung im Jahr 1882 das Gerücht verbreiten ließ, die Ermordung von Zar Alexander II. durch Anarchisten im Jahr zuvor sei von Juden geplant und durchgeführt worden. Hunderttausende wurden Opfer der folgenden Pogrome.

Im aserbeidschanischen Baku im russischen Generalgouvernement Kaukasus entladen sich politisch-konfessionelle Konflikte in einem Massaker, das panislamische Moslems an armenischen Christen verüben.

▷ *Verzweifelter Jude mit letzten Habseligkeiten in Lodz nach einem Blutbad, zu dem ein Zusammenstoß von 70 000 Demonstranten und Militär geführt hat. Auch hier gibt die Regierung »jüdischen Sozialisten« die Schuld.*

Zar Alexander III. beschränkte ab 1882 im Rahmen seiner Russifizierungspolitik systematisch die Freizügigkeit der Juden durch Ausnahmegesetze. Die Verfolgungen endeten auch nicht nach dem Herrschaftsantritt des jetzigen Zaren Nikolaus II. (1894). Sie erreichen jedoch zur Zeit der Unruhen, von denen Rußland 1905 erschüttert wird, einen neuen Höhepunkt.

Neben den oft staatlich gelenkten Judenpogromen kommt es während der revolutionären Unruhen auch immer wieder zu gewalttätigen Ausschreitungen gegen Angehörige anderer Konfessionen und Nationalitäten. In allen Landesteilen lodern diese stets von den Waffen des Zarenregimes niedergehaltenen Konflikte auf: Im Kaukasus – vor allem in Aserbeidschan – befehden sich Armenier und Tataren; in Baku töten Moslems bei einem Massaker Hunderte armenischer Christen. Letten erheben sich gegen die deutschen Gutsbesitzer im Baltikum (→ 14. 12./S. 207).

Nach dem »Gesetz über die Grundsätze der Glaubenstoleranz« vom 30. April, das erstmals den legalen Austritt aus der russischen Staatskirche und den Übertritt zu anderen Konfessionen erlaubt, treten in Russisch-Polen Tausende von Einwohnern, die in früheren Jahren durch Schikanen der Behörden zum Glaubenswechsel gezwungen worden waren, aus der russisch-orthodoxen Kirche aus und nehmen wieder das römisch-katholische Bekenntnis an.

König Alfons XIII. überlebt Attentat

31. 5., Paris. Nur knapp entkommt König Alfons XIII. von Spanien, der sich zu einem sechstägigen Staatsbesuch in Frankreich aufhält, einem Bombenattentat. Als der Monarch von einem Opernbesuch in Begleitung des französischen Staatspräsidenten Émile Loubet zurückkehrt, wird an der Einmündung der Rue de Rohan in die Rue de Rivoli aus der Menge eine Bombe gegen den Wagen mit den beiden Staatsoberhäuptern geworfen. Zehn Menschen werden zum Teil schwer verletzt, König und Präsident kommen mit dem Schrecken davon. Ein spanischer Anarchist namens Farras wird als mutmaßlicher Täter verhaftet.

Die Gründe für anarchistische Tendenzen in Spanien sind vielschichtig. Der Spanisch-Amerikanische Krieg, in dem Spanien 1898 seine amerikanischen Kolonien sowie die Philippinen an die USA verloren hat, bedeutete den endgültigen Verlust seiner Rolle als Großmacht. Hungersnöte im Süden sowie separatistische Bestrebungen in Katalonien radikalisierten auch die Situation im Innern. Hinzu kommt ein gesellschaftliches Klima, das noch in hohem Maße von autokratischen Strukturen geprägt ist. Kastilischer Hochadel, der sich noch sehr an der spanischen Hofetikette orientiert, Klerus und Militär unterdrücken Reformbestrebungen. Anders als im Nachbarland Portugal, wo vor allem die Republikaner großen Zulauf verzeichnen (→12. 2./S. 40), ist die Opposition gegen die Monarchie in Spanien zersplittert. Die Anarchisten haben jedoch ein Übergewicht (→ 29. 11./S. 194).

△ *Nach dem Attentat suchen Polizeikräfte in der Umgebung des Louvre in den Trümmern nach Beweisstücken. Schon tags zuvor war ein Anschlag gegen Alfons XIII. gescheitert: Bei seiner Fahrt durch die Avenue du Bois de Boulogne durchbrach ein Mann das Spalier und stürzte mit einem Dolch auf den Wagen des Königs zu. Der Täter war ein als Anarchist bekannter Sekretär der Genossenschaft der Goldschmiedegehilfen.*

◁ *Alfons XIII. ist König von Spanien seit seiner Geburt im Jahr 1886. Bis 1902 führte seine Mutter Maria Christina die Regentschaft.*

Jemen kämpft um die Unabhängigkeit

4. 5., Konstantinopel (Istanbul). Der osmanische Kriegsrat beschließt, zur Unterdrückung des Aufstands im Jemen zusätzlich 100 000 Mann in Marsch zu setzen. Erst im Januar hatte Sultan Abd Al Hamid II. 18 000 Soldaten dorthin entsandt, um die Erhebung von Imam Hamid Ad Din Jahja niederzuschlagen.

1872 nahmen die Osmanen die jemenitische Hauptstadt Sana ein, konnten ihre Herrschaft über »das glückliche Arabien« jedoch nie völlig stabilisieren. 1895 begann der erste vergebliche Aufstand der Jemeniten gegen die Fremdherrschaft. Seit 1904 kämpfen sie unter Hamid Ad Din Jahja erneut um die Unabhängigkeit. Noch im selben Jahr eroberten sie die Hauptstadt Sana und waren weiter militärisch erfolgreich.

Als im Frühjahr 1905 mehrere osmanische Bataillone zu den Aufständischen überwechseln, läßt sich Hamid Ad Din Jahja zum unabhängigen Kalifen ausrufen. Durch die Entsendung der zusätzlichen Kontingente in das Kriegsgebiet gewinnt Konstantinopel wieder die Oberhand. Mit der Eroberung Sanas durch osmanische Truppen am 3. September endet die Erhebung Ad Din Jahjas, der jedoch Imam des Jemen bleibt.

Jemen
Das Gebiet des Jemen wurde wegen seiner fruchtbaren Täler im Altertum »Arabia Felix« (Glückliches Arabien) genannt.

Tiroler Volksbund gegen Irredentisten gegründet

7. 5., Sterzing. Mehr als 2000 deutschsprachige Tiroler folgen dem Aufruf zur Gründung eines parteienübergreifenden Tiroler Volksbunds zur Abwehr des italienischen Irredentismus.

Als »Italia irredenta« bezeichnen italienische Nationalisten das »unerlöste Italien«, d. h. Gebiete mit überwiegend italienischsprachiger Bevölkerung außerhalb des Königreichs Italien. Die Irredentisten fordern die Befreiung dieser Gebiete von der »Fremdherrschaft« und ihre Vereinigung mit Italien. Die Bewegung, die von der italienischen Regierung als »lautstarke Minderheit« bezeichnet wird und ihrer Forderung wiederholt durch Anschläge Nachdruck verleiht, richtet sich auf die Erwerbung von Südtirol (Trentino), Görz (Gorizia), Istrien, Triest, den Kanton Tessin, Nizza, Korsika und Malta sowie von Fiume (Dalmatien). Hochburg des Irredentismus ist das österreichische Kronland Tirol mit der Stadt Trient. 55% der Einwohner sind deutschsprachig und fühlen sich auch als Deutsche, die restlichen 45% verstehen sich als Italiener. Der italienische Irredentismus in »Welschtirol« (Südtirol) regte sich zuerst während der Revolution von 1848 und kam vollends während der österreichisch-italienischen Kriege von 1859 und 1866 zum Ausbruch. Noch größeren Auftrieb erhielt die Bewegung im Jahr 1878, als Italien auf dem Berliner Kongreß keine Gebietsansprüche durchsetzen konnte, während sich Österreich durch den Erwerb von Bosnien und der Herzegowina den Besitz seiner adriatischen Küstenlande sicherte.

Nach dem Abschluß des Dreibunds zwischen dem Deutschen Reich, Österreich-Ungarn und Italien im Jahr 1882 schritt die italienische Regierung wiederholt gegen die Irredentisten ein, doch droht die Forderung der Italiener nach Erwerb der »italienischen« Gebiete Österreich-Ungarns das Bündnis zu belasten (→ S. 145).

Tote bei den Maifeiern in Warschau

1. 5., Warschau. Zu einem Blutbad kommt es in der Hauptstadt Russisch-Polens während der Maikundgebungen, die in diesem Jahr im Zeichen der antizaristischen Unruhen stehen (→ 3. 3./S. 65).

Am Nachmittag zieht eine aus 5000 Arbeitern und deren Familien bestehende Volksmenge, die lautstark revolutionäre Lieder singt, mit fünf roten Fahnen zum Witkowski-Platz. Dort haben Garde-Ulanen Aufstellung genommen. Sie lassen die Menge jedoch – wie beim »Blutsonntag« von Petersburg (→ 22. 1./S. 16) – unbeanstandet passieren. Als sich die Menschen auf dem Platz befinden, erscheint Infanterie und feuert ohne Vorwarnung zwei Salven und 40 Schüsse. 31 Menschen sterben, 15 werden verletzt; nach Polizeiangaben werden darüber hinaus weitere 60 Tote gefunden und 50 Menschen verhaftet. Zur gleichen Zeit werden bei Zusammenstößen zwischen Arbeitern und Militär in der Jerusalemer Straße 25 Arbeiter getötet und 20 verwundet. Es ist der blutigste 1. Mai seit Beginn der Maikundgebungen im Jahr 1890. Über Warschau wird das Kriegsrecht verhängt, um weitere Kundgebungen zu verhindern.

Im deutschsprachigen Raum verlaufen die Mai-»Feiern« ohne Zwischenfälle. Die Unternehmer reagieren wie auch in den Jahren zuvor mit Aussperrung, Entlassung u. a. Repressalien gegen Arbeiter, die am 1. Mai »feiern«, d. h. nicht zur Arbeit erscheinen.

Während bei den Maifeiern in Russisch-Polen Tausende demonstrierender Arbeiter ihr Leben lassen müssen, feiern die Arbeiter im Deutschen Reich mit ihren Gewerkschaften. Mit dieser Grußkarte wird in Frankfurt-Bockenheim zu einem Volksfest eingeladen.

»Internationale Tat der Arbeiterklasse«

Chronik Stichwort

Der Gründungskongreß der Zweiten Internationale, der 1889 von der französischen Arbeiterpartei nach Paris einberufen wurde, beschloß, am 1. Mai 1890 überall Kundgebungen durchzuführen.

Auf diesen Veranstaltungen sollte für die Einführung des Achtstundentags, für international verbindliche Arbeiterschutzgesetze sowie für die Verbesserung der sozialen Lage der Arbeiterschaft demonstriert werden. Dieser Beschluß war die Geburtsstunde der seither alljährlich durchgeführten Maifeiern. An den vielen Kundgebungen, die daraufhin am 1. Mai 1890 erstmals als »Manifestation der internationalen Arbeiterbewegung« stattfanden, beteiligten sich Hunderttausende.

Demonstrationen fanden statt in ganz Europa, aber auch in Argentinien und den USA. In Großbritannien und Spanien wurden die Maifeiern erst drei Tage später durchgeführt.

Höhepunkte 1890 waren die Massendemonstrationen in London (300 000 Teilnehmer), Wien (100 000) und Barcelona (100 000). Friedrich Engels bezeichnete den 1. Mai 1890 als »erste internationale Tat der kämpfenden Arbeiterklasse«.

Gewerkschaften: »Generalstreik ist Generalunsinn«

22. 5., Köln. In der Domstadt am Rhein wird der fünfte Kongreß der Freien Gewerkschaften eröffnet. Sie vertreten 1,34 Mio. Mitglieder und sind damit die größte Gewerkschaftsbewegung im Deutschen Reich. Zentrales Thema der bis zum 27. Mai dauernden Veranstaltung ist die Frage des Massenstreiks zur Durchsetzung politischer Forderungen.

Die Freien Gewerkschaften sind sozialistisch ausgerichtet und verstehen sich als Teil der Arbeiterbewegung. Viele Gewerkschaftsfunktionäre sind deshalb auch in der SPD tätig, in der der politisch motivierte Massenstreik zahlreiche Anhänger hat. Als sich die Mehrheit der Delegierten gegen den Massenstreik ausspricht, da nur »langsames Vorschreiten« die Lage der Arbeiterklasse verbessern könne, beginnt mit dem Kölner Kongreß eine vorübergehende Entfremdung zwischen den Freien Gewerkschaften und der SPD (→ 17. 9./S. 166).

»Generalstreik ist Generalunsinn« – auf diese Formel bringt Karl Legien, seit 1892 Vorsitzender der Generalkommission der Freien Gewerkschaften Deutschlands, die Haltung der meisten Mitglieder. Hauptziel müsse es zunächst sein, die Gewerkschaftsorganisation zu verbessern.

Ein weiteres Thema ist das Auftauchen einer neuen Art von Arbeitervertretung, der sog. Wirtschaftsfriedlichen oder Gelben Gewerkschaften. Sie sind 1899 in Frankreich entstanden: Bei einem Streik verklebten Streikbrecher Fenster, die von Streikenden zertrümmert worden waren, mit gelben Streifen. Ferner benutzten sie gelbe Plakate, um sich vom Rot der Sozialisten abzusetzen. Ähnliche Aktivitäten werden 1905 erstmals auch im Deutschen Reich beobachtet. Unternehmer finanzieren Arbeitervereine, die sie als Streikbrecherkolonnen einsetzen. Dabei handelt es sich meist um Unterstützungsvereinigungen in patriarchalisch geführten Betrieben. Sie stellen Werkswohnungen, Kohledeputate und andere Sozialleistungen zur Verfügung. Dadurch versuchen die Unternehmer, Arbeiter dem Einfluß der sozialistischen Gewerkschaften zu entziehen und organisieren sie in »Wirtschaftsfriedlichen Gewerkschaften«.

Neben den Freien Gewerkschaften spielen im Deutschen Reich vor allem die konfessionellen Christlichen Gewerkschaften eine Rolle. Hervorgegangen aus katholischen Arbeitervereinen stehen sie mit ihren knapp 200 000 Mitgliedern für den politischen Katholizismus.

Pompöse Schiller-Feier in Weimar am 100. Todestag des Dichters vor dem Goethe-und-Schiller-Denkmal

Unsterblicher Dichter der Freiheit

9. 5., Weimar. Im einstigen Zentrum der deutschen Klassik sowie im gesamten Deutschen Reich wird der 100. Todestag von Friedrich Schiller feierlich begangen.

Schiller-Denkmäler werden enthüllt, in den Schulen finden Schiller-Festakte statt, und fast alle bedeutenden Bühnen bringen Inszenierungen von Werken des schwäbischen Dichters und Dramatikers, der am 9. Mai 1805 in Weimar im Alter von 45 Jahren an einer Lungenentzündung gestorben war. Als »Dichter der Freiheit«, als »Volksdichter«, als »Unsterblicher« wird Schiller in den Würdigungen bezeichnet; andere nennen ihn »nationalen Heros« oder »Siegfried«.

Schiller (* 10. 11. 1759) war Sohn eines Offiziers und wuchs in kleinbürgerlichen Verhältnissen auf; 1792 wurde er zum Ehrenbürger der Französischen Republik ernannt. Er ist mit seinen Schauspielen, Gedichten sowie theoretischen und kunstästhetischen Schriften neben Johann Wolfgang von Goethe der bedeutendste Vertreter der klassischen deutschen Literatur.

Zu seinen bedeutendsten Dramen zählen »Die Räuber« (1781) und die Trilogie »Wallenstein« (1798/99). Sein Glaube an den Fortschritt der Menschheit, sein revolutionäres und klassisch-humanistisches Pathos und die von ihm vertretene Ethik sicherten ihm einen Platz in der Weltliteratur.

Friedrich Schiller deutscher »Heros«

Chronik Zitat

In ihrer Ausgabe vom 6. Mai 1905 feiert die Zeitschrift »Die Woche« Friedrich Schiller als den »Heros der Deutschen«:

»So oft wir an Schiller denken, drängt sich uns das Wort Heros auf die Lippen ... Der Held hat die Grenzen des Menschlichen überschritten. Soviel von jener göttlichen Kraft, die die ganze Welt erfüllt, hat sich in seiner Seele gesammelt und verdichtet, daß es ihn emporhebt und dahinträgt, wo die Götter wohnen ... Und derber, anschaulicher sagt Goethe eben dies, wenn er Eckermann gegenüber rühmte, Schiller sei immer groß gewesen, und wenn er sich die Fingernägel beschnitt, sei er dabei größer gewesen als andere im Moment dichterischer Betätigung! ...

Stellen wir uns einmal vor, seit jenem Tag, der uns vor 100 Jahren den Großen entriß, sei vielmehr schon so viel Zeit vergangen wie seit der Epoche der germanischen Heldensage. Dann könnte ein Forscher ... leicht dazu kommen, Schiller die reale Existenz abzusprechen, wie sie Christus und Buddha abgestritten worden ist ... Schiller, würde der Kritiker schließen, ist eine Sagengestalt, in der die Nation sich den Träger ihrer Lieblingsideen erschaffen hat.«

Bekämpfung von »Unsittlichkeit« in der Kunst

12. 5., Berlin. Sarkastische Kommentare löst eine Reichstagsdebatte über die Bekämpfung der »Unsittlichkeit in Literatur und Kunst« hervor. Ziel einiger Parlamentarier ist eine strengere Anwendung des Sittlichkeitsgesetzes »Lex Heinze« aus dem Jahr 1900.

Die Reichstagsdebatte findet in einer gesellschaftlichen Atmosphäre statt, in der selbsternannte Sittenwächter geradezu eine Jagd auf »Unsittliches« veranstalten. So ist es kein Einzelfall, daß ein Papierwarenhändler, der Postkarten mit Gemälden von Peter Paul Rubens zum Verkauf anbot, angezeigt und vor Gericht gestellt wurde.

Vertreibung aus dem Paradies anno 1905; Karikatur im »Simplicissimus«

»Der eheliche und der uneheliche Klapperstorch« (»Simplicissimus«)

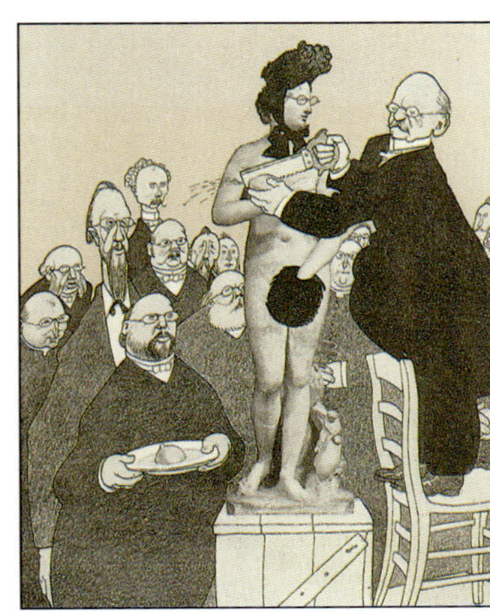

»Fort mit der Afterkunst«; Gulbransson-Karikatur im »Simplicissimus«

Werbung 1905:

Aggressiv, stark, überlegen

Chronik Übersicht

Zu den charakteristischen Merkmalen der Werbung im Jahr 1905 zählt der Versuch, Erscheinungen des Zeitgeschehens im Bild einzufangen und sie in Zusammenhang mit dem zu bewerbenden Produkt zu bringen. Dies soll dem potentiellen Käufer die Möglichkeit zur völligen Identifikation anbieten, nach dem Motto: »Größe / Stärke / Erfolg = Produkt = Käufer«.

An erster Stelle stehen allgemeine Themen der großen Politik (vor allem Aufrüstung und Kolonialismus) sowie spektakuläre Erfindungen auf dem Gebiet der Technik und sportliche Großereignisse. Die Flottenpolitik der Großmächte und das Herrschaftsdenken der Europäer gegenüber Kolonialvölkern werden dabei bewußt übernommen, um dem Publikum das Gefühl zu vermitteln: Mit dem Kauf dieses Produkts wird das beste erworben, alles andere ist minderwertig. Den sieggewohnten Soldaten auf waffenstarrenden Kriegsschiffen werden Kisten mit Marken-Schokolade und Marken-Sekt gereicht; einer Horde Ovambos, deren Gesichter dick eingefettet sind, wird eine europäische Abendgesellschaft gegenübergestellt – gepflegt mit einem wohlriechenden Marken-Hautbalsam.

Ein französisches Champagner-Haus wirbt mit der Segelregatta über den Atlantik und verkündet: »Wieder ein neuer Rekord – 4 Millionen Flaschen – die höchste Versandziffer, welche jemals ein Champagnerhaus erzielte.«

Während die großen deutschen Genußmittelhäuser wie Stollwerck (Schokolade) und Henkell (Sekt) in diesem Jahr eine Gemeinschaftswerbung präsentieren, wird der Kampf um Marktanteile ansonsten erbittert geführt. Immer wieder berichtet die Presse über Gerichtsverfahren »wegen Verletzung von Warenzeichen«. Die zunehmende Konkurrenz hat 1903 zur Gründung eines Verbands der Fabrikanten von Markenartikeln geführt. Die Produkte der Markenartikler werden zu fest vorgeschriebenen Preisen vertrieben; gegen Einzelhändler, die die vorgeschriebenen Preise nicht einhalten, schreitet der Verband u.a. mit Bezugssperren ein. Die Markenzeichen werden in aufwendigen Reklamekampagnen bekannt gemacht, damit die Kunden nur diese Markenartikel verlangen und ihnen andere, als »ebenso gut« vorgelegte zurückweisen.

Von dem künstlerischen Aufbruch, der vor allem unter dem Einfluß eines Henri de Toulouse-Lautrec im ausgehenden 19. Jahrhundert in der Plakatwerbung zu spüren war, ist in Zeitungen, Zeitschriften und Plakaten kaum etwas zu merken. Selbst die Reklamefeldzüge der großen Markennamen verzichten auf eine »künstlerische« Gestaltung, um die Werbeaussage auf das Wesentliche zu verdichten. Der überwiegende Teil der Werbung wird daher weiterhin ohne künstlerische Ansprüche in Tausenden von kleingedruckten Anzeigen von Zeitschriften und Zeitungen transportiert: Der angestrebte Profit ist der alleinige Wertmesser, künstlerische Gestaltung und harmonischer Zusammenklang von Werbemittel und Umfeld bleiben zweitrangig. Wie mit dieser Art von Werbung ein Riesengeschäft gemacht werden kann, zeigt in Deutschland das Beispiel des Berliner Verlegers Rudolf Mosse, dessen »Zeitungs-Katalog der Annoncen-Expedition Rudolf Mosse« in diesem Jahr bereits in der 38. Auflage erscheint: Das Haus Mosse ist die bei weitem größte Anzeigenvermittlungsagentur im Deutschen Reich und hat fast eine Monopolstellung. Mosse begann seine Laufbahn als Organisator des Anzeigenteils der Zeitschrift »Die Gartenlaube«. 1867 gründete er in Berlin eine Zeitungsannoncenexpedition, die seit 1873 Filialen in allen wichtigen deutschen Städten sowie in Zürich und Wien unterhält. Diese »Expedition« übernahm auch den Inseratenteil von Zeitungen und Zeitschriften. Das Anzeigengeschäft erwies sich als so erfolgreich, daß Mosse u. a. im Jahr 1871 das »Berliner Tageblatt« und 1899 die »Berliner Morgenzeitung« gründete und 1904 die »Berliner Volkszeitung« erwarb.

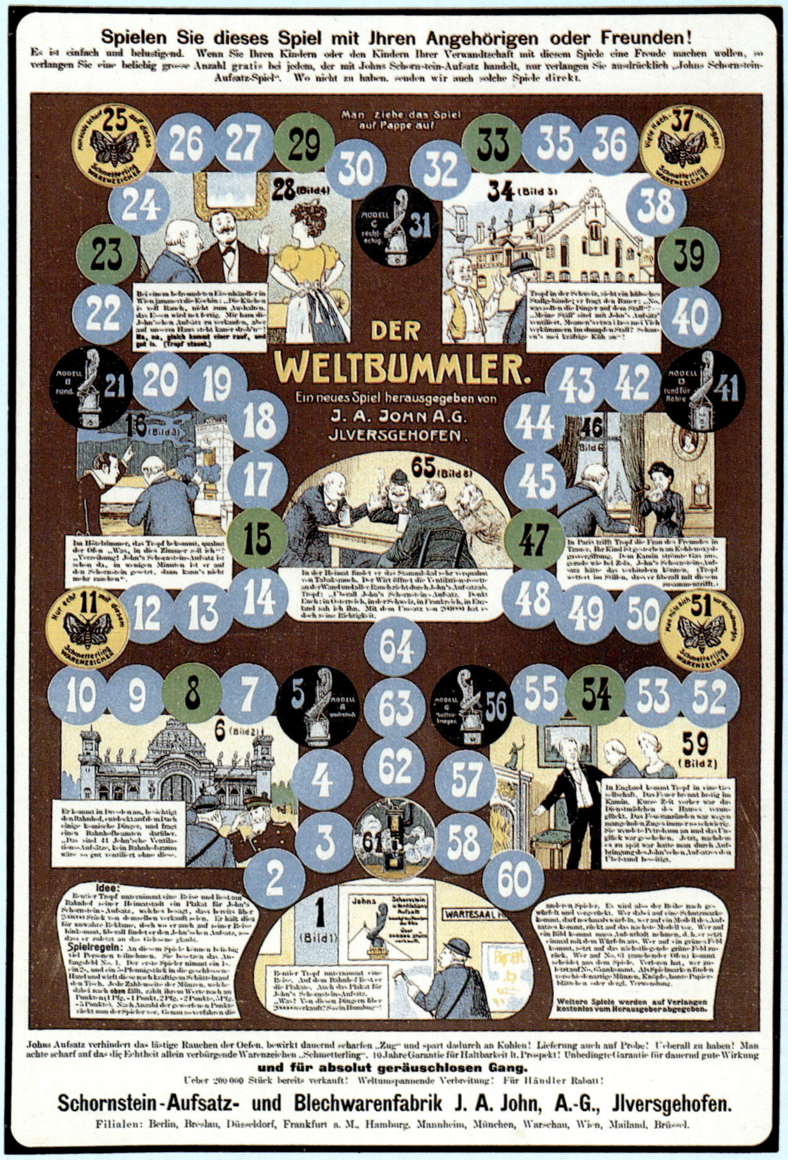

Für ihre Schornsteinaufsätze wirbt die Firma John mit einem Würfelspiel: Dem Kunden soll suggeriert werden, daß Johnsche Schornsteinaufsätze in Deutschland, Österreich, der Schweiz und Großbritannien bekannt sind.

Technik in der Werbung: Schaumwein löst Luftschiffprobleme.

Die überdimensionale Leuchtreklame eines Keks-Fabrikanten am Potsdamer Platz sorgt dafür, daß sich der Markenname nicht nur Passanten einprägt, sondern durch die Erzählungen von Berlin-Besuchern, auf Postkarten und Gemälden weit über die Grenzen der Stadt und Deutschlands verbreitet wird.

Ohne Hinweis darauf, um was es sich handelt, kommt die Werbung für ein bekanntes Mundwasser aus: Ob mit Schwalben, aus Kanonenrohren oder in monumentalen Steinbuchstaben vor der aufgehenden Sonne.

Mit einer Frau als originellem Blickfang wirbt die Motorrad-Firma Dürkopp.

Die emanzipierte Frau als neue Zielgruppe

Mit dem Vordringen von Frauen auf Gebiete und in Berufe, die bisher ausschließlich Männern vorbehalten waren (→ S. 44), ändert sich auch das Verhalten der Werbung gegenüber der Zielgruppe Frauen. Anzeigen mit Frauen in Situationen, die das breite Publikum als außergewöhnlich empfindet – auf dem Motorrad, am Steuer eines Wagens usw. –, sollen die neu entdeckte Konsumentengruppe ansprechen und gleichzeitig die Männerwelt provozieren.

Die ersten Motorflugversuche in Europa

27. 5., Meudon. Dem französischen Offizier Ferdinand Ferber gelingt in der Militärstation von Meudon einer der ersten Motorflüge in Europa. Ferbers Flugapparat »Nr. 6« ist ausgestattet mit einem 6 PS starken Peugeot-Explosionsmotor. Gestartet wird die Maschine von einem Laufschlitten aus, der auf einem Kabel zwischen zwei Stahlträgern gespannt ist. Die 6 PS sind zwar zu schwach, um Ferbers Aeroplan horizontal fliegen zu lassen, aber immerhin so stark, daß die Maschine nur zwölf Höhenmeter auf einer Strecke von 100 m sinkt. Ferber ist ermutigt durch das gelungene Experiment, weiß jedoch genau, daß der Motor nicht nur zu schwer ist, sondern vor allem zuwenig Leistung bringt. Dieses Problem versuchen z. B. die beiden Schweizer Ingenieure Henri und Armand Dufaux durch Reduzierung des Schraubengewichts zu lösen. Ferber bringt jedoch den Automobil-Ingenieur Léon Lavasseur dazu, ihm einen Motor mit einer Leistung von 24 PS zu bauen.

Während Europa im Jahr 1905 in der Flugtechnik kaum über die ersten Schritte hinausgelangt ist, gelingt den US-Amerikanern Wilbur und Orville Wright am 5. Oktober in ihrem Doppeldecker »Flyer III« in 35 Minuten ein Flug über 39 km. Doch ebenso wenig wie in Frankreich der Ferber-Kurzflug wird die Leistung der Brüder Wright als Sensation empfunden. Wirtschaft und Regierung sehen keine Einsatzmöglichkeit für das schwankende, unbequeme Fahrzeug – im Gegensatz zu den komfortableren und größeren Luftschiffen. Am 24. Januar hat das US-Verteidigungsministerium das Angebot der Brüder Wright zum Ankauf einer Maschine abgelehnt; die Brüder hatten auf die Bedeutung ihrer Flugmaschine für die Geländeaufklärung und für die Nachrichtenübermittlung hingewiesen. Am 4. November bitten die Brüder Wright den Franzosen Ferber, eine entsprechende Offerte der französischen Regierung zu übermitteln. Für ca. 8000 Mark wollen sie nicht nur ein Flugzeug liefern, sondern auch einen Piloten ausbilden; darüber hinaus garantieren sie, daß ihre Flugmaschine eine Strecke von 50 km in höchstens einer Stunde zurücklegt.

△ Ferbers Flugapparat »Nr. 6«, ein Doppeldecker des Flugpioniers

◁ Ferdinand Ferber, Kapitän der französischen Armee, ist einer der Pioniere der Luftfahrt in Frankreich. Zunächst hatte er versucht, unbemannte Flugzeuge zu konstruieren und sie von einer 5 m hohen Plattform starten zu lassen. 1902 wurde Ferber auf die Versuche der amerikanischen Brüder Orville und Wilbur Wright aufmerksam, die als optimale Form von Flugapparaten den Doppeldecker favorisierten. Dieses Prinzip empfand Ferber in seinem Flugapparat »Nr. 5« nach. Der französische Pionier setzt sich auch mit Zeitschriftenartikeln für das Fliegen ein.

Erst Zentimeter – jetzt Kurvenflug

Chronik Rückblick

14. 10. 1897: Ein von zwei Propellern angetriebener Flugapparat des Franzosen Clément Ader erhebt sich 2 cm vom Boden.

14. 8. 1901: Der Deutsch-Amerikaner Gustave Whitehead steigt in seinem von einem Vierzylinder-Acetylen-Motor angetriebenen Gleitflugzeug »Nr. 21« in Bridgeport (Connecticut) bis auf 15 m Höhe und fliegt 850 m weit.

18. 8. 1903: Dem Deutschen Karl Jatho gelingen mit einem Einzylinder-Motorflugzeug bei Hannover mehrere ungesteuerte Luftsprünge.

17. 12. 1903: Der US-Amerikaner Wilbur Wright fliegt bei Kitty Hawk mit einem Doppeldecker, der von zwei durch einen kleinen Benzinmotor angetriebenen Luftschrauben bewegt wird, aus einem Holzgerüst gegen den Wind ab. Der 50-m-Flug, der zwölf Sekunden dauert, ist der erste gesteuerte Motorflug der Geschichte. Trotz zahlreicher Einladungen der Brüder Wilbur und Orville Wright wohnen dem Ereignis nur zwei Farmer bei.

20. 4. 1904: Den Brüdern Wright gelingt erstmals ein erfolgreicher Kurvenflug.

Das Flugzeug der Schweizer Brüder Henri und Armand Dufaux. Durch die Verwendung von Schrauben, die jeweils nur 450 g wiegen, reduzieren sie das Gesamtgewicht des Motors auf nur 4,5 kg. Die Leistung beträgt 3 PS.

Die siegreiche Mannschaft im Kampf um die Deutsche Fußballmeisterschaft, der Fußballverein Union 92 Berlin, vor dem Endspiel

Interesse der Deutschen für den Fußballsport wächst

21. 5., Köln. Im Endspiel um die deutsche Fußballmeisterschaft besiegt Union 92 Berlin den Karlsruher FV 2:0. 3500 Zuschauer wohnen der Begegnung bei. Zur Halbzeit stand es bereits 1:0.

Der Thor- und Fußball-Club Union 1892 ist erst der zweite Deutsche Fußballmeister. Erster Titelträger war 1903 der VFB Leipzig, der in Hamburg den DFC Prag deutlich mit 7:2 besiegte.

1904 wurde kein Deutscher Meister ermittelt, weil der Karlsruher FV im Verlauf der Zwischenrundenspiele gegen eine Spielansetzung in Berlin erfolgreich beim Deutschen Fußball-Bund (DFB) Protest eingelegt hatte.

In diesem Jahr befindet sich der Fußballsport im Deutschen Reich im Aufschwung. Der Fußball- und Athletikbund Berlin, dem der neue Titelträger angehört, und der Märkische Fußballbund treten dem DFB bei, der damit 254 Vereine mit über 13 000 Spielern umfaßt. Gleichzeitig gibt der DFB das erste Fußballjahrbuch heraus. Der DFB ist jetzt so anerkannt, daß er bei Streitfällen zwischen Vereinen Spielverbote aussprechen kann.

»Atlantic« gewinnt Ozeanregatta vor »Hamburg«

29. 5. Lizard. Die dem US-Amerikaner Wilson Marshall gehörende Jacht »Atlantic« vom New Yorker Jachtklub geht bei der Segelregatta um den Ozean-Pokal als erste durchs Ziel. Zweite des am 16. Mai gestarteten Rennens wird die deutsche »Hamburg«; Eigner dieses Schiffes ist der Hamburger Verein »Seefahrt« vom Norddeutschen Regattaverein. Die zu durchsegelnde Strecke führte über den Atlantik von Sandy Hook nach Lizard.

Initiator der Regatta war der deutsche Kaiser Wilhelm I., der als begeisterter Segler auch den Ehrenpreis gestiftet hat. Insgesamt nahmen eine deutsche, zwei englische und und acht US-amerikanische Jachten teil.

Den Verlauf der Regatta hatte die »Atlantic« eindeutig dominiert. Die »Hamburg« konnte nur am ersten Renntag die Position des führenden Schiffes halten.

Im Deutschen Reich sorgte die am 14. Mai vom Norddeutschen Regatta-Verein in Hamburg veranstaltete Alster-Regatta für Furore, an der auch Prinz Heinrich von Preußen siegreich teilnahm. Bei dieser Veranstaltung standen Vergleiche von Neubauten mit älteren Booten im Vordergrund. Bis auf eine Ausnahme setzten sich die Neukonstruktionen durch.

Start der Regatta um den Ozean-Pokal am Sandy Hook. Zeichnung aus der »Leipziger Illustrirten Zeitung« vom 25. Mai von Willy Stöwer. Die siegreiche Jacht »Atlantic« braucht für die Strecke genau zwölf Tage, vier Stunden und sechs Minuten. Die zweitplazierte »Hamburg« benötigt 13 Tage, zwei Stunden und sechs Minuten. Das Siegerschiff wiegt 206,59 Nettoregistertonnen und ist als Dreimast-Schoner getakelt. Ihr deutscher Widerpart wiegt 134 Nettoregistertonnen und ist als Schoner getakelt.

Juni 1905

Mo	Di	Mi	Do	Fr	Sa	So
			1	2	3	4
5	6	7	8	9	10	11
12	13	14	15	16	17	18
19	20	21	22	23	24	25
26	27	28	29	30		

1. Juni, Christi Himmelfahrt

Erdstöße im westlichen Balkan, die bis zum 20. Juni andauern, zerstören die albanische Stadt Skutari (Shkodër) fast völlig. → S. 115

Der britische Außenminister Henry Charles Keith Petty-Fitzmaurice Marquess of Lansdowne bezeichnet die Bündnisse mit Japan und Frankreich als feste Stützen der britischen Politik. Sie seien »für keinen selbstsüchtigen aggressiven Zweck ausgedacht« und beinhalteten nicht »den Wunsch, andere aus dem Besitz des ihnen Gehörigen zu verdrängen« (→ 12. 8./S. 144).

Im Münchner Glaspalast wird die 9. Internationale Kunstausstellung eröffnet. Sie ist verbunden mit einer Gedächtnisausstellung der Werke des vor einem Jahr verstorbenen Franz von Lenbach. Auf Verlangen der Regierung wird das Bild »Bacchanale« von Leo Putz aus dem Glaspalast entfernt; es stellt wilde Tiere im Kampf mit nackten Bacchantinnen dar und war von konservativen Kreisen als »anstößig« empfunden worden (→ 12. 5./S. 95).

Die seit 1900 erscheinende Tageszeitung »Österreichische Kronenzeitung« erscheint in ihrer neuesten Ausgabe unter dem Titel »Illustrierte Kronenzeitung«, um so auf ihre im Vergleich zu anderen Blättern reichhaltigen Illustrationen hinzuweisen.

Der Hengst Dr. Franz gewinnt das Deutsche Traberderby. → S. 117

2. Juni, Freitag

Das ungarische Abgeordnetenhaus in Budapest genehmigt mit der Mehrheit des nationalistischen Oppositionskartells einen Antrag von Oppositionsführer Ferenc Kossuth, einen autonomen ungarischen Zolltarif einzuführen (→ 21. 6./S. 107).

3. Juni, Samstag

Das preußische Herrenhaus in Berlin fordert die Reichsregierung auf, die Einführung einer Reichserbschaftssteuer zu verhindern und die Einziehung der Erbschaftssteuer weiter den Einzelstaaten zu überlassen.

4. Juni, Sonntag

Eine antizaristische Demonstration von rund 15 000 Arbeitern in Petersburg führt zu blutigen Zusammenstößen mit dem Militär (→ 19. 6./S. 104).

Anläßlich der Feiern zum 1150. Todestag des heiligen Bonifatius im Fuldaer Dom kommt es in den Domtürmen zu einem Brand. Dabei wird das Fuldaer Domgeläut zerstört. Während eines Feuerwerks waren durch Funkenflug die Verschalbretter des Nordturms in Brand geraten.

5. Juni, Montag

Die Hamburger Bürgerschaft verabschiedet eine neue Wahlrechtsvorlage, die die Chancen der Sozialdemokraten in hohem Maße verschlechtert (→ 7. 7./S. 127).

Zar Nikolaus II. ernennt den Generalgouverneur von Petersburg, Dmitri F. Trepow, unter Beibehaltung seines Amts zum Gehilfen des Ministers des Innern und erteilt ihm umfassende Vollmachten bezüglich der Einsetzung der Polizei.

König Alfons XIII., der in Paris nur knapp einem Bombenattentat entkommen ist, trifft zu einem viertägigen Besuch bei König Eduard VII. in London ein (→ 31. 5./S. 93).

6. Juni, Dienstag

Der französische Außenminister Théophile Delcassé tritt zurück. → S. 106

In Berlin heiraten der deutsche Kronprinz Wilhelm und Herzogin Cecilie von Mecklenburg-Schwerin. → S. 112

Kaiser Wilhelm II. erhebt Reichskanzler Bernhard Graf von Bülow in den Fürstenstand. Die Auszeichnung wird ihm für die Leistungen während seiner bisherigen Amtszeit verliehen, vor allem für die neuen Handelsverträge (→ 22. 2./S. 38).

7. Juni, Mittwoch

Das norwegische Parlament in Kristiania (Oslo) erklärt die Union mit Schweden für aufgelöst und König Oscar II. von Schweden als König von Norwegen für abgesetzt. → S. 108

Eine neue Wahlkreiseinteilung erhöht die Zahl der bayerischen Wahlkreise von 63 auf 77. Die Zahl der Abgeordneten bleibt jedoch auf 159 beschränkt (→ 17. 7./S. 125).

Die Studenten Erich Heckel, Ernst Ludwig Kirchner und Karl Schmidt-Rottluff gründen in Dresden die Künstlergemeinschaft »Die Brücke«. → S. 116

8. Juni, Donnerstag

Die schwedischen Garnisonen an der Grenze zu Norwegen werden auf Kriegsstärke gebracht (→ 7. 6./S. 108).

Fürst Leopold von Hohenzollern-Sigmaringen stirbt in Berlin im Alter von 74 Jahren. Seine Kandidatur für die spanische Krone gab 1870 den Anlaß zum Deutsch-Französischen Krieg.

Der französische Flugzeugkonstrukteur Gabriel Voisin konstruiert ein Wasserflugzeug, das von einem Motorboot gezogen wird (→ 27. 5./S. 98).

9. Juni, Freitag

US-Präsident Theodore Roosevelt bittet in Noten die japanische und die russische Regierung, Friedensverhandlungen im Russisch-Japanischen Krieg (→ 27. 5./S. 90) aufzunehmen.

Das norwegische Verteidigungsministerium ordnet nach der von Schweden nicht anerkannten Unabhängigkeitserklärung die Hissung einer eigenen norwegischen Kriegsflagge an (→ 7. 6./S. 108).

10. Juni, Samstag

Der Wirtschaftsrat des russischen Gouvernements Charkow erklärt die Regierung für »vollständig bankrott«; es fehle ihr das moralische Recht, die innere oder die äußere Politik zu leiten. Umgehend müsse eine Volksvertretung einberufen werden (→ 19. 6./S. 104).

In Wilna werden während einer Sitzung des jüdischen »Bundes« (Allgemeiner Jüdischer Arbeiterbund in Litauen, Polen und Rußland) elf Mitglieder wegen Beratungen über den Umsturz der bestehenden Staatsordnung verhaftet. Ziel der Vereinigung ist die Emanzipation des jüdischen Proletariats in Rußland (→ 7. 5./S. 92).

Der Vulkan Mont Pelé im Nordwesten der französischen Antilleninsel Martinique bricht aus. Mehrere Dörfer werden verschüttet, 37 Menschen kommen ums Leben.

Mit der Anzeige »Auf ins Fruchtler-Paradies!« werben »Fruchtler« in mehreren Zeitungen für die Besiedlung einer »Naturmenschenkolonie« in Deutsch-Neuguinea. »Fruchtler« nennen sich radikale Vegetarier, die von rohen Früchten und Kräutern leben.

11. Juni, Pfingstsonntag

Der französische Handelsminister Ferdinand Dubief betont bei einem Bankett in Paris, Frankreich dürfe trotz der gegenwärtigen Schwierigkeiten seinen Verbündeten Rußland nicht im Stich lassen (→ 12. 8./S. 144). Frankreich sei keine »aggressive Macht«, müsse jedoch »seinen Platz unter den Mächten behaupten« und »das Licht der Freiheit durch die Welt tragen« (→ 6. 6./S. 106).

Rund 30 000 organisierte Maurer in Rheinland und Westfalen beschließen, in den Streik zu treten. Sie verlangen eine Erhöhung des Stundenlohns von 50 auf 55 Pfennig.

Die Polizei verbietet den von der »Anarchistischen Föderation Deutschlands« über die Pfingstfeiertage nach Wenigenjena bei Jena in Thüringen einberufenen Anarchistenkongreß, auf der Für und Wider des politischen Generalstreiks behandelt werden sollte.

12. Juni, Pfingstmontag

Die japanische Regierung erklärt sich mit dem Vorschlag von US-Präsident Theodore Roosevelt einverstanden und benennt Bevollmächtigte, die mit Rußland über die Friedensbedingungen im Russisch-Japanischen Krieg verhandeln sollen (→ 5. 9./S. 162).

Gegen die Vorherrschaft der Europäer kämpfende Marokkaner ermorden in Mazagan (Jadida) den Briten Daniel Madden sowie den österreichisch-ungarischen und dänischen Vizekonsul. In Tanger wird der Vertreter des von Sultan Abd Al Asis zum Gouverneur einiger Atlas-Stämme ernannte Mulai Ahmed Ibn Muhammed Raisuli erschossen.

In der Festung Brest-Litowsk werden bei antisemitischen Ausschreitungen 28 Juden getötet und 34 verletzt (→ 7. 5./S. 92).

In Jena beginnt die drei Tage dauernde 90-Jahr-Feier der Gründung der Jenaer Burschenschaft. Auf den Tag genau vor 90 Jahren hatten die in den Landsmannschaften zersplitterten Burschenschaften ihre Selbständigkeit aufgegeben und die Jenaer Ur-Burschenschaft gegründet (→ 11. 3./S. 61).

Die Universität des US-Bundesstaates Mississippi in New Orleans lehnt die angebotene Schenkung des Stahlindustriellen und Milliardärs Andrew Carnegie in Höhe von 25 Mio. US-Dollar (105,2 Mio. Mark) ab. Der Gouverneur und ein Mitglied der Universitätsleitung erklären, die Universität verzichte auf Geld, an dem »das Blut und der Schweiß der Arbeiter« hafte.

Hochwasser des Mississippi verursacht an den Strecken der Chicago-Burlington-Quincy-Bahn sowie der Chicago-Rock-Island- und der Pacific-Bahn erhebliche Schäden.

13. Juni, Dienstag

General Géza Baron Fejérváry bildet in Budapest ein parteiloses Übergangskabinett. Sein Vorgänger, der Liberale István Graf Tisza, war am 1. Februar nach dem Wahlsieg der Opposition zurückgetreten und hatte seither die Amtsgeschäfte interimistisch weitergeführt (→ 21. 6./S. 107).

Während des Hottentottenkriegs (→ 4. 1./S. 22) schlagen deutsche Schutztruppen eine Abteilung des Hottentotten-Führers Jakob Morenga am Karib Rivier 80 km östlich der Großen Karrasberge. Ein deutscher Soldat kommt ums Leben. Die Hottentotten verlieren 30 Mann, 250 Stück Großvieh und 40 Pferde und Esel.

Während der Kreta-Krise (→ 20. 4./S. 77) wird in Athen der griechische Ministerpräsident Theodoros Delijannis, Hauptvertreter einer aggressiven panhellenistischen Politik gegenüber dem Osmanischen Reich, ermordet.

Die dem Arbeitgeberbund für die Baugewerbe in den rheinisch-westfälischen Industriegebieten angehörenden Geschäfte und Unternehmen entlassen alle rund 30 000 streikenden Arbeiter.

In Hannover wird die Tagung des Evangelisch-sozialen Kongresses eröffnet, der sich um die Beseitigung sozialer Mißstände bemüht. Die Hauptreferate halten Heinrich Sieveking über »Die Bedeutung der Arbeiterorganisationen für Wirtschaft und Kultur« und Otto Baumgarten über »Kirchliche Einrichtungen, die antisozial wirken«.

Auf die 9. Internationale Kunstausstellung, die vom 1. Juni bis Ende Oktober stattfindet, macht dieses Plakat von Franz Stuck aufmerksam. Im Mittelpunkt stehen die Werke des am 6. Mai 1904 verstorbenen Franz von Lenbach.

14. Juni, Mittwoch

Das russische Außenministerium gibt in einer Mitteilung über die Friedensverhandlungen mit Japan bekannt, daß US-Präsident Theodore Roosevelt die Vermittlerrolle im Russisch-Japanischen Krieg übernommen habe (→ 5. 9./ S. 162).

Die Strafkammer Beuthen verurteilt den Amtsdiener Konstantin Mooß aus Königshütte zu drei Jahren Gefängnis und vier Jahren Ehrverlust. Er hatte der Königshütter Berginspektion einen Beutel mit Lohngeldern in Höhe von 10 000 Mark gestohlen.

15. Juni, Donnerstag

Großbritannien lehnt die Einladung des marokkanischen Sultans Abd Al Asis zu einer internationalen Marokkokonferenz ab. Die USA hingegen nehmen die Einladung am Tag darauf an (→ 6. 6./S. 106).

Die Deutsch-Ostafrikanische Bank in Daressalam gibt die erste deutsche Kolonialbanknote heraus. → S. 115

Der württembergische Ministerpräsident Wilhelm August von Breitling legt der Abgeordnetenkammer in Stuttgart den Entwurf zur Verfassungsänderung des Königreichs vor. Der Entwurf sieht vor, daß die Abgeordnetenkammer künftig eine »ausschließlich aus Erwählten des allgemeinen Stimmrechts zusammengesetzte Volkskammer« sein soll (→ S. 125).

Die Deutsche Kolonialgesellschaft tritt unter dem Vorsitz von Herzog Johann Albrecht von Mecklenburg in Essen zu ihrer Generalversammlung zusammen. Sie ist die bedeutendste Organisation zur Propagierung des kolonialen Gedankens im Deutschen Reich.

Der deutsche Afrikaforscher Hermann von Wissmann tötet sich bei einer Jagd in Weißenbach in der Steiermark versehentlich durch einen Schuß in den Kopf. Der 51jährige Wissmann hatte als erster Äquatorialafrika durchquert.

16. Juni, Freitag

Bei den Parlamentswahlen in den Niederlanden verliert die konservativklerikale Koalition unter Ministerpräsident Abraham Kuyper mit 48 Mandaten die Mehrheit, während die Opposition aus Liberalen, Demokraten und Sozialdemokraten 52 Abgeordnete stellen kann.

17. Juni, Samstag

Am Sabbat veranstalten die Juden in den Warschauer Synagogen Protestkundgebungen, weil der Verfassungsentwurf des Innenministeriums kein Wahlrecht für sie vorsieht (→ 19. 6./ S. 104; 7. 5./S. 92).

18. Juni, Sonntag

Im Schacht Iwan der Russo-Dunes-Gesellschaft Jusowka in Jekaterinoslaw kommen bei einer Schlagwetterexplosion rund 500 Bergleute ums Leben.

Mit einer Aufführung von Ludwig van Beethovens »Fidelio« werden in Köln die Opernfestspiele eröffnet.

19. Juni, Montag

Beim Empfang einer Delegation des Moskauer Semstwo-Kongresses und der Stadt Petersburg teilt Zar Nikolaus II. in Peterhof mit, er wolle gewählte Volksvertreter an der Regierung beteiligen. → S. 104

In einer Enzyklika erlaubt Papst Pius X. den italienischen Katholiken die Beteiligung am öffentlichen Leben. → S. 114

Im städtischen Freibad Würzburg tritt eine Verordnung in Kraft, wonach protestantische Mädchen Montag, Mittwoch und Freitag baden dürfen. An den anderen Tagen dürfen katholische Mädchen baden. Der Vorgang ist Indiz für konfessionelle Spannungen im Deutschen Reich.

20. Juni, Dienstag

Das konservative spanische Kabinett unter Raimundo Fernández Villaverde tritt zurück, da das Abgeordnetenhaus Villaverde wegen finanzieller Streitigkeiten mit 204 zu 45 Stimmen das Mißtrauen ausspricht. Am 23. Juni beauftragt König Alfons XIII. den Liberalen Eugenio Montero Rios mit der Bildung einer neuen Regierung (→ 31. 5./S. 93).

21. Juni, Mittwoch

Das ungarische Abgeordnetenhaus in Budapest spricht dem Kabinett Géza Baron Fejérváry das Mißtrauen aus. → S. 107

Die russische Oberpressebehörde untersagt den Zeitungen, weiter die Erklärung des Zaren Nikolaus II. über gewählte Volksvertreter zu zitieren (→ 19. 6./S. 104). Viele Blätter hatten aus der Ansprache des Zaren die Einführung einer Verfassung nach westeuropäischem Muster abgeleitet.

Im Wiener Rathauspark wird für die Komponisten Johann Strauß (Vater) und Joseph Lanner ein Denkmal errichtet. Den Gesamtplan entwarf Robert Oerley. Der ungünstige Standort hatte in der Öffentlichkeit Proteste ausgelöst.

22. Juni, Donnerstag

In Lodz in Russisch-Polen beginnt ein bewaffneter Arbeiteraufstand gegen die zaristische Herrschaft. Die dreitägigen Unruhen, bei denen 561 Arbeiter getötet und Tausende verletzt werden, werden begleitet von einem Generalstreik (→ 19. 6./S. 104). Am 25. Juni wird über die Industriestadt das Kriegsrecht verhängt.

Die offiziöse »Norddeutsche Allgemeine Zeitung« dementiert einen Bericht des britischen »Daily Express«, wonach der deutsche Kaiser Wilhelm II. zur Deckung seiner Ausgaben bei der Hochfinanz Schulden gemacht habe.

Die k. u. k. Hofzensur verbietet dem Intendanten die Wiener Hofoper, Gustav Mahler, die Aufführung von Richard Strauss' Oper »Salome«. Das Werk verstoße gegen Anstand und Moral (→ S. 51).

23. Juni, Freitag

Der österreichische Kaiser Franz Joseph I. lehnt als König von Ungarn ein Rücktrittsgesuch des ungarischen Übergangskabinetts unter Géza Baron Fejérváry trotz des Mißtrauensvotums vom → 21. Juni (S. 107) ab.

In den Textilfabriken der belgischen Stadt Gent brechen Streiks für eine Verringerung der Arbeitszeit aus.

Die US-amerikanischen Flugpioniere Orville und Wilbur Wright starten in Stimms Station die ersten Flüge mit ihrem neuen Flugzeug »Flyer III« (→ 27. 5./S. 98).

24. Juni, Samstag

Der französische Sozialistenführer Jean Jaurès beschuldigt die französische Regierung, in der Marokkofrage dem Deutschen Reich gegenüber eine Unversöhnlichkeit zu zeigen, die den Frieden ernsthaft bedrohe (→ 9. 7./ S. 126).

In Amsterdam geht die am Vortag eröffnete vierte internationale Konferenz der Sekretäre freigewerkschaftlicher Landeszentralen zu Ende (→ 22. 5./ S. 94). Die Zahl der angeschlossenen Gewerkschaftsmitglieder wird europaweit mit 2,84 Mio. angegeben.

25. Juni, Sonntag

Während eines Kavalleriemanövers bei Lyon stoßen zwei Eskadrons zusammen. Ein Unteroffizier kommt ums Leben, 20 Soldaten erleiden Verletzungen, 20 Pferde werden getötet.

Die österreichische Stute Patience gewinnt das deutsche Galoppderby. → S. 117

26. Juni, Montag

Die offiziöse russische Telegraphenagentur veröffentlicht die Grundzüge der von Innenminister Alexandr G. Bulygin entworfenen Verfassung. Diese sieht die Duma, ein gewähltes Parlament, vor (→ 19. 6./S. 104).

In Athen bildet Demetrios Rallis als Nachfolger des am 13. Juni ermordeten Theodoros Delijannis eine neue Regierung.

Max Hirsch, der Begründer der Hirsch-Dunckerschen Gewerkvereine, stirbt im Alter von 72 Jahren in Homburg vor der Höhe. → S. 115

27. Juni, Dienstag

Auf dem russischen Panzerkreuzer »Knjäs Potemkin« beginnt ein Matrosenaufstand. → S. 105

Deutsche Kolonialtruppen reiben die Verbände des Hottentotten-Führers Jakob Morenga in Deutsch-Südwestafrika völlig auf. Auf deutscher Seite fallen 15 Soldaten (→ 4. 1./S. 22).

Die französische Abgeordnetenkammer in Paris verabschiedet das Gesetz, das den Maximalarbeitstag für Bergleute auf acht Stunden festlegt (→ 17. 4./S. 78).

In Chicago wird die US-Arbeiterorganisation Industrial Workers of the World (IWW, Industriearbeiter der Welt) gegründet. Die 203 anwesenden Delegierten, die in ihrer Mehrheit ein sozialistisches Programm vertreten, stehen für fast 150 000 Mitglieder.

Der Nationalrat in Bern verabschiedet das Gesetz über die Errichtung der Schweizerischen Nationalbank. → S. 115

Als neues Wahrzeichen für Niederösterreich wird bei Dürnstein im Donautal das von Friedrich Schachner entworfene Kriegerdenkmal für die Gefallenen der Schlacht vom 11. November 1805 geweiht. Damals hatten Österreicher und Russen den Franzosen eine Niederlage beigebracht.

28. Juni, Mittwoch

Friedrich von Holstein, der Vortragende Rat im Auswärtigen Amt, rät Hugo Fürst von Radolin, dem deutschen Botschafter in Paris, die französische Regierung für eine internationale Marokkokonferenz zu gewinnen. → S. 106

Bei Zusammenstößen zwischen Arbeitern und Militär in Odessa kommen mehrere 100 Menschen ums Leben. Im Hafen werden mehrere Packhäuser und zahlreiche Schiffe durch Feuer zerstört (→ 27. 6./S. 105).

In Stadt und Kreis von Petersburg beginnt die Einberufung von 80 000 Reservisten (→ 7. 5./S. 92).

29. Juni, Donnerstag

Während der Kieler Woche ernennt Kaiser Wilhelm II. den Chef der aktiven Schlachtflotte und Generalinspekteur der Marine, Hans von Koester, zum Großadmiral. Es ist das erste Mal, daß diese Würde verliehen wird.

30. Juni, Freitag

In Odessa versuchen mehrere Kriegsschiffe aus Sewastopol vergeblich, die meuternden Matrosen des Panzerkreuzers »Knjäs Potemkin« zur Aufgabe zu bewegen (→ 27. 6./S. 105).

Schwere Stürme und Gewitter führen in Europa und Nordamerika zu Todesopfern und Verwüstungen. → S. 115

Das Wetter im Monat Juni

Station	Mittlere Lufttemperatur (°C)	Niederschlag (mm)	Sonnenscheindauer (Std.)
Aachen	17,3 (15,9)	97,6 (77)	– (200)
Berlin	19,4 (16,5)	66,4 (62)	– (244)
Bremen	18,3 (16,0)	73,8 (59)	– (218)
München	17,4 (15,8)	103,4 (121)	– (201)
Wien	18,8 (17,6)	33,0 (68)	231 (–)
Zürich	17,1 (15,5)	104,0 (138)	239 (220)

( ) Langjähriger Mittelwert für diesen Monat
– Wert nicht ermittelt

Nr. 28 — Berlin, den 4. Juni 1905 — LVIII. Jahrgang

Kladderadatsch

Wochenkalender

Montag, den 5. Juni
Es folgte Feier auf Feier
In diesem Lenz bisher.
Des Jubeldichters Leier
Kam gar nicht zur Ruhe mehr.

Dienstag, den 6. Juni
Die Fleischer alle zu Pferde,
Die sonst zu Fuß doch gehn.
Noch nie wohl hat die Erde
So eine Pracht gesehn.

Mittwoch, den 7. Juni
Und was für ein Gewimmel
Von Ehrenjungfern! Nein,
Im siebenten der Himmel
Fast glaubte man zu sein.

Wochenkalender

Donnerstag, den 8. Juni
Was ward an Kränzen geflochten!
So was sah man noch nie.
Rings um die Erde mochten
Der Länge nach reichen sie.

Freitag, den 9. Juni
Wie ist geredet worden,
Getoastet mit welcher Lust!
Herab fiel manch ein Orden
Auf schon besternte Brust.

Sonnabend, den 10. Juni
Nun geht nach all dem Tosen
Die Welt still ihren Lauf,
Und statt papierner Rosen
Blühn die lebend'gen auf.

Kladderadatsch

Humoristisch-satirisches Wochenblatt

Dieses Blatt erscheint täglich mit Ausnahme der Wochentage. Man bestellt bei den Postanstalten des In- und Auslandes, sowie in den Buchhandlungen.

Der vierteljährliche Bezugspreis für dieses Blatt mit sämtlichen Beilagen beträgt für In- und Ausland 2 M. 25 Pf. ohne Porto. Einzelne Nummer 20 Pf.

Alle Rechte für sämtliche Artikel und Illustrationen vorbehalten.

Dem hohen Brautpaar

Keine andre Zeit zum Freien
Wählt sich, wer es recht versteht,
Als die Tage, da's vom Maien
In den schönen Juni geht,
Da im goldnen Strahlenglanze
Jede Blume hold erblüht
Und als Schönste in dem Kranze
Dunkelrot die Rose glüht.

Wenn zusammen sich gefunden
Hat ein junges Menschenpaar,
Soll in Lieb' und Treu verbunden
Jetzt es schreiten zum Altar.
Frühling draußen, Frühling drinnen,
Wie sich das so gut verträgt,
Wenn in hold erblühtem Minnen
Herz am Herzen selig schlägt.

Dieser Frühling, der so sonnig
Euch im Herzen ist erwacht,
Weiter blühen mög' er wonnig,
Niemals welke seine Pracht.
Ja, das Glück, das er gegeben
Euch so reich, es bleibt Euch treu,
Es begleitet Euch durchs Leben
Immer jung und immer neu.

Ob die Tage flüchtig wandern,
Bis sich Jahr zu Jahr gereiht,
Eines spricht noch oft zum andern:
„Denkst du, Schatz, der schönen Zeit?
Brachte sie uns doch das Beste,
Als die Welt so reich erblüht
Stand zu unserm Hochzeitsfeste
Und die Rosen rot geglüht."

Kladderadatsch

Die satirische Zeitschrift »Kladderadatsch« bezieht sich mit ihrer Titelseite vom 4. Juni auf die zwei Tage später stattfindende Heirat des deutschen Kronprinzen Wilhelm mit Herzogin Cecilie von Mecklenburg-Schwerin. Neben einem ironischen Hochzeitsgedicht geht auch der Wochenkalender auf das gesellschaftliche Großereignis ein.

Verfassungsentwurf des Zaren schließt das Volk aus

19. 6., Peterhof. Zar Nikolaus II. empfängt in seiner Sommerresidenz eine Delegation des Moskauer Semstwo-Kongresses und der Stadt Petersburg. Diese bisher vom Zaren stets abgelehnte Zusammenkunft mit Vertretern von Selbstverwaltungsorganen aus Kreis-, Stadt- und Gouvernementsebene gilt als Zeichen dafür, daß der Zar seinen Widerstand gegen eine Verfassung aufgibt.

Das amtliche Kommuniqué, das über die Zusammenkunft erscheint, wird in Rußland als Sensation empfunden. Danach erklärt der Wortführer der Delegation, Fürst Sergei N. Trubezkoi, das russische Volk fühle sich getäuscht und glaube, daß auch der Kaiser getäuscht werde. Das Volk sehe sowohl im Umfeld des Kaisers als auch bei den Generälen Verräter. Trubezkoi spricht von einem durch Jahrhunderte der Unterdrückung aufgestauten, durch das Elend der wirtschaftlichen Verhältnisse und durch das Vorenthalten bürgerlicher Rechte noch vermehrten Haß. Kein Teil der Bevölkerung dürfe von einer Volksvertretung ausgeschlossen werden, denn der Kaiser sei nicht der Kaiser des einen oder des anderen Standes, sondern der Kaiser von ganz Rußland.

Die Zarenfamilie (v. l.): Großherzogin Tatjana (1897), Großherzogin Maria (* 1899), Zarin Alexandra, Großherzog-Thronfolger Alexei (* 1904), Großherzogin Anastasia (* 1901), Nikolaus II., Großherzogin Olga (* 1895).*

Der Zar stammelt daraufhin Dankesworte und betont seine Absicht, gewählte Volksvertreter an der Regierung zu beteiligen: »Zerstreuen Sie ihre Bedenken! Mein Wille ist ein souveräner Wille, ein unerschütterlicher. Die Zulassung von Erwählten zu den Arbeiten des Staates wird ordnungsgemäß durchgeführt. Jeden Tag wache Ich über diesem Werke und widme Ich Mich ihm.«

Am 26. Juni veröffentlicht die offiziöse russische Telegraphenagentur die Grundzüge der von Alexandr G. Bulygin entworfenen Verfassung. Sie sieht ein auf fünf Jahre gewähltes Parlament mit 524 Mitgliedern vor, die »Duma«, die bei den Regierungsgeschäften eine »beratende« Funktion haben soll. Das Wahlverfahren wird in dem Entwurf nicht mitgeteilt, da in der Regierung hierüber Meinungsverschiedenheiten bestehen.

Erst als der Zar Anfang September ein Manifest über die Einführung einer Verfassung veröffentlicht, ist klar, daß ein Zensuswahlrecht den Großteil des russischen Volkes von der Wahl ausschließen wird.

Anstatt die Lage zu beruhigen, facht das Verfassungsmanifest die revolutionären Unruhen nur noch weiter an (→ 22. 1./S. 16).

Fast 100 Jahre Kampf gegen autokratische Alleinherrschaft

Chronik Rückblick

Der Ruf nach einer Verfassung im Zarenreich wurde erstmals nach den Befreiungskriegen gegen Napoleon von den Geheimbündlern erhoben. Sie rekrutierten sich meist aus jungen Gardeoffizieren, die außerhalb von Rußland liberale Ideen kennengelernt hatten.

Die Thronfolgewirren nach dem unerwarteten Tod von Zar Alexander I. im Jahr 1825 nutzten die liberalen Dekabristen zu einem Militärputsch gegen die zaristische Herrschaft. Der neue Zar Nikolaus I. ließ die schlecht vorbereitete Erhebung niederschlagen.

Der Regierungsantritt von Alexander II. (1855) und die russische Niederlage im Krimkrieg (1853–1856) bewirkten ein Jahrzehnt der Reformen. 1861 erließ Alexander II. das Manifest zur Bauernbefreiung; den in Russisch-Polen ausgebrochenen Aufstand gegen die russische Fremdherrschaft unterdrückte er jedoch blutig (1863/64).

Ein gescheiterter Attentatsversuch provozierte 1866 die Abkehr von einer liberalen Innenpolitik.

1877 begann die russische Geheimpolizei mit der Zerschlagung der Narodniki-Bewegung, die eine sozialistisch-kommunistische Erneuerung Rußlands anstrebte.

Während unter dem autokratisch regierenden Nikolaus II. viele Sozialdemokraten und Marxisten im Exil leben, bekämpfen die sog. Sozialrevolutionäre den Zarismus durch »Individualterror«. Zu ihren prominentesten Opfern zählen die Innenminister Dmitri S. Sipjagin (1902) und Wjatscheslaw K. Plewe (1904) sowie Großfürst Sergei Alexandrowitsch (1905).

Das Winterpalais in St. Petersburg ist seit 1762 ständige Residenz der russischen Zaren; der in den Jahren 1754–1762 vom italienischen Baumeister Bartolomeo Rastrelli errichtete Bau ist ein Hauptwerk des »russischen Rokoko«.

Meuterei auf Panzerkreuzer »Potemkin«

27. 6., Schwarzes Meer. Unter der Besatzung der »Knjäs Potemkin«, eines Panzerkreuzers der russischen Schwarzmeerflotte, bricht eine Meuterei aus. Als sich Matrosen über verdorbenes Fleisch beschweren und der Erste Kommandeur daraufhin einen beschwerdeführenden Soldaten erschießt, erhebt sich die Mannschaft unter dem Matrosen Afansi Matuschenko.
Die Meuterer nehmen das Schiff in Besitz, erschießen mehrere Offiziere, werfen andere ins Meer und hissen die rote Fahne. Damit haben sich die sozialen Unruhen aus den Städten (→22. 1./S. 16) in die Marine hinein ausgeweitet.
Die »Knjäs Potemkin« läuft daraufhin Odessa an. Der nur durch einige wenige Küstenbatterien geschützte, wichtigste Handels- und Hafenplatz des Schwarzen Meeres ist seit April Schauplatz blutiger revolutionärer Unruhen und Unterdrückungsmaßnahmen des Militärs; am Morgen des 27. Juni hatte General Kochanow, der Militärgouverneur des Gebiets, das Kriegsrecht verhängt. Nach der Ankunft im Hafen legen die Matrosen des Panzerkreuzers die Leiche ihres bei Meutereibeginn erschossenen Kameraden Gregori Wakulintschuk auf den Kai und erzwingen mit der Drohung, Odessa zu bombardieren, die Lieferung von Kohlen und Lebensmitteln.
Als sich vor dem Schiff der Meuterer am Morgen des 28. Juni eine große Menschenmenge versammelt, erteilt Kochanow den Kosaken den Befehl, die Menge auseinanderzutreiben. Bei dem folgenden Massaker kommen Hunderte um. Am 30. Juni erscheinen Kriegsschiffe aus Sewastopol, schaffen es jedoch nicht, die Matrosen der »Potemkin« zur Aufgabe zu zwingen.
Die »Knjäs Potemkin« läuft den rumänischen Hafen Konstanza an, wo die Matrosen ohne Zwischenfälle Kohlen und Lebensmittel erhalten. Als der Panzerkreuzer wenig später vor dem russischen Kohlehafen Theodosia (Feodossija) auf der Krim erscheint, wird er mit Gewehrsalven empfangen.
Am 8. Juli kehrt die »Knjäs Potemkin« nach Konstanza zurück. Dort übergibt die Mannschaft das Schiff und läßt sich internieren, als die Behörden den Soldaten Straffreiheit zusichern.

△ Die Meuterer auf der Brücke der »Knjäs Potemkin« (Fotografie in der französischen Zeitschrift »L'Illustration« mit dem Vermerk »aufgenommen in Theodosia am 5. Juli«)

◁ Afansi Matuschenko (Zweiter v. l.), der Führer der Meuterer, mit einigen Kampfgefährten nach der Übergabe des Schiffs in Konstanza (Foto in der Zeitschrift »L'Illustration«)

Terroropfer in Odessa am 2. November. Die Kämpfe in der Hafenstadt am Schwarzen Meer zwischen Revolutionären, Militär und paramilitärisch ausgerüsteten rechtsgerichteten Banden dauern das ganze Jahr über an.

Meisterwerk für die Propaganda

Chronik Hintergrund

Für die spätere sowjetische Geschichtsschreibung stellt die Meuterei auf dem Panzerkreuzer »Knjäs Potemkin« einen zentralen Einschnitt in der Geschichte des Sozialismus dar. Erstmals solidarisieren sich Marinesoldaten mit den Zielen der Revolution. Symbol dafür ist die rote Fahne, die sie auf dem Kriegsschiff hissen.
Als die sowjetische Propaganda jedoch einige Jahre nach der Oktoberrevolution beginnt, die Ereignisse vor 1917 für ihre Zwecke auszuschlachten, stellt sich heraus, daß es keine Bilder gibt oder die vorhandenen Aufnahmen im Widerspruch zur offiziellen Linie stehen. So lag die »Knjäs Potemkin« in Odessa zu weit vom Kai entfernt, als daß Details auf den Bildern zu erkennen wären; während der Meuterei war auch kein Fotograf an Bord; die Fotografien wiederum, die von der europäischen Presse nach dem Ende des Aufstands veröffentlicht wurden, zeigten keine heroischen Helden des Sozialismus, sondern erschöpfte Matrosen, die um ihr Überleben kämpften.
Dies ändert sich nach dem Erfolg, den Sergei Eisenstein mit seinem Revolutionsfilm »Panzerkreuzer Potemkin« (1925) im Ausland erringt. Der Welterfolg dieses Films, der – im übrigen in nur wenigen Wochen gedreht – von den sowjetischen Behörden zunächst äußerst kühl aufgenommen wird, läßt ihn auch in der Sowjetunion ungeheuer populär werden. Die eindrucksvollen, überzeugenden Bilder Eisensteins finden daraufhin ihren Weg in die Geschichtsbücher: Eisensteins Film-Mythos illustriert die Meuterei auf dem Panzerkreuzer im nachhinein.
So ist das in vielen Geschichtsbüchern wiedergegebene Bild des »Massakers auf der Treppe von Odessa am 28. Juni 1905« kein historisches Foto, sondern stammt aus dem Filmepos von Eisenstein.

Marokkokrise durch Rücktritt vorerst entschärft

Frankreichs Ministerpräsident Maurice Rouvier übernimmt nach dem Rücktritt Théophile Delcassés zusätzlich das Außenministerium.

▷ *Delcassé will, daß das Deutsche Reich Frankreich den Krieg erklärt; Frankreich sei gesichert durch das Bündnis mit Großbritannien.*

6. 6., Paris. Der französische Außenminister Théophile Delcassé tritt im Zusammenhang mit der Marokkokrise zurück, weil das Kabinett seine auf eine kriegerische Auseinandersetzung mit dem Deutschen Reich hinauslaufende Politik nicht unterstützt. Delcassés Nachfolger wird Ministerpräsident Maurice Rouvier.

In den deutsch-französischen Marokko-Verhandlungen, die nach dem Besuch des deutschen Kaisers Wilhelm II. in Tanger (→ 31. 3./S. 56) im April aufgenommen wurden, versuchte Delcassé, dem Deutschen Reich die Berufung auf die internationale Madrider Marokkokonvention von 1881 zu bestreiten. Dort wurde festgelegt, daß Marokko ein souveräner Staat sei und wirtschaftlich allen Ländern offenstehe. Dieses Abkommen setzten Großbritannien und Frankreich mit der Entente cordiale (1904), in der u. a. Marokko der französischen und Ägypten der britischen Einflußsphäre zugeordnet wurden, einseitig außer Kraft. Die deutsche Regierung erklärte ihrerseits, sie habe die Entente cordiale weder gefordert noch mißbilligt, da der Vertrag ihr offiziell nie mitgeteilt worden sei; erst das Auftreten Frankreichs in Marokko, durch das die Rechte aller Unterzeichnerstaaten der Madrider Konvention verletzt worden seien, habe das Deutsche Reich zu »Erklärungen« veranlaßt.

Die Lage spitzte sich zu, als der marokkanische Sultan Abd Al Asis die Forderungen Frankreichs nach Errichtung eines faktischen Protektorats über Marokko ablehnte und am 27. Mai im Einklang mit dem Deutschen Reich den Unterzeichnern der Madrider Konvention vorschlug, eine Marokkokonferenz in Tanger abzuhalten.

In dieser Situation setzte Delcassé darauf, daß das Deutsche Reich angesichts einer kriegsbereiten Politik Frankreichs seinen Widerspruch aufgeben würde. In der Sitzung des Ministerrats am 4. Juni erklärte er deshalb, Großbritannien, Spanien, Italien, Rußland und die USA würden die Marokkokonferenz ablehnen, wenn Frankreich sie ablehne; Großbritannien habe der französischen Regierung das mündliche Versprechen gegeben und sei auch bereit, es schriftlich zu wiederholen, es werde im Fall eines deutschen Angriffs seine Flotte mobil machen, den Kaiser-Wilhelm-Kanal (Nord-Ostsee-Kanal) besetzen und 100 000 Mann in Schleswig-Holstein landen.

Als die Mehrzahl der Minister die harte Haltung Delcassés ablehnte, war der Rücktritt des Außenministers besiegelt. Die dem Außenministerium nahestehende Tageszeitung »Le Matin« erklärt die Hintergründe nicht zuletzt mit der militärischen Position Frankreichs: »Für die Mehrheit, für das Kabinett, für alle Welt schien der Rücktritt Delcassés alles zu bereinigen, alles zu retten. Das war eine nationale Notwendigkeit; sonst hätten die Deutschen in vier Tagen in Châlons gestanden. Alles war desorganisiert, die Ostforts waren nicht betoniert, die große Zahl Batterien hatte keine neuen Schnellfeuergeschütze.« Nach dem Rücktritt Delcassés ist der Weg frei für die Marokkokonferenz (→ 6. 12./S. 207).

»Besiegter wäre höchstens England«

Chronik Dokument

28. 6., Berlin. Friedrich von Holstein, die »graue Eminenz« im Auswärtigen Amt, weist den deutschen Botschafter, Hugo Fürst von Radolin, an, den französischen Ministerpräsidenten Maurice Rouvier für eine Marokkokonferenz zu gewinnen:

»Wenn Deutschland und Frankreich sich jetzt auf der Basis der Konferenz verständigen, gibt es weder einen Sieger noch einen Besiegten. Da für jede der beiden Regierungen die Verständigung das Hauptziel war, so bedeutet die Erreichung dieses Ziels einen gemeinsamen Erfolg für beide. Als Besiegter wäre höchstens England anzusehen, dessen ... Hetzpolitik alsdann eine Niederlage erlitten haben würde ...

Stelle anheim, im Sinne des Vorstehenden mit [Charles] Dupuy zu reden, der ... wahrscheinlich ebensowenig wie ich begreift, weshalb Frankreich die Konferenz scheuen soll, wo es unter allen Umständen eine stärkere Gruppe mit sich haben würde als Deutschland, falls Deutschland auf den Gedanken käme – den es nicht hat –, Frankreich systematisch Opposition zu machen. In Wirklichkeit haben wir den entgegengesetzten Plan, nämlich die Gelegenheit zu benutzen, um bessere Beziehungen für die Zukunft mit Frankreich anzubahnen.«

Holstein als graue Eminenz

Friedrich von Holstein, bekannt als »graue Eminenz«, ist seit 1876 Vortragender Rat im Auswärtigen Amt. Seit dem Sturz von Reichskanzler Otto von Bismarck (1890) übt er entscheidenden Einfluß auf die deutsche Außenpolitik aus, obwohl er die verantwortliche Stellung eines Staatssekretärs oder auch nur Unterstaatssekretärs ablehnt. Er wendet sich gegen das persönliche Regiment von Kaiser Wilhelm II., unterhält jedoch sehr gute Beziehungen zu Reichskanzler Bernhard Fürst von Bülow.

Keine Steuern und Rekruten – Ungarn ist unregierbar

40 000 Arbeiter demonstrieren am 15. September vor dem Parlament für das allgemeine Wahlrecht.

21. 6., Budapest. Mit überwältigender Mehrheit spricht das ungarische Abgeordnetenhaus dem Kabinett von Géza Baron Fejérváry das Mißtrauen aus. Fejérváry will daraufhin ein Handschreiben des österreichischen Kaisers Franz Joseph I. verlesen, in dem dieser in seiner Eigenschaft als König von Ungarn das Parlament bis zum 15. September vertagt. Seine Worte gehen jedoch im Schreien und Trampeln der oppositionellen Parlamentsmehrheit unter.

Am Schluß der Sitzung erklärt Baron Desiderius Bánffy von Losoncz im Namen der Opposition, das Verbleiben der Regierung im Amt sei verfassungswidrig, da sie nicht mehr das Vertrauen des Parlaments besitze; die Regierung sei daher nicht berechtigt, Rekruten auszuheben oder die ausgedienten Rekruten zurückzubehalten bzw. die Ersatzreserve einzuberufen; sie sei auch nicht berechtigt, Steuern zu erheben oder über Handelsverträge zu verhandeln.

Hintergrund dieses Streits sind die anhaltenden Auseinandersetzungen zwischen der nationalistischen Parlamentsmehrheit und dem Habsburgischen Königshaus (→ 26. 1./S. 27). Die nationalistische »Opposition«, die seit den Januarwahlen die Mehrheit im Parlament stellt, fordert die Übernahme der Regierung. Am 24. Mai hatte der Kaiser in Wien Oppositionsführer Gyula Graf Andrássy d. J. zu Verhandlungen empfangen. Die Gespräche scheiterten jedoch an der rigorosen Forderung Andrássys, in der ungarischen Armee das Deutsche durch das Ungarische als Kommandosprache zu ersetzen. Am 13. Juni berief Franz Joseph I. daraufhin Fejérváry zum Ministerpräsidenten eines parteilosen Übergangskabinetts, das sich als Mittler zwischen der Krone und der Parlamentsmehrheit versteht.

Nach der Parlamentsvertagung richtet Fejérváry am 13. Juli an alle Stadtverwaltungen einen Erlaß, in der er seine Regierung für »verfassungsmäßig« und »gesetzlich« erklärt und die Verwaltungen auffordert, jede Bestrebung zurückzuweisen, die auf die »Hemmung der Staatsgeschäfte und Auflösung der gesetzlichen Ordnung« ziele.

Am 18. Juli fordert das ungarische Oppositionskartell seinerseits in einem Aufruf an das Volk Bürger und Beamte zur Verweigerung der Steuerzahlung und der Rekrutenstellung auf. Wenig später erklärt der leitende Ausschuß des Koalitionskartells alle Verordnungen der von Kaiser Franz Joseph I. ernannten Regierung für ungesetzlich und weist die Beamten an, Steuereintreibung und Rekrutenaushebung zu verhindern.

In dieser aussichtslos erscheinenden Situation greift die Regierung schließlich zu einer neuen Taktik: Sie droht mit der Einführung des allgemeinen Wahlrechts. Während sich das jetzige ungarische Parlament aufgrund des Wahlrechts fast ausschließlich aus Begüterten und Adligen zusammensetzt, würden diese bei Einführung des allgemeinen Wahlrechts einen großen Teil ihrer Macht verlieren (→ 28. 11./S. 191).

Mit der Überschrift »Herbst an der Donau« kommentiert Thomas Theodor Heine in der Zeitschrift »Simplicissimus« die Vorgänge in der Doppelmonarchie Österreich-Ungarn: »Langsam fallen die Blätter vom Baume und die Federn vom Doppeladler.« Unter dem Baum schreitet Kaiser Franz Joseph I. Der Monarch ist auch König von Ungarn.

Von Ludwig II. zu Ferenc II. Rákoczi

Chronik Rückblick

Nach dem Tod des ungarischen Königs Ludwig II., der 1526 kinderlos im Krieg gegen die Türken fiel, wurde der österreichische Erzherzog und spätere römisch-deutsche Kaiser Ferdinand I. gemäß den Bestimmungen des Preßburg-Wiener Vertrags von 1515 auch König von Ungarn und Böhmen. Damit waren die österreichischen Erblande mit den Ländern der Stephans- und der Wenzelskrone unter den Habsburgern vereinigt. Tatsächlich waren große Teile Ungarns jedoch von den Osmanen besetzt. Erst 1699 traten sie Ungarn an die Habsburger ab.

Die österreichischen Verwaltungsmaßnahmen führten zu einem Aufstand der Ungarn unter Ferenc II. Rákoczi. Im Friedensschluß mit den Aufständischen garantierte Österreich 1711 Verfassung und Adelsprivilegien; dafür stimmte im Gegenzug der ungarische Landtag dem Erbfolgerecht der Habsburger auf den ungarischen Thron zu.

Oscar II. gestürzt – Norwegen von Schweden getrennt

7. 6., Kristiania (Oslo). Das norwegische Parlament erklärt einstimmig die Union mit Schweden für aufgelöst und den Unionskönig Oscar II. von Schweden und Norwegen als König von Norwegen für abgesetzt. Begründet wird der Beschluß damit, daß der König außerstande sei, eine verfassungsmäßige Regierung für Norwegen zu bilden. Das Storting ermächtigt den im Verfassungsstreit zurückgetretenen Staatsminister Christian Michelsen, eine provisorische Regierung zu führen.

Mit diesem Schritt will das norwegische Parlament Storting die seit 1814 bestehende Union der beiden Königreiche beenden und Norwegen zu einem unabhängigen Staat machen. König Oscar II. protestiert noch am selben Tag gegen dieses »ungesetzliche« Handeln; die schwedische Presse und der Reichstag bestreiten dem Storting das Recht, durch »revolutionäres Vorgehen ... den König zu stürzen«. Teile der schwedischen Öffentlichkeit fordern den Einsatz der Armee gegen Norwegen.

Der Konflikt zwischen den Unionspartnern hatte sich an dem vergleichsweise geringfügigen Anlaß entzündet, daß die Norweger ein eigenes Konsulatswesen forderten. Ungläubiges Staunen kennzeichnet daher die Reaktionen in den europäischen Hauptstädten. Norwegen hat außenpolitisch jedoch keine Chance, als unabhängig anerkannt zu werden, solange Schweden das Verhalten der Norweger als »revolutionär« einstuft.

Das Auseinanderfallen der beiden Staaten verläuft jedoch ohne Zusammenstöße. Die norwegischen »Revolutionäre« bitten – mit Ausnahme von fünf Sozialisten – den von ihnen abgesetzten Monarchen sogar, ihnen bei der Suche nach einem neuen König behilflich zu sein: »Als Zeugnis dafür, daß die Arbeit und der Kampf des norwegischen Volkes für die volle Selbständigkeit des Vaterlandes nicht in irgendwelcher Mißstimmung gegen das königliche Haus ... begründet gewesen ist, ersucht das Storting ehrerbietigst Seine Majestät um die Mitwirkung, daß einem Prinzen aus Seiner Majestät Haus gestattet wird, ... die Wahl zum König von Norwegen anzunehmen« (→ 12. 11./S. 192).

Christian Michelsen, der seit 11. März als Ministerpräsident amtiert und den das Storting mit der Regierungsbildung nach Auflösung der Union betraut, verliest den historischen Parlamentsbeschluß, »daß die Vereinigung mit Schweden unter einem König ... aufgelöst ist und daß der König aufgehört hat, als norwegischer König zu fungieren«.

Volksfest am Tag der Abstimmung: Vor der Universität in Kristiania wird die Nationalhymne »Ja, wir lieben dieses Land« gesungen.

Volksabstimmung legt Grundstein für Frauenwahlrecht in Norwegen

Am 27. Juli billigt der schwedische Reichstag in Stockholm eine Vorlage, wonach zwischen Schweden und Norwegen Verhandlungen über das offizielle Ende der Union der nordischen Königreiche aufgenommen werden sollen. Voraussetzung dafür ist, daß ein neugewähltes norwegisches Storting einen entsprechenden Antrag stellt oder sich die Norweger in einer Volksabstimmung für die Auflösung der Union entscheiden.

Die Volksabstimmung am 13. August, einem Sonntag, hat den Charakter eines Volksfestes. 80% der stimmberechtigten Männer beteiligen sich an der Abstimmung. Die überwältigende Mehrheit von 368 392 Norwegern votiert für das Ende der Union mit Schweden, nur 184 stimmen mit »Nein«. Damit ist die Grundlage für die Unabhängigkeit Norwegens geschaffen: Am 31. August beginnen im schwedischen Karlstad die Verhandlungen über das Ende der Union.

Ergänzt wird die unblutige Revolution der norwegischen Männer durch eine friedliche Revolution der Norwegerinnen. Steuerzahlende oder mit einem Steuerzahler verheiratete Norwegerinnen genießen zwar seit 1901 Kommunalwahlrecht, haben jedoch auf Landesebene kein Stimmrecht und durften daher an der Volksabstimmung nicht teilnehmen. Sie organisieren nun eine alternative »Frauenvolksabstimmung«, bei der 250 000 für die Auflösung der Union stimmen. Dieses Votum hat Folgen: 1907 nimmt das Storting das Gesetz zur Einführung des Wahlrechts für Frauen auf Reichsebene an.

Durch Krieg in Zwangsunion mit dem Nachbarn Schweden

Chronik Rückblick

Seit 1387 waren die Könige von Dänemark in Personalunion auch Könige von Norwegen. Am Ende der Befreiungskriege gegen Napoleon zwangen die Großmächte am 14. Januar 1814 Dänemark jedoch im Kieler Frieden zur Abtretung Norwegens an Schweden.

Die Norweger bestritten dem dänisch-norwegischen König das Recht, das Land ohne die Einwilligung seiner Bewohner an Schweden abzutreten: Nach dem Verzicht des Unionskönigs sei die Souveränität auf das norwegische Volk übergegangen. Prinz Christian Frederik (später König Christian VIII. von Dänemark), seit 1813 dänischer Statthalter in Norwegen, unterstützte diese Unabhängigkeitsbestrebungen und bildete am 2. März eine provisorische Regierung. Einen Monat später trat in Eidsvold (Eidsvoll) eine 112 Mitglieder umfassende Verfassunggebende Versammlung zusammen, die am 17. Mai eine der liberalsten Verfassungen Europas verabschiedete und Prinz Christian Frederik zum König wählte. Am 28. Mai kehrte Karl (XIV.) Johan von Schweden vom kontinentaleuropäischen Kriegsschauplatz nach Stockholm zurück und ließ am 26. Juni seine Truppen in Norwegen einrücken. Trotz militärischer Überlegenheit nahm er Verhandlungen mit den Norwegern auf. In der Konvention von Moss erkannte Norwegen am 14. August die Union mit Schweden an, Karl Johan wiederum erkannte die Verfassung von Eidsvold an, die nur so weit geändert wurde, daß beide Länder eine gemeinsame Außenpolitik führen sollten. Nach dem Rücktritt Christian Frederiks wurden am 4. November der amtierende schwedische König Karl XIII. zum norwegischen König und Karl Johan zum Kronprinzen erwählt.

Zu ernsten Spannungen zwischen beiden Staaten kam es schließlich ab 1892, als radikale norwegische Patrioten ein eigenes Außenministerium verlangten. Zu den prominentesten Verfechtern der Unabhängigkeitsbestrebungen zählt der Literaturnobelpreisträger Bjørnstjerne Bjørnson.

◁◁ *Oscar II., seit 1872 König von Schweden und Norwegen. Er bekämpfte vergeblich die unionsfeindlichen Bestrebungen der radikalen norwegischen Stortingsmehrheit.*

◁ *Kronprinz Gustav (V.), hier mit Ehefrau, führt seit 8. Februar die Regentschaft.*

»Norwegen kann einmal ein neues Korea werden«

Chronik Zitat

17. 6., Berlin. Der schwedische Asienforscher Sven Hedin veröffentlicht in der Zeitschrift »Die Woche« einen als »persönlich« bezeichneten Artikel über die friedliche Trennung von Norwegen und Schweden:

»Durch die Weltpresse ist in diesen Tagen vielfach die erstaunte Frage laut geworden: ist es möglich, daß Schweden mit Gleichmut und ohne Blutvergießen diese unerhörte Beleidigung empfangen kann? ... Bereits in den ersten Tagen nach der Scheidung, die doch noch gesetzwidrig und revolutionär ist ..., hat man bei uns nur mitleidige und teilnahmsvolle Äußerungen über Norwegen und seine gefahrvolle Zukunft hören können. Ich meine nicht die Schwierigkeit, der Norwegen in seinem friedlichen Verkehr mit dem Ausland begegnen kann, auch nicht die Wahrscheinlichkeit, daß die Norweger, sobald sie nicht mehr die Schweden zum Schikanieren haben, einander gegenseitig das Leben sauer machen werden. Nein, ich meine die großen Gefahren, die von außen her die langersehnte und nun endlich durch ungesetzliche und aufrührerische Mittel gewonnene Souveränität des kleinen ... Staatswesens bedrohen. Der Aufschwung in der schwedischen Armee und Marine hat die Russifizierung Finnlands nach sich gezogen, und diese wirkte ihrerseits als eine Warnung für Skandinavien. Rußland galt für unvergleichlich stark, und auch Norwegen betrachtete die Union als das sicherste Bollwerk gegen eventuelle Pläne des Zarenstaats. Während der jüngsten sechzehn Monate ist kaum ein Tag vergangen, der nicht Rußlands Schwäche bloßgelegt hätte [→ 2. 1./S. 12]. Jede russische Niederlage in der Mandschurei hat von den norwegischen Felsen niedergehallt ... Bis 1904 gingen die Norweger einigermaßen vorsichtig zu Werke, aber während des jüngsten Jahres ist ihre Losreißungspolitik mit besinnungsloser Schnelligkeit vorgegangen. Ein epidemischer Wahnsinn hat dieses ganze Volk ergriffen, und jene, die nicht gutwillig an der späten Jagd auf die Seifenblase der Souveränität teilnahmen, wurden für vaterlandslos erklärt. Schließlich stand man hart am Rand des Abgrundes, und zur vollständigen Auflösung der Union fehlte nur noch der letzte Schritt ... Da kam die Nachricht von Roschdestwenskis Niederlage und der vollständigen Vernichtung der russischen Flotte. Diese weltgeschichtliche Katastrophe gab Norwegen den Mut, den skandinavischen Knoten mit einem Schlag zu durchhauen. Dem Verbluten nahe, würde Rußland auf lange Zeit keine Drohung mehr ausmachen ... Eine neue Balkanhalbinsel kann Skandinavien kaum werden [→ 23. 11./S. 190], solange wir Schweden unsere durch die Klugheit gebotene Ruhe behaupten. Aber Norwegen kann einmal ein neues Korea werden [→ 17. 11./S.194] ...«

Asienforscher Sven Hedin meldet sich auch in der Tagespolitik zu Wort.

Arbeit und Soziales 1905:

Unruhen bei Streiks weltweit

Chronik Übersicht

Das durchschnittliche jährliche Arbeitseinkommen von Arbeitern in Industrie und Handwerk steigt 1905 im Deutschen Reich um 2,9% auf 928 Mark; dies ist ein höherer Wert als im Vorjahr, als die Verdienste nur um durchschnittlich 2,6% gestiegen waren. Ähnlich positiv sieht die Entwicklung mit Ausnahme von Großbritannien auch in anderen Industriestaaten aus. Dies zeigt sich auch auf dem Arbeitsmarkt. In den USA z. B. fällt die Arbeitslosenquote der zivilen Erwerbspersonen über 14 Jahre von 5,4% im Vorjahr auf 4,3%. Diese Tendenz setzt sich fort: 1906 wird die bisherige Rekordmarke von 1,7% erreicht.

In krassem Gegensatz zu diesen Zahlen steht, daß 1905 ein Jahr mit den meisten Streiktagen zu Beginn des 20. Jahrhunderts ist. Nicht nur das von revolutionären Unruhen erschütterte Zarenreich (→ 1. 5./S. 94), sondern fast alle Industriestaaten sind von Streiks und Zusammenstößen betroffen, wobei die Auseinandersetzungen teilweise bürgerkriegsähnlichen Charakter haben. Dabei stehen weniger Lohnforderungen im Vordergrund als die Einführung des Achtstundentags (→ 17. 4./S. 78), soziale Verbesserungen sowie die Durchsetzung demokratischer Rechte: Der Einfluß der Ereignisse in Rußland ist deutlich spürbar.

Während der große Ruhrbergarbeiterstreik im Deutschen Reich ohne blutige Zwischenfälle endet (→ 9. 2./S. 36), setzt die französische Regierung von Anfang an Militär ein, als ab Mitte April eine Streikwelle das Land überrollt. Im Juni bricht in Longwy, dem Zentrum des nördlichen lothringischen Eisenerzbeckens, ein Generalstreik aus, der mehrere Monate andauert und von französischen und italienischen wie auch belgischen Stahl- und Eisenarbeitern getragen wird. Im November entwickelt sich eine Streikbewegung in den französischen Häfen Brest, Cherbourg, Toulon und Rochefort. Außer dem Achtstundentag fordern die Arbeiter vor allem Rede- und Versammlungsfreiheit.

Der eintägige politische Massenstreik in Ungarn am 15. September ist der erste in der Geschichte der ungarischen Arbeiterbewegung. Mit ihm einher gehen Straßendemonstrationen, an denen sich Zehntausende beteiligen. Sie verlangen – wie in anderen europäischen Ländern auch – die Einführung des allgemeinen Wahlrechts und die Schaffung demokratischer Verhältnisse.

Während deutsche Unternehmer mit dem Einsatz von bezahlten Streikbrecherkolonnen erst zu experimentieren beginnen (→ 22. 5./S. 94), gibt es in den USA bereits ganze Armeen von Streikbrechern; vielfach rekrutieren sie sich aus Schwarzen. So kommt es im Juni 1905 zu den blutigsten durch Streiks ausgelösten Unruhen in der Geschichte der USA, als Schwarze aus Memphis, Cincinnati und St. Louis nach Chicago gebracht werden, um den Streik der Transportarbeiter zu brechen.

Demonstration von Frauen Arbeitsloser in London. Um die Arbeitslosigkeit in Großbritannien zu mildern, werden in 74 Provinzialstädten fast 40 000 Arbeitslose durch öffentlich finanzierte Notstandsarbeiten beschäftigt.

In der alten Kleinmotorenfabrik der AEG in Berlin werden Antriebsmaschinen in Massenproduktion hergestellt. Die Arbeit an den Einzelteilen gestaltet sich stumpfsinnig und wird von angelernten Kräften mit geringem Lohn geleistet.

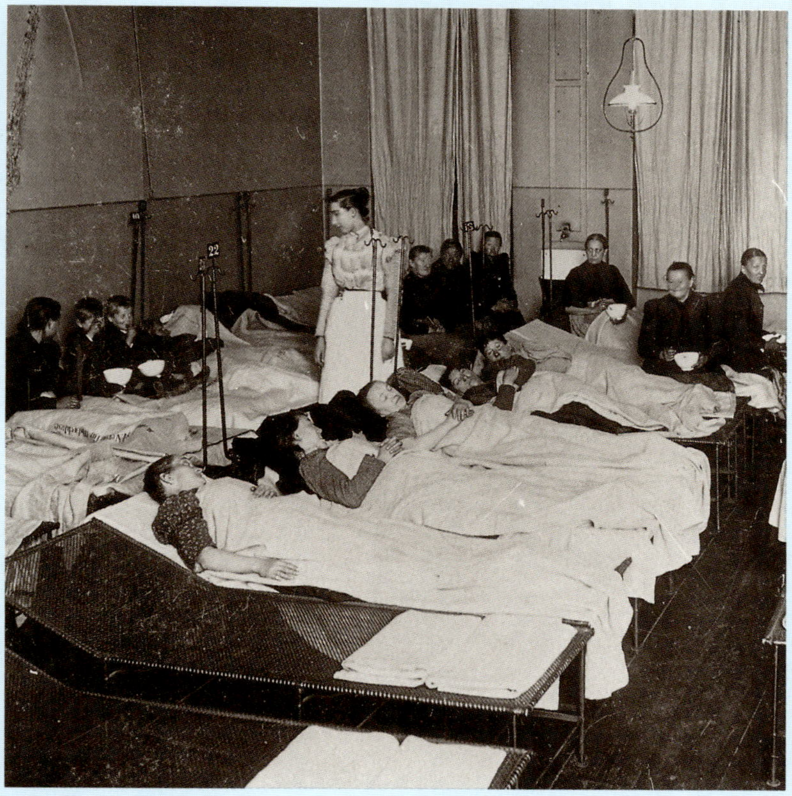

Schlafraum in einem Asyl für obdachlose Frauen in der Berliner Füsilierstraße. Allein das städtische »Obdach« in Berlin beherbergt auf engstem Raum jährlich mehr als 200 000 in Not geratene Menschen.

◁ »Lasset die Kinder zu mir kommen!«. Mit dieser Karikatur prangert die satirische Zeitschrift »Der Wahre Jakob« die Fabrikarbeit von Kindern an. Das Kinderschutzgesetz von 1903 hat die Arbeit von Kindern nur eingeschränkt. Für viele Familien ist die Mitarbeit der Kinder weiter lebensnotwendig.

Scherenschleifer in den USA. Abgesehen von Fabrikarbeit bleibt vielen, vor allem den Einwanderern aus Europa, nur die Alternative, sich als Kleinunternehmer durchzuschlagen.

Mutter und Sohn beim Wäschewaschen – eine der Arbeiten von Angehörigen der in Armut lebenden Landarbeiterfamilien in Großbritannien. Sie erhalten weit weniger Lohn als Industriearbeiter.

Einzimmerwohnung einer Arbeiterfamilie in Berlin. Der schmale Raum ist gleichzeitig Küche, Wohn- und Schlafzimmer. Das Zusammenleben auf engstem Raum bedingt schlechte hygienische Verhältnisse.

Berlin im Hochzeitsrausch – Kronprinz vermählt sich

6. 6., Berlin. Im Königlichen Schloß der deutschen und preußischen Hauptstadt findet die Hochzeit des deutschen Kronprinzen Wilhelm mit Herzogin Cecilie von Mecklenburg-Schwerin statt. Es ist das herausragende gesellschaftliche Ereignis des Jahres.

Um 17 Uhr beginnt die Trauungszeremonie in der Schloßkapelle in Anwesenheit von Mitgliedern des europäischen Hochadels und weiteren Gästen aus aller Welt: Türken, Perser und Siamesen wohnen der Hochzeit des Sohns von Wilhelm II. ebenso bei wie Abgesandte aus Japan und China. Daß auch der deutsche »Erzfeind« Frankreich (→ 31. 3./S. 56; → 6. 6./S. 106) eine Abordnung entsandt hat, zeigt, daß das Ereignis nicht zuletzt dazu benutzt wird, das politische Klima zwischen den beiden Ländern zu verbessern.

Mit der Hochzeit endet ein mehrtägiges Fest, das mit der »Einholung« der Braut am 3. Juni begann und bereits an diesem Tag für das bürgerliche Publikum, das von den eigentlichen Hochzeitsfeierlichkeiten ausgeschlossen ist, seinen Höhepunkt erreichte. »Berlin streut der Kronprinzenbraut Rosen« lautete das Motto für die Ausschmükkung der Hochzeitsstadt. 80 000 Rosen bestellte allein der Magistrat für die Girlanden u. a. Arrangements der Feststraßen und Festplätze. Mit Rosen geschmückt waren die Prachtstraße Unter den Linden, alle Ministerien und zahlreiche Botschaften. Auf den Tribünen drängten sich die Zuschauer, die Hunderte von Mark ausgegeben haben, um an diesem heißen Tag einen Blick auf das Brautpaar werfen zu können. Der Stimmung entsprechend euphorisch ist die Beschreibung des Festzuges in der kaisertreuen Presse: »Und nun wogt es brausend heran wie erregte Meeresbrandung; zwischendurch donnern die Geschütze im Lustgarten Salut, und die Glocken des neuen Doms [→ 27. 2./S. 46] senden der fürstlichen Braut ihren ehernen Willkommensgruß.«

Anders als die Leipziger »Illustrirte« und andere Hofberichterstatter zieht die Berliner Zeitung »Die Welt« eine eher distanzierte Bilanz: »Um für einen flüchtigen Moment ein ängstliches rotgeschwitztes Gesichtchen vorüberfliegen zu sehen, haben sich Tausende und Abertausende für viele Stunden in der Rotgluthitze des Junitags zusammenpferchen lassen ... Wie traurig ist das Bild am Tag nachher. Der Tiergarten hatte das Aussehen eines Marktplatzes, nachdem die Buden abgeräumt sind, Stullenpapier und Eierschalen und gebrochene Scherben ... Das Facit dieses höfischen Festes ist denn auch dürftig genug. Unmut auf Unmut regt sich. Man schimpft gegen die Art, wie der Magistrat die Plätze verteilt, man schimpft auf die Polizei, die ihre schwere Aufgabe, die begeisterten Bürger im Zaum und auf der Bordschwelle zu halten, bei der Hundstagshitze nicht mit den sanftesten Mitteln bewältigen konnte.«

Auch daß sich ausschließlich Bürger als »kostenlose Hurra-Statisten« bei der »Einholung« der Braut des Kronprinzen beteiligt haben, wird in der liberalen Presse kritisch vermerkt; Arbeiterabordnungen waren bei den Feierlichkeiten nicht vorgesehen.

▷ *Reißenden Absatz finden Fotografien des Brautpaars sowie Erinnerungspostkarten.*

»Möge Euer Hausstand ein glücklicher sein und zum Beispiel werden für die junge Generation«

Chronik Zitat

Nach der Trauung erinnert Kaiser Wilhelm II. Sohn und Schwiegertochter an den Vorbildcharakter dieser Ehe:

»Hunderttausende freudestrahlender Gesichter haben Dir entgegengejubelt. Sie haben aber nicht nur aus Freude geleuchtet, sondern wer tiefer in die Seele der Menschen zu blicken vermag, hat auch in den Augen dieser eine Frage gelesen, eine Frage, die der Antwort bedarf durch Euer ganzes Wesen und Leben, die Frage nämlich: Wie wird es werden? ... Das Volk hat seine Vorbilder, nach denen es sich richtet. Die hohen Vorbilder, die Dir, liebe Cecilie, vorangegangen sind, sind von beredtem Munde heute schon genannt worden. Königin Luise und die anderen Fürstinnen auf dem preußischen Thron, sie bilden den Maßstab für die Beurteilung Deines Lebens seitens des Volkes, während, Mein teurer Sohn, Dein Leben und Wirken gemessen werden wird an den großen Vorbildern, die Dir in Deinem erlauchten Großvater [Kaiser Friedrich] und Urgroßvater [Kaiser Wilhelm I.] von der Vorsehung gegeben worden sind. Mit offenen Armen bist Du, meine Tochter, bei uns aufgenommen.

Möge Euer Hausstand ein glücklicher sein und zum Beispiel werden für die junge Generation gemäß dem schönen Satze, den einst Kaiser Wilhelm [I.] der Große als junger Mann als sein Glaubensbekenntnis niederschrieb: Meine Kräfte gehören der Welt und dem Vaterlande.«

Der Einzug der Herzogin Cecilie von Mecklenburg-Schwerin in Berlin am 3. Juni: Nachdem der von acht Rappen gezogene Brautwagen das Brandenburger Tor durchfahren hat, wird Cecilie auf dem Pariser Platz von Berlins Oberbürgermeister Martin Kirschner, dem Magistrat und den Stadtverordneten begrüßt. Der Kutsche reiten 40 Postillone voraus. Ihr folgt ein Musikkorps.

▷ *Mit einer Galavorstellung in der Berliner Oper endet am Abend des 5. Juni der für die bürgerliche Öffentlichkeit bestimmte Teil der Hochzeitsfeierlichkeiten. In der Mitte der königlichen Ehrenloge sitzt die Braut zwischen Kaiser Wilhelm II. und Kronprinz Wilhelm; rechts von ihrem Sohn hat Kaiserin Auguste Viktoria neben Schwedens Kronprinz Gustav Platz genommen.*

Der Prunkwagen, den der preußische König Friedrich Wilhelm II. 1789 in Straßburg hatte erbauen lassen, fährt durch das Brandenburger Tor. Im Fond sitzt die Braut (Kopf im runden Fenster), begleitet von der Kaiserin.

Auf dem Pariser Platz erwarten im Verlaufe der »Einholung« 100 Ehrenjungfrauen die Braut, im Haar Rosenkränze, in den Händen rosenumwundene Stäbe, die durch Rosengirlanden miteinander verbunden sind.

Papst erlaubt Katholiken Teilnahme an der Politik

19. 6. , Vatikan. In der Enzyklika »Il firmo proposito« an die italienischen Bischöfe gibt Papst Pius X. den italienischen Katholiken die Erlaubnis, sich in der Politik zu engagieren.

Zur Begründung heißt es in dem päpstlichen Lehrschreiben: »Die katholische Aktion muß sich Geltung verschaffen durch all jene praktischen Mittel, die ihr der Fortschritt des sozialen und wirtschaftlichen Studiums, ... die Verhältnisse der bürgerlichen Gesellschaft, ja sogar das öffentliche Staatsleben an die Hand geben. Sie muß sich infolgedessen jener bürgerlichen Rechte bedienen, welche die heutigen Staatsverfassungen allen und demnach auch den Katholiken gewähren.«

Bisher ist den italienischen Katholiken die Beteiligung am staatlichen Leben verboten, sie dürfen sich z. B. nicht an den Parlamentswahlen beteiligen. Dies untersagt Pius X. zwar ausdrücklich weiterhin. Gestattet werden soll sie in Ausnahmefällen jedoch, »wenn ihr ... von der unbedingten Notwendigkeit für das Heil der Seelen und für das höchste Interesse eurer Kirchen überzeugt seid und darum einkommt.« Nach der Eingliederung des Kirchenstaats in den italienischen Nationalstaat (→ Kasten) regelte die Regierung im Mai 1871 die Stellung des Papstes durch die sog. Garantiegesetze. Diese beließen ihn im Besitz des Vatikans, des Laterans und der Villa Castel Gandolfo und räumten ihm die Rechte und Ehren eines unabhängigen Souveräns ein; sie gewährten ihm zudem eine jährliche Rente. Papst Pius IX. (1846–1878) jedoch lehnte jede Verständigung mit dem neuen Staat, den er nicht anerkannte, ab: Am 1. November 1870 hatte er alle Urheber und Teilnehmer an der Annexion des Kirchenstaats mit dem Bann belegt. Er bezeichnete sich als »Gefangenen im Vatikan«, vermied jeden offiziellen Verkehr mit italienischen Politikern und forderte die weltliche Unabhängigkeit des Papsttums als unbedingt erforderlich für die Würde seines Amtes. Diese Haltung änderte sich auch zunächst nicht unter seinen Nachfolgern Leo XIII. (1878–1903) und Pius X.

Pius X. leitete jedoch – vor allem aus Furcht vor dem Aufkommen des Sozialismus – vorsichtig Reformen ein. Er gestaltete die Verwaltung effektiver und führte die Kirche an die sozialen Probleme heran, um sie nicht auch als moralische Instanz zu isolieren.

Pius X. wurde 1835 als Giuseppe Sarto in Riese bei Treviso geboren. Dem Einspruch des österreichischen Kaisers Franz Joseph I. gegen die Wahl von Kardinal Mariano Rampolla del Tindaro – dem Vertreter einer Politik enger Anlehnung an Frankreich – verdankte er 1903 seine Wahl. Zu seinen ersten Amtshandlungen zählte das Verbot des Vetos weltlicher Mächte bei Papstwahlen.

Gründung Italiens besiegelt Untergang des Kirchenstaats

Chronik Rückblick

Zu den meistdiskutierten Themen in Italien zählte ab etwa 1830 die sog. Römische Frage, d.h. die Frage nach der weltlichen Herrschaft über die Stadt Rom. Diese stand dem Papst als dem Oberhaupt des Kirchenstaats zu, während die nationale Bewegung des Risorgimento Rom als die natürliche Hauptstadt eines italienischen Einheitsstaats betrachtete. Großen Einfluß auf die Diskussion hatte der Philosoph Vincenzo Gioberti (1801–1852). Er trat für die »liberale« Einigung Italiens in einem Staatenbund unter einem reformierten Papsttum und dem militärischen Schutz des Königreichs Sardinien-Piemont ein.

Bis 1859 umfaßte der Kirchenstaat eine Fläche von 41 187 km² mit 3,1 Mio. Einwohnern. Er war gegliedert in sechs von Kardinälen regierte »Legationen« (Rom und Provinz, Romagna, Marken, Umbrien, Campagna und Maritima).

Zusammenstoß zwischen päpstlichen Gendarmen und Anhängern der italienischen antipäpstlichen Nordregionen in Rom im Jahr 1860

Während des Kriegs um Oberitalien zwischen Sardinien-Piemont unter König Viktor Emanuel II. und Österreich im Jahr 1859 unterstützte Frankreich Sardinien. Nach der Niederlage der Österreicher in der Schlacht bei Magenta erhoben sich die Nordregionen des Kirchenstaats gegen die reaktionäre päpstliche Herrschaft und riefen Viktor Emanuel zum Herrscher aus. Am 18. September 1860 wurde das päpstliche Heer bei Castelfidardo entscheidend geschlagen. In Volksabstimmungen erklärten sich die Marken und Umbrien für den Anschluß an Piemont und wurden 1861 dem neu geschaffenen Königreich Italien eingegliedert. Der Rest des Kirchenstaats – das sog. Patrimonium Petri mit 12 803 km² und 692 000 Einwohnern – blieb unter französischem Schutz bestehen.

Alle Bemühungen des französischen Kaisers Napoleon III., den Papst zur Nachgiebigkeit gegenüber den nationalen Forderungen der Italiener zu bewegen, um wenigstens den Kirchenstaat zu retten, schlugen fehl.

Als nach Ausbruch des Deutsch-Französischen Krieges 1870 die französischen Schutztruppen aus dem Patrimonium Petri abgezogen wurden, zogen italienische Einheiten am 20. September in Rom ein. Eine am 2. Oktober durchgeführte Volksabstimmung ergab 133 681 Stimmen für und 1507 gegen die Vereinigung mit Italien. Am 6. Oktober 1870 wurde die Vereinigung Roms mit Italien durch königliches Dekret ausgesprochen. Damit hatte der Kirchenstaat aufgehört zu existieren.

Eine Schneise der Verwüstung hinterläßt eine Windhose bei Haltern (Westfalen). Der Luftwirbel zerstört mehrere Bauerngehöfte und einen Teil des Getreides auf den Feldern.

Windhosen, Gluthitze, Gewitter – Lebensgefahr für die Menschen in Europa und den USA

30. 6. *Aus den USA und Europa werden schwere Naturkatastrophen gemeldet. In den Vereinigten Staaten ertrinken Hunderte von Menschen im Hochwasser des Mississippi, und über dem Deutschen Reich breitet sich eine Hitzewelle ungeahnten Ausmaßes aus.*

Außergewöhnliche Witterungsverhältnisse lassen selbst in Europa Windhosen entstehen: »Aus den Wolken strecken sich plötzlich schlauchförmige Gebilde zum erhitzten Erdboden hinab, erreichen Geschwindigkeiten bis zu 100 km/h, wirbeln Sand und leichte Gegenstände in die Luft und decken Häuser ab«, berichtet die »Leipziger Illustrirte Zeitung«.

Das Deutsche Reich wird von einer Hitzewelle heimgesucht. Seit Jahren, heißt es in der Presse, hat der Hitzschlag nicht mehr so viele Opfer gefordert wie in diesem Sommer. Der öffentliche Pferdeomnibus- und Fuhrverkehr kommt in den Städten mehrfach zum Erliegen. Droschkenfahrer melden den Tod von bis zu fünf Pferden innerhalb von drei Tagen.

Auch die drei Tage dauernden Hochzeitsfeiern für den deutschen Kronprinzen Wilhelm und Herzogin Cecilie von Mecklenburg-Schwerin in der Reichshauptstadt Berlin wurden von dieser Hitzewelle erheblich beeinträchtigt (→ 6. 6./S. 112). Von Gewittern begleitete wolkenbruchartige Regengüsse bringen in dieser Hitze zwar Abkühlung, richten ihrerseits jedoch auch wieder erhebliche Schäden an. So steht nach Gewittern Ende Juni in Berlin-Steglitz an der Ecke Berg/Kielstraße das Wasser 2 m hoch. Die Passanten müssen in Waschzubern von einer auf die andere Straßenseite geschafft werden.

Gewerkvereine trauern um Gründer

26. 6., Homburg v. d. Höhe. Max Hirsch, Mitbegründer der Hirsch-Dunckerschen Gewerkvereine, stirbt im Alter von 72 Jahren. Die nach ihm benannte Gewerkschaft ist mit 116 143 Mitgliedern die drittgrößte Arbeiterorganisation im Deutschen Reich nach den Freien (→ 22. 5./S. 94) und den Christlichen Gewerkschaften.

Zusammen mit Franz Duncker gründete Hirsch 1869 nach dem Vorbild der britischen Gewerkschaften den »Verband deutscher Gewerkvereine«. Im Vordergrund steht dabei die Verwirklichung des Selbsthilfegedankens durch die Gründung von Hilfskassen. Wie die Christlichen Gewerkschaften lehnen die Hirsch-Dunckerschen den Klassenkampf ab.

Einheitsbanknoten für die Eidgenossen

27. 6., Bern. Der schweizerische Nationalrat genehmigt mit 114 zu 7 Stimmen das Gesetz über die Errichtung einer mit dem Notenmonopol ausgestatteten Nationalbank in der eidgenössischen Hauptstadt.

Bisher lag das Recht der Ausgabe von Banknoten in den Händen verschiedener lokaler und nationaler Banken. Eine erste Vereinheitlichung erfolgte durch ein Bundesgesetz im Jahr 1881, das die sog. Konkordatsnoten einführte: Einheitliche Banknoten, die sich nur durch die Banknamen und die Unterschriften unterscheiden. Mit dem nun verabschiedeten Gesetz soll das Banknotenmonopol des Bundes, das 1891 in einer Volksabstimmung angenommen worden war, verwirklicht werden.

Wilhelm II. ziert Kolonialgeldscheine

15. 6., Daressalam. In der Hauptstadt Deutsch-Ostafrikas werden die ersten Kolonialbanknoten herausgegeben. Emissionärin ist die Deutsch-Ostafrikanische Bank in Daressalam.

Die Noten werden zunächst in Scheinen von 5, 10 und 50 Rupien ausgegeben. Die Gestaltung der Geldscheine wird in der Presse als »Meisterwerk deutscher Kunst und Gewerbefleißes« bezeichnet. Auf dem 50-Rupien-Schein ist ein Brustbild von Kaiser Wilhelm II. mit Helm zu sehen.

Eine einheitliche, vom Ausland unabhängige Rupienwährung mit deutschem Schriftzug gibt es in der Kolonie seit 1904. Dabei handelt es sich um eine Silbermünze im Wert von 1,33 Mark.

Schweres Beben erschüttert Balkan

1. 6., Skutari. Die westliche Balkanhalbinsel wird von einem Erdbeben erschüttert. Epizentrum ist die malerisch gelegene Stadt Skutari (heute Shkodër in Albanien) am Ausfluß der Bojana aus dem Skutarisee.

Die vom Morgen des 1. Juni bis zum 20. Juni täglich auftretenden Erdstöße legen die 30 000-Einwohner-Stadt fast völlig in Trümmer. Kein Haus der Stadt bleibt bewohnbar. Rund 300 Menschen werden verschüttet oder erschlagen. Am schwersten ist das mohammedanische Stadtviertel von der Katastrophe betroffen. Die römisch-katholische Kathedrale stürzt während eines Gottesdienstes ein und begräbt unter ihren Trümmern viele Gläubige.

»Die Brücke« will Expressionismus in der Malerei

7. 6., Dresden. Die Architekturstudenten Erich Heckel, Ernst Ludwig Kirchner und Karl Schmidt-Rottluff sowie der Malerei studierende Fritz Bleyl gründen den Künstlerbund »Die Brücke«. Kirchner befaßt sich vor allem mit Holzschnitten, Heckel bevorzugt die Plastik, und Schmidt-Rottluff hat sich für die Lithographie entschieden. Autodidaktisch widmen sich Heckel, Kirchner und Schmidt-Rottluff ebenfalls der Malerei.

Die vier Künstler geben sich betont antibürgerlich. Sie sind Anhänger der Philosophie Friedrich Nietzsches. Ein gemieteter Schusterladen in der Dresdner Friedrichstadt dient der Gemeinschaft als Arbeitslokal. Als Motto wählen sie »Odio profanum vulgus« (Ich hasse die uneingeweihte Menge) aus den Oden von Horaz. Sie leben und arbeiten zusammen, gleichen sich immer mehr an und entwickeln einen Gemeinschaftsstil, der die Kunst im beginnenden 20. Jahrhundert revolutioniert: Den Expressionismus.

Den Namen »Die Brücke« schlägt Schmidt-Rottluff vor: »Alle revolutionären und gärenden Elemente an sich zu ziehen, das besagt der Name Brücke«, schreibt er an den Maler Emil Nolde, als er diesen auffordert, der Gruppe beizutreten. Kirchner beschreibt programmatisch das Programm der Künstlergemeinschaft: »Mit dem Glauben an Entwicklung, an eine neue Generation der Schaffenden wie der Geniessenden rufen wir alle Jugend zusammen. Und als Jugend, die die Zukunft trägt, wollen wir uns Arm- und Lebensfreiheit verschaffen gegenüber den wohlangesessenen, älteren Kräften. Jeder gehört zu uns, der unmittelbar und unverfälscht wiedergibt, was ihn zum Schaffen drängt.«

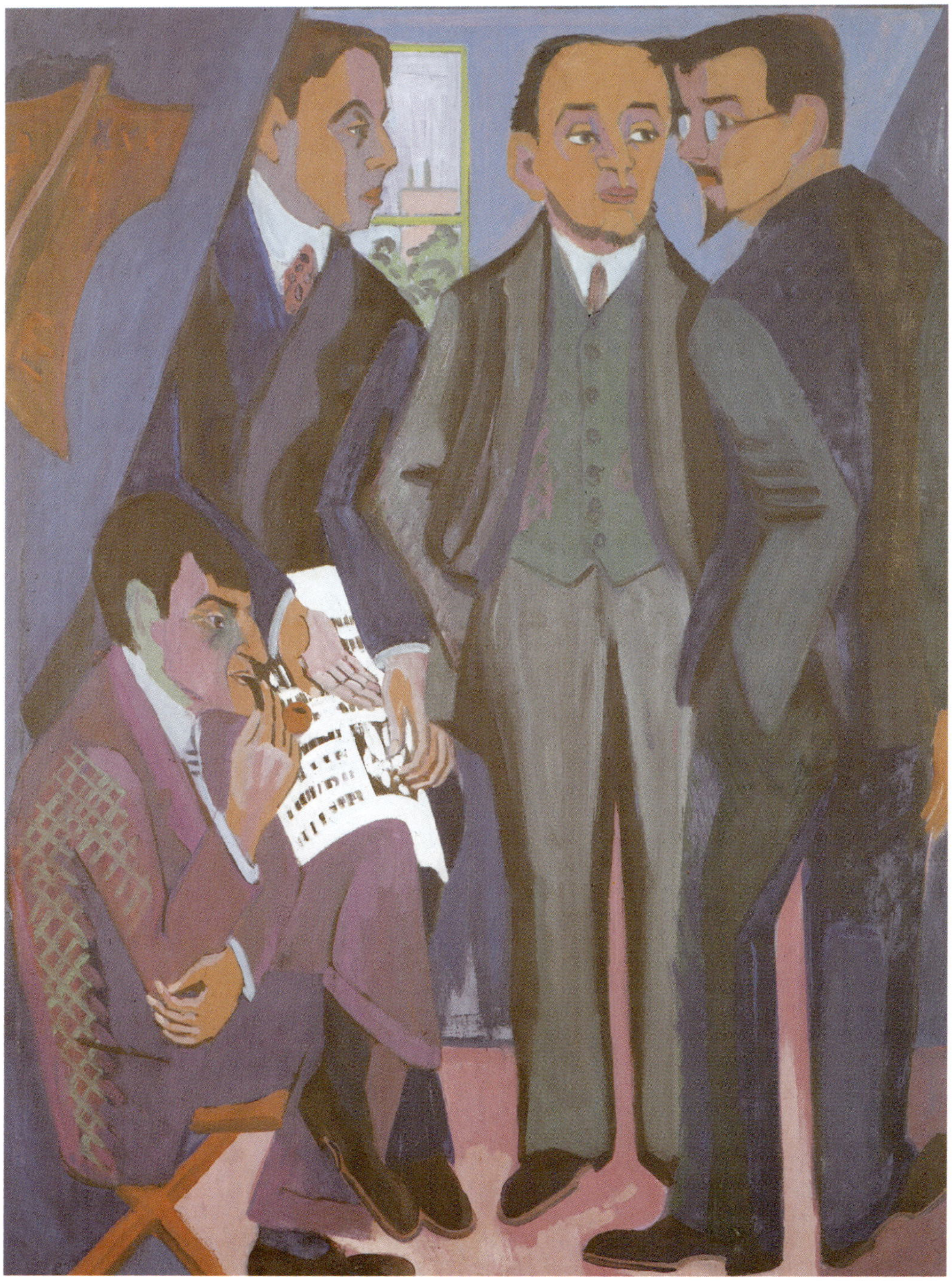

»Vier Maler der Künstlergemeinschaft ›Brücke‹« (Wallraf-Richartz-Museum, Köln). Gemälde von Ernst Ludwig Kirchner aus dem Jahr 1925. Kirchners Bild zeigt vier Hauptexponenten der »Brücke«. Max Pechstein (l. sitzend) studiert im Gründungsjahr 1905 noch an der Kunstgewerbeschule in Dresden Malerei und Grafik; er tritt der Künstlergemeinschaft erst im folgenden Jahr bei. Ernst Ludwig Kirchner (hinten l.) gehört zu den Mitbegründern des Künstlerbundes. In seinem Frühwerk ist er noch vom Neoimpressionismus beeinflußt. Hauptthema seiner Bilder sind später Straßenszenen. Erich Heckel (dritter v. l.) tritt als Grafiker hervor. Karl Schmidt-Rottluff studiert Architektur. Der Malerei wendet er sich in autodidaktischen Studien zu.

Kirchner gilt als der Sensibelste und Genialste unter den »Brücke«-Gründern. Seine Vorstellungen beeinflussen den Stil der Gruppe wesentlich. Im vergangenen Jahr hat er in München die Ausstellung der Neoimpressionisten gesehen und ihren freien Umgang mit der Farbe als Aufforderung verstanden. In der ethnographischen Abteilung des Dresdner Zwingers haben ihn die ursprüngliche Gewalt der Südseekunst und in Nürnberg die expressive Formvereinfachung spätgotischer Holzschnitte tief beeindruckt. Anregungen liefern ferner die Zeitschriften »Pan« und »Insel« mit Grafiken von Edvard Munch, Holzschnitten von Félix Vallotton und Lithographien von Henri de Toulouse-Lautrec. Weitere »kunstgeschichtliche Stützpunkte« sind »Cranach, Beham und andere deutsche Meister des Mittelalters«, wie Kirchner in seiner »Brücke-Chronik« berichtet.

Jedes »Brücke«-Mitglied führt im Schusterladen die anderen in die Techniken ein, die es am besten beherrscht. Die Arbeiten finden vor dem Modell bei ständiger gegenseitiger Kontrolle statt. Diese Arbeitsweise hat zur Folge, daß die frühen Arbeiten kaum auseinanderzuhalten sind. Nach und nach entwickelt sich dabei der gemeinsame Stil: Die anfänglichen Anklänge an Pierre Bonnard, Édouard Vouillard und den Jugendstil verschwinden mehr und mehr: Auf jede Stilisierung und Symbolisierung wird verzichtet. Bevorzugte Themen sind Akt, Landschaft und Gegenstand, wobei die »Brücke«-Maler für sich das Recht in Anspruch nehmen, die Natur im expressiven Sinn zu deformieren.

Ergebnis ist eine Malerei des reinen Instinkts, die eine subjektive Ausdruckssteigerung zu erreichen versucht, ohne auf Form und Konstruktion zu verzichten. Bildnerische Mittel sind ein flächig bezogener, stark farbiger Mal- und Zeichenstil. Erst als dieses Stadium und die völlige Abkehr vom Impressionismus erreicht ist, beginnen sich die einzelnen Künstler-Individualitäten zu scheiden.

König Alfons XIII. von Spanien als »Sportsman« am Steuer eines französischen Wagens

König Eduard VII. von England

König Viktor Emanuel III. von Italien

Kaiser Wilhelm II. (mit erhobenem Arm) während einer Automobilfahrt durch die Lüneburger Heide

Großfürst Nikolaus Michailowitsch von Rußland (mit Zigarre) im Automobil bei einem Besuch seiner Nichte, der Herzogin Cecilie, in Baden-Baden

Nur Begüterte können sich den Luxus eines eigenen Automobils leisten

Wie viele andere Sportarten, so ist auch das Fahren im Automobil das Privileg einer kleinen Schicht von Begüterten. Neben Persönlichkeiten des öffentlichen Lebens sind es daher meist Adlige, die in den Sportzeitschriften und bürgerlichen Illustrierten mit dem neuen Fortbewegungsmittel abgebildet werden: Dabei sind nicht nur sportliche Veranstaltungen, sondern auch das gesellige »Automobil-Wandern« oder »im Automobil auf der Jagd« (→ 3. 11./S. 196) die Themen der Zeitungskolumnisten.

Da die Unfälle durch rücksichtslose Raserei insbesondere in ländlichen Gebieten stark zunehmen – vor allem Kinder und Vieh sind davon betroffen –, herrscht bei vielen Nicht-Automobilisten eine starke Animosität gegen die reichen, rasenden »Autler« (→ S. 128).

Die größte Organisation zur Propagierung des Automobils im Deutschen Reich ist der 1899 gegründete Kaiserliche Automobilklub. Er veranstaltet u. a. Geschwindigkeits-, Dauer- und Geschicklichkeitsfahrten. Die zahlreichen Automobilveranstaltungen tragen weiter zur Popularisierung dieses Fortbewegungsmittels bei.

Sieg im Traberderby für Hengst Dr. Franz

1. 6., Berlin. Auf der Trabrennbahn im Westend gewinnt der Hengst Dr. Franz mit seinem Fahrer und Besitzer M. Neuenfeld das Deutsche Traberderby. Er schlägt auf der Zielgeraden die favorisierten Pferde Juror und Cato.

Der Wettbewerb wird seit 1895 in Folge ununterbrochen ausgetragen. In der elfjährigen Geschichte des Traberderbys ist es bis jetzt noch keinem Rennstallbesitzer gelungen, zweimal den Sieger zu stellen. Als Fahrer gelang jedoch Eugen Treuherz 1896 und 1902 bereits ein doppelter Erfolg.

Um den Bekanntheitsgrad von Trabrennen zu steigern, findet erstmals bei diesem Derby ein Zweispännerrennen statt. Dieser Wettbewerb soll, wie die Zeitschrift »Sport im Bild« schreibt, ». . . dem in vielen Schichten der Bevölkerung leider heute noch nicht genügend beachteten Trabrennsport neue Anhänger zuführen«.

Deutsche Zucht von Patience deklassiert

25. 6., Hamburg. Die aus Österreich-Ungarn kommende, als »Wunderpferd« bezeichnete Stute Patience (Geduld) gewinnt überlegen auf der Rennbahn am Horner Moor das zum 22. Mal ausgetragene Deutsche Galoppderby. Der aus deutscher Zucht stammende Mitfavorit Festino hat keine Chance und wird auf der Zielgeraden mit zweieinhalb Längen distanziert.

Das Rennen war in der Öffentlichkeit als Entscheidung darüber hochstilisiert worden, ob die deutsche oder die österreichisch-ungarische Rennpferdezucht von besserer Qualität sei. In den letzten drei Jahren hatte nämlich jeweils ein Vollblüter aus der Donaumonarchie das wichtigste deutsche Galopprennen gewonnen.

Deutsche Experten sehen die Hauptgründe in den unterschiedlichen Klima- und Trainingsbedingungen. Im österreichischen Trainingszentrum Alag könne, anders als in Berlin-Hoppegarten, bereits im April mit dem Training für die Junirennen begonnen werden. Außerdem fehle in Berlin eine Grasbahn; dort werde nur auf einer 1000 m langen Sandbahn trainiert.

Kunst 1905:

Farbigkeit dominiert

Chronik Übersicht

Der »Fauvismus« in Frankreich und der »Expressionismus« in Deutschland sind zwei Stilrichtungen, die den Auftakt einer revolutionären Entwicklung in der Kunstgeschichte des Jahrhunderts darstellen. Sie folgen nicht mehr geläufigen Realitätsvorstellungen, sondern durchbrechen jahrhundertealte Grundsätze.

Der Fauvismus erhält seinen Namen erst am 18. Oktober (→ S. 184) auf dem Herbstsalon, dem »Salon d'Automne« in Paris, durch den Kunstkritiker Louis Vauxelles, als dieser den Raum VII des Salons mit den Worten »Parmi les fauves« (inmitten der Wilden) betritt. Damit gibt er das Stichwort für eine ganze Kunstrichtung. Während bisher Umrißzeichnungen und Perspektiven berücksichtigt wurden, Licht und Schattenverteilung Bedeutung hatten, räumen die Fauvisten der Farbe den größten Stellenwert ein. Durch gesteigerte Farbigkeit erreichen sie eine besondere Lichtwirkung. Henri Matisse (* 1869), Maurice de Vlaminck (* 1880), Othon Friesz (* 1879), Raoul Dufy (* 1877) und andere lassen in ihren Bildern Wirklichkeit noch erkennen, aber nicht mehr die bekannte Wirklichkeit. Ihre Bilder malen sie wegen des besonderen Lichts in Südfrankreich, in Collioure, wo sich in diesem Jahr erstmals André Derain (* 1880) und Matisse zur gemeinsamen Arbeit treffen. Hier entsteht Derains Bild »Boote in Collioure« auf der Suche nach der ausdrucksstarken, empfindungsbetonten Licht-Schatten-Relation. Die Studien in der Natur haben jedoch nicht den Zweck, die Natur zum Vorbild zu nehmen; sie ist nur noch Vorwand für das Malen. Außerdem geht es den Künstlern nicht um das physikalische Phänomen Licht, sondern »um das einzig wirklich existierende Licht im Geiste des Künstlers«. Die Farbwahl stützt sich auf das Gefühl. Dem Betrachter stellt sich damit ein kontrastreiches Neben- und Gegeneinander von leuchtenden reinen Farben dar, so wie es die Natur nicht zeigt.

Zu den Wegbereitern des »Expressionismus« gehören neben Vincent van Gogh (1853–1890) und Paul Gauguin (* 1853) auch Edvard Munch (* 1863) sowie der Schweizer Ferdinand Hodler. Munch und Hodler dient der japanische Druck als Vorbild. Bewegung, Gebärde und Haltung drückt Hodler wie im Jugendstil durch die Linie der Figuren aus. Der Umriß wird damit zum Ausdrucksträger. Anders als im Impressionismus, deren Künstler die offene Bildform anstrebten, wählt Hodler die Symmetrie der Bildfläche und Farben sowie den Parallelismus der Formen. Die Farben setzt er nach ihrem Symbolwert ein. Er steht damit wie Munch den »Symbolisten« nahe. Munchs Schaffen kann bereits um die Jahrhundertwende als Markstein angesehen werden. Malstil und Bildthemen sind bei ihm allein auf den Ausdruck gerichtet. Er stellt seelische Zustände dar und bringt in seinen Bildern die persönlichen Erfahrungen zum Ausdruck. Die großflächigen Farbfelder gestaltet er entgegen der realen Erscheinung in kräftigen Farben. Die Farbe erhält auch bei ihm eine zentrale Bedeutung.

Der spanische Maler Pablo Picasso (* 1881), im letzten Jahr von Barcelona nach Paris übergesiedelt, entwickelt nach seiner schwermütigen »blauen Periode« (1901–1904), in der er ausschließlich Figurenbilder malte, deren seelisch körperliche Tragik durch die blaue Farbe unterstrichen wird, die »rosa Periode«. Nun entstehen Gemälde aus der Welt der Zirkusse und Gaukler. An die Stelle der Alten, Blinden und Schwachen treten Menschen in choreographischen Gesten der Seiltänzer, Jongleure, Tänzer und Akrobaten.

Die Farbe von Picassos Bildern ist hell, doch verhalten, in Terrakotta und Rosa. Seine Figuren, melancholisch und ernst, stehen vor einsamer Fläche, verlassen und verloren, in statuarischer Ordnung, wie außerhalb ihrer Arena. Es entstehen in diesem Jahr u. a. die Bilder »Akrobatenfamilie und Affe« und »Junges Mädchen mit Blumenkorb«. Picasso modelliert aber auch die Plastik »Der Affe«.

Plakat zur ersten Ausstellung der Künstlergemeinschaft »Die Brücke« von Ernst Ludwig Kirchner

»Die Brücke« ähnelt den »Fauves«

Im Kampf gegen die starren Konventionen und gegen den Akademismus verleihen die Mitglieder der Künstlergemeinschaft »Die Brücke«, gegründet am 7. Juni (→ S. 116), in einfacher, ungestümer und vitaler Bildsprache ihrer eigenen Seele Ausdruck. Ihr Pinselstrich ist dem der »Fauves« ähnlich. Ihre Motivation schöpfen sie aus gemeinsamer Arbeit am gleichen Motiv.

Ferdinand Hodler bevorzugt wie im Bild »Genfer See«, 1905 (Basel, Kunstmuseum; 82 × 104 cm), den Parallelismus als Kompositionsprinzip. Der 1853 in Bern geborene Maler wandte sich um 1890 vom Naturalismus ab und kommt zum Jugendstil.

Henri Matisse »La Pastorale«, 1905 (Paris, Musée d'Art Moderne; 46 × 55 cm)

▷ Pablo Picasso »Zwei Gaukler mit einem Hund«, 1905 (New York, Museum of Modern Art; 105,5 × 75 cm), ein Gemälde aus der »rosa Periode«

André Derain malt seine »Boote in Collioure«, 1905 (Düsseldorf, Kunstsammlung von Nordrhein-Westfalen; 60 × 73 cm), mit größter Farbigkeit und knüpft dabei an die Tradition des Neoimpressionismus von Georges Seurat und Paul Signac an. Ebenso wie diese benutzt Derain, der auch Bühnenkostüme entwirft, die Technik des Pointillismus (Punktmalerei).

▷ »Naturalismus der Seele« nennt der polnische Dichter Stanislaw Przybyszewski die Malerei des Norwegers Edvard Munch, die unter dem beklemmenden Lebensgefühl von Einsamkeit und Angst wie im Bild »Vier Mädchen auf der Brücke«, 1905 (Köln, Wallraf-Richartz-Museum; 126 × 126 cm), entsteht.

Juli 1905

Mo	Di	Mi	Do	Fr	Sa	So
					1	2
3	4	5	6	7	8	9
10	11	12	13	14	15	16
17	18	19	20	21	22	23
24	25	26	27	28	29	30
31						

1. Juli, Samstag

In den USA treten Bestimmungen zur Beschränkung der Einwanderung in Kraft. → S. 130

In Dresden endet ein mehrwöchiger Streik in der Zigarettenindustrie. Die Arbeitgeber erkennen den Tabakarbeiterverband als Vertreter der Zigarettenarbeiterinnen an; die gewerkschaftlich organisierten Arbeiter sagen zu, Nichtorganisierte nicht mehr zu belästigen.

Die württembergische Abgeordnetenkammer verabschiedet einen Vertrag mit Bayern zur Einrichtung von Eisenbahnverbindungen zwischen den beiden Königreichen.

2. Juli, Sonntag

In Frankreich tritt ein Berggesetz in Kraft, das den Maximalarbeitstag in Bergwerken bis 1910 auf neun Stunden und ab 1910 auf acht Stunden festsetzt (→ 17. 4./S. 78).

Nach der Explosion des Pulvermagazins der Zementfabrik Goeschwitz (Jena) werden Steine mit bis zu 60 Pfund Gewicht in die umliegenden Dörfer geschleudert und zerschlagen die Dächer. Der Luftdruck zertrümmert mehr als 800 Fensterscheiben. Vier Personen werden verletzt.

3. Juli, Montag

Die französische Abgeordnetenkammer in Paris verabschiedet nach stürmischer Debatte das Gesetz über die Trennung von Staat und Kirche mit 342 zu 233 Stimmen (→ 22. 4./S. 76).

Auf der »Peterhofer Beratung« behandeln führende konservative Politiker unter dem Vorsitz von Zar Nikolaus II. das Thema der Einberufung einer beratenden Duma aus gewählten Volksvertretern. Die meisten Teilnehmer befürworten das Festhalten an »altrussischen Grundsätzen« (→ 19. 6./S. 104).

Im russischen Ostseekriegshafen Kronstadt meutern die Besatzung des Kreuzers »Minin« sowie weitere Marineeinheiten (→ 27. 6./S. 105).

Die konservativ-klerikale Regierung der Niederlande unter Ministerpräsident Abraham Kuyper tritt nach der Wahlniederlage vom 16. Juni zurück. Bis zur Bildung eines liberalen Ministeriums am 16. August bleibt sie geschäftsführend im Amt.

Neuer Schwergewichtsweltmeister im Boxen als Nachfolger des zurückgetretenen James J. Jeffries wird in Reno Marvin Hart. Er schlägt Jack Root in der achten Runde k. o. → S. 134

4. Juli, Dienstag

In Bayern endet nach Vermittlung der Regierung ein mehrwöchiger Streik in der Metallindustrie. Die Unternehmer erkennen die Arbeitervertretung sowie je nach Bedarf gebildete Kommissionen an, lehnen jedoch ständige Kommissionen ab.

Die französische Botschaft beim Vatikan wird geräumt. Das Archiv wird in die Botschaft bei der italienischen Regierung gebracht. Frankreich hatte 1904 die diplomatischen Beziehungen zum Vatikan abgebrochen (→ 22. 4./S. 76).

Alexandr F. Rediger wird von Zar Nikolaus II. als Nachfolger von Viktor V. Sacharow zum russischen Kriegsminister ernannt.

In Pretoria, der Hauptstadt der britischen Kolonie Transvaal (Südafrika), protestiert eine Abordnung von Buren gegen die neue Verfassung, da sie britischen Soldaten das Wahlrecht verleihe und die niederländische Sprache benachteilige (→ 25. 4./S. 77).

Das Reichsgericht in Leipzig verurteilt in letzter Instanz einen an Syphilis erkrankten Mann, der im Jahr 1900 eine Prostituierte angesteckt hatte, zu 1120 Mark Schadenersatz. Außerdem muß er der Infizierten eine monatliche Rente von 50 Mark zahlen.

5. Juli, Mittwoch

Nach amtlichen Meldungen befinden sich in Petersburg mehr als 25 000 Arbeiter im Streik. Militär bewacht die bestreikten Fabriken (→ 19. 6./S. 104).

In Tscherkessk im nördlichen Kaukasus kommt es während der Unruhen in Rußland zu einem Judenpogrom (→ 7. 5./S. 92).

In London läuft das japanische Schlachtschiff »Katori« vom Stapel (→ 1. 4./S. 74).

Ein Wirbelsturm verwüstet die Samoainseln im südlichen Pazifik. Die Samoainseln sind in Teilen Kolonien des Deutschen Reichs und der Vereinigten Staaten von Amerika.

Auf einer Rundstrecke bei Laschamps in der Auvergne findet über 548 km das sechste und letzte Gordon-Bennett-Rennen statt. Sieger wird abermals Lucien Théry mit einem Richard-Brasier. → S. 133

Die italienische Schauspielerin Eleonora Duse verpflichtet sich, in London neben ihren Bühnenengagements nur noch auf Privatveranstaltungen des Millionärs Ernest Cassel aufzutreten. Sie erhält als Gage für den Vortrag von Gedichten 500 Pfund (8000 Mark) pro Abend.

6. Juli, Donnerstag

Bei Unruhen im südrussischen Jekaterinoslaw (Dnjepropetrowsk) werden Fabriken in Brand gesteckt und Kohlengruben zerstört.

Während der Manöver bei Pola, dem Hauptkriegshafen der österreichisch-ungarischen Monarchie (heute Pula in Kroatien), sterben bei längeren Übungsmärschen mindestens zwölf Soldaten an Erschöpfung oder an Hitzschlag.

Als letztes Teilstück der Montreux-Berner Oberland Bahn (MOB) wird die Strecke Gstaad – Zweisimmen in Betrieb genommen (→ 25. 7./S. 127).

Die Berliner Justiz verurteilt den 70jährigen fliegenden Zeitschriftenhändler Hirt zu fünf Tagen Gefängnis. Hirt war für schuldig befunden worden, trotz polizeilichen Verbots eine von der Staatsanwaltschaft beschlagnahmte Nummer des Witzblattes »Sekt« vertrieben zu haben.

7. Juli, Freitag

Von der Lübecker Bürgerschaft wird ein neues Wahlrechtsgesetz verabschiedet. → S. 124

Der ehemalige Kriegsminister Elihu Root wird Außenminister der USA als Nachfolger des am 1. Juli verstorbenen John M. Hay.

8. Juli, Samstag

Der französische Ministerpräsident Maurice Rouvier nennt in einem Schreiben an den deutschen Botschafter, Hugo Fürst von Radolin, Frankreichs Forderungen auf einer internationalen Marokkokonferenz. Radolin betont in seiner Antwort, Deutschland werde in Marokko keine Ziele verfolgen, die die »berechtigten Interessen Frankreichs« in Marokko in Frage stellen. Mit diesem Briefwechsel gilt die Marokkokrise vorerst als beendet (→ 6. 6./S. 106).

Die aufständischen Mannschaften der »Knjäs Potemkin« übergeben den Panzerkreuzer in Konstanza den rumänischen Behörden. Diese hatten ihnen Straffreiheit zugesichert und übergeben ihrerseits das Schiff der russischen Regierung (→ 27. 6./S. 105).

Das österreichische Abgeordnetenhaus in Wien verabschiedet den Handelsvertrag mit dem Deutschen Reich (→ 22. 2./S. 38).

Das französische Unterseeboot »Farfadet« sinkt in der Nähe der tunesischen Hafenstadt Biserta. Während der Rettungsarbeiten, an denen 150 Franzosen und 100 Araber beteiligt sind, wird versucht, die Mannschaft über Schläuche mit Sauerstoff zu versorgen. Als das Boot nach zwei Tagen gehoben wird, sind alle 13 Besatzungsmitglieder tot.

Im Londoner Stadtteil Wimbledon gehen die Englischen Tennismeisterschaften zu Ende. → S. 135

9. Juli, Sonntag

Rund 18 000 Menschen protestieren in Berlin gegen die deutsche Marokkopolitik und für die Erhaltung des Friedens. → S. 126

Während des Russisch-Japanischen Kriegs erobern japanische Truppen den Hafenort Korsakow auf der Insel Sachalin (→ 27. 5./S. 90).

10. Juli, Montag

Bei einem Grubenunglück in Dortmund sterben 39 Bergleute. → S. 127

Kaiser Wilhelm II. tritt in Swinemünde seine alljährliche Nordlandreise an. Wegen der Vorgänge in Norwegen (→ 7. 6./S. 108) läßt er diese Station aus; er besucht statt dessen Schweden und Dänemark und trifft den russischen Zaren (→ 25. 7./S. 126).

11. Juli, Dienstag

Über die Stadt und den Kreis Tiflis im Kaukasus wird der Belagerungszustand verhängt (→ 19. 6./S. 104).

Der Stadthauptmann von Moskau, Graf Schuwalow, wird beim Empfang von Bittstellern aus deren Mitte durch drei Revolverschüsse getötet (→ 19. 6./S. 104). Der Attentäter, der den sog. Sozialrevolutionären angehören soll, wird sofort verhaftet.

12. Juli, Mittwoch

Der zurückgetretene französische Außenminister Théophile Delcassé erklärt in der Zeitung »Le Gaulois« zur Marokkokrise: »Sich zur Konferenz begeben, ist für Frankreich ein Fehler, und welch ein Fehler!« Nach Delcassé wäre es das beste für Frankreich, sich vom Deutschen Reich den Krieg erklären zu lassen (→ 6. 6./S. 106).

Russische Kriegsschiffe kapern auf dem Schwarzen Meer das russische Torpedoboot »267«, das mit dem revolutionären Panzerkreuzer »Knjäs Potemkin« nach Konstanza gefahren war (→ 27. 6./S. 105). Die Mannschaft der »267« hatte eine Aufgabe abgelehnt und war gezwungen worden, die rumänischen Gewässer wieder zu verlassen. Nun werden die Revolutionäre der »267« nach Odessa verbracht.

13. Juli, Donnerstag

In Frankreich werden alle wegen politischer Vergehen verurteilten Personen amnestiert. → S. 127

Kaiser Wilhelm II. trifft während seiner Nordlandreise in Gefle (heute Gävle) am Bottnischen Meerbusen mit dem schwedischen König Oscar II. und dem schwedischen Kronprinzen Gustav (V.) zusammen. Zentrales Gesprächsthema ist die Vergabe der norwegischen Krone, auf die sich auch die Hohenzollern Hoffnungen machen (→ 31. 3./S. 56; 25. 7./S. 126).

Die Truppen des Sultans Abd Al Asis von Marokko erringen bei Udgide einen entscheidenden Sieg über den Thronprätendenten Bu Hamara.

Der ungarische Ministerpräsident Géza Baron Fejérváry richtet an alle Stadtverwaltungen einen Erlaß, in dem er seine Regierung für »verfassungsmäßig« erklärt (→ 21. 6/S. 107).

Die »Lustigen Blätter« benutzen als Aufhänger für das Titelblatt ihrer 28. Ausgabe die Sommerzeit mit der Möglichkeit des Badevergnügens mit einer Anspielung auf die Prüderie der wilhelminischen Gesellschaft. Das Bild ungetrübter Urlaubsfreude ist jedoch geschönt. Ferien am Meer können sich in der Regel nur begüterte Familien leisten.

14. Juli, Freitag

Der russische Ministerpräsident Sergei J. Graf Witte wird mit der Führung der russischen Delegation bei den russisch-japanischen Friedensgesprächen beauftragt (→ 5. 9./S. 162).

Am französischen Nationalfeiertag landet ein britisches Geschwader in Brest. Der Besuch ist Ausdruck des »herzlichen Einvernehmens« zwischen Frankreich und Großbritannien seit dem Abschluß der »Entente cordiale« im Jahr 1904.

Ein Kriegsgericht in Halle an der Saale verurteilt einen Sergeanten und zwei Gefreite zu fünf Wochen Gefängnis wegen Soldatenmißhandlung (→ 21. 3./S. 60). Sie hatten einen Kürassier mehrmals in der Woche verprügelt. Der Kürassier hatte daraufhin einen Selbstmordversuch verübt. Der Verteidiger hatte Freispruch gefordert: »Die Kürassiere sind alles stramme Bengels, denen es nichts schadet, wenn sie sich einmal eine reinwischen.«

15. Juli, Samstag

Bei Lodz (Russisch-Polen) meutert eine Kosakenabteilung wegen schlechter Verpflegung. Die Meuterei wird durch Infanterietruppen niedergeschlagen (→ 19. 6./S. 104).

16. Juli, Sonntag

In New York kommt es zu Rassenunruhen. 300 Schwarze und 800 Weiße liefern sich eine erbitterte Straßenschlacht, bei der Hunderte von Personen verletzt werden.

Neben dem Gebäude des russischen Verkehrsministeriums im Zentrum von Petersburg hebt die Polizei eine von Revolutionären betriebene »Bombenfabrik« aus. Zahlreiche Personen werden verhaftet.

In Warschau werden angebliche »Revolutionäre« verhaftet. Die Polizei erklärt, daß im Falle eines Generalstreiks sämtliche Streikende aus dem Weichbild der Stadt ausgewiesen würden.

Der bayerische, der badische und der württembergische Eisenbahnerverband schließen sich in Crailsheim zum Gesamtverband der nationalgesinnten Eisenbahner Deutschlands mit Sitz in Stuttgart zusammen. Der Gesamtverband läßt den Einzelverbänden völlige Selbständigkeit und hat den Zweck, solche »geistigen und materiellen Interessen« zu fördern, die allen Verbänden gemeinsam sind.

Belgien begeht den 75. Jahrestag seiner Unabhängigkeit von den Niederlanden. → S. 127

In der Kapelle eines Hospizes in Fermo in Italien bricht während des Sonntagsgottesdiensts der Fußboden ein. 16 Personen werden getötet, 32 verletzt.

17. Juli, Montag

Die Zentrumspartei gewinnt die bayerischen Landtagswahlen. → S. 125

In Moskau findet eine Konferenz von Industriellen und Vertretern des Börsenkomitees unter dem Vorsitz von Wladimir I. Kowalewski statt. Die Versammlung fordert die Einführung eines Zweikammersystems, wobei dem Zaren ein Vetorecht eingeräumt werden soll (→ 19. 6./S. 104).

Die Schutzmächte stellen den aufständischen Panhellenen auf Kreta eine Frist bis zum Monatsende, um die Waffen niederzulegen (→ 20. 4./S. 77).

Der spanische Literaturnobelpreisträger von 1904, José Echegaray y Eizaguirre, übernimmt den Posten des Finanzministers im Kabinett des Liberalen Eugenio Montero Rios (→ 31. 5./S. 93).

18. Juli, Dienstag

Das ungarische Oppositionskartell, das im Abgeordnetenhaus in Budapest über die Mehrheit verfügt, fordert in einem Aufruf an das Volk Bürger und Beamte zur Verweigerung der Steuerzahlung und der Rekrutenstellung auf (→ 21. 6./S. 107).

In Deutsch-Togo nimmt die Küsteneisenbahn Lomé – Aného den Betrieb auf (→ 9. 2./S. 39).

19. Juli, Mittwoch

Herzog Karl Eduard von Sachsen-Coburg-Gotha tritt nach Erreichen der Volljährigkeit die Regierung an. Die Regentschaft hatte seit 1900 Ernst zu Hohenlohe-Langenburg geführt.

Das Berliner Kaufmannsgericht verurteilt den Inhaber eines großen Putzgeschäfts, einer fristlos gekündigten Angestellten das noch ausstehende Monatsgehalt zu zahlen. Er hatte das Mädchen entlassen, als es am Sonntag vor Pfingsten 15 Minuten zu spät zur Arbeit gekommen war.

20. Juli, Donnerstag

In Moskau protestiert eine Versammlung von 200 Semstwo- und Städtevertretern gegen die Willkür der Verwaltung und mißbilligt den vom Innenministerium vorgelegten Verfassungsentwurf (→ 19. 6./S. 104).

21. Juli, Freitag

Auf den osmanischen Sultan Abd Al Hamid II. wird ein Bombenattentat verübt, als er nach dem Selamlik (Freitagsgebet) die Moschee in Konstantinopel (Istanbul) verläßt. Der Anschlag, bei dem mehr als 40 Menschen getötet und verletzt werden, geht auf das Konto radikaler Albaner. Der Sultan bleibt unverletzt.

Die britische Regierung unter dem Konservativen Arthur James Balfour erleidet im Unterhaus wegen ihrer Irlandpolitik eine Abstimmungsniederlage. Bei der Vorlage ging es um vorsichtige Zugeständnisse im Zuge der irischen Selbstverwaltung. Die liberale Opposition fordert daraufhin die Regierung Balfour zur Abdankung auf (→ 4. 12./S. 206).

In Peking tritt eine Delegation hochrangiger chinesischer Beamter eine Reise nach Westeuropa an, um das dortige Staatswesen kennenzulernen. Die Zöpfe tragenden Diplomaten haben zugleich den Auftrag, eine internationale Konferenz über die Verhältnisse in Ostasien herbeizuführen.

Bei einer Kesselexplosion auf dem US-Kanonenboot »Bennington« in San Diego in Kalifornien kommen 50 Soldaten ums Leben, über 200 werden verletzt.

22. Juli, Samstag

Zu schweren Ausschreitungen kommt es in Petersburg bei einer Gedenkfeier für die am »Blutsonntag« (→ 22. 1./S. 16) getöteten Arbeiter.

23. Juli, Sonntag

In Italien enden die Provinzial- und Kommunalwahlen, die am 16. Juli begonnen haben, mit einem Erfolg der vereinigten Konservativen und Katholiken. Auch in den Ballungszentren Mailand und Rom erleiden die Radikalen und Sozialisten schwere Verluste.

24. Juli, Montag

In Nischni Nowgorod wüten nach Pressemeldungen »große Volksmassen fünf Stunden lang gegen die höheren Klassen der Bevölkerung« (→ 19. 6./S. 104).

Durch kaiserliches Edikt wird in China das Bogenschießen und der sonstige Gebrauch veralteter Waffen für die acht »Banner« der kaiserlichen Leibgarde verboten. Die Elitetruppe soll mit modernen Waffen ausgerüstet werden.

25. Juli, Dienstag

Kaiser Wilhelm II. und Zar Nikolaus II. unterzeichnen während der Nordlandreise des deutschen Kaisers den Vertrag von Björkö. → S. 126

Das Teilstück Eigerwand – Eismeer der Jungfraubahn wird dem Verkehr übergeben. → S. 127

26. Juli, Mittwoch

Aus dem Jemen werden große Erfolge der osmanischen Truppen bei der Niederschlagung des Jemeniten-Aufstands gemeldet. Der militärische Sieg der Zentralregierung ist in greifbare Nähe gerückt (→ 4. 5./S. 93).

Offiziere und Mannschaften in sechs Regimentern am Don weigern sich, bei Zusammenstößen zwischen Polizei und Bevölkerung zur Unterdrückung der Unruhen eingesetzt zu werden.

In Wilna wird ein »Revolutionär« verhaftet, in dessen Wohnung die Polizei ein Waffenlager und regierungsfeindliche Broschüren findet.

27. Juli, Donnerstag

Beide Kammern des schwedischen Reichstags genehmigen den Ausschußbericht über die norwegisch-schwedische Unionsfrage. Danach soll der Reichstag Verhandlungen über die Auflösung der Union aufnehmen, falls sich die norwegische Bevölkerung für die Unabhängigkeit ausspricht (→ 7. 6./S. 108).

28. Juli, Freitag

Robert Edwin Peary verläßt auf dem Schiff »Roosevelt« New York, um als erster Mensch den Nordpol zu erreichen. Es ist sein dritter Anlauf, der jedoch auch scheitert → S. 131

Während des Russisch-Japanischen Kriegs erobern Verbände der japanischen Armee Alexandrowsk auf Sachalin (→ 27. 5./S. 90).

29. Juli, Samstag

Auf der Delegiertenversammlung des Schweizerischen Ingenieur- und Architektenvereins in Zürich wird die Gründung einer Bürgerhaus-Kommission angeregt. Sie soll wertvolle bürgerliche Bauten in Bild und Beschreibung der Nachwelt erhalten.

30. Juli, Sonntag

Auf einer Versammlung der Rollkutscher, Begleiter und Bodenarbeiter aus allen Speditionsbetrieben Berlins wird festgestellt, daß Wochenlöhne von 20 Mark bei 18stündiger täglicher Arbeitszeit die Regel sind (→ 17. 4./S. 78). Die Speditionsarbeiter fordern die Einführung des zehnstündigen Höchstarbeitstages bei einem Wochenlohn von 30 bis 33 Mark.

Bei den Wahlen zur Skupschtina, dem Parlament des Königreichs Serbien, erzielt die Regierungspartei der Selbständigen Radikalen von Ljubomir Stojanović die absolute Mehrheit.

In Paris endet die dritte Tour de France mit einem Sieg des Franzosen Louis Trousselier. Von 60 Teilnehmern erreichen nur 24 das Ziel. → S. 135

31. Juli, Montag

Der deutsche Kaiser Wilhelm II. trifft auf seiner Nordlandreise zum Besuch des dänischen Königshofs in Kopenhagen ein. Die Presse hebt die guten Beziehungen des Deutschen Reichs mit den nordischen Staaten hervor und spekuliert darüber, ob ein Hohenzoller norwegischer König wird (→ 25. 7./S. 126).

Die Generalkonsuln der europäischen Schutzmächte verhängen über Kreta das Standrecht, da die aufständischen Panhellenen die Unterwerfung verweigern und ein Ultimatum vom 17. Juli über ihre Entwaffnung haben verstreichen lassen (→ 20. 4./S. 77).

Das Wetter im Monat Juli

Station	Mittlere Lufttemperatur (°C)	Niederschlag (mm)	Sonnenscheindauer (Std.)
Aachen	18,6 (17,5)	130 (75)	– (190)
Berlin	19,8 (18,3)	77 (70)	– (242)
Bremen	18,6 (17,4)	79 (92)	– (207)
München	20,7 (17,5)	96 (137)	– (226)
Wien	21,0 (19,5)	21 (84)	293 (265)
Zürich	20,5 (17,2)	97 (139)	330 (238)

( ) Langjähriger Mittelwert für diesen Monat
– Wert nicht ermittelt

Ausführlich befaßt sich die französische Sport- und Gesellschaftszeitung »La Vie Au Grand Air« mit dem Gordon-Bennett-Autorennen. Den drei französischen Teilnehmern wird bei der Berichterstattung breiter Raum gegeben.

Zensuswahlrecht schließt Sozialdemokraten aus

7. 7., Lübeck. Die Bürgerschaft des Freistaats Lübeck verabschiedet ein neues Zensuswahlgesetz. Danach werden künftig die Bürger, die jährlich ein Einkommen von mehr als 2000 Mark zu versteuern haben, 105 Mitglieder der Bürgerschaft wählen; die restlichen 15 Mitglieder werden von den Bürgern gewählt, die weniger als 2000 Mark versteuern. In Lübeck gibt es rund 2000 Männer, die mehr als 2000 Mark jährlich verdienen; rund 7000 wahlberechtigte Männer versteuern weniger als 2000 Mark. Männer, die keine direkten Steuern entrichten, haben in Lübeck wie in den anderen Freien Städten kein Wahlrecht. Frauen sind von Wahlen generell ausgeschlossen.

Das Gesetz wird verabschiedet, nachdem im Mai der Hamburger Bürgerschaft vom Senat ein entsprechendes, gegen die Sozialdemokraten gerichtetes Wahlgesetz zugegangen war. In der Begründung der Hamburger Vorlage heißt es: Es sei zu erwarten, daß die »niedrig besteuerten, unselbständigen Elemente« binnen kurzem »in den allgemeinen Wahlen alle Mandate an sich reißen« würden; der Arbeiterschaft solle ihr »Anteil an den öffentlichen Geschäften nicht verkümmert werden«, aber sie dürfe »die anderen Bevölkerungsklassen nicht verdrängen«.

Von den 24 Bundesstaaten des Deutschen Reiches ist nur in zwei Staaten das gleiche Stimmrecht für Männer verwirklicht, nämlich in den süddeutschen Staaten Baden und Württemberg. In allen anderen Staaten schaffen Zensusbestimmungen wie in Lübeck und Hamburg ein ungleiches Wahlrecht, obwohl das Wahlrecht auf Reichsebene allen Männern gleiches Stimmrecht einräumt (→ S. 125).

Beispielhaft für die Wahlrechtsmodelle in den Bundesstaaten ist das preußische Dreiklassenwahlrecht. Sein Prinzip beruht auf der Gewichtung der Wählerstimmen nach dem Aufkommen an direkten Steuern. Um das Stimmgewicht der Wähler zu ermitteln, wird das Steueraufkommen jedes preußischen Wahlbezirks gedrittelt. Wähler und Wahlmänner werden je nach dem Steueraufkommen einer »Klasse« zugeordnet. Da sich viele Wähler mit geringem Steueraufkommen ein Drittel der Wahlmänner aufteilen müssen, sind ihre Stimmen also nur ein Bruchteil der Stimmen weniger Wohlhabender wert. Bei den preußischen Landtagswahlen von 1888 entfiel z. B. ein Drittel der Wahlmänner auf 3,62% wohlhabende Stimmberechtigte; 10,82% Mittelbesteuerte wählten das zweite Drittel Wahlmänner; das letzte Drittel wurde von 85,56% gering Besteuerten gewählt. Diese Klasseneinteilung wurde noch verschärft, als Steuergesetze die unteren Schichten steuerlich entlasteten und die wohlhabenden Schichten höher besteuerten. Das aktive Wahlrecht besitzen in Preußen alle Männer über 24 Jahre, die die bürgerlichen Rechte innehaben, keine öffentliche Armenhilfe erhalten und wenigstens seit einem halben Jahr in Preußen wohnen. Angehörige des Militärs dürfen nicht wählen, weil eine Politisierung der Armee befürchtet wird. Das passive Wahlrecht besitzen Bürger, die mindestens 30 Jahre alt und im Besitz der bürgerlichen Rechte sind. Die Wahl selber ist indirekt und öffentlich: Die Wähler geben im Wahllokal zu Protokoll, für welche Wahlmänner sie stimmen. Die Wahlmänner bestimmen in öffentlicher Wahl wiederum die Abgeordneten des preußischen Landtags.

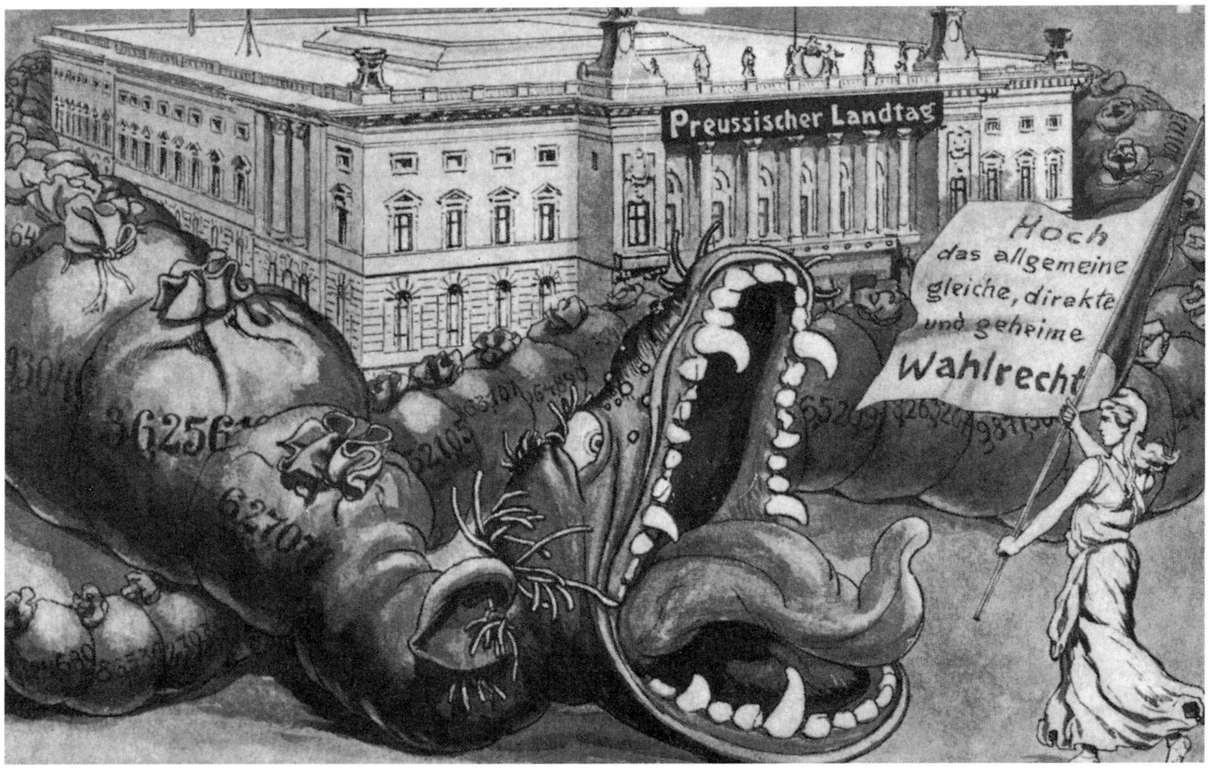

Wahlkampfplakat der preußischen SPD. Die Sozialdemokraten kämpfen gegen das Dreiklassenwahlrecht und für das »allgemeine, gleiche, direkte und geheime« Wahlrecht, das auf Reichsebene bereits seit 1871 verwirklicht ist.

Im böhmischen Warnsdorf demonstrieren am 12. November Zehntausende für die Einführung des allgemeinen Wahlrechts in Österreich. 1873 wurde nur denen das Wahlrecht zuerkannt, die mehr als zehn Gulden direkte Steuern im Jahr entrichten. 1885 wurde das Wahlrecht auf die »Fünfguldenmänner« ausgedehnt.

Wahlrechtsdebatte seit fast 100 Jahren

Chronik Stichwort

Die im Jahr 1815 auf dem Wiener Kongreß unterzeichnete Deutsche Bundesakte schuf die Voraussetzung für die ersten Parlamentswahlen in Deutschland. Ihr Artikel 13 stellte »in allen Bundesstaaten ... eine Landständische Verfassung« in Aussicht.
Daraufhin bildeten sich vor allem in den Staaten Süd- und Mitteldeutschlands sog. Zweite Kammern, die in der Regel aus indirekten Wahlen hervorgingen. Diese Zweiten Kammern besaßen jedoch nur wenige Rechte: Sie durften an Gesetzen beratend mitwirken und konnten über die Erhebung von Steuern entscheiden. Einfluß auf die Regierung, die nicht von ihnen gewählt, sondern vom Landesfürsten ernannt wurde, hatten sie so gut wie nicht. Gleichzeitig mit den Zweiten Kammern wurden sog. Erste Kammern gebildet. Die Mitglieder dieser »Oberhäuser« waren Vertreter der Herrscherhäuser, des Hochadels, kirchlicher Würdenträger u. a. Personen, die ihr Mandat verliehen bekommen oder ererbt hatten. Politische Parteien hatten sich noch nicht gegründet; es existierten lediglich sog. Vereine, die politisch aktiv waren.
Ein einheitliches Wahlrecht gab es nicht. Das unterschiedliche Steueraufkommen entschied über das Gewicht der abgegebenen Stimmen. Entsprechend den verschiedenen Wahlrechten in den Einzelstaaten wurde die Frankfurter Nationalversammlung von 1848/49 gewählt. Diese erste Versammlung von gewählten Männern aus allen Teilen Deutschlands schuf die Grundlage, daß sich fraktionsähnliche politische Gesinnungsgemeinschaften im gesamten Deutschen Bund bildeten. Doch dauerte es noch bis 1861, ehe sich der erste der zahlreichen politischen Vereine das Etikett »Partei« gab: 1861 gründeten 1848er Liberale im preußischen Abgeordnetenhaus die Deutsche Fortschrittspartei.
Einen wesentlichen Schritt in der Geschichte des Wahlrechts bildete das unter der Ägide von Otto

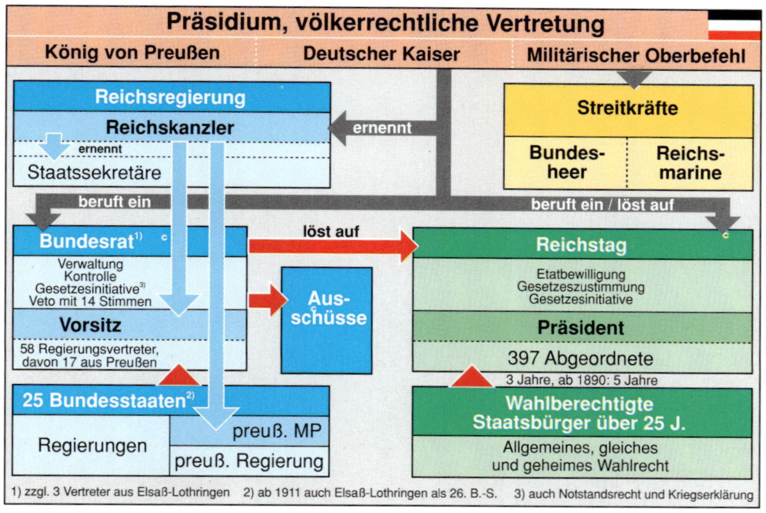

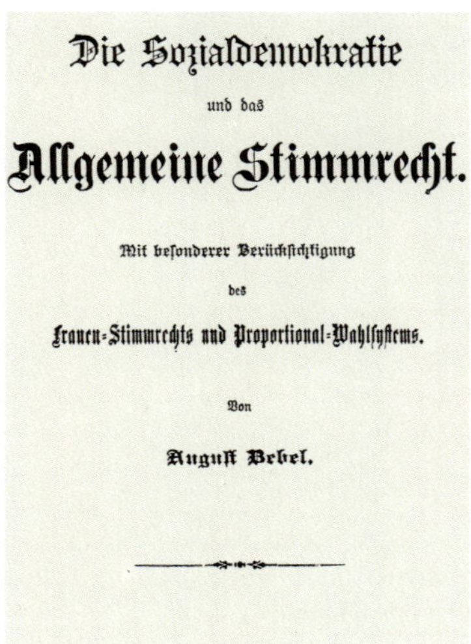
Die Sozialdemokratie
und das
Allgemeine Stimmrecht.
Mit besonderer Berücksichtigung
des
Frauen-Stimmrechts und Proportional-Wahlsystems.
Von
August Bebel.

In Broschüren fordert August Bebel das allgemeine Wahlrecht.

Karikatur im »Wahren Jakob« zur Hamburger Wahlrechtsänderung

von Bismarck erarbeitete Gesetz für die Wahlen zum Reichstag des Norddeutschen Bundes von 1867: Alle Männer ab 25 Jahren erhielten das Wahlrecht; die Wahlen waren allgemein, gleich, geheim und direkt. Dieses fortschrittliche Wahlrecht trug zu einer starken Politisierung der wahlberechtigten männlichen Bevölkerung bei. Mehrere neue Parteien wurden gegründet, so im Jahr 1869 die Sozialdemokratische Arbeiterpartei (seit 1890: SPD).
Die Verfassung des 1871 gegründeten Deutschen Kaiserreiches übernahm für den Reichstag ohne wesentliche Änderungen das Wahlgesetz des Norddeutschen Bundes. Damit verfügte das Deutsche Reich im europäischen Vergleich über eines der demokratischsten Wahlsysteme überhaupt. Der Reichstag wurde so trotz seiner recht geringen Kompetenzen das wichtigste Forum der Auseinandersetzungen.
Die Reichstagsabgeordneten werden nach dem System des Mehrheitswahlrechts bestimmt. Reicht die Mehrheit im ersten Wahlgang nicht aus, so findet eine Stichwahl zwischen den beiden erfolgreichsten Kandidaten statt. Während Stichwahlen anfangs nur in etwa 10% der Wahlkreise notwendig waren, finden sie inzwischen schon in fast 50% der Wahlkreise statt. Der Hauptgrund ist neben dem Ausbau des Parteiensystems der hohe Anteil an SPD-Stimmen, die vielfach eine absolute Mehrheit im ersten Wahlgang verhindern.

Große Mehrheit für Zentrum und SPD

17. 7., München. Überragender Sieger bei den bayerischen Landtagswahlen ist die Zentrumspartei. Sie zieht mit einem Plus von 19 Abgeordneten ins Parlament ein und erringt 103 Sitze. Die SPD, die im Wahlkampf mit dem Zentrum ein Bündnis eingegangen war, verbessert sich um ein Mandat auf zwölf Abgeordnete. Die Liberalen hingegen büßen die Hälfte ihrer Mandate ein und stellen nur noch 22 Parlamentarier im Landtag.

SPD ist die drittstärkste Kraft

Partei	*Mandate*	*Stimmen*	*Anteil*
Zentrum	103 (+19)*	1 113 897	52,7%
Liberale	22 (−22)	655 808	20,0%
Bauernbund	15 (− 2)	224 386	7,2%
SPD	12 (+ 1)	463 789	18,0%
Konservative	4 (− 1)	29 308	1,5%
Volkspartei	2 (+ 1)	15 529	0,3%

* *Veränderung gegenüber der letzten Wahl*

Zentrum und SPD waren mit dem gemeinsamen Ziel angetreten, eine Wahlrechtsänderung durchzusetzen. Ihnen geht es um die Einführung der Direktwahl (anstelle von Wahlmännern) nach dem Mehrheitswahlrecht und um eine Neueinteilung der Wahlkreise entsprechend den Ergebnissen der Volkszählung von 1900.
Das relativ weitgefaßte Zensuswahlrecht in Bayern benachteiligt Sozialdemokraten und Zentrum gleichermaßen zugunsten der Nationalliberalen. Die Festlegung der Wahlkreise konnte außerdem zu jeder Wahl unterschiedlich erfolgen – mit entsprechenden Manipulationsmöglichkeiten. Um diese Praxis zu unterbinden, gab es bereits 1899 erste Absprachen zwischen Sozialdemokraten und Zentrum, zuerst in München und der Pfalz, dann auf Landesebene. Ein erster Vorstoß zur Änderung des Landtagswahlrechts unter Ministerpräsident Klemens von Podewils-Dürnitz – er steht dem Zentrum nahe – scheiterte 1904 am Widerstand der Liberalen, des Bauernbunds und der Konservativen.
Als das Zentrum und die Sozialdemokraten nun die Zweidrittelmehrheit im Landtag erringen, steht der Wahlrechtsreform nichts mehr im Wege: Am 30. November verabschiedet die bayerische Abgeordnetenkammer in München das neue Wahlgesetz.

Kaiser und Zar beraten vor Björkö

25. 7., Björkö. Der deutsche Kaiser Wilhelm II. und der russische Zar Nikolaus II. unterzeichnen – ohne ihre Außenminister in die Beratungen einbezogen zu haben – vor der zum russischen Großfürstentum Finnland gehörenden Insel Björkö ein Defensivbündnis. Danach ist beim Angriff einer europäischen Macht auf einen der beiden Vertragspartner der andere zu militärischer Hilfeleistung verpflichtet. Darüber hinaus soll Rußland Frankreich dazu bewegen, dem Bündnis beizutreten.

Mit dieser Vereinbarung will Wilhelm II. sich nach der Aufgabe des Rückversicherungsvertrages diplomatisch Rußland wieder stärker nähern. Der Vertrag von Björkö hält dem Deutschen Reich die Ostflanke frei. Er liefert die Garantie, daß Rußland kein Bündnis mit Großbritannien eingeht; sollte Frankreich beitreten, wäre für das Deutsche Reich die Zweifrontensituation überwunden und die Entente cordiale mit Großbritannien so gut wie gesprengt. Voraussetzung wäre eine deutsch-französische Einigung in der Marokkofrage (→ 6. 6./S. 106). Großbritannien würde, wie von Friedrich von Holstein, der »grauen Eminenz« im Auswärtigen Amt, beabsichtigt, der große Verlierer sein (→ 28. 6./S. 106). Zudem sagt Nikolaus II. dem deutschen Kaiser zu, so Gerüchte in der englischen Presse, Rußland werde gegen die Kandidatur eines Hohenzollern für die norwegische Krone (→ 7. 6./S. 108) keine Einwände erheben.

Zar Nikolaus II. (M.) und der deutsche Kaiser Wilhelm II. (r.) treffen sich an Bord des Kreuzers »Berlin« in den Gewässern vor Björkö.

Der Vertrag wird jedoch nicht ratifiziert. Die Umsetzung des Bündnisses scheitert an der Weigerung des deutschen Reichskanzlers Bernhard Fürst von Bülow, der den fehlenden Schutz vor England bemängelt. Die russische Regierung hätte nur zugestimmt, wenn die Vereinbarungen über Frankreich hinfällig gewesen wären.

Vereinbarungen gegen London

Chronik Dokument

Der Vertrag von Björkö soll Deutschland zur stärksten Macht in Kontinentaleuropa machen und ihm die Unterstützung Rußlands und Frankreichs gegen Großbritannien sichern. Der Zusatz »in Europa« in Artikel I soll gewährleisten, daß Deutschland nicht in einen Krieg gegen Großbritannien in Asien verwickelt wird.

»Ihre Majestäten der Deutsche Kaiser und der Kaiser aller Reußen haben zum Zwecke der Aufrechterhaltung des Friedens in Europa folgende Artikel ... vereinbart:

Artikel I: Falls eines der beiden Kaiserreiche von einer europäischen Macht angegriffen werden sollte, wird sein Verbündeter ihm in Europa mit allen seinen Streitkräften zu Lande und zur See beistehen.

Artikel II: Die hohen vertragschließenden Parteien verpflichten sich, keinen Sonderfrieden mit irgend einem gemeinsamen Gegner abzuschließen.

Artikel III: Der gegenwärtige Vertrag wird in Kraft treten, sobald der Friede zwischen Rußland und Japan geschlossen sein wird, und gültig bleiben, solange er nicht ein Jahr im voraus gekündigt wird.

Artikel IV: Der Kaiser aller Reußen wird nach dem Inkrafttreten dieses Vertrags die nötigen Schritte tun, um Frankreich in diese Abmachung einzuweihen und es auffordern, ihr als Verbündeter beizutreten.«

Friedenskundgebung in Berlin – Redeverbot für Jaurès

9. 7., Berlin. Anläßlich der Marokkokrise (→ 6. 6./S. 106) veranstaltet die SPD eine Demonstration für den Völkerfrieden. Bereits um 11 Uhr ist der Saal des Veranstaltungslokals »Neue Welt« mit 6000 Personen überfüllt. Mehr als 12 000 Menschen stehen vor dem Gebäude, um den Rednern zuzuhören.

Die Berliner Veranstaltung der SPD ist die größte Massenkundgebung gegen den Krieg während der Marokkokrise.

Die Hauptperson auf dieser Veranstaltung allerdings fehlt: Der französische Sozialistenführer Jean Jaurès, der auch in bürgerlichen Kreisen geachtete Hauptbefürworter einer Aussöhnung zwischen Deutschen und Franzosen, wurde von Reichskanzler Bernhard Fürst von Bülow über die deutsche Botschaft in Paris gebeten, der Veranstaltung fernzubleiben. Die als »Kanzlerblatt« geltende »Norddeutsche Allgemeine Zeitung« veröffentlicht die entsprechende Note des Kanzlers: »Ich schätze Jaurès als Redner, achte seine Anschauungen in der auswärtigen Politik, stimme nicht selten mit ihm überein und freue mich, daß er mehrfach für freundliche Beziehungen zwischen Deutschland und Frankreich eintrat. Es handelt sich aber hier um eine politische Rolle, die ihm zugeschoben werden soll. Der ›Vorwärts‹ kündigte an, daß mit der geplanten Versammlung der Anfang eines unmittelbaren Einflusses der Sozialdemokratie auf die auswärtige Politik gemacht und der Klassenkampf auf internationaler Grundlage propagiert werden soll ...«

Selbst in der Regierung nahestehenden Zeitungen wird die Kanzlerentscheidung als »überflüssig« bezeichnet: Jaurès als der mutigste und profilierteste Befürworter der deutsch-französischen Aussöhnung habe ein »Redeverbot« in keinem Fall verdient.

Ohne den französischen Politiker verabschiedet die Versammlung eine Resolution, in der die »tiefe« Verbundenheit des deutschen und des französischen Proletariats betont wird; die deutsche sozialistische Arbeiterschaft werde ihr »ganzes Gewicht in die Waagschale legen zur Aufrechterhaltung des Völkerfriedens«; außerdem unterstreicht die Resolution die »innige Sympathie« der Versammlung »mit dem russischen Proletariat und den russischen Revolutionären insgesamt«.

Belgien feiert drei Monate zu früh

16. 7., Brüssel. Mit großem Pomp werden in Belgien die Feiern anläßlich des 75. Jahrestags der Unabhängigkeit eröffnet. Am 4. Oktober 1830 hatte eine provisorische Regierung des katholisch-liberalen Bürgertums die Unabhängigkeit Belgiens vom Königreich der Niederlande proklamiert. Die Feiern beginnen bereits im Juli, da sie im Zusammenhang mit der Weltausstellung in Lüttich veranstaltet werden (→ 27. 4./S. 79).

1815 wurde auf dem Wiener Kongreß das Königreich der Vereinigten Niederlande gegründet. In ihm standen sich die Handel treibenden Niederländer im Norden und die französisierten Belgier im Süden, die wegen des Steinkohlebergbaus am Beginn der Industrialisierung standen, ablehnend gegenüber. Der Konflikt zwischen den beiden Teilstaaten verschärfte sich, als 1823 in den flämischen Teilen des Südens das Niederländische als Amtssprache eingeführt wurde.

Für weitere Unzufriedenheit sorgte in Belgien die Kirchenpolitik gegenüber den Katholiken sowie die Unterdrückung der liberalen Presse und eine einseitig die Niederlande fördernde Finanzpolitik. Dies führte 1828 zu einem Bündnis zwischen liberalen und katholischen Gruppen, das sich die Abschaffung des Einheitsstaates zum Ziel setzte. Im August 1830 kam es in Brüssel zum Aufstand und zur Unabhängigkeitserklärung. Sie wurde auf der Londoner Konferenz durch die Großmächte bestätigt.

Station Eigerwand mit Blick auf die Jungfrau (4158 m); Erstersteigung 1811, erste Winterbesteigung 1874, erste Besteigung auf Ski 1902

Bahnen erschließen Alpen

25. 7., Interlaken. Auf der Station Eigerwand der Jungfraubahn wird oberhalb von Interlaken in den Berner Alpen die höchstgelegene Eisenbahnstrecke der Welt eröffnet. Die Zahnradbahn mit einem Meter Spurweite fährt nun von der Kleinen Scheidegg (2064 m) über Eigerwand (2865 m) bis Eismeer auf den Südostabstürzen von Eiger, Mönch und Jungfrau. Die Bahn, an der seit 1896 gebaut wird, soll bis zum Jungfraujoch (3457 m) verlängert werden und dient ausschließlich dem Bergtourismus.

Die verkehrsmäßige Erschließung der Alpen in einer Zeit der Massenbegeisterung für den Bergsport (→ S. 136) erfolgt jedoch auch durch Gebirgsbahnen, die Bergketten überschreiten. So eröffnet der österreichische Kaiser Franz Joseph I. am 20. September in Gastein die Tauernbahn. Zwischen Böckstein und Mallnitz unterquert sie den Kamm der Hohen Tauern. Auch diese Bahn soll der Weiterentwicklung des Fremdenverkehrs in den Alpen dienen. Zu diesem Zweck hat sich in Wien ein Konsortium gebildet, das in den von Eisenbahnen erschlossenen Landschaften »den modernen Anforderungen entsprechende Alpenhotels« errichten will. Auch die Unterkunftshütten der beim Bau der Bahnen Beschäftigten sollen nicht abgerissen werden, sondern »Hotels bzw. Unterkunftsräume bescheideneren Ranges« werden.

Paris: Amnestie für »Politische«

13. 7., Paris. Die französische Regierung unter Ministerpräsident Maurice Rouvier erläßt ein Gesetz zur Begnadigung aller aus politischen Gründen verurteilten Personen. Betroffen sind vor allem katholische Geistliche, die gegen die Trennung von Kirche und Staat opponiert haben (→ 22. 4./S. 76). Danach erhalten die Verurteilten die bürgerlichen, nicht jedoch die politischen Ehrenrechte zurück. Aktives und passives Wahlrecht bleiben ihnen vorenthalten.

Die Amnestie fällt in eine Zeit, in der die sozialistische Regierung die von ihr geschaffene »Laienrepublik« vom Einfluß der Royalisten und Klerikalen weitgehend befreit zu haben glaubt und der Opposition eine Geste der Versöhnung entgegenbringen will.

Die Amnestie gilt auch für die Teilnehmer des gescheiterten Staatsstreichs von 1899, deren prominentester der Revanchist Paul Déroulède ist. Déroulède wurde nach dem Deutsch-Französischen Krieg von 1870/71 durch antideutsche »Soldatenlieder« (1872) und revanchistische Lyrik bekannt. 1880 gründete er die einflußreiche »Patriotenliga«, die während der Dreyfusaffäre zusammen mit Royalisten und Antisemiten die parlamentarische Republik bekämpfte. 1899 scheiterte ein von Déroulède initiierter Militärputsch gegen Staatspräsident Émile Loubet; Déroulède wurde zu zehn Jahren Verbannung verurteilt. Er lehnt die Rückkehr nach Frankreich ab.

Tragödie auf »Borussia« – 39 Kumpel verschüttet

10. 7., Dortmund. Bei einem Brand auf der Zeche »Borussia« kommen 39 Bergleute ums Leben. Ursache des Feuers, das sich schnell ausbreitet, ist eine explodierende Lampe. Die Kumpels werden unter den Trümmern des zusammenstürzenden Schachts begraben.

Das Unglück läßt erneut die Forderung nach einem Reichsberggesetz laut werden. In den Parlamenten der Einzelstaaten, so der Verband der Bergarbeiter Deutschlands, kämen die Interessen der Bergarbeiter nicht zur Geltung. Allein ein Reichsgesetz biete die Gewähr dafür, daß ausreichende Vorsichtsmaßnahmen getroffen würden. Der Katalog von Forderungen zur Vermeidung von Unfällen im Ruhrbergbau ist umfangreich. Die offenen Öl- und Talglampen sind zwar bereits 1887 durch moderne Grubensicherheitslampen abgelöst worden, die keine Funken schlagen und so keine schlagenden Wetter auslösen. Da der die Flamme umgebende Glaszylinder trotz Schutzes durch einen Drahtkorb nicht völlig bruchsicher ist, bietet diese Neuerung auch keine völlige Sicherheit. Vor allem die Einrichtung einer geordneten Wetterführung (Belüftung) wird gefordert.

Beerdigung der ersten sechs tot geborgenen Bergleute in Dortmund. Dem Leichenwagen geben Abordnungen von Bergleuten aus dem gesamten Ruhrgebiet das Geleit. Noch Tage nach dem Unglück liegen 33 Verschüttete unter den Trümmern des Schachts.

Auto 1905:

Unfälle, Alkohol, Fahrerflucht

Chronik Übersicht

Was die Menschen im Jahr 1905 bewegt, sind nicht etwa die neuen Modelle: Zwar schreitet die technische Entwicklung auch auf dem Automobilsektor mit Riesenschritten voran, das Spitzenmodell des Jahres oder die Neuerung, auf die das finanzkräftige Publikum gewartet hat, gibt es jedoch nicht.

Was die Menschen vielmehr beschäftigt, ist das Verhalten gegenüber diesem neuen Fortbewegungsmittel, das sich nur Wohlhabende leisten können, das aber in ständig wachsender Zahl über die Straßen rollt. Eine offizielle Statistik über die Zahl der Automobile auf Deutschlands Straßen fehlt, da noch keine Kfz-Steuer erhoben wird. Daß jedoch beispielsweise Daimler die Motorwagenproduktion seit 1900 um knapp 800% auf 863 Wagen im Jahr 1905 gesteigert hat, verdeutlicht diese Tendenz. Aber auch andere Firmen stellen sich auf diesen Markt mit seinem offensichtlich ungebremsten Wachstum ein: In Rüsselsheim wird die neue Motorwagen-Fertigungsfabrik der Firma Opel eingeweiht. 358 Wagen werden hier in diesem Jahr gebaut – in individueller Produktion von Hand.

Der Unsicherheit, mit der große Teile der Öffentlichkeit wegen der drastischen Unfallzahlen auf den Automobilverkehr reagieren, begegnet Wilhelm II. mit kaiserlichem Beispiel: Er läßt seinen »Leibchauffeur« schwören, keinerlei Alkohol zu trinken.

Dieser Eid des kaiserlichen Leibchauffeurs wird zum Tagesthema im gesamten Deutschen Reich. Er zeigt das Dilemma des neuen Fortbewegungsmittels: Es fehlen noch gesetzliche Vorschriften, um die wenigen, die sich den Luxus eines eigenen Automobils leisten können, zu angemessenem Fahrverhalten zwingen zu können. Die Führerscheinprüfung ist noch nicht eingeführt. Es gibt auch kaum Geschwindigkeitsbegrenzungen; das gleiche gilt für die Verkehrsregeln. Alkohol am Steuer ist keine Ausnahme und auch nicht verboten. Jede Provinz hat eigene Verordnungen, die von denen anderer Provinzen zumeist erheblich abweichen. Das Chaos, das dabei auf den Straßen entsteht, trägt dazu bei, daß die Zahl der entschiedenen Automobilgegner rapide wächst. Die Befürworter wiederum fordern ein allgemeines Automobilgesetz für das Deutsche Reich.

»Wieder ein Automobilunfall« – so lautet eine der häufigsten Überschriften in der Tagespresse. Die Schilderungen des »Tathergangs« sind in der Regel so gehalten, daß sich das Publikum gegen die »Autler« empört.

Die Schaffung eines allgemeinen Automobilgesetzes erscheint Befürwortern des Automobils um so dringlicher, als sie andernfalls eine noch wachsende Mißstimmung der nicht motorisierten Bevölkerung oder gar »Schweizer Verhältnisse« befürchten: In Graubünden besteht ein totales Automobilverbot. In anderen Gebieten der Schweiz werden Kraftwagenführer, die zu schnell gefahren sind, von Gendarmen angehalten und dürfen ihre Fahrt nicht eher fortsetzen, bis sie eine Strafe von umgerechnet 20 Mark oder mehr bezahlt haben. Kann der Raser nicht an Ort und Stelle festgehalten werden, so wird die Polizei im nächsten Ort verständigt, die dann die Straße mit einer Stange sperrt.

Die Automobilunternehmen konzentrieren sich unterdessen auf eine Verbesserung ihrer Wagen. Eine Steigerung der Motorleistung, eine Optimierung der Kraftübertragung und erhöhter Komfort für die Passagiere stehen im Mittelpunkt der Bemühungen. Darüber hinaus erkennen Produzenten und Behörden die Einsatzmöglichkeiten des Automobils als Nutzfahrzeug im Transportwesen, bei der Feuerwehr und der Polizei.

Daimler-Motorwagen-Produktion

Jahr	Wagen	davon Export	Beschäftigte
1896	24	20	206
1897	26	12	184
1898	57	13	261
1899	108	56	327
1900	96	54	344
1901	144	82	424
1902	197	155	503
1903	232	188	821
1904	698	568	2200
1905	863	639	3260

Der Peugeot »Bébé« aus dem Jahr 1905 hat Zahnstangenlenkung und wird von einem Einzylindermotor mit 785 ccm Hubraum angetrieben.

Straßenreinigungs-Automobil in Turin; »auch geeignet bei Arbeiterunruhen«, kommentiert die »Illustrated London News« die Neuentwicklung

Am 2. November stellt die Feuerwehr der Stadt Schöneberg bei Berlin die erste motorgetriebene Dampfspritze in Betrieb.

Automobile auf der vierten Motor-Show in London (von oben links): 1) Rover 8 PS, 2) Thornycroft 14 PS, 3) Simms Chassis 26–30 PS, 4) Napier Tourenwagen 40 PS, 5) Milnes-Daimler Privat-Omnibus. 6) Sunbeam 18 PS, 7) Albion Tourenwagen 24 PS, 8) Brooke Tourenwagen 15–20 PS, 9) Motor-Car Manufacturing Co. Landaulette 20–25 PS, 10) Daimler von König Edward VII. 35–45 PS, 11) Arrol-Johnston Chassis 24–30 PS, 12) Brotherhood-Croker Tourenwagen 20–25 PS, 13) Lacre Char-à-Banc 16 PS, 14) Argyll Tourenwagen 10–12 PS, 15) Vauxhall Cab 12–14 PS, 16) Allday & Onions 8 PS, 17) Maudsley Royal Mail 12–14 PS, 18) Vanguard Motorbus 28–35 PS. Der Trend beim Automobilneubau geht eindeutig zu höheren PS-Zahlen und damit größerer Geschwindigkeit. Folge davon ist, daß die Anzahl der Unfälle erheblich ansteigt, und der Groll der vielen, die sich kein Automobil leisten können, gegenüber den »Autlern« wächst. Einheitliche Automobilgesetze werden immer dringlicher.

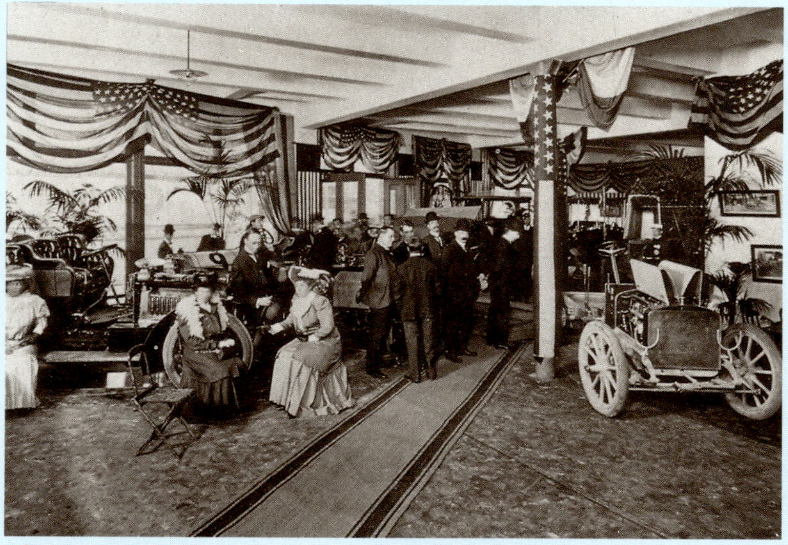

Blick in eine Verkaufsausstellung. Ein zweisitziger Rover (3 Zylinder, 12–14 PS) ist für 9000 Mark zu haben, ein Napier-Tourenwagen mit Reiseausstattung (inklusive Kleiderkisten) kostet 28 200 Mark. Ein deutscher Industriearbeiter verdient durchschnittlich 928 Mark im Jahr. Automobilkäufer sind Adlige, Industrielle und Unternehmer, allesamt Mitglieder der »besseren Kreise«.

◁ Zeitungsannonce für Automobile der britischen Firma »Argyll«. Ein Argyll-Tourenwagen (2 Zylinder, 10–12 PS) kostet umgerechnet knapp 7800 Mark, ein Tourenwagen der französischen Firma »Panhard« (4 Zylinder, 24 PS) etwas über 24 500 Mark. Der Preisunterschied erklärt sich aus der PS-Zahl.

Washington will die Einwandererflut stoppen

1. 7., Washington. In den USA tritt ein neues Einwanderungsgesetz in Kraft. Es soll vor allem die Flut der illegalen Immigranten eindämmen. Nach dem Gesetz ist jeder Kapitän eines die Vereinigten Staaten anlaufenden Schiffes verpflichtet, den Zollbeamten eine beeidete Passagierliste vorzulegen. Die Liste muß genaue Angaben über Alter, Geschlecht, Familienstand, Nationalität und Beruf sowie Zahl der Gepäckstücke jedes Passagiers enthalten. Sofort in ihre Heimatländer zurückschicken dürfen die Behörden u. a. Geisteskranke, Personen mit ansteckenden Krankheiten, Kriminelle und Mittellose.

Steigende Immigrantenströme

Jahr	*Anzahl*	*Jahr*	*Anzahl*
1894	285 536	1900	448 572
1895	258 536	1901	487 918
1869	343 267	1902	648 743
1897	230 832	1903	857 046
1898	229 229	1904	812 870
1899	311 715	1905	1 026 499

Im Jahr 1905 kommt es zu einer Rekordeinwanderung aus dem Zarenreich. Ursachen sind in Rußland vor allem die Unruhen (→ 27. 6./S. 105), die sozialen Probleme (→ S. 21) sowie die Judenpogrome (→ 7. 5./S. 92). Die meisten russischen Einwanderer sind daher Polen und Ostjuden. Aber auch aus dem von Nationalitätenkonflikten schwer erschütterten Vielvölkerstaat Österreich-Ungarn (→ 1. 1./ S. 27; 21. 6./S. 107) reißt die Einwanderungswelle nicht ab.
Hinzu kommt nach dem Ende des Russisch-Japanischen Kriegs ein neuer Einwanderungsschub von Japanern, als sich das Gerücht verbreitet, die US-Regierung wolle den Zuzug von Arbeitern aus Japan völlig unterbinden. Seit 1882 ist bereits die Einwanderung von Chinesen verboten; dies war das erste Gesetz, das die Einwanderung einer bestimmten ethnischen Gruppe einschränkte. Wie früher die Chinesen werden nun die Japaner zu einer »Bedrohung« amerikanischer Lebensart erklärt. Die Feindseligkeit, die Amerikaner den japanischen Einwanderern entgegenbringen, äußert sich wiederholt in Übergriffen von Rassisten.

Eine Einwandererfamilie wartet auf der Insel Ellis Island darauf, das amerikanische Festland betreten zu dürfen.

Alle Einwanderer in die USA, wie diese aus Italien, werden einer genauen ärztlichen Untersuchung unterzogen.

Einwanderer aus Süd- und Osteuropa

Chronik Rückblick

Seit 1820 haben mehr als 20 Mio. Menschen freiwillig die Meere überquert, um in den Vereinigten Staaten ein neues Leben zu beginnen. Während es im Jahr 1820 nach offiziellen Angaben nur 8385 Einwanderer gab, kamen im Jahr 1842 erstmals mehr als 100 000. Grund waren Hungersnöte in Europa, vor allem in Irland. Mehr als eine halbe Million Menschen reisten erstmals 1881 ein, und im Jahr 1905 kommen schon mehr als eine Million.
Im Jahr 1882 wurden mit 250 600 Deutschen und 105 300 Skandinaviern die meisten Einwanderer aus Nord- und Westeuropa gezählt. Seit 1896 hingegen stellen Menschen aus Süd- und Osteuropa den Hauptanteil der Einwanderer. In der Hauptsache sind dies Italiener und Spanier sowie Minderheiten aus Österreich-Ungarn und dem Zarenreich. Sie werden von vielen US-Amerikanern geringschätzig als »neue« Einwanderer bezeichnet, da sie in der Mehrzahl eine weniger qualifizierte Ausbildung mitbringen als die »alten« Einwanderer der Zeit von vor 1896.
Aus den Statistiken geht hervor, daß von den »neuen« Einwanderern in den Vereinigten Staaten mehr als 26% Landarbeiter sind. 24% wiederum sind »ohne Beruf«, knapp 23% sind ungelernte Industriearbeiter. Die viertstärkste Gruppe (13%) bilden Handwerker, Vorarbeiter und angelernte Industriearbeiter.

Ein Ozeandampfer fährt mit Auswanderern in den Hafen von New York ein. Die Menschen hoffen auf das »Land der unbegrenzten Möglichkeiten«.

Pearys Ziel: Als erster am Nordpol sein

28. 7., New York. Der US-amerikanische Polarforscher Robert Edwin Peary sticht auf der »Roosevelt« in See. Sein Ziel ist es, als erster Mensch den Nordpol zu erreichen.
Als Dreißigjähriger hat Peary 1886 auf einer Grönlandexpedition erstmals die Arktis kennengelernt. Dabei stellte sich Peary als körperlich extrem belastbar heraus: Trotz eines Beinbruchs fuhr er auf einem Hundeschlitten weiter und stieß bis zum 70. Breitengrad vor. Seither ist Peary von dem Gedanken besessen, als erster auf 90° nördlicher Breite zu stehen: »Der Drang, den Nordpol zu erobern, ist in mir so stark, daß ich wahrscheinlich nur dafür lebe.«
Um dieses Ziel zu erreichen, hält er sich fast nur noch in Schnee und Eis auf. Wiederholt fährt er nach Grönland, wo er sich durch das Zusammenleben mit Eskimos auf den Marsch zum Pol vorbereitet. 1892 erreicht er zusammen mit dem Norweger Eivind Astrup auf Schlitten die Nordküste Grönlands und beweist, daß diese Eiswüste eine Insel ist. 1895 entdeckt er das nach ihm benannte Pearyland, die nördlichste Halbinsel von Grönland mit der nördlichsten Landspitze der Erde. Im Jahr 1900 – zu diesem Zeitpunkt sind ihm bereits sieben Zehen wegen Erfrierungen amputiert – tritt Peary in Grönland erstmals vergeblich den Marsch zum Nordpol an. 1902 lassen Wasserrinnen und Stürme auch seinen zweiten Versuch scheitern.
Jetzt will Peary es wieder versuchen. Mit 40 Eskimos und 200 Hunden an Bord erreicht die »Roosevelt« die Nordküste von Grant Land (82° 27'), wo Eis die Weiterfahrt verhindert. Davon läßt Peary sich nicht aufhalten: Das Ziel ist kaum 850 km entfernt. Hilfstrupps bahnen den Weg, bauen Iglus und legen Proviantlager an, Peary tritt die Wanderung an. 116 Tage dauert der verbissene Marsch in Richtung Nordpol. Mit letzter Kraft erreichen die Männer und die wenigen überlebenden, zu Skeletten abgemagerten Hunde am 6. März 87° 6' – nie zuvor sind Menschen so weit nach Norden gelangt. Peary hat es wieder nicht geschafft. Sein Lebensziel gibt er jedoch nicht auf. Am 6. April 1909 kann er in sein Tagebuch schreiben, »daß der Zweck meines Lebens erfüllt« ist.

△ *Commander Robert Peary, 48 Jahre alt, von Beruf Ingenieur, seit 19 Jahren in der Arktis, seit 19 Jahren fast immer getrennt von Frau und Kindern. Das jüngste wurde während der Expedition des Jahres 1903 geboren.*

◁ *Das Expeditionsschiff »Roosevelt« hat Peary aus eigenen Mitteln erworben. Um die Expeditionen zu finanzieren, hält Peary Vorträge. Außerdem wird er vom »Peary Arctic Club« unterstützt.*

Individualisten wollen zum Pol

Chronik Rückblick

1875 bezeichnete der Polarforscher Karl Weyprecht den »internationalen Wettlauf zum Pol« als »absurd« und forderte somit die Errichtung eines »dichten Netzes ständiger Beobachtungsstationen«, von denen aus die Arktis systematisch erforscht werden sollte. Der Vorschlag des Mannes, der von 1872 bis 1874 die große österreichisch-ungarische Arktisexpedition mit der Entdekkung von Franz-Joseph-Land geleitet hatte, wurde 1882/83 mit dem ersten Internationalen Polarjahr verwirklicht; 49 Stützpunkte wurden in den unzugänglichen Polargebieten eingerichtet. Danach kam die internationale Zusammenarbeit zum Erliegen. Es blieb einigen wenigen Individualisten vorbehalten, weitere Vorstöße Richtung Nordpol zu wagen.
Die zentralen Rätsel des Nordpolarmeers löste der Norweger Fridtjof Nansen, der sich 1893 mit seinem Schiff »Fram« vor den Neusibirischen Inseln vom Eis einschließen und polwärts treiben ließ. Als er merkte, daß das Eis nicht bis zum Nordpol driftete, verließ er 1895 mit Frederik Hjalmar Johansen das Schiff; die beiden gelangten mit Schlitten und auf Ski bis 86° 14' nördlicher Breite.
Den Rekord Nansens brach 1900 die Expedition des Prinzen Luigi von Savoyen, Herzog der Abruzzen. Die mit der »Stella Polare« angereisten Italiener beherzigten die Ratschläge Nansens und wählten Franz-Joseph-Land zum Ausgangspunkt. Umberto Cagni startete in der Teplitzbai mit Schlitten. In 115 Tagen legte er 520 km zurück und erreichte 86° 34' nördlicher Breite.
Robert Edwin Peary will diese Leistung überbieten – bisher hat er keinen Erfolg. Aber auch der Norweger Roald Amundsen hat dasselbe Ziel. 1903 ist Amundsen mit der »Gjøa« zu einer Fahrt aufgebrochen, auf der er die Nordwestpassage finden will.

Mietwohnung als Regel – Eigentum ist die Ausnahme

Der Anteil der zur Miete Wohnenden liegt im Deutschen Reich bei knapp 90%. Der Erwerb eines eigenen, gar nur von einer Familie bewohnten Hauses, wie ihn Vertreter der Wohnungsreformbewegung der 50er und 60er Jahre in Anlehnung an englische Vorbilder gefordert haben, ist Utopie geblieben. So wohnen beispielsweise in München 85% der »oberen Mittelschicht« zur Miete; der Anteil der »Eigentümerwohnungen« in den »unteren und oberen Unterschichten« liegt bei 2,5 bis 4,1%.
Im letzten Drittel des 19. Jahrhunderts ist das Wohnniveau in den Städten durch den Bau zentraler Wasserwerke und die Einrichtung der Kanalisation stark verbessert worden. Doch bestehen weiterhin krasse Unterschiede in der hygienischen Ausstattung der »besseren« Wohnviertel und der überbevölkerten Arbeiterviertel. So liegt die Säuglingssterblichkeit in Berlin im Jahr 1905 durchschnittlich bei 19,5%; im vornehmeren Tiergarten-Viertel beträgt sie allerdings nur 5,2%, im »proletarischen« Wedding aber 42%.

Bei Heimarbeitern – hier in Bernau im Chiemgau – ist der Wohnraum zugleich Kinderzimmer und Werkstatt. Vor der Tür stapeln sich die fertiggestellten Bütten. An die Stelle von Familienleben tritt Akkordarbeit zu Hause.

Wohnungen in Paris kosten doppelt soviel wie in Berlin

Chronik Zeitzeuge

Einen Preisvergleich bei gutbürgerlichen Wohnungen in deutschen Großstädten und in Paris zieht die Zeitschrift »Die Woche« (Nr. 41/1905):

»Pariser Wohnungen entfernen sich nun vor allem in allen Komfortansprüchen von dem, was wir vom Wohnen wünschen. Öfen, die heizen, Badezimmer, warmes Wasser, doppelte Fenster, schließende Türen, genügende Räumlichkeiten für die Dienerschaft, das sind doch schließlich Ansprüche, die in Berlin, München, Frankfurt an Wohnungen schon bei einer Miete, die, sagen wir, 800 bis 1000 Mark [im Jahr] beträgt, unbedingt verlangt werden. Mit ganz geringen Ausnahmen fehlt alles das in Paris noch bei einer Miete von 3000 Frank (2000 Mark). Erst darüber hinaus kann die Bequemlichkeit eines Badezimmers vom Hausherrn gewünscht werden. Zentralheizung ist noch immer etwas sehr Seltenes, Kamine die Regel . . . Es entsteht dem Mieter von vornherein ein neuer Ausgabenposten; in fast jeder Wohnung findet man im Winter einen Salamander, irgendeinen Petroleum- oder Füllofen, den man gekauft oder geliehen hat. Ganz abgesehen von den Ausgaben, ist die statistische Mitteilung über die Zahl der Vergiftungen und Asphyxien [Atemstörungen] bedenklich genug. Hat man sich nun bereits damit abgefunden, daß man auf eine Reihe Bequemlichkeiten verzichtet oder sie sich im fremden Haus auf eigene Kosten einzurichten hat oder sie, wie das Bad, außer dem Haus mit erheblicher Ausgabe befriedigt, so findet man auch dann noch die Wohnungsmiete mindestens 50, oft genug 75 und 100 Prozent teurer als bei uns . . . Hier muß nun auch hinzugefügt werden, daß die Beleuchtungsfrage sehr entscheidend ist; elektrisches Licht bis ins Zimmer gelegt, findet man in den wenigsten Wohnungen, und auch das Gas ist oft genug nur bis ins Vestibül geleitet, die innere Installation muß sich der Mieter selbst machen lassen . . . Wenn jemand in Deutschland vier bis fünf Zimmer hat, die er, sagen wir im neuen Westen Berlins, im zweiten oder dritten Stock mit etwa 1200 Mark bezahlen muß, so wird er in Paris für eine Wohnung im gleichwertigen Quartier, die einen weit geringeren Komfort hat . . . zwischen 2500 und 3000 Frank bezahlen müssen.«

Blick von Saint Gervais auf die Innenstadt der französischen Hauptstadt. Im Vordergrund liegt das Hôtel de Ville, der Sitz des Bürgermeisters.

Gordon-Bennett: Sieg für Théry

5. 7., Laschamps. Auf einem Rundkurs über 548 km, dessen Start und Ziel in der Nähe von Clermont-Ferrand liegen, wird das sechste Gordon-Bennett-Rennen ausgetragen. Es siegt der Franzose Lucien Théry auf einem Richard-Brasier vor dem Italiener Nazzaro auf Fiat.

Nachdem Théry die internen Qualifikationen für das französische Team gewonnen hatte, galt er als der große Favorit. Dieser Rolle wird er überzeugend gerecht: Sein Stundenmittel ist mit 78,428 km/h über 3 km/h besser als das des Zweitplazierten. Die Überlegenheit des Richard-Brasier drückt sich nicht zuletzt in der effektiv gefahrenen Zeit aus. Théry, der als Vorjahressieger als erster auf dem Rundkurs an den Start gehen durfte, benötigt 7:2,42 h. Nazzaro braucht 7:19,9 h.

Das mit großem Optimismus ins Rennen gegangene deutsche Team, das ausschließlich Wagen der Marke Mercedes fährt, spielt keine Rolle. Der als Mitfavorit gehandelte Belgier Camille Jenatzy, der den Wettbewerb für das deutsche Team 1903 gewonnen hatte, fällt in der dritten Runde mit einer Panne aus. Für ihn ist die Enttäuschung um so größer, hatte er doch angekündigt, er werde die Trophäe »tot oder lebendig« ins Deutsche Reich zurückholen.

Das sechste Gordon-Bennett-Rennen ist gleichzeitig auch das letzte. Das erste Rennen fand 1900 statt. Den Ehrenpreis, einen martialischen Wanderpokal aus Silber im Wert von 45 000 Goldmark, hatte der US-amerikanische Zeitungsverleger James Gordon Bennett gestiftet. Er legte auch die ersten Renn-Formeln fest, indem er das Gewicht der Fahrzeuge auf 400 bis 1000 kg beschränkte.

Der Gordon-Bennett-Preis verlieh dem Automobilbau und -sport große Impulse. Das Deutsche Reich und Frankreich betrachteten den Wettbewerb als willkommenen Anlaß, die Überlegenheit ihrer Automobilkonstrukteure und Produktionstechniken zu beweisen.

Ab dem nächsten Jahr will der französische Automobilclub ein ähnliches Rennen ausrichten, für das die Fachzeitschrift »L'Auto« bereits einen Preis von 10 000 Francs gestiftet hat.

Der Sieger des Gordon-Bennett-Rennens, Lucien Théry, reckt in der dritten Runde bereits in Siegerpose die Faust.

Der Sieger des Rennens (in hinterer Position) vor der Kurve von Chamalière, wo nur wenige Interessierte stehen

◁ Théry durchfährt mit seinem Richard-Brasier Pontgibaud. Holzzäune sollen die Zuschauer schützen.

Dem Sieger des Rennens (Mitte) wird in Paris ein triumphaler Empfang bereitet.

Hart Nachfolger des großen Jeffries

3. 7., Reno. In der westlichen Metropole des US-Bundesstaates Nevada wird Marvin Hart neuer Boxweltmeister im Schwergewicht. Er schlägt Jack Root in der achten Runde k. o. Hart ist damit Nachfolger des 1904 zurückgetretenen James J. Jeffries.

Das Ende von Jeffries' aktiver Boxkarriere markiert das Ende einer Ära. Er ist bis jetzt der erste Boxweltmeister im Schwergewicht, der sich ungeschlagen zurückzieht. Die große Zeit des 1875 in Carroll (Ohio) geborenen Hühnen, der den Beruf eines Kesselschmiedes erlernt hatte, begann am 8. Juni 1899. An diesem Tag wurde er Weltmeister, als er Bob Fitzsimmons in der elften Runde ausknockte.

In der Folgezeit blieb er bei allen Titelverteidigungen erfolgreich. Fünf der Kämpfe beendete er durch K. o. Lediglich Tom Sharkey schaffte es 1899, sich auf den Beinen zu halten. Er verlor nach Punkten in 25 Runden.

Unmittelbar nach seiner letzten Titelverteidigung 1904 gegen Jack Munroe erklärte Jeffries seinen Rückzug. Der Hauptgrund war seine Überlegenheit. Es wurde immer schwieriger für die Boxveranstalter, ebenbürtige Gegner für Jeffries zu finden. Die Kämpfe wurden immer einseitiger und fanden viel weniger Interesse beim Publikum.

So blieb Jeffries in dieser Situation nur noch die Aufgabe, einen geeigneten Nachfolger zu finden. Der erste Teilnehmer im Titelkampf, in dem der Ex-Weltmeister die Rolle des Ringrichters übernahm, wurde Jeffries Schüler Marvin Hart. Sein Gegner Jack Root wurde deshalb ausgewählt, weil er in Nevada eine große Anhängerschaft besaß. Der Halbschwergewichtsmeister Jack O'Brien hatte ebenfalls seine Anwartschaft angemeldet. Mangelnde Popularität ließ ihn jedoch unberücksichtigt.

Der Kampf ist bis zur achten Runde ausgeglichen. Als Hart dann seinen Gegner auf die Bretter schickt, wird dieser sofort von Jeffries ausgezählt. Unmittelbar danach erklärt Jeffries seinen Schüler zum Sieger. Diese von einigen Beobachtern als einseitig bezeichnete Entscheidung sorgt dafür, daß Hart von einigen Boxverbänden nicht als Weltmeister geführt wird.

James J. Jeffries: In seiner Glanzzeit brachte der Weltmeister bei einer Körpergröße von 187 cm 102 kg auf die Waage.

Schon allein durch seine große Reichweite war Jeffries gegenüber seinen Gegnern im Vorteil.

Ringschlachten setzen erste Marksteine

Chronik Rückblick

Das Ende der Ära Jeffries ist gleichzeitig das Ende der ersten Phase in der Entwicklung des professionellen Boxsports. Sie wurde durch den Gebrauch fester Regeln sowie durch große Persönlichkeiten, die sich legendäre Ringschlachten lieferten, geprägt.

1900 schlug Jeffries (r.) Ex-Weltmeister James J. »Gentleman Jim« Corbett, der in diesem Kampf vergeblich ein Comeback versuchte.

7. 2. 1882. John Lawrence Sullivan schlägt im ersten WM-Kampf, der mit Handschuhen ausgetragen wird, Paddy Ryan in der neunten Runde k. o.

7. 9. 1892: James J. Corbett, »Gentleman Jim«, schlägt Sullivan in New Orleans in der 21. Runde k. o.

17. 3. 1897: Bob Fitzsimmons schlägt Corbett in Carson City in der 14. Runde k. o.

8. 6. 1899: James J. Jeffries schlägt Fitzsimmons in Coney Island/New York durch K. o. in der elften Runde.

11. 5. 1900: Jeffries schlägt in Coney Island/New York den Ex-Weltmeister Corbett in der 23. Runde k. o. Corbetts Comeback-Versuch ist damit gescheitert.

14. 8. 1903: In San Francisco schlägt Jeffries Ex-Weltmeister Corbett durch K. o. in der zehnten Runde.

25. 8. 1904: James J. Jeffries schlägt in San Francisco Jack Munroe durch K. o. in der zweiten Runde.

Briten dominieren Wimbledon und Davis-Pokal

8. 7., London. Im Londoner Villen-Vorort Wimbledon gehen die seit 1877 durchgeführten internationalen englischen Tennismeisterschaften zu Ende. Das Turnier hatte am 26. Juni begonnen.

Bei den Herren gewinnt Laurie Doherty (→ 10. 3./S. 67) gegen Norman Brookes 8:6, 6:2, 6:4. Ähnlich souverän wie Doherty bei den Herren – er siegt mit seinem Bruder Reggie auch noch im Doppel – beherrscht bei den Damen die US-Amerikanerin May Sutton den Wettbewerb. Sie läßt der Britin Dorothy Douglass mit 6:3, 6:4 keine Chance. Das Damendoppel entschieden die Britinnen Winifred Longhurst und Ethel Thompson für sich. Sie schlagen ihre Landsmännin Agatha Morton sowie May Sutton (USA) 6:3, 6:3.

Im Laufe der Zeit ist Wimbledon das wichtigste Tennisturnier der Welt geworden, was sich auch im Zuschauerzuspruch ausdrückt. Mehr als 30 000 Sportbegeisterte verfolgen die Matches.

Im Anschluß an die Englischen Meisterschaften findet in Wimbledon auf der Anlage an der Warple Road ab dem 21. Juli für drei Tage ein weiteres Großereignis des Tennissports statt. Im Endspiel um den seit 1900 ausgetragenen Davis-Pokal stehen sich die Auswahlmannschaft der Vereinigten Staaten von Amerika und die Vertretung von Titelverteidiger Großbritannien gegenüber. Auch in diesem Wettkampf, der über vier Einzel- und ein Doppelspiel geht, dominieren die Brüder Doherty. Sie haben maßgeblichen Anteil daran, daß die USA, die den Davis-Pokal 1900 und 1902 gewonnen haben, klar 0:5 verlieren. Damit stellt Großbritannien seit 1903 den Sieger bei dieser offiziellen Tennismeisterschaft für Herren.

Die Geschichte des Davis-Cups begann im Jahr 1900 am 9. Februar, als der US-amerikanische Tennisspieler Dwight F. Davis den Tennisverband der Vereinigten Staaten von Amerika für einen internationalen Tenniswettbewerb interessieren wollte. Um eine schnelle Entscheidung darüber herbeizuführen, stiftete er sofort den Siegerpreis, einen Silberpokal mit einem Gewicht von 36 Pfund.

Die US-amerikanische Daviscup-Mannschaft vor dem Endspiel in Wimbledon, das sie 0:5 verliert.

Das siegreiche englische Tennis-Team; ganz links Laurie Doherty, der überragende Spieler seiner Mannschaft

Nägel und Hitze behindern Radrennfahrer bei der Tour

30. 6., Paris. Im Prinzenparkstadion der französischen Hauptstadt endet die Tour de France mit einem Sieg des Franzosen Louis Trousselier. Das Rennen, das am 9. Juli begonnen hatte, führte über Nancy, Besançon, Grenoble, Toulon, Nimes, Toulouse, Bordeaux, Rennes und Caen nach Paris. Von 60 gestarteten Teilnehmern kommen lediglich 24 ans Ziel. Der Sieger erreicht eine Durchschnittsgeschwindigkeit von 27,284 km/h. Die einzelnen Etappen waren zwischen 168 und 342 km lang.

Auf den ersten drei Teilstrecken wurden die Fahrer dadurch behindert, daß Unbekannte große Mengen Nägel auf die Straße warfen. Damit wollten rivalisierende Mannschaften ihre jeweils stärksten Gegner ausschalten. Erst am 13. Juli waren diese irregulären Verhältnisse beendet, als die Polizei ein Auto anhielt, in dem sie mehr als 100 kg Eisennägel fand. Nicht zuletzt dieser Skandal sorgt dafür, daß diese Tour de France in der Öffentlichkeit eine hohe Aufmerksamkeit genießt. Nach diesem Tag macht den Fahrern nur noch die große Hitze zu schaffen. Ihr fällt auf der dritten Etappe von Besançon nach Grenoble einer der Mitfavoriten, der Vorjahressieger Henri Cornet, zum Opfer, der das Rennen aufgibt.

Seit der ersten Austragung der »großen Schleife« 1903 ist das Rennen noch schwieriger geworden. Betrug die Gesamtlänge im ersten Jahr noch 2428 km, so sind nun 2975 km zurückzulegen.

Organisator des Rennens ist Henri Desgrange, der Chefredakteur der Zeitschrift »L'Auto« (L'Equipe). Er verfolgt mit diesem Etappenrennen quer durch Frankreich die Idee, für seine Zeitung zu werben. Er will damit der Zeitung »Petit-Journal« Konkurrenz machen, die bereits 1891 ein Radrennen von Bordeaux nach Paris über 600 km veranstaltete und so ihren Bekanntheitsgrad steigern konnte.

Auf der dritten Etappe der »großen Schleife«, die von Besançon nach Grenoble führt und eine Länge von 327 km hat, kommt das Fahrerfeld auch durch Lyon. Große Zuschauermassen beobachten die Fahrer, von denen bereits viele von der großen Hitze gezeichnet sind und aufgeben.

Urlaub und Freizeit 1905:

Massen stürmen die Berge

Chronik Übersicht

Zu den auffälligsten Modeerscheinungen im Freizeitverhalten zählt 1905 der sog. Alpinismus oder »Bergsport«, der zu einer Massenbewegung angewachsen ist: Ungeachtet des dramatischen Anstiegs von Unfällen streben Angehörige aller sozialen Schichten in einem nie erlebten Ausmaß hinauf in die »unberührte« Bergwelt.

Die Organisation, die die Interessen wohlhabender Bürger bei dieser Art der Erholung wahrnimmt, ist der 1873 gegründete Deutsche und Österreichische Alpenverein (DÖAV). Ziel des DÖAV ist die touristische Erschließung der Alpen. Die nicht beabsichtigte Folge ist der Beginn der Zerstörung einer unberührten Berglandschaft: Es werden nicht mehr nur Wege angelegt und Steige markiert oder einfache Schutzhütten errichtet. Wegen des Massenansturms müssen auch viele der bereits bestehenden Schutzhütten erweitert werden – angepaßt den Bedürfnissen einer Klientel, die zu Hause von Komfort umgeben ist und auch auf einer Berg-»Hütte« nicht auf Annehmlichkeiten verzichten will. Eine Meldung in der Leipziger »Illustrirten Zeitung« vom 8. Juni verdeutlicht diese Tendenz: »An die Vorderseite der vor drei Jahren erbauten Eichert-Hütte . . . auf der Hohen Wand soll ein schmucker Vorbau mit einem 60 Personen fassenden Saal angebracht werden. Im ersten Stockwerk werden Wohnräume mit 14 Betten, drei Schlafräume mit je drei und ein Gesellschaftsraum mit fünf Betten eingerichtet. Das bisherige gemeinsame Freilager mit sechs Matratzen bleibt für Notfälle erhalten.«

Daß sich der Alpinismus als Breitenbewegung nicht nur auf die wohlhabenden Schichten beschränkt, ist auch ein Verdienst des Wiener Arbeitertouristenvereins »Die Naturfreunde«, zu deren Gründungsmitgliedern der spätere österreichische Regierungschef Karl Renner (SPÖ) zählt. Der Verein feiert 1905 sein zehnjähriges Bestehen und wird in diesem Jahr nach Ortsgruppengründungen im Deutschen Reich und der Schweiz zur überstaatlichen Organisation wie der DÖAV. Der Mitgliederzustrom bewirkt, daß die »Naturfreunde« 1905 beschließen, ihre erste »Schutzhütte« in den Alpen zu errichten. Es handelt sich um einen massiven Steinbau für 60 Personen auf dem Padaster-Joch in den Stubaier Alpen: »Die Mittel sollen durch Ausgabe von Anteilscheinen zu je 5 Kronen und durch Bausteine zu je 10 Heller beschafft werden«, meldet eine norddeutsche Zeitung unter der Rubrik »Alpines«. Die Bergbegeisterung beschränkt sich jedoch längst nicht auf die Alpen. Neben der Tatra wird die Bergwelt Skandinaviens entdeckt. So verrät die »Leipziger Illustrirte« den Lesern unter der Überschrift »Aus der arktischen Alpenwelt«: »Ein neues Ziel ist der Bergsteigerwelt gesteckt worden, seit im Sommer 1903 der erste Lappland-Expreß die Halle des Stockholmer Zentralbahnhofs verließ. Im Hochgebirge Lapplands harren der kühnen Kletterer noch zahllose unbezwungene Spitzen, und manches Ruhmesblatt wird der Alpinist mit heimwärts bringen, wenn er sich zu einer Reise in jene fernen Gegenden nördlich des Polarkreises entschlossen hat.« Das Blatt, in dem diese Zeilen zu lesen sind, ist keine Alpenfachzeitschrift, sondern eine bürgerliche »Illustrirte«; wenn es von »kühnen Kletterern« spricht, so meint es nicht »Extreme« wie Karl Blodig, der zur Zeit alle Viertausender der Alpen ersteigt (1906 »erledigt« er mit dem Mont Brouillard im Montblanc-Massiv den 66. und letzten). Angesprochen sind wohlhabende Familienväter, die seit der Entdeckung der Bergwelt dem Zug der Zeit folgen wollen.

Während DÖAV und Naturfreunde dem Drang breiter Massen entgegenkommen, ohne die gesellschaftlichen Strukturen in Frage zu stellen, proben Schüler den »Ausstieg«: Auf Militarismus, auf Drill und Kadavergehorsam, auf das hohle Pathos der wilhelminischen Gesellschaft reagieren die »Wandervögel« mit einer als »unbürgerlich« verstandenen Flucht in die Natur.

△ Besteigung der Edelweißspitze bei Saint-Nicolas in der Mischabel in den Walliser Alpen zwischen Matter- und Saastal

◁ Reklame für einen »modernen Bügel-Koffer« aus dem Hause Mädler. Die Anzeige weist besonders auf die gediegene Verarbeitung hin.

Die französische Zeitschrift »L'Illustration« zeigt die angenehmen Seiten eines Badeurlaubs, vor allem für Kinder.

Im Dezember eröffnet auf 1856 m das »Grand Hôtel« im Kurort und Wintersportort St. Moritz-Dorf im Oberengadin in der Schweiz.

◁ In München wird das »Undo-Wellenbad«, eines der ersten seiner Art, eröffnet; sogar die britische »Illustrated London News« berichtet über das Bad.

August 1905

Mo	Di	Mi	Do	Fr	Sa	So
	1	2	3	4	5	6
7	8	9	10	11	12	13
14	15	16	17	18	19	20
21	22	23	24	25	26	27
28	29	30	31			

1. August, Dienstag

Der Hottentotten-Führer Hendrik Witbooi besetzt während des Krieges in Deutsch-Südwestafrika mit seinen Kämpfern das Felsengebirge westlich von Gibeon. → S. 142

Der britische Premierminister Arthur James Balfour erklärt im Unterhaus in London das Gerücht, ein deutsches Syndikat wolle Kohlenfelder in Südwales aufkaufen, für unrichtig. Im Notfall werde die Regierung einen solchen Verkauf durch ein Gesetz verhindern, um die Landesverteidigung nicht zu gefährden.

In Sachsen und Thüringen beginnt ein Streik von rund 10 000 Färberei- und Appretierarbeitern für höhere Löhne. Statt der geforderten 15 Mark wöchentlich für alle erwachsenen Arbeiter setzen die Unternehmer einen Lohn von 2,35 Mark täglich für alle Arbeiter ab 18 Jahren durch; bei jüngeren Arbeitern ist ein Abzug von 10% zulässig.

In der russischen Schwarzmeerhafenstadt Noworossisk versuchen streikende Arbeiter, die Bahnverbindungen zu unterbrechen. Als Militär einschreitet, gibt es Tote und Verletzte (→ 19. 6./S. 104).

Bei einem Sturm vor der portugiesischen Küste sinken bei Lissabon 28 große Fischerboote mit mehr als 300 Mann Besatzung. Keiner der Seeleute überlebt.

2. August, Mittwoch

Christian Lundeberg bildet in Stockholm als Nachfolger von Ministerpräsident Erich Gustav Boström eine konservativ-liberale Koalitionsregierung. Boström war während des norwegisch-schwedischen Unionskonflikts (→ 7. 6./S. 108) am 13. April zurückgetreten.

3. August, Donnerstag

Die britische Regierung unter Arthur James Balfour lehnt im Unterhaus eine Vereinigung Kretas mit Griechenland ab (→ 20. 4./S. 77).

Auf der russischen Insel Sachalin ergibt sich nach dem siegreichen Vormarsch der Japaner der Gouverneur mit 70 Offizieren und 3200 Soldaten (→ 27. 5./S. 90).

In China wird mit einem kaiserlichen Edikt die Prügelstrafe aufgehoben. An ihre Stelle treten Geld- bzw. Gefängnisstrafen (→ 1. 9./S. 165).

Kaiser Wilhelm II. tritt in Kopenhagen die Heimreise von seiner Nordlandfahrt nach Swinemünde an. Die Fahrt sollte das gute Verhältnis zu seinen nördlichen Nachbarn demonstrieren (→ 25. 7./S. 126).

Der Oberrheinische Verein für Luftschiffahrt in Straßburg läßt einen unbemannten Registrierballon auf eine Höhe von 25 800 m steigen. → S. 154

4. August, Freitag

Der schwedische Kronprinz-Regent Gustav (V.) trifft in Kopenhagen ein, um mit König Christian IX. über die Neubesetzung des norwegischen Throns zu beraten (→ 7. 6./S. 108). Die Gerüchte verdichten sich, daß nicht ein Hohenzoller (→ 25. 7./S. 126), sondern ein dänischer Prinz neuer König von Norwegen wird (→ 12. 11./S. 192).

5. August, Samstag

In Portsmouth im US-Bundesstaat New Hampshire beginnen an Bord der Jacht »Mayflower« die Friedensverhandlungen zur Beendigung des Russisch-Japanischen Kriegs (→ 5. 9./S. 162).

In Vevey in der Schweiz findet nach 16 Jahren Pause erstmals wieder das traditionelle Winzerfest »Fête des Vignerons« statt. Es hat den traditionellen Verlauf der Jahreszeiten und die harte Arbeit der Winzer zum Thema.

Bei der Einfahrt in den Bahnhof Ingolstadt entgleist der Schnellzug Köln – München. Lokomotivführer und Heizer kommen ums Leben, zahlreiche Urlauber aus Großbritannien und den Niederlanden werden verletzt (→ 7. 8./S. 152).

6. August, Sonntag

Um während der revolutionären Unruhen und Streiks den kriegswichtigen Betrieb der transkaukasischen Eisenbahnen aufrechtzuerhalten, ordnet ein Erlaß von Zar Nikolaus II. die Einberufung von Reservisten zum aktiven Dienst auf diesen Strecken an.

In Mannheim findet am Nachmittag drei Stunden lang auf offener Straße eine Anarchisten-Razzia statt. Zahlreiche Unbeteiligte – darunter viele Arbeiterfrauen und Kinder, die sich während des Sonntagsspaziergangs nicht ausweisen können – werden nach Waffen durchsucht und vorübergehend festgenommen. Die Kriminalpolizei fahndet vergeblich nach den Teilnehmern einer Anarchistenversammlung, die in Mannheim stattfinden sollte.

Vier Munizipalräte in der spanischen Hafenstadt Malaga, die in einem kommunalpolitischen Streit keine Einigung erzielen konnten, tragen in den Räumen des kaufmännischen Vereins ein Duell aus. Einer der Räte wird getötet, zwei werden schwer verletzt.

Aus Cuntzow in der preußischen Provinz Pommern werden zehn russische Deserteure nach Rußland abgeschoben. Während des Russisch-Japanischen Kriegs desertieren zahlreiche russische Soldaten (→ 5. 9./S. 162).

Der Südafrikaner John Vincent Duncker, der auch im Besitz eines deutschen Passes ist, stellt in Berlin einen Weltrekord über 100 m in 10,8 sec auf. → S. 155

Am Müggelsee bei Berlin findet das 14. Sängerfest des Arbeitersängerbundes für Berlin und Umgebung statt. 50 000 Menschen nehmen daran teil.

7. August, Montag

Ein französisches Geschwader läuft zu einem bis zum 14. August andauernden Besuch Großbritanniens im Kriegshafen Portsmouth ein. Eine Abordnung des Geschwaders wird in Cowes von König Eduard VII. empfangen. Der Besuch soll der Festigung der Entente cordiale dienen (→ 12. 8./S. 144).

König Oscar II. von Schweden überträgt aus gesundheitlichen Gründen Kronprinz Gustav (V.) auf unbestimmte Zeit die Regierungsgeschäfte.

19 Personen kommen beim Zusammenstoß zweier Schnellzüge bei Spremberg in der Lausitz ums Leben. → S. 152

8. August, Dienstag

In Portugiesisch-Westafrika (Angola) bricht ein Eingeborenenaufstand gegen die Kolonialmacht aus. → S. 142

Der internationale Schiedsgerichtshof in Den Haag fällt das Urteil im britisch-französischen Maskat-Streit. Danach verliert Frankreich das Recht, den Untertanen des Sultans von Maskat (Oman), der politisch fast völlig von Großbritannien abhängig ist, zu erlauben, ihre Schiffe unter französischer Flagge fahren zu lassen. Ausnahme sind Reeder oder Besitzer, die dies schon vor 1863 getan haben.

9. August, Mittwoch

Kaiser Wilhelm II. besucht Gnesen und die preußischen Ostprovinzen, um dort für die »innere Kolonisation« zu werben. → S. 146

Ein 2000 Reiter starkes Aufgebot des marokkanischen Sultans Abd Al Asis vernichtet mit Unterstützung einiger Infanteristen in einem Gefecht bei Ayan Sidi Meluk die Hauptstreitkräfte des Thronprätendenten Bu Hamara.

10. August, Donnerstag

Der leitende Ausschuß des ungarischen Koalitionskartells, das im Parlament in Budapest die Mehrheit besitzt, erklärt alle Verordnungen der von Kaiser Franz Joseph I. ernannten Regierung unter Ministerpräsident Géza Baron Fejérváry für ungesetzlich. Er weist die Beamten an, die Aushebung von Soldaten und die Eintreibung von Steuern zu verhindern (→ 21. 6./S. 107).

In der chinesischen Provinz Kaifengsu bricht ein Truppenaufstand aus. Er wird vom Militär niedergeschlagen (→ 1. 9./S. 165).

11. August, Freitag

In Deutsch-Ostafrika beginnt ein Eingeborenenaufstand, der sich rasch auf die ganze Kolonie ausweitet → S. 142

In München startet die erste Herkomerfahrt. → S. 155

12. August, Samstag

Großbritannien und Japan unterzeichnen in London ein Schutz- und Trutzbündnis. → S. 144

Aus Zentralchina werden fremden- und christenfeindliche Ausschreitungen gemeldet. In der Provinz Honan sollen zwölf Katholiken und mehrere französische Missionare von buddhistischen Priestern getötet worden sein (→ 1. 9./S. 165).

In einem Wald bei Lodz (Russisch-Polen) lösen Kosaken und Infanterie eine Versammlung der Sozialdemokraten mit 2000 Personen auf. Zwei Menschen kommen ums Leben, 18 werden verletzt, 439 verhaftet (→ 19.6./S. 104).

Die erste deutsche Automobilwoche beginnt mit einem Rennen auf dem Kesselberg.

13. August, Sonntag

Bei der Volksabstimmung über das Ende der Union mit Schweden stimmen 368 392 Norweger mit Ja und 184 mit Nein. Die Frauen, die nicht mitentscheiden durften, organisieren einen alternativen Volksentscheid. → S. 150

Bei Demonstrationen in Bialystok und Riga tötet russisches Militär mehr als 100 Menschen. Währenddessen kommt es in Kertsch zu einem Judenpogrom (→ 7. 5./S. 92).

Der russische Zar Nikolaus II. erläßt einen Ukas (Erlaß) über die Rückgabe des enteigneten Besitzes der armenischen Kirche.

In Berlin u. a. Großstädten des Deutschen Reichs häufen sich nach Presseberichten die Fälle von Hundediebstahl. Die Behörden bringen dies mit der akuten Fleischnot in Zusammenhang (→ 29. 11./S. 195).

14. August, Montag

Im Gebiet des Uelle, eines linken Ubangi-Nebenflusses, bricht ein Eingeborenenaufstand gegen die unmenschliche Herrschaft der Weißen im belgischen Kongostaat (Zaïre) aus. → S. 142

Theodoor Herman de Meester bildet als niederländischer Ministerpräsident ein Kabinett aus gemäßigten Liberalen und Beamten. Sein Vorgänger Abraham Kuyper war nach der Wahlniederlage der Katholischen, Protestanten und Konservativen vom 16. Juni zurückgetreten.

15. August, Dienstag

Der belgische Senat genehmigt ein Gesetz, wodurch in Industrie und Handel eine Sonntagsruhe von einem halben bis zu einem ganzen Tag eingeführt wird. Ausgenommen sind Bereiche wie Fischerei, Jahrmarktsverkehr, Wassertransport und Notstandsarbeiten.

Bei der Tourenfahrt um den Herkomerpreis werden in Herrenalb im Schwarzwald zwei Kinder von einem Automobil überfahren und getötet (→ S. 128).

In der auflagenstarken Leipziger »Illustrirten Zeitung« wirbt Bad Nauheim mit einer ganzseitigen Anzeige. Die Stadt stellt ihre Vorzüge als Kurort heraus und zählt die Krankheiten auf, die dort behandelt werden können. Auch darauf, daß Heilwasser für Trinkkuren zu Hause verschickt werden kann, weist die Anzeige hin.

16. August, Mittwoch

Bei Unruhen in Granmichele auf Sizilien erschießt das Militär 13 Arbeiter, mehr als 100 werden verletzt.

Der österreichische Kaiser Franz Joseph I. empfängt in Bad Ischl König Eduard VII. von Großbritannien und Irland. → S. 145

17. August, Donnerstag

In Tientsin wird auf die chinesische Kaiserin T'zu Hsi ein Attentat verübt. Die Kaiserin bleibt unverletzt. Der als Soldat verkleidete Attentäter wird von einem Soldaten mit dem Bajonett erstochen (→ 1. 9./S. 165).

Auf Kreta kommt es zu blutigen Kämpfen zwischen aufständischen Panhellenen und russischen bzw. britischen Truppen (→ 20. 4./S. 77).

18. August, Freitag

Während des Eingeborenenaufstands in Deutsch-Ostafrika werden Bischof Cassian Spiß sowie zwei Missionare und Schwestern zwischen Kilwa und Livale ermordet (→ S. 142).

In Livland und Kurland erheben sich die Landarbeiter und Kleinbauern gegen die Großgrundbesitzer. Der Gouverneur ergreift keine Gegenmaßnahmen, um nicht seine persönliche Sicherheit zu gefährden (→ 14. 12./S. 207).

In der chinesischen Provinz Schansi breitet sich ein Aufstand gegen die Mandschu-Regierung in Peking aus, in deren Verlauf ein Mandarin (Angehöriger des Beamtenadels) getötet wird. Rund 2000 Soldaten laufen zu den Aufständischen über (→1. 9./S. 165).

Der österreichische Kaiser Franz Joseph I. feiert seinen 75. Geburtstag. → S. 147

19. August, Samstag

Zar Nikolaus II. erläßt das Manifest über die Einführung einer Verfassung (→ 19. 6./S. 104).

Kaiser Wilhelm II. befiehlt die Entsendung zweier Kanonenboote und 150 Mann der Seebataillone nach Deutsch-Ostafrika, um den dortigen Aufstand niederzuschlagen. → S. 142

Das deutsche Kaiserpaar, Wilhelm II. und Auguste Viktoria, bittet die Öffentlichkeit, von der Überreichung persönlicher Geschenke zur Silberhochzeit am 27. Februar 1906 abzusehen und etwaige Spenden gemeinnützigen Stiftungen zuzuwenden.

20. August, Sonntag

Nach Meldungen aus Kapstadt befindet sich der Herero-Häuptling Samuel Maharero aus Deutsch-Südwestafrika mit seinen Söhnen und mehreren Unterhäuptlingen sowie 730 Kriegern in Polizeigewahrsam am Ngamisee in Britisch-Betschuanaland.

In Straßburg im Elsaß beginnt die 52. Generalversammlung der Katholiken Deutschlands. Der Vorsitz der bis zum 25. August dauernden Veranstaltung, zu deren Eröffnung sich 35 000 Menschen eingefunden haben, führt Fürst Karl zu Löwenstein und Rosenberg.

Sintflutartige Regenfälle vernichten in Japan große Teile der Reisernte.

21. August, Montag

Kaiser Wilhelm II. gewährt dem Gouverneur von Deutsch-Südwestafrika, Theodor Leutwein, den gewünschten Abschied und ernennt Friedrich von Lindequist zum Nachfolger (→ 4. 1./S. 22). Leutwein protestiert mit seinem Rücktritt gegen die Vernichtung der Hereros im Hottentottenkrieg.

Während des Eingeborenenaufstands in Deutsch-Ostafrika ermorden Rebellen auf der Station Liwale einen Feldwebel und zwei Siedler (→ S. 142).

22. August, Dienstag

Wegen eines Generalstreiks in Warschau und Unruhen wird über Russisch-Polen der Kriegszustand verhängt (→ 19. 6./S. 104).

Eine Denkschrift des mecklenburgischen Landeslehrervereins beschreibt die Situation im dortigen Volksschulwesen. Danach erhält ein Volksschullehrer in Mecklenburg-Schwerin zwischen 1200 (Land) und 1800 Mark (Stadt) jährlich (Endgehalt). Bei 483 Schulhäusern fehlt es an primitivsten hygienischen Vorrichtungen; in Einzelfällen bilden Fichtenschonungen den »Abtritt«.

23. August, Mittwoch

Eine sozialdemokratische Versammlung in Berlin spricht sich gegen die zurückhaltende Politik der SPD-Reichstagsfraktion aus und erklärt die Herbeiführung eines Generalstreiks zur wichtigsten Aufgabe. Das SPD-Zentralorgan »Vorwärts« bezeichnet diesen Beschluß als »anarchistische Phrasen« (→ 22. 5./S. 94; 17. 9./S. 166).

In Bromberg und Graudenz sterben mehrere Flößer und Arbeiter an Cholera. → S. 151

24. August, Donnerstag

Frankreich fordert von Marokko unter Androhung von Gewalt die Freilassung von algerischen Untertanen, die auf marokkanischem Gebiet festgenommen worden waren. Am 27. August werden die Verhafteten, die sich an den Kämpfen gegen Sultan Abd Al Asis beteiligt hatten, freigelassen.

Der Franzose Lucien Petit-Breton stellt einen Stundenweltrekord im Bahnradfahren auf. → S. 155

25. August, Freitag

Das Kriegsgericht in Libau im russischen Gouvernement Kurland verurteilt acht Matrosen wegen Meuterei zum Tod und 19 zu mehrjähriger Zwangsarbeit (→ 19. 6./S. 104).

Aus Petersburg wird gemeldet, daß alle Offiziere des Nebogatowschen Geschwaders, das sich in der Koreastraße den Japanern ergeben hatte, aus der russischen Marine ausgestoßen wurden (→ 27. 5./S. 90).

26. August, Samstag

Die von Maximilian Harden herausgegebene Zeitschrift »Die Zukunft« veröffentlicht einen Aufruf des in Deutsch-Südwestafrika kommandierenden Generals Lothar von Trotha: »Innerhalb der deutschen Grenze wird jeder Herero erschossen. Ich nehme keine Weiber und Kinder mehr auf, treibe sie zu ihrem Volk zurück und lasse auf sie schießen« (→ S. 142).

Während einer Hungersnot in Südspanien bemächtigen sich andalusische Landarbeiter der Viehherden, um sich und ihre Familien ernähren zu können. Festgenommene erklären, sie seien mit ihrer Verhaftung zufrieden, da sie im Gefängnis wenigstens ernährt würden (→ 31. 5./S. 93).

Den Großen Preis von Baden-Baden gewinnt Gouvernant mit Jockey G. Stern. → S. 155

27. August, Sonntag

Das britische Kanalgeschwader besucht Swinemünde. → S. 145

Das deutsche Kriegsschiff »Bussard« meldet aus Deutsch-Ostafrika die Vernichtung eines 1000 Mann starken Aufgebots der aufständischen Eingeborenen bei Kipo am Rufiji. → S. 142

Während der russisch-japanischen Friedensverhandlungen in Portsmouth unternimmt die japanische Marine einen Landungsversuch im Tatarenbusen zwischen Sachalin und dem asiatischen Festland.

Osmanische Truppen ermorden während der Unruhen in Makedonien bei Knonpica acht Christen. Nach osmanischen Angaben wurden die drei Kinder, vier Frauen und ein Mann während eines Kampfes mit nationalistischen Komitadschis (bulgarische Aufständische) getötet. Die Botschafter der Großmächte intervenieren wegen dieses Vorfalls bei der Pforte (→ 23. 11./S. 190).

Der armenische Bankier Apic Effendi Umdjian, ein mehrfacher Millionär, wird in seinem Büro in Konstantinopel (Istanbul) von einem armenischen Nationalisten durch vier Revolverschüsse getötet.

Der russische Zar Nikolaus II. verfügt unter dem Eindruck der revolutionären Unruhen durch einen Ukas liberalere Bestimmungen für die Hochschulen. Danach wird in Zukunft der Rektor von den Dekanen und der Fakultätssekretär von den Fakultäten gewählt (→ 19. 6./S. 104).

Die Behörden im Osten Preußens erklären die Weichsel für »verseucht«. Die Badeanstalten an dem Fluß werden wegen Choleragefahr geschlossen (→ 23. 8./S. 151).

Neben der Cholera (→ 23. 8./S. 151) breitet sich in den preußischen Ostgebieten auch der Typhus aus. Innerhalb von zwei Wochen sind 258 Fälle gemeldet worden.

Der für Teutonia Berlin startende Schwede Kristian Hellström wird Deutscher Meister über 1500 m.

Heinrich Opel, der Sohn des Fahrrad-, Nähmaschinen- und Automobilfabrikanten Adam Opel, gewinnt beim Frankfurter Automobilrennen den ersten und den zweiten Preis.

28. August, Montag

Der Militärbezirk des russischen Großfürstentums Finnland wird aufgelöst. Die in Finnland stehenden Truppen bilden fortan das nach russischem Vorbild organisierte 22. Armeekorps (→ 4. 11./S. 193).

29. August, Dienstag

Rußland und Japan einigen sich in Portsmouth (USA) auf die Bedingungen zum Abschluß eines Friedensvertrags. Er wird am → 5. September (S. 162) unterzeichnet.

In Stettin findet in Gegenwart des deutschen Kaiserpaares der Stapellauf des Passagierdampfers »Kaiserin Auguste Viktoria« statt. → S. 154

30. August, Mittwoch

Die osmanische Regierung in Konstantinopel (Istanbul) lehnt eine Note der sechs Großmächte vom 1. August ab, in der diese fordern, daß Makedonien internationaler Finanzkontrolle unterstellt werde. Unterdessen werden schwere Kämpfe zwischen osmanischen Truppen und nationalistischen bulgarischen Extremisten aus Makedonien gemeldet (→ 23. 11./S. 190).

Im Mittelmeerraum betrachten Zehntausende Schaulustige eine Sonnenfinsternis. → S. 151

31. August, Donnerstag

In Karlstadt im schwedischen Värmland beginnen die Verhandlungen über die Auflösung der Union zwischen Schweden und Norwegen (→ 7. 6./S. 108; 12. 11./S. 192).

Im rheinisch-westfälischen Baugewerbe geht ein dreimonatiger Streik zu Ende. Arbeitgeber und Arbeitnehmer begrenzen die Arbeitszeit auf zehn Stunden (→ 17. 4./S. 78). Der Stundenlohn beträgt ortsabhängig zwischen 44 und 55 Pfennig. Die Vereinbarungen sind bis zum 30. April 1908 gültig.

Das Wetter im Monat August

Station	Mittlere Lufttemperatur (°C)	Niederschlag (mm)	Sonnenscheindauer (Std.)
Aachen	16,7 (17,2)	70,7 (82)	– (188)
Berlin	18,2 (17,2)	78,4 (68)	– (212)
Bremen	16,9 (17,1)	72,8 (79)	– (182)
München	17,6 (16,6)	157,3 (96)	– (211)
Wien	19,4 (18,6)	59,0 (68)	254 (242)
Zürich	17,3 (16,6)	240 (132)	201 (219)

( ) Langjähriger Mittelwert für diesen Monat
– Wert nicht ermittelt

August-Ausgabe von »Der Bazar« mit dem Untertitel »Erste Damen- und Modenzeitung«. Neben Moden- und Gesellschaftsartikeln bringt das Blatt »erbauliche« Fortsetzungsgeschichten, die eine heile Welt vorspiegeln. Idyllische Zeichnungen unterstreichen diese Sicht.

Der Bazar.

Erste Damen- und Modenzeitung.

Nr. 32. | Man abonniert bei allen Postanstalten und Buchhandlungen. | Paris – Berlin – Wien, den 20. August 1905. | Vierteljährlich 2½ Mark = 3 Kronen. Monatlich erscheinen vier Nummern. | 51. Jahrg.

Das Konversationslexikon.

Novelle von E. Krickeberg.

(Fortsetzung aus Nr. 30, S. 425.) Nachdruck verboten.

Als Tante und Neffe allein sind, fragt Hans Peter so nebenher: „Was ist dieser Doktor Hartwig?"

„Privatgelehrter, Schriftsteller, ein großer Reisender vor dem Herrn, Stadtverordneter hier im Ort, Präsident der Ressource und noch sonst alles mögliche."

„Im Grande also eigentlich nichts — Amateur auf allen Gebieten."

„Das kannst du nicht sagen, er ist grundgelehrt, tüchtig und gewissenhaft. Seine angenehme Vermögenslage gestattet ihm nur, unabhängig zu leben. Er ist ein steinreicher Mann."

„Direktors scheinen sehr liiert mit ihm zu sein."

„Ja — er hängt ganz besonders an der Annedore. Übrigens ist er auch ein sehr lieber Mensch, du wirst gewiß Gefallen an ihm finden."

Das glaube ich nicht! denkt Hans Peter mit einem eigenen Ingrimm, aber sein Entschluß ist gefaßt, er will wirklich das Ressourcefest besuchen.

Hans Peter hat sich niemals viel um die Verhältnisse der Stadt gekümmert, auch niemals Bekanntschaften gesucht, wenn er bei Tante Brigitte zum Besuch weilte. Er kennt nur wenige Herren aus der Gesellschaft, und da Doktor Hartwig im Sommer gewöhnlich auf Reisen zu sein pflegt, hat er ihn bisher weder gesehen noch auch von ihm gehört, wenigstens kann er sich heut nicht darauf besinnen. Erst später fällt ihm ein, daß er ein sehr fesselnd geschriebenes gutes Buch über die Ausgrabungen in Kleinasien von einem Doktor Martin Hartwig gelesen hat, der sicherlich mit dem Neffen der Frau Direktor identisch ist — demnach muß er also ein ganz bedeutender Mensch sein. — Diese Wahrnehmung bereitet ihm ein Unbehagen, er weiß selber nicht warum.

Gelehrt, ein „lieber und interessanter Mensch", wie Tante Brigitte sagt, dazu ein Mann der Gesellschaft und vor allen Dingen steinreich … wenn er dann noch leidlich ansehnlich ist, so wäre es ja geradezu verwunderlich, wenn aus ihm und der Annedore, „an der er ganz besonders hängt", nicht ein Paar werden sollte.

Nun, meinen Segen haben sie, denkt er erhaben, und unvermittelt springt plötzlich die Idee in ihm auf, daß er hier im Grunde doch nichts mehr zu tun habe und es das Vernünftigste wäre, sein Ränzlein zu schnüren und seinen Stab weiter zu setzen. Trotzdem geht an demselben Tage noch eine Karte an seine Mutter ab mit der Bitte, ihm schleunigst seinen Frackanzug zu senden.

Während der nächsten Tage ertappt er sich wiederholt bei dem Gedanken, daß es doch eigentlich schicklich wäre, sich bei Direktors nach dem Ausgang des Bienenstiches zu erkundigen. Aber er weist das immer wieder energisch zurück. Der Herr Vetter ist gewiß inzwischen angelangt, — man wird ihn nicht vermissen.

Eine merkwürdige Ruhelosigkeit hat ihn überfallen. Er ist immer unterwegs auf weiten Ausflügen in die Umgegend — zu Studierzwecken, meint Tante Brigitte — aber er denkt nicht daran, zu studieren. Zum erstenmal in seinem Leben kann ihm seine Wissenschaft keine Befriedigung gewähren, er mag kein Buch in die Hand nehmen, dagegen hat er, sich selber unbewußt, ein ihm bisher so unwichtig und nebensächliches Studium eifrigst angenommen, das des wirklichen Lebens.

Er ist sich selber ein Rätsel in diesen Tagen, noch mehr aber der Tante Brigitte. Die schüttelt immer wieder halb verzweifelt ihr Haupt — was ist in den sonst so ruhigen, klaren, harmonischen Hans Peter gefahren? Unstet, gereizt, unzufrieden ist er, und seine alte Tante scheint er geradezu zu fliehen.

Sie vergießt sogar heimlich Tränen in ihrer Ratlosigkeit. Ihr Neffe ist ein viel zu vernünftiger Mensch, als daß ihn wirklich der kleine nichtige Streit mit der Annedore so aus dem Konzept bringen könnte — da muß noch etwas anderes vorliegen, das sie nicht ergründen kann.

Tante Brigitte ist niemals verheiratet gewesen, und die einzige Liebe, die sie je gehabt, hat sich vorschriftsmäßig glatt und kampflos entwickelt, bis sie mit dem Tode des Geliebten ihren vorzeitigen, noch heut schmerzenden bitteren Abschluß fand. Sie kann sich in die Werdekrisen einer wie ein Sturmwind über ein junges Herz daherbrausenden Leidenschaft nicht hineindenken.

Einmal hat sie versucht, der Frau Direktor ihren Kummer mit ihrem Neffen zu offenbaren, in der Hoffnung, daß diese die Annedore veranlassen würde, Frieden mit Hans Peter zu machen. Aber die hatte nur mit ihrem klugen gütigen Lächeln gesagt:

„Mein liebes Fräulein Brigitte, so junge Leute soll man behüten, doch nicht gängeln wollen. Sie werden sich schon allein zurecht finden."

„Aber sie hassen sich," hatte Tante Brigitte erregt ausgerufen, „und das verleidet Hans Peter den Aufenthalt bei mir."

„Sie hassen sich nicht, liebes Fräulein, sie verstehen sich nur noch nicht, unsere Einmischung aber könnte leicht bewirken, daß sie sich niemals verstehen lernen."

So trägt Tante Brigitte ihre innere Angst allein weiter. Bis zum letzten Augenblick hat sie gehofft, Hans Peter würde die für ihn so sonderbare Idee, das Ressourcefest besuchen zu wollen, aufgeben, ein paarmal ist er auch nahe daran gewesen, aber am Sonnabend mittag erklärt er: „Also pünktlich heute abend acht Uhr, nicht wahr, Tantchen?"

Er stellt nur die Bedingung, daß sie ihm gestatte, sich nach eigenem Gefallen zu amüsieren, da das Tanzen doch nicht für ihn sei.

In den Dünen. Von D. A. G. Artz.

In den Kolonien gärt es

Weltweit toben in den Kolonien Aufstände gegen die Fremdherrschaft der Weißen. Die bewaffneten Auseinandersetzungen zur Niederschlagung dieser Aufstände werden mit großer Härte geführt. Dies entfremdet die Eroberer und die Eingeborenen nur noch tiefer.

Deutsch-Südwestafrika

Ende August verschifft das Deutsche Reich neue Truppentransporte zum Schauplatz des Hottentottenkriegs (→ 4. 1./S. 22). Obwohl Jakob Morenga, Hendrik Witbooi, Samuel Maharero und weitere prominente Hottentotten- und Herero-Häuptlinge mit ihren Kriegern von der deutschen Kolonialmacht bereits außer Landes getrieben wurden, ist ein Ende des blutigen Kolonialkriegs vorerst nicht abzusehen. Hendrik Witbooi fällt am 3. November in der Schlacht bei Fahlgras. Der Krieg geht weiter bis 1907.

Deutsch-Ostafrika

Am 11. August beginnt in den Matumbibergen sowie in den Bezirken Donda und Liwale ein Eingeborenenaufstand, der sich rasch auf die ganze Kolonie ausweitet. Kaiser Wilhelm II. befiehlt die sofortige Entsendung von Marinesoldaten zur Unterstützung der Schutztruppen bei der Unterdrückung des Aufstands. Er wird bis 1906 niedergeschlagen.

Britisch-Südafrika

In Britisch-Südafrika erheben sich Ende September die Basutos gegen die Kolonialmacht. Nach Ansicht britischer Zeitungen ist der Aufstand zurückzuführen auf von der kapländischen Presse frei erfundene Nachrichten über schwere Niederlagen der Deutschen bei der Bekämpfung der Aufstandsbewegungen in Deutsch-Osfafrika und Deutsch-Südwestafrika.

Portugiesisch-Westafrika

Die faktische Herrschaft der Portugiesen in Portugiesisch-Westafrika (Angola) beschränkt sich nur auf die Küstenzone, die Unterwerfung der Stämme im Landesinneren wird seit Jahren vergeblich mit großer Härte geführt. Den mit modernsten Waffen ausgerüsteten portugiesischen Soldaten stehen Stammeskrieger mit Speer, Pfeil und Bogen gegenüber. Wie ungleich dieser Kampf ist, geht u. a. aus der Meldung hervor, daß bei der Eroberung eines Krals bei Quissango am 27. Oktober 200 Eingeborene getötet werden. Die Portugiesen haben lediglich drei tote Soldaten zu beklagen.

Philippinen

Der Aufstand der Filipinos gegen die Kolonialmacht USA dauert auch 1905 an. Nach dem Spanisch-Amerikanischen Krieg waren die Philippinen 1898 von spanischer unter US-Herrschaft gefallen. Noch vor dem Ende des Kriegs hatten die Filipinos eine unabhängige, demokratische Republik ausgerufen. Als die USA den Philippinen die in Aussicht gestellte Unabhängigkeit nicht gewährten, brach 1899 unter der Führung von Emilio Aguinaldo ein Volksaufstand aus. Nach der Gefangennahme Aguinaldos zwei Jahre später brach der organisierte Widerstand zusammen, doch setzen philippinische Guerilla-Trupps den Kampf bis 1906 fort, in den islamischen Gebieten des Südens bis 1913.

Sumatra

Daß die gut ausgerüsteten europäischen Truppen auch empfindliche Niederlagen einstecken müssen, zeigt der Sieg der Eingeborenen am 3. Februar über die Niederländer in Atjeh auf Sumatra. Der Krieg der niederländischen Kolonialmacht zur Unterwerfung des Sultanats Atjeh dauert seit 1873 an.

Niederländisch-Ostindien

Am 25. Oktober besiegen die Niederländer entscheidend die Truppen des Fürsten von Boni auf Celebes (Indonesien). Die Niederländer hatten im 17. Jahrhundert die Portugiesen von der drittgrößten der Sundainseln vertrieben und bis Mitte des 19. Jahrhunderts die meisten der islamischen Malaienfürsten unterworfen. Immer wieder kommt es jedoch zu Aufständen.

Französisch-Indochina

Schwere Kämpfe werden aus dem Grenzgebiet zwischen dem Königreich Siam (Thailand) und Französisch-Indochina gemeldet. Unter dem Druck der Franzosen hatte Siam bereits in den 80er Jahren Laos und andere Gebiete abgetreten. Nur die Rivalität zwischen Frankreich und Großbritannien, die 1896 in einem Vertrag ihre Interessensphären abgrenzten und Siam als »unabhängig« anerkannten, bewahrt das Land vor der direkten Kolonialherrschaft.

△ Mit Pfeil und Bogen sowie mit Speeren kämpfen die Warundi in Deutsch-Ostafrika gegen die Kolonialmacht. Wenn sie in den Krieg ziehen, hängen sie sich weiße Felle um und bemalen die Gesichter mit weißer Farbe. In Friedenszeiten ernährt sich der Stamm von Akkerbau und Viehzucht.

◁ Wapogoro-Krieger im Kriegsschmuck in Deutsch-Ostafrika. Nur die wenigsten Eingeborenen sind mit Gewehren ausgerüstet. Mit Pfeil, Bogen und Speeren ist es für sie auf Dauer nicht möglich, den europäischen Soldaten erfolgreich Widerstand zu leisten. Zu den kriegerischsten Stämmen Ostafrikas zählen die Massai.

Die Wagogo, die in Ugogo in Deutsch-Ostafrika starke Verbände bilden, überfallen Karawanen, von denen sie Wegzoll fordern.

»Bürgerwehr« zum Schutz vor aufständischen Bantu, Massai und Jao in Daressalam in Deutsch-Ostafrika

1. Staffel des Marine-Expeditionskorps, das die Schutztruppen im Hottentottenkrieg in Deutsch-Südwestafrika unterstützt, nach der Rückkehr in Wilhelmshaven

Leben in Erniedrigung

Chronik Hintergrund

Das Vorgehen der Kolonialherren in ihren Besitzungen ist von Unverständnis und Brutalität gegenüber den Eingeborenen geprägt. Ein krasses Beispiel ist der Kongostaat des belgischen Königs Leopold II. Dem Zwangsarbeitersystem, das der geschäftstüchtige Monarch einführen ließ, sind Hunderttausende zum Opfer gefallen. Die Vorgänge haben eine internationale Diskussion über das Verhältnis zwischen Weißen und Eingeborenen ausgelöst. 1904 gründete der britische Publizist Edmond Dene Morel die »Congo Reform Association«, deren Ziel die Beendigung des mörderischen Kolonialsystems ist. Unrühmlich tut sich auch das Deutsche Reich durch den Völkermord an den Hereros hervor.

In vielen Fällen regeln Verträge das Verhältnis der »frei« lebenden Eingeborenenstämme zur Kolonialmacht. Daß sich – wie in Deutsch-Ostafrika und Deutsch-Südwestafrika – auch solche »freien« Stämme gegen die Kolonialmacht erheben, ist eine Folge der Landkäufe durch Kolonialgesellschaften. Die Häuptlinge schließen Verkaufsverträge in dem Glauben, daß sich wenig ändern werde. Gehen die Gesellschaften dazu über, das gekaufte Land wirtschaftlich zu nutzen und die Eingeborenen zu vertreiben, kommt es zu bewaffneten Auseinandersetzungen. Die Kolonialherren bauen zwar auch Schulen und Krankenhäuser, doch geschieht das nur, um den »unzivilisierten« Eingeborenen die »überlegene« europäische Kultur aufzuzwingen.

△ Kaffernmädchen in der Missionsschule Mariathal in Natal in Britisch-Südafrika

◁ Eingeborene in Deutsch-Ostafrika, die Reis als Steuer zahlen, warten auf das Abwiegen. In Deutsch-Ostafrika leben rund 6,5 Mio. Menschen, darunter 1000 Deutsche und weitere 250 Europäer. Das Land ist so groß wie Deutschland, Dänemark, Italien, Portugal und die Niederlande zusammen.

Globales Bündnissystem – Strategie Großbritanniens

12. 8., London. Der britische Außenminister Henry Charles Keith Petty-Fitzmaurice Marquess of Lansdowne und der japanische Gesandte Tadasu Hayashi unterzeichnen ein britisch-japanisches »Schutz- und Trutzbündnis«. Das vorrangige Ziel des Vertrags ist eine Abgrenzung der japanischen und britischen Interessensphären in Südostasien. Während Japan, der Sieger im Russisch-Japanischen Krieg, von Großbritannien umworben wird, ist Rußland, der Verlierer dieses Kriegs, mit Frankreich verbündet. Frankreich wiederum ist Bündnispartner Großbritanniens.

Der britische Außenminister betont, Großbritannien habe durch diesen Vertrag einen Verbündeten gefunden in einer Zeit, in der die Völker »sich gruppieren und bis an die Zähne bewaffnen« und in der »keine Nation, die ihren Platz in der Weltpolitik einnehmen will, wagen darf, allein zu stehen«.

Großbritannien und Japan hatten bereits 1902 einen Bündnisvertrag geschlossen. Dieser richtete sich gegen das russische Vordringen im ostasiatischen Raum und verpflichtete zur Aufrechterhaltung des Status quo in China und Korea. Durch diesen Vertrag abgesichert, hatte Japan den Krieg mit Rußland begonnen (→ S. 14), da mit dem Zarenreich keine Einigung über die Abgrenzung der Einflußsphären in der Mandschurei und in Korea zustandekam.

Nach dem Sieg Japans im Russisch-Japanischen Krieg (→ 5. 9./S. 162) hat sich die Situation grundlegend gewandelt: Japan ist nicht mehr eine Macht zweiten Ranges wie noch 1902, sondern zur Großmacht aufgestiegen. Damit gewinnt Großbritannien mit Japan die stärkste Militär- und Wirtschaftsmacht des Fernen Ostens als Partner; das Bündnis schützt beide Mächte vor Rußland.

Das britisch-japanische Abkommen ist die konsequente Fortsetzung einer neuen britischen Politik, die 1904 mit der britisch-französischen Entente cordiale ihren ersten großen Erfolg erzielt hat. Diese Politik zielt auf das Ende der bündnisfreien »splendid isolation« (wörtlich: glanzvolles Alleinsein), die Großbritannien im 19. Jahrhundert verfolgt hat, um in der Außenpolitik Handlungsfreiheit zu bewahren. Abgelöst werden soll diese »splendid isolation« durch ein globales Bündnissystem.

Die Entente cordiale beendet den jahrhundertealten Gegensatz zwischen Großbritannien und Frankreich und bezweckt einen kolonialen Interessenausgleich zwischen den beiden europäischen Mächten.

Der Zusammenschluß richtet sich gleichzeitig gegen das Deutsche Reich und dessen Dreibundpartner. Das Deutsche Reich, die stärkste Macht auf dem europäischen Kontinent, ist der größte Wirtschafts- und Flottenrivale Großbritanniens.

Die politischen Ziele des britisch-japanischen Vertrags sind »die Befestigung und Aufrechterhaltung des allgemeinen Friedens in Ostasien und Indien, die Erhaltung der gemeinsamen Interessen aller Mächte in China sowie des Prinzips der Gleichberechtigung des Handels aller Nationen, ferner die Aufrechterhaltung der territorialen Rechte Großbritanniens und Japans in Ostasien und Indien sowie die Verteidigung ihrer besonderen Interessen in diesen Gebieten«. In Artikel 3 überläßt Großbritannien dem japanischen Bündnispartner Korea (→ 17. 11./S. 194). In Artikel 4 wiederum garantiert Japan Großbritannien den Besitzstand in Britisch-Indien und läßt Großbritannien freie Hand, »in der Nähe der indischen Grenze solche Maßnahmen zu treffen, welche nötig sein mögen, die indischen Besitzungen zu schützen«. Für den Fall eines erneuten Kriegs zwischen Rußland und Japan verpflichtet sich Großbritannien zu Neutralität. Der britische Außenminister unterstreicht die Bereitschaft Großbritanniens, mit jeder anderen Macht ein entsprechendes Abkommen abzuschließen, »vorausgesetzt, daß nichts geschieht, was Englands Freundschaft mit Frankreich und Japan beeinträchtigt«. Dies ist ein klares Angebot in Richtung Rußland. Rußland ist mit Großbritanniens Bündnispartner Frankreich im sog. Zweiverband alliiert. Aber auch das Deutsche Reich bemüht sich um ein Bündnis mit Petersburg (→ 25. 7./S. 126).

△ *Treffen hoher französischer und britischer Militärs an Bord des französischen Kriegsschiffs »Masséna« im britischen Kriegshafen Portsmouth. 18 französische Kriegsschiffe besuchen vom 7. bis zum 14. August Portsmouth, um die Verbundenheit der in der Entente cordiale verbündeten Nationen Frankreich und Großbritannien zu demonstrieren.*

◁ *König Eduard VII. von Großbritannien und Irland trifft am 16. April zu einem Besuch der französischen Kolonie Algerien ein. Der »Reisediplomat« gilt als Initiator der neuen Bündniskonstellationen; die Entente cordiale mit dem früheren Gegner Frankreich ist im wesentlichen sein Werk.*

Deutschland auf dem Weg in die Isolation

Chronik Rückblick

Die Bündniskonstellationen in Europa zu Beginn des Jahrhunderts wurzeln in den Verträgen, die der deutsche Reichskanzler Otto von Bismarck bis zu seinem Sturz im Jahr 1890 abschloß.

Der 1879 unterzeichnete Zweibund zwischen dem Deutschen Reich und Österreich-Ungarn bildet den Kern des Bündnissystems. Er verpflichtete beide Mächte zu gegenseitiger Unterstützung bei einem Angriff Rußlands (gemeint war auf Österreich-Ungarn) oder bei einer Parteinahme Rußlands für eine andere angreifende Macht (gemeint war eine Parteinahme Rußlands für Frankreich bei einem Krieg gegen Deutschland).

Der 1882 zwischen dem Deutschen Reich, Österreich-Ungarn und Italien unterzeichnete Dreibund stabilisierte den Zweibund. Durch den Beitritt Italiens erhöhte sich aus deutscher Sicht der Bündniswert Österreich-Ungarns, da dessen Südflanke im Fall eines Kriegs mit Rußland gesichert war. Darüber hinaus dehnte sich der Einfluß des Dreibunds durch den Beitritt Italiens auf den Mittelmeerraum aus.

Als Italien wegen der anhaltenden Spannungen mit Österreich-Ungarn in der Balkanfrage Anlehnung an Großbritannien suchte, schlossen die beiden Mächte am 12. Februar 1887 durch einen geheimen Notenaustausch das von Bismarck angeregte Mittelmeerabkommen; es sah die Aufrechterhaltung der politischen Ordnung im östlichen Mittelmeer und im Schwarzen Meer vor. Der Reichskanzler förderte dieses Abkommen, dem Österreich-Ungarn am 24. März 1887 beitrat, da es Großbritannien näher an den Dreibund heranführte und zugleich russische Expansionspläne eindämmen sollte.

Noch deutlicher wurde die Eindämmungsstrategie Bismarcks gegenüber Rußland im Orientdreibund, den Österreich-Ungarn, Italien und Großbritannien unter Einwirkung Bismarcks am 12./16. Dezember 1887 schlossen. Der Orientdreibund verpflichtet die Bündnispartner zum Schutz des Osmanischen Reiches und bestimmte insbesondere, daß das Osmanische Reich seine Hoheitsrechte über Bulgarien nicht an eine andere Macht (gemeint war Rußland) verlieren dürfe.

Ebenfalls 1887 schlossen das Deutsche Reich und Rußland den Rückversicherungsvertrag, ein Neutralitätsabkommen, mit dem sich Rußland die deutsche Neutralität im Fall eines österreichischen Angriffs und Deutschland die russische Neutralität im Fall eines französischen Angriffs sicherte. Für den Fall eines britisch-russischen Konflikts sagte das Deutsche Reich wohlwollende Neutralität zu.

Als der deutsch-russische Rückversicherungsvertrag nach dem Sturz Bismarcks (1890) von deutscher Seite aus nicht verlängert wurde, schlossen Rußland und Frankreich 1892 den Zweiverband, eine Militärkonvention als Defensivbündnis gegen den Dreibund gerichtet. Dieses Abkommen beendete die seit dem Deutsch-Französischen Krieg von 1870/71 bestehende internationale Isolierung Frankreichs.

Unterdessen höhlten die auf den Erwerb »italienischer« Gebiete in Österreich-Ungarn gerichteten irredentistischen Bestrebungen Italiens (→ 7. 5./S. 93) den Dreibund mehr und mehr aus. 1900 schlossen Italien und Frankreich ein Abkommen, das Marokko als französisches und Tripolis als italienisches Interessengebiet anerkannte. 1902 folgte ein geheimer italienisch-französischer Neutralitätsvertrag, durch den der Dreibund stark an Bedeutung verlor.

1904 beendeten Frankreich und Großbritannien durch die bündnisähnliche »Entente cordiale« (herzliches Einvernehmen) zum Teil jahrhundertealte koloniale Gegensätze. Die militärischen Absprachen der »Entente« betreffen den Fall eines Kriegs gegen das Deutsche Reich.

1905 versucht der deutsche Kaiser Wilhelm II. mit dem deutsch-russischen Vertrag von Björkö (→ 25. 7./S. 126) vergeblich, die bestehende Bündniskonstellation aufzubrechen und einen Kontinentalblock (einschließlich Frankreichs) gegen Großbritannien zu schaffen.

Otto von Bismarck sicherte bis 1890 die deutschen Interessen.

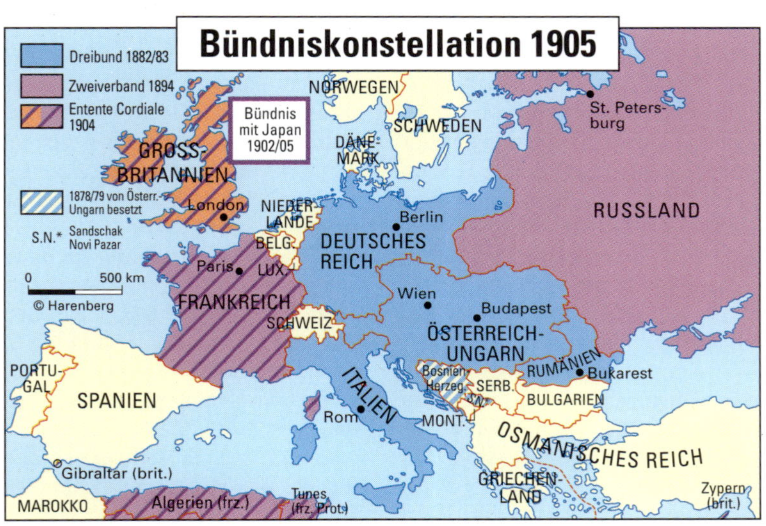

Britische Marine in Swinemünde

27. 8., Swinemünde. Zu einem fünftägigen Aufenthalt im Vorhafen Stettins läuft das britische Kanalgeschwader ein. Da es überraschend einen Tag eher als geplant eintrifft, sind noch keine deutschen Verbände anwesend. Die offizielle Begrüßung findet erst am 28. August statt.

Der Besuch der britischen Kriegsschiffe soll der Öffentlichkeit trotz internationaler Spannungen Normalität im deutsch-britischen Verhältnis vorspiegeln; er ist jedoch tatsächlich eine Demonstration der Stärke. So schreibt die britische Wochenschrift »Outlook« aus diesem Anlaß: »England ist fest entschlossen, nicht zu dulden, daß die deutsche oder irgend eine andere Flotte der seinigen an Stärke nahekommt . . . England hat nicht nur einen gewaltigen Vorsprung, sondern verfügt auch über die Mittel, diesen Vorsprung beizubehalten« (→ 1. 4./S. 74).

Eduard VII. in Ischl – Kaiser geht leer aus

16. 8., Bad Ischl. Der österreichische Kaiser Franz Joseph I. empfängt zwei Tage vor seinem 75. Geburtstag (→ 18. 8./S. 147) König Eduard VII. von Großbritannien und Irland, der wie fast jedes Jahr im Sommer zur Kur nach Karlsbad (heute Karlovy Vary in der ČSFR) reist. Zentrale Gesprächsthemen sind die Marokkokrise (→ 6. 6./S. 106) und die Neuvergabe der norwegischen Krone, auf die sich u. a. die Hohenzollern Hoffnungen machen (→ 25. 7./S. 126).

Daß das traditionelle Zusammentreffen zwischen dem britischen Monarchen und dem deutschen Kaiser in diesem Jahr unterbleibt, wird in der Presse nicht nur auf die grundlegenden Meinungsverschiedenheiten zwischen Eduard VII. und seinem Neffen Wilhelm II. zurückgeführt, sondern auch auf das generell gespannte Verhältnis zwischen Großbritannien und dem Deutschen Reich. Bestätigt wird diese Ansicht, als das Privatsekretariat des englischen Königs Presseberichte zurückweist, denen zufolge Eduard VII. 1906 an der Silberhochzeit des deutschen Kaiserpaares teilnehmen wolle.

Ostgebiete sollen dem »Deutschtum« erhalten bleiben

9. 8., Gnesen. Anläßlich eines Besuches in der Provinz Posen bezeichnet es Kaiser Wilhelm II. in Gnesen »als Pflicht jedes Deutschen, in den Ostmarken für das Vaterland zu wirken«.

Die zum ehemaligen Königreich Polen gehörenden preußischen Ostgebiete werden seit 1886 planmäßig mit Deutschen besiedelt. Mit dieser »inneren Kolonisation« will die Regierung den Anteil polnischer Bauern zurückdrängen und deutschen Landwirten ein Übergewicht verschaffen.

Die staatliche »Ansiedlungskommission« kauft deshalb in Posen und Westpreußen Grundbesitz auf, den deutsche Neusiedler verbilligt erwerben können. Im Jahr 1905 sind dies 34 Rittergüter, 42 größere Landgüter und 82 kleinere Bauernhöfe. Der Siedlungspolitik ist jedoch nur mäßiger Erfolg beschieden. Da die Bodenpreise in den letzten Jahren erheblich angestiegen sind, finden sich immer weniger Siedler, die die trotz staatlicher Subventionen erheblichen Summen aufbringen können.

Das Siedlungsprogramm steht in engem Zusammenhang mit der »Ostmarkenpolitik«. Da Preußen nach der Reichsgründung (1871) die Vormachtstellung im Deutschen Reich innehat, versucht es, in seinen Provinzen den Einfluß anderer Volksgruppen zurückzudrängen. So verloren die polnischen Geistlichen durch das Schulaufsichtsgesetz (1872) ihren Einfluß in den Schulen. Ein Jahr später wird Polnisch durch Deutsch als Unterrichtssprache ersetzt. Die antipolnische Politik wird in Preußen durch den »Ostmarkenverein« unterstützt, der sich rigoros gegen eine Gleichstellung der polnischen Kultur sträubt. In diesem Sinne äußert sich auch Reichskanzler Bernhard Fürst von Bülow am 5. Dezember bei der Eröffnung des preußischen Landtags: »Die Festigung des deutschen Besitzes in Verbindung einer sachgemäßen inneren Kolonisation bildet eine der ernstesten Aufgaben der Staatsregierung. Sie kann aber nur erfüllt werden, wenn sich die deutschen Besitzer in höherem Grade als bisher ihrer nationalen Pflicht bewußt werden, ihren Besitz treu und zäh zu verteidigen und dem deutschen Volkstum zu erhalten.«

Luxuriös ausgestatteter Pferdestall eines Rittergutes in Ostpreußen. Während die Reitpferde des Gutsherren in komfortablen Verhältnissen gehalten werden, leben die besitzlosen Landarbeiter oft in völliger Armut.

»Weichen ist Versündigung am Vaterland«

Chronik Dokument

Bei seinem Trinkspruch in Gnesen sichert Kaiser Wilhelm II. seinen »polnischen Untertanen«, die gemeinsam mit Erzbischof Florian von Stablewski Religionsunterricht in polnischer statt deutscher Sprache fordern, die freie Ausübung des katholischen Kultus zu (gemeint ist: Weiterhin in deutscher Sprache). Zugleich bezeichnet er es als »Versündigung gegen das Vaterland«, wenn Deutsche ihren Besitz im Osten Preußens aufgeben und nach Westen ziehen:

»Ich freue Mich zu sehen, daß die Arbeit der deutschen Kultur so brav und mutig, wenn auch schwer und langsam sich Bahn bricht . . . Es hat aber den Anschein, als ob manche Meiner polnischen Untertanen immer noch nicht im klaren darüber sind, ob sie Schutz und Recht unter dem Hohenzollernbanner finden. Die leicht angeregte Phantasie mit der Pflege geschichtlicher Erinnerung [an das ehemalige Königreich Polen] kann manches begeisterte Gemüt zu falschen Schlüssen führen. Wie damals so auch heute möchte Ich wiederholen, daß ein jeder katholische Pole wisse, daß seine Religion geehrt wird von Mir, und daß er bei Ausübung derselben in keiner Weise gestört werden wird, daß er aber Ehrfurcht und Achtung vor den anderen Konfessionen zu bewahren hat, ebenso wie wir vor der seinen.

So ist auch auf deutscher Seite

Florian von Stablewski, Erzbischof von Gnesen und Posen

nicht nachzulassen im Werke der Kultur. Wer als Deutscher ohne Grund seinen Besitz im Osten veräußert, der versündigt sich an seinem Vaterland; welch Standes und welch Alters er auch sei. Er muß hier aushalten.

Mich dünkt, es wird hier im deutschen Gemüt ein kleiner Zweikampf ausgefochten zwischen Herz und Verstand. Wenn man in der Lage ist, einen guten Erwerb sich zu verschaffen, dann spricht das Herz: Nun setze dich zur Ruh, zieh dich zurück und gehe in den fernen Westen, wo es schön ist. Da muß der Verstand dazu kommen und sagen: Hier gilt: Erst die Pflicht, dann das Vergnügen.

Hier im Osten zu wirken, ist eine Verpflichtung gegen das Vaterland, gegen das Deutschtum. Und wie der Posten nicht von seiner Wache weichen darf, so dürfen Deutsche nicht aus dem Osten weichen.

Für jeden, sei er polnisch oder deutsch, der katholisch ist, möchte Ich noch eines erwähnen: Als bei Meinem letzten Besuch im Vatikan der greise Leo XIII. von Mir Abschied nahm, da faßte er Mich mit beiden Händen und – trotzdem Ich Protestant bin – gab Mir seinen Segen mit folgendem Versprechen: Ich gelobe und verspreche Eurer Majestät im Namen aller Katholiken, die Ihre Untertanen sind, sämtlicher Stämme und jedes Standes, daß sie stets treue Untertanen des Deutschen Kaisers und Königs von Preußen sein werden.

An Ihnen, meine Herren von dem [erzbischöflichen] Kapitel, wird es sein, das hohe Wort des großen priesterlichen Greises zur Wirklichkeit zu machen, auf daß derselbe nicht dereinst noch nach seinem Tode wortbrüchig werde dem Deutschen Kaiser gegenüber; Meiner Mithilfe sollen Sie stets gewärtig bleiben.«

Kaiser Franz Joseph I. wird 75 Jahre alt

18. 8., Bad Ischl. Im engsten Kreis begeht Kaiser Franz Joseph I. im Salzkammergut seinen 75. Geburtstag. Offizielle Feiern finden auf Wunsch des Monarchen nicht statt. Mit 18 Jahren bestieg Franz Joseph im Revolutionsjahr 1848 als Nachfolger Ferdinands I. den österreichischen Kaiserthron. 1867 wurde er nach dem erfolgreichen »Ausgleich« (→ 26. 1./S. 27) auch zum König von Ungarn gekrönt. Seit dem Deutsch-Österreichischen Krieg von 1866 hat es in der Doppelmonarchie keine großen kriegerischen Auseinandersetzungen mehr gegeben, obwohl der Nationalitätenkonflikt im Vielvölkerstaat zu ständigen Zerreißproben führt (→ 21. 6./S. 107).

Der Monarch hat immer wieder schwere Schicksalsschläge hinnehmen müssen: 1867 wurde sein jüngerer Bruder, Kaiser Maximilian von Mexiko, von Rebellen erschossen; 1889 beging sein einziger Sohn, Erzherzog-Kronprinz Rudolf, auf Schloß Mayerling Selbstmord; 1898 wurde seine Frau Elisabeth (»Sisi«) am Genfer See von einem italienischen Anarchisten erstochen. Seit Elisabeths Tod gibt es nur noch eine einzige Frau, die Franz Joseph in sein Vertrauen zieht: Die 23 Jahre jüngere ehemalige Burgtheaterschauspielerin Katharina Schratt. Politisch steht der Monarch, der eine einheitliche Armee beibehalten will, den Autonomiebestrebungen im Vielvölkerstaat ablehnend gegenüber. Dem Zerfallsprozeß auf dem Balkan (→ 23. 11./S. 190) mißt er keine Tragweite bei.

Kaiser Franz Joseph I. von Österreich als gutmütiger, ordensgeschmückter Landesvater. So wollen ihn die Zeitgenossen sehen.

Kaiser Franz Joseph I. von Österreich und die Kaiserin Elisabeth. Das Bild wurde 1867 aus Anlaß der ungarischen Königskrönung aufgenommen.

Der Kaiser als idealtypischer Herrscher auf einer Fotografie

Nicht »populär«, sondern »geliebt«

Chronik Zur Person

Anläßlich des 75. Geburtstags von Franz Joseph I. porträtiert der österreichische Schriftsteller Peter Rosegger den Kaiser idealtypisch in einem Leitartikel der Zeitschrift »Die Woche« (Nr. 33/1905):

»Wenn man sagen wollte, daß Franz Joseph I. – der seit nun 57 Jahren regiert und trotz verhängnisvollster Zeiten das alte Österreich zu einem modernen Staat gemacht hat – im Land populär sei, so wäre das kaum das rechte Wort. Unser Kaiser ist nicht populär, so wenig als man von einem Familienvater sagen kann, er sei bei den seinen ›populär‹. Unser Kaiser ist geliebt. Geliebt im schönsten, innigsten Sinn des Wortes. Der Parteien bisweilen kannibalisch wilder Streit, vor der Person des Monarchen macht er Halt. Des Kaisers Pflichtgefühl, Gerechtigkeitssinn, Güte und besonders die heldenhafte Tapferkeit, womit er die Schicksalsschläge erträgt, zwingen alles vor ihm nieder zur Dankbarkeit und Bewunderung. Das Schwerste, was Menschen auferlegt werden kann, ihm ist es geworden, und trotzdem ist er aufrecht und des Reiches größter Optimist geblieben. Wenn Österreich dieses hochgemute Vorbild nicht hätte, was wäre längst aus ihm geworden! Es wurde nicht widersprochen, als jener Redner ausrief: Österreich-Ungarn, dein eigentlicher Name heißt: Franz Josef! Zum großen Vertrauen zu seinen Völkern kommt die Güte . . . Wenn dennoch Völkerzwist und Trotz an die Pforte des vereinsamten Herrschers pochen . . ., dann nimmt der Kaiser, um Erholung und Kraft zu suchen, seine Zuflucht zu den Wäldern und Bergen . . . Dort bei seinen Aelplern, selbst als solcher gekleidet, selbst noch von der alten Schweizer-Habsburg her als deutscher Aelpler sich fühlend, selbst wie der Bergbauer arbeitend vom frühen Morgen an und wie jener am Weidwerk sich erfreuend, hat er das Gleichgewicht seines urgesunden Wesens allemal wiedergefunden.«

Architektur 1905:

Stahlbau und Industriestadt

Chronik Übersicht

Zu den meistbeachteten Bauten des Jahres zählt das Kaufhaus »La Samaritaine« von Frantz Jourdain in Paris. Das im Jugendstil errichtete Bauwerk ist zugleich das letzte bedeutende Beispiel eines vollständig in Glas und Stahl errichteten Warenhauses.

Die Warenhäuser in den USA folgen französischen Vorbildern mit ihren Rastersystemen, werden jedoch schon als Hochhäuser in Stahlkonstruktion angelegt (Marshall Field & Co. in Chicago). In Deutschland orientiert sich der Warenhausbau an den erstmals von Alfred Messel beim Warenhaus Wertheim in Berlin (1895–1897) realisierten, senkrecht durchgehenden Glasflächen zwischen kräftigen steinverkleideten Stahlstützen. Brandkatastrophen und die deshalb im Unterschied zu Frankreich in Deutschland frühzeitig erlassenen baupolizeilichen Vorschriften verlangen eine Ummantelung der Stahlkonstruktion, so daß diese nie unmittelbar ästhetisch wirksam werden kann (Warenhaus Tietz in München von Heilmann & Littmann, 1905).

Zu den Pionieren des Stahlbetonbaus zählt der französische Architekt Auguste Perret, der 1905 mit seinem Bruder Gustave die Firma »Perret Frères« gründet und die neue Materialkombination zu einer eigenständigen Architekturform entwickelt. Bereits sein 1904 vollendetes Haus Nr. 25 in der Rue Franklin in Paris, das einer der ersten Betonskelettbauten ist, weist die Merkmale auf, die für das Schaffen Perrets charakteristisch sind und die er bei der Garage in der Rue de Ponthieu 1905 noch konsequenter umsetzt: Hohe Wirtschaftlichkeit bei der Bauausführung und der Nutzung des Gebäudes; systematische Anwendung der Pfeiler- und Balkenkonstruktion aus Stahlbeton; offen gezeigtes Stahlbetonskelett; plattenartige Ausfachung des Skeletts vornehmlich mit großen Fensterflächen, die aufgrund geschickter Grundrißlösung allen Innenräumen Tageslicht geben. Jugendstilelemente werden dabei kaum noch verwendet. Ein Signal zu einer völligen Neuorientierung in der Stadtarchitektur kommt 1905 aus Lyon: Unter ihrem Oberbürgermeister Édouard Herriot wird in der Industriestadt an der Rhône der 36jährige Tony Garnier zum Stadtarchitekten berufen. Garnier, der ebenso wie Perret zu den Pionieren des Eisenbetonbaus zählt, will in dieser Stellung sein Projekt von einer »Cité industrielle« realisieren, einer Industriestadt mit einzelnen Wohnvierteln, in denen jeweils höchstens 35 000 Menschen wohnen.

Wohnen, Arbeiten, Erholung, Bildung und Verkehr sollen klar getrennt werden. Jedes Wohnviertel ist längs einer Hauptstraße und der sie begleitenden Parallelstraßen in gleich große Parzellen eingeteilt; diese dürfen nur zur Hälfte überbaut werden, so daß zusammenhängende Grünflächen (Erholung) mit Fußwegen zwischen den Fahrwegen zur Verfügung stehen.

Zu den Wegbereitern des Neuen Bauens in Finnland zählt Eliel Saarinen mit seinem wegweisenden Entwurf für das Bahnhofsgebäude in Helsingfors (Helsinki).

Unter dem Einfluß des niederländischen Architekten Hendrik Petrus Berlage gruppiert er die funktional projektierten Raumvolumina zu einem monumentalen Ganzen. Ergebnis ist ein Zweckbau, der zu den bedeutendsten Beispielen dieser Art vor dem Ersten Weltkrieg gilt.

Gleichfalls zu den Wegbereitern moderner Architektur zählt der US-Amerikaner Frank Lloyd Wright, der in Europa weitaus mehr Beachtung findet als in seiner Heimat. Wright begründet mit seinen Stahlbetonbauten kubischer Geschlossenheit, seinen horizontal betonten Flachbauten, seinen Kreuz-, L- und T-förmigen Grundrissen mit freiem Raumfluß eine »organische« Architektur. Ihre Kennzeichen sind die systematische Entwicklung des Bauwerks von innen nach außen, das Ineinanderfließen der Innenräume, die Verbundenheit von Form und Funktion sowie der Konstruktion und der Baumaterialien mit der umgebenden Natur.

Das Warenhaus Gerngross der Architekten Fellner & Helmer in der Mariahilferstraße in Wien ist im Jugendstil erbaut.

Das Stadttheater in Nürnberg von Heinrich Seeling ist ein Beispiel für die bürgerlichen Repräsentationsbauten, wie sie in den stark gewachsenen Städten des Deutschen Reiches entstehen (→ 1. 4./S. 82). Der Kuppelbau mit großzügiger Innen- und Bühnenausstattung wird am 1. November eröffnet.

Ausgiebige Verwendung von naturbelassenem Holz und rohbehauenem Stein kennzeichnet die Villen, die der finnische Architekt Eliel Saarinen in der Umgebung von Helsingfors (Helsinki) errichtet.

Entwurf einer Villa des französischen Architekten Henry Provensal. Die »Illustrirte Zeitung« kommentiert Provensals Stil als Architektur, »die den Charakter eines natürlichen Gewächses hat.«

Die Hiram Baldwin Residence in Kenilworth ist einem Herrenhaus nachempfunden.

Holz ist das dominierende Material der Mary M. W. Adams Residence, Highland Park.

Die Harvey P. Sutton Residence ist Wrights einziges Werk im US-Bundesstaat Nebraska.

Die Charles E. Brown Residence in Evanston legt Wright in Ost-West-Richtung an.

Wrights Häuser

Der US-Amerikaner Frank Lloyd Wright zählt zu den Wegbereitern der klassischen Moderne. Der zunächst in Europa mehr beachtete Architekt ist der Begründer der »organischen« Architektur. Die Baumaterialien sollen der Umgebung des Hauses entlehnt sein. Umgebung und Haus sollen ineinander übergehen. Die gleichen »fließenden Räume« soll es im Inneren des Hauses geben. Bei seinen Entwürfen bevorzugt Wright Kreuz-, L- und T-förmige Grundrisse. Dies verwirklicht er nicht nur bei öffentlichen Bauten, sondern auch bei Privathäusern.

Frauenbewegung weltweit aktiv – aber kaum Erfolge

13. 8., Kristiania/Oslo. Der norwegische Frauenstimmrechtsverein sammelt 250 000 Unterschriften anläßlich der Volksabstimmung über die Auflösung der Union zwischen Norwegen und Schweden (→ 7. 6./ S. 108): Alle Frauen sprechen sich dafür aus. Dieses Ergebnis ist gleichzeitig ein Votum für die Einführung des allgemeinen Wahlrechts auf Reichsebene. Während die Männer an der Volksabstimmung teilnehmen durften, sind die Frauen ausgeschlossen. Die Unterschriftenaktion soll zugleich die These widerlegen, daß Frauen an Politik nicht interessiert sind.

Lediglich in Norwegen (seit 1901) und in Dänemark (seit 1903) gibt es ein eingeschränktes Frauenwahlrecht. In allen anderen Staaten haben Frauen keinerlei politisches Stimmrecht.

Am lautesten und radikalsten wird der Ruf nach Einführung des Frauenstimmrechts in Großbritannien erhoben. Die Frauen, die dort für die politische Gleichberechtigung von Mann und Frau eintreten, nennen sich »Suffragetten« (lateinisch: suffragium = Stimmrecht). Ihre Hauptorganisationen sind die 1897 gegründete »National Union of Women's Suffrage Societies« und die 1903 von Emmeline und Christabel Pankhurst gegründete »Women's Social and Political Union« (WSPU). Beide haben mit traditionellen Agitationsformen nichts erreicht. Die WSPU zieht daraus den Schluß, daß sich die Frauenbewegung militanter Aktionen bedienen müsse, damit ihre Forderungen auch beachtet und schließlich erfüllt würden.

Im Deutschen Reich kämpft der 1902 von Anita Augspurg und Gustava Heymann gegründete Deutsche Verband für Frauenstimmrecht für die Gleichberechtigung. Dabei geht es vorerst weniger um das Frauenstimmrecht – ein derzeit utopisch anmutendes Ziel – als um eine Revision des preußischen Vereinsgesetzes: Dieses Gesetz verbietet Vereinen, »Frauenspersonen, Schüler und Lehrlinge« aufzunehmen; Frauen dürfen auch nicht an Sitzungen und Versammlungen politischer Vereine teilnehmen.

In den USA tritt die 1890 gegründete »National American Woman Suffrage Association« für das Frauenwahlrecht ein. Die Frauenbewegung in den USA gilt – anders als in Deutschland – als moralisch zweifelhaft: 1871 hatte sich die Frauenrechtlerin Victoria Woodhull für »freie Liebe« ausgesprochen; als sie von Presse und Kirche angegriffen wurde, behauptete sie, auch der bekannte Prediger Henry Ward Beecher habe mit der verheirateten Frauenrechtlerin Elizabeth Tilton eben diese »freie Liebe« praktiziert. Von diesem Skandal hat sich die Frauenbewegung in den Vereinigten Staaten noch nicht erholt.

△ *Demonstration von Frauenrechtlerinnen in London für eine Veranstaltung zum Frauenstimmrecht in der Albert Hall. »Suffragetten« verteilen Flugblätter, in denen die Forderung »Stimmrecht für Frauen« begründet wird. Im Oktober greifen zwei militante Suffragetten den Politiker Edward Grey auf einer Wahlkampfveranstaltung an – ein Beispiel, das Schule macht.*

◁ *Karikatur zur Frauenbewegung: Während die Männer Wäsche waschen, gehen die Frauen »männlichen« Vergnügungen nach.*

Siegreicher Kampf gegen die Cholera

Noch auf der Weichsel verbrennen Ordnungskräfte Hausrat und Kleidung der Flößer, um die Ausbreitung der Cholera zu verhindern.

23. 8., Bromberg. Im Regierungsbezirk Bromberg (heute Bydgoszcz in Polen) in der preußischen Provinz Posen an der Weichsel treten Fälle von Cholera auf. Auch in Graudenz (Grudziadz), weiter nördlich an der Weichsel gelegen, sterben Menschen an der epidemisch auftretenden Darmkrankheit, die von russischen Flößern in das Deutsche Reich eingeschleppt wird. Anders als noch vor zehn Jahren reagiert die Bevölkerung nicht mit Panik, weil die Behörden Vorsorge getroffen haben. Besonders hart betroffen war im Deutschen Reich 1892 Hamburg. Dort starben innerhalb von acht Wochen etwa 6000 Menschen.

Die Cholera ist in Südostasien am Unterlauf des Ganges beheimatet. Seit 1831 hat sie sich in großen Seuchenzügen immer wieder über weite Teile der Erde ausgebreitet. Australien ist bisher verschont geblieben. 1902 war die Seuche auf ihrem sechsten Zug um die Welt in Ägypten aufgetreten, 1903 erfaßte sie Syrien und Palästina sowie Kleinasien und das Schwarze Meer, 1904 drang sie an die untere Wolga vor, um die Jahreswende 1904/05 wurden choleraverdächtige Erkrankungen in Kiew beobachtet.

Der Choleraeinfall in Deutschland im August 1905 kommt daher nicht unerwartet. Robert Koch, der 1883 den Erreger der Cholera entdeckte, hat einen Plan ausgearbeitet, nach dem die Behandlung der Erkrankten erfolgt und Vorbeugemaßnahmen getroffen werden: An den großen Flüssen werden »Stromüberwachungsstellen« eingerichtet, in denen jeder Schiffer und jeder Flößer täglich mindestens einmal ärztlich untersucht wird; gleichzeitig werden die Flöße desinfiziert. Die Schiffer und Flößer dürfen zudem nur an bestimmten Stellen das Ufer betreten; dort erhalten sie Nahrung und Getränke. In Plehnendorf und Brahemünde werden die russischen Flößer dann gesammelt und abgeschoben: In plombierten Spezialwaggons werden sie an die russische Grenze gefahren. Den Überwachungsstellen angeschlossen sind Lazarette, in denen erkrankte und »ansteckungsverdächtige« Russen und Deutsche isoliert, beobachtet und ärztlich betreut werden. Vom 23. August bis Anfang Oktober werden in mehr als 100 preußischen Orten Cholerafälle gemeldet. Dank der behördlichen Maßnahmen sind jedoch nur 90 Todesfälle zu beklagen.

Sonnenfinsternis lockt Zehntausende

30. 8., Tunis. Schaulustige beobachten rund um das Mittelmeer das seltene Schauspiel einer totalen Sonnenfinsternis. In Tunis, Algier und im spanischen Burgos geht ihre Zahl in die Zehntausende. Diese Orte liegen wie die Balearen und Ägypten in der sog. Totalitätszone. Dort kann besonders gut beobachtet werden, wie der Mon sich vor die Sonne schiebt. Im übrigen Mitteleuropa kann die Sonnenfinsternis ebenfalls beobachtet werden; lediglich in London verhindern Wolken das Fotografieren.

Aufnahmen der Sonnenfinsternis, wie sie auf dem europäischen Festland in Paris (zwei Fotos im Abstand von vier Minuten), in Belfast und Falmouth (alle oben v. l.) sowie in der Totalitätszone im spanischen Burgos (unten Mitte) mit dem bloßen Auge zu beobachten ist.

Ausbreitung auf infizierten Flüssen

Chronik Zeitzeuge

Der Hygieniker Wilhelm Kolle, einer der führenden Forscher auf dem Gebiet der experimentellen und Chemotherapie und einer der Vorkämpfer für eine generelle Cholera-Schutzimpfung, beschreibt in der Zeitschrift »Die Woche« (Nr. 44/1905) die Einfallswege der Cholera in das Deutsche Reich:

»Das Haupteinfalltor der Cholera in Preußen ... ist stets die Weichsel mit den zugehörigen Flüssen und Kanälen gewesen ... Die zahllosen Traften (dies ist im Osten der gebräuchliche Ausdruck für Floß), die aus Galizien und Russisch-Polen gewaltige Holzmassen dem Weichsel-, Netze- und Warthegebiet zuführen, bringen wertvolles Material ins Land, aber auch die ›Flissaken‹. Diese harmlosen und gutmütigen Gesellen, in rauher Kleidung und ärmlichen Strohhütten auf den Flößen lebend, bilden den größten Teil der Strombevölkerung. Sobald erst einmal Cholera unter den russischen Flößern vorgekommen ist, pflegt sie sich, wenn keine Gegenmaßnahmen unternommen werden, rasch auszubreiten. Durch die Entleerungen der cholerakranken Flößer wird eine Verseuchung des Flusses herbeigeführt, namentlich an den Liegestellen der Flöße. Infolge des Verkehrs, den die Flößer mit dem Land unterhalten, griff früher die Seuche auf die zunächst an der Weichsel gelegenen Ortschaften über. Auch die inländischen Flößer wurden, meist durch Genuß infizierten Weichselwassers, bald infiziert. Die Hauptgefahr für die Provinz Westpreußen und von da aus für die Monarchie bildeten früher die Flößer, wenn sie nach Ablieferung der Traften in Danzig nun über Land nach Russisch-Polen oder Galizien zurückkehrten. Von den ›Flößerstraßen‹, die bekannt waren, breitete sich die Cholera über das Land epidemisch aus ... So würde sich auch jetzt die Cholera wieder verhalten haben, wenn wir nicht ... als Bestandteil des [Robert] Kochschen Bekämpfungsplans das umfassende Überwachungssystem besäßen.«

Zug-Katastrophe in Spremberg

7. 8., Spremberg. Auf der eingleisigen Strecke Cottbus–Görlitz bei Spremberg stoßen zwei Schnellzüge zusammen. 15 Menschen kommen ums Leben, mehr als 50 werden schwer verletzt.

Die Hilfsmaßnahmen kommen nur schwer in Gang, weil sich die Dienststellen Cottbus, Spremberg und Görlitz nicht über ihre Kompetenzen einigen können. Der Görlitzer Sanitätszug wird nicht eingesetzt, da der Vorstand der Eisenbahninspektion auf dem Standpunkt beharrt, dafür sei Halle an der Saale zuständig; all dies sei »reglementarisch« geordnet.

Das Aufsehen in der Öffentlichkeit ist nach dem Unglück um so größer, als Reisende I. und II. Klasse betroffen sind: Grafen, hohe Militärs, Justizräte – »eine Verlustliste wie nach einer Schlacht«, kommentiert die Presse.

Ursache des »Blutbads von Spremberg« – so eine Zeitungsüberschrift – ist menschliches Versagen. Der preußische Arbeitsminister Hermann von Budde teilt am 6. Dezember mit, zu der Tragödie sei es gekommen, weil »zufällig« sieben Beamte im gleichen Moment ihre »Schuldigkeit nicht getan« hätten. Am 23. Dezember verurteilt das Landgericht in Cottbus einen Stationsassistenten als Hauptschuldigen zu einem Jahr und vier Monaten Gefängnis.

Die Strecke Cottbus–Görlitz galt wegen ihrer hohen Auslastung als besonders gefährdet. Den Bau eines zweiten Gleises lehnte das Eisenbahnministerium jedoch ab. Eingleisige Strecken werden nur dann in zweigleisige umgewandelt, wenn sich dadurch die Leistungsfähigkeit verbessert. Von einem zweiten Gleis versprach sich das Ministerium aber keine Erhöhung des Verkehrsaufkommens.

Das Unglück von Spremberg ist nur eines von zahlreichen Eisenbahnunglücken im Deutschen Reich im Jahr 1905. Es offenbart allerdings wesentliche, bei allen Unfällen gleiche, Ursachen: übertriebene Sparsamkeit, Bürokratie, Schlamperei. An den Sicherheitsbestimmungen ändert sich nach den Unfällen nichts. Arbeitsminister von Budde wird in Zeitungen als »Minister für Eisenbahnunfälle« karikiert.

Trümmer und zerborstene Maschinenteile, die das Zugunglück bei Spremberg in der Lausitz hinterläßt, locken viele Schaulustige an. Bei dem folgenden Prozeß wird ein untergeordneter Beamter, dem die Hauptschuld an der Katastrophe gegeben wird, zum Sündenbock für eine Verkehrspolitik, die vor den Gefahren des Eisenbahnverkehrs die Augen schließt.

Zugunglück in Sonderburg am 24. Januar. Als der Zug von Flensburg kurz nach 23 Uhr in den Bahnhof von Sonderburg einfährt, versagen die Bremsen. Der Prellbock wird überfahren, Zugmaschine und Tender stürzen eine 5 m hohe Böschung hinunter. Der Lokomotivführer erliegt seinen Verletzungen. Passagiere kommen nicht zu Schaden. Die große Zahl der Unglücke zerstört das Vertrauen in das »moderne« Verkehrsmittel jedoch nicht.

Am Nachmittag des 5. Dezember stürzt am Londoner Bahnhof Charing Cross ein Teil des von eisernen Schwibbogen getragenen Glasdachs der Bahnhofshalle ein und begräbt Menschen und Wagen unter seinen Trümmern. Zum Zeitpunkt des Unglücks befinden sich vier Personenzüge in der Halle; Arbeiter sind gerade mit Instandsetzungsarbeiten am Hallendach beschäftigt. Die Zahl der Opfer beim Einsturz des Hallendachs von Charing Cross ist mit sieben Toten und 23 Verletzten »erstaunlich gering«, wie die französische Zeitschrift »L'Illustration« bemerkt. Sieben Tage lang kann der Bahnhof nicht benutzt werden. Da der Bahnhof an einer der Hauptverbindungen der Londoner City zu den Vorstädten liegt, kommt es für die Pendler zu Behinderungen. Auch das dem Bahnhof benachbarte Avenue Theatre wird beschädigt.

Neben der großen Zahl eingleisiger Strecken ist es vor allem die veraltete Technik in den Stellwerken, die zu Unfällen führt.

Im Juni stoßen in der Bahnstation von Durlach (Baden) zwei Züge zusammen. Durlach war bereits 1870 Schauplatz eines Eisenbahnunglücks.

Am 2. Oktober um 7 Uhr morgens stürzt der Hauptbogen der im Bau befindlichen Neckar-Eisenbahnbrükke in Heidelberg ein. Mit dem Bau der Brücke soll für die Nebenstrekke Mannheim – Heidelberg – Weinheim die Überquerung des Neckars ermöglicht werden. Dieses Vorhaben wird nun erheblich verzögert.

Erstmals im Wasser: Die »Kaiserin Auguste Viktoria« unter wehenden preußischen Flaggen

Größtes deutsches Passagierschiff

29. 8., Stettin. Kaiser Wilhelm II. und Kaiserin Auguste Viktoria wohnen auf der Vulkanwerft in Stettin dem Stapellauf des neuen Passagierdampfers »Kaiserin Auguste Viktoria« bei, der für die Hamburg-Amerika-Linie erbaut wurde. Anwesend sind auch britische Marineoffiziere.

Der Luxusliner, der mit dem höchsten Komfort ausgestattet ist, hat eine Wasserverdrängung von 42 500 Bruttoregistertonnen (BRT) und bietet Platz für mehr als 4000 Passagiere. Die Höchstgeschwindigkeit beträgt 23,6 Knoten. Wie alle bisher gebauten Nordatlantik-Schnelldampfer wird auch die »Kaiserin Auguste Viktoria« von Kolbenmaschinen angetrieben.

Die »Kaiserin Auguste Victoria« der Hamburg-Amerika-Linie soll das Flaggschiff der deutschen Handelsmarine werden (Zeichnung von Willy Stöwer).

Dampfer werden immer schneller

Chronik Rückblick

Die rasante Entwicklung im zivilen Schiffbau der letzten Jahrzehnte ist die Folge der erbitterten Konkurrenz der großen Schiffahrtsgesellschaften. Diese werden meist von den Regierungen subventioniert, so daß das Prädikat »schnellstes Schiff der Welt« jetzt Prestigefrage ist.

Die ersten Passagierschiffe in größerer Zahl mit Geschwindigkeiten von 16 bis 18 Knoten führte ab 1880 der Norddeutsche Lloyd ein. Der erste Schnelldampfer war die 1880 erbaute »Elbe«, 1881 folgten »Servia« und »City of Rome« der britischen Cunard-Linie, 1883 »Werra« und »Fulda« des Norddeutschen Lloyd. 1904 stellte der Dampfer »Kaiser Wilhelm II.« des Norddeutschen Lloyd mit 23,6 Knoten einen neuen Rekord auf; er besaß die bis dahin größten Kolbendampfmaschinen der Welt (zwei Achtzylinder-Vierfachexpansionsmotoren mit je 22 500 PS). Die britische Cunard-Linie will die deutsche Vorherrschaft nun brechen und baut erstmals einen Passagierdampfer mit Turbinenantrieb; die »Lusitania« wird 1906 vom Stapel laufen.

City-Sightseeing im »Riesenautomobil«

Offene Groß-Automobile mit Sitzmöglichkeit für nicht selten mehr als 20 Personen sind im heißen Sommer 1905 die Renner, wenn Touristen in Großstädten Rundfahrten unternehmen. Dies gilt für New York ebenso wie für Paris, Wien oder Berlin – sehr zum Leidwesen der Pferdekutscher, die bedeutende Einnahmeverluste hinnehmen müssen.

Nicht immer sitzen die Passagiere auf gleicher Höhe. Die nobleren Fahrzeuge weisen eine nach hinten ansteigende Sitzordnung wie in einem Theater bzw. wie in der Oper auf, so daß die hinten Sitzenden die Sehenswürdigkeiten der Metropolen ebenso betrachten können wie ihre Vorderleute (→ 3. 11./S. 196).

Das »Riesenautomobil« wird in New York zu Stadtrundfahrten benutzt.

Ballon steigt bis auf 25 800 m Höhe

3. 8., Straßburg. Dem Oberrheinischen Verein für Luftschiffahrt in Straßburg gelingt es, einen unbemannten Registrierballon bis in 25 800 m Höhe aufsteigen zu lassen. Die Fortschritte in der Ballontechnik ermöglichen den Physikern die Erforschung der höheren Luftschichten bis hinauf in die Stratosphäre. So mißt der Registrierballon in 15 500 m Höhe eine Temperatur von –63 °C, in 25 800 m aber nur –40 °C. Für die Auswertung der Ergebnisse sind die Forscher auf den Zufall angewiesen, daß der geplatzte Ballon nach seinem Niedergang gefunden und die Instrumente nicht von arglosen Spaziergängern zerstört werden.

Stundenweltrekord des kleinen Bretonen

24. 8., Paris. Lucien Petit-Breton (eigentl. Lucien Mazan) ist der zweite Bahnradfahrer, der es schafft, in einer Stunde über 40 km/h zurückzulegen. Er verbessert den Stundenweltrekord des US-Amerikaners W. W. Hamilton (40,781 km) auf 41,110 km.

Als er auf die Piste ging, wollte Petit-Breton eigentlich nur eine neue Bestmarke über 10 km aufstellen. Nachdem er dies leicht erreicht hat, will der Franzose mehr: Mit großer Präzision legt er Runde um Runde in knapp unter 26 sec zurück; nach einer Stunde hat er den schon sieben Jahre alten Rekord Hamiltons knapp überboten.

Stundenweltrekorde 1893–1914

Fahrer	*Datum*	*km/h*
Henri Desgrange (F)	11. 5. 1893	35,325
Jules Dubois (F)	31. 10. 1984	38,220
M. van den Eynde (B)	30. 7. 1897	39,240
W. W. Hamilton (USA)	9. 7. 1898	40,781
Lucien Petit-Breton (F)	24. 8. 1905	41,110
Marcel Berthet (F)	20. 6. 1907	41,520
Oscar Egg (CH)	22. 8. 1912	42,360
Marcel Berthet (F)	20. 9. 1913	43,775
Oscar Egg (CH)	18. 6. 1914	44,247

Der Radsport gehört zu den in ganz Europa am meisten boomenden, weil populärsten Sportarten. Hochbezahlte Berufsfahrer sind insbesondere bei den Flieger- und Steherrennen tätig. Deren Reiz liegt für die Zuschauer nicht zuletzt in dem Risiko der immer höheren Geschwindigkeiten und den damit verbundenen Kollisionen.

Petit-Breton auf seinem Rennrad; die technische Entwicklung der Fahrräder ist mit der Einführung der Freilaufnabe (1900) vorerst abgeschlossen.

Schnell und hoch heißt die Devise

6. 8., Berlin. Mit 10,8 sec stellt John Vincent Duncker in Berlin den Weltrekord im 100-m-Lauf ein.

Der gebürtige Südafrikaner, der in Deutschland lebt und für den BC Mittweida bzw. den Dresdner SC startet, ist der letzte Läufer der »10,8-Ära« auf der kurzen Sprintdistanz. Ein Jahr später schafft es der Schwede Knut Lindberg, die Bestmarke um zwei Zehntelsekunden zu verbessern. Die 10,6 sec haben bis 1911 Bestand.

Einen Weltrekord verzeichnet die Leichtathletik 1905 auch in ihrer technisch schwierigsten Disziplin, dem Stabhochsprung. Der Franzose Fernand Gonder überspringt in Bordeaux 3,74 m; 5 cm mehr, als er selbst und der US-Amerikaner Norman Dole im Vorjahr bewältigten.

Im Stabhochsprung verwenden die Sportler seit etwa der Jahrhundertwende Bambus- statt der vorher üblichen Holzstäbe aus Esche oder Nußbaum. Die Springstile sind unterschiedlich: Während z. B. Gonder den Stab relativ weit oben greift und sich seitwärts über die Latte katapultiert, bevorzugen die Amerikaner einen Bewegungsablauf, bei dem sie den Stab weit unten fassen, sich in der Luft drehen und mit den Beinen zuerst die Latte überqueren. Dieser Stil setzt sich durch. So sind es auch die US-Amerikaner, die den Stabhochsprung – mit Ausnahmen wie Gonder – eindeutig dominieren.

Herkomer-Fahrt: Vorbild aller Rallyes

11. 8., München. Die Gordon-Bennett-Rennen für hochgezüchtete Automobile (→ 5. 7./S. 133) haben Konkurrenz bekommen: Auf der siebentägigen Herkomer-Fahrt geht es nicht nur um Geschwindigkeit, sondern vor allem um Zuverlässigkeit.

102 Teilnehmer haben gemeldet, unter ihnen Prinz Heinrich von Preußen, der sich am Steuer eines 40-PS-Benz versucht. Am Start sind auch viele Werkswagen, denn die Firmen versprechen sich eine hohe Werbewirkung von der Wettfahrt. Schließlich verlangt das Reglement, daß die Wagen alltagstauglich sein sollen. So heißt es in der Ausschreibung: »Jeder Wagen muß mindestens vier bequeme Sitze mit Rückenlehnen, eine Motorhaube, Kotflügel ... besitzen.«

Sieger Ladenburg (l.) mit Herkomer

Die eigentliche Tourenfahrt, die als dritter Teil des Wettbewerbs neben einer ästhetischen Beurteilung der Modelle und einer Schnelligkeitsprüfung steht, führt über einen 937 km langen Rundkurs. Der Sieger – es ist Edgar Ladenburg auf einem Mercedes – bekommt neben einem Pokal ein etwas ungewöhnliches Geschenk: Der Stifter der Veranstaltung, der berühmte Porträtkünstler Hubert von Herkomer, malt ihn in Öl.

Das Konzept bewährt sich: 1906 und 1907 finden wieder Herkomer-Fahrten statt, anschließend werden diese ersten Rallyes in »Prinz-Heinrich-Fahrt« umgetauft.

Sieg im Großen Preis dank Flaggenstart

26. 8., Iffezheim. Französischer Sieg beim Großen Preis von Baden-Baden, dem Höhepunkt der Galopp-Rennwoche in Iffezheim: Auf der 2400-m-Bahn geht Gouvernant unter Jockey G. Stern als Erster durchs Ziel und bringt dem Züchter und Eigentümer des Pferdes, Edmond Blanc, den Preis in Höhe von 100 000 Franc. Gouvernant profitiert entscheidend davon, daß beim »Großen Preis« per Flagge und nicht mit Hilfe einer Startmaschine, die das Pferd verabscheut, gestartet wird. So macht es den französischen Triumph der Rennwoche komplett, denn den größten Teil der Veranstaltungen gewannen Tiere aus französischer Zucht.

Ludwig Thoma (1867) stellt in »Lausbubengeschichten« Schüler einer stupiden Obrigkeit gegenüber.*

Im »Stundenbuch« macht Rainer Maria Rilke (1875) Gott zur Chiffre für menschliches Streben.*

Romain Rolland (1866) veröffentlicht die ersten der 10 Bände von »Johann Christof«.*

August Strindbergs (1849) Stück »Totentanz« erlebt in Köln an zwei Abenden seine Uraufführung.*

Literatur 1905:

Schriftsteller klagen soziale und politische Wirklichkeit an

Chronik Übersicht

Bei den herausragenden literarischen Neuerscheinungen des Jahres 1905 ist eine deutliche Tendenz zur Kritik der politischen und sozialen Verhältnisse zu verzeichnen. Demgegenüber treten rein »literarische« Strömungen – Symbolismus, Impressionismus, Dekadenz, Jugendstil u. a. – weitgehend in den Hintergrund.

Der Franzose Romain Rolland (Literaturnobelpreisträger 1915) schildert in dem Roman »Johann Christof«, der als sein Hauptwerk gilt, »die Tragödie einer Generation«. Gemeint ist die deutsch-französische »Erbfeindschaft«, zu deren Überwindung Rolland aufruft. Auch der französische Nationalist Charles Péguy beklagt in dem aufsehenerregenden Essay »Unser Vaterland«, daß angesichts der Marokkokrise ein neuer deutsch-französischer Krieg unausweichlich geworden sei. Während Rolland zu völkerverbindender Brüderlichkeit aufruft, predigt Péguy eine geistige Rüstung Frankreichs durch katholisch-religiös verklärten Patriotismus.

Heinrich Mann vollzieht mit dem Roman »Professor Unrat« den Übergang vom Dekadenz- zum politischen Schriftsteller. Der Roman ist mit seiner episodenhaften Struktur eine satirische Charakter- und Gesellschaftsstudie des Wilhelminismus. In der Figur der heruntergekommenen, aber zu Liebe und Mitleid fähigen Halbweltdame Rosa Fröhlich verkörpert Mann zum ersten Mal – wenn auch in ironischer Brechung – seine Vorstellung von Demokratie.

Eine umfassende Auseinandersetzung mit der Gegenwart gelingt Rainer Maria Rilke in seinem »Stundenbuch«. Er schildert die Verkrüppelung, Existenzunsicherheit und Isoliertheit des Menschen in einer Epoche, in der das Geld »der zeitgemäße Herr der Welt« ist und in der alles nur dem »Sinn des Habens« unterworfen ist. Anders als Stefan George erwartet Rilke eine Erneuerung nicht durch Eliten, sondern er richtet seine romantisch-antizivilisatorische Hoffnung auf ein Leben in Einfachheit: »Denn Armut ist ein großer Glanz von innen.«

Verhaftet (v. l.): Skitaletz, Leonid N. Andrejew, der Opernsänger Fjodor I. Schaljapin, Maxim Gorki, Iwan A. Bunin (Literaturnobelpreis 1933)

Russische Dichter als »Politische«

Obwohl Literaten keine führende Rolle bei den revolutionären Unruhen spielen, findet seit dem Petersburger »Blutsonntag« (→ 22.1./S.16) eine Verhaftungswelle unter ihnen statt. Ihre »Verbrechen« bestehen darin, die zaristische Autokratie kritisiert und sich für demokratische Rechte eingesetzt zu haben.

Zu den prominentesten Verhafteten zählt neben Maxim Gorki (→ S. 20) Leonid N. Andrejew, der in seinen Erzählungen realistisch und detailscharf, aber auch unter Verwendung von Darstellungsformen des Symbolismus und Expressionismus, die erbärmliche soziale Wirklichkeit der kleinen Leute, das Elend der Armen und die Hoffnungslosigkeit des Lebens im zaristischen Rußland beschreibt.

Andrejews neueste Erzählung, »Das rote Lachen«, schildert den Wahnsinn des Krieges am Beispiel eines Offiziers, der als Krüppel aus dem Russisch-Japanischen Krieg heimkehrt.

Hugo von Hofmannsthal (* 1874) veröffentlicht »Das Märchen der 672. Nacht« u. a. Erzählungen.

Die Gedichtsammlung »Galgenlieder« von Christian Morgenstern (* 1871) enthält lyrische Grotesken.

Charles Péguy (* 1873) predigt in »Unser Vaterland« einen religiös verklärten Nationalismus.

Jack London (* 1876) läßt in dem Roman »Wolfsblut« einen Wolfshund zum Helfer des Menschen werden.

Heinrich Mann (1871), der um vier Jahre ältere Bruder von Thomas Mann, veröffentlicht mit dem Roman »Professor Unrat« eines seiner Hauptwerke. Bis zum folgenden Jahr sind mehr als 3000 Exemplare des Buches verkauft. Männliche Hauptfigur ist der Gymnasialprofessor Raat, der sich der erotischen Ausstrahlung der Halbweltdame Rosa Fröhlich nicht entziehen kann und als Dieb endet. Zum Welterfolg wird der Stoff 1930, als er mit dem Titel »Der blaue Engel« unter der Regie Josef von Sternbergs mit Marlene Dietrich und Emil Jannings in den Hauptrollen verfilmt wird. Für Marlene Dietrich beginnt damit eine Weltkarriere.*

Die kunstvoll verschlungene Titelvignette zu Ricarda Huchs (* 1864) Erzählband »Seifenblasen« entwarf Bernhard Pankok.

Der Trivialroman »Hilligenlei« von Gustav Frenssen (* 1863) ist mit 120 000 Exemplaren das meistverkaufte deutsche Buch des Jahres.

Marcus Behmer gestaltet den Umschlag für die deutschsprachige Ausgabe der »Exzentrischen Novellen« des Dänen Herman Bang (* 1857).

Werke des österreichischen Dialektdichters Franz Stelzhamer (1802–1874) werden auch 31 Jahre nach seinem Tod neu aufgelegt.

September 1905

Mo	Di	Mi	Do	Fr	Sa	So
				1	2	3
4	5	6	7	8	9	10
11	12	13	14	15	16	17
18	19	20	21	22	23	24
25	26	27	28	29	30	

1. September, Freitag

In Peking wird ein kaiserliches Edikt erlassen, das den weiteren Boykott US-amerikanischer Waren unterbinden soll. → S. 165

Zar Nikolaus II. legt in einem Telegramm an seine Generäle dar, warum er sich für den Frieden von Portsmouth ausgesprochen habe. → S. 163

Nach einer Meldung der Petersburger Telegraphenagentur soll Rußland ein verantwortliches Ministerium erhalten (→ 30. 10./S. 176). Den Posten des Ministerpräsidenten soll Sergei J. Graf Witte übernehmen, der russische Verhandlungsleiter bei den Friedensverhandlungen mit Japan in Portsmouth.

Das Nürnberger Opernhaus wird mit dem lokalen Festspiel »Im neuen Hause« sowie der Festwiesenszene aus Richard Wagners Oper »Die Meistersinger von Nürnberg« eröffnet.

2. September, Samstag

Bei blutigen Zusammenstößen zwischen Armeniern und Tataren in Baku sterben mehr als 1000 Menschen. Die Straßenkämpfe dehnen sich auf das Naphtagebiet aus. Viele Bohrtürme und Gruben werden dabei zerstört (→ 19. 6./S. 104).

Der persische Schah Mosaffar Od Din trifft zu einem Besuch von Zar Nikolaus II. in Petersburg ein. Der Schah erhofft sich Unterstützung beim Kampf gegen die Unruhen, die unter dem Eindruck der Revolution in Rußland auch in Persien ausgebrochen sind (→ 19. 6./S. 104).

Die Zeitung »Stockholm Dagblad« erklärt zu Nachrichten der ausländischen Presse, König Oscar II. lehne die Kandidatur eines schwedischen Prinzen für die norwegische Krone ab (→ 7. 6./S. 108; 12. 11./S. 192).

Die Hamburger Polizeibehörde untersagt wegen Choleragefahr die Beförderung russischer Auswanderer in die Vereinigten Staaten über die Hansestadt (→ 23. 8./S. 151).

Ein Brand vernichtet in der osmanischen Stadt Adrianopel (Edirne) 1350 Häuser, 300 Geschäfte, 13 Schulen, sechs Kirchen, eine Synagoge und ein Tekje (Kloster für Derwische und Asketen). Zahlreiche Menschen kommen ums Leben.

3. September, Sonntag

Osmanische Truppen erobern Sana, die Hauptstadt des Jemen. Damit ist der Unabhängigkeitskrieg, den der jemenitische Imam Jahja Ad Din seit 1904 gegen die Pforte führt, beendet (→ 4. 5./S. 93).

Aus Daressalam, der Hauptstadt von Deutsch-Ostafrika, wird die Ermordung zahlreicher weißer Siedler am Ruaha-Fluß durch aufständische Eingeborene gemeldet (→ S. 142).

In Barcelona sterben bei einem Bombenattentat separatistischer Extremisten drei Personen. Über 60 Menschen werden verletzt (→ 29. 11./S. 194).

4. September, Montag

In Hanley (Staffordshire) beginnt der bis zum 8. September dauernde Kongreß der britischen Trade Unions (Gewerkschaften). Die 485 Delegierten, die 1,5 Mio. Mitglieder vertreten, fordern die gesetzliche Einführung des Achtstundentags (→ 17. 4./S. 78).

5. September, Dienstag

In Portsmouth in den USA wird der Friedensvertrag zur Beendigung des Russisch-Japanischen Kriegs unterzeichnet. → S. 162

Der Verband der Handels- und Transportarbeiter protestiert gegen die »skandalöse« Praxis der Großen Berliner Straßenbahn, fast nur von bestimmten Stellenvermittlern empfohlene Personen einzustellen. Diese Vermittler erhalten pro Empfehlung 10 Mark von den Arbeitssuchenden. Ein Vermittler hatte zugegeben, daß ihm vielfach bis zu 100 Mark angeboten würden.

6. September, Mittwoch

Florian von Stablewski, der Erzbischof von Gnesen und Posen, spricht sich in einem Schreiben an die Geistlichkeit dafür aus, daß nur Seelsorger entscheiden sollten, in welcher Sprache sie Beicht- und Kommunionsunterricht erteilen. Damit reagiert er auf eine Verfügung der preußischen Regierung, wonach auch polnische Lehrer diesen Unterricht in deutscher Sprache zu erteilen haben (→ 9. 8./S. 146).

2000 Fleischer aus dem gesamten Deutschen Reich fordern auf einer Versammlung in Berlin die Öffnung der Grenzen für die Einfuhr ausländischen Schlachtviehs zur Behebung der Fleischnot (→ 29. 11./S. 195).

In Rorschach in der Schweiz werden während Unruhen bei einem Streik der Gießereiarbeiter Truppen eingesetzt. Nach Polizeiangaben wurden die Ausschreitungen von italienischen Anarchisten initiiert.

Der mit 70 Tonnen Dynamit beladene britische Dampfer »Chatan« gerät im Sueskanal in Brand. Die Schiffahrt muß vorübergehend eingestellt werden. Um eine Explosion zu vermeiden, wird der Dampfer versenkt.

7. September, Donnerstag

In Tokio wird nach gewaltsamen Ausschreitungen der Ausnahmezustand ausgerufen. → S. 163

Bei den Landtagswahlen im Fürstentum Schwarzburg-Rudolstadt erringen die Sozialdemokraten acht der 17 Sitze. Der Rest entfällt auf die bürgerlichen Parteien.

500 Offiziere, Unteroffiziere und Pioniere der preußischen Eisenbahnbrigade werden wegen Choleragefahr in Thorn unter Quarantäne gestellt. Das Manöver, zu dem sie am 4. September ausgerückt sind, wird abgebrochen (→ 23. 8./S. 151).

8. September, Freitag

Bei einem Erdbeben in Süditalien kommen mehr als 2000 Menschen ums Leben. → S. 169

Gustav Adolf Graf von Götzen, der Gouverneur von Deutsch-Ostafrika, gibt bekannt, daß sich neben anderen auch der Stamm der Wangoni dem Aufstand gegen die Kolonialmacht angeschlossen habe (→ S. 142).

An der osmanisch-serbischen Grenze kommt es nach illegalen Grenzüberschreitungen osmanischer Soldaten zu blutigen Gefechten zwischen den Grenztruppen beider Länder (→ 23. 11./S. 190).

In Dänemark tritt das Gesetz über die Einführung der Prügelstrafe in Kraft. Es war vom Parlament am 29. März wegen der Zunahme von Gewalttaten verabschiedet worden.

9. September, Samstag

Das Militär- und Marinegericht in Sewastopol verurteilt wegen Meuterei auf dem Panzerschiff »Georgi Pobedonoszew« drei Angeklagte zum Tode, 19 zu Zwangsarbeit und 33 zu Strafdienst in der Arrestantenkompanie. 20 werden freigesprochen (→ 27. 6./S. 105).

In der japanischen Hafenstadt Kobe auf der Insel Hondo stürzen nationalistische Demonstranten das Standbild des Fürsten Hirobumo Ito, des mächtigsten japanischen Politikers, von seinem Sockel. In Tokio werden die ausländischen Gesandtschaften von Militär gesichert, um Übergriffe von Demonstranten zu verhindern (→ 7. 9./S. 163).

10. September, Sonntag

Bei den Wahlen zu den Cortes, der spanischen Volksvertretung in Madrid, erhält die Regierung unter dem Liberalen Eugenio Montero Rios eine deutliche Mehrheit. Die Republikaner büßen Stimmen ein (→ 31. 5./S. 93).

Graf Vincenzo Florio stiftet die Coppa Florio für ein Automobilrennen. Das erste Rennen gewinnt der Italiener Raggio. → S. 169

Der norwegische Dampfer »Venezia« strandet vor Westjütland. Zwölf Menschen kommen ums Leben.

In Berlin-Steglitz wird eine neue Radrennbahn eröffnet.

11. September, Montag

In Warschau wird der Generalstreik proklamiert. Der Grund ist die Hinrichtung mehrerer wegen politischer Straftaten verurteilter Arbeiter (→ 19. 6./S. 104).

Während der Paradetafel des 8. Korps in Koblenz bemerkt der deutsche Kaiser Wilhelm II. in seinem Trinkspruch: »Die schönste Wehr, die der preußische Soldat tragen kann, ist das Kleid, in dem er seinem Gegner im Felde siegreich gegenübertritt.« Die Äußerung des Kaisers sorgt im In- und Ausland für Aufsehen (→ S. 58).

Bei einem Hochbahnunglück in New York werden zehn Menschen getötet und 40 verletzt.

12. September, Dienstag

In Peterhof verüben antizaristische Revolutionäre ein Bombenattentat auf Innenminister Alexandr G. Bulygin und den am 5. Juli abgelösten Kriegsminister Viktor V. Sacharow, als die beiden von einer Audienz bei Zar Nikolaus II. zurückkehren. Sacharow wird dabei schwer verletzt.

Der ungarische Ministerpräsident Géza Baron Fejérváry reicht den Rücktritt ein, da es seiner Regierung nicht gelungen ist, ein mehrheitsfähiges Kabinett zu bilden. Kaiser Franz Joseph I. nimmt die Demission an, die Minister bleiben jedoch provisorisch weiterhin im Amt (→ 21. 6./S. 107).

Auf dem japanischen Panzerflaggschiff »Mikasa«, einem der größten Kriegsschiffe der Welt, bricht in der Pulverkammer ein Brand aus. Nach einer Explosion sinkt das Schiff vor der japanischen Küste. Fast 600 Matrosen sterben.

Im Bottnischen Meerbusen bei der Insel Kaloscher explodiert der Dampfer. »John Crafton«. Die gesamte Besatzung kommt bei dem Unglück ums Leben. Den russischen Behörden zufolge hat der Dampfer, der ohne Nationalitätenflagge fuhr, Waffen für die Revolutionäre in Finnland transportiert (→ 4. 11./S. 193).

13. September, Mittwoch

In der japanischen Hafenstadt Jokohama stürmen nationalistische Demonstranten ein Lager russischer Kriegsgefangener. In Osaka und weiteren Garnisonsstädten meutern Soldaten. Sie rufen zum Sturz der Regierung auf (→ 7. 9./S. 163).

In Tiflis werden bei Zusammenstößen zwischen antizaristischen Demonstranten und dem Militär 27 Menschen von Kosaken getötet und 75 schwer verletzt (→ 19. 6./S. 104).

In der schwedischen und norwegischen Presse häufen sich Meldungen über Mobilisierungsmaßnahmen in beiden Ländern nach dem Ende der Union (→ 7. 6./S. 108; 12. 11./S. 192).

Im Krieg in Deutsch-Südwestafrika schlagen Truppen der Kolonialmacht die Hottentotten bei Haruchas. 60 Eingeborene kommen bei den Kämpfen ums Leben (→ 4. 1./S. 22).

Nr. 218.

Abonnements-Bedingungen:
Abonnements-Preis pränumerando: Vierteljährl. 3,30 Mk., monatl. 1,10 Mk., wöchentlich 28 Pfg. frei ins Haus. Einzelne Nummer 5 Pfg. Sonntagsnummer mit illustrierter Sonntags-Beilage „Die Neue Welt" 10 Pfg. Post-Abonnement: 1,10 Mark pro Monat. Eingetragen in die Post-Zeitungs-Preisliste. Unter Kreuzband für Deutschland und Oesterreich-Ungarn 2 Mark, für das übrige Ausland 3 Mark pro Monat.

Erscheint täglich außer Montags.

Vorwärts

Berliner Volksblatt.

Zentralorgan der sozialdemokratischen Partei Deutschlands.

22. Jahrg.

Die Insertions-Gebühr
beträgt für die sechsgespaltene Kolonelzeile oder deren Raum 40 Pfg., für politische und gewerkschaftliche Vereins- und Versammlungs-Anzeigen 25 Pfg. „Kleine Anzeigen", das erste (fettgedruckte) Wort 10 Pfg., jedes weitere Wort 5 Pfg. Worte über 15 Buchstaben zählen für zwei Worte. Inserate für die nächste Nummer müssen bis 5 Uhr nachmittags in der Expedition abgegeben werden. Die Expedition ist an Wochentagen bis 7 Uhr abends, an Sonn- und Festtagen bis 8 Uhr vormittags geöffnet.

Telegramm-Adresse: „Sozialdemokrat Berlin".

Redaktion: SW. 68, Lindenstrasse 69. Fernsprecher: Amt IV, Nr. 1983. | Sonntag, den 17. September 1905. | Expedition: SW. 68, Lindenstrasse 69. Fernsprecher: Amt IV, Nr. 1984.

Die Tagung der Partei.

Wir begrüßen die Erwählten der deutschen Sozialdemokratie, da sie sich zum Parteitag in Jena versammeln.

In keiner politischen Partei haben die Jahreskongresse entfernt eine so große Bedeutung wie in der Sozialdemokratie. Die einen unter den bürgerlichen Parteien verschließen sich völlig der Oeffentlichkeit, die anderen veranstalten umgekehrt eine laute Schaubühne, auf der Kirchenfürsten und Parteiführer die Menge theatralisch berauschen wie die Kirche im Weihrauchdunst ihre Gläubigen benebelt. Die Sozialdemokratie ist die Partei der absoluten Oeffentlichkeit, sie hat nichts zu verbergen, sie unterstellt sich der Kontrolle aller ihrer Anhänger im Lande, der Kontrolle der ganzen Nation. Daß sie dies tut, daß sie es tun darf und tun muß, ergibt sich aber aus ihrem Wesen als einzige Partei des Volkes, als einzige Partei, welche nicht einige Führer die blinde Menge gängeln läßt, sondern die Masse des Volkes selbst, jeden einzelnen Mann der Arbeiterklasse zur politischen Erkenntnis, zur politischen Selbsttätigkeit, zur demokratischen Mitentscheidung beruft. Das zu politischem Bewußtsein erweckte Volk erwählt die Delegierten des Parteitages und bringt durch ihre Vermittelung zum Ausdruck, was es über die Angelegenheiten der Nation politisch denkt und was es politisch will. Die ihrer Aufgaben und Ziele bewußte Arbeiterklasse nimmt auf den Parteitagen ihr Geschick in die eigene Hand; sie prüft, was die Partei in der verflossenen Zeit geleistet, und bestimmt die Richtung des Marsches für die kommenden Tage.

Zu überaus ernster Arbeit versammelt sich der Parteitag in Jena. Nicht heiter ist die wirtschaftliche und politische Situation unseres Landes. Schwere Kämpfe sind für die nächste Zukunft zu erwarten. Wirtschaftlich leidet das deutsche Volk unsäglich; die normale Not, die das kapitalistische Ausbeutungssystem über die Masse des Volkes verhängt, ist verschärft durch die Verteuerung der Lebensmittel, durch die wucherische Steigerung der Preise für Fleischnahrung, und es muß damit gerechnet werden, daß das Inkrafttreten des neuen Zolltarifs und der neuen Verträge gegen den Handel diese Not noch weiter verschlimmert. Und je mehr und je zorniger die arbeitenden Klassen gegen die Missetat der wirtschaftlichen Ausbeutung sich erheben, um so eifriger trachten die Nutznießer der Not, Junker und Kapitalisten, danach, auch die geringen politischen Rechte zu verkürzen, vermittelst deren allein auch das wirtschaftliche Elend gemildert und beseitigt werden kann. Die Sozialdemokratie, die Führerin der arbeitenden Klassen gegen Klassenherrschaft und für Beseitigung jeder Form der Ausbeutung, sie geht, darüber müssen wir klar sein, den ernstesten Kämpfen mit den gewaltmächtigen Vertretern des regierenden Verbrechens entgegen. In diesen Zeitläuften muß der Parteitag in Jena eine Tagung ernsten Wirkens, kraftvollen Rüstens sein.

Der Parteitag ist neben der Rechenschaftsabgabe über die Geschehnisse des letzten Jahres der Besserung und Stärkung unserer organisatorischen Rüstung sowie der Klarstellung wichtiger taktischer Probleme gewidmet.

Wir haben an dieser Stelle, als die provisorische Tagesordnung des Parteitages bekanntgegeben wurde, auf den Mangel hingewiesen, daß wichtige Fragen der inneren und äußeren Politik des Deutschen Reiches, die gegenwärtig von besonderer Bedeutung sind, nicht für die Tagesordnung vorgesehen wurden. Wir haben ausführlich dargelegt — und wir haben allen Anlaß, an dieser Auffassung durchaus festzuhalten —, daß auf unseren Parteitagen neben den Angelegenheiten, welche die innere Ordnung der Partei betreffen, auch Raum sein muß zur Behandlung der jeweilig wichtigsten Angelegenheiten der deutschen Politik. Wir hatten, in Uebereinstimmung mit den Organisationen verschiedener Wahlkreise, insbesondere von vier Berliner Wahlkreisen, vorgeschlagen, auf die Tagesordnung die „Wandlungen der Weltpolitik und die Sozialdemokratie" zu bringen. So leicht die Gründe wiegen, die gegen den Vorschlag vorgebracht wurden, so werden wir uns dem Zwange der Verhältnisse fügen müssen, welche die Erfüllung unserer Anregung verhindern. Die Berliner Genossen, welche den Vorschlag vertreten, und wir selbst hatten als Referenten für das schwierige, erheblicher Vorbereitung bedürfende Thema einen hervorragenden Parteigenossen in Aussicht genommen, der jedoch, in bedauerlicher Verkennung des Sinnes und der Absicht des Vorschlages, gegen den Vorschlag polemisierte, als dessen Vollstrecker er gedacht war. Es wird daher auf die Verwirklichung des Vorschlages in Jena verzichtet werden müssen. Wir dürfen uns um so leichter hierbei bescheiden, da einmal der Grundgedanke, von dem unser Vorschlag ausging, weithin in der Partei Zustimmung fand und für künftige Parteitage seine Wirkung haben wird, was wir von vornherein als Hauptziel unserer Anregung bezeichnet hatten, und da andererseits, wie wir nicht zweifeln, die neuen Geschehnisse der Weltpolitik und die Stellung der Sozialdemokratie zu ihnen, wenn auch nicht in der Gründlichkeit, die bei Einfügung eines besonderen Abschnittes der Tagesordnung sich ergibt, so doch in gedrängter Zusammenfassung vor den Parteitag gelangen werden.

Eine der erheblichsten Arbeiten des Parteitages wird die seit mehreren Jahren vorbereitete Aenderung des Organisationsstatuts sein. Es gilt, entsprechend dem großen Wachstum der Partei, die mannigfaltigen Einzelkräfte einheitlicher zusammenzufassen und so die Stoßkraft der Partei zu stärken. Es war schon zum Erbübel geworden, daß eine große Zahl von Wahlkreisen fast keine Fühlung mit dem Parteizentrum hatten. Das wird jetzt verbessert werden. Die Befürchtungen, die von einigen Parteigenossen ausgesprochen worden sind, daß die Partei zu zentralistisch und bureaukratisch werden könne, vermögen wir gar nicht zu teilen. Die Grundlage unseres Parteilebens ist durchaus förderalistisch, in den einzelnen Wahlkreisen, Provinzial- und Landesorganisationen der Partei ist ein so reiches Maß der Selbstverwaltung gegeben, daß von einer übermäßigen Zentralisation, welche das selbsteigene Werden und und Wachsen der Gliederorganisation hindert, wahrlich nicht gesprochen werden kann. Auf die mannigfachen Einzelfragen und Anträge, die dazu vorliegen, ist jetzt nicht einzugehen, wir haben früher ausführlich darüber geschrieben.

An bedeutsamen taktischen Fragen soll die oft beratene Maifeier und der zum erstenmal zur Beratung gestellte politische Massenstreik behandelt werden.

In der Maifeierfrage, in der Tatsache, daß diese Frage immer wieder auftaucht und Meinungsverschiedenheiten erregt, spiegelt sich die allgemeine Schwierigkeit des Kampfes der deutschen Arbeiterklasse. Normalerweise müßte der 1. Mai längst gesicherter Besitz der Arbeiterklasse sein. Er ist gewidmet der großen Kundgebung aller Befreiungsideen des Proletariats, dem Achtstundentag, der Völkereinigung, der Herbeiführung der neuen sozialistischen Gesellschaftsordnung der Freien und Gleichen. Ein solcher Festtag kann nur würdig durch Arbeitsruhe gefeiert werden. Doch eine schäbig rückständige und die friedliche, aber wirkungsvolle Demonstrationsfeier fürchtende Unternehmerklasse hat den Festtag des Proletariats brutal verweigert und benutzt ihn zum Anlaß, Machtproben mit dem Proletariat zu inszenieren. Daher die Schwierigkeit: auf der einen Seite das eifrige und berechtigte Drängen nach Durchführung der würdigen Feier durch Arbeitsruhe trotz aller Unternehmertücken, auf der anderen Seite die Warnungen, sich auf wirtschaftliche Machtproben zu einer Zeit einzulassen, die vielleicht dem Unternehmertum günstiger ist als der Arbeiterklasse. So unerquicklich auch diese Situation sein mag, so meinen wir gleichwohl, daß die Sozialdemokratie die Maifeier weiterhin ebenso behandeln und der Durchführung entgegenführen soll wie es bisher geschah. Aussichtslose Machtproben, bei denen unnütz schwere Opfer gebracht werden, sollen vermieden werden. Aber Pflicht der deutschen Arbeiter, der politisch Organisierten wie der Gewerkschaftsmitglieder, bleibt es, die Arbeitsruhe am 1. Mai zu erstreben und zu erwirken, wann und wo immer nur die Möglichkeit gegeben ist!

Ueber den politischen Massenstreik haben wir uns ausführlich ausgesprochen. Leider hat sich in die Beratung dieser Frage, in der mehr als in irgend einer anderen vollste Einmütigkeit nicht nur in der Partei sondern auch in den Gewerkschaften das erste Erfordernis ist, manches Mißverständnis eingeschlichen.

Der Kölner Gewerkschaftskongreß hat zur Abweisung der anarchistischen und „anarcho-sozialistischen" Generalstreiksagitation den Beschluß gefaßt, daß es nicht angängig sei, durch Propaganda des Generalstreiks die Taktik der Gewerkschaften festzulegen. Das ist irrigerweise als eine absolute Absage an die Anwendung der Arbeitsverweigerung in politischen Kämpfen ausgelegt und heftig bekämpft worden. Wir haben den Beschluß des Gewerkschaftskongresses dahin aufgefaßt, daß die Gewerkschaften nicht ihre bisherige Taktik der Stärkung der Organisationen durch alle Mittel der Aufklärung und Propaganda beeinträchtigen oder mit einer neuen Taktik der Propaganda des Generalstreiks austauschen wollen. Keineswegs aber konnte jener Beschluß bedeuten, daß die Gewerkschaften gleichgültig bleiben wollen, wenn den deutschen Arbeitern die winzigen politischen Rechte verkümmert werden, welche die Voraussetzung sind für die Erhaltung und Entfaltung der gewerkschaftlichen Betätigung selbst.

Kurze Zeit nach dem Gewerkschaftskongreß erschien die Schrift der holländischen Genossin Roland-Holst, deren historische Darstellung und Tatsachenwiedergabe wir hoch anerkannten, deren Schlußfolgerungen wir kritisieren mußten, weil sie eine starke Annäherung an die anarchistische Auffassung vom Generalstreik als dem wesentlichen und einzigen Kampfmittel des Proletariats verrieten und weil sie durch uneinheitliche Vermischung dessen, was jetzt der deutschen Arbeiterschaft not tut, und dessen, was im weiteren Verlauf der kapitalistischen Entwickelung Möglichkeit sein oder Notwendigkeit werden könne, das aufgeworfene Problem komplizierten und verwirrten. Wir haben die weise Beschränkung geübt, die in der Gegenwart deutlichen Erscheinungen der sich verschärfenden Reaktion in Deutschland ins Auge zu fassen. Wir sahen die Wahlrechtsbrutalitäten in verschiedenen Bundesstaaten, wir wissen, wie die Neigungen gewachsen sind, das allgemeine gleiche Reichstagswahlrecht anzutasten. Wir haben es abgelehnt, darüber im einzelnen diskutieren zu sollen, welches Zusammentreffen von Umständen erforderlich ist, um die Arbeitsverweigerung zur Abwehr des Attentats auf die politischen Grundrechte zu unternehmen. Es ist völlig unmöglich, alle Möglichkeiten, alle Faktoren zu ermessen, die dabei einmal in Frage kommen. Wir haben gemeint: Bereit sein — ist alles! Wir glauben zuversichtlich, daß die deutsche Arbeiterklasse nach jahrzehntelanger politischer Schulung und nachdem sie die großen Erfolge errungen, die sie den Bruderparteien des Auslandes vorbildlich erscheinen lassen, nimmermehr dulden wird, daß die schmalen politischen Rechte, die sie besitzt, weiter vermindert werden. Wir halten es für nötig, daß die Arbeiterklasse Deutschlands über die Gefahren, die ihr drohen, immer wieder nachdrücklichst aufgeklärt und immer wieder zur entschlossenen Abwehr begeistert wird. Unter den Abwehrmitteln aber ist unzweifelhaft der Massenstreik der Arbeiter von großer Bedeutung. Wir erwarten zuversichtlich, daß in dieser Richtung der Parteitag die Frage behandeln und zur vorläufigen Lösung bringen wird.

Bei der Erörterung der beiden Fragen, Maifeier und politischer Streik, wird das Verhältnis von Partei und Gewerkschaften besprochen werden. Wir meinen, daß auch hier keinerlei Revision der bisherigen Grundsätze in Frage kommt. Die notwendige Arbeitsteilung, die in den beiden großen Abeilungen der Arbeiterorganisation durchgeführt ist, kann niemals vergessen lassen, daß der Ausgebeutete des Kapitalismus eine einheitliche Persönlichkeit ist, die nicht als Mitglied der Partei das eine, als Mitglied der Gewerkschaft ein anderes erstrebt. Die alte Wahrheit bleibt die neueste, daß beide Zweige der Arbeiterbewegung untrennbar zusammengehören. Und gerade in den oben behandelten Fragen kann kein Teil ohne den anderen etwas ausrichten. Es ist an dieser Stelle nicht möglich, in diesem Augenblick das Verhältnis von Partei und Gewerkschaften nochmals näher zu erörtern. Wir wollen lediglich den Wunsch und die Erwartung aussprechen, daß der Parteitag alle Verstimmung über einzelne Unzuträglichkeiten und über Fehler einzelner Personen leicht überwindet und die große Zusammengehörigkeit der politischen und gewerkschaftlichen Bewegung nicht nur betont, sondern neu belebt und verstärkt. Partei und Gewerkschaften sind beide gleichberechtigte Kämpfer im welthistorischen Ringen der Arbeiterklasse gegen den Kapitalismus, für die Erringung der sozialistischen Gesellschaftsordnung.

Was revisionsfähig erscheint ist nicht das grundsätzliche Verhältnis zwischen beiden Organisationen, wohl aber das praktische Zusammenarbeiten ihrer Vertretungskörperschaften. Es soll unseres Erachtens in Zukunft nicht wieder geschehen, daß der Gewerkschaftskongreß sich mit einer Frage wie dem Generalstreik befaßt, ohne daß zuvor gründliche Aussprache zwischen den Führern der gewerkschaftlichen und politischen Bewegung stattfindet, die beide gleicherweise daran interessiert sind. Durch besseres Ineinandergreifen und Miteinanderarbeiten der Vertretungskörperschaften kann manche Reibung vermieden werden, die keinem der beiden Teile und damit der Arbeiterklasse nichts nützt.

Möge der Parteitag die bedeutsamen Aufgaben, die ihm gestellt sind, zu glücklicher Lösung bringen! Möge sachlich und gründlich Beratung gepflogen werden, auf daß das Ergebnis befruchtend wirke auf die gesamte deutsche Arbeiterbewegung!

Gewerkschaften und sozialdemokratische Partei.

Lebhafter als je zuvor wird zurzeit die Frage erörtert, die jedenfalls auch den Parteitag in Jena beschäftigen wird, ob sich eine Aenderung der Tendenz und das Bestreben, von der sozialdemokratischen Partei abzurücken, innerhalb der Gewerkschaften Deutschlands bemerkbar macht. Die sogenannte Neutralitätserklärung der Gewerkschaften, die Behandlung der Maifeier- und der Generalstreiksfrage auf dem Gewerkschaftskongreß in Köln werden als Symptome solcher Bestrebungen und das Bekenntnis von 3000 Berliner Arbeitern zur neuen Parteirichtung, dem „Anarcho-Sozialismus", als ihre Folge angesehen.

Von einer Neutralitätserklärung der Gewerkschaften ist eigentlich nichts bekannt. So lange es in Deutschland Gewerkschaften gibt, deren Mitglieder zum größten Teil der sozialdemokratischen Partei angehören oder ihr nahe stehen, ist erklärt worden, daß diese Gewerkschaften politisch neutral sein und sich keiner Partei anschließen sollen. Das ist seit je in den Statuten und in den Organen der Gewerkschaften zum Ausdruck gekommen. Von einer neuerlichen oder besonderen Neutralitätserklärung kann also keine Rede sein. Im Gegenteil, mehr als früher ist besonders auf den Gewerkschaftskongressen geäußert worden, daß eine Einheit in der Partei und den Gewerkschaften gegeben sei. Legt man Wert auf solche Erklärungen, so läßt sich sagen, daß fast mehr nach dieser Richtung hin geschehen ist, als notwendig erscheint. Würde über die Durchführung der Arbeitsruhe am 1. Mai und über den Wert der Propagierung des Generalstreiks oder politischen Massenstreiks eine einheitliche Auffassung innerhalb der Partei vorhanden sein, so könnte aus der Stellungnahme des Kölner Gewerkschaftskongresses gegenüber diesen Fragen eine Gegensätzlichkeit zur Partei angenommen werden. Darzulegen, wie verschiedenartig die Anschauungen bezüglich der Maifeier durch Arbeitsruhe und Generalstreik innerhalb der Partei sind, erübrigt sich für die Leser der Parteipresse. Dieselben auseinander gehenden Meinungen, die in der Partei in diesen Punkten vorhanden sind, kamen auch auf dem Gewerkschaftskongreß zum Ausdruck. Das ist nur zu leicht erklärlich, weil auf dem Gewerkschaftskongreß wohl kaum ein Delegierter anwesend war, der nicht Mitglied der sozialdemokratischen Partei ist. Man kann es aber den Gewerkschaften, die schließlich doch die ausführenden Organe sowohl bezüglich der Maidemonstration durch Arbeitsruhe, als auch des Generalstreiks oder politischen Massenstreiks sind, unmöglich verargen, daß sie sich mit diesen Dingen beschäftigen und zu einer einheitlichen Auffassung zu kommen suchen. Es läßt sich also auch aus den Verhandlungen des Kölner Gewerkschaftskongresses über Maifeier und Generalstreik der Vorwurf nicht rechtfertigen, die Gewerkschaften suchten den Zusammenhang mit der sozialdemokratischen Partei zu lösen oder gar sich in Gegensatz zu dieser zu stellen.

Wenn die Berliner Versammlung, die sich zum „Anarcho-Sozialismus" bekannte und eine andere Taktik in der Arbeiterbewegung Deutschlands für erforderlich hielt, ihren Beschluß mit der Neutralitätserklärung der Gewerkschaften im wesentlichen begründete, so ist das nichts anderes, als ein Suchen nach Gründen für eine Auffassung, welche die Beteiligten seit langer Zeit hatten, die sie aber öffentlich zum Ausdruck zu bringen, zurzeit für zweckmäßig hielten. Die Neutralität der Gewerkschaften ist so alt wie diese selbst sind, und sie ist besonders in der neueren Zeit nie so geübt und aufgefaßt worden, daß damit die Preisgabe der politischen Ueberzeugung und in religiösen Dingen die Preisgabe der Vernunft verbunden ist. Das Bekenntnis der Gewerkschaftsgruppe, die als lokalistische bezeichnet, stets die wütendste Gegnerin der gewerkschaftlichen Zentralverbände war, zum „Anarcho-Sozialismus" ist nicht eine Folge des Verhaltens der Verbände, sondern der öffentliche Ausdruck der Meinung über die Taktik in der Arbeiterbewegung, die stets in dieser Gruppe vertreten wurde. Nicht durch eine gelegentliche Rede

Der »Vorwärts«, das Zentralorgan der SPD, begrüßt mit einem Leitartikel die Teilnehmer am diesjährigen SPD-Parteitag in Jena. Das von Wilhelm Liebknecht und Walter Hasenclever 1876 in Leipzig gegründete Blatt wurde infolge des Sozialistengesetzes 1878 eingestellt. 1891 nahm der »Vorwärts« seine Rolle als Sprachrohr der Sozialdemokraten wieder auf.

14. September, Donnerstag

Das ungarische Oppositionskartell, das im Abgeordnetenhaus in Budapest über die Mehrheit verfügt, kündigt an, Anklage gegen die von Kaiser Franz Joseph I. ernannte Regierung unter dem interimistischen Ministerpräsidenten Géza Baron Fejérváry zu erheben, da sie nicht gesetzlich sei (→ 21. 6./ S. 107).

Auf der britischen Insel Man beginnt die erste Tourist Trophy für Tourenwagen. 42 Wagen nehmen teil. → S. 169

15. September, Freitag

100 000 Menschen demonstrieren anläßlich der Parlamentseröffnung in Budapest für die Einführung des allgemeinen Wahlrechts; von 20 Mio. ungarischen Staatsbürgern dürfen nur eine Million wählen (→ 21. 6./S. 107).

Bei einer Massendemonstration gegen die japanische Regierung werden in Jokohama 14 Polizeistationen zerstört. Ein Polizeiinspektor sowie 36 Schutzleute werden verletzt (→ 7. 9./S. 163).

16. September, Samstag

In Daressalam, der Hauptstadt Deutsch-Ostafrikas, trifft auf dem Dampfer »Körber« die Truppenverstärkung zur Niederschlagung des Eingeborenenaufstands ein, der mittlerweile auch das ganze Gebiet der Mahenga erfaßt hat (→ S. 142).

In Bengalen proklamieren Hindus einen Boykott britischer Waren. Damit protestieren sie gegen die geplante Teilung Bengalens.

In Österreich-Ungarn wird eine Schrift Arpad Zipanys veröffentlicht, in der er für ein Ausscheiden Ungarns aus der Doppelmonarchie plädiert, wenn das Land von einem Hohenzollern regiert wird.

17. September, Sonntag

In Jena wird der Parteitag der SPD eröffnet. → S. 166

Die österreichischen Christlichsozialen unter Karl Lueger protestieren auf ihrem Parteitag in Eggenburg (Niederösterreich) gegen eine Preisgabe österreichischer Interessen »gegenüber einer gewissen judäomagyarischen Klique«. Gemeint ist das ungarische Oppositionskartell (→ 21. 6./S. 107).

18. September, Montag

Sun Yat-sen gründet im Exil in Tokio den Vereinigten Revolutionären Bund. → S. 165

Japanische Kriegsschiffe beschießen und zerstören die russischen Städte Petropawlowsk, Ajan und Ochotsk, weil der Kommandant des Verbandes über den Friedensschluß von Portsmouth noch nicht informiert war (→ 5. 9./ S. 162).

Die Petersburger Telegraphenagentur meldet, daß Zar Nikolaus II. eine zweite internationale Friedenskonferenz nach Den Haag einberufen wolle. Rußland war bereits Initiator der ersten Haager Friedenskonferenz.

Die chinesische Regierung öffnet mehrere Häfen in der Mandschurei dem Handel mit ausländischen Staaten.

Der Parteitag der Christlichsozialen Partei in Essen unter dem Vorsitz des Reichstagsabgeordneten Adolf Stoecker spricht sich u. a. gegen die Simultanschulen aus, in denen Kinder verschiedener Glaubensbekenntnisse unterrichtet werden (→ S. 30).

19. September, Dienstag

Königin Wilhelmina der Niederlande kündigt bei der Eröffnung der Generalstaaten in Den Haag die Einführung des allgemeinen Wahlrechts an.

Die norwegischen und schwedischen Grenzwachen werden einen Kilometer von der gemeinsamen Grenze zurückgezogen. Bei den norwegisch-schwedischen Verhandlungen in Karlstadt wird vereinbart, daß die Unionsfrage einem internationalen Schiedsgericht vorgelegt werden soll, falls die beiden Länder keine Einigung erzielen (→ 7. 6./S. 108; 12. 11./S. 192).

20. September, Mittwoch

Die französische Zeitung »Le Temps« veröffentlicht Äußerungen des russischen Ministerpräsidenten Sergei J. Graf Witte, wonach zwischen Deutschland und Rußland eine Annäherung stattgefunden habe, ohne daß darunter die russisch-französischen Beziehungen leiden würden (→ 25. 7./S. 126).

Der kolumbianische Präsident Rafael Reyes Prieto erklärt sich zum Diktator und läßt die Mitglieder des Obersten Gerichtshofs verhaften.

Der österreichische Kaiser Franz Joseph I. eröffnet in Gastein die Tauernbahn (→ 25. 7./S. 127).

21. September, Donnerstag

In Makedonien kommt es zu blutigen Gefechten zwischen bulgarischen Extremisten und osmanischen Regierungstruppen (→ 23. 11./S. 190).

22. September, Freitag

Die Gesamtexekutive der Sozialdemokratie Österreichs spricht in Wien der ungarischen Sozialdemokraten ihre Sympathie im Kampf um das allgemeine Wahlrecht aus (→ 21. 6./S. 107).

Die k. u. k.-Hofzensur verbietet die Aufführung der Oper »Salome« von Richard Strauss an der Wiener Hofoper (→ S. 51).

Ein Bergrutsch verschüttet das Städtchen Sutera auf Sizilien (→ S. 169).

23. September, Samstag

In Karlstadt enden die norwegisch-schwedischen Verhandlungen über die Auflösung der Union und das künftige Verhältnis zwischen beiden Staaten. Danach müssen unter anderem fünf norwegische Festungen im Grenzgebiet geschleift werden (→ 7. 6./S. 108; 12. 11./S. 192).

Der österreichische Kaiser Franz Joseph I. empfängt in der Wiener Hofburg die Führer des ungarischen Oppositionskartells zu Verhandlungen über die Regierungsbildung in Ungarn. Der Kaiser verweist sie an Außenminister Agenor Maria Adam Graf Goluchowski. Daraufhin lehnen die ungarischen Vertreter Verhandlungen ab, da Goluchowski kein ungarischer Staatsbürger sei (→ 21. 6./S. 107).

Der bis zum 25. September dauernde Parteitag der Freisinnigen Volkspartei wird in Wiesbaden eröffnet. Die Delegierten mißbilligen die Haltung der Regierung hinsichtlich der Fleischteuerung und fordern eine Beschränkung der Kolonialpolitik und eine Reform der Branntweinsteuer. Ein Zusammengehen mit den Nationalsozialen wird abgelehnt (→ 5. 11./S. 195).

24. September, Sonntag

In Mannheim wird die Generalversammlung des Vereins für Socialpolitik eröffnet. Zu den Hauptrednern auf der bis zum 26. September dauernden Veranstaltung zählt der Nationalökonom Gustav Schmoller. → S. 168

Die britische Regierung unter Arthur James Balfour beschließt, in Singapur Privatdocks aufzukaufen, um in der südostasiatischen Kronkolonie einen Flottenstützpunkt zu errichten.

In Baku beschließt eine »Friedenskonferenz« von Armeniern und Tataren, ein armenisch-tatarisches Schiedsgericht einzusetzen. Es soll über Beschwerden der verfeindeten Volksgruppen entscheiden und im Fall von Totschlag und Plünderungen Entschädigungszahlungen festsetzen.

Vor der Kaserne von Königsberg in Preußen erschießt ein Posten einen angetrunkenen Unteroffizier, der auf dreimaligen Zuruf nicht geantwortet hat. Weil der Posten ordnungsgemäß gehandelt hat, wird keine Untersuchung gegen ihn eingeleitet.

25. September, Montag

Der deutsche Reichskanzler Bernhard Fürst von Bülow trifft in Berlin mit dem russischen Ministerpräsidenten Sergei J. Graf Witte zusammen. Die britische Presse sieht in den Zusammenkünften den letzten, gescheiterten Versuch Deutschlands, Rußland von einem Bündnis mit Großbritannien abzubringen (→ 25. 7./S. 126).

Der erstmals ausgefahrene Coupe Internationale des Motocyclettes für Motorräder gewinnt der Franzose Demestre. Das Rennen bei Dourdan geht über eine Strecke von 270 km..

26. September, Dienstag

Bei der Eröffnung des österreichischen Abgeordnetenhauses in Wien betont Ministerpräsident Paul Freiherr Gautsch von Frankenthurn, daß Österreich alle Forderungen Ungarns, die über die Abmachungen des Ausgleichs von 1867 hinausgehen, zurückweisen werde (→ 21. 6./S. 107).

27. September, Mittwoch

Die italienische Regierung erhebt beim osmanischen Sultan Abd Al Hamid Beschwerde wegen der Zunahme der Piraterie im Roten Meer.

28. September, Donnerstag

Der französische Ministerpräsident Maurice Rouvier und der deutsche Botschafter Hugo Fürst von Radolin einigen sich in Paris auf die Tagesordnung für die internationale Marokkokonferenz (→ 6. 12./S. 207).

Auf einer Veranstaltung des Bundes für Menschenrechte in Berlin hält der Neurologe Magnus Hirschfeld einen Vortrag über »Alkohol und Geschlechtsleben«.

29. September, Freitag

Der deutsche Reichskanzler Bernhard Fürst von Bülow empfängt in Baden-Baden den italienischen Außenminister Tommaso Tittoni. Zentrale Themen der Gespräche sind die Marokkokrise, die Haltung des Dreibunds gegenüber Rußland und die Neuvergabe der norwegischen Krone.

Im Alten Stadttheater in Köln wird der erste Teil des Schauspiels »Totentanz« von August Strindberg uraufgeführt. Der zweite Teil des Theaterstücks folgt am Tag darauf.

Der Franzose Viktor Hémery stellt in Salon-Arles auf einem Darracq-Wagen einen Geschwindigkeitsrekord mit 176,47 km/h über 1 km bei fliegendem Start auf.

30. September, Samstag

In Britisch-Südafrika erheben sich die Basutos gegen die Kolonialmacht. Nach Meinung der britischen Zeitung »Daily Mail« ist der Aufstand zurückzuführen auf von der kapländischen Presse erfundene Nachrichten über Niederlagen der Deutschen bei der Bekämpfung der Aufstandsbewegungen in Deutsch-Ostafrika und Deutsch-Südwestafrika (→ S. 142).

Bei Gefechten gegen Hereros wurden nach offiziellen Angaben aus Berlin im Monat September in Deutsch-Südwestafrika 250 Hereros getötet und 767 gefangengenommen. Bei den Kämpfen fiel ein Deutscher (→ 4. 1./S. 22).

Das Wetter im Monat September

Station	Mittlere Lufttemperatur (°C)	Niederschlag (mm)	Sonnenscheindauer (Std.)
Aachen	12,8 (14,5)	70,7 (68)	– (160)
Berlin	18,2 (13,8)	78,4 (46)	– (194)
Bremen	13,6 (14,0)	59,5 (60)	– (164)
München	14,0 (13,4)	79,0 (84)	– (176)
Wien	16,1 (15,0)	44,0 (56)	149 (184)
Zürich	14,1 (13,5)	148,0 (101)	108 (166)

( ) Langjähriger Mittelwert für diesen Monat
– Wert nicht ermittelt

Die Wiederaufführung der Operette »Les Brigands« (Die Banditen) von Jacques Offenbach kündigt die Zeitschrift »Le Théâtre« an. Die Werke des 1880 gestorbenen Komponisten erfreuen sich in Frankreich gleichbleibender Beliebtheit; nicht zuletzt, weil sie gesellschaftliche Erscheinungen der »Belle Époque« karikieren.

Friede von Portsmouth beendet Krieg in Ostasien

Die Friedensverhandlungen zwischen der japanischen (l.) und der russischen Delegation beginnen am 4. August, drohen mehrmals zu scheitern, führen jedoch am 29. August zum Erfolg. Leiter sind Graf Witte (3. v. r.) und Baron Komura (3. v. l.). Besonders dem geschickt hinhaltenden Taktieren des russischen Delegationsleiters ist es zu verdanken, daß der Friede von Portsmouth für das besiegte Zarenreich günstig ausfällt.

Der gemäßigte Reformpolitiker Sergei J. Graf Witte ist Verhandlungsleiter der russischen Abordnung.

Baron Jutaro Komura, der japanische Außenminister, leitet die Friedensdelegation seines Landes.

5. 9., Portsmouth. Der Friedensvertrag, der den Russisch-Japanischen Krieg beendet, wird in der Hafenstadt Portsmouth im US-Bundesstaat New Hampshire feierlich unterzeichnet.

Nach vierwöchigen, zähen Verhandlungen, in denen die Russen fast alle Forderungen Japans ablehnten – auch auf die Gefahr des Scheiterns der Verhandlungen –, akzeptiert die Delegation aus Ostasien ein Vertragswerk, durch das es sich nur einen Bruchteil dessen sichert, was es nach Meinung der japanischen und der Weltöffentlichkeit von Rußland hätte verlangen können. Die wichtigsten Bestimmungen lauten:

▷ Rußland braucht keine Kriegsentschädigung zu zahlen

▷ Rußland tritt nicht ganz Sachalin, sondern nur den Süden der Insel (bis zum 50. Breitengrad) ab, die in Japan als altjapanischer Besitz angesehen wird

▷ Rußland behält den nördlichen Teil der mandschurischen Eisenbahn. Port Arthur mit seinem eisfreien Hafen und der Südteil der Eisenbahnlinie von Port Arthur 250 km nordwärts fallen an Japan

▷ Beide Mächte verpflichten sich, ihre Truppen aus der Mandschurei abzuziehen und die Souveränität Chinas im Stammland des chinesischen Kaiserhauses wiederherzustellen

▷ Rußland erkennt Korea als japanisches Interessengebiet an.

Rußland gibt in diesem Friedensvertrag nur das preis, was es im Verlauf des Krieges ohnehin verloren hat. Der Besitz des nördlichen Teils der mandschurischen Eisenbahn versetzt die russische Armee sogar in die Lage, bei einem neuen Konflikt rascher als die Japaner eine große Armee an die Front zu schicken.

Der Hauptgrund für die japanische Zustimmung zu diesen Friedensbedingungen ist die Größe des Russischen Reiches und das fast unerschöpfliche Menschenpotential im Zarenreich. Trotz der japanischen Siege war der weitere Verlauf des Krieges ungewiß: Die russischen Delegierten ließen keinen Zweifel daran, daß die russische Armee noch monatelang weiterkämpfen könne, auch wenn sie sich zurückziehen müsse. Für die zahlenmäßig unterlegenen japanischen Truppen hätte diese Strategie auf Dauer in eine Niederlage geführt.

Obwohl Rußland dank des Friedensvertrags ein mächtiger Nachbar Japans in Ostasien bleibt, hat sich die japanische Position erheblich verbessert. Angesichts der innenpolitischen Wirren im Zarenreich (→ 19. 6./S. 104) ist eine erneute Machtprobe im Moment unwahrscheinlich; Japan hat Zeit, sich finanziell und militärisch zu erholen und in den eroberten Gebieten Fuß zu fassen. Zudem hat sich Japan durch das Bündnis mit Großbritannien vom → 12. August (S. 144) gegen einen Angriff Rußlands abgesichert. In den Augen der Weltöffentlichkeit ist Japan durch den Krieg nicht nur zur Vormacht im ostasiatischen Raum, sondern zu einer Großmacht aufgestiegen (→ S. 15).

USA als weltpolitische Ordnungsmacht

Chronik Hintergrund

»Ein Ereignis von weltpolitischer Bedeutung« – so lautet die in der Presse meistgebrauchte Formel für das Ende des Russisch-Japanischen Kriegs. Gemeint ist dabei ebenso der japanische Sieg über die »europäische« Großmacht Rußland und der damit verbundene Aufstieg Japans zur Weltmacht als auch das überraschend zielbewußte Auftreten der USA. Den USA, darüber sind sich die Kommentare einig, komme nach der erfolgreichen Friedensvermittlung eine Schlüsselrolle bei der »Neuverteilung der Welt im 20. Jahrhundert« zu. Die USA haben ihre diplomatischen Aktivitäten vom amerikanischen Kontinent auf Europa und Asien ausgeweitet – eine Entwicklung, die 1898 mit dem Krieg gegen Spanien begonnen hat. Während sich die in der Entente cordiale verbündeten Staaten Großbritannien (verbündet mit Japan) und Frankreich (verbündet mit Japans Kriegsgegner Rußland) auf diplomatischen Kanälen vergeblich um eine Beendigung des Russisch-Japanischen Kriegs bemühten, hatte US-Präsident Theodore Roosevelt mit seiner Friedensinitiative bei beiden Mächten Erfolg.

Der beharrlichen US-amerikanischen Diplomatie ist es auch zu danken, daß die Verhandlungen nicht scheiterten und das Zarenreich trotz seiner Kriegsniederlagen ein entscheidender Machtfaktor in der Weltpolitik bleibt.

Durch die Friedensbestimmung, daß Rußland und Japan die Mandschurei räumen und die Souveränität Chinas in diesem Gebiet wiederherstellen müssen, setzen die USA zudem durch, daß die »offene Tür« zum Reich der Mitte erhalten bleibt: Die von den USA 1899/1900 propagierte Politik der »offenen Tür« garantiert allen Mächten, die mit China Handel treiben, die gleichen wirtschaftlichen Rechte.

Für die Vermittlung des Friedens im Russisch-Japanischen Krieg wird Theodore Roosevelt 1906 mit dem Friedensnobelpreis für 1905 ausgezeichnet.

△ Am 4. August empfängt US-Präsident Theodore Roosevelt (M.) in Portsmouth an Bord der »Mayflower« die Delegationsleiter: Graf Witte (l.), Baron Jutaro Komura (4. v. l.). Damit sind die Gespräche offiziell eröffnet.

◁ Karikatur der Zeitschrift »Der Wahre Jakob« zu den russisch-japanischen Friedensverhandlungen unter Vermittlung von US-Präsident Roosevelt.

Blutige Krawalle erschüttern Tokio

7. 9., Tokio. Über die japanische Hauptstadt wird nach blutigen Ausschreitungen der Belagerungszustand verhängt.

Grund der Unruhen ist die Enttäuschung vieler Japaner über die relativ milden Bedingungen des Friedensschlusses von Portsmouth (→ 5. 9./S. 162). Große Teile der Öffentlichkeit hatten zumindest eine Kriegsentschädigung von russischer Seite in Millionenhöhe sowie die völlige Abtretung der Insel Sachalin erwartet.

Als der Vertragstext am 1. September bekannt wird und diese Forderungen nicht erfüllt worden sind, machen sich Trauer und Empörung breit. An Privathäusern und Gebäuden von Zeitungsverlagen werden Trauerfahnen gehißt. Nach Vertragsunterzeichnung richten sich Massendemonstrationen gegen die USA und die japanische Regierung, die kaum Verständnis findet.

Zar entschuldigt sich bei Generalen

1. 9., Peterhof. Zar Nikolaus II. begründet in einem Telegramm an die Generalität, warum er seine Zustimmung zur Unterzeichnung des Friedensvertrags von Portsmouth gegeben habe.

In diesem Telegramm wird die russische Niederlage mit keinem Wort erwähnt. Nikolaus II. bezeichnet die russische Armee als »so zahlreich und stark«, daß sie den Feind nicht nur abwehren, sondern ihm auch »einen wuchtigen Schlag« versetzen könne: »Ich und ganz Rußland glauben an die Kraft der ruhmreichen Armee und ihre Bereitschaft, sich für das Wohl des Vaterlandes zu opfern. Aber meine Pflicht vor meinem Gewissen und dem mir von Gott anvertrauten Volke befiehlt mir, die Mannhaftigkeit der meinem Herzen teuren Männer nicht aufs neue auf die Probe zu stellen …«

Das unrühmliche Ende des Krieges heizt im Zarenreich die Unruhen noch mehr an. Einflußreiche Vertreter von Wirtschaft, Industrie und Bürgertum fordern die Einführung einer Verfassung, da der Zar unfähig sei, das Russische Reich zu führen (→ 31. 10./S. 176).

Transport von Kriegsgefangenen auf einer japanischen Eisenbahn. Vielfach revoltieren die Gefangenen gegen ihre Bewacher.

Die nicht verwundeten russischen Kriegsgefangenen werden von den Japanern während des Kriegs als Sanitätshelfer eingesetzt.

Schweres Los für die russischen Kriegsgefangenen

Die Situation der Soldaten, die nach dem Russisch-Japanischen Krieg (→ 2. 1./S. 12) in Gefangenschaft geraten sind, unterscheidet sich erheblich. Die Russen sehen sich in den japanischen Lagern Lebensformen gegenüber, die in nichts an europäische Gewohnheiten erinnern: Von Schlaf- und Sitzmöglichkeiten – »auf dem Boden« – bis zur Nahrung aus Reis und Trockenfisch. Sie leiden zudem unter der erniedrigenden Behandlung durch die Japaner. Die Zeitung »Nowoje Wremja« schildert dies nach einem Bericht des französischen Konsulats in Tokio: »Die moralischen Leiden unserer Offiziere sind, nach den Schilderungen des Konsuls zu urteilen, ... entsetzlich. Nicht wie Gefangene, sondern wie Verbrecher werden sie gehalten. Man hat sie in kleine Gruppen geteilt, und diese können nur durch die Vermittlung eines Dolmetschers miteinander verkehren.«
Umgekehrt beklagen viele Russen, daß die japanischen Kriegsgefangenen zu gut behandelt würden. Dies erscheint vielen um so unverständlicher, als sie sich in den Augen der Militärs anmaßend verhalten, wie General Michail I. Dragomirow sagt: »Der Japaner ist so frech geworden, daß er sich auch in der Gefangenschaft als Sieger fühlt und jede unangebrachte Liebenswürdigkeit, die ihm von verschiedenen russischen Schmeichlern entgegengebracht wird, als selbstverständlich betrachtet.«

◁ Japanische Kriegsgefangene bei einer Musikveranstaltung im zentralen Lager Medwied bei Nischni Nowgorod (Gorki).

▽ Nach Kriegsende werden die japanischen Kriegsgefangenen per Pferdefuhrwerk und Zug ins Deutsche Reich gebracht und von dort per Schiff nach Japan.

Widerstand gegen Mandschus, Fremde und Christen

1. 9., Peking. Die kaiserliche chinesische Regierung fordert die Bevölkerung in einem Edikt auf, US-amerikanische Waren nicht mehr zu boykottieren. Die Vereinigten Staaten hätten mitgeteilt, chinesische Reisende künftig wieder »höflich« aufzunehmen.

Der Boykott war eine Reaktion auf die in China als demütigend empfundene Behandlung einer chinesischen Studienkommission, die in Westeuropa und den USA »moderne Staatseinrichtungen« studieren sollte. Daß der Boykott eingestellt wird, steht mit den Friedensverhandlungen in Portsmouth (→ 5. 9./S. 162) im Zusammenhang. Dort haben die USA durchgesetzt, daß die Mandschurei, das Stammland des chinesischen Kaiserhauses, von russischen und japanischen Truppen geräumt und wieder ganz der Souveränität Chinas unterstellt werden soll.

Der Warenboykott hat jedoch tiefere Gründe. In vielen chinesischen Provinzen mehren sich Übergriffe von Nationalisten gegen alles Europäische: Reisende werden überfallen und christliche Missionshäuser angezündet. Diese Meldungen haben in der westlichen Welt das Schlagwort vom »Panasiatismus« aufkommen lassen: Befürchtet wird nach dem Sieg Japans über Rußland eine allgemeine fremden- und christenfeindliche Erhebung im ostasiatischen Raum. Ähnliches hat sich um die Jahrhundertwende im Reich der Mitte schon einmal ereignet: Der »Boxeraufstand« war 1900 von einem internationalen Expeditionskorps der Kolonialmächte blutig niedergeschlagen worden. Diese Ereignisse sind in China nicht vergessen, zumal die Kolonialmächte Besatzungstruppen stationiert haben. Sie haben die Aufgabe, die Gesandtschaften in Peking zu schützen und die Verbindung zwischen Hauptstadt und Küste zu sichern.

Die Aufstandsbewegung in China richtet sich jedoch in gleichem Maße gegen das Kaiserhaus der Mandschus. Auch das Regime der Mandschu- bzw. Ch'ing-Dynastie wird als Fremdherrschaft empfunden. Das halbnomadische Volk der Mandschuren eroberte zu Beginn des 17. Jahrhunderts ganz China, das damals von der chinesischen Ming-Dynastie regiert wurde. 1644 marschierten die Mandschus in Peking ein und Shih Tsu proklamierte sich zum Kaiser des gesamten chinesischen Reiches. Die Eroberung Chinas durch die Mandschus war 1683 mit der Einnahme der Insel Taiwan abgeschlossen.

Die Kolonialmächte unterstützen das halbkoloniale Mandschu-Kaiserhaus, da es die ausländischen Kapitalgesellschaften in China nach dem Wirtschaftsprinzip der von den USA proklamierten »offenen Tür« gewähren läßt. Die Mandschu-Regierung wiederum ist gezwungen, den ausländischen Staaten freie Hand zu lassen, weil das Land überschuldet ist. Das Gros der Chinesen lebt in Armut.

Der Sieg des »asiatischen« Japan über das »europäische« Rußland läßt in China den Kampf gegen das Ausländische und gegen das Mandschu-Regime wieder aufleben. Am 17. August wird in Tientsin auf die verhaßte Kaiserinwitwe T'zu Hsi ein Attentat verübt: Die Kaiserin bleibt in ihrer Sänfte unverletzt, der als Soldat verkleidete Attentäter wird von einem Soldaten mit dem Bajonett erstochen.

Die Regierung versucht, der Unruhe im Land durch Reformansätze gegenzusteuern. So wird 1905 die Prügelstrafe aufgehoben; an ihre Stelle treten Geldstrafen oder die Einweisung in ein Arbeitshaus. Eine weitere »Reform« ist 1905 die Aufhebung des Heiratsverbots zwischen Chinesen und Mandschuren; gerade dieses Verbot hatte die Fremdherrschaft des Mandschu-Regimes in China noch unterstrichen. Hinzu kommt eine Liberalisierung des jahrhundertealten Prüfungssystems, das den Aufstieg in der Beamtenhierarchie erlaubt. Sogar der Erlaß einer Verfassung wird 1905 angekündigt: Sie soll in zwölf Jahren in Kraft treten, wenn das Volk »reif« dafür ist.

Die erzkonservative Kaiserinwitwe T'zu Hsi (70) ist die verhaßte Herrscherin im Reich der Mitte.

Der Exilchinese Sun Yat-sen (38) gründet in Honolulu den »Chinesischen Revolutionsbund«.

Sun organisiert im Exil die Revolution

Chronik Rückblick

Da in China jegliche Opposition blutig verfolgt wird, formiert sich der Widerstand gegen das halbkoloniale Marionetten-Regime der Mandschus zunehmend im Ausland. Die Widerstandsgruppen rekrutieren sich aus Chinesen, die in Westeuropa und den USA demokratische und parlamentarische Einrichtungen kennengelernt haben.

Zu den führenden Köpfen dieser »Auslandschinesen« zählt Sun Yat-sen. Der Sohn eines christlichen Pächters besuchte US-amerikanische und britische Schulen, wurde Arzt und gründete 1894 die republikanische »Vereinigung zur Erneuerung Chinas«. Nach einem erfolglosen Aufstandsversuch gegen die Mandschus in Kanton mußte er China 1895 verlassen. Er lebt im Exil in Japan, kehrt jedoch immer wieder nach China zurück, um auch dort den Widerstand zu formieren.

In Japan hat er große Teile der dort lebenden chinesischen Kaufmannschaft und der Auslandsstudenten für seine Pläne zur Errichtung einer Republik in China gewonnen. 1905 schließen sich unter seiner Führung verschiedene Oppositionsgruppen zum »Chinesischen Revolutionsbund« zusammen. Sein Programm sind die »Drei Volksprinzipien«:

▷ Nationalismus (die Mandschus werden als fremdes Volk bezeichnet)
▷ Volksherrschaft (Errichtung der Republik)
▷ Volkswohlstand (Ausgleich der Grundbesitzrechte durch eine Bodenreform).

Bebel: Generalstreik ist Mittel politischer Notwehr

17. 9., Jena. Im Volkshaus der Zeiss-Stiftung eröffnet August Bebel vor knapp 400 Delegierten den Parteitag der deutschen Sozialdemokraten. Die wichtigsten Themen der bis zum 23. September dauernden Veranstaltung sind die Maikundgebungen und der politische Generalstreik.

Der gemäßigte Delegierte Robert Schmidt fordert die »Neutralität« der Gewerkschaften bei den Maifeiern: Die Gewerkschaften hätten viele bürgerliche »Mitläufer« (→ 22. 5./S. 94); diese dürften jedoch durch Arbeitsniederlegungen am 1. Mai nicht brüskiert und wieder zu Gegnern der Arbeitnehmer gemacht werden. Die Mehrheit der Delegierten ist jedoch anderer Ansicht. Der Parteitag macht es daher den »Arbeitern und Arbeiterorganisationen zur Pflicht, für die allgemeine Arbeitsruhe am 1. Mai einzutreten und überall da, wo die Möglichkeit der Arbeitsruhe vorhanden ist, die Arbeit ruhen zu lassen«.

Den Höhepunkt des Parteitags bilden die Debatten über den politischen Streik. Ehe es zu einem politischen Massenstreik kommen könne, müßten die Massen zuerst »dafür gewonnen und organisiert werden« – diesen Standpunkt des rechten Parteiflügels formuliert Wolfgang Heine. Dafür wird er von radikalen Linken wie Rosa Luxemburg (→ S. 167), Clara Zetkin und Luise Zietz heftig angegriffen. Karl Legien warnt jedoch ebenfalls vor einem politischen Generalstreik, da ein solcher die Revolution zur Folge habe; darauf seien die Arbeiter jedoch nicht vorbereitet: »So weit müssen wir die Arbeiter erziehen, daß sie so viel Selbstbewußtsein und Selbstachtung besitzen, um sich nicht prügeln zu lassen, und daß sie in dem Moment, wo auf sie eingehauen wird, auch wieder hauen.«

August Bebel bringt die gegensätzlichen Meinungen in einer vierstündigen Grundsatzrede auf eine Kompromißformel: Er erklärt den politischen Generalstreik als zulässig in einer Situation der politischen Notwehr. Beispiele dafür sieht er in den »Wahlrechtsräubereien durch eine herrschgierige und maßlos feige Bourgeoisie und ein borniertes Kleinbürgertum in Sachsen und den sogenannten Republiken Hamburg und Lübeck [→ 7. 7./S. 124] und die Gemeindewahl-Verschlechterungen in den verschiedenen deutschen Staaten – Sachsen, Sachsen-Meiningen – und Orten Kiel, Dresden, Chemnitz usw.«. Auch die Fleischnot (→ 29. 11./S. 195) gebe einen Vorgeschmack auf die noch zu erwartenden Auswirkungen der neuen Zölle (→ 22. 2./S. 38) auf die Lebenshaltung des Volkes. Es könne eine Zeit kommen, in der politischer und wirtschaftlicher Druck unerträglich würden und selbst die sprichwörtliche Geduld der Deutschen versage. In einem solchen Fall sei der Generalstreik ein legitimes Mittel des Protestes.

Die Rede des SPD-Parteivorsitzenden, der ungeachtet der Parteizugehörigkeit zu den angesehensten Politikern im Deutschen Reich zählt, wird nicht von orthodox-marxistischen Vorstellungen geprägt, sondern von der Zukunftsvision eines demokratischen Staates. Dieses Staatswesen, so Bebel, müsse nach dem Willen der Mehrheit des Volkes geführt werden und nicht im Interesse einer kleinen, aber mächtigen Minderheit. Er spricht sich auch, trotz einer korrupten bürgerlichen Gesellschaft, für eine weitere parlamentarische Mitarbeit der Sozialdemokraten aus.

In der von Bebel beantragten Resolution, die der Parteitag verabschiedet, wird dementsprechend festgestellt, »daß es namentlich im Falle eines Anschlages auf das allgemeine, gleiche, direkte und geheime [Reichstags-]Wahlrecht oder das Koalitionsrecht die Pflicht der gesamten Arbeiterklasse ist, jedes geeignet erscheinende Mittel zur Abwehr nachdrücklich anzuwenden«. Das Wort »Generalstreik« wird in der Resolution ersetzt durch »die umfassendste Anwendung der Massenarbeitseinstellung« als »eines der wirksamsten Kampfmittel, um ein solches politisches Verbrechen an der Arbeiterklasse abzuwehren oder um sich ein wichtiges Grundrecht für ihre Befreiung zu erobern«.

Zugleich fordert die Resolution die Ausdehnung des allgemeinen, gleichen, direkten und geheimen Wahlrechts auf alle Staaten des Deutschen Reiches sowie auf alle Gemeinde- und Stadtparlamente mit der Begründung, »daß die Arbeiterklasse durch ihre stetig wachsende Zahl, ihre Intelligenz und ihre Arbeit für das wirtschaftliche und soziale Leben des ganzen Volkes ... den Hauptfaktor in der modernen Gesellschaft bildet«.

August Bebel (r.) und Wilhelm Pfannkuch auf dem Weg zur Tagungsstätte in Jena. Bebel ist der unbestrittene Führer der Drei-Millionen-Mitglieder-Partei. Über alle Parteigrenzen wird der gelernte Drechsler aus Leipzig geachtet. Die Reden des »greisen Feuerkopfs« zählen auch zu den Höhepunkten der Reichstagssitzungen.

Prominente Teilnehmer des Parteitags der deutschen Sozialdemokratie stellen sich vor dem Volkshaus in Jena zum Gruppenfoto: Karl Liebknecht (3), Georg Ledebour (4), Georg Schumann (5), Hermann Dunker (6). Karl Liebknecht gehört wie Rosa Luxemburg zum linken Flügel der SPD und zählt den Generalstreik zu einem legitimen Machtmittel.

Radikale SPD-Linke während einer Parteitags-Pause (v. l.): A. Stadthagen, Franz Mehring, Rosa Luxemburg, Nemecz, Clara Zetkin. Zetkin ist Führerin und maßgebliche Theoretikerin der deutschen proletarischen Frauenbewegung und leitet seit 1892 die Redaktion der »Gleichheit«. Die Radikalsozialistin und strikte Antimilitaristin Luxemburg ist mit Zetkin befreundet, verübelt ihr jedoch die ausschließliche Konzentration auf Frauenfragen.

◁ Rosa Luxemburg und der Delegierte Nemecz während des Parteitags. Die gebürtige Polin, die sich und Clara Zetkin als »die einzigen Männer« der SPD bezeichnet, kam 1898 nach Berlin, nachdem sie sich durch eine Scheinehe die preußische Staatsbürgerschaft verschafft hatte. Sie sieht in der SPD als der mächtigsten sozialistischen Partei Europas ihr bestmögliches Wirkungsfeld.

Rosa Luxemburg: »Evolution schlägt in Revolution um«

Chronik Dokument

Rosa Luxemburg, Vertreterin des linken Flügels der SPD, fordert auf dem Parteitag ein Ende des vorsichtigen Taktierens und vertritt die These, daß eine Revolution auch ohne starke Gewerkschafts- oder Parteiorganisation möglich ist. Dies beweisen ihrer Meinung nach die revolutionären Vorgänge in Rußland:

»Wenn man die bisherigen Reden in der Debatte zur Frage des politischen Massenstreiks hier gehört hat, muß man sich wirklich an den Kopf fassen und fragen: Leben wir denn tatsächlich im Jahre der glorreichen russischen Revolution, oder stehen wir in der Zeit zehn Jahre vor ihr? Sie lesen tagtäglich in den Zeitungen die Berichte von der Revolution, Sie lesen die Depeschen, aber es scheint, daß Sie keine Augen haben zu sehen und keine Ohren zu hören. Da verlangt man, daß wir sagen, wie werden wir den Generalstreik machen, mit welchen Mitteln, zu welcher Stunde wird der Generalstreik erklärt, habt ihr schon die Magazine für die Lebensmittel? Die Massen werden verhungern; könnt ihr es auf euer Gewissen nehmen, daß Blut fließt? Ja, alle, die solche Fragen stellen, haben nicht die geringste Fühlung mit der Masse . . . Sieht denn Robert Schmidt nicht, daß die Zeit gekommen ist, die . . . Marx und Engels vorausgesehen haben, wo die Evolution in die Revolution umschlägt? Wir sehen die russische Revolution, und wir wären Esel, wenn wir daraus nichts lernten. Da stellt sich [Wolfgang] Heine hin und fragt [August] Bebel, ja haben Sie auch darüber nachgedacht, daß im Fall des Generalstreiks nicht nur unsere wohl organisierten Kräfte, sondern auch die unorganisierten Massen auf dem Plan zu erscheinen haben, und haben Sie auch diese Massen im Zügel? Aus diesem einen Wort geht die ganze bürgerliche Auffassung von Heine hervor, das ist eine Schande für einen Sozialdemokraten . . .

Es gilt vor allem, die Massen aufzuklären, und da brauchen wir gar nicht so vorsichtig zu sein, wie die Gewerkschaftsführer in Köln es gewesen sind. Die Gewerkschaft darf nicht zum Selbstzweck und dadurch zum Hemmschuh für die Bewegungsfreiheit der Arbeiter werden. Lernen sie einmal aus der russischen Revolution! Die Massen sind in die Revolution getrieben, fast keine Spur von gewerkschaftlicher Organisation, und sie festigen jetzt Schritt für Schritt ihre Organisationen durch den Kampf. Es ist eben eine ganz mechanische undialektische Auffassung, daß starke Organisationen dem Kampfe immer vorausgehen müssen. Die Organisation wird auch umgekehrt selbst im Kampf geboren, zusammen mit der Klassenaufklärung.

Gegenüber der ganzen Kleingeisterei müssen wir uns sagen, daß für uns die letzten Worte des kommunistischen Manifestes nicht nur eine schöne Phrase für Volksversammlungen sind, sondern daß es uns blutiger Ernst ist, wenn wir den Massen zurufen: Die Arbeiter haben nichts zu verlieren als ihre Ketten, aber eine Welt zu gewinnen.«

Massenstreik, Partei und Gewerkschaften

Von

Rosa Luxemburg

Im Auftrage des Vorstandes der Sozialdemokratischen Landesorganisation Hamburgs und der Vorstände der Sozialdemokratischen Vereine von Altona Ottensen und Wandsbek

Verlag von Erdmann Dubber in Hamburg · 1906

1905 verfaßt Rosa Luxemburg ihre Schrift über den Massenstreik.

Macht der Kartelle ist kaum zu kontrollieren

24. 9., Mannheim. Vor einer drohenden Dominanz der Kartelle warnt der Nationalökonom Gustav Schmoller auf der Generalversammlung des Vereins für Socialpolitik. Der Staat müsse die Preisabsprachen der Kartelle kontrollieren und nötigenfalls per Gesetz Korrekturen vornehmen.

Ein Kartell bzw. Syndikat ist die vertragsmäßige Vereinbarung zwischen selbständig bleibenden Unternehmen des gleichen Erwerbszweigs über Einkauf, Erzeugung und Absatz ihrer Produkte. Ziele sind die Beeinflussung des Markts und die Erhaltung oder Erringung einer Monopolstellung. Besonders geeignet für die Kartellierung ist (Massen-)Ware, die nur von wenigen Unternehmen hergestellt wird. Die deutschen Kali-Unternehmen beispielsweise, die 1888 einen Syndikatsvertrag geschlossen haben, kontrollieren 100% der für die Landwirtschaft als Düngemittel wichtigen Kalisalz-Produktion im Deutschen Reich.

Erste Kartelle bildeten sich nach der Wirtschaftskrise, die 1873 den Boom der Gründerzeit beendete: Überproduktionen und ein entsprechendes Überangebot führten zu Preisverfall und zum Zusammenbruch zahlreicher Unternehmen. Die Folge waren vertragsmäßige Vereinbarungen zwischen Unternehmen der gleichen Branche, die sich zu »Syndikaten« zusammenschlossen. 1890 gab es in Deutschland bereits 210 solcher Syndikate, sechs Jahre später waren es bereits 260, und diese Zahl hat sich seither annähernd verdoppelt. So gab es für die Eisenindustrie in Westdeutschland 1894 noch sieben Verbände, 1897 noch fünf. Mit der Gründung des Roheisen-Syndikats in Düsseldorf 1904 gewann eine einzige Organisation die alles beherrschende Stellung; dem Düsseldorfer Roheisen-Syndikat steht im Osten Deutschlands das Oberschlesische Roheisensyndikat in Beuthen gegenüber. Eines der mächtigsten Kartelle an Rhein und Ruhr ist das Rheinisch-Westfälische Kohlensyndikat.

Im internationalen Vergleich ist das Deutsche Reich das Land, in dem es die meisten Kartelle gibt; die größte Anzahl an Trusts befindet sich hingegen in den Vereinigten Staaten (→ 30. 1./S. 26).

Alfred Krupp (1812–1887) gründete in Essen die Krupp-Werke, einer der Marktführer in der Eisenindustrie.

Margarethe Krupp verwaltetete das Erbe des Konzerns, bis ihre Tochter Bertha nominell das Werk übernahm.

Gustav Hartmann, führt als Aufsichtsratvorsitzender der Firma Krupp für Bertha die Geschäfte.

Rauchende Schlote prägen das Bild der Stadt Essen, wie diese Ansichtskarte zeigt. Die Krupp-Werke in der Stadt an der Ruhr haben mehr Fläche als die Stadt selber. Sie prägen mit ihrer Wirtschaftskraft nicht nur das Ruhrrevier sondern auch die Politik der Kartelle. Seinen Ursprung hat das Krupp-Imperium 1810, als Alfred Krupps Vater eine kleine Gußstahlfabrik gründete. Alfred schuf in der Folge einen sog. gemischten Konzern, indem er der Fabrik Hochöfen und Kohlegruben angliederte sowie Erzgruben erwarb.

»Staat muß Übergriffen entgegenwirken«

Chronik Zitat

Der Nationalökonom Gustav Schmoller, Mitbegründer und Leiter des Vereins für Socialpolitik, unterstützt im preußischen Herrenhaus in Berlin die Gesetzesvorlage, wonach der Staat die Aktienmehrheit der Bergwerksgesellschaft Hibernia erwirbt. Die Hibernia zählt zu den mächtigsten Firmen des Rheinisch-Westfälischen Kohlensyndikats. Durch die Aktienübernahme will der Staat Einfluß auf die Absatz- und Preispolitik dieses Kartells gewinnen. Im einzelnen sagt Schmoller:

»Bei der großen Entwickelung des Bankwesens hat sich die Notwendigkeit herausgestellt, daß die Regierung die eine oder andere große Bank in ihrem Besitz hat, um den privaten Mächten an Börse und Markt irgendwie entgegenwirken zu können. Ein ähnliches ist auch hier in bezug auf den Kohlenbergbau notwendig. Gewiß hat das Rheinisch-Westfälische Kohlensyndikat vor allem in der Zeit von 1895 bis 1900 segensreich gewirkt, und seine Leitung nimmt nicht bloß auf die Steigerung der Gewinne . . . Rücksicht . . . Aber die Leitung kann auch einmal in die Hände von bloßen Geschäftsleuten kommen . . . Nach meiner Überzeugung liegt die Sache so, daß niemand mehr eine Aktion treibt, die auf die Verstaatlichung des ganzen Bergbaus hinzielt, als derjenige, der so kleine Vorlagen entrüstet abweist. Wenn das geschieht, dann wächst die Stimmung für eine allgemeine Verstaatlichung. Wer das hintanhalten will, der muß diese kleine Korrektur, die dieses Gesetz bringt, vornehmen. Eine solche Korrektur der Übergriffe des Syndikats ist die Vermehrung des staatlichen Besitzes im Rheinland und Westfalen. Es gibt auch andere Mittel dagegen, z. B. ein großes . . . Syndikatsgesetz, aber das ist unendlich schwer zu schaffen. Es würde . . . dauern, bis wir es bekommen, dann wird es uns gehen wie in Amerika, daß gewandte Geschäftsleute sagen: Wir fahren . . . durch alle Paragraphen hindurch.«

Erdbebenkatastrophe in Kalabrien

8. 9., Italien. Ein schweres Erdbeben erschüttert die süditalienische Region Kalabrien. Mehr als 2000 Menschen kommen ums Leben, über 10 000 werden verletzt.

Betroffen ist das gesamte Gebiet auf dem Nordhang des langgestreckten Apennino Calabrese von Nicastro im Nordosten bis Reggio di Calabria im Südwesten der Sizilien gegenüberliegenden Halbinsel. Nahezu völlig zerstört sind die Orte Stefanaconi, Piscopio und Zammaro. Nachfolgende Erdstöße versetzen die Bevölkerung weiter in Angst und Panik. Noch am 17. September wird ein neuer Erdstoß aus Monteleone gemeldet. »Den Augen bietet sich eine Vision des Schrekkens und Leidens, wie sie die Einbildungskraft nicht ausdenken und wie sie keine Feder zu beschreiben imstande ist«, urteilt König Viktor Emanuel III. nach einem Besuch der Erdbebenregion.

In das Katastrophengebiet beorderte Soldaten reißen die Ruinen und die vom Einsturz bedrohten Gebäude nieder. Die Bevölkerung campiert in Zelten, die von der Regierung geliefert werden. An vielen Orten entstehen Zeltstädte, in denen die Obdachlosen im Dauerregen nur notdürftig untergebracht sind. Aus aller Welt gehen Spenden ein, obwohl von früheren Katastrophen in diesem Raum bekannt ist, daß der größte Teil der Gelder in die Hände sizilianischer Verbrecherorganisationen gelangt.

»Szenen von Verwüstung und Tod« aus dem Erdbebengebiet in Kalabrien bringt die britische Zeitschrift »The Illustrated London News«.

Schlechtes Wetter – schlechte Zeiten

Chronik Zitat

Unter der Überschrift »Schlechte Zeiten« kommentiert die Zeitung »Welt am Montag« satirisch die Situation in Deutschland:

»Es regnet seit acht Tagen, und die Mißmutigen erinnern sich schon gar nicht mehr daran, daß es in diesem Jahr überhaupt einmal Sommer war . . . Die Herbstparade ist verregnet . . . Im Osten hebt die Cholera ihr Gespensterhaupt aus den rollenden Fluten der Weichsel (→ 23. 8./S. 151). Preußische Zollwächter, die scharf darauf acht geben, daß kein russisches Ferkel die Grenze passiert, haben es nicht verhindern können, daß die Seuche eingeschleppt wurde. Deutschland geht schlimmen Zeiten entgegen. Sein kriegerisches Prestige hat's an Japan, sein diplomatisches an Witte und Roosevelt (→ S. 163) abtreten müssen. Die Herbstparade ist unterblieben. Die Fleischnot verbietet Fleisch (→ 29. 11./S. 195), die Cholera Gurkensalat zu essen. Wovon nährt sich der Deutsche? Und wie schützt er sich gegen nasse Füße? Denn auch die Stiefelsohlen sind bei den teuren Rindviehpreisen bald unerschwinglich. Nur die Kartoffelernte war gut. Fusel wird in genügend Quantitäten auf den Markt kommen.«

Verbotene Autorennen finden auf der Insel Man statt

14. 9., Isle of Man. Auf der Insel Man gewinnt John S. Napier auf einem Arroll-Johnston die erste Tourist Trophy (Trophäe des Reisenden). Er durchfährt die 333,5 km lange, kurvenreiche Strecke mit einer Durchschnittsgeschwindigkeit von 54,545 km/h und läßt 41 Mitkonkurrenten hinter sich.

Da auf dem britischen Festland Autorennen verboten sind, dient den Veranstaltern die Insel in der irischen See als Ausweichort. Ziel der Wettfahrt ist es, die Leistungsfähigkeit der britischen Automobilindustrie unter Beweis zu stellen. Deshalb lassen die Verantwortlichen auch nur Tourenwagen bei reglementiertem Benzinverbrauch zu.

Die Teilnehmer der Scottish Trials erwarten den Start zur Bergprüfung am Glenshee Hill. Weil in England aus Sicherheitsgründen Autorennen noch verboten sind, weichen die »Autler« nach Irland und Schottland aus.

Auf dem europäischen Festland stiftete vier Tage zuvor der italienische Großgrundbesitzer Vicenzo Florio als Siegerpreis für ein Autorennen die »Coppa Florio«. Er verfügt in Sizilien über umfangreichen Landbesitz und läßt dort in bergigem Gelände eine 503,1 km lange Rennstrecke anlegen.

Da das erste Rennen im September bei brütender Hitze stattfindet, sind die einheimischen Fahrer im Vorteil. Es gewinnt der Italiener Raggio. Er erzielt eine Durchschnittsgeschwindigkeit von 109 km/h. Die zunehmende Zahl von Autorennen zeigt, daß sich dieser Sport bei den Zuschauern wachsender Beliebtheit erfreut (→ 5. 7./S. 133; 11. 8./S. 155).

Unterhaltung 1905:

Tempel und Paläste für das Vergnügen

Chronik Übersicht

»Vergnügungstempel« heißen die neuen Unterhaltungs-Etablissements, die 1905 in der Gunst des Publikums ganz oben rangieren: Dort wird Unterhaltung verschiedenster Art unter einem Dach geboten, und zwar mit perfekter bühnentechnischer Ausstattung. Beleuchtungsmaschinen, drehbare Bühnen und Eisbahnen ermöglichen ein neues Freizeiterlebnis.

In diesen »Tempeln«, wie etwa dem neueröffneten Colosseum in London (→ S. 41), soll den Menschen mehr geboten werden als nur eine einzige traditionelle Show: Zirkus, Varieté, Zauberdarbietung, Kintopp und Sport zusammen mit erlesener Gastronomie, Nachtclubs und Bars.

Neben diesen Vergnügungstempeln mit ihrem breitgefächerten Angebot entstehen riesige Unterhaltungs-»Paläste«, die sich auf ein einziges Programm spezialisiert haben wie der Sport-»Palast« oder der Eis-»Palast«.

Angesichts solcher Neuerungen ist ein harter Konkurrenzkampf entbrannt, einige »traditionelle« Unterhaltungsbranchen kämpfen ums Überleben. So reagieren Zirkusunternehmen auf das »Zirkussterben«, indem sie Nummern einbauen, die eher im Varieté zu Hause sind. Zu den bekanntesten Varietés in Europa zählt der Berliner »Wintergarten«, der auch in diesem Jahr bei fast jeder Vorstellung ausverkauft ist. Star der Saison ist die »Serpentinentänzerin« Loie Fuller. Auf verdunkelter Bühne trägt sie ein mit Radiumsalz getränktes, leuchtendes Kostüm und begeistert mit ihrem »Radiumtanz« das Publikum.

Bei den Jugendlichen nehmen abendliche Sportveranstaltungen stetig an Beliebtheit zu. Es mehren sich die Klagen von Lehrern darüber, daß Schüler erst nachts um ein Uhr von Ringkampf- und Boxveranstaltungen oder Darbietungen japanischer »Djiu-Djitsu«-Künstler nach Hause zurückkehren. Letztere sind besonders populär geworden nach dem Sieg Japans im Krieg gegen Rußland (→ 27. 5./S. 90).

△ Plakat für das Zauberstück »Die Hexe, der Seemann und der verzauberte Affe« von und mit Harry Kellar (1849), dem derzeit berühmtesten Zauberkünstler der USA. Zentraler Punkt des Stücks ist der sog. Truhentrick, d.h. das Entkommen aus dem Käfig. Der 56jährige Kellar (l.) spielt die Hexe, Ernest Wighton ist der Darsteller des Käfig-Wächters. Die kleinen Teufelchen auf dem Plakat sollen suggerieren, daß der Zauberer mit dem Teufel im Bunde steht.*

◁ »Missionsguckkasten (Kaiserpanorama), naturwahre, plastische Darstellung aller Länder der Welt mit wöchentlichem Bildwechsel«. Mit dieser Werbepostkarte weist das Kapuzinerkloster in Altötting auf seine Missionsbemühungen bei den Indianervölkern Nord-, Mittel- und Südamerikas hin. Der Unterhaltungseffekt des Guckkastens, der in den Dörfern vielfach die Wanderkinos ersetzt, wird geschickt für die Propagierung kirchlicher Ziele genutzt.

◁ Im Fernen Osten, besonders in China, ist der Guckkasten die große Unterhaltungssensation. Vor allem auf dem Lande zieht er die Betrachter an. Er zeigt Bilder der großen Städte und Aufnahmen aus dem für die dortige Bevölkerung unbekannten Europa. In Europa war der Guckkasten besonders im 18. Jh. beliebt. Der Betrachter sieht die Bilder unter vergrößertem Gesichtswinkel in scheinbar natürlicher Entfernung. Dieser Effekt wird durch ein kompliziertes System von Linsen und Spiegeln erreicht.

»Edna« ist eine der zahlreichen Levitationsnummern, die der Zauberkünstler Will B. Wood hat patentieren lassen. Wie das freie Schweben des menschlichen Körpers in der Luft zustande kommt, zählt zu den bestens gehüteten Berufsgeheimnissen der Zaubererbranche. Die große Konkurrenz von »Edna« ist Harry Kellars Hindumädchen »Karnac«, das hypnotisiert in der Luft schwebt.

△ Vor der Tribüne während des großen Armee-Jagdrennens im Hoppegarten in Berlin. Sehen und gesehen werden lautet die Parole bei diesen Veranstaltungen der besseren Gesellschaft. Die großen Pferdesportveranstaltungen in der Hauptstadt des Deutschen Reiches sind stets auch Anlässe, bei denen der Adel, aber auch Militärs präsent sind. Mitglieder des Offizierskorps nehmen auch selbst als Jockeys an den Rennen teil.

◁ Die Pariser Zeitschrift »L'Illustration« weist mit ihrem Titelblatt vom 4. Februar 1905 darauf hin, daß die Schlittschuhsaison in vollem Gange ist. Dieses sportliche Vergnügen findet seit dem Bau von »Eispalästen« nicht mehr nur im Freien statt. Damen der besseren Gesellschaft können nun Schlittschuh laufen, ohne von den Widrigkeiten des Winterwetters belästigt zu werden.

Oktober 1905

Mo	Di	Mi	Do	Fr	Sa	So
						1
2	3	4	5	6	7	8
9	10	11	12	13	14	15
16	17	18	19	20	21	22
23	24	25	26	27	28	29
30	31					

1. Oktober, Sonntag

Zwei »Volkstage« von Deutschen und Tschechen in Brünn (Brno), der Hauptstadt der österreichischen Markgrafschaft Mähren, bilden den Auftakt zu tagelangen, blutigen Krawallen. Die Deutschen protestieren gegen die geplante Errichtung einer tschechischen Universität in Brünn; die Tschechen erklären es für eine Pflicht der Regierung, eine solche Universität zu errichten. In den folgenden Tagen schreitet Militär gegen die Tschechen ein.

Der dritte Jahrgang der aus Ungarn rekrutierten Mannschaften wird nicht aus der österreichisch-ungarischen Armee entlassen, sondern muß bis zum Jahresende weiterdienen. Damit reagiert die Regierung auf den Rekrutierungsboykott, zu dem die Oppositionsparteien aufgerufen haben und den viele Ungarn befolgen (→ 21. 6./S. 107).

Die Städte Duisburg, Ruhrort und Meiderich werden zu einer Stadt »Duisburg« vereinigt. Sie zählt als Großstadt mit der größten Binnenhafenanlage der Welt nun 192 346 Einwohner.

2. Oktober, Montag

Der französische Staatspräsident Émile Loubet eröffnet in Paris einen internationalen Tuberkulosekongreß (→ S. 25).

Die Eisenbahnverwaltung des Königreichs Württemberg führt den Neunstundentag ein (→ 17. 4./S. 78).

Die von Max Reinhardt gegründete Schauspielschule des Deutschen Theaters in Berlin wird eröffnet (→ S. 85).

3. Oktober, Dienstag

Im Reichstagsgebäude in Berlin wird der Zweite Kolonialkongreß unter dem Vorsitz von Herzog Johann Albrecht von Mecklenburg eröffnet. 1800 Beamte, Missionare, Politiker, Wissenschaftler und Vertreter aus Industrie und Wirtschaft diskutieren bis zum 7. Oktober über das Thema »deutsche Kolonien« (→ S. 142).

4. Oktober, Mittwoch

Aus Daressalam, der Hauptstadt von Deutsch-Ostafrika, wird gemeldet, daß aufständische Eingeborene drei Dörfer niedergebrannt haben.

Die preußische Presse klagt lebhaft darüber, daß mehrere große Güter in den preußischen Ostgebieten von deutschen Staatsangehörigen an Polen verkauft worden seien. Auch die Stadtverwaltung von Posen habe ein städtisches Grundstück an Polen verkauft (→ 9. 8./S. 146).

5. Oktober, Donnerstag

In einer Debatte über die Fleischteuerung im bayerischen Landtag in München lehnt die Staatsregierung eine weitere Öffnung der Grenzen für Fleischimporte ab. Die sicherste Grundlage für eine zuverlässige Fleischversorgung sei eine erfolgreiche Weiterentwicklung der heimischen Viehzucht (→ 29. 11./S. 195).

Den US-amerikanischen Flugpionieren Wilbur und Orville Wright gelingt in dem 388 kg schweren Doppeldecker »Flyer III« ein Flug über 39 km in 35 Minuten. Das Flugzeug hat einen 21-PS-Vierzylindermotor und zwei Propeller (→ 27. 5./S. 98).

Das Verlagshaus F. A. Brockhaus feiert den 100. Jahrestag seiner Gründung. → S. 185

6. Oktober, Freitag

Der österreichische Ministerpräsident Paul Freiherr Gautsch von Frankenthurn erklärt im Abgeordnetenhaus in Wien die parteiübergreifend geforderte Einführung des allgemeinen, gleichen, direkten und geheimen Stimmrechts für eine Frage von »grundstürzender Bedeutung«, die nicht übereilt entschieden werden könne. Die Regierung lehnt alle Dringlichkeitsanträge auf Einführung des allgemeinen Wahlrechts ab (→ 28. 11./S. 191).

7. Oktober, Samstag

In Moskau beginnt die erste gesamtnationale Gewerkschaftskonferenz in der Geschichte Rußlands. Die illegale Veranstaltung endet am 17. Oktober (→ 31. 10./S. 177).

Aufständische Eingeborene brennen die Küstenstation Kisidja in Deutsch-Ostafrika nieder (→ S. 142).

In Gegenwart von König Friedrich August III. von Sachsen wird das neue Rathaus von Leipzig seiner Bestimmung übergeben (→ 1. 4./S. 82).

8. Oktober, Sonntag

Zum zweiten Mal in diesem Jahr verhängt die argentinische Regierung unter Präsident Manuel Quintana den Belagerungszustand; er soll drei Monate dauern. Anlaß sind politisch motivierte Streiks und Unruhen.

Der Parteitag der Deutschsozialen, der bis zum 9. Oktober in Leipzig stattfindet, fordert die deutsche Reichsregierung auf, die Preispolitik der Kartelle zu überwachen (→ 24. 9./S. 168).

Das Schauspiel »Stein unter Steinen« von Hermann Sudermann wird am Berliner Lessing-Theater uraufgeführt.

Um 20 Uhr fällt im verkehrsreichen Zentrum des Berliner Vororts Charlottenburg für eineinhalb Stunden der Strom aus. Alle Straßen liegen im Dunkeln. Nach Angaben der Behörden ist der Stromausfall nicht auf einen Kurzschluß zurückzuführen, sondern auf »Mangel an Strom«.

9. Oktober, Montag

Das Storting, das norwegische Parlament in Kristiania (Oslo), billigt das Karlstader Abkommen über die Auflösung der schwedisch-norwegischen Union mit 101 zu 16 Stimmen. Am 13. Oktober genehmigen auch beide Kammern des schwedischen Reichstags die Vereinbarung (→ 12. 11./S. 192).

10. Oktober, Dienstag

Der ungarische Reichstag, der in Budapest zusammentritt, wird von Kaiser Franz Joseph I. per Handschreiben zum 19. Dezember vertagt. Beide Häuser fassen gegen die Vertagung einen Protestbeschluß (→ 21. 6./S. 107).

Die österreichischen Sozialdemokraten veranstalten vor dem böhmischen Landtag in Prag eine Massendemonstration für die Einführung des allgemeinen Wahlrechts (→ 28. 11./S. 191).

Am Carl-Theater in Wien wird die Operette »Die Schützenliesel« von Edmund Eysler uraufgeführt.

11. Oktober, Mittwoch

Die Zentrumspartei beantragt im bayerischen Landtag in München ein neues Wahlrecht. Sie verlangt eine Änderung der Wahlkreiseinteilung entsprechend der Volkszählung von 1900 und die Einführung des relativen Mehrheitswahlrechts. Am 13. Oktober wird der Antrag an die zuständige Kommission überwiesen (→ 17. 7./S. 125).

In Gegenwart des deutschen Kaiserpaares findet in Glücksburg die Heirat von Herzog Karl Eduard von Sachsen-Coburg und Gotha und Prinzessin Viktoria Adelheid von Schleswig-Holstein-Sonderburg-Glücksburg statt. Zur Erinnerung hat der Herzog eine Hochzeitsmedaille prägen lassen, die der sächsische Hofmedailleur und Porträtbildhauer Max von Kowaczynski gestaltet hat.

12. Oktober, Donnerstag

In den an Ostpreußen grenzenden russisch-polnischen Gebieten grassiert weiter die Cholera. Die Behörden beklagen, daß viele Krankheitsfälle von der Bevölkerung verheimlicht werden. Auch in der Industriestadt Lodz steigt die Zahl der Erkrankungen dramatisch an (→ 23. 8./S. 151).

13. Oktober, Freitag

Das britische Ostasiengeschwader besucht Tokio (→ 12. 8./S. 144).

Die Oper »Bruder Lustig« von Siegfried Wagner wird im Hamburger Stadttheater uraufgeführt.

14. Oktober, Samstag

König Oscar II. von Schweden übernimmt wieder das Regentenamt, das er am 7. August Kronprinz Gustav (V.) übertragen hatte.

Die Universität Dorpat wird wegen antizaristischer revolutionärer Studentenversammlungen bis auf weiteres geschlossen (→ 30. 10./S. 176).

In Paris wird der internationale Luftfahrtverband Fédération Aéronautique Internationale (FAI) gegründet (→ 27. 5./S. 98).

Victor Hémery gewinnt auf Long Island bei New York das zweite Vanderbilt-Rennen. → S. 185

15. Oktober, Sonntag

Die osmanische Regierung in Konstantinopel (Istanbul) lehnt die Forderung der Großmächte ab, das von blutigen Nationalitätenunruhen erschütterte Makedonien internationaler Finanzkontrolle zu unterstellen. Eine solche Kontrolle würde die Souveränität des Sultans mindern (→ 23. 11./S. 190).

Großfürst Kyrill von Rußland, der bisherige Flügeladjutant von Zar Nikolaus II., wird wegen seiner Heirat mit Prinzessin Viktoria Melitta von Sachsen-Coburg und Gotha, der geschiedenen Großherzogin Melitta von Hessen, aus der russischen Armee ausgeschlossen.

16. Oktober, Montag

Der japanische Kaiser erläßt ein Manifest über den Frieden. Darin wird Rußland nach 20 Monaten Krieg wieder zum »Freund« Japans erklärt (→ 5. 9./S. 162).

Der österreichische Kaiser Franz Joseph I. betraut Géza Baron Fejérváry erneut mit der Kabinettsbildung in Ungarn (→ 21. 6./S. 107).

Von Daressalam, der Hauptstadt Deutsch-Ostafrikas, startet ein Expeditionsheer in den Süden zur Bekämpfung der Aufständischen (→ S. 142).

In Lindenburg im Allgäu wird das Aeronautische Observatorium eröffnet (→ 3. 8./S. 154). Dabei verleiht Kaiser Wilhelm II. Fürst Albert I. von Monaco die Große Goldene Medaille für Wissenschaft.

17. Oktober, Dienstag

In Petersburg und Tokio wird der russisch-japanische Friedensvertrag von Portsmouth offiziell veröffentlicht (→ 5. 9./S. 162).

Der marokkanische Krieger El Valiente vom Stamm der Anghera nimmt zwei Offiziere des bei Tetuan in Marokko gestrandeten britischen Arsenalschiffs »Assistance« gefangen. Sie werden am 23. Oktober gegen fünf in Tanger inhaftierte marokkanische Widerstandskämpfer freigelassen (→ 31. 3./S. 56).

18. Oktober, Mittwoch

US-Präsident Theodore Roosevelt erklärt in Atlanta/Georgia, die Vereinigten Staaten von Amerika müßten die Ordnung in der Karibik aufrechterhalten. Sie wollten sich jedoch nur in Angelegenheiten eines anderen Staates mischen, wenn sie ihm damit einen Dienst erwiesen (→ 7. 1./S. 26).

Die Zeitschrift »Jugend« bringt in ihrer 45. Ausgabe eine »Soldatennummer«. Schon die Kinder werden in Preußen an das Soldatentum herangeführt. Der Militarismus ist ein prägendes Element der wilhelminischen Gesellschaft; er umfaßt alle Lebensbereiche. Gesellschaftliche Anerkennung und beruflicher Aufstieg sind nicht möglich, ohne »gedient« zu haben. Das Offizierskorps wird als wichtigste staatstragende Säule gesehen und verfügt über entsprechendes Renommee.

19. Oktober, Donnerstag

Ein Kölner Schöffengericht verurteilt ein 19jähriges, nicht vorbestraftes Dienstmädchen wegen Diebstahls zu einem Tag Gefängnis. Sie war von ihrem Arbeitgeber angezeigt worden, der in ihrem Koffer ein Läppchen Seide, einen Flaschenstöpsel und eine Schleife gefunden hatte. Die Staatsanwaltschaft hatte die Gegenstände als »wertlos« bezeichnet, der Kläger beharrte jedoch auf einer Verurteilung.

Angesichts der winterlichen Verhältnisse im Deutschen Reich steigt die Zahl von Diebstählen sprunghaft an. Ziel der meist »stümperhaft« vorgehenden Diebe ist es, bei einer Verhaftung ins Gefängnis zu kommen, um so nicht verhungern zu müssen (→ S. 214).

20. Oktober, Freitag

Ein Eisenbahnerausstand in Moskau bildet den Auftakt zu einer allgemeinen politischen Streikbewegung im Russischen Reich. Der Streik bringt den Eisenbahnverkehr nahezu zum Erliegen (→ 30. 10./S. 176).

Ein Ukas von Zar Nikolaus II. erklärt den Gebrauch des Polnischen und Litauischen als Unterrichtssprache in den Privatschulen von Russisch-Polen als vorläufig für zulässig. In den Fächern Geschichte und Geographie bleibt das Russische jedoch obligatorisch.

21. Oktober, Samstag

Aufständische Eingeborene zerstören die Telegraphenverbindungen zwischen Daressalam und dem Landesinneren von Deutsch-Ostafrika (→ S. 142).

Anläßlich des 100. Jahrestags der Seeschlacht bei Trafalgar findet vor der Nelson-Säule auf dem Trafalgar Square in London ein Festakt statt. Mit seinem Sieg über eine französisch-spanische Flotte am 21. Oktober 1805 hatte der britische Admiral Herbert Horatio Nelson Großbritanniens Übergewicht in der Seeherrschaft bis zum heutigen Tag gesichert (→ 1. 4./S. 74).

22. Oktober, Sonntag

In Posen veröffentlichen zwölf adlige polnische Rittergutsbesitzer eine Erklärung gegen die preußische Politik in ihrem Land. Sie fordern in Preußen lebenden Polen auf, jeden Landsmann gesellschaftlich für ehrlos anzusehen, der seinen Besitz an Deutsche verkauft (→ 9. 8./S. 146).

60 Menschen werden bei Massendemonstrationen gegen die Regierung in Santiago de Chile getötet. Auslöser der Proteste war, daß die Regierung die Einfuhrzölle auf argentinisches Fleisch nicht aufheben wolle.

In einem Memorandum an Zar Nikolaus II. über die politische Situation im Russischen Reich fordert Ministerpräsident Sergei J. Graf Witte die Einführung einer Verfassung (→ 30. 10./S. 176).

Der gesamte Osten des Deutschen Reiches leidet unter einem frühen Wintereinbruch, der die Kartoffelernte bedroht. Die Zahnradbahn Ilmenau–Schleusingen schneit ein. Bei Salzungen erfriert ein von der Arbeit heimkehrender Mann.

23. Oktober, Montag

Die Arbeiter in Prag treten nach einem Aufruf der Sozialdemokraten in einen Streik, um das allgemeine Wahlrecht in Österreich und Ungarn zu erkämpfen. Die Bewegung greift auch auf Mähren, Galizien, Krain, Tirol und andere Gebiete der Habsburgermonarchie über (→ 28. 11./S. 191).

24. Oktober, Dienstag

In Moskau wird der politische Generalstreik proklamiert. Die Streikenden fordern den Sturz des Zarismus und die Errichtung der Republik (→ 30. 10./S. 176).

Für Aufsehen in der Öffentlichkeit und Schadenfreude bei den bürgerlichen Parteien sorgen die Kündigungen von sechs sozialdemokratischen »Vorwärts«-Redakteuren, die Differenzen mit dem SPD-Vorsitzenden August Bebel hatten (→ 27. 2./S. 45). Die bürgerliche Presse bezeichnet den Ausschluß der Redakteure als symptomatisch für die Pressefreiheit bei der SPD.

25. Oktober, Mittwoch

Bei einem Frühstück in der Kaserne des 2. Grenadierregiments in Dresden weist Kaiser Wilhelm II. darauf hin, daß gegenwärtig »jeder wehrhafte junge Deutsche bereit sein muß, für das Vaterland einzutreten«. → S. 178

Das Wiener »Fremdenblatt« fordert in einem scharf formulierten Artikel das Osmanische Reich auf, der internationalen Finanzkontrolle über Makedonien zuzustimmen, um Gewaltmaßnahmen der Großmächte zu vermeiden (→ 23. 11./S. 190).

Der ungarische Ministerpräsident Géza Baron Fejérváry fordert in einem Rundschreiben die Munizipien (autonome Verwaltungseinheiten) auf, freiwillig gezahlte Steuern an die Staatskasse abzuliefern und den sich freiwillig zum Militärdienst Meldenden entsprechende Bescheinigungen auszustellen (→ 21. 6./S. 107).

Die belgische Regierung unter Paul Graf de Smet de Nayer bringt in der Abgeordnetenkammer in Brüssel ihre Gesetzesvorlage über die Befestigung Antwerpens und die Erweiterung des Antwerpener Hafens ein. Sie begründet ihren Vorstoß damit, daß das Land in der Lage sein müsse, seine Neutralität zu sichern. Außerdem sei es notwendig, daß die Schelde von großen Schiffen befahren werden könne.

26. Oktober, Donnerstag

Die schwedische und die norwegische Regierung unterzeichnen in Stockholm die Abmachungen, mit der die seit 1814 bestehende Union der beiden Königreiche aufgehoben wird (→ 7. 6./S. 108). Die schwedische Regierung teilt den ausländischen Staaten mit, daß Schweden Norwegen als unabhängiges Land anerkannt habe (→ 12. 11./S. 192).

König Oscar II. von Schweden lehnt das Angebot des Storting, des norwegischen Parlaments, ab, einen schwedischen Prinzen als neuen König von Norwegen vorzuschlagen (→ 12. 11./S. 192).

Die deutsche Reichsregierung regt bei den Großmächten an, die internationalen Besatzungstruppen, die seit dem Ende des Boxeraufstandes (1901) in China stationiert sind, zurückzuziehen. Dieser Schritt sei durch die Unterzeichnung des russisch-japanischen Friedens von Portsmouth möglich geworden (→ 5. 9./S. 162). Die Mächte stimmen zu.

Bei dem Festbankett nach der Enthüllung eines Denkmals des preußischen Generalfeldmarschalls Helmuth Graf von Moltke in Berlin gibt Kaiser Wilhelm II. in einer Rede die Parole aus: »Das Pulver trocken, das Schwert geschliffen, das Ziel erkannt, die Kräfte gespannt und die Schwarzseher verbannt!« (→ S. 58).

27. Oktober, Freitag

Mit Stichwahlen enden die badischen Landtagswahlen, die am 19. Oktober begonnen haben. Die liberal-demokratischen Blockparteien erringen 29, das Zentrum 28 Sitze. Die Sozialdemokraten entsenden zwölf Vertreter in die Volksvertretung nach Karlsruhe, die Konservativen vier. Blockparteien und SPD hatten ein Wahlbündnis gebildet, um eine Parlamentsmehrheit des Zentrums zu verhindern.

Portugiesische Kolonialtruppen erobern einen Kral bei Quissango in Portugiesisch-Westafrika. 200 Eingeborene und drei Portugiesen sind bei dem Kampf gefallen.

König Oscar II. von Schweden beschließt mit dem Staatsrat in Stockholm, nach der Auflösung der norwegisch-schwedischen Union den Titel »König der Schweden, der Goten und der Wenden« zu führen (→ 12.11./S.192).

28. Oktober, Samstag

In Warschau wird der politische Generalstreik für Russisch-Polen proklamiert. Die Regierung verhängt den dritten Grad des Kriegszustandes, wonach ab 20 Uhr eine Ausgangssperre gilt.

Der Verband Deutscher Geflügelhändler kündigt wegen des Eisenbahnerstreiks in Rußland eine weitere Erhöhung der Fleischpreise an. Auf den russischen Eisenbahnen lägen, so der Verband, mehr als eine halbe Million Gänse, die für 1,5 Mio. Mark von deutschen Händlern gekauft und bezahlt worden seien (→ 29. 11./S. 195).

Der ungarische Ministerpräsident Géza Baron Fejérváry legt in Budapest sein Regierungsprogramm vor. Falls das Oppositionskartell, das im Abgeordnetenhaus die Mehrheit stellt, eine Verständigung mit der Regierung ablehne, werde er Neuwahlen ausschreiben. Ansonsten wolle seine Regierung die Einführung des allgemeinen, geheimen und unmittelbar auszuübenden Wahlrechts durchsetzen (→ 21. 6./S. 107).

29. Oktober, Sonntag

Bei den Nationalratswahlen in der Schweiz behält die Freisinnige Partei mit 104 Sitzen (+4) die Mehrheit. Die Sozialdemokraten, die von allen Parteien bekämpft wurden, verlieren fünf ihrer Sitze und sind nur noch mit zwei Abgeordneten im Parlament vertreten. Zweitstärkste Partei sind die Katholisch-Konservativen (35) vor den Liberalen (19).

30. Oktober, Montag

Zar Nikolaus II. erläßt das Oktobermanifest. → S. 176

Im russischen Großfürstentum Finnland beginnt nach einem Aufruf der Sozialdemokraten ein politischer Massenstreik zur Durchsetzung des allgemeinen Wahlrechts und der Pressefreiheit. Als die Regierung daraufhin einen Erlaß über die Autonomie Finnlands und die Erfüllung aller weiteren Forderungen verabschiedet, wird der Streik am 6. November abgebrochen (→ 4. 11./S. 192).

Das Storting, das norwegische Parlament in Kristiania (Oslo), stimmt mit 87 zu 29 Stimmen dem Regierungsvorschlag zu, wonach der dänische Prinz Carl norwegischer König werden soll (→ 12. 11./S. 192).

Deutsch-ostafrikanische Kolonialtruppen schlagen Sultan Makongola in einem Gefecht bei Muanza. 25 aufständische Eingeborene fallen (→ S. 142).

Die sozialwissenschaftliche Abteilung der Technischen Hochschule in Charlottenburg bietet »freie Fortbildungskurse für Arbeiter an«. Die Gebühr für die vier Monate dauernden Fortbildungsveranstaltungen beträgt 15 Pfennig. Angeboten werden u. a. Schreiben, Rechnen, Moderne Literatur und Gesundheitslehre.

31. Oktober, Dienstag

In Petersburg wird die konstitutionell-Demokratische »Partei der Volksfreiheit« gegründet. → S. 177

In den südwestlichen Gouvernements Rußlands finden Judenpogrome statt, bei denen fast 1000 Menschen ums Leben kommen (→ 30. 10./S. 176).

Das Wetter im Monat Oktober

Station	Mittlere Lufttemperatur (°C)	Niederschlag (mm)	Sonnenscheindauer (Std.)
Aachen	5,9 (10,0)	143,5 (64)	– (123)
Berlin	5,8 (8,8)	85,4 (58)	– (123)
Bremen	6,2 (9,4)	165,9 (47)	– (104)
München	4,0 (7,9)	116,1 (62)	– (130)
Wien	5,8 (9,6)	50,0 (57)	92 (118)
Zürich	4,5 (8,4)	106,0 (80)	84 (108)

( ) Langjähriger Mittelwert für diesen Monat
– Wert nicht ermittelt

Im Fernen Osten ist wieder Ruhe eingekehrt. In der Leipziger »Illustrirten Zeitung« erscheint daraufhin eine Gemeinschaftsanzeige der Sektfirma Henkell und der Süßwarenfirma Stollwerck. Sie bezieht sich auf den Frieden von Portsmouth vom 5. September. Immer häufiger nehmen Firmen für ihre Werbekampagnen politische Themen als Aufhänger. Der Konsum hochwertiger Genußmittel soll ein Gefühl von wirtschaftlicher Solidität suggerieren.

Illustrirte Zeitung

Leipzig, Reudnitzerstraße 1–7.

Nr. 3252. 125. Band. Die Illustrirte Zeitung (Verlag von J. J. Weber in Leipzig) erscheint jeden Donnerstag vormittags. Vierteljährlicher Bezugspreis: durch den Buchhandel 7 M 50 ₰, frei ins Haus 7 M 75 ₰; bei einer Postanstalt bestellt Deutsches Reich 8 M 12 ₰. Deutsche Schutzgebiete 8 M. Österreich 10 K 45 h. Ungarn 10 K 12 h. Schweiz 9 Frs. 95 Cts. In Ägypten, Belgien, Bulgarien, Chile, Dänemark, Italien, Luxemburg, Niederlande, Norwegen, Portugal, Rumänien, Rußland, Schweden, Serbien, Türkei, Uruguay nehmen die Postanstalten Bestellungen zum Preise von 7 M 50 ₰ vierteljährlich, zuzüglich der Bestellgebühren, entgegen. In den übrigen Ländern des Weltpostvereins erfolgt die direkte Zusendung unter Kreuzband halbjährlich für 24 M portofrei. Einzelpreis einer Nummer 1 M. **26. Oktober 1905.**

„Nach dem Frieden“ von C. Jantsy-Horváth.

Oktobermanifest glättet Wogen der Revolution

30. 10., Peterhof. Unter dem unmittelbaren Eindruck des politischen Generalstreiks erläßt Zar Nikolaus II. in seiner Sommerresidenz bei Petersburg das sog. Oktobermanifest. Darin verheißt er bürgerliche Grundrechte und den Zusammentritt einer gesetzgebenden Reichsduma (Parlament), die aus Wahlen hervorgehen soll. Mit dem Manifest erfüllt der Zar die Hauptforderungen der liberalen Opposition, nicht jedoch die der Sozialdemokratie, die die Errichtung einer Republik anstrebt. Die Unruhen im Zarenreich dauern trotz der Ankündigung weiter an.

Der halbherzige Verfassungsentwurf des Zaren vom → 19. Juni (S. 104) hatte die revolutionäre Stimmung im Russischen Reich weiter angeheizt. Ein Ausstand der Eisenbahner am 20. Oktober bildete den Auftakt zu einer allgemeinen politisch motivierten Streikbewegung. Vier Tage nach Ausbruch des Eisenbahnerstreiks wurde in Moskau der politische Generalstreik proklamiert mit der Parole: »Nieder mit der [zaristischen] Selbstherrschaft! Es lebe die demokratische Republik!« Der Streik griff rasch auf Petersburg über und erfaßte weite Teile des Zarenreiches.

Zugeständnisse an die Streikenden sind für den Zaren die einzige Möglichkeit, eine weitere Eskalation zu verhindern. Das Manifest, das in der Hauptsache von Ministerpräsident Sergei J. Graf Witte formuliert wurde, verspricht eine konstitutionelle Monarchie, die Gewährung bürgerlicher Grundrechte und die Wahl eines gesetzgebenden Parlaments (Reichsduma); es stellt ferner die Einführung des allgemeinen Wahlrechts in Aussicht.

Mit dem Einlenken des Zaren haben die bürgerlichen Oppositionsgruppen vieles von dem erreicht, wofür sie gekämpft haben. Der politische Massenstreik wird nach dem Erlaß des Manifests beendet. Es bilden sich bürgerliche Parteien. Auf dem großen Kongreß von Vertretern der Städte und Selbstverwaltungsorgane, der im November in Moskau tagt, wird das Oktobermanifest begrüßt, doch werden weitergehende Veränderungen wie etwa die Abschaffung der Todesstrafe gefordert. Die Regierung Witte jedoch lehnt alle Forderungen ab, die über das Oktobermanifest hinausgehen.

Eine Beruhigung der innenpolitischen Situation tritt daher nicht ein. In Moskau, Petersburg u. a. Städten bilden sich »Sowjets der Arbeiter- und Soldatendeputierten« (→ 20. 12./S. 208), die eine konstitutionelle Monarchie ablehnen und mit Streiks und Terroranschlägen auf den Sturz des Zaren hinarbeiten. Hinzu kommt, daß die nichtrussischen Völker – vor allem die Polen und die Finnen (→ 4. 11./ S. 193) – ein gemeinsames Parlament für die gesamte Monarchie ablehnen. Sie fordern die Zerschlagung des alten Zarenreichs und die Errichtung der »Vereinigten Staaten von Rußland«, einen Staatenbund selbständiger Republiken. Auch gegenüber solchen Bestrebungen zeigt sich die Regierung hart: Witte lehnt am 11. November die Forderung einer polnischen Delegation ab, den Kriegszustand in Russisch-Polen aufzuheben und Polen Autonomie zu gewähren.

Die Unruhen, die nach dem Oktobermanifest andauern, entstehen nicht nur aus revolutionären oder nationalen Motiven: In ganz Rußland rotten sich Bauern und Kleinbürger zusammen, um im Namen des »heiligen Rußland« die »Feinde« des Zaren niederzuwerfen. Da sich unter den Revolutionären viele Juden befinden, richtet sich der Haß der Erzkonservativen vor allem gegen diese Glaubensgemeinschaft (→ 7. 5./S. 92): Bereits einen Tag nach dem Erlaß des Oktobermanifests beginnen vor allem in den südwestlichen Gouvernements Judenpogrome.

Empfang der Vertreter russischer Städte und Semstwos (Selbstverwaltungsorgane) durch den Zaren; Karikatur in der Zeitschrift »Simplicissimus«

»Grundlagen der bürgerlichen Freiheit«

Chronik Dokument

Das Oktobermanifest, das Zar Nikolaus II. unter dem Eindruck der revolutionären Unruhen erläßt, verspricht größere Freiheiten:

». . . Aus den gegenwärtigen Unruhen kann eine . . . Bedrohung für die Unverletzlichkeit und Einheit Unseres Reiches entstehen. Die hohe, durch Unseren Herrscherberuf Uns auferlegte Pflicht befiehlt Uns daher, Uns mit all Unseren Sinnen und mit Unserer ganzen Kraft zu bemühen, um das Aufhören der für den Staat so gefährlichen Wirren zu beschleunigen. Nachdem Wir den in Betracht kommenden Behörden befohlen haben, Maßregeln zu treffen, um die unmittelbaren Kundgebungen, die Unordnung, die Ausschweifung, die Gewalttätigkeiten abzustellen, damit die friedlichen Leute, die das Bestreben haben, ruhig ihre Pflicht zu erfüllen, geschützt werden, haben Wir es für unentbehrlich erkannt, um mit Erfolg die auf die Beruhigung des öffentlichen Lebens abzielenden allgemeinen Maßnahmen zu verwirklichen, die Aktion der obersten Regierung zu vereinheitlichen. Wir legen ferner der Regierung die Pflicht auf, wie folgt Unseren unbeugsamen Willen zu erfüllen:

1. Der Bevölkerung die . . . Grundlagen der bürgerlichen Freiheit zu verleihen, die gegründet ist auf die . . . Unverletzlichkeit der Personen, auf die Freiheit der Gewissen, der Rede, der Versammlungen und Vereinigungen.

2. Ohne die früher angeordneten Wahlen für die Staatsduma aufzuschieben, zur Teilnahme an der Duma in dem Maße, als es die Kürze der bis zur Einberufung der Duma noch ablaufende Zeit gestattet, auch jene Klassen der Bevölkerung, welche jetzt des Wahlrechtes völlig entbehren, einzubeziehen und an der Gesetzgebung teilhaben zu lassen.

3. Als unerschütterliche Regel aufzustellen, daß kein Gesetz in Kraft treten kann ohne Genehmigung der Staatsduma und daß den Erwählten des Volkes die Möglichkeit der wirklichen Teilnahme an der Überwachung der Gesetzlichkeit der Handlungen der von Uns ernannten Behörden gewährleistet wird.«

Die meist dem liberalen Bürgertum angehörenden Semstwo-Mitglieder fordern weitergehende Zusagen.

Die großen Parteien formieren sich

31. 10., Petersburg. In der russischen Hauptstadt endet der Gründungsparteitag der konstitutionell-demokratischen »Partei der Volksfreiheit« (Kadetten). Diese radikalliberale Partei entsteht durch die Vereinigung der im »Befreiungsbund« organisierten liberalen Intelligenz unter der Führung von Pawel N. Miljukow und der monarchistischen Semstwo-Adligen unter Iwan I. Petrunkewitsch.

Sie ist nur eine von vielen politischen Gruppierungen, die sich nach dem Erlaß des Oktobermanifestes (→ 30. 10. / S. 176) im Hinblick auf die ersten Parlamentswahlen bilden: Als bedeutendste Organisation rechtskonservativer Kräfte wird am 30. November der »Bund des russischen Volkes« gegründet. Am 17. Dezember formiert sich der »Verband des 17. Oktober« (Oktobristen). Diese konservativ-liberale Partei setzt sich für eine starke Monarchie ein.

Am 21. November trifft Wladimir I. Lenin, aus Genf kommend, in Petersburg ein und übernimmt die Leitung des Zentralkomitees der Sozialdemokratischen Arbeiterpartei Rußlands (SDAPR). Auf einer Konferenz der SDAPR in Tammerfors (Tampere) wird beschlossen, auf einem Parteitag die Vereinigung von Bolschewiki und Menschewiki zu vollziehen.

Maßgebliche Teilnehmer des Londoner SDAPR-Kongresses Ende April

Lenin – Führer der Bolschewiki

Stalin, seit 1903 in der SDAPR

Lenin: Proletariat gegen Bourgeoisie

Chronik Zitat

In seinem Werk »Zwei Taktiken der Sozialdemokratie in der demokratischen Revolution«, das Ende Juli 1905 in Genf in russischer Sprache erscheint, entwickelt Wladimir I. Lenin die Theorie vom Hinüberwachsen der bürgerlich-demokratischen in die sozialistische Revolution. Dabei fordert Lenin, der innerhalb der Sozialdemokratischen Arbeiterpartei Rußlands (SDAPR) die Fraktion der radikalen Bolschewiki führt, die Hegemonie des Proletariats in der Revolution, da die Bürgerlichen die Interessen von Proletariat und Bauernschaft verraten würden. Er charakterisiert die drei politischen Hauptrichtungen:

»Die zaristische Regierung findet sich mit der Notwendigkeit ab, Volksvertreter einzuberufen, will aber auf keinen Fall zulassen, daß deren Versammlung eine vom ganzen Volk gewählte und eine konstituierende Versammlung ist.

Das revolutionäre Proletariat, soweit es unter Führung der Sozialdemokratie steht, fordert den vollständigen Übergang der Macht an eine konstituierende Versammlung und erstrebt zu diesem Zweck nicht nur das allgemeine Wahlrecht, ... sondern außerdem den unverzüglichen Sturz der zaristischen Regierung und ihre Ersetzung durch eine provisorische revolutionäre Regierung.

Die liberale Bourgeoisie schließlich, die ihre Wünsche durch den Mund der Führer der sogenannten Konstitutionell-Demokratischen Partei zum Ausdruck bringt, fordert nicht den Sturz der zaristischen Regierung, stellt nicht die Losung einer provisorischen Regierung auf und besteht nicht auf realen Garantien dafür, daß die Wahlen vollkommen frei und korrekt durchgeführt werden und daß die Vertreterversammlung zu einer tatsächlich vom ganzen Volk gewählten und zu einer tatsächlich konstituierenden Versammlung wird. Im Grunde erstrebt die liberale Bourgeoisie . . . einen möglichst friedlichen Ausgleich zwischen dem Zaren und dem revolutionären Volk, und zwar einen solchen Ausgleich, bei dem ihr, der Bourgeoisie, am meisten, dem revolutionären Volk dagegen, dem Proletariat und der Bauernschaft, am wenigsten Macht zuteil würde.«

Militarismus marschiert

Die militärischen Erfolge der von der Krone und vom Adel geführten Armee in den sog. Einigungskriegen – dem Deutschen Krieg von 1866, in dem Preußen halb Deutschland erobert hat, und dem Deutsch-Französischen Krieg von 1870/71 – haben die Streitkräfte zum dominierenden Faktor in Staat und Gesellschaft gemacht.

Bereits seit dem 18. Jahrhundert waren in weiten Teilen Deutschlands, vor allem in Preußen, militärische Normen und Denkweisen auch für das Bürgertum weitgehend verbindlich. Seit Preußen der dominierende Staat im Deutschen Reich und der König von Preußen zugleich deutscher Kaiser ist, hat die Militarisierung alle gesellschaftlichen Schichten erfaßt.

Die einzigartige Stellung des Militärs, das quasi einen Staat im Staat bildet, beruht auf einer kaum eingeschränkten Autonomie:

- ▷ Der Fahneneid wird nicht auf die Verfassung, sondern auf den Monarchen geschworen. Bestimmend für das Verhältnis der Offiziere zum preußisch-deutschen Staat ist damit die persönliche Beziehung zum Herrscher
- ▷ Da die Armee der alleinigen Kommandogewalt des Kaisers untersteht, befindet sie sich in einem außerverfassungsmäßigen Freiraum und ist der parlamentarischen Kontrolle weitgehend entzogen
- ▷ Die eigenständige Militärgerichtsbarkeit entzieht die Konfliktregelung innerhalb des Militärs der Öffentlichkeit und schafft eine vom Korpsgeist geprägte »Anstaltsgewalt«.

Seit der Entlassung Otto von Bismarcks als Reichskanzler im Jahr 1890 gibt es im Deutschen Reich keine Instanz mehr, die den Argumenten der Militärs gegenüber politische Prioritäten durchsetzen kann oder will. Am augenfälligsten ist dies zu Beginn des Jahrhunderts bei der Flottenrüstung, wo der Kaiser als Oberbefehlshaber der Streitkräfte und die ihm unterstehende Marineverwaltung Hand in Hand arbeiten (→ 1. 4./S. 74).

Die maßgeblichen Gruppen der wilhelminischen Gesellschaft, aber auch das Kleinbürgertum bis hin zur Arbeiterschaft, richten sich nach den militärischen Wert- und Ehrenvorstellungen, die Kaiser Wilhelm II. immer wieder in martialischen Reden vorträgt (→ S. 58). Das konservative und national gesinnte Bürgertum sieht in der Aufnahme seiner Söhne in das Offizierskorps die Krönung des gesellschaftlichen Aufstiegs.

Zwar geht wegen der Vergrößerung des Offizierskorps der Adligenanteil prozentual stetig zurück, die neu hinzukommenden Bürgerlichen werden jedoch durch ein ausgeklügeltes Auswahlverfahren in die adelige Kriegerkaste eingeschmolzen: Die Kommandeure und Offizierskorps der einzelnen Regimenter bestimmen allein, wer als Offiziersbewerber aufgenommen und wem die Qualifikation als Reserveoffizier zuerkannt wird. Die Zugehörigkeit zum Offiziersstand wird durch die »richtige« Gesinnung erreicht.

Für das industrielle und gewerbliche Bürgertum hat die soziale Militarisierung eindeutige Vorteile: Arbeiter, die den Militärdienst absolviert haben, gelten als verläßlicher gegenüber solchen, die noch nicht in der Kaserne auf Gehorsam und Disziplin gedrillt worden sind. Wer durch »die Schule der Armee« gegangen ist, hat nicht nur Monate oder Jahre politischer und ideologischer Indoktrination hinter sich, er bringt nach Ansicht von Fabrikherren mit seinen »militärischen Tugenden« auch die besten »industriellen Tugenden« mit.

Die Erziehung zu Unterordnung und Gehorsam beginnt jedoch nicht erst während des Militärdienstes. Bereits in den Volksschulen bilden »Zucht und Ordnung« die höchsten Ziele. Nach der Schule besteht die Möglichkeit, in paramilitärische Jugendverbände einzutreten. Ihr Ziel ist es, in männlichen Kindern und Jugendlichen frühzeitig kriegerische Eigenschaften zu wecken und heranzubilden, um die Wehrfähigkeit des Deutschen Reiches zu erhöhen. Zu den bekanntesten dieser »Jugendwehren« zählt der 1897 in Swinemünde gegründete »Jungsturm«. Er verfolgt das Ziel, deutsche Jungen »zu wehrhaften Männern zu machen«.

▷ Kaiser Wilhelm II. (vorn, heller Mantel) während einer Pause bei den großen deutschen Herbstmanövern in der Rheinprovinz; neben dem Monarchen steht General von Gayl.

△ Wilhelm II. (reitend l. neben der Standarte) bei den »Kaisermanövern« in Mühlhausen in Thüringen. Manöver sind für Wilhelm stets willkommene Anlässe zur Repräsentation.

◁ Der deutsche Kronprinz Wilhelm (M.) mit Offizieren seiner Kompanie beim Manöver. Seit das Bürgertum immer stärker in das Offizierskorps einströmt, schließt sich die Aristokratie zunehmend in einzelnen Eliteregimentern ab.

◁ »Der Arbeiter Drews aus Altona mit seiner Frau und seinen sieben Söhnen«. Die »Sonntagszeitung« bildet diese kinderreiche Familie ab, weil Kaiser Wilhelm II. bei dem jüngsten Kind, das die Mutter auf dem Arm trägt, die Patenschaft übernimmt. Ehe die Familie im Verlaufe einer Parade in Altona vom Kaiser empfangen wird, kleidet der Vater seinen Nachwuchs komplett als Gardeulanen ein. Der preußische Militarismus greift auf diese Weise früh in Familienleben und Erziehung der Kinder ein.

Die Wehrfähigkeit gerät in Gefahr

Chronik Zitat

In der Verstädterung sieht der Militärexperte Walter Abelsdorff eine Gefahr für die »Wehrfähigkeit der deutschen Nation«. In der Zeitschrift »Die Woche« (Nr. 31/1905) geht er diesem Problem nach:

»Wir wissen heute: Die Struktur des großstädtischen sozialen Körpers ist durch die Zuwanderungen in den letzten Jahrzehnten völlig gewandelt worden; die Zahl der Großstädte und die Bevölkerungsdichtigkeit in ihnen wachsen weiter rapid [→ 1. 12./S. 204], und eine bisher noch nicht gelöste Frage drängt sich unwillkürlich uns auf: Welchen Effekt zeigt diese stete Wanderung zur Großstadt in bezug auf die Wehrfähigkeit unseres deutschen Volkes? . . .
Klimawandlungen des sozialen Milieus, Veränderungen in der Lebenshaltung der Individuen werden mit den Verpflanzungen vom Land in das nervenkonsumierende Großstadtgetriebe unvermeidbar sein . . . [Es folgt statistisches Zahlenmaterial.] Ohne Rücksicht auf den Beruf stellen also im allgemeinen die Landgeborenen mehr Wehrfähige als die Klein- und Mittelstädter, diese aber wieder mehr Taugliche als die Großstädter . . .
Staatsminister [Arthur] Graf von Posadowsky[-Wehner] hat erst am 2. März im Reichstag von neuem betont, daß aus den bisherigen . . . Erhebungen mit gewisser Wahrscheinlichkeit hervorgeht, ›daß die rein städtische industrielle Bevölkerung eine gewisse Schwächung des Organismus zeigt‹, und daß daraus auch der andere Schluß folgt, ›daß das, was wir zum Wohl und Schutz der Fabrikarbeiter tun, auch dazu führt, die Wehrfähigkeit unserer städtischen Bevölkerung zu erhalten und zu stärken‹ . . . Bauen wir Landorte – aber in respektvoller Entfernung von der großstädtischen Agglomeration zu ländlichen Industrieorten aus, erschließen wir jedwedes Gelände durch Angliederung an unser Eisenbahnnetz zur Erhaltung der Wehrkraft unseres Volkes!«

Immer mehr Menschen wehren sich gegen Zerstörung

In einer Zeit ungebremsten Wirtschaftswachstums und technischen Fortschritts stellen immer mehr Menschen die Frage nach dem Erhalt naturgewachsener Landschaft und nach dem Schutz der Gesundheit.
Während die Vertreter solcher Ideen noch Anfang der 90er Jahre als rückständige »Romantiker« belächelt wurden, hat der Naturschutzgedanke innerhalb weniger Jahre eine Bewegung entstehen lassen, der inzwischen Menschen aus allen Schichten angehören. 1905 z. B. unterzeichnen einige der prominentesten Wirtschaftswissenschaftler einen Aufruf zum Schutz der Laufenburger Stromschnellen, der sog. Laufen, am Oberrhein; die Industrie will dieses Naturdenkmal durch die Anlage eines Staudamms für die Elektrizitätsgewinnung vernichten. Zu den Unterzeichnern gehören u. a. Max Sering, Werner Sombart und Max Weber sowie der Politiker Friedrich Naumann.
1904 schlossen sich Naturschützer aus ganz Deutschland in Schöneberg (Berlin) zum »Deutschen Bund Heimatschutz« zusammen. Die Vereinigung will die Naturschönheiten, die als Ausdruck von Kultur und »Heimat« gesehen werden, erhalten.
Als Begründer der neuen Bewegung gilt der Botaniker Hugo Conwentz. Er ist seit 1880 Direktor des westpreußischen Provinzialmuseums in Danzig und in dieser Funktion zum Vorkämpfer für die Erhaltung schützenswerter, naturschöner Landschaften geworden. Um 1900 prägte er in Anlehnung an die Denkmalpflege den Begriff »Naturdenkmalpflege«. In seiner Schrift »Die Gefährdung der Naturdenkmäler und Vorschläge zu ihrer Erhaltung« (1904) plädiert er für die »Unterschutzstellung natürlicher Erinnerungszeichen an erd- oder naturgeschichtliche Ereignisse« und fordert die Errichtung einer staatlichen Stelle für Naturdenkmalpflege. U. a. auf eine Initiative von Conwentz hin erließ der preußische Staat 1902 ein Gesetz gegen die Verunstaltung landschaftlich hervorragender Gegenden durch Reklameschilder. Hessen verband im selben Jahr die Naturschutzgesetzgebung mit einem Denkmalschutzgesetz.

Gebirgseinbrüche mit Grundwasserseen über einem stillgelegten Untertagebergwerk in Böhmen

Das Königliche Gesundheitsamt läßt in der Reichshauptstadt Berlin »Staubfänger« zur Untersuchung des Straßenstaubs anbringen. Der in offenen Blechkästen gesammelte Staub wird von Chemikern auf Krankheitserreger untersucht. Das Interesse gilt dabei gesundheitsgefährdenden Substanzen, die die Atmungsorgane schädigen. Die Staubfänger selber sind etwa 50 cm hoch. Der in der Leipziger »Illustrirten Zeitung« abgebildete Staubbehälter befindet sich am Opernplatz an der Seite zur Prachtstraße Unter den Linden.

Zu den Industriezweigen, die unberührte Landschaften nachhaltig verändern, gehört der Bergbau. Dabei läßt nicht nur der Übertagebau riesige Mondlandschaften entstehen; auch beim Untertagebau werden ganze Landschaften vernichtet: Schilder mit Totenkopf warnen vor dem Betreten einst blühender Landstriche wegen der Gefahr von Tagebrüchen. Aber auch wo diese Veränderungen nicht augenfällig sind, an Stellen wo sich der Boden nur langsam über den Untertagestollen senkt, ist die Zerstörung offensichtlich: Gute Heuwiesen werden sauer und Ackerböden für den Getreideanbau zu feucht.
Alarmierende Nachrichten kommen auch aus Großbritannien: Die Zeitungen beklagen einen starken Rückgang der Geburtenziffern in Verbindung mit einem drastischen Anstieg der Kindersterblichkeit. Als auffällig bezeichnen die Blätter die Tatsache, daß von den 76 größten Städten des Landes die Baumwollindustriestädte in Lancashire den größten Prozentsatz an Kindersterblichkeit aufweisen.

Ruhr, Rheinland, Harz: Waldsterben überall

In Ballungszentren wie dem Ruhrgebiet, München, Hamburg und Berlin ist es 1905 nicht mehr möglich, Nadelhölzer zu ziehen. Die Abgase der privaten und industriellen Feuerungsanlagen, in denen zumeist Kohle verbrannt wird, setzen dem Wachstum und der Erhaltung des Waldes neue Grenzen.
Besonders kraß sind die Schäden dort, wo schwefelhaltige Stoffe verbrannt werden: In ihrer Nähe verschwindet jede Vegetation, und der Boden wird vollständig kahl. Ist das umgebende Gelände zudem hügelig oder gebirgig wie bei der Clausthaler Silberhütte im Oberharz, wird außerdem die Erde vom Regenwasser weggewaschen. Auf diese »Rauchblöße« folgt im Oberharz absterbender Fichtenforst mit gelblichgrünen, kleinen Nadeln und kahlen Kronen.
Ähnlich verhält es sich mit den Laubwäldern: Ebenso wie im Oberharz findet sich im Eschweiler Wald bei Stolberg im Rheinland in der Umgebung der Hütte Birkengang eine völlige »Rauchblöße«. Die ersten Eichen hinter dieser Kahlfläche gleichen eher Büschen: Sie werden höchstens 50 cm hoch und wachsen in die Breite statt in die Höhe; hochwachsende Zweige sterben ab. Mit wachsender Entfernung von der Hütte werden die Stämme größer.

Müllabfuhr wird zum großen Problem

Müllabfuhr und Müllverwertung bilden in den Großstädten eines der wichtigsten volkswirtschaftlichen Probleme. In der Diskussion sind Hausmüll, Pferdemist und Straßenabfälle, weniger der Industriemüll.
Meist wird der abgefahrene Müll auf Stapelplätzen vor der Stadt gelagert und dort der Zersetzung überlassen. Hinzu kommen in den Großstädten Müllverbrennungsanlagen. Die Gase, die in solchen »Kehrichtöfen« entstehen, werden durch hohe Schornsteine abgeführt. Die Rückstände können beim Straßenbau verwendet oder zu Zement, Desinfektionsmitteln u. a. verarbeitet werden. Die Erfolge bei der Müllverbrennung sind unterschiedlich: Während aus steinkohlereichen Bezirken keine Probleme gemeldet werden, bleibt in Gebieten, wo viel Braunkohle verbrannt wird, eine nicht verwertbare Asche zurück.

Elektrische Hebevorrichtung zur staubfreien Entleerung von Müllwagen soll die Umwelt entlasten.

»Ideale Werte in den Schönheiten unserer Heimat«

Chronik Zitat

Der Nationalökonom Karl Johannes Fuchs, Professor in Freiburg im Breisgau, umreißt in einem Artikel in der Zeitschrift »Die Woche« (Nr. 38/1905) die Ziele der Naturschutzbewegung und fordert zu einer »Naturschutzgesetzgebung« ähnlich der »Arbeiterschutzgesetzgebung« auf:

»Die in den gebildeten Kreisen unseres Volkes seit kurzem rasch anschwellende kulturelle Bewegung für Heimat- und Naturschutz bezweckt, unserer Heimat möglichst die Schönheiten der Natur und Kultur zu erhalten, die ihr die Jahrhunderte verliehen haben. Eine dreifache Gefahr ist es nun, die . . . diesen Schönheiten droht. Vor allem die Zerstörung von Naturschönheiten durch die industrielle Entwicklung, durch . . . Eisenbahnen usw., dann die Ausschlachtung und Vernichtung von Naturschönheiten durch Reklamen, Aussichtstürme, Hotels und dgl., endlich die ›stilvolle‹ Restaurierung oder der Ausbau von verfallenen, unvollendet gebliebenen oder in anderm Stil fortgesetzten Bauwerken . . .
Nur die erste ist hier zu behandeln. Sie ist besonders groß, wo die Industrie, wie z. B. überall am Mittel- und Oberrhein, nicht in den Städten konzentriert ist, sondern auch auf das Land sich ausbreitet. Nun ist aber das Bestreben, gegen diese Ausdehnung der Industrie die Schönheiten der Heimat in Schutz zu nehmen, keineswegs notwendig wirtschaftlich reaktionär und industriefeindlich. Freilich der Vorläufer dieser Bewegung in England, John Ruskin, war Romantiker in diesem Sinn, ein ausgesprochener Feind der Industrie, der Maschinen und der durch sie gebrachten Arbeitsteilung. Dagegen von der Mehrzahl des vor einem Jahr gegründeten ›Bundes Heimatschutz‹ gilt dies jedenfalls nicht. Wir finden darunter, neben vielen ganz modernen Künstlern zumeist der jüngeren Generation, zahlreiche, ganz nüchterne und praktische Beamte und vor allem auch eine Anzahl von Nationalökonomen . . . Der vor kurzem von dem Bund erlassene Aufruf gegen die Zerstörung der Laufenburger Stromschnellen durch ein großes Kraftübertragungswerk trägt die Unterschrift von zehn Professoren . . . – der beste Beweis, daß die Heimatschutzbewegung nicht eine die wirtschaftlichen Verhältnisse ignorierende romantische Künstlerlaune ist, sondern von nationalökonomischen Fachmännern der verschiedensten Richtungen . . . unterstützt wird, in der Überzeugung, daß es wohl möglich und geradezu eine Hauptaufgabe unserer Zeit ist, die Interessen der wirtschaftlichen Entwicklung und der ästhetischen Kultur zu versöhnen. In vielen, ja wohl in den meisten Fällen bestehen in Wirklichkeit überhaupt keine Interessenkonflikte. Es handelt sich nur darum zu erreichen, daß überhaupt auf diese ästhetischen Anforderungen geachtet und neben dem Techniker auch ein künstlerischer Sachverständiger zugezogen wird. Es kommt meist nur auf die Form der Ausführung . . . an, ob eine industrielle Anlage, eine Eisenbahn und dergleichen das landschaftliche Bild verdirbt oder ihm umgekehrt neue Reize hinzufügt. Bei ihren Arbeiterhäusern hat übrigens die deutsche Industrie dieses ästhetische Moment selbst unter bedeutenden Mehraufwendungen schon in hervorragendem Maß anerkannt . . .
Es gibt in den Schönheiten unserer Heimat ideale Werte von solcher Größe, daß kein Vorteil neuerer und industrieller Entwicklung ihre Vernichtung aufwiegen kann. Über die Gewährung des menschenwürdigen Daseins hinaus ist ja der Zweck der Volkswirtschaft, eine höhere, verfeinerte Kultur zu schaffen. Wozu aber die Steigerung des Reichtums, wenn mit der Zerstörung idealer Güter die Möglichkeit zu verfeinertem Lebensgenuß immer mehr genommen wird? Der Fortschritt des Reichtums wird hier zum Rückschritt der Kultur . . . Es gilt auch hier, aufzuräumen mit einem Überbleibsel aus der Zeit des wirtschaftlichen Liberalismus: Der Meinung, daß der Kapitalismus sich überall schrankenlos durchsetzen müsse und dürfe. Gerade so gut, wie man ihm schon seit längerer Zeit in der Arbeiterschutzgesetzgebung Schranken gezogen hat in der Ausnützung der Arbeitskraft des Menschen, müssen ihm auch prinzipiell Schranken gezogen werden in der Ausnützung der Natur.«

Verkehr 1905:

Eisenbahn im Zwielicht

Chronik Übersicht

Die große Zahl der Eisenbahnunfälle ist das Thema, das die Öffentlichkeit im Jahr 1905 am meisten beschäftigt. Die Katastrophen (→ 7. 8./S. 152) um das meistgenutzte Verkehrsmittel lassen den Ruf nach einer völligen Umgestaltung des Sicherheitswesens auf der Schiene laut werden: Das Leben der Reisenden soll nicht mehr davon abhängig sein, ob ein vielleicht übermüdeter Beamter ein Signal übersieht oder nicht; verlangt wird eine weitgehende Automatisierung.

Davon ist die Eisenbahn jedoch weit entfernt. So gibt es nach Ansicht von Experten auf den eingleisigen Strecken – auf ihnen ereignen sich die meisten Unfälle – derzeit nur ein einziges System, das Stab- oder Knüttelsystem: Um eine bestimmte Strecke durchfahren zu können, muß der Lokomotivführer einen besonders gekennzeichneten Stab erhalten haben; da nur ein einziger solcher Stab je Streckenabschnitt existiert, sind Zusammenstöße ausgeschlossen. In den USA ist dieses Prinzip unter dem Namen »Staff-System« erprobt worden, doch führen Fachleute eine heftige Debatte über die Einführung des Systems im Deutschen Reich. Auf weniger befahrenen eingleisigen Strecken wird hier weiter auf umständliche Weise signalisiert, ob die Strecke frei oder belegt ist. Die Öffentlichkeit fordert daher den Ausbau der eingleisigen zu zweigleisigen Strekken, wo bessere Sicherungsmechanismen existieren.

Die Zahlen des Kaiserlich Statistischen Amtes liefern den Beleg dafür, daß der Eisenbahnbau trotz steigender Unfallzahlen energisch vorangetrieben wird. So ist die Länge der vollspurigen Staats- und Privatbahnen seit 1900 um 11,4% auf 54 680 km angewachsen, die Zahl der verunglückten Reisenden hat sich im selben Zeitraum um 22,6% erhöht. Von den 3731 Menschen, die 1905 bei Zugunfällen im Deutschen Reich verletzt werden, sterben 1117, das sind 31% mehr als noch vor drei Jahren; im selben Zeitraum ist die Zahl der beförderten Personen um 25,3% auf 1,1 Mio. gestiegen.

Die Eisenbahn ist zwar immer noch das dominierende Verkehrsmittel; in den von einem Benzinmotor angetriebenen Kraftwagen erwächst ihr jedoch langsam Konkurrenz. In Berlin und anderen Großstädten ersetzen Automobil-Omnibusse die Pferdebahnen. Die steigende Zahl der Automobile und die immer höheren Geschwindigkeiten werfen erhebliche Probleme auf. Die Zahl der Unfälle, vor allem mit tödlichem Ausgang, steigt rapide an. Die Staatsorgane versuchen durch entsprechende Gegenmaßnahmen die »Autoflut« in den Griff zu bekommen. Im Deutschen Reich sowie in Österreich-Ungarn wird die Einführung von Autokennzeichen diskutiert; im Jahre darauf werden sie in beiden Ländern Wirklichkeit.

Die durch steigende Rüstungsausgaben und die Kolonialkriege erheblich anwachsende Staatsverschuldung führt schließlich dazu, daß im Deutschen Reich die Einführung der Kraftfahrzeugsteuer in Erwägung gezogen wird.

In Paris verkehrt 1905 der erste Automobil-Omnibus. Er wirbt für eine gleichzeitig stattfindende Automobil-Ausstellung in der Seine-Metropole.

Darstellung der »Illustrated London News«, die den Rang der Unfallverursacher deutlich machen soll.

Pferdegezogene Verkehrsmittel verursachen die meisten Unfälle

Nach einer Statistik, die die Zeitschrift »Illustrated London News« zusammengestellt hat, werden die meisten Unfälle auf den Straßen der britischen Hauptstadt durch Pferdefuhrwerke und Fahrräder verursacht. Diese Aufstellung ist eine geschickte Propaganda für das neue Verkehrsmittel und ein Zerrbild der Wirklichkeit: Sie berücksichtigt den Durchschnittswert von neun Jahren – vor neun Jahren aber fuhr noch so gut wie kein einziges Automobil.

Für Paris ermittelt die Zeitschrift ein ähnliches Bild: In einem einzigen Jahr (1904) sollen von Pferden gezogene Verkehrsmittel an 2876 Unfällen, Motorwagen hingegen nur an 324 Unfällen beteiligt gewesen sein. Wie in London stellen in Paris die Fahrradfahrer mit 848 Unfällen die zweitstärkste Gruppe der »Unfallfahrer«.

Boulevard nahe der Avenue des Champs-Elysées in Paris: Unter die pferdegezogenen Wagen mischen sich immer mehr Automobile.

Der erste Senkkasten zum Bau der Métro-Strecke unter der Seine in Paris

So stellt sich ein Wissenschaftsjournalist das Straßburg der Zukunft vor und verweist auf die Wuppertaler Schwebebahn.

Bau des neuen Hamburger Zentralbahnhofs. Hier sollen alle Bahnen der Stadt zusammenlaufen.

Großstädte wappnen sich für den Verkehr der Zukunft

Im Bau von elektrischen Schnellbahnen mit weitgehend unterirdischem Verlauf sehen die Planer in den Großstädten die einzige Möglichkeit, die rapide anwachsende Personenbeförderung in den Griff zu bekommen. So laufen in Paris die Erweiterungsarbeiten an der Métro, die 1900 eröffnet wurde, auf Hochtouren. Das gleiche gilt für Berlin. Ebenso wie in Paris wird hier das 1902 in Betrieb genommene U-Bahn-Netz an Knotenpunkten mit den anderen Nahverkehrsmitteln verzahnt: Durch Umsteigen wird der Wechsel von der Untergrund- auf die elektrische Hochbahn, auf die elektrische Straßenbahn oder auf die dampfbetriebene Stadtbahn ermöglicht.

Inneres in einem US-amerikanischen Pullmanwagen

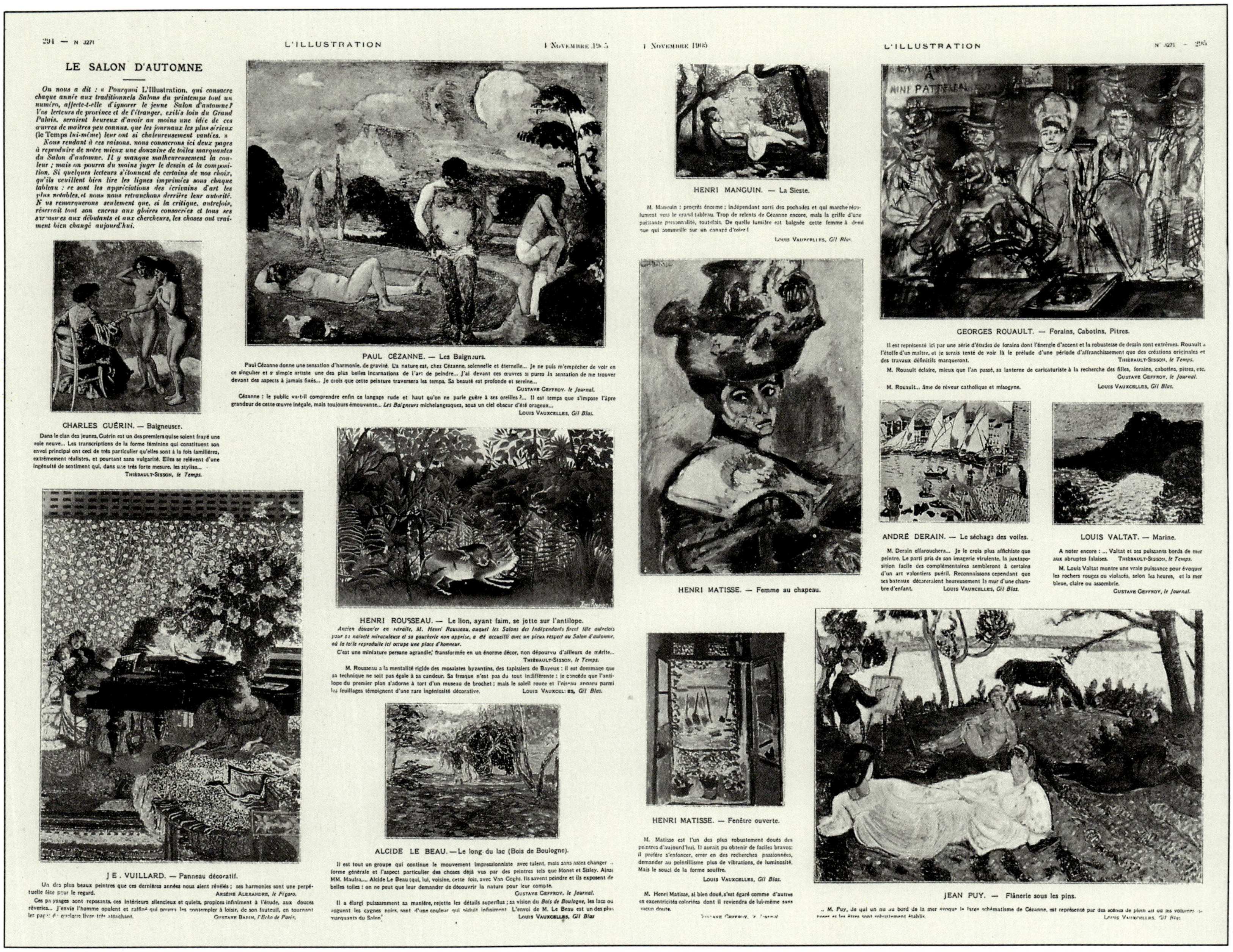

294 — N° 3271 L'ILLUSTRATION 1er Novembre 1905 | 1er Novembre 1905 L'ILLUSTRATION N° 3271 — 295

LE SALON D'AUTOMNE

On nous a dit : « Pourquoi L'Illustration, *qui consacre chaque année aux traditionnels Salons du printemps tout un numéro, affecte-t-elle d'ignorer le jeune Salon d'automne? Vos lecteurs de province et de l'étranger, exilés loin du Grand Palais, seraient heureux d'avoir au moins une idée de ces œuvres de maîtres peu connus, que les journaux les plus sérieux* (le Temps *lui-même*) *leur ont si chaleureusement vantées. »*

Nous rendant à ces raisons, nous consacrons ici deux pages à reproduire de notre mieux une douzaine de toiles marquantes du Salon d'automne. Il y manque malheureusement la couleur ; mais on pourra du moins juger le dessin et la composition. Si quelques lecteurs s'étonnent de certains de nos choix, qu'ils veuillent bien lire les lignes imprimées sous chaque tableau : ce sont les appréciations des écrivains d'art les plus notables, et nous nous retranchons derrière leur autorité. Nous remarquerons seulement que, si la critique, autrefois, réservait tout son encens aux gloires consacrées et tous ses sarcasmes aux débutants et aux chercheurs, les choses ont vraiment bien changé aujourd'hui.

PAUL CÉZANNE. — Les Baigneurs.

Paul Cézanne donne une sensation d'harmonie, de gravité. La nature est, chez Cézanne, solennelle et éternelle... Je ne puis m'empêcher de voir en ce singulier et si simple artiste une des plus belles incarnations de l'art de peindre... J'ai devant ces œuvres si pures la sensation de me trouver devant des aspects à jamais fixés... Je crois que cette peinture traversera les temps. Sa beauté est profonde et sereine...

GUSTAVE GEFFROY, *le Journal.*

Cézanne : le public va-t-il comprendre enfin ce langage rude et haut qu'on ne parle guère à ses oreilles ?... Il est temps que s'impose l'âpre grandeur de cette œuvre inégale, mais toujours émouvante... *Les Baigneurs* michelangesques, sous un ciel obscur d'été orageux...

LOUIS VAUXCELLES, *Gil Blas.*

CHARLES GUÉRIN. — Baigneuses.

Dans le clan des jeunes, Guérin est un des premiers qui se soient frayé une voie neuve... Les transcriptions de la forme féminine qui constituent son envoi principal ont ceci de très particulier qu'elles sont à la fois familières, extrêmement réalistes, et pourtant sans vulgarité. Elles se relèvent d'une ingénuité de sentiment qui, dans une très forte mesure, les stylise...

THIÉBAULT-SISSON, *le Temps.*

HENRI MANGUIN. — La Sieste.

M. Manguin : progrès énorme ; indépendant sorti des pochades et qui marche résolument vers le grand tableau. Trop de relents de Cézanne encore, mais la griffe d'une puissante personnalité, toutefois. De quelle lumière est baignée cette femme à demi nue qui sommeille sur un canapé d'osier !

LOUIS VAUXCELLES, *Gil Blas.*

GEORGES ROUAULT. — Forains, Cabotins, Pitres.

Il est représenté ici par une série d'études de forains dont l'énergie d'accent et la robustesse de dessin sont extrêmes. Rouault a l'étoffe d'un maître, et je serais tenté de voir là le prélude d'une période d'affranchissement que des créations originales et des travaux définitifs marqueront.

THIÉBAULT-SISSON, *le Temps.*

M. Rouault éclaire, mieux que l'an passé, sa lanterne de caricaturiste à la recherche des filles, forains, cabotins, pitres, etc.

GUSTAVE GEFFROY, *le Journal.*

M. Rouault... âme de rêveur catholique et misogyne.

LOUIS VAUXCELLES, *Gil Blas.*

HENRI MATISSE. — Femme au chapeau.

ANDRÉ DERAIN. — Le séchage des voiles.

M. Derain effarouchera... Je le crois plus affichiste que peintre. Le parti pris de son imagerie virulente, la juxtaposition facile des complémentaires sembleront à certains d'un art volontiers puéril. Reconnaissons cependant que ses bateaux décoreraient heureusement le mur d'une chambre d'enfant.

LOUIS VAUXCELLES, *Gil Blas.*

LOUIS VALTAT. — Marine.

A noter encore : ... Valtat et ses puissants bords de mer aux abruptes falaises.

THIÉBAULT-SISSON, *le Temps.*

M. Louis Valtat montre une vraie puissance pour évoquer les rochers rouges ou violacés, selon les heures, et la mer bleue, claire ou assombrie.

GUSTAVE GEFFROY, *le Journal.*

HENRI ROUSSEAU. — Le lion, ayant faim, se jette sur l'antilope.

Ancien douanier en retraite, M. Henri Rousseau, auquel les Salons des Indépendants firent fête autrefois pour sa naïveté miraculeuse et sa gaucherie non apprise, a été accueilli avec un pieux respect au Salon d'automne, où la toile reproduite ici occupe une place d'honneur.

C'est une miniature persane agrandie, transformée en un énorme décor, non dépourvu d'ailleurs de mérite...

THIÉBAULT-SISSON, *le Temps.*

M. Rousseau a la mentalité rigide des mosaïstes byzantins, des tapissiers de Bayeux : il est dommage que sa technique ne soit pas égale à sa candeur. Sa fresque n'est pas du tout indifférente : je concède que l'antilope du premier plan s'adorne à tort d'un museau de brochet ; mais le soleil rouge et l'oiseau apparu parmi les feuillages témoignent d'une rare ingéniosité décorative.

LOUIS VAUXCELLES, *Gil Blas.*

J.-E. VUILLARD. — Panneau décoratif.

Un des plus beaux peintres que ces dernières années nous aient révélés ; ses harmonies sont une perpétuelle fête pour le regard.

ARSÈNE ALEXANDRE, *le Figaro.*

Ces paysages sont reposants, ces intérieurs silencieux et quiets, propices infiniment à l'étude, aux douces rêveries... J'envie l'homme opulent et raffiné qui pourra les contempler à loisir, de son fauteuil, en tournant les pages de quelque livre très attachant.

GUSTAVE BABIN, *l'Echo de Paris.*

ALCIDE LE BEAU. — Le long du lac (Bois de Boulogne).

Il est tout un groupe qui continue le mouvement impressionniste avec talent, mais sans assez changer la forme générale et l'aspect particulier des choses déjà vus par des peintres tels que Monet et Sisley. Ainsi MM. Maufra,... Alcide Le Beau (qui, lui, voisine, cette fois, avec Van Gogh). Ils savent peindre et ils exposent de belles toiles : on ne peut que leur demander de découvrir la nature pour leur compte.

GUSTAVE GEFFROY, *le Journal.*

Il a élargi puissamment sa manière, rejette les détails superflus ; sa vision du *Bois de Boulogne*, les lacs où voguent les cygnes noirs, sont d'une couleur qui séduit infiniment. L'envoi de M. Le Beau est un des plus marquants du Salon.

LOUIS VAUXCELLES, *Gil Blas*

HENRI MATISSE. — Fenêtre ouverte.

M. Matisse est l'un des plus robustement doués des peintres d'aujourd'hui. Il aurait pu obtenir de faciles bravos; il préfère s'enfoncer, errer en des recherches passionnées, demander au pointillisme plus de vibrations, de luminosité. Mais le souci de la forme souffre.

LOUIS VAUXCELLES, *Gil Blas.*

M. Henri Matisse, si bien doué, s'est égaré comme d'autres en excentricités coloriées dont il reviendra de lui-même sans aucun doute.

GUSTAVE GEFFROY, *le Journal.*

JEAN PUY. — Flânerie sous les pins.

... M. Puy, de qui un nu au bord de la mer évoque le large schématisme de Cézanne, est représenté par des scènes de plein air où les volumes se posent et les êtres sont robustement établis.

LOUIS VAUXCELLES, *Gil Blas.*

Die Zeitschrift »L'Illustration« bringt eine Doppelseite mit den herausragenden Arbeiten, die auf dem Pariser Herbstsalon gezeigt werden.

»Wilde« im Herbstsalon – die Geburt des Fauvismus

Paris. Im »Salon d'Automne«, der traditionellen Herbst-Kunstausstellung in der französischen Hauptstadt, sorgt eine neue Gruppe junger Künstler um den Maler Henri Matisse für Furore. Der Kritiker Louis Vauxcelles bezeichnet sie abwertend als »Fauves« – wilde Tiere. Dieser Spottname wird von der Gruppe akzeptiert, drückt er doch genau das aus, was ihre Malerei beinhalten soll (→ S. 118).

Zu den Fauves gehören neben Matisse André Derain und Maurice de Vlaminck, ferner Othon Friesz, Albert Marquet, der Niederländer Kees van Dongen und Raoul Dufy; Georges Rouault steht ihnen künstlerisch nahe. Die Gruppe um Matisse hat seit 1902, als Berthe Weill ihre Galerie eröffnete, eine ständige Ausstellungsmöglichkeit.

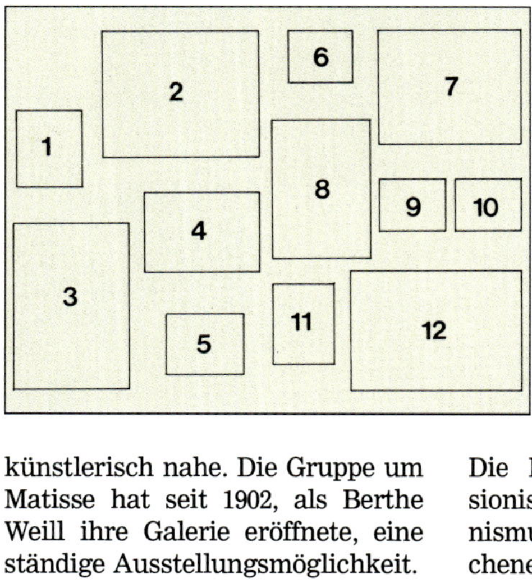

Die französische Zeitschrift »L'Illustration« präsentiert eine Auswahl von Gemälden des Pariser Herbstsalons: Charles Guérin, »Badende« (1); Paul Cézanne, »Die Badenden« (2); Jean Eduard Vuillard, »Schmückendes Bild« (3); Henri Rousseau, »Der hungrige Löwe« (4); Alcide la Beau, »Am See (Bois de Boulogne)« (5); Henri Manguin, »Die Mittagspause« (6); Georges Rouault, »Markthändler und Clowns« (7); Henri Matisse, »Frau mit Hut« (8); André Derain, »Segelschiffe« (9); Louis Valtat, »Das Meer« (10); Henri Matisse, »Offenes Fenster« (11); Jean Puy, »Idylle unter Pinien« (12). Der Pariser Herbstsalon ist traditionell eines der wichtigsten Foren, auf denen zeitgenössische Künstler ihre Werke einem größeren Publikum zugänglich machen können.

Die Fauves gehen vom Impressionismus und dem Neoimpressionismus mit seinen hellen, ungebrochenen Farben aus. Stark beeinflußt sind sie vom emotionalen Frühexpressionismus Vincent van Goghs sowie vom symbolistischen Flächendekor und dem Exotismus Paul Gauguins. Sie lehnen die akademische Malerei ab und suchen die Hinwendung zum Ursprünglichen und Ungezügelten. Ihr Hauptgestaltungsmittel sind reine, kräftige, durch Kontrastwirkungen gesteigerte Farben. Die flächige Farbanordnung soll Empfindungen zum Ausdruck bringen.

Die Malweise der Fauves beeinflußt nachhaltig viele Künstler in anderen Ländern. Die deutsche Parallelerscheinung ist der Expressionismus (→ 7. 6./S. 116).

Signet des Leipziger Verlagshauses Friedrich Arnold Brockhaus

Nachschlagewerke und Reiseliteratur

5. 10., Leipzig. Das Verlagshaus F. A. Brockhaus feiert den 100. Jahrestag seines Bestehens. Das Unternehmen, dessen Hauptarbeitsgebiet Nachschlagewerke sind, wird seit 100 Jahren von derselben Familie geführt, inzwischen in der vierten Generation.

1805 gründete Friedrich Arnold Brockhaus in Amsterdam eine Verlagsbuchhandlung, deren größter Erfolg das 1808 von Brockhaus erworbene »Conversations-Lexikon« ist. Die 17-bändige Jubiläums-Ausgabe ist die 14. Auflage.

1811 wurde der Verlag nach Altenburg, 1817/18 nach Leipzig verlegt. 1823, beim Tod des Firmengründers, zählten Arthur Schopenhauer, Friedrich Rückert, Johann Heinrich Voß u. a. zu den Brockhaus-Autoren.

1830 begann Friedrich von Raumer mit der Herausgabe des »Historischen Taschenbuchs« bei Brockhaus (61 Jahrgänge bis 1892), 1837 wurde die gemäßigt liberale »Leipziger Allgemeine Zeitung« gegründet (ab 1843 »Deutsche Allgemeine Zeitung«). Als Albert und Rudolf Brockhaus in den 80er Jahren die Verlagsleitung übernahmen, traten die Zeitschriftenaktivitäten in den Hintergrund. Dafür wurden mehr populärwissenschaftliche Werke und Reiseliteratur ins Programm genommen; zu den bekanntesten Autoren zählten Heinrich Schliemann, Fridtjof Nansen und Sven Hedin.

Im Jubiläumsjahr beschäftigt das Unternehmen in Leipzig in acht Gebäuden mehr als 800 Menschen in allen Zweigen des Buchhandels und Buchgewerbes.

Frankreich im Automobilsport ganz vorn

14. 10., Long Island. Vor 500 000 Zuschauern gewinnt der Franzose Victor Hémery auf der Rennstrekke vor den Toren New Yorks das zweite Vanderbilt-Rennen. Auf dem 46,661 km langen Rundkurs, der zehnmal zu durchfahren ist und gegenüber dem Vorjahr um 2 km verkürzt wurde, verweist er seinen Landsmann E. Heath auf den zweiten Platz. Dieser hatte die Rennpremiere ein Jahr zuvor gewonnen. Der US-Amerikaner Tracy wird Dritter. Enttäuschend endet das Rennen für den Italiener V. Lancia, der als Mitfavorit galt. Nach einer Kollision in der siebten Runde verliert er – in Führung liegend – viel Zeit. So bleibt ihm mit einer Stunde Rückstand lediglich Platz vier. Die deutschen Vertreter, die mit vier Mercedes und ihrem belgischen Spitzenfahrer Camille Jenatzy angetreten waren, spielen in dem Rennen keine Rolle. Hémery, der einen Darracq mit 80 PS steuert, braucht für die rund 456 km 4:36,8 h. Dabei erreicht er ein Stundenmittel von 99 km/h. Der Darracq ist im Moment einer der überragenden Rennwagen; am 9. September hatte Hémery mit ihm einen Geschwindigkeitsweltrekord mit 176,47 km/h über 1 km mit fliegendem Start aufgestellt.

Nachdem Lucien Théry im Gordon-Bennett-Rennen erfolgreich war (→ 5. 7./S. 133), ist Frankreich im Jahr 1905 die dominierende Nation im Automobilsport. Vor diesem Hintergrund wurde das Vanderbilt-Rennen von der französischen Presse mit großer Aufmerksamkeit verfolgt. Es wird als Beweis der Überlegenheit des französischen Autobaus vor deutscher, italienischer und US-amerikanischer Konkurrenz gewertet; zumindest für ein Jahr sei die Vorherrschaft auf dem amerikanischen Markt nun gesichert. So schreibt das Fachblatt »La Vie au Grand Air« in bezug auf die Marktchancen Darracqs: »Man macht sich kaum eine Vorstellung darüber, welche Freude der Sieg Hémerys [bei den Wagenkonstrukteuren] auslöste: Wer die amerikanische Mentalität kennt, weiß, welche Auswirkungen dies für die Firma hat. Man muß nur daran denken, daß es allein im Staate New York 13 000 Automobilisten gibt. Die ganze Ostküste Amerikas ist ein ungeheurer potentieller Kundenkreis.«

Victor Hémery, der Sieger des Rennens, in seinem Wagen

Die Vanderbilts gründen Universitäten und stiften Autorennen

Chronik Hintergrund

Die Vanderbilts gehören zu den wohlhabendsten Familien in den Vereinigten Staaten von Amerika. Begründer des Familienimperiums war Cornelius Vanderbilt (1794–1877). Zu Beginn seiner Unternehmerkarriere betrieb er zahlreiche Schiffahrtslinien, wie etwa die Schnellverbindung New York – San Francisco über Nicaragua. Den Durchbruch zum Wirtschaftsmagnaten schaffte er ab 1862, als er sich im Eisenbahnbau engagierte. Nach dem Erwerb der »New York and Harlem Railroad« erwarb er weitere Eisenbahngesellschaften. Von seinem Vermögen, das bei seinem Tode 105 Mrd. US-Dollar betrug, stiftete er 1 Mrd. zur Gründung der Vanderbilt University in Nashville (Tennessee). Er bedachte zudem viele Museen mit Schenkungen.

Über William Henry Vanderbilt (1821–1885) ging die Leitung des Wirtschaftsimperiums auf dessen Söhne Cornelius (1843–1899) und William Kissan (* 1849) über. Während Cornelius sich in der Hauptsache um die Mehrung des Familienvermögens kümmerte, entwickelte William auch sportliche Aktivitäten. Vor allem der Automobilsport hat es ihm angetan. 1904 gewann er die US-Meisterschaften über zehn und 50 Meilen. Einer seiner großen Träume ist es jedoch, den Geschwindigkeitsweltrekord zu halten. Im gleichen Jahr erreichte er auf einem Mercedes in Ormond-Daytona auf Sandstrand 148,76 km/h und 148,524 km/h.

Ebenfalls 1904 stiftete er das Vanderbilt-Rennen, um den besten Fahrern und Wagen auf amerikanischem Boden einen internationalen Vergleich zu ermöglichen.

November 1905

Mo	Di	Mi	Do	Fr	Sa	So
		1	2	3	4	5
6	7	8	9	10	11	12
13	14	15	16	17	18	19
20	21	22	23	24	25	26
27	28	29	30			

1. November, Mittwoch

Sergei J. Graf Witte wird entsprechend dem Manifest vom → 30. Oktober (S. 176) zum russischen Ministerpräsidenten (Vorsitzenden des Ministerrats) ernannt. Er leitet das erste eigenständige Kabinett in der Geschichte Rußlands.

Der Konservative Konstantin P. Pobedonoszew legt aus Protest gegen das Manifest vom → 30. Oktober (S. 176) sein Amt als Oberprokurator des Allerheiligsten Synods nieder. Sein Nachfolger an der Spitze der obersten Verwaltungsbehörde der russisch-orthodoxen Kirche wird Fürst Alexandr D. Obolenski, der bisherige Generalgouverneur von Finnland (→ 4. 11./S. 193).

Schweden bekommt mit dem Ende der Union mit Norwegen (→ 12. 11./S. 192) eine eigene Flagge ohne Unionszeichen. Sie zeigt das liegende skandinavische Kreuz gelb auf blauem Grund.

2. November, Donnerstag

Als eine seiner ersten Amtshandlungen löst Sergei J. Graf Witte, der erste russische Ministerpräsident, die Gouverneure ab, in deren Bezirken die Judenpogrome andauern (→ 30. 10./S. 176). Die Maßnahme gilt für Estland, Perm, Tomsk, Kasan und die Stadt Odessa.

In Wien kommt es zwischen der Polizei und Sozialdemokraten, die für die Einführung des allgemeinen Wahlrechts demonstrieren, zu Zusammenstößen (→ 28. 11./S. 191).

3. November, Freitag

Zar Nikolaus II. unterzeichnet einen Amnestieerlaß für politische Vergehen. Viele politische Gefangene werden freigelassen und zahlreiche Prozesse eingestellt (→ 30. 10./S. 176; 31. 10./S. 177).

Hendrik Witbooi, der bekannteste Führer der Hottentotten, wird von deutsch-südwestafrikanischen Truppen im Verlauf eines Gefechts bei Fahlgras tödlich verwundet (→ 4. 1./S. 22; S. 142).

Im Deutschen Reich finden anläßlich des Hubertustags zahlreiche Jagden statt. → S. 196

4. November, Samstag

Zar Nikolaus II. stellt die Verfassung des autonomen Großfürstentums Finnland wieder her. → S. 193

Der serbische Ministerpräsident Ljubomir Stojanović formuliert im Belgrader Parlament das Schlagwort »der Balkan den Balkanstaaten«. → S. 190

Vor einer Hauptpolizeiwache in Prag finden im Anschluß an eine von Sozialdemokraten veranstaltete Wahlrechtsdemonstration Tumulte statt, bei denen 27 Schutzleute verletzt werden (→ 28. 11./S. 191).

Die bayerische Abgeordnetenkammer in München genehmigt mit den Stimmen von Zentrum und Liberalen die Verstaatlichung der pfälzischen Eisenbahnen. Dagegen stimmen Sozialdemokraten und Bauernbündler.

Im Münchner Augustinerbräu werden der Deutsche Ski-Verband und der Österreichische Ski-Verband gegründet. Sie bilden zusammen eine Interessengemeinschaft.

5. November, Sonntag

In Nürnberg wird ein gemeinsamer Zentralausschuß liberaler Parteien und Organisationen gegründet. → S. 195

In Warschau, der Hauptstadt Russisch-Polens, beteiligen sich mehr als 100 000 Menschen an einer Kundgebung für einen eigenständigen polnischen Staat (→ 30. 10./S. 176).

In Kellers Festsälen in Berlin konstituiert sich die Berliner Ortsgruppe des nationalpolnischen Straz-Vereins. Zweck des Straz (polnisch »Wache«) ist die Bekämpfung von Maßnahmen der preußischen Regierung, die das Deutschtum in Posen stärken sollen (→ 9. 8./S. 146).

Bei Wahlrechtsdemonstrationen in Prag kommt es zu blutigen Zusammenstößen zwischen dem Militär und Demonstranten, die ihre Sympathie mit der Revolution in Rußland zum Ausdruck bringen. Die Krawalle dauern bis zum 7. November (→ 28. 11./S. 191).

Fürst Nikolaus I. von Montenegro erläßt für sein Land eine Verfassung und ordnet den Zusammentritt des ersten Parlaments für den 6. Dezember an. Um revolutionären Unruhen wie im Zarenreich vorzubeugen, will der autokratisch regierende Herrscher Teilen des Volkes Mitbestimmung bei der Regierung gewähren.

Die »Russische Correspondenz« meldet pogromartige »Judenmassacres« aus Saratow, Kasan, Kiew, Odessa, Kischinew, Rostow, Minsk, Tomsk und zahlreichen weiteren Städten und Orten. Sogar in offiziellen Berichten werde zugegeben, daß »eine ungeheure Zahl von Menschen ermordet oder verwundet« worden sei (→ 30. 10./S. 176).

Der russische Synod in Petersburg ruft die Geistlichen dazu auf, mit allen Mitteln dem gegen die Regierung gerichteten »Bürgerkrieg« entgegenzuwirken (→ 20. 12./S. 208).

6. November, Montag

Dmitri F. Trepow, der Generalgouverneur von Petersburg (→ 23. 10./S. 20), sowie Großfürst Wladimir, der Kommandeur der Gardetruppen und des Petersburger Militärbezirks, treten nach dem Erlaß des Manifests vom → 30. Oktober (S. 176) von ihren Ämtern zurück. Auch zahlreiche andere konservative Politiker stellen ihre Ämter zur Verfügung.

Kaiser Wilhelm II. empfängt König Alfons XIII. von Spanien auf dem Anhalter Bahnhof in Berlin. Der Besuch des Monarchen soll die guten Beziehungen zwischen Spanien und dem Deutschen Reich vertiefen. Nach dem Attentat auf den spanischen König in Paris (→ 31. 5./S. 93) sind die Sicherheitsvorkehrungen in Berlin so streng wie noch nie zuvor bei einem Staatsbesuch.

Die Wiener Universität wird wegen anhaltender Zusammenstöße zwischen deutschnationalen Studenten und der übrigen Studentenschaft bis auf weiteres geschlossen (→ 27. 11./S. 191).

7. November, Dienstag

In Stockholm bildet Karl Staaff die erste liberale Regierung Schwedens. → S. 195

8. November, Mittwoch

Deutsch-ostafrikanische Schutztruppen schlagen einen Angriff aufständischer Eingeborener auf Kilossa bei Daressalam zurück (→ S. 142).

9. November, Donnerstag

Beim traditionellen Lord Mayor's Bankett in London unterstreicht der britische Premierminister Arthur James Balfour, daß die derzeit einzige Gefahr für den Frieden die »politischen Depressionsgebiete« in »weniger zivilisierten Ländern von Korea bis Marokko« seien.

In Schweden endet ein Streik in der Eisen- und Metallindustrie. Die 17 000 seit 10. Juni ausgesperrten Arbeiter setzen einen Minimallohn durch.

10. November, Freitag

Truppen aus Petersburg werfen in Kronstadt eine am 8. November ausgebrochene antizaristische Matrosenmeuterei nieder (→ 30. 10./S. 176).

11. November, Samstag

Der russische Ministerpräsident Sergei J. Graf Witte lehnt in Petersburg die Forderung einer polnischen Deputation ab, den Kriegszustand in Russisch-Polen aufzuheben und dem Land Autonomie zu gewähren (→ 30. 10./S. 176).

12. November, Sonntag

Bei einer Volksabstimmung votiert eine große Mehrheit der Norweger für die Wahl des dänischen Prinzen Carl zum König von Norwegen. → S. 192

Zur Linderung der Fleischnot beschließen die preußischen Behörden, die Einfuhr russischer Schweine nach Oberschlesien um 300 je Monat zu erhöhen. Entsprechende Verhandlungen mit Rußland sollen unverzüglich aufgenommen werden (→ S. 68).

Ein zweitägiger Kabelschachwettkampf zwischen sechs deutschen und sechs US-amerikanischen Schachspielern endet mit dem Sieg der Vereinigten Staaten. → S. 197

13. November, Montag

Auf der osmanischen Insel Kreta bricht der Aufstand der Panhellenen zusammen (→ 20. 4./S. 77).

14. November, Dienstag

In Wladiwostok beginnt eine zweitägige Meuterei, an der sich mehrere tausend Matrosen beteiligen. Die Aufständischen brennen die Gefängnisse nieder (→ 30. 10./S. 176; 20. 12./S. 208).

Der griechische Metropolit Joachim von Monastir wird bei einem Bombenattentat eines bulgarischen Nationalisten verletzt, zwei seiner Diener sterben. Hintergrund des Anschlags sind die Auseinandersetzungen in Makedonien (→ 23. 11./S. 190).

Der österreichische Kaiser Franz Joseph I. empfängt in Wien König Alfons XIII. von Spanien.

15. November, Mittwoch

In Petersburg beginnt ein politischer Generalstreik (→ 30. 10./S. 176; 20. 12./S. 208).

Die britische Nachrichtenagentur Reuter bezeichnet es als »aufrichtigen Wunsch der englischen und der russischen Regierung, zu einer politischen Entente zu gelangen«. Diese sei jedoch erst möglich, wenn die »Wirren« im Zarenreich vorbei seien (→ 12. 8./S. 144).

In Konstantinopel (Istanbul) verursacht ein Bombenattentat auf den Chef der Geheimpolizei, Selim Pascha, erheblichen Sachschaden. Menschen werden nicht verletzt. Die unbekannten Täter werden in den Kreisen der radikalen Jungtürkenbewegung vermutet.

Die Eisenbahnlinie von Peking nach Hankow (Wuhan) wird eröffnet.

In Berlin nehmen die ersten von Motoren getriebenen Omnibusse im öffentlichen Nahverkehr ihren Liniendienst auf. → S. 196

16. November, Donnerstag

Die russische Regierung unter Sergei J. Graf Witte erläßt den Bauern die Hälfte der Abzahlungsverpflichtungen zum Beginn des kommenden Jahres und streicht sie zum 1. März 1907. Außerdem wird die Bauernbank ermächtigt, gegen Obligationen Land aufzukaufen und es landarmen Bauern zu überlassen (→ S. 21).

Die Botschafter der Großmächte fordern in einer Kollektivnote die osmanische Regierung in Konstantinopel auf, das von ihnen vorgelegte Reformprogramm für Makedonien zu akzeptieren (→ 23. 11./S. 190).

Als Reaktion auf das Attentat auf den griechischen Metropoliten vom 14. November überfallen griechische Nationalisten mehrere bulgarische Siedlungen in Makedonien und ermorden zahlreiche Bulgaren (→ 23. 11./S. 190).

Die englische Zeitung »The Illustrated London News« zeigt auf dem Titelblatt ihrer Ausgabe vom 4. November das Porträt von Sergei J. Graf Witte. Drei Tage zuvor wurde er von Zar Nikolaus II. zum Ministerpräsidenten ernannt, um gemäßigte Reformen voranzubringen. Als Verkehrs- und Finanzminister hatte Witte 1897 das staatliche Branntweinmonopol und die Goldwährung eingeführt, um den Staatshaushalt auszugleichen.

THE ILLUSTRATED LONDON NEWS.

REGISTERED AT THE GENERAL POST OFFICE AS A NEWSPAPER.

No. 3472.—VOL. CXXVII. SATURDAY, NOVEMBER 4, 1905. SIXPENCE.

The Copyright of all the Editorial Matter, both Engravings and Letterpress, is Strictly Reserved in Great Britain, the Colonies, Europe, and the United States of America.

THE FIRST PRIME MINISTER OF RUSSIA: COUNT SERGIUS WITTE.

Count Witte, the foremost and the only liberal statesman in Russia during the past dozen years, was, before the outbreak of the war, practically in retirement, but as the fortunes of Russia declined his prestige was gradually restored to him, and now he has succeeded in wresting at least a promise of constitutional government from the autocracy. He negotiated the Peace of Portsmouth, and on his return was raised to the rank of Count.

17. November, Freitag

Das Kaiserreich Korea wird japanischer Schutzstaat. → S. 194

Jüdische Bankiers und Geschäftsleute aus Großbritannien, dem Deutschen Reich und Frankreich vereinbaren auf einer Tagung in London, dem Zarenreich kein weiteres Kapital zu Verfügung zu stellen, solange die Judenpogrome in Rußland andauern (→ 30. 10./S. 176).

Großherzog Adolf von Luxemburg, der älteste europäische Monarch, stirbt im Alter von 88 Jahren. Nachfolger wird sein Sohn Wilhelm IV.

Der belgische Thronfolger, Philipp Graf von Flandern, der Bruder von König Leopold II. (70), stirbt im Alter von 68 Jahren in Brüssel. Thronfolger wird sein 30jähriger Sohn Albert (I.).

Während einer Nachtübung vor Kiel sinkt das Torpedoboot »S 126« nach einem Zusammenstoß mit dem Kreuzer »Undine«. Ein Offizier und 32 Matrosen ertrinken.

18. November, Samstag

Das Storting, das norwegische Parlament in Kristiania (Oslo), wählt einstimmig Prinz Carl von Dänemark zum König von Norwegen (→ 12. 11./S. 192).

Die ungarische Regierung unter Géza Baron Fejérváry entzieht vielen Komitatsbehörden die staatlichen Subventionen, weil diese dem Kabinett die Unterstützung verweigern. Damit ist die autonome Verwaltung der Komitate gefährdet (→ 21. 6./S. 107).

Während des Aufstands in Deutsch-Ostafrika unterwerfen sich die Eingeborenen, die im Umkreis der Hauptstadt Daressalam leben, den deutschen Kolonialtruppen. Mehrere 100 Gefangene werden nach Lindi in Sammellager transportiert (→ S. 142).

Der mecklenburgische Landtag legt den Buß- und Bettag auf denselben Wochentag wie Preußen. → S. 196

19. November, Sonntag

Der preußische Generalleutnant Lothar von Trotha, der 1904 den Oberbefehl über die deutschen Truppen in Deutsch-Südwestafrika übernommen hatte, verläßt das Schutzgebiet. Wegen des Völkermordes an den Hereros ist von Trotha schwerer Kritik ausgesetzt (→ 4. 1./S. 22).

Rosa Luxemburg veröffentlicht im SPD-Zentralorgan »Vorwärts« einen Artikel über die neue Flottenvorlage mit der Überschrift »Eine maßlose Provokation« (→ 1. 4./S. 74).

In Moskau wird ein Kongreß von Semstwo- und Städtevertretern aus ganz Rußland eröffnet. Die Delegierten erklären sich auf der bis zum 24. November tagenden Veranstaltung einverstanden mit dem Manifest vom → 30. Oktober (S. 176). Sie fordern jedoch weitergehende Maßnahmen wie die Abschaffung der Todesstrafe.

Aus Nagasaki wird gemeldet, daß unter den russischen Kriegsgefangenen auf den Transportschiffen »Wladimir« und »Woronesch« wegen unzureichender Ernährung eine Meuterei der Mannschaften ausgebrochen sei. Die russischen Offiziere werden von den Japanern gegen die Meuterer unterstützt (→ S. 164).

Der britische Passagierdampfer »Hilda« sinkt vor der bretonischen Küste während eines Schneesturms mit 123 Menschen an Bord.

20. November, Montag

Im Londoner Hyde Park demonstrieren mehrere tausend Menschen gegen die Arbeitslosigkeit (→ S. 110).

21. November, Dienstag

Der russische Revolutionär Wladimir I. Lenin trifft, aus Genf kommend, in Petersburg ein und übernimmt die Leitung des Zentralkomitees der Sozialdemokratischen Arbeiterpartei Rußlands (SDAPR) und des Petersburger Komitees der Bolschewiki (→ 31. 10./S. 177).

22. November, Buß- und Bettag

In Petersburg werden bei Zusammenstößen zwischen Streikenden und Militär 30 Arbeiter getötet (→ 30. 10./S. 176; 20. 12./S. 208).

König Carlos I. von Portugal trifft zu einem Staatsbesuch in der französischen Hauptstadt Paris ein.

23. November, Donnerstag

Eine internationale Flotte wird in Paris zusammengestellt, um vom Osmanischen Reich die Annahme des von den Großmächten vorgeschlagenen Reformprogramms für Makedonien zu erzwingen. → S. 190

Die Sozialdemokraten beantragen in der bayerischen Abgeordnetenkammer in München die Einführung der neunstündigen Arbeitszeit ab 1. April 1906 und der achtstündigen Arbeitszeit ab 1907 in den staatlichen Betrieben. Ministerpräsident Klemens von Podewils-Dürnitz verspricht ein Entgegenkommen, »soweit es die Finanzlage erlaube« (→ 17. 4./S. 78).

24. November, Freitag

Unter Führung von Leutnant P. P. Schmidt beginnt ein Aufstand der Matrosen von Sewastopol. Er wird von Regierungstruppen bis zum 29. November niedergeschlagen. Fast die Hälfte der Stadt wird bei den Kämpfen zerstört, da die Meuterer die Stadt mit einem Kreuzer und den Festungsbatterien beschießen (→ 30. 10./S. 176; 20. 12./S. 208).

Nikolai Gerard wird nach der Wiederherstellung der Autonomie des russischen Großfürstentums Generalgouverneur von Finnland (→ 4. 11./S. 193). Er löst Fürst Alexandr D. Obolenski ab, der zum Oberprokurator des Allerheiligsten Synods der russisch-orthodoxen Kirche ernannt worden ist.

Das Privatsekretariat des britischen Königs Eduard VII. dementiert Pressemeldungen, wonach der Monarch an der Feier der Silberhochzeit des deutschen Kaiserpaares im Februar 1906 teilnehmen werde. Das Dementi gilt als Beleg für die Spannungen zwischen dem Deutschen Reich und Großbritannien (→ 16. 8./S. 145).

25. November, Samstag

Der neue norwegische König Haakon VII. trifft mit seiner Familie auf dem Admiralsschiff »Heimdal« in Kristiania (Oslo) ein (→ 12. 11./S. 192).

Mitarbeitern des königlichen Aeronautischen Observatoriums Lindenberg gelingt es, eine Konstruktion mit sechs Drachen auf 6430 m Höhe aufsteigen zu lassen (→ 3. 8./S. 154).

26. November, Sonntag

In Wladiwostok bricht erneut eine Meuterei bei der russischen Schwarzmeerflotte aus. Ein Regiment des Landheers schließt sich den Meuterern an (→ 30. 10./S. 176; 20. 12./S. 208).

Mit mehrwöchiger Verspätung geben die Behörden von Astrachan, der Hauptstadt des gleichnamigen russischen Gouvernements, bekannt, daß die Pest ausgebrochen ist. Die Seuche hat bereits 200 Opfer gefordert.

In Paris wird ein Stufenwettrennen auf den Eiffelturm veranstaltet. → S. 197

27. November, Montag

Der mährische Landtag billigt den sog. Mährischen Ausgleich. → S. 191

König Haakon VII. legt im Storting, dem Parlament in Kristiania (Oslo), den Eid auf die norwegische Verfassung ab (→ 12. 11./S. 192).

In der Zeitschrift »Die Welt« wird die öffentliche Meinung über Kaiser Wilhelm II. analysiert. → S. 197

Eine »Demonstrationsflotte« der Großmächte besetzt die zum Osmanischen Reich gehörende Insel Müdüllü (Lesbos; → 23. 11./S. 190).

In Berlin konstituiert sich der Deutsche Städtetag. Die Vertreter von 144 deutschen Städten fordern auf ihrer ersten Versammlung die ungehinderte Einfuhr lebenden Viehs aus dem Ausland, um der Fleischteuerung entgegenzuwirken (→ 29. 11./S. 195).

Die bayerische Staatsregierung lehnt vor der Abgeordnetenkammer in München die Einführung des Pluralwahlrechts ab, da es keine genügenden Sicherheiten vor dem Eindringen staatsfeindlicher Elemente biete. Auch das Verhältniswahlrecht findet keine Zustimmung, weil es zu kompliziert sei. Die Regierung erklärt sich jedoch bereit, jedes vorgeschlagene System zu prüfen (→ 17. 7./S. 125).

28. November, Dienstag

In Wien demonstrieren 200 000 Menschen für die Einführung des allgemeinen Wahlrechts. → S. 191

Kaiser Wilhelm II. eröffnet den Reichstag in Berlin mit einer Thronrede, in der er die Abgeordneten ermahnt, der von der Regierung geforderten Erhöhung der Flottenschlagkraft ihre Zustimmung nicht zu verweigern: »Es ist mir eine heilige Sache um den Frieden des deutschen Volkes. Aber die Zeichen der Zeit machen es der Nation zur Pflicht, ihre Schutzwehr gegen ungerechte Angriffe zu verstärken.«

An der Elektrotechnischen Lehranstalt in Petersburg werden 250 Studenten und Lehrer verhaftet und in die Peter-Pauls-Festung gebracht. Sie hatten sich an einer Spendensammlung für die Opfer der zaristischen Willkürherrschaft beteiligt.

Während des Krieges in Deutsch-Südwestafrika ergeben sich der Hottentottenführer Samuel Isak Witbooi – der Sohn des am 3. November gefallenen Häuptlings Hendrik Witbooi – und der Kapitän der Veldschoendrager-Hottentotten, Hans Hendrik, mit ihren Kriegern den Kolonialtruppen (→ 4. 1./S. 22).

Die Komödie »Major Barbara« des irischen Dramatikers George Bernard Shaw wird im Royal Court Theatre in London uraufgeführt.

29. November, Mittwoch

Über Barcelona wird nach von Separatisten verursachten Unruhen der Ausnahmezustand verhängt. → S. 194

Der preußische Landwirtschaftsminister Viktor von Podbielski legt dem Reichstag in Berlin eine Denkschrift über die Fleischteuerung vor. → S. 195

In Rußland beginnt ein Generalstreik der Post- und Telegrafenbeamten. Die einzige telegrafische Verbindung Petersburgs ins Ausland besteht mit Kopenhagen. In den folgenden Tagen wird auch sie unterbrochen (→ 20. 12./S. 208).

30. November, Donnerstag

In Petersburg wird der rechtskonservative »Bund des russischen Volkes« gegründet. Die »Schwarzen Hundertschaften« sind seine bewaffneten Kampfgruppen (→ 31. 10./S. 177).

Die bayerische Abgeordnetenkammer in München verabschiedet das neue Landtagswahlgesetz. Es sieht anstelle des bisherigen Wahlmänner-Systems die Direktwahl vor (→ 17. 7./S. 125).

Das Wetter im Monat November

Station	Mittlere Lufttemperatur (°C)	Niederschlag (mm)	Sonnenscheindauer (Std.)
Aachen	4,5 (6,0)	114,1 (67)	– (62)
Berlin	4,3 (3,9)	53,4 (46)	– (50)
Bremen	3,9 (5,3)	42,4 (60)	– (50)
München	3,2 (3,0)	71,3 (53)	– (54)
Wien	4,3 (4,5)	135,0 (53)	34 (–)
Zürich	3,6 (3,3)	83,0 (72)	42 (51)

( ) Langjähriger Mittelwert für diesen Monat
– Wert nicht ermittelt

10. Jahrgang

Luxus-Ausgabe

Nummer 35

SIMPLICISSIMUS

Abonnement vierteljährlich 3 Mk. 50 Pfg.

Illustrierte Wochenschrift

Bayr. Post-Zeitungsliste: No. 835

(Alle Rechte vorbehalten)

Russische Hofjagd auf Judenwild

(Zeichnung von Wilhelm Schulz)

Die Großfürsten besichtigen in Odessa die Strecke.

Die satirische Zeitschrift »Simplicissimus« macht auf die Judenpogrome im Russischen Reich aufmerksam. Für die Niederlage im Krieg mit Japan und die sozialen Probleme im Inneren werden die Juden verantwortlich gemacht. Die Hetzjagden werden häufig von offizieller Seite gebilligt oder sogar organisiert.

Internationale Flotte besetzt osmanische Inseln

23. 11., Athen. Im Athener Hafen Piräus vereinigen sich Kriegsschiffe aus Österreich-Ungarn, Rußland, Großbritannien, Italien und Frankreich zu einer »Demonstrationsflotte«. Sie soll das Osmanische Reich zwingen, das von diesen Staaten vorgeschlagene Befriedungsprogramm für Makedonien anzunehmen. Der Maßnahmenkatalog sieht vor, Makedonien einer internationalen Finanzkontrolle zu unterstellen und die seit 1903 dort stationierte internationale Polizeitruppe zu verstärken. Davon versprechen sich die Großmächte ein Abflauen der Kämpfe zwischen Bulgaren und Serben. Die bewaffneten Auseinandersetzungen rivalisierender Volksgruppen auf dem restlichen Balkan sollen so ebenfalls eingeschränkt werden.

Das Osmanische Reich lehnt eine internationale Finanzkontrolle über einen Teil seines Territoriums als weiteren Eingriff in seine Hoheitsrechte ab. Die seit 1903 in Makedonien eingesetzte Polizeitruppe hatte »der kranke Mann am Bosporus« ebenfalls nur widerstrebend hingenommen. Zum Rückgang der Kämpfe in Makedonien hat dieses Polizeikorps jedoch kaum beigetragen. Österreich-Ungarn und das Russische Reich hatten sie der Türkei aufgezwungen, um ihre Interessensphären auf dem Balkan besser abgrenzen zu können.

Die Auseinandersetzungen zwischen bulgarischen, serbischen, griechischen, rumänischen und osmanischen Nationalisten haben ein so großes Ausmaß erreicht, daß der Balkan zu einem den Frieden in Europa gefährdenden Krisenherd geworden ist. So haben die Kämpfe im September zum Abbruch der Beziehungen zwischen Rumänien und Griechenland geführt. Militante griechische Nationalisten drangsalieren die dortige rumänische Volksgruppe und verhindern so einen Frieden zwischen Rumänien und Griechenland.

Am 27. November besetzt die internationale Flotte die osmanische Insel Müdüllü (Lesbos), am 5. Dezember wird auch Lemnos besetzt. Als die osmanische Regierung in Konstantinopel (Istanbul) daraufhin am 15. Dezember dem Vorschlag der Großmächte zustimmt, werden die besetzten Inseln am 16. Dezember wieder geräumt.

Makedonische Dorfbewohner tragen ihre Klagen den Offizieren einer internationalen Kommission vor.

Bulgarien: »Balkan den Balkanstaaten«

Chronik Hintergrund

Der serbische Ministerpräsident Ljubomir Stojanović prägt am 4. November im Parlament in Belgrad die Formel »der Balkan den Balkanstaaten«. Vor dem Hintergrund des Nationalitätenkonflikts in Makedonien müßten sich Serbien und Bulgarien einigen, um letztendlich die Großmächte vom Balkan zu verdrängen.

Auf dem Berliner Kongreß erhielten die Balkanstaaten Rumänien, Serbien und Montenegro 1878 die vollständige Unabhängigkeit vom Osmanischen Reich. Bulgarien wurde ein selbständiges Fürstentum unter osmanischer Oberhoheit und Bosnien-Herzegowina von Österreich-Ungarn besetzt. Makedonien hingegen wurde voll der osmanischen Herrschaft unterstellt, obwohl dort griechische, serbische, bulgarische und rumänische Minderheiten leben.

Den Anstoß zum Ausbruch der Auseinandersetzungen gaben Ende des 19. Jahrhunderts die nationalen Einheitsbestrebungen der Bulgaren. 1894 gründete Boris Sarasow das Makedonische Komitee, das den bewaffneten Kampf der bulgarischen Terrororganisation IMRO (Innere Makedonische Revolutionäre Organisation) in Makedonien unterstützte. Das Komitee mußte jedoch 1903 auf russischen Druck aufgelöst werden. Am 20. Dezember beschließt ein Kongreß der bulgarischen »Nationalmakedonen« in Sofia den Aufbau einer Organisation, die Gelder zur Unterstützung der Makedo-Bulgaren aufbringen soll. Bewaffnete Auseinandersetzungen sollen jedoch nicht gefördert werden.

Neben Bulgarien beansprucht jedoch auch Serbien den größten Teil Makedoniens für sich und erkennt die dort lebenden Bulgaren nicht als eigene Volksgruppe an. Wenn nun Stojanović das neue Motto ausgibt, so ist dies nicht zuletzt ein Zeugnis für gestiegenes serbisches Selbstbewußtsein und Vertrauen in eigene militärische Stärke.

Konflikt in Mähren vorerst entschärft

27. 11., Brünn. Der Landtag des österreichischen Kronlands Mähren verabschiedet den sog. Mährischen Ausgleich. Die vier Gesetze sollen den Nationalitätenstreit zwischen der deutschen und tschechischen Volksgruppe entschärfen. In dem Konflikt versuchte Ministerpräsident Paul Gautsch Freiherr von Frankenthurn, immer wieder zu vermitteln.

Die nach mehrjährigen Verhandlungen verabschiedete Wahlordnung für den mährischen Landtag – sie bildet den Kern des Ausgleichs – sieht eine Einteilung von Mähren und den mährischen Enklaven in Schlesien in fünf »Kurien« vor, die entsprechend im Parlament vertreten sein sollen: 1. Großgrundbesitz, 2. Handelskammern, 3. Städte, 4. Landgemeinden, 5. allgemeine Wählerklasse. Jede der fünf Kurien ist national geteilt, d.h. Deutsche und Tschechen wählen getrennt.

Die neuen Gesetze sehen vor, daß sich der mährische Landtag künftig aus 63 deutschen und 86 tschechischen Abgeordneten zusammensetzt. Bei Abstimmungen über »nationale Fragen« ist im Parlament jeweils eine Zweidrittelmehrheit erforderlich.

Die Anzahl der Mandate für die beiden Volksgruppen spiegelt zugleich den Anteil von Deutschen bzw. Tschechen in den einzelnen Kurien wider: Der Großgrundbesitz wählt nach einem komplizierten Proportionalwahlsystem zehn Tschechen und 20 Deutsche; die Handelskammern von Brünn und Olmütz stellen drei Tschechen und drei Deutsche, die Stadtkurie 20 Tschechen und 20 Deutsche, die Landgemeinden 39 Tschechen und 14 Deutsche; die allgemeine Wählerklasse wählt 14 Tschechen und sechs Deutsche.

Der Konflikt zwischen Deutschen und Tschechen in Mähren ist damit jedoch keineswegs beendet. Noch im Oktober kam es in Brünn zu tagelang anhaltenden blutigen Krawallen während zweier »Volkstage« von Deutschen und Tschechen.

Paul Gautsch Freiherr von Frankenthurn ist seit dem 1. Januar österreichischer Ministerpräsident (→ S. 27). Er gilt als Vertrauter des Monarchen Franz Joseph I. und bemüht sich stets um Verständigung zwischen den Volksgruppen im Vielvölkerstaat Österreich-Ungarn. Von 1895 bis 1897 war Gautsch Unterrichtsminister. Das Kabinett leitete der studierte Jurist bereits einmal in den Jahren 1897/98.

»Ausgleich« dient dem Völkerfrieden

Chronik Stichwort

Der sog. Mährische Ausgleich ist der dritte »Ausgleich« in der Habsburgermonarchie nach dem Österreichisch-Ungarischen und dem Böhmischen Ausgleich. Unter »Ausgleich« werden Gesetze verstanden, die die politischen und wirtschaftlichen Interessen zwischen den Nationen im Vielvölkerstaat auszubalancieren versuchen.

Der Österreichisch-Ungarische Ausgleich wurde erstmals 1867 für eine Laufzeit von zehn Jahren unterzeichnet und regelte u. a. die beiderseitigen Anteile zu den gemeinsamen Ausgaben sowie Zoll- und Handelsfragen (→ 26. 1./S. 27). 1878 und 1887 wurde er jeweils um zehn Jahre verlängert. Die Verhandlungen über eine erneute Unterzeichnung dauern seit 1897 an. 1890 wurde in Wien der Böhmische Ausgleich unterzeichnet. Um die Herstellung des nationalen Friedens in Böhmen zu ermöglichen, sieht er die nationale Abgrenzung der Gerichtsbezirke und die Schaffung von deutschen und tschechischen Wahlbezirken vor.

Demonstrationen für ein allgemeines Wahlrecht

28. 11., Wien. Mehr als 200 000 Menschen demonstrieren in der Hauptstadt Österreichs für die Einführung des allgemeinen Wahlrechts.

Die Veranstaltung bildet den Höhepunkt einer seit Wochen andauernden Wahlrechtsbewegung, die ihren Ausgang in Ungarn genommen hat. Am 15. September demonstrierten 100 000 Menschen anläßlich der Parlamentseröffnung in Budapest für das allgemeine Wahlrecht (→ 21. 6./S. 107). Am 23. Oktober traten die Arbeiter in Prag nach einem Aufruf der Sozialdemokraten in einen Streik, um eine Änderung der Wahlgesetzgebung zu erzwingen.

Die Zahl der wahlberechtigten Männer würde sich bei Einführung des allgemeinen Wahlrechts in Österreich vervierfachen. Die Bewegung erhielt daher großen Zulauf und griff auf Mähren, Galizien, Krain, Tirol und andere Gebiete über. Durch die Nachrichten von Massenstreiks in Rußland erhielt sie weiteren Auftrieb (→ 30. 10./S. 176). Am 5. November kam es bei einer Wahlrechtsdemonstration in Prag zu blutigen Zusammenstößen zwischen Sicherheitskräften und Demonstranten, die zugleich ihre Sympathie mit der Revolution in Rußland zum Ausdruck brachten; die Krawalle dauerten bis zum 7. November an. Auch in anderen Städten Österreichs, so in Wien und Graz, eskalierten Demonstrationen zu gewalttätigen Auseinandersetzungen.

Zu Zusammenstößen mit den Ordnungskräften kommt es am 4. November vor dem Parlament in Wien bei einer Wahlrechtskundgebung der Sozialdemokratie.

Der österreichische Ministerpräsident Paul Freiherr Gautsch von Frankenthurn lehnt die parteiübergreifend geforderten Wahlrechtsänderungen als verfrüht ab.

Dennoch zeitigen die Demonstrationen ein Jahr später Erfolg. Nach monatelangen Verhandlungen wird im Dezember 1906 in Österreich das allgemeine, gleiche und geheime Wahlrecht eingeführt.

Haakon VII. neuer norwegischer König

12. 11., Kristiania (Oslo). In einer Volksabstimmung sprechen sich 259 563 Norweger für die Wahl des Prinzen Carl von Dänemark als Haakon VII. zum König von Norwegen aus. Mit diesem Votum, das zugleich eine Abstimmung für die Monarchie und gegen die Einführung der Republik ist, wird ein entsprechender Beschluß des Storting, des Parlaments in Kristiania, gebilligt. Nur 62 264 Männer stimmen gegen den Dänenprinzen; sie sind der Meinung, daß sich als oberster Repräsentant des neuen Staates ein gewählter Mann aus dem Volk besser eigne.

Zehntausende begrüßen trotz Schneetreibens ihren neuen König Haakon VII. (33) und seine Familie in Kristiania. Der Weg der Kutsche vom Hafen zum Palast ist mit Fahnen geschmückt.

Haakon VII. schwört am 27. November im Storting den Eid, die Verfassung zu achten. Neben ihm Königin Maud, gegenüber Parlamentspräsident Karl Berner. Ebenfalls anwesend ist Prinz Heinrich von Preußen als deutscher Vertreter.

Vorausgegangen sind die in Schweden zunächst als »Revolution« verurteilte Auflösung der Union Schweden-Norwegen durch das norwegische Parlament (→ 7. 6./ S. 108) sowie eine Volksabstimmung, bei der die Norweger die Unionsauflösung mit nur 184 Gegenstimmen bestätigten (→ S. 150). Am 26. Oktober unterzeichneten die Regierungen Schwedens und Norwegens die Konvention von Karlstad über die formelle Auflösung der Union.

Inzwischen war in Norwegen ein heftiger Parteienstreit um die zukünftige Regierungsform entbrannt. Zu den prominentesten Verfechtern der Monarchie zählen der Polarforscher und Professor Fridtjof Nansen (er wird erster norwegischer Botschafter in London), der populäre Staatsminister Christian Michelsen – einer der reichsten Reeder des Landes –, Außenminister Jœrgen Lœvland von der bäuerlichen »Linken« (Venstre) und Parlamentspräsident Karl Berner. Aber auch der Literaturnobelpreisträger (1903) Bjørnstjerne Bjørnson, der bisher zu den eifrigsten Verfechtern der Republik zählte, sowie Sigurd Ibsen, der Sohn des Dramatikers Henrik Ibsen, und die bisher traditionell republikanische Zeitung »Verdens Gang« favorisieren die Monarchie.

Das Hauptargument lautet: Die Verfassung Norwegens von 1814 sei eine republikanische, vom Volk verabschiedete; das norwegische Königtum müsse jedoch aus historischen Gründen bewahrt bleiben.

Als König Oscar II. von Schweden, der bisherige König von Schweden und Norwegen, das Angebot des norwegischen Parlaments ablehnte, einen schwedischen Prinzen zum neuen König von Norwegen zu machen, gab es aus Sicht der Norweger keine Alternative zur Wahl des Dänenprinzen. Durch verschiedene Äußerungen war dieser bei den Norwegern äußerst populär geworden. Die meisten Sympathien trug ihm seine Forderung nach einer Volksabstimmung ein. Er wollte die Gewißheit haben, daß ihn das gesamte norwegische Volk und nicht nur die Parteien als König sehen wollten.

Nach dem eindeutigen Votum dieser Volksabstimmung nimmt der gewählte König am 23. November Abschied von seiner Heimat und fährt mit seiner Gemahlin Maud und Kronprinz Olav an Bord der »Dannebrog« in Richtung Kristiania. An der Grenze steigt er auf das norwegische Kriegsschiff »Heimdal« um. Dort begrüßt ihn Staatsminister Michelsen mit dem gesamten Kabinett.

Als er am 25. November in Kristiania eintrifft, empfängt ihn der Jubel von Zehntausenden. Seine erste, kurze Ansprache beendet der neue König Norwegens mit den Worten: »Es lebe Norwegen!«

Königin Maud, König Haakon VII. (1905–1957), Kronprinz Olav (als Olav V. König 1957–1991)

Hoffnungsträger für das ganze Volk

Chronik Zur Person

Haakon VII. wurde am 3. August 1872 auf Schloß Charlottenlund bei Kopenhagen als zweiter Sohn des dänischen Kronprinzen Frederik (VIII.) geboren und auf den Namen Carl getauft. Er ist verheiratet mit Maud, der jüngsten Tochter des britischen Königs Eduard VII. Das Paar hat ein Kind, den 1903 geborenen Kronprinzen Olav (V.).

Der Dänenprinz ist der erste eigenständige König Norwegens seit mehr als 500 Jahren. Der letzte norwegische König, Haakon VI. Magnusson, starb im Jahr 1380. Seither war Norwegen in Personalunion zunächst mit Dänemark (bis 1814) und dann mit Schweden (bis 1905) verbunden.

In dem neuen König verkörpern sich »die Sehnsucht und die Wünsche und Forderungen des Volkes«, wie der Schriftsteller Jonas Lie formuliert. Der neue König, der die Regierungsdevise »Alt for Norge« (Alles für Norwegen) erwählt, erfüllt die gewaltigen Hoffnungen, die in ihn gesetzt werden. Während seiner über 50jährigen Regierungszeit wird er zu einer Integrationsfigur. Im Zweiten Weltkrieg organisiert er aus dem englischen Exil den Widerstand gegen die nationalsozialistische deutsche Besatzungsmacht.

Friedliche Revolution – Finnland wieder autonom

4. 11., Peterhof. Zar Nikolaus II. stellt die Verfassung und damit die Autonomie des russischen Großfürstentums Finnland wieder her. In einer Proklamation widerruft er wenige Tage nach dem Oktobermanifest (→ 30. 10./S. 176) die 1899 ohne Zustimmung des finnischen Landtags erlassenen Verordnungen und kündigt die Ausarbeitung einer neuen Landtagsordnung an. Die Unruhen, die vom Zarenreich nach Finnland herübergeschwappt sind (→ 22. 1./S. 15), flauen nach dieser Proklamation ab: Die finnische Revolution hat ihr Ziel mit friedlichen Mitteln erreicht.

Während Finnland im 19. Jahrhundert ein weitgehend eigenständiger Staat war (→ Kasten), setzte um 1890 unter der Herrschaft von Nikolaus II. ebenso wie in anderen Teilen des Zarenreiches eine massive Russifizierungspolitik ein. Zum verhaßten Symbol dieser neuen Politik wurde 1898 der neue Generalgouverneur Nikolai I. Bobrikow. 1899 hob Nikolaus II. in einem Staatsstreich die Autonomie des Großfürstentums auf, suspendierte den Landtag als Legislative und regierte autokratisch.

Eine 500köpfige finnische Delegation, die dem Zaren eine mit 523 000 Unterschriften versehene Petition zur Wiederherstellung der Autonomie überreichen wollte, empfing Nikolaus II. ebensowenig wie die Überbringer einer »Pro-Finlandia«-Petition, die von 1063 Wissenschaftlern, Schriftstellern und Künstlern aus aller Welt unterzeichnet worden war. Der Kurs wurde sogar noch härter: Die finnische Armee wurde aufgelöst, die Zensur verschärft und 1903 Russisch als Sprache für die Senatssitzungen eingeführt; im selben Jahr erhielt Generalgouverneur Bobrikow diktatorische Vollmachten. Er wurde jedoch als Symbolfigur der russischen Unterdrückungspolitik im Juni 1904 von einem Beamten ermordet.

Das finnische Volk spaltete sich in zwei Lager: Die sog. Konstitutionellen beantworteten die Russifizierungsmaßnahmen mit passivem Widerstand und kämpften für die Wiederherstellung der Autonomie. Die sog. Altfinnen hingegen arbeiteten unter dem Schlagwort »Anpassung« mit dem Zarenregime zusammen.

Auf dem Senatsplatz in Helsingfors (Helsinki) warten Zehntausende auf die Verlesung der Proklamation, nach der Finnland wieder die Autonomie erhält und damit weitgehend unabhängig von Rußland wird.

Eigener Staat unter russischer Herrschaft

Chronik Rückblick

Finnland war seit dem 13. Jahrhundert Teil des schwedischen Reiches. Erwachendes Nationalbewußtsein der Finnen im 18. Jahrhundert ließ gegen die Schweden Widerstand aufleben. Sie hofften, unter russischer Oberhoheit mehr Eigenständigkeit bewahren zu können. 1809, im Vertrag von Frederikshamn, wurde das Land russisches Großfürstentum. 1812 vereinigte Alexander I. das sog. alte Finnland, d. h. jene Gebiete, die Schweden 1721 und 1743 an Rußland abgetreten hatte, mit dem neuen Großfürstentum, verleibte das Land also nicht komplett seinem Machtbereich ein. Das durch einen Vierständelandtag repräsentierte finnische Volk schwor dem Zaren Treue, und dieser bestätigte die bestehenden Grundgesetze des Landes. Die Exekutive und Organisation der finnischen Verwaltung lagen beim Zaren; es war ihm jedoch untersagt, ohne Zustimmung des finnischen Landtags Gesetze zu erlassen oder zu ändern bzw. neue Steuern zu erheben. Der finnische Senat entwickelte sich damit faktisch zu einer finnischen Regierung; der russische Gouverneur als russischer Repräsentant hatte formell lediglich Polizeigewalt. Finnland hatte unter der russischen Herrschaft bis in die 90er Jahre eigene Gesetze, eine eigene Verwaltung und einen eigenen Landtag. Zwischen Rußland und Finnland bestand eine Zollgrenze.

Unter Zar Alexander I. wurde Finnland Teil des Russischen Reiches. Der Monarch war 1801 nach einem Staatsstreich gegen seinen Vater Paul I., bei dem dieser ums Leben kam, an die Macht gekommen. Er unterdrückte liberale Bestrebungen im Innern und entwickelte ein expansives Sendungsbewußtsein, das u. a. zum Erwerb Bessarabiens führte. Auf dem Wiener Kongreß (1815) setzte er die Anerkennung eines mit Rußland verbundenen Königreiches Polen durch. Er regierte bis zu seinem Tod 1825.

Gegen Ende des 16. Jh. (1592–1598) versuchte Japan vergeblich, unter Tojotomi Hidejoschi seinen Herrschaftsbereich auf Korea auszudehnen. Der Holzschnitt zeigt ein Scharmützel zu Beginn dieser Kämpfe.

Korea unter japanischem »Schutz«

17. 11., Tokio. Japan übernimmt durch einen »Schutzvertrag« die Durchführung der auswärtigen Angelegenheiten des Kaiserreichs Korea. Die Übernahme der Außenpolitik soll so lange aufrechterhalten bleiben, bis Korea »stark genug« ist, mit eigener Kraft seine Unabhängigkeit zu wahren. Die Verwaltung der inneren Angelegenheiten wird einem japanischen Generalresidenten mit Sitz in Seoul übertragen.

Mit dem »Schutzvertrag« endet die Unabhängigkeit Koreas, das faktisch eine japanische Kolonie wird. Voraussetzung für die Errichtung dieser »Schutzherrschaft« war der Sieg Japans im Russisch-Japanischen Krieg (→ 5. 9./S. 162). Darüber hinaus ließ sich Tokio im Bündnis vom → 12. August (S. 144), in dem Japan und Großbritannien ihre Interessensphären im Fernen Osten abgrenzten, in dieser Angelegenheit freie Hand zusichern.

Das Gebiet des ehemaligen Kaiserreichs Korea umfaßt die Halbinsel zwischen dem Japanischen und dem Gelben Meer und wird von Japan nur durch die Koreastraße getrennt. Im Nordwesten grenzt Korea an die Mandschurei bzw. China, das sich vergeblich – in Konkurrenz zu Japan – um ein Protektorat über das Land bemüht hatte. Mit Korea erhält Japan zugleich eine Aufmarschbasis für einen Krieg gegen China.

Das Vordringen Japans auf dem südostasiatischen Festland geschieht gegen den erbitterten Widerstand der Bevölkerung. Über das Verhalten der japanischen Kolonialherren in Korea werden ähnliche Grausamkeiten berichtet wie aus dem belgischen Kongo in Afrika (→ S. 143).

Gewaltsame Öffnung nach Abschottung

Chronik Rückblick

Vom 17. bis weit ins 19. Jahrhundert praktizierten die koreanischen Könige in Abhängigkeit vom chinesischen Kaiserhaus eine Politik völliger Isolierung: Kein Ausländer, außer Vertreter der in Peking herrschenden Mandschu-Dynastie, durfte das Land betreten; die Küstengebiete wurden entvölkert. Ziel dieser Politik war es, die Selbständigkeit des Landes unter faktischer chinesischer Oberhoheit zu wahren und das feudale Regime aufrechtzuerhalten.

1876 erzwang Japan die Öffnung des von der Außenwelt abgeschlossenen Landes. Im Vertrag von Kanghwa mußte Korea seine Handelshäfen japanischen Schiffen öffnen. Ähnliche Verträge mit den USA, Großbritannien, dem Deutschen Reich, Rußland und anderen Mächten machten das Land in der Folgezeit zum Absatzmarkt bzw. Lieferanten von billigen Rohstoffen und Landwirtschaftsprodukten.

Die Rivalität zwischen Japan und China um die Vorherrschaft in Korea führte 1894/95 zum Chinesisch-Japanischen Krieg, der weitgehend in Korea geführt wurde. Im Frieden von Schimonoseki billigte China Korea seine »Unabhängigkeit« zu; der koreanische König nahm daraufhin den Titel eines »Kaisers« an. Als Rußland wenig später Japan aus Korea zu verdrängen versuchte, kam es zum Russisch-Japanischen Krieg (→ S. 14).

Katalanen kämpfen für Eigenständigkeit

29. 11., Madrid. Die spanische Abgeordnetenkammer in Madrid ermächtigt die Regierung unter Eugenio Montero Rios, für die Provinz Barcelona die Verfassung außer Kraft zu setzen und den Kriegszustand zu verhängen. Der Grund für die Maßnahme sind blutige Auseinandersetzungen zwischen Militär und Separatisten.

Drei Tage zuvor war es zum ersten Zusammenstoß zwischen Offizieren auf der einen und Katalanen und Republikanern auf der anderen Seite gekommen. Offiziere stürmten die Druckerei des katalanischen Wochenblatts »Cucut« und plünderten sie. Daraufhin zogen sie zum Redaktionsgebäude der Zeitung »Beu de Catalunya«, brachten Hochrufe auf Spanien aus, drangen in die Redaktionsräume ein und verwüsteten sie ebenfalls. Das Blatt hatte Karikaturen veröffentlicht, durch die sich die Militärs provoziert fühlten.

Mit der Vereinigung der Königreiche Kastilien und Aragón im Jahr 1479 verlor Katalonien seine Selbständigkeit und war drei Jahrhunderte der rigorosen Zentralisierungspolitik Kastiliens unterworfen: Während das Katalanische im Mittelalter eine wichtige Kultur- und Verkehrssprache war, nahm ihr die weiter erstarkende Zentralregierung in Madrid im Zuge des spanischen Erbfolgekrieges 1714 ihren Status als Amtssprache, 1768 wurde sie sogar als bis dahin obligatorische Unterrichtssprache durch das Spanische ersetzt.

Erst nach dem Unabhängigkeitskampf gegen Frankreich (1808 bis 1814) erwachte das nationale Selbstbewußtsein. Katalanische Literatur und Sprache wurden wiederentdeckt, politisch-regionalistische Bewegungen erhielten großen Zulauf.

Barcelona, katalanisch Barcelonès, ist die zweitgrößte Stadt Spaniens und das kulturelle Zentrum Kataloniens. Mit dem Aufstieg zur größten Industriestadt Spaniens im 19. Jahrhundert wurde Barcelona zugleich Sammelpunkt republikanischer, sozialistischer und anarchistischer Strömungen, aber auch als Zentrum der sog. katalanischen Renaissance ein Kristallisationspunkt von Autonomie- und Unabhängigkeitsbestrebungen.

Die Regierung leugnet die Fleischnot

29. 11., Berlin. Das preußische Landwirtschaftsministerium legt dem Deutschen Reichstag in Berlin eine Denkschrift über die Fleischteuerung vor. Danach liegen die Gründe in gesetzwidrigen Absprachen der den Viehmarkt beherrschenden Händler und Kommissionäre, in »nicht einwandfreien Notierungen auf den Schlachtviehmärkten« sowie in der »auf die Öffnung der Grenzen und den Bruch mit dem gegenwärtigen wirtschaftspolitischen System« gerichteten »leidenschaftlichen Agitation«. Ein weiterer Grund dafür, daß die Fleischpreise eine »unerwünschte, bisher nicht beobachtete Höhe« erreicht hätten, liege in der gestiegenen Nachfrage »infolge verbesserter Lebenshaltung der Bevölkerung«.
In der Reichstagsdebatte am 30. November bezeichnet der SPD-Politiker Philipp Scheidemann die Fleischteuerungs-Denkschrift als »agrarische Tendenzschrift«. Am 27. November hatten Vertreter von 144 deutschen Städten auf einem »Städtetag« in Berlin die ungehinderte Einfuhr lebenden Viehs aus dem Ausland gefordert, um der Fleischteuerung und den hohen Preisen entgegenzuwirken.
Trotz aller Proteste bleibt die Regierung bei ihrer Meinung: Die Fleischnot sei sehr gering; wo sie überhaupt auftrete, sei sie von Zwischenhändlern verschuldet und auf die schlechte Futterernte des Jahres 1904 zurückzuführen; die Agrarier verdienten an der Fleischteuerung kaum einen Heller; die Grenzen könnten nicht geöffnet werden, da dann Seuchen das heimische Vieh vernichten könnten – dann erst gäbe es wirklich eine Fleischnot. Diese Ausführungen des preußischen Landwirtschaftsministers Viktor von Podbielski stoßen bei den Agrariern auf Proteste. Sie sehen sich in der Öffentlichkeit als die eigentlichen Urheber und Nutznießer der Fleischteuerung gebrandmarkt.

Karikatur zur Fleischteuerung in der Zeitschrift »Der Wahre Jacob«. Ein Lehrer zeigt abgemagerten Schülern im Zoo Schweine und Rinder: »Diese dienten früher dem Volke als Nahrung. Dank der Bemühungen unserer weisen Regierung ist ihr Fleisch jetzt nur noch den Geheimen Kommerzienräten zugänglich.« Die Regierung gibt an, der Fleischkonsum sei nur in sehr geringem Maße zurückgegangen.

Schweden erhält erste liberale Regierung

7. 11., Stockholm. Schweden erhält die erste liberale Regierung seiner Geschichte. König Oscar II. ernennt den bisherigen Justizminister Karl Staaff als Nachfolger des zurückgetretenen Christian Lundeberg zum Ministerpräsidenten. Hintergrund des Regierungswechsels ist die Auflösung der Union zwischen Schweden und Norwegen (→ 7. 6./S. 108).
Die zentralen Programmpunkte der neuen Regierung sind die Einführung des allgemeinen Wahlrechts und die Demokratisierung des schwedischen Staates. Diese Forderungen erbringen der im Jahr 1900 gegründeten liberalen Partei (heute: Folkpartiet = Volkspartei) einen erheblichen Stimmenzuwachs. Nach der Reichstagsordnung von 1866 sind jedoch nur 5,5% der schwedischen Bevölkerung zu Wahlen zugelassen. Die gleiche Forderung wie die Liberalen erheben die schwedischen Sozialdemokraten. Nach der Einführung der allgemeinen Wehrpflicht im Jahr 1901 lautet ihr Motto: »Ein Gewehr, eine Stimme«. Die Meinungsunterschiede zwischen der Regierung Staaff und dem in der Wahlrechtsfrage konservativen König werden allerdings so grundsätzlich, daß Oscar II. Staaff nach knapp sechs Monaten entläßt.

Liberale einig gegen Sozialdemokraten und Zentrum

5. 11., Nürnberg. Vertreter der Nationalliberalen Partei, der Freisinnigen Partei und der Deutschen Volkspartei sowie der jungliberalen Vereine und der Vereine der Nationalsozialen gründen einen gemeinsamen Zentralausschuß. Nach fast 20 Jahren der Zersplitterung ist dies ein erster Schritt zu einer Vereinigung der süddeutschen Liberalen.
Zweck des Zentralausschusses ist es, »durch regelmäßige Aussprachen ein geschlossenes Auftreten in allen gemeinsamen politischen und organisatorischen Fragen herbeizuführen«. Ihre Absicht ist es ferner, in Wahlkämpfen der »Agitation gleichartigen Charakter zu verleihen« und etwaige Differenzen zwischen den liberalen Parteien auszugleichen.
Der Hintergrund für die Gründung des Zentralausschusses ist für die bayerischen Liberalen der Sieg von Zentrum und SPD bei den Landtagswahlen (→ 17. 7./S. 125). Aber auch die württembergischen Liberalen sehen in Zentrum und SPD ihre Hauptgegner. Folglich proklamierte der linksliberale Parteiführer Friedrich Payer am 6. Januar auf der Landesversammlung der Deutschen Volkspartei in Stuttgart einen Zusammenschluß aller politisch links orientierten Kräfte unter Ausschluß der Sozialdemokratie; deren »gehässige Taktik« und »einsichtslose Politik« mache eine Zusammenarbeit unmöglich.
Die bayerischen Liberalen wiederum werfen dem Zentrum, der Partei des politischen Katholizismus, vor, Gesetzgebung, Verwaltung und öffentliches Leben unter eine »klerikale Herrschaft« zwingen zu wollen. Die Liberalen hingegen wollen eintreten für »die grundlegenden Erfordernisse des wirtschaftlichen Gedeihens und der Volkswohlfahrt, für das Fortschreiten der Volksbildung und des Schulwesens, für die Entfaltung von Wissenschaft und Kunst«.

Der linksliberale Friedrich Payer, seit 1890 Mitglied des Reichstages

Zersplitterte Liberale

Die erste deutsche liberale Partei, die linksliberale Deutsche Fortschrittspartei, konstituierte sich 1861. Sieben Jahre danach wurde die Deutsche Volkspartei gegründet, die führende liberale Partei in Süddeutschland. 1884 entstand die rechtsliberale Deutschfreisinnige Partei. 1893 spaltete sie sich in die wirtschaftsliberalistische Freisinnige Volkspartei und die eher sozial ausgerichtete Freisinnige Vereinigung. 1903 schlossen die Freisinnige Volkspartei und die Deutsche Volkspartei erstmals ein Wahlbündnis.

Die Kraftomnibusse der »Allgemeinen Berliner Omnibus-Actien-Gesellschaft« verkehren zwischen Halleschem Tor und Chausseestraße.

Erste Motor-Omnibusse in Berlin – Liniendienst jedoch nur am Tag

15. 11., Berlin. *In der deutschen Reichshauptstadt werden im öffentlichen Nahverkehr die beiden ersten motorgetriebenen Omnibusse eingesetzt.*

Die Kraftomnibusse der »Allgemeinen Berliner Omnibus-Actien-Gesellschaft« sind zweistöckig gebaut. Während die Fahrt im geschlossenen Innenteil 15 Pfennig kostet, müssen für das offene Oberdeck nur 10 Pfennig gezahlt werden. Im Innern finden 16 Passagiere Platz, das Oberdeck bietet 18 Sitzplätze; hinzu kommen drei Stehplätze. Aus Sicherheitsgründen verkehren sie jedoch nur am Tag. Nachts fahren weiterhin die bewährten Pferdebusse.

Die Idee, den Omnibus mit einem Motor auszurüsten und ihn auf diese Weise flexibler und unabhängiger zu machen, ist nicht neu. Bereits 1898 unternahm die Berliner Omnibus-Actien-Gesellschaft (»Aboag«) Probefahrten mit einem Bus, der einen Elektromotor mit Akkumulator hatte.

Deutsche büßen und beten an einem Tag

18. 11., Schwerin. Der Landtag von Mecklenburg-Schwerin verabschiedet eine Regierungsvorlage, nach der in Zukunft der mecklenburgische Buß- und Bettag mit dem preußischen zusammenfallen soll. Der Parlamentsbeschluß ist ein weiterer Schritt zu einer Vereinheitlichung der Feiertage im Deutschen Reich.

Die Fest- und Feiertagsordnung ist in den deutschen Staaten immer noch unterschiedlich geregelt, obwohl seit der Reichsgründung viele Festtage vereinheitlicht wurden. So wurde der Bußtag aus 47 verschiedenen Anlässen an 24 verschiedenen Tagen gefeiert. Erst 1892 setzte die preußische Generalsynode den Mittwoch vor dem letzten Sonntag im Kirchenjahr (Totensonntag) als Bußtag fest; dieser Regelung haben sich inzwischen die meisten nord- und mitteldeutschen Staaten angeschlossen.

Zu den unterschiedlichen kirchlichen Festen kommen verschiedene weltliche Feste. So wird in Preußen am 18. Januar das Fest zur Erinnerung an die Krönung des ersten preußischen Königs (1701) gefeiert. Seit 1873 wird der Jahrestag der Schlacht von Sedan am 2. September als Nationalfest zum Gedächtnis des Deutsch-Französischen Kriegs gefeiert.

Hofjagden in Deutschland – Automobiljagden in USA

3. 11., Deutsches Reich. Am Hubertustag finden in ganz Deutschland die traditionellen Parforcejagden statt. Damit wird dem Schutzpatron der Jäger, dem hl. Hubertus, gedacht.

Die Jagden sind ein gesellschaftliches Ereignis, das dem Adel vorbehalten ist. Auch Kaiser Wilhelm II. nimmt an einer solchen Jagd teil. Um sicherzustellen, daß genügend Wild vor die Flinten der Jäger kommt, werden die »Beutetiere« schon Tage vorher in Revieren zusammengetrieben.

Anders als in den USA spielt das Automobil bei den Jagden in Europa kaum eine Rolle. In den Vereinigten Staaten wird das neue Verkehrsmittel von Jagdgesellschaften ausgiebig genutzt: Gewehre, Zelte, Kochapparate, Äxte, Schaufeln u. a. Gerät begleiten die Jäger im Automobil in bisher weitgehend unberührte Gebiete. Im Deutschen Reich wird diese Entwicklung skeptisch beurteilt: »Der brave Bock oder kapitale Hirsch, mit gerechtem Blattschuß auf die Dekke gelegt, sind deutschen Jägern lieber als eine solche Jagdfahrt«, urteilt eine Jäger-Zeitschrift.

Mit dem Auto auf Jagd in den Vereinigten Staaten

Frankreichs Präsident Émile Loubet (vorn l.) auf Fasanenjagd

Kabelschachwettkampf Berlin – New York

12. 11., Berlin. Ein zweitägiger »Kabelschachwettkampf« zwischen Mitgliedern der Berliner Schachgesellschaft und dem Manhattan Chess Club in New York endet mit dem Sieg der US-amerikanischen Mannschaft.

Während zwischen den Vereinigten Staaten von Amerika und Großbritannien derartige Länderspiele schon seit langem ausgetragen werden, ist es der erste internationale Wettkampf per Fernübertragung, auf den sich deutsche Schachspieler einlassen.

Der Wettkampf wird in sechs Partien ausgespielt und beginnt für die Berliner Mannschaft verheißungsvoll. Der Bruder des Schachweltmeisters Emanuel Lasker gewinnt seine Partie. Die nächsten drei Spiele gehen verloren, weil die Vertreter des New Yorker Schachklubs das fehlerhafte Spiel ihrer Gegner ausnutzen. Die beiden letzten Partien enden remis. Damit ist das gesamte Match für Berlin mit 2:4 Punkten verloren.

Fernschachwettkämpfe sind seit Beginn des 19. Jahrhunderts beliebt, weil das Reisen für die meisten Spitzenspieler noch zu teuer war. Der erste spektakuläre Fernschachwettkampf fand 1824 zwischen London und Edinburgh statt, wobei als Übermittlungsweg die Post benutzt wurde.

Die Berliner Mannschaft während des Wettkampfes an ihren Brettern

Vom Spiel der Könige zum Wettkampfsport

Chronik Hintergrund

Kein anderes Brettspiel hat im Laufe der Zeit seinen Charakter so sehr verändert wie das Schachspiel. Bei den Arabern (um 650 n. Chr.), die es nach Europa brachten, und im europäischen Mittelalter war es dem Adel vorbehalten und das »Spiel der Könige«. Erst im Laufe der beginnenden Neuzeit verbreitete es sich auch in den übrigen Gesellschaftsschichten.

Bis Ende des 18. Jahrhunderts war das Schachspiel als Wettkampfsport kaum von Interesse; die Beschäftigung mit Problemstellungen dominierte. Mit dem Aufkommen des modernen Positionsspiels entwickelte sich der Typ des Berufsspielers, der im Kaffeehaus seine Partien gegen Geld austrug.

Erster offizieller Weltmeister wurde 1886 der Österreicher Wilhelm Steinitz; 1894 entthronte ihn der Deutsche Emanuel Lasker, der seinen Titel 27 Jahre behalten sollte.

Sport zwischen Ernst und Jux

26. 11., Paris. Ein Sportereignis besonderer Art sehen die Bewohner der französischen Hauptstadt. Die Zeitschrift »Les Sports« veranstaltet ein Stufenrennen auf den Eiffelturm. Ziel des Rennens ist nach genau 729 Stufen die zweite Plattform des Pariser Wahrzeichens.

Sieger des Wettbewerbs wird der Franzose Forestier. Er braucht für die Strecke 3:12 min. Forestier hatte als Radfahrer zwei Jahre zuvor das Rennen Paris – Dieppe gewonnen. Ein anderer der 283 Starter hatte zwar eine um 9 sec schnellere Zeit vorgelegt, er wird jedoch vom Schiedsgericht disqualifiziert, weil er sich regelwidrig am Geländer hochgezogen hatte.

Die Läufer des Wettbewerbs, der als durchaus ernst zu nehmendes Sportereignis geplant war, werden im Abstand von einer Minute auf die Strecke geschickt. Sie tragen jeweils ein Erkennungszeichen auf dem Rücken, auf dem ein Buchstabe sowie eine Zahl zwischen eins und 59 stehen. Der Buchstabe verweist auf die Stunde, die Zahl auf die Minute des Starts.

Einige Teilnehmer sehen das Rennen jedoch von der heiteren Seite: Einer trägt einen 50 kg schweren Zementsack, ein anderer balanciert ein Tablett mit sechs Gläsern zum Ziel.

Kaiser Wilhelm II. reizt Karikaturisten in aller Welt

27. 11., Berlin. Die Zeitung »Die Welt« veröffentlicht einen Leitartikel über das Bild von Kaiser Wilhelm II. in der internationalen Karikatur. Anlaß ist das Erscheinen des aufsehenerregenden Buchs »ER vor dem Objektiv der Karikatur« von John Grand-Carteret in Paris.

Grand-Carteret, der sich durch Sammelwerke auf dem Gebiet der politischen und sittengeschichtlichen Karikatur internationalen Ruhm erworben hat, sammelte in diesem Buch Karikaturen aus aller Welt auf den Kaiser seit seiner Thronbesteigung im Jahr 1888 – aus Europa ebenso wie aus Amerika und aus Australien. »ER« war die Bezeichnung des Berliner politisch-satirischen Wochenblatts »Kladderadatsch« für den französischen Kaiser Napoleon III., der sich gegen den Berliner Spott sehr empfindlich zeigte und 15 Jahre lang den »Kladderadatsch« an der Grenze abfangen ließ.

Mit Berufung auf den preußischen König Friedrich II. – er schritt nie gegen Karikaturisten ein – wendet sich Grand-Carteret in der Vorrede direkt an das Wohlwollen des Kaisers im Land des Majestätsbeleidigungs-Paragraphen: »Majestät sind wie Napoleon I. für die ganze Welt ›der Kaiser‹. Wie Napoleon III. sind Sie ER, und Europa, das früher angstvoll nach den Seineufern blickte, heftet heute die Augen auf die Ufer der Spree. Sie sind der Gott des Tages. Die Bleistifte der ganzen Welt haben ihr Blei nur für Sie; Sie sind der meistabgebildete aller Herrscher, und die Karikatur ist gegen Ew. Majestät heftig, herb, gehässig, unehrerbietig, häufig boshaft, manchmal ungerecht. Aber sie sieht Sie niemals gleichgültig an . . .«

Die Berliner »Welt«, die als linksliberale Zeitung einzustufen ist, geht in ihrem Leitartikel den Veränderungen im Bild des Kaisers nach. Während die ausländische Karikatur Wilhelm II. in den ersten Jahren seiner Herrschaft als gefährlichen Friedensstörer und gefürchteten, blutrünstigen Eroberer dargestellt hat, haben die Karikaturen in den letzten Jahren merklich an Gehässigkeit und Giftigkeit verloren. Aus den groben Zerrbildern sind Zeichnungen voll ehrlichen Spotts geworden, die bei aller Satire und Zuspitzung ein gewisses Wohlwollen für die Persönlichkeit des Kaisers erkennen lassen.

Offenbar fürchtet das Ausland Wilhelm II., der sich selbst als »Friedenskaiser« versteht, weniger als in früheren Jahren und läßt seinen persönlichen Eigenschaften mehr Gerechtigkeit widerfahren. »Soweit freilich der Kaiser die deutsche Politik verkörpert, sieht die internationale Karikatur in ihm einen Hauptträger der politisch und kirchlich reaktionären Bestrebungen«, urteilt die »Welt« über eine Tendenz, die sich seit dem Regierungsantritt Wilhelms nicht verändert hat. »Das aber ist der Punkt, wo die internationale Karikatur uns an die schmerzhafteste und verwundbarste Stelle der deutschen Politik mahnt: Den Glauben der gesamten Kulturwelt, daß augenblicklich das deutsche Kaisertum der Hort der europäischen Reaktion ist, nachdem das russische Volk dem niedergebrochenen Zarentum eine wirkliche Verfassung abgerungen hat . . .«

Wohnen und Design 1905:

Künstler sind Generalisten

Chronik Übersicht

In der Formgebung des Jahres 1905 verwirklichen sich im Zeichen des Jugendstils eigenwillige Künstlerpersönlichkeiten. Veränderungen in der Gesellschaft nehmen auf Wohnen und Design keinerlei Einfluß.

Zu den phantasievollsten und angesehensten deutschen Innengestaltern und Architekten dieser Richtung zählt Bernhard Pankok. Wie viele Künstler strebt er in seinen Entwürfen das »Gesamtkunstwerk« an. Seine Ornamente sind bizarr, oft wild gezackt, die Innenausstattungen weisen phantastische Wandgliederungen auf und sind mit starken Farben dekoriert. Bei seinen Möbeln und Einrichtungen für Ausstellungen wie der diesjährigen Münchner Ausstellung für angewandte Kunst treten praktische Funktion und konstruktiver Zusammenhang hinter dem Streben nach einem persönlichen Kunstwerk zurück. Im Vergleich zu Arbeiten um die Jahrhundertwende ist seine Formensprache einfacher geworden, doch bleibt der Hang zu flächiger Ornamentik und lebhafter Variierung herkömmlicher, technisch bedingter Grundformen bei zunehmendem Interesse an Farbwirkungen.

Die Ergebnisse dieser Wohn-Kunst sind nur für die Oberschicht erschwinglich. Sie tritt als Mäzen auf, indem sie großzügig Aufträge vergibt. So beginnt der Spanier Antoni Gaudí 1905 mit der Errichtung und Ausgestaltung der Casa Batlló für den katalanischen Stofffabrikanten Joseph Batlló y Casanovas un Barcelona. Aber auch Josef Hoffmann und Koloman Moser müssen sich mit ihrer Wiener Werkstätte keinerlei finanzielle Beschränkungen bei der Errichtung des Brüsseler Palais Stoclet auferlegen, dessen Bau 1905 beginnt: Die Leistungen des österreichischen Kunsthandwerks verschmelzen dort zu einem einzigartigen »Gesamtkunstwerk«.

1905 erscheint in hervorragender grafischer Gestaltung der erste Katalog der Wiener Werkstätte mit dem wahrscheinlich von Hoffmann und Moser gemeinsam verfaßten Arbeitsprogramm dieser Werkstättengemeinschaft von Künstlern und Handwerkern: Als Hauptziel wird die künstlerische Durchdringung aller Lebensbereiche propagiert. Nach dem Austritt der sog. Klimt-Gruppe aus der Wiener Secession 1905 – auch Hoffmanns und Mosers – wird die Wiener Werkstätte eine der wichtigsten Institutionen zur Durchsetzung der neuen Ziele im Kunsthandwerk. Die hervorragende handwerkliche Qualität des ständig wachsenden Unternehmens verschaffen der Wiener Werkstätte innerhalb kurzer Zeit Weltgeltung. Sonderausstellungen sind einzelnen Aufgabenbereichen gewidmet, so die Ausstellung von Bucheinbänden und Vorsatzpapieren im Jahr 1905.

Hoffmanns und Mosers Sitzmöbel, die in diesem Jahr für Aufsehen sorgen, signalisieren eine Hinwendung zu rationeller Formgebung. So greift Josef Hoffmann beim Entwurf eines Lehnsessels auf Elemente von Jugendstil, Ästhetizismus und Rationalismus zurück. Der sog. Moser-Sessel wiederum gilt mit seiner Konstruktion als eines der markantesten Möbel der neuen Bugholzgeneration bis 1910: Vorderbeine und Armlehne werden in einem Stück als Rückenlehne herumgeführt; die Stuhlbeine werden unten durch eine hufeisenförmige Kufe gehalten; die Hinterbeine sind leicht ausgestellt, die Vorderbeine geringfügig nach innen gezogen. Moser erhebt wie viele Künstler dieser Zeit für sich den Anspruch, sich nicht auf ein Gebiet spezialisieren zu wollen, sondern durch eine vielseitige Tätigkeit hervorzutreten. So ist Moser, der Mitbegründer der Wiener Werkstätte, gleichzeitig Buch- und Plakatgestalter; er entwirft Möbel, Schmuck, Metallgerät, Ledersachen, Spielzeug und Glas; er ist ferner an der Ausgestaltung von Ausstellungen und Bühnenausstattungen beteiligt.

»Damenzimmer«, entworfen von Bernhard Pankok, ausgeführt von den Vereinigten Werkstätten für Kunst und Handwerk in München; Fotografie von der Münchner Ausstellung für angewandte Kunst

Raumfüllende Pflanzen und wuchtige Möbelstücke prägen das Konversationszimmer dieses Frauenklubs, das vollgestellt und überladen wirkt.

Lehnsessel aus Buchenholz, mahagonigebeizt, Koloman Moser zugeschrieben; Wien um 1905. Zwei flache Vierkantstäbe sind zu zwei Seitenkufen gebogen. Die Sitzfläche ist mit seitlichen Gitterbrettern verbunden.

Eckbank mit Aufbau als Teil einer Dielengarnitur aus der Zeit um 1900, die von einem Laien entworfen wurde; die seitliche Verglasung ist mit Blumendekor durchbrochen, die geschwungene Sitzbank hat nur eine Armlehne.

Das Design der Zeit nach der Jahrhundertwende wird vom Jugendstil dominiert. Er durchdringt auch die Bereiche der Gebrauchskunst, wie die Form und Farbgebung bei Vasen zeigt (v. l.): Vase mit Disteldekor; farbloses, in senkrechten Streifen zart grünlich und rötlich gefärbtes Glas mit schimmernd türkisfarbenem Überzug. Blütenkelchvase von Louis Comfort Tiffany; irisierendes Glas mit eingeschlossenem Dekor. Vase mit Fledermäusen auf Bronzesockel; Überfangglas mit mehrfarbigem eingeschlossenem Pulver; außen blauviolett geätzt; den Fuß umfassender Bronzesockel auf drei Klauenfüßen mit Tropfsteinstruktur und Eidechsen. Vase-»artichaut«; mehrfach überfangenes und getauchtes Glas mit bunten Auflagen und Metallfolieneinschlüssen; Gefäßform in der Art einer Artischocke; als Dekor Kornblumen, die mit den Stengeln flach auf die leicht gebuckelte Wandung aufgeschmolzen und geschnitten sind. Enghals-Vase mit fast dreieckiger Standfläche und langaufsteigendem Hals; Brombeerzweige laufen als Dekor herum.

Dezember 1905

Mo	Di	Mi	Do	Fr	Sa	So
				1	2	3
4	5	6	7	8	9	10
11	12	13	14	15	16	17
18	19	20	21	22	23	24
25	26	27	28	29	30	31

1. Dezember, Freitag

Im Deutschen Reich findet eine Volkszählung statt. → S. 204

Die deutschen Kolonialbehörden beginnen während des Hottentottenkrieges in Deutsch-Südwestafrika mit der Errichtung von Sammellagern für Gefangene (→ 4. 1./S. 22).

Zar Nikolaus II. hebt mit einem Erlaß den Kriegszustand in Russisch-Polen auf. Die Regierung kündigt ferner die Aufhebung der Beschränkungen für Juden an (→ 30. 10./S. 176).

In der Leibgarde des russischen Zaren Nikolaus II. werden rund 200 Soldaten wegen mutmaßlicher revolutionärer Tätigkeit verhaftet (→ 20. 12./S. 208).

In London findet eine Demonstration mit John Lubbock Lord Avebury für gute Beziehungen zwischen Großbritannien und dem Deutschen Reich statt.

Der preußische Arbeitsminister Hermann von Budde verbietet dem Eisenbahnpersonal den Alkoholgenuß während des Dienstes (→ 7. 8./S. 152).

Der Kunsthistoriker Wilhelm von Bode wird Generaldirektor der Königlichen Museen in Berlin.

2. Dezember, Samstag

Der kommissarische Leiter der Kolonialabteilung des Auswärtigen Amts, Ernst Fürst zu Hohenlohe-Langenburg, fordert im Reichstag in Berlin die Bewilligung eines Nachtragsetats für den Bau der Eisenbahn Lüderitzbucht–Kubub in Deutsch-Südwestafrika (→ 4. 1./S. 22). Nicht nur Sozialdemokraten lehnen diese Forderung ab, sondern auch Matthias Erzberger von der »Regierungspartei« Zentrum, der prüfen lassen will, ob die Kolonie überhaupt den Wert habe, den diese neuen Kosten rechtfertigten.

Die spanische Regierung unter Eugenio Montero Rios tritt wegen der separatistischen Unruhen in Katalonien zurück. Rios' Nachfolger als Ministerpräsident wird Segismundo Moret y Prendergast (→ 29. 11./S. 194).

Die Schleifung der norwegischen Grenzfestungen beginnt. Gemäß dem Vertrag von Karlstad zur Auflösung der schwedisch-norwegischen Union (→ 12. 11./S. 192) muß Norwegen an der Grenze zu Schweden alle Festungen, die in einer 15 km breiten »neutralen Zone« liegen, abtragen.

Fürst Günther von Schwarzburg-Rudolstadt löst den Landtag auf, weil er die Erhöhung der fürstlichen Zivilliste um 32 000 Mark abgelehnt hat.

3. Dezember, Sonntag

In Dresden, Chemnitz und anderen Städten des Königreichs Sachsen veranstalten die Sozialdemokraten Massenkundgebungen gegen das Dreiklassenwahlrecht (→ S. 125). In Dresden geht die Polizei mit Waffen gegen die Demonstranten vor.

In Genf entdeckt die Polizei nach einer Explosion in einem Haus eine »geheime russische sozialistische Bombenfabrik, verbunden mit einer Werkstätte für falsche Stempel«. Eine Frau wird bei der Explosion schwer verletzt.

Der Ungar Zoltán Halmay schwimmt in Wien in 1:05,8 min Weltrekord über 100 m.

4. Dezember, Montag

Die konservative britische Regierung unter Arthur James Balfour reicht ihren Rücktritt ein. → S. 206

In einer Kongreßbotschaft unterstreicht US-Präsident Theodore Roosevelt als eines der wichtigsten Ziele die Bekämpfung der Trusts (→ 30. 1./S. 26). Hinsichtlich der Amerikapolitik erklärt er, die USA hegten keine Annexionswünsche gegenüber den Staaten Mittel- und Südamerikas, sondern hätten nur die »Wohlfahrt« aller im Auge (→ S. 26).

Der neue Gouverneur von Deutsch-Südwestafrika, Friedrich von Lindequist, sichert mit Ausnahme von »Mördern« allen aufständischen Hottentotten die Schonung ihres Lebens zu, wenn sie Waffen und Pferde abliefern (→ 4. 1./S. 22).

Bei Zusammenstößen zwischen revolutionären Soldaten und Arbeitern sowie regierungstreuem Militär in Kiew werden 70 Menschen getötet und mehr als 300 verletzt (→ 20. 12./S. 208).

Der Senat des russischen Großfürstentums Finnland beschließt, das Finnische statt des Russischen in den Staatsschulen wieder als Unterrichtssprache einzuführen und alle Russifizierungsgesetze der letzten Jahre aufzuheben (→ 4. 11./S. 193).

5. Dezember, Dienstag

Bernhard Fürst von Bülow eröffnet als preußischer Ministerpräsident den Landtag in Berlin mit einer Rede, in der er »die Festigung des deutschen Besitzes in Verbindung mit einer sachgemäßen inneren Kolonisation« als »eine der ernstesten Aufgaben der Staatsregierung« bezeichnet (→ 9. 8./S. 146).

Die österreichische Regierung erteilt zwölf Infanteriebataillonen und fünf Dragonerregimentern den Befehl, sich zum Marsch nach Böhmen bereitzuhalten. Dort werden blutige Zusammenstöße zwischen Tschechen und Deutschen befürchtet (→ 27. 11./S. 191).

Die »Demonstrationsflotte« der Großmächte besetzt nach Lesbos auch die osmanische Insel Lemnos. Als die osmanische Regierung daraufhin die Forderung der Großmächte nach Annahme des makedonischen Reformprogramms erfüllt, werden die besetzten Inseln am 16. Dezember wieder geräumt (→ 23. 11./S. 190).

Während sich vier Personenzüge im Londoner Bahnhof Charing Cross befinden, stürzt ein Teil des von Eisenträgern gehaltenen Glasdachs ein und begräbt Wagen und Menschen unter den Trümmern (→ S. 153).

6. Dezember, Mittwoch

Reichskanzler Bernhard Fürst von Bülow betont vor dem Reichstag in Berlin, das Deutsche Reich müsse auch ohne Bundesgenossen seine Stellung als Weltmacht behaupten können. → S. 207

Die konservativen ungarischen Zeitungen, deren Schriftleitungen gegen die Einführung des allgemeinen Wahlrechts sind, verpflichten sich, künftig keine Artikel in dieser Richtung mehr zu bringen. Daraufhin setzen die sozialdemokratischen Setzer ihre Streiks aus, damit die Zeitungen wieder erscheinen können (→ 28. 11./S. 191).

Der französische Senat in Paris genehmigt mit 179 zu 103 Stimmen das Gesetz über die Trennung von Kirche und Staat (→ 22. 4./S. 176).

Über das russische Gouvernement Kiew wird wegen blutiger Unruhen und Streiks das Standrecht verhängt (→ 20. 12./S. 208).

7. Dezember, Donnerstag

Alfred von Tirpitz, der Staatssekretär im Reichsmarineamt, begründet im Reichstag in Berlin die neue Flottenvorlage. Sie fordert den Bau der 1900 abgelehnten sechs großen Kreuzer bis 1917. Ferner wird die Aufstockung der 16 Torpedoboot-Divisionen (96 Boote) auf 24 Divisionen mit 144 Booten verlangt (→ 1. 4./S. 74).

Der Generaladjutant von Zar Nikolaus II., der frühere Kriegsminister Viktor V. Sacharow, wird in Saratow von einem revolutionären Schlossergesellen erschossen.

8. Dezember, Freitag

Der Hoachanas-Hottentottenführer Manasse fällt mit 23 Kriegern im Gefecht bei Gubuonis im Kampf gegen die deutsche Kolonialmacht (→ 4. 1./S. 22).

Reichskanzler Bernhard Fürst von Bülow wirft im Reichstag in Berlin den Sozialdemokraten vor, mit ihren außenpolitischen Anschauungen das deutsche Volk in den »nationalen Selbstmord« zu treiben. Die deutsche Flottenpolitik sei allein auf die Erhaltung des Friedens gerichtet (→ 1. 4./S. 74).

Ein Ukas von Zar Nikolaus II. hebt die Präventivzensur bei periodisch erscheinenden Presseerzeugnissen zugunsten der Nachzensur auf.

In Rio de Janeiro landet eine Abteilung des deutschen Kanonenboots »Panther« und verfolgt ohne Erlaubnis der brasilianischen Regierung einen Deserteur. Der Matrose wird gefangengenommen und auf die »Panther« zurückgebracht.

9. Dezember, Samstag

Im französischen Mittelmeerkriegshafen Toulon meutern auf einem dort erbauten russischen Torpedoboot 50 russische Matrosen. Sie hissen die rote Flagge der Revolution (→ 20. 12./S. 208). Die Meuterei wird niedergeschlagen.

Die Oper »Salome« von Richard Strauss wird am Königlichen Opernhaus in Dresden uraufgeführt (→ S. 51).

10. Dezember, Sonntag

In Stockholm und Kristiania (Oslo) werden die diesjährigen Nobelpreise verliehen. → S. 209

Henry Campbell-Bannerman bildet in London die erste liberale Regierung Großbritanniens im 20. Jahrhundert (→ 4. 12./S. 206).

Zwischen Großbritannien und dem belgischen Kongostaat kommt es zum Konflikt, als nach britischen Angaben Kongotruppen ein Gebiet zwischen der Kongo-Nil-Wasserscheide und dem fünften nördlichen Breitengrad besetzen (→ S. 142).

Das niederdeutsche Drama »Mutter Mews« von Fritz Stavenhagen wird im Hamburger Stadttheater uraufgeführt.

11. Dezember, Montag

Die russische Regierung unter Sergei J. Graf Witte lehnt die Einberufung einer sog. konstituierenden Versammlung, die sich mit der Einführung des allgemeinen Wahlrechts in Rußland befassen soll, ab (→ 30. 10./S. 176).

Die österreichischen Sozialdemokraten proklamieren den Generalstreik, um die Einführung des allgemeinen Wahlrechts zu erzwingen (→ 28. 11./S. 191).

12. Dezember, Dienstag

Arthur Graf von Posadowsky-Wehner, der deutsche Staatssekretär des Inneren, bezeichnet in einer sozialpolitischen Grundsatzrede im Reichstag in Berlin die soziale und wirtschaftliche Lage der deutschen Arbeiter im Vergleich mit dem Ausland als zufriedenstellend.

In der russischen Mandschurei-Armee brechen Meutereien aus. In erbitterten Kämpfen zwischen revolutionären und zarentreuen Soldaten fallen bei Chardin mehrere hundert Mann (→ 20. 12./S. 208).

13. Dezember, Mittwoch

Der russische Ministerpräsident Sergei J. Graf Witte erklärt in Petersburg, falls seine Regierung im Volk nicht die nötige Unterstützung finde, seien die Widerrufung des Oktobermanifests (→ 30. 10./S. 176) und die Errichtung einer Diktatur möglich (→ 20. 12./S. 208).

Die satirische Zeitschrift »Der Wahre Jacob« karikiert in ihrer Weihnachtsnummer die revolutionären Veränderungen im Russischen Reich als das wichtigste Ereignis des Jahres 1905: »Rußlands ›heilige Familie‹ ergreift die Flucht, da alle Schutzheiligen den schrecklichen Kometen nicht von der Burg Nikolaus des Letzten abzuwenden vermochten.« Der »revolutionäre Komet« der Demokratie, der durch reaktionäre Kräfte nicht aufgehalten werden konnte, vertreibt die absolutistisch herrschende Zarenfamilie. Angesichts der zögerlichen Reformpolitik von Nikolaus II. bleibt dieses Bild jedoch noch für viele Jahre Wunschdenken.

Nr. 506 25 (Weihnachts-Nummer) Stuttgart den 12. Dezember 1905

DER WAHRE JACOB

Abonnementspreis pro Jahr Mk. 2.60 | Erscheint alle vierzehn Tage. | Verantwortlich für die Redaktion: B. Heymann in Stuttgart.
Anzeigen pro 4gespaltene Nonpareille-Zeile Mk. 1.50 | Preis bei Postbezug vierteljährlich 65 Pfg. (ohne Bestellgeld). | Verlag und Druck von Paul Singer in Stuttgart.

Der Komet von 1905.

Rußlands „heilige Familie" ergreift die Flucht, da alle Schutzheiligen den schrecklichen Kometen nicht von der Burg Nikolaus des Letzten abzuwenden vermochten.

Frankreich verbietet den Sklavenhandel. Präsident Émile Loubet unterzeichnet einen Erlaß des Kolonialministeriums, der den Sklaventausch der Eingeborenen in den afrikanischen Besitzungen der Republik bei Geld- und Gefängnisstrafen untersagt.

14. Dezember, Donnerstag

In den russischen Ostseeprovinzen erhebt sich die Bevölkerung gegen die überwiegend deutschen Gutsbesitzer. → S. 207

Die rumänische Regierung erklärt, die im September abgebrochenen Beziehungen zu Griechenland seien nicht »offiziell« unterbrochen. Solange jedoch griechische »Mörderbanden« die Rumänen in der Türkei plünderten, werde es keinen Frieden zwischen beiden Ländern geben (→ 23. 11./S. 190).

Während des Eingeborenenaufstands in Deutsch-Ostafrika fällt der Großzauberer Hongo, einer der prominentesten Rebellenführer (→ S. 142).

15. Dezember, Freitag

Der Deutsche Reichstag in Berlin verabschiedet gegen die Stimmen der Sozialdemokraten den Nachtragshaushalt, der u. a. den Bau der Bahn Lüderitzbucht – Kubub in Deutsch-Südwestafrika vorsieht (→ 9. 2./S. 39).

Die osmanische Regierung in Konstantinopel (Istanbul) stimmt dem Vorschlag der Großmächte zu, Makedonien unter internationale Finanzkontrolle zu stellen (→ 23. 11./S. 190).

Zwischen dem osmanischen Vizekönigtum Ägypten und Großbritannien wird das Briefporto in Höhe von einem Penny eingeführt. Diese Gebühr ist zwischen Großbritannien und den meisten britischen Kolonien üblich. Seit der Landung britischer Truppen 1882 wird Ägypten faktisch von einem britischen Residenten regiert.

Der bayerische Justizminister Ferdinand Ritter von Miltner lehnt im Landtag die von einigen Zentrumsabgeordneten geforderte Wiedereinführung der Prügelstrafe ab (→ S. 31).

16. Dezember, Samstag

In Riga, der Hauptstadt des russischen Gouvernements Livland, werden während blutiger Unruhen zahlreiche Regierungsgebäude in Brand gesetzt (→ 14. 12./S. 207).

Die russische Regierung unter Sergei J. Graf Witte läßt den Arbeiterdeputiertenrat in Petersburg auflösen und die Mitglieder verhaften.

17. Dezember, Sonntag

In Petersburg wird der »Verband des 17. Oktober« (Oktobristen) gegründet. Die konservativ-liberale Partei setzt sich auf der Grundlage des Manifests vom 30. Oktober für eine starke Monarchie sowie für die Einheit und Unteilbarkeit des Russischen Reiches ein (→ 31. 10./S. 177).

In Konstantinopel (Istanbul) werden die Urteile im Prozeß gegen die Attentäter auf Sultan Abd Al Hamid II. vom 21. Juli gefällt. Beteiligt waren fast ausschließlich Armenier. Sieben Männer werden zum Tode verurteilt, 13 zu lebenslänglicher und drei zu 15 Jahren Kerkerhaft.

Das Trauerspiel »Der Jude von Konstanz« von Wilhelm von Scholz wird am Dresdner Hoftheater uraufgeführt.

18. Dezember, Montag

Die deutschen Dampfer »Batavia« und »Kehr wieder« stechen in Königsberg in See, um Deutsche aus den von Unruhen erschütterten russischen Ostseeprovinzen zu evakuieren (→ 14. 12./S. 207).

Aus dem Aufstandsgebiet in Deutsch-Ostafrika wird gemeldet, daß die Ruhe im Bezirk zwischen Sangwe und Kisidje wiederhergestellt sei (→ S. 142).

In Vorarlberg wird die elektrisch betriebene Eisenbahnlinie in das Montafon von Bludenz nach Schruns eröffnet (→ 25. 7./S. 127).

19. Dezember, Dienstag

In Cetinje, der Hauptstadt Montenegros, findet die erste Sitzung der Skupschtina (Parlament) des Fürstentums statt. Fürst Nikolaus I. leistet den Eid auf die von ihm freiwillig erlassene Verfassung.

In Budapest tritt der ungarische Reichstag zusammen. Durch ein Handschreiben von Kaiser Franz Joseph I. wird er bis zum 1. März 1906 vertagt. Das Abgeordnetenhaus bezeichnet diese erneute Vertagung einstimmig als verfassungswidrig (→ 21. 6./S. 107).

Die ungarische Regierung unter Ministerpräsident Géza Baron Fejérváry veröffentlicht den Gesetzentwurf über die Einführung des allgemeinen Wahlrechts für alle Männer ab Vollendung des 24. Lebensjahres (→ 21. 6./S. 107).

Aus Schanghai werden fremdenfeindlichen Unruhen gemeldet. Zum Schutz der Reichsangehörigen wird ein deutscher Kreuzer aus Tsingtau nach Schanghai geschickt (→ 1. 9./S. 165).

Die deutsche Regierung nimmt auf Ersuchen des eidgenössischen Bundesrats die Schweizer in Rußland unter ihren Schutz (→ 20. 12./S. 208).

20. Dezember, Mittwoch

Der Moskauer Sowjet der Arbeiterdeputierten ruft den politischen Generalstreik aus. → S. 208

Die Aufständischen in Deutsch-Ostafrika werden bei einem Angriff auf die Etappenstation Livale unter schweren Verlusten zurückgeschlagen (→ S. 142).

21. Dezember, Donnerstag

Der neue britische Premierminister Herbert Henry Campbell-Bannerman entwickelt in der Londoner Albert Hall die Grundzüge seiner Regierungspolitik. Ausdrücklich gutgeheißen werden von ihm die Demonstrationen für eine Verbesserung des deutsch-britischen Verhältnisses (→ 4. 12./S. 206).

In Schanghai erheben sich die Chinesen gegen die Europäer. Britische Truppen besetzen das Zollamt und die Polizeistation. Deutsche Marinesoldaten vom Flußkanonenboot »Vaterland« rücken in die Stadt ein, um Deutsche vor Übergriffen zu schützen (→ 1. 9./S. 165).

22. Dezember, Freitag

Japan und China schließen einen Vertrag, in dem Peking in die Verpachtung der Liautunghalbinsel an Japan einwilligt und Japan die Kontrolle über die Eisenbahn der Halbinsel bis Tschangtschitung zugesteht. Darüber hinaus erklärt sich China bereit, dem Welthandel 16 Häfen und Städte in der Mandschurei zu öffnen (→ 17. 11./S. 194).

In Helsingfors (Helsinki), der Hauptstadt des russischen Großfürstentums Finnland, wird der außerordentliche Landtag eröffnet, der die neue Landtagsordnung erarbeiten soll (→ 4. 11./S. 193).

Ein königlicher Erlaß ordnet die Eindeutschung von 97 polnischen Ortsnamen in der preußischen Provinz Posen an (→ 9. 8./S. 146).

23. Dezember, Samstag

Der russische General Linewitsch, der Kommandant der Mandschurei-Armee, telegraphiert nach Petersburg, daß sich die Hälfte seiner Soldaten den antizaristischen Revolutionären angeschlossen habe (→ 20. 12./S. 208).

Das Landgericht in Cottbus verurteilt im Prozeß wegen des Spremberger Eisenbahnunglücks einen Stationsassistenten als Hauptschuldigen zu einer Strafe von einem Jahr und vier Monaten Gefängnis (→ 7. 8./S. 152).

24. Dezember, Sonntag

Die russische Stadt Jelisawetpol (Kirowabad) wird bei Massakern zwischen Armeniern und Tataren völlig zerstört. Mehr als 2000 Menschen kommen bei den schweren Nationalitätenunruhen ums Leben (→ 30. 10./S. 176).

Der anarchistische Weber José Salas Tomas versucht in Barcelona, den Kardinal Casanas zu erstechen. Als der Mordversuch mißlingt, begeht der Attentäter Selbstmord.

25. Dezember, 1. Weihnachtstag

Eine Konferenz der Sozialdemokratischen Arbeiterpartei Rußlands in Tammerfors (Tampere) in Finnland beschließt, auf einem Parteitag die Vereinigung von Bolschewiki und Menschewiki zu vollziehen. Auf der bis zum 30. Dezember dauernden Veranstaltung begegnen sich die Revolutionäre Wladimir I. Lenin und Josef W. Stalin zum ersten Mal (→ 30. 10./S. 176; 20. 12./S. 208).

In Bulgarien findet erstmals in der Geschichte des Landes ein politischer Generalstreik statt. Er richtet sich gegen ein Gesetz, das die Schaffung von Arbeiterorganisationen in den Handwerksbetrieben erschweren soll.

An der Metropolitan Opera in New York wird Richard Wagners Oper »Parsifal« erstmals außerhalb von Bayreuth aufgeführt.

26. Dezember, 2. Weihnachtstag

Der preußische Generalstabschef Alfred Graf von Schlieffen legt seine letzte Version des »Schlieffen-Plans« fest. → S. 207

Ein Ukas von Zar Nikolaus II. ergänzt unter dem Eindruck der revolutionären Unruhen das Duma-Wahlgesetz. Danach besitzen auch Arbeiter und Handwerker sowie Kleinbürger in den Städten eingeschränkte Wahlrechte (→ 30. 10./S. 176).

Eine Verordnung von Kaiser Wilhelm II. verfügt die Einziehung des Stammesvermögens solcher Eingeborener, die gegen die deutsch-südwestafrikanische Regierung, gegen Nichteingeborene oder gegen andere Eingeborene kriegerisch-feindselige Handlungen begangen haben (→ 4. 1./S. 22).

27. Dezember, Mittwoch

Der japanische Tenno Mutsuhito ernennt Marquis Hirobumi zum ersten Generalresidenten im japanischen Schutzstaat Korea (→ 17. 11./S. 194).

28. Dezember, Donnerstag

Die Operette »Die lustige Witwe« von Franz Lehár wird im Theater an der Wien in Wien uraufgeführt (→ S. 50).

29. Dezember, Freitag

Deutsche Kolonialtruppen schlagen während des Hottentottenkriegs in Deutsch-Südwestafrika die Häuptlinge Simon Copper und Manasse bei Toasis. Nach dem Gefecht ergeben sich 250 Hottentotten (→ 4. 1./S. 22).

30. Dezember, Samstag

Der Moskauer Dezemberaufstand wird vom Militär niedergeworfen (→ 20. 12./S. 208).

31. Dezember, Sonntag

Der deutsche Kaiser Wilhelm II. skizziert in einem Schreiben an Reichskanzler Bernhard Fürst von Bülow die allgemeine politische Situation des Deutschen Reiches. → S. 210

Das Wetter im Monat Dezember

Station	Mittlere Lufttemperatur (°C)	Niederschlag (mm)	Sonnenscheindauer (Std.)
Aachen	2,3 (3,1)	36,4 (62)	– (49)
Berlin	2,2 (–0,7)	33,8 (41)	– (36)
Bremen	2,6 (2,2)	46,3 (54)	– (33)
München	0,3 (–0,7)	36,5 (44)	– (41)
Wien	1,8 (–0,9)	27,0 (51)	53 (51)
Zürich	0,2 (–0,2)	44,0 (73)	29 (37)

( ) Langjähriger Mittelwert für diesen Monat
– Wert nicht ermittelt

Der französische Glaskünstler und Goldschmied René Lalique ist Schöpfer des Weihnachtsmotivs für die Titelseite der französischen Zeitschrift »L'Illustration«. Ein Engel vermittelt den Wunsch nach Frieden und Ruhe. Angesichts der außenpolitischen Turbulenzen, wie z. B. der Marokkokrise, in die Frankreich in diesem Jahr verstrickt war, ist dieser Wunsch nur zu verständlich. 1905 wird in vielen Ländern Europas als Jahr, das von Krisen und Unruhen geprägt war, empfunden. Viele erhoffen für das folgende Jahr eine Beruhigung des politischen Klimas.

Mehr als 60 Millionen Menschen leben in Deutschland

1. 12., Berlin. Im Deutschen Reich wird eine Volkszählung durchgeführt. Danach leben 60 641 278 Menschen in den deutschen Bundesstaaten einschließlich Elsaß-Lothringen. Das bedeutet eine Zunahme um 47,7% seit der Reichsgründung im Jahr 1871 und eine Zunahme um 7,6% seit der »Jahrhundertvolkszählung« vor fünf Jahren. Auf 103 Frauen kommen 100 Männer.
Mit dieser Bevölkerungszahl rangiert Deutschland an dritter Stelle unter den »Weltstaaten«: Eine noch größere Bevölkerung weisen lediglich das Russische Reich mit 125 Mio. (Volkszählung von 1897) und die USA mit 75,9 Mio. (1900) Einwohnern auf.
Zugleich ist das Deutsche Reich eines der am dichtesten besiedelten Länder: 112,1 Menschen leben in Deutschland statistisch auf einem Quadratkilometer. Spitzenreiter ist Belgien mit 227 Einwohnern je km^2, gefolgt von den Niederlanden (154), Großbritannien und Irland (132) und Italien (113).

Die Reichshauptstadt Berlin um die Jahrhundertwende. Pferdeomnibusse prägen das Bild auf den großen Straßen. Die Kreuzung der Straßen Unter den Linden und Friedrichstraße läßt die Hektik einer wachsenden Großstadt erahnen. Berlin ist vom Boom der Gründerjahre geprägt, als neue Firmen wie Pilze aus dem Boden schossen. Jetzt ist die Stadt das größte städtische Wirtschaftszentrum im Deutschen Reich mit knapp zwei Mio. Berufstätigen.

Vom Spreedorf zur Weltmetropole

Chronik Rückblick

Mit 2 040 148 Menschen am Tag der Volkszählung hat die Einwohnerschaft der Reichshauptstadt im Jahr 1905 die Zweimillionengrenze überschritten. Im benachbarten, eigenständigen Charlottenburg leben noch einmal 239 559 Menschen. Einschließlich der ebenfalls angrenzenden und sich selbst verwaltenden Orte Schöneberg (141 010), Rixdorf (153 513) und Lichtenberg (55 391) leben mehr als 2,6 Mio. Menschen im Großraum Berlin.

Einwohnerentwicklung Berlins

um 1500	12 000
1648	6 000
um 1700	26 000
1709 (Berlin/Cölln)	57 000
1790	151 000
1825	220 000
1847	400 000
1861	550 000
1871 (Reichsgründung)	826 800
1889	1 500 000
1900	1 907 466

Unter den Linden mit Blick auf Neue Wache und Zeughaus (Gemälde von Wilhelm Brücke d. J., 1842)

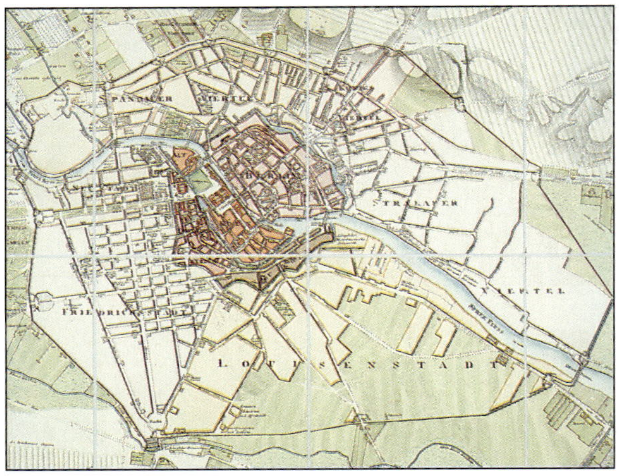

»Grundriß der Königlich Preußischen Haupt- und Residenzstadt Berlin« (Kupferstich von Carl Jüttnig, 1804)

Von den über 2 Mio. Menschen der größten Stadt Deutschlands sind jedoch nur 822 000 gebürtige Berliner. Rund 18% kommen aus der näheren, brandenburgischen Umgebung, die restlichen 40% sind orts- und gebietsfremd (»Rucksackberliner«). Noch extremer ist das Verhältnis in Charlottenburg, wo nur 18,9% der ansässigen Bevölkerung von dort stammt.
Um 1230 wurden im alten Berliner Urstromtal auf der Spreeinsel Cölln und Berlin am nördlichen Spreeufer gegründet. 1308 übernahm Berlin die Führung eines mittelmärkischen Städtebundes, verlor jedoch nach einem Bürgeraufstand 1448 die städtische Autonomie und fungierte ab 1486 als Residenz der Kurfürsten von Brandenburg. Die Blütezeit begann unter dem Großen Kurfürsten Friedrich Wilhelm von Brandenburg, der die Stadt befestigen ließ (1658–85) und 1685 im Potsdamer Edikt den französischen Hugenotten Zuflucht gewährte. Sie machten bald 20% der Bevölkerung aus, mehrere Vorstädte entstanden. 1709 wurden Berlin, Cölln, Friedrichswerder sowie die Dorotheen- und die Friedrichstadt zur königlichen Residenzstadt Berlin vereinigt.
Im 18. Jahrhundert erfolgte der Ausbau unter den preußischen Königen, vor allem unter Friedrich dem Großen. 1861 fielen die alten Stadtmauern aus der Zeit des Großen Kurfürsten. 1871 wurde Berlin Hauptstadt.

△ Die Ile de la Cité in Paris. Blick auf das Palais de Justice und die Sainte Chapelle (Fotografie um 1890). Die Hauptstadt Frankreichs gilt vor allem nach den Weltausstellungen 1867 und 1900 als die Welthauptstadt der Kunst und Kultur. Die französische Sprache ist die erste Fremdsprache der Gebildeten.

◁ Drangvolle Enge herrscht in der City New Yorks. Die Stadt ist für viele das »Tor in die Neue Welt.«

Menschen und Fahrzeuge drängen sich am Tag auf den Straßen in der Innenstadt Londons, der Hauptstadt des britischen Weltreichs. Im Hintergrund das von Sir John Soanes entworfene Gebäude der Bank von England.

Weltstädte immer größer

Chronik Hintergrund

Die Entwicklung zu Großstädten setzte erst mit dem Beginn der Neuzeit ein. Doch schon im Mittelalter war Paris eine Großstadt im heutigen Sinne. Ende des 13. Jahrhunderts zählte es 120 000 Einwohner, Ende des 16. Jahrhunderts 200 000 und Ende des 17. Jahrhunderts 500 000 Einwohner. Die erste Volkszählung im Jahr 1800 ergab 548 000 Einwohner. 1861 lebten nach größeren Eingemeindungen dort bereits 1 696 000 Menschen. Seit der Jahrhundertwende stagniert die Einwohnerzahl bei 2,8 Mio. Dies wird darauf zurückgeführt, daß bei der Enge des Stadtgebiets der Bevölkerungszustrom hauptsächlich den Nachbargemeinden zugute kommt, während infolge der zunehmenden Umwandlung der Innenstadt in eine reine Geschäfts- und Bürometropole die zentralen Stadtteile immer mehr ständige Bewohner verlieren. Nur etwa 25% der Einwohner sind in Paris geboren. Im Jahr 1901 lebten in Paris 7,8% Ausländer.

Während die Einwohnerzahl von Paris in etwa gleichbleibt, verzeichnet London, die bevölkerungsreichste Stadt der Welt, eine leicht sinkende Tendenz. Im Jahr 1901 lebten in der britischen Hauptstadt 4 536 063 Menschen, eine Zahl, die erst in den 30er Jahren übertroffen wird. Der Bevölkerungsrückgang ist vor allem im Stadtkern drastisch: Während hier im Jahr 1851 noch 129 000 Menschen wohnten, waren es 1881 nur noch 50 600, 1905 wird die Zahl auf etwa 30 000 geschätzt. London zählte bereits Ende des 16. Jahrhunderts 500 000 Einwohner und war damit eine der größten Städte der Erde. Bis zum Jahr 1801 erfolgte ein sprunghaftes Wachstum zur Millionenmetropole, wobei die Zuwanderung nicht nur aus England erfolgte: Im ausgehenden 17. Jahrhundert strömten französische Hugenotten und im 18. Jahrhundert überwiegend Iren in die Stadt, ab dem frühen 19. Jahrhundert ließen sich im Hafengebiet vor allem Schwarze und Chinesen nieder.

New York ist mit 3,437 Mio. Einwohnern im Jahr 1901 die bevölkerungsreichste Stadt der USA. Anders als Paris und London erlebt die Stadt wegen der starken Einwanderung (→ 1. 7./S. 130) weiterhin ein sprunghaftes Wachstum: Bis 1910 steigt die Einwohnerzahl auf 4,750 Mio. Noch im Jahr 1820 zählte New York lediglich 152 000 Einwohner. Der Zustrom von Menschen aus aller Welt hat dazu geführt, daß New York das bunteste Völkergemisch der Erde aufweist: Fast zwei Drittel aller Einwohner sind Einwanderer oder Kinder von Einwanderern. Ganze Stadtteile werden von Menschen einer Nation bewohnt. Die Italiener wohnen zwischen Bowery und Broadway, bevorzugte Wohngegenden der Deutschen sind Yorkville und Bronx; in Harlem leben viele Schwarze, die Mott Street ist die Hauptstraße des Chinesenviertels. New York wurde während der niederländischen Kolonialzeit im Jahr 1626 unter dem Namen Neu-Amsterdam als Hauptstadt Neu-Niederlands gegründet und kam 1667 mit den niederländischen Gebieten an England. Nach der Unabhängigkeit der USA von Großbritannien fungierte die Stadt 1785–90 als Sitz der Bundesregierung.

Moskau hat 1902 die Millionengrenze überschritten und ist mit 1,092 Mio. Einwohnern die zweitgrößte Stadt des Russischen Reiches nach Petersburg. Die Stadt wurde nach dem Ende der Tatarenherrschaft (1480) politisches, kulturelles und – als Metropolitensitz – religiöses Zentrum Rußlands. Im 16. Jahrhundert zählte sie bereits über 100 000 Einwohner. 1711 verlegte Zar Peter der Große die Residenz nach Petersburg, Moskau blieb jedoch das geistliche und wirtschaftliche Zentrum des Landes. Als der französische Kaiser Napoleon I. Moskau im Jahr 1812 niederbrannte, lebten hier nur noch etwa 16 000 Menschen. Mit der Industrialisierung und seiner Stellung als verkehrstechnischer Mittelpunkt des Zarenreiches eroberte Moskau jedoch rasch wieder seine Position zurück.

In Großbritannien sind die Liberalen wieder am Ruder

4. 12., London. Die konservative britische Regierung unter Premier Arthur James Balfour reicht den Rücktritt ein. Nachwahlen in Sommer und Herbst hatten die Mehrheit der in sich zerstrittenen Regierungspartei von 134 auf 68 Abgeordnete schrumpfen lassen. Als am 10. Dezember Henry Campbell-Bannerman zum neuen Regierungschef gewählt wird, erhält Großbritannien erstmals im 20. Jahrhundert und zum ersten Mal seit zehn Jahren eine liberale Regierung.

Der Niedergang der Konservativen wird auf den Streit über die Schutzzollpolitik zurückgeführt. Innerhalb der Regierungspartei forderte eine starke Gruppe um den früheren Kolonialminister Joseph Chamberlain die Abkehr vom Freihandel und die Einführung des Schutzzollsystems, wie es unter anderem auch im Deutschen Reich gehandhabt wird (→ 22. 2./S. 38). Chamberlain entwarf den Gedanken einer wirtschaftlichen »Einigung und Abschließung« Großbritanniens und seiner Kolonien auf der Grundlage gegenseitiger Vorzugsbehandlung. Dies findet bei der Arbeiterschaft keinen Widerhall; sie befürchtet ein Ansteigen der Konsumgüterpreise.

Bei allen Nachwahlen verloren die Konservativen oder gewannen nur mit geringer Mehrheit. Daß die Regierung dennoch erst am Jahresende zurücktritt, wird ebenfalls auf innerparteiliche Querelen zurückgeführt. Balfour wollte nicht mit der Forderung nach einer Zollerhöhung in den Wahlkampf ziehen, weil er fürchtete, daß bei einem etwaigen Wahlsieg unter dieser Parole Chamberlain zum Führer der Konservativen aufrücken könne.

Die neue, liberale Regierung will am Prinzip des Freihandels festhalten und geht in den Wahlkampf mit dem Ziel, einen industriellen Wohlfahrts- und Sozialstaat aufzubauen. Außenpolitisch hingegen wollen die Liberalen den bisherigen Kurs beibehalten: Die stärksten Stützen der Außenpolitik seien, so Campbell-Bannerman, die Entente cordiale mit Frankreich und das Bündnis mit Japan (→ 12. 8./S. 144) sowie »die engsten Bande der Rasse und der Kameradschaft« mit den USA. Auch Rußland gegenüber äußert der neue Premier »nur freundschaftliche Gefühle«.

Der zurückgetretene Arthur James Balfour vor Downing Street 10, dem Londoner Sitz der Premierminister. Balfour folgte 1902 als Premier seinem Onkel Arthur Salisbury.

Der neue Premier Campbell-Bannerman führt seit 1899 die Liberalen. Er war ein Gegner der Südafrikapolitik Chamberlains und will den Burenstaaten Autonomie verleihen.

Absage an den Traum vom »Empire«

Chronik Rückblick

Mit dem Rücktritt der Konservativen geht in Großbritannien die Ära des Imperialismus zu Ende. Mit seiner Forderung nach einem von Handelszöllen geschützten »Imperium« hatte Joseph Chamberlain die letzte große britische Theorie dieser Doktrin entworfen. Er nahm dafür die Spaltung seiner Partei in Kauf und verlor: Bei den Neuwahlen im Januar 1906 erleiden die Konservativen eine verheerende Niederlage.

Ziel des von Chamberlain vertretenen Imperialismus ist ein machtpolitisch und wirtschaftlich geschlossenes »Imperium« (britisch »Empire«). Ein großes Kolonialreich soll dem Mutterland die Einfuhr von Rohstoffen sichern und neue Absatzgebiete für die eigene Industrie sowie Siedlungsgebiete für seinen Bevölkerungsüberschuß liefern. Das Schlagwort für den Empire-Gedanken prägte 1868 Charles Dilkes mit dem Titel seines Buches »Greater Britain« (größeres Britannien). Der große staatsmännische Repräsentant des britischen Imperialismus war der Konservative Benjamin Disraeli; während seiner Amtszeit von 1874 bis 1880 gewann Großbritannien 1875 die faktische Herrschaft über Ägypten (Erwerb der Sueskanal-Aktienmehrheit), 1876 wurde Königin Viktoria zur Kaiserin von Indien gekrönt. Zwei Jahre später dämmte Disraeli auf dem Berliner Kongreß die russischen Expansionspläne auf dem Balkan ein und erwarb Zypern.

1895 wurde Chamberlain Kolonialminister im dritten Ministerium Salisbury, in dem er bald die treibende Kraft wurde. Er betrieb die Zuspitzung der Transvaalfrage, die zum Burenkrieg (1899–1902) und zur Unterwerfung ganz Südafrikas führte. Als Salisbury 1902 aus Altersgründen als Premier zurücktrat, wurde jedoch nicht Chamberlain, sondern sein Rivale Arthur James Balfour Premierminister.

Chamberlain stellte nun sein imperialistisches Schutzzollprogramm auf: Durch gegenseitige Zollbegünstigungen soll ein festerer Zusammenschluß der Kolonien mit Großbritannien erreicht werden; um den Dominions Vorzugszölle einräumen zu können, soll Großbritannien das bestehende Freihandelssystem aufgeben. Chamberlain wollte ungehindert für seine Idee werben und strebte auch weiter das Amt des Regierungschefs an. Deshalb trat er 1903 als Kolonialminister zurück und wurde Schatzkanzler.

Die Schutzzollforderung Chamberlains sorgte für einen gewaltigen Stimmungsumschwung zugunsten der Liberalen, die Schutzzölle und einen damit verbundenen Anstieg der Preise rundweg ablehnen.

Plan für Angriffskrieg gegen Frankreich

26. 12., Berlin. Der preußische Generalstabschef Alfred Graf von Schlieffen legt Ende Dezember während der Marokkokrise letzte Hand an den nach ihm benannten Schlieffen-Plan zur militärischen Niederwerfung Frankreichs und Rußlands. Dieser Plan enthält im Kern die Strategie, die die deutschen Militärs 1914 beim Ausbruch des Ersten Weltkriegs zur Anwendung bringen.

Ausgangspunkt der Strategie Schlieffens ist ein Zweifrontenkrieg, weil Rußland und Frankreich seit 1892 im Zweiverband alliiert sind (→ S. 145). Da Rußland nach der Niederlage im Krieg gegen Japan militärisch geschwächt ist (→ 5. 9./S. 162), fordert Schlieffen zunächst hinhaltenden Kampf gegen Rußland, während der Angriff mit stärksten Kräften gegen Frankreich geführt werden soll, um es in kürzester Zeit niederzuringen. Da das Befestigungssystem der französischen Ostfront als so stark gilt, daß ein schneller Waffenerfolg hier nicht erreichbar scheint, soll die Linie Verdun–Belfort durch einen Durchmarsch durch die neutralen Staaten Belgien, Luxemburg und Niederlande umgangen werden.

Stratege Schlieffen (72)

Der preußische Generaloberst Alfred Graf von Schlieffen (1833) ist seit 1891 Chef des Generalstabs der Armee. Mit dem »Schlieffen-Plan« legt er sein Vermächtnis vor, da er zum 31. Dezember aus seinem Amt scheidet. Sein Nachfolger wird am 1. Januar Helmuth von Moltke, der Neffe von Schlieffens Vorgänger gleichen Namens. Schlieffens Strategien bauen auf den Überlegungen des 1891 verstorbenen Generalstabschefs Helmuth Graf von Moltke auf. Während Moltke den Anfangserfolg sichergestellt sehen wollte, betont Schlieffen die Bedeutung der Endentscheidung, bei der dem Gegner die Freiheit des Handelns genommen werden soll.*

Schlieffen rechnet nur in Belgien mit Gegenwehr. Der Bruch der luxemburgischen Neutralität werde lediglich Proteste zur Folge haben. Mit den Niederlanden ließe sich ein Bündnis erreichen, weil es Frankreich feindlich gegenüberstehe.

Der linke deutsche Flügel im Elsaß und in Lothringen soll schwach gehalten und selbst ein französischer Einbruch nach Süddeutschland in Kauf genommen werden. Die Masse des Heeres müsse auf dem entscheidenden rechten Flügel eingesetzt sein. Schlieffen sieht als kriegsentscheidend eine große, bis in den Westen von Paris ausholende Umfassungsbewegung mit Diedenhofen als Schlüsselstelle.

Schlieffen rechnet damit, daß dieser »Angriffskrieg« für den »Eroberer« gewaltige Opfer an Menschenleben fordern wird: »Wir werden die Erfahrung aller früheren Eroberer bestätigt finden, daß der Angriffskrieg sehr viele Kräfte erfordert und sehr viele verbraucht, daß diese ebenso beständig abnehmen, wie diejenigen des Verteidigers zunehmen, und all dies ganz besonders in einem Lande, das von Festungen starrt.«

Da das Deutsche Reich derzeit nicht über die militärischen Kräfte verfügt, um diesen Plan umzusetzen, fordert Schlieffen erhebliche Anstrengung bei der Ausbildung und Bewaffnung der Armee.

Revolution gegen Balten-Deutsche

14. 12., Riga. In den russischen Ostseeprovinzen Kurland, Livland und Estland beginnt ein Aufstand gegen die deutschen Großgrundbesitzer. Hunderte von Höfen werden geplündert und niedergebrannt. 60 000 Letten beteiligen sich allein in Kurland an dem Pogrom.

Die gegen die deutsch-baltische Oberschicht gerichtete »Revolution« hat durch die Erfolge der revolutionären Unruhen in Rußland starken Auftrieb gewonnen (→ 30. 10./S. 176). Sie wird einerseits getragen von Nationalisten, die das Baltikum von der Vorherrschaft der Deutschen befreien wollen, andererseits von der Sozialdemokratie, die während der Industrialisierung der Städte entstanden ist und auch in der Landarbeiterschaft starken Rückhalt findet.

Bis zur Russifizierung der Ostseeprovinzen ab den 80er Jahren dominierten die Deutschen in wirtschaftlicher und kultureller Hinsicht das Baltikum.

Als Antwort auf die Russifizierungsmaßnahmen wanderten viele Balten in das Deutsche Reich aus. Diese Auswanderungswelle steigt ab 1905 noch an. Viele Auswanderer gehören zu den hervorragendsten Vertretern deutscher Kultur wie z. B. der Kunsthistoriker Georg Dehio oder der Chemiker Wilhelm Ostwald (Nobelpreis 1909).

Deutsches Reich fordert »offene Tür« in Marokko

6. 12., Berlin. Reichskanzler Bernhard Fürst von Bülow betont in einer außenpolitischen Grundsatzrede vor dem Reichstag, Deutschland müsse allein so stark sein, daß es keine Bundesgenossen brauche. In Marokko trachte das Deutsche Reich nicht nach territorialen Erwerbungen; es bestehe vielmehr auf der Einhaltung der bestehenden Verträge sowie auf dem Prinzip der »offenen Tür«, das heißt der wirtschaftlichen Gleichberechtigung für alle Staaten (→ 31. 3./S. 56; 6. 6./S. 106).

In seiner Rede gesteht der Reichskanzler indirekt ein, daß das Deutsche Reich mit Ausnahme Österreich-Ungarns über keinen Bündnispartner verfüge. Alle Bemühungen, Rußland zu einem Bündnis zu bewegen (→ 25. 7./S. 126) und durch ein solches Übereinkommen auch Frankreich auf seine Seite ziehen zu können und damit die britisch-französische Entente cordiale zu sprengen, sind gescheitert. Auch vom deutschen Dreibundpartner Italien ist kaum Unterstützung zu erwarten (→ S. 145). Das Deutsche Reich steht am Ende des Jahres 1905 außenpolitisch isoliert da. Auf der internationalen Marokkokonferenz, die am 16. Januar im südspanischen Algeciras beginnen soll, wird es mit seinen Forderungen allein bleiben.

Am 29. Dezember läßt Bülow dem deutschen Botschafter in Paris, Hugo Fürst von Radolin, die Richtlinien für die Verhandlungsstrategie in Algeciras zukommen. Dabei betont der Kanzler, daß es dem Deutschen Reich um eine friedliche Verständigung gehe. Deutschland wolle keinen diplomatischen Triumph, es sei aber nicht bereit, einen Triumph der französischen Diplomatie hinzunehmen. Unter dem »schweren Konflikt«, den Bülow in einem solchen Fall ankündigt, ist ein Krieg mit Frankreich zu verstehen.

Die Kernpunkte dieses mit dem Vermerk »geheim« versehenen Schreibens lauten: »Wir verlangen auf der Konferenz nichts weiter als die Offene Tür für Handel und Gewerbebetrieb aller Nationen, und wir können von diesem Verlangen nicht abgehen. Gesteht Frankreich die Offene Tür rückhaltlos zu, so ist der friedliche Ausgang der Konferenz sicher. Wenn aber Frankreich den Versuch machen sollte, die im Prinzip auch von ihm anerkannte Offene Tür direkt oder irgendwie etwa indirekt, ganz oder teilweise zu verschließen, so müßte ein Beharren Frankreichs auf solchem Wege ohne Zweifel eine sehr kritische Situation herbeiführen und einen schweren Konflikt mit uns unvermeidlich machen.«

Während die Welt den Zusammentritt der Konferenz in Algeciras erwartet, meldet die französische Presse, die französische Regierung werde während der Konferenz Kriegsschiffe an der marokkanischen Küste stationieren. Der Ton zwischen Paris und Berlin nimmt daraufhin an Schärfe zu, dafür scheint sich das Verhältnis zwischen dem Deutschen Reich und Großbritannien nach dem Regierungswechsel an der Themse zu entspannen (→ 4. 12./S. 206).

Eine Barrikade am Arbatplatz. Während des Moskauer Dezemberaufstandes kommt es zu schweren Straßenschlachten zwischen Arbeitern und Militär.

Sozialistischer Aufstand gegen die Zarenherrschaft

20. 12., Moskau. Der Moskauer Sowjet der Arbeiterdeputierten proklamiert den politischen Generalstreik zum Sturz des Zarismus. Vorausgegangen war ein entsprechender Beschluß einer Stadtkonferenz der Bolschewiki, des von Wladimir I. Lenin geführten radikalen Flügels der Sozialdemokratischen Arbeiterpartei Rußlands (→ 31. 10./S. 177).

Während in Petersburg und anderen Städten der Aufruf zum Generalstreik kaum befolgt wird, wird Moskau Schauplatz des blutigen »Dezemberaufstands«. Am 23. Dezember führt die Streikleitung den Generalstreik in den »bewaffneten Aufstand« über. Bis Jahresende schlagen zaristische Truppen diesen letzten Versuch, die Monarchie zu stürzen und eine Republik einzuführen, nieder. Die Zahl der Toten ist nicht bekannt. Schätzungen schwanken zwischen »Tausenden« und »mehr als zehntausend«.

Der bewaffnete Aufstand beginnt am Abend des 23. Dezember mit der Errichtung von Barrikaden auf der Sadowaja, einer die Stadt im Halbkreis umziehenden Straße. Die telegraphischen Verbindungen zwischen den einzelnen Stadtteilen werden von Revolutionären unterbrochen, gleichzeitig beginnt die Plünderung der Waffenläden in Moskau.

Am 25. Dezember haben die zaristischen Truppen die Innenstadt zurückerobert. Das »energische Vorgehen« der Truppen macht laut Meldungen der zensierten Presse einen »günstigen Eindruck« auf die Mehrheit der Moskauer Bevölkerung. Mehrere tausend Menschen werden verhaftet. Für viele ist die Verhaftung gleichbedeutend mit einem Todesurteil.

Bis zum 30. Dezember ist der Aufstand weitgehend niedergeschlagen. Obwohl gleichzeitig auch in anderen Städten und Gebieten wie Charkow, Rostow am Don, im Nordkaukasus und im Donezbecken Aufstände aufflammen, kommt es nicht zu der gesamtrussischen Erhebung, die von den Bolschewiki erwartet worden war.

Noch während des Dezemberaufstands gibt der Zar in einem Ukas bekannt, wer für das erste Parlament in der russischen Geschichte wahlberechtigt sein wird. Danach dürfen wählen: Immobilien- und Industrieanlagenbesitzer, die der Besteuerung unterworfen sind, Personen, die Wohnungs- oder Gewerbesteuer bezahlen oder eine Wohnung auf eigenen Namen haben, sowie Personen, die ein Gehalt vom Staat, den Semstwos (lokale Verwaltungsbehörden) und Gemeindebehörden oder den Eisenbahnen beziehen. Arbeiter, die in Fabriken mit 50–1000 Beschäftigten arbeiten, dürfen einen »Beauftragten« (Wahlmann) wählen; in größeren Fabriken wird ein Beauftragter pro 1000 Arbeiter gewählt.

Bereits im Oktober kam es in Moskau zu Arbeiteraufständen und Demonstrationen. Die Demonstranten zogen mit Transparenten durch die Stadt, auf denen u. a. zu lesen stand »Proletarier aller Länder, vereinigt euch!« Die Kommunisten sind jedoch nicht die bestimmende Kraft der reformfreudigen Kräfte. Bürgerliche und aufgeschlossene aristokratische Kreise bestimmen das Gesetz des Handelns. Ihr Programm sieht nicht vor, dem Volk mehr Rechte einzuräumen.

Nobelpreise für drei deutsche Wissenschaftler

10. 12., Stockholm/Kristiania (Oslo). In der schwedischen und der norwegischen Hauptstadt werden zum fünften Male die Nobelpreise verliehen. Drei der fünf Preisträger sind Deutsche: Robert Koch erhält den Nobelpreis für Medizin, Adolf von Baeyer den Nobelpreis für Chemie und Philipp Lenard die Auszeichnung für Physik. Den vierten der jeweils mit umgerechnet 200 000 Mark dotierten Preise erhält in Stockholm der polnische Dichter Henryk Sienkiewicz. Er und Robert Koch sind die einzigen Preisträger, die bei der Zeremonie anwesend sind. Für Lenard und Baeyer nimmt der deutsche Gesandte die Urkunden aus der Hand des schwedischen Königs Oscar II. entgegen.

Auch in Kristiania findet die Preisverleihung in Gegenwart von König Haakon VII. ohne die Preisträgerin statt: Die österreichische Pazifistin Bertha von Suttner sieht sich außerstande, in die norwegische Hauptstadt zu fahren. »Hielte es nicht aus«, notierte sie am 1. Dezember in ihr Tagebuch, als sie in Wiesbaden während einer Vortragsreise die Nachricht erhielt, »würde vielleicht gesundheitlich zusammenbrechen.«

Die Verleihung der Nobelpreise an »vier« Deutsche – in der Presse wird Freifrau von Suttner durchgehend als »Deutsche« bezeichnet – gilt als »rühmliches Zeugnis für den regen wissenschaftlichen Geist unseres Vaterlandes und für die Anerkennung, die er im Ausland erringt«, kommentiert die Leipziger »Illustrirte Zeitung«.

Robert Koch erhält den Preis für seine bakteriologischen Forschungen. Philipp Lenard schafft mit seiner Entdeckung, daß dünne Aluminiumschichten unter bestimmten Bedingungen Kathodenstrahlen durchlassen, die Voraussetzungen für die Arbeit Wilhelm Conrad Röntgens. Adolf von Baeyer war 1878 die erste Vollsynthese des Indigos gelungen.

Die Verleihung des Literaturpreises an Henryk Sienkiewicz wird weltweit nicht nur als Auszeichnung »für seine großen Leistungen als epischer Schriftsteller« verstanden, wie es anläßlich der Preisverleihung heißt, sondern zugleich als Huldigung an einen Kämpfer für die nationale Einheit Polens.

Den Medizinnobelpreis erhält der Bakteriologe Robert Koch für seine Forschungen über Tuberkulose.

Philipp Lenard erhält den Physiknobelpreis »für seine Arbeiten über die Kathodenstrahlen«.

Friedensnobelpreisträgerin Bertha von Suttner, Vizepräsidentin des Internationalen Friedensbüros

Der Chemienobelpreis geht an Adolf von Baeyer für dessen Verdienste um die organische Chemie.

Literaturnobelpreisträger Henryk Sienkiewicz ist der Autor des Bestsellerromans »Quo vadis?«.

Das Vermächtnis des Dynamiterfinders

Der schwedische Chemiker und Industrielle Alfred Nobel (1833–1896), der Erfinder des Dynamits, hinterließ sein Vermögen einer Stiftung, die die erstmals 1901 verliehenen Nobelpreise finanziert.

Der Entschluß Nobels, sein Vermögen nicht nur Wissenschaftlern zu hinterlassen, sondern einen Preis auch für die zu stiften, die am besten für die Verbrüderung der Völker, für die Abschaffung oder Verminderung der stehenden Heere sowie für die Bildung und Verbreitung von Friedenskongressen gewirkt haben, war auch ein Verdienst Bertha von Suttners, die sich mehrmals mit Nobel traf.

Bertha von Suttner: »Die Waffen nieder!«

Chronik Dokument

Mit dem pazifistischen Roman »Die Waffen nieder!« (1889) gewann Bertha von Suttner weite Kreise für die Friedensbewegung. Der Roman, der 1905 die 37. Auflage erreicht, erscheint in diesem Jahr erstmals auch in einer »Volksausgabe«. In der Schrift »Stimmen und Gestalten« erinnert sich Suttner:

»Es war Ende der achtziger Jahre . . ., als der Gedanke in mir aufzudämmern begann, der bald zur festen Überzeugung ward, daß der Krieg eine uns aus den Zeiten des Barbarismus überkommene Institution sei . . . Je mehr Einblick ich in die Sache gewann . . . um so eifriger war ich bestrebt . . . auch das Meinige beizutragen zur Förderung der Friedensbewegung. Da ich mich dem Schriftstellerberuf gewidmet hatte, schien es mir klar, daß ich auf dem Gebiete der Literatur das Geeignetste würde wirken können. Ursprünglich beschloß ich, eine kleine Erzählung zu schreiben von einer jungen Frau, die ihren innig geliebten Gatten auf dem Schlachtfelde verloren und die dadurch auf den Gedanken der Verurteilung des Krieges gekommen war . . . Während ich damit beschäftigt war, das nötige Material für meine kleine Geschichte zu sammeln, häufte sich der Stoff dazu so bedeutend an . . ., daß aus der geplanten Novelette ein zweibändiger Roman entstanden ist . . . Und als ich auf der letzten Seite des Manuskripts das Wort ›Ende‹ und auf der ersten den Titel ›Die Waffen nieder!‹ hingeschrieben, da fühlte ich, daß ich nun wirklich in der Lage war, etwas für die meinem Herzen so nahestehende Sache zu leisten.«

Kaisers Jahresbilanz

31. 12., Potsdam. Zum Jahresabschluß skizziert Kaiser Wilhelm II. in einem Brief an Reichskanzler Bernhard Fürst von Bülow die politische Situation angesichts eines eventuellen Kriegs gegen Frankreich und Großbritannien. Dabei nennt er die außen- und innenpolitischen Voraussetzungen, die erfüllt sein müssen, damit das Deutsche Reich für einen solchen Krieg, der nach Meinung des Kaisers zu einem »Weltkrieg« führen müsse, gerüstet ist.

Die zentrale Passage dieses Silvesterbriefs lautet: »Erst die Sozialisten abschießen, köpfen und unschädlich machen – wenn nötig per Blutbad – und dann Krieg nach außen! Aber nicht vorher und nicht a tempo.«

Der Kaiser nimmt die »rote Gefahr« sehr ernst. In einer Zeit, wo die Sozialisten den »offenen Aufruhr predigen und vorbereiten« (→ 17. 9./S. 166; 9. 7./S. 126), könne er es als oberster Kriegsherr nicht verantworten, auch nur einen einzigen Soldaten für einen Krieg nach außen herzugeben, da dann »äußerste Gefahr für Leben und Besitz« der »Bürger« in Deutschland bestünde.

Darüber hinaus stellt der »Oberste Kriegsherr« fest, daß Deutschland derzeit allein nicht in der Lage sei, einen Krieg gegen die Alliierten Frankreich und Großbritannien zu führen. Die Schuld, so der Monarch, trage der Reichstag, der sich bis 1900 geweigert hat, die Gelder für das vom Kaiser und der von ihm ernannten Regierung geforderte Flottenbauprogramm zu bewilligen (→1. 4./S. 74); dies habe das Deutsche Reich »in einer Weise gegen die anderen Seemächte zurückgebracht, daß wir geradezu an Ohnmacht grenzen; einer kombinierten Frankreich-England-Flotte sind wir absolut wehrlos gegenüber«. Zudem, so der Kaiser, sei Deutschland militärtechnisch noch nicht in der Lage, einen Krieg zu führen: 1906 sei deshalb ungünstig, weil die Artillerie mit einem neuen Geschütz ausgerüstet werde und auch die Infanterie neue Gewehre und neue Munition erhalte.

Darüber hinaus würde das Deutsche Reich derzeit bei einem Angriff als Sündenbock dastehen: »Wegen Marokko England den Gefallen tun, das Odium eines Angriffs gegen Frankreich auf uns zu nehmen, damit es [Großbritannien] dann endlich die ersehnte Gelegenheit hat, unter dem schönen Gewande ›Unterstützung des überfallenen Schwachen‹ über uns herzufallen, das liegt nicht in unserem Interesse und ist auch kein Programm für die Begeisterung unseres Volkes. Vor allem rückt es in den Augen der anderen ›zuschauenden‹ Staaten, die uns alle nicht grün sind, das Recht – scheinbar – auf die Seite unserer Gegner!«

Statt dessen empfiehlt der Kaiser, eine aktive Bündnispolitik zu betreiben. »Wir hätten das System der Ausgleiche und agreement, das Eduard VII. in so meisterhafter Weise zu befolgen versteht [→ 12. 8./S. 144], in den vergangenen Jahren auch mehr versuchen sollen, als uns immer auf den pikierten Rechtsstandpunkt des Beleidigten zu stellen.« Auch die deutsche »Hundepresse« trage wesentliche Schuld daran, daß das Deutsche Reich nun weitgehend isoliert dastehe. Für die Fenster, die diese Presse seit 1896 eingeworfen hätte, würden dem Deutschen Reich nun die Rechnungen präsentiert. Vor allem mit dem Osmanischen Reich und den arabischen Herrschern müßten Allianzen geschlossen werden, damit »die mohammedanischen Kräfte in weitester Weise unter preußischer Führung zu meiner Verfügung« gestellt werden.

Anhalt.
Herzog Friedrich II., geb. 19. August 1856; Regierungsantritt 24. Januar 1904; vermählt 2. Juli 1889 mit Marie, Prinzessin von Baden, geb. 20. Juli 1865.

Baden.
Großherzog Friedrich, geb. 9. September 1826; übernahm als Regent die Regierung am 24. April 1852, mit dem großherzoglichen Titel am 5. September 1856; vermählt 20. September 1856 mit Luise, Prinzessin von Preußen, geb. 3. Dezember 1838.

Bayern.
Des Königreichs Verweser seit 10. Juni 1886 Luitpold, geb. 12. März 1821; Witwer seit 26. F von Auguste, Erzherzogin von Österreich

Braunschweig.
Regent: Prinz Albrecht von Preußen, geb. 8. Mai 1837; Regierungsantritt 21. Oktober 1885; Witwer seit 8. Oktober 1898 von Marie, Prinzessin von Sachsen-Altenburg.

Bulgarien.
Fürst Ferdinand, Herzog zu Sachsen, geb. 26. Februar 1861; zum Fürsten erwählt am 7. Juli/25. Juni 1887; Witwer seit 31./19. Januar 1899 von Marie Luise, Prinzessin von Bourbon von Parma.

Dänemark.
König Christian IX., geb. 8. April 1818; Regierungsantritt 15. November 1863; Witwer seit 29. September 1898 von Luise, Prinzessin von Hessen.

Griechenland.
Georg I., König der Hellenen, geb. 24. Dezember 1845; zum König proklamiert 6. Juni 1863, übernahm die Regierung am 31. Oktober desselben Jahres; vermählt 27./15. Oktober 1867 mit Olga, Großfürstin von Rußland, geb. 3. September/22. August 1851.

Großbritannien und Irland.
König Eduard VII., geb. 9. November 1841; Regierungsantritt 22. Januar 1901; vermählt 10. März 1863 mit Alexandra, Prinzessin von Dänemark, geb 1. Dezember 1844.

Hessen.
Großherzog Ernst Ludwig, geb. 25. November 1868; Regierungsantritt 13. März 1892; geschieden 21. Dezember 1901 von Viktoria, Prinzessin von Sachsen-Koburg und Gotha.

Liechtenstein.
Fürst Johann II., geb. 5. Oktober 1840; Regierungsantritt 12. November 1858.

Lippe.
Graf-Regent Leopold zur Lippe-Biesterfeld, geb. 30. Mai 1871; Regierungsantritt 26. September 1904; vermählt mit Bertha, Prinzessin von Hessen-Philippsthal-Barchfeld, geb. 25. Oktober 1874.

Luxemburg.
Großherzog Adolf, geb. 24. Juli 1817; Regierungsantritt 23. November 1890; (2) vermählt 23. April 1851 mit Adelheid, Prinzessin von Anhalt, geb. 25. Dezember 1833.

Mecklenburg-Strelitz.
Großherzog Adolf Friedrich, geb. 22. Juli 1848; Regierungsantritt 30. Mai 1904; vermählt 17. April 1877 mit Elisabeth, Prinzessin von Anhalt, geb. 7. September 1857.

Monaco.
Fürst Albert, geb. 13. November 1848; Regierungsantritt 10. September 1889; (2) geschieden 3. Juni 1902 von Alice verw. Herzogin v. Richelieu, geb. Heine.

Montenegro.
Fürst Nikolaus I., geb. 7. Oktober/25. September 1841; Regierungsantritt 25./13. August 1860; vermählt 8. November/27. Oktober 1860 mit Milena, Tochter des Wojwoden Peter Vukotitsch, geb. 4. Mai/22. April 1847.

Niederlande.
Königin Wilhelmina, geb. 31. August 1880; folgte ihrem Vater Wilhelm III. 23. November 1890 unter Vormundschaft der Königin-Mutter Emma, übernahm die Regierung 31. August 1898; vermählt 7. Februar 1901 mit Heinrich, Herzog zu Mecklenburg und Prinz der Niederlande, geb. 19. April 1876.

Monarchen bestimmen die Geschicke Europas

Die Leipziger »Illustrirte Zeitung« bildet die Regenten Europas ab. Danach hat sich die Zahl der Monarchien in Europa um eine vermehrt: Während bisher der schwedische König auch die Krone von Norwegen trug, haben die Norweger in einer friedlichen »Revolution« die Union beendet und einen eigenen König gewählt (→ 12. 11./S. 192). Die Finnen haben ihre Autonomie vom Zarenreich zurückerobert (→ 4. 11./S. 193). Die Polen hingegen haben vergeblich für

Belgien.
Leopold II., König der Belgier, geb. 9. April 1835; Regierungsantritt 10. Dezember 1865; Witwer seit 19. September 1902 von Maria Henriette, Erzherzogin von Österreich.

Oldenburg.
Großherzog August, geb. 16. November 1852; Regierungsantritt 13. Juni 1900; (2) vermählt 24. Oktober 1896 mit Elisabeth, Herzogin zu Mecklenburg, geb. 10. August 1869.

Portugal.
König Karl I., geb. 28. September 1863; Regierungsantritt 19. Oktober 1889; vermählt 22. Mai 1886 mit Amalie, Prinzessin von Bourbon-Orleans, geboren 28. September 1865.

Reuß, Ältere Linie (Greiz).
Regent: Heinrich XIV., Fürst Reuß jüngerer Linie, geb. 28. Mai 1832; Regierungsantritt 19. April 1902; (2)† in morganatischer Ehe vermählt mit Friederike v. Saalburg.

Reuß, Jüngere Linie (Schleiz-Gera).
Erbprinz Heinrich XXVII., geb. 10. November 1858; dauernd mit der Vertretung in der Regierung des Fürstentums beauftragt (seit 1892); vermählt 11. November 1884 mit Elise, Prinzessin zu Hohenlohe-Langenburg, geb. 4. September 1864.

Deutsches Reich und Preußen.
Wilhelm II., Deutscher Kaiser, König von Preußen, geb. 27. Januar 1859; Regierungsantritt 15. Juni 1888; vermählt 27. Februar 1881 mit Auguste Viktoria, Prinzessin zu Schleswig-Holstein-Sonderburg-Augustenburg, geb. 22. Oktober 1858.

Rumänien.
König Karl I., geb. 20./8. April 1839; als Fürst von Rumänien am 24./12. Oktober 1866 von den Mächten anerkannt; König von Rumänien 26./14. März 1881; vermählt 15./3. November 1869 mit Elisabeth, Prinzessin zu Wied, geb. 29./17. Dezember 1843.

Rußland.
Kaiser Nikolaus II., geb. 18./6. Mai 1868; Regierungsantritt 1. November/20. Oktober 1894; vermählt 26./14. November 1894 mit Alexandra Feodorowna (vorm. Prinzessin Alix von Hessen), geb. 6. Juni/25. Mai 1872.

Sachsen.
König Friedrich August III.; geb. 25. Mai 1865; Regierungsantritt 15. Oktober 1904; geschieden 11. Februar 1903 von Luise, Erzherzogin von Österreich-Toskana.

Sachsen-Altenburg.
Herzog Ernst, geb. 16. September 1826; Regierungsantritt 3. August 1853; Witwer seit 23. Oktober 1897 von Agnes, Prinzessin von Anhalt.

Italien.
König Viktor Emanuel III., geb. 11. November 1869; Regierungsantritt 29. Juli 1900; vermählt 24. Oktober 1896 mit Helene, Prinzessin von Montenegro, geb. 8. Januar 1873/27. Dezember 1872.

Sachsen-Koburg und Gotha.
Regierungsverweser seit 1. August 1900: Erbprinz Ernst zu Hohenlohe-Langenburg, geb. 13. September 1863; vermählt 20. April 1896 mit Alexandra, Prinzessin von Sachsen-Koburg und Gotha, geb. 1. September 1878.

Sachsen-Meiningen und Hildburghausen.
Herzog Georg II., geb. 2. April 1826; Regierungsantritt 20. September 1866; (3) in morganatischer Ehe vermählt 18. März 1873 mit Helene, Freifrau v. Heldburg, geb. Franz.

Sachsen-Weimar-Eisenach.
Großherzog Wilhelm Ernst, geb. 10. Juni 1876; Regierungsantritt 5. Januar 1901; vermählt 30. April 1903 mit Karoline, Prinzessin Reuß ältere Linie, geb. 13. Juli 1884.

Schaumburg-Lippe.
Fürst Georg, geb. 10. Oktober 1846; Regierungsantritt 8. Mai 1893; vermählt 16. April 1882 mit Marie Anna, Prinzessin von Sachsen-Altenburg, geb. 14. März 1864.

Mecklenburg-Schwerin.
Großherzog Friedrich Franz IV., geb. 9. April 1882; Regierungsantritt 9. April 1901; vermählt 7. Juni 1904 mit Alexandra, Prinzessin von Großbritannien und Irland, Herzogin zu Braunschweig-Lüneburg, geb. 29. September 1882.

Schwarzburg-Rudolstadt.
Fürst Günther, geb. 21. August 1852; Regierungsantritt 19. Januar 1890; vermählt 9. Dezember 1891 mit Anna Luise, Prinzessin von Schönburg-Waldenburg, geb. 19. Februar 1871.

Schwarzburg-Sondershausen.
Fürst Karl Günther, geb. 7. August 1830; Regierungsantritt 17. Juli 1880; vermählt 12. Juni 1869 mit Marie, Prinzessin von Sachsen-Altenburg, geb. 28. Juni 1845.

Schweden und Norwegen.
König Oskar II., geb. 21. Januar 1829; Regierungsantritt 18. September 1872; vermählt 6. Juni 1857 mit Sophie, Prinzessin von Nassau, geb. 9. Juli 1836.

Serbien.
König Peter I., geb. 11. Juli/29. Juni 1844; zum König gewählt am 15./2. Juni 1903; Witwer seit 16./4. März 1890 von Zorka, Prinzessin von Montenegro, geb. 4. Januar 1865/23. Dezember 1864.

Österreich-Ungarn.
Kaiser und König Franz Joseph I., geb. 18. August 1830; Regierungsantritt 2. Dezember 1848; Witwer seit 10. September 1898 von Elisabeth, Herzogin in Bayern.

Spanien.
König Alfons XIII., geb. 17. Mai 1886, an demselben Tage zum König unter Regentschaft seiner Mutter, der Königin-Witwe Maria Christine, geb. Erzherzogin von Österreich, proklamiert; übernahm die Regierung 17. Mai 1902.

Türkei.
Großsultan Abd ul Hamid II., geb. 22. September 1842; Regierungsantritt 31. August 1876.

Waldeck.
Fürst Friedrich, geb. 20. Januar 1865; Regierungsantritt 12. Mai 1893; vermählt 9. August 1895 mit Bathildis, Prinzessin zu Schaumburg-Lippe, geb. 21. Mai 1873.

Württemberg.
König Wilhelm II., geb. 25. Februar 1848; Regierungsantritt 6. Oktober 1891; (2) vermählt 8. April 1886 mit Charlotte, Prinzessin zu Schaumburg-Lippe, geb. 10. Oktober 1864.

mehr Selbständigkeit gestreikt und gekämpft: Ihr Land wird weiterhin von Preußen, Österreich-Ungarn und Rußland beherrscht.
Die Zahl der Republiken ist im Jahr 1905 gleich geblieben. Neben den seit über einem halben Jahrtausend bestehenden Republiken San Marino und Schweiz hat die Republik Frankreich in diesem Jahr ihr 34jähriges Bestehen gefeiert. Die Revolution in Rußland hat nicht zum Sturz der Monarchie geführt, doch hat der Zar mit dem Oktobermanifest (→ 30. 10./S. 176) bürgerliche Rechte, ein gewähltes Parlament und eine Verfassung angekündigt. Eine tatsächliche Demokratisierung im Zarenreich erscheint aber fraglich, weil die Rechte der Arbeiter in keiner Weise berücksichtigt sind. Auch Fürst Nikolaus I. von Montenegro hat seinem Volk eine Verfassung versprochen: Am 19. Dezember wird in Cetinje das erste Parlament des Königreichs der Schwarzen Berge eröffnet. Der noch aufgeführte Großherzog Adolf von Luxemburg ist am 17. November verstorben. Sein Nachfolger ist Wilhelm IV.

Film 1905:

»Kintopps« statt Zeltbuden

Chronik Übersicht

Zehn Jahre nach den ersten öffentlichen Filmaufführungen im Jahr 1895 durch die Brüder Max und Emil Skladanowsky in Berlin sowie die Brüder Louis Jean und Auguste Lumière in Paris beginnt der Film, sich von Buden und Zelten auf Jahrmärkten und Kirchweihfesten in feste Vorführräume zu verlagern. Mit der Errichtung fester »Kinematographentheater« in den Großstädten – kurz »Kintopps« genannt – verselbständigt sich der Film zu einem eigenständigen Zweig der Unterhaltungsindustrie. Um mit Zirkus und Varieté besser konkurrieren zu können und die dramatischen Effekte des Stummfilms zu unterstreichen, wird in den ortsfesten Filmtheatern die Musikbegleitung üblich.

Der Zweck des Films allerdings bleibt derselbe wie in den Zelten fahrender Schausteller: Er soll allein der Unterhaltung dienen. Während das Theater Bildungsbedürfnisse befriedigt, Opern- und Konzertsäle Treffpunkte der besseren Gesellschaft sind und auch in Zirkus und Varieté Eintrittspreise verlangt werden, die ein Arbeiter nur selten zu zahlen bereit ist, entwickelt sich der »Kintopp« mit seinen niedrigen Eintrittspreisen und seinem anspruchslosen Angebot zum Unterhaltungsfavoriten der breiten Masse. Die Themen sind Komödien, Klamauk, Romanzen, Sensationen aus aller Welt.

Die Konkurrenz mit der Bühne wird dadurch verschärft, daß sich der Film vielfach genau der Stoffe bedient, die sich auch im Boulevardtheater zu Kassenschlagern entwickelt haben: Es sind die Melodramen mit ihrer eindimensionalen Konflikt- und Personenbetrachtung und ihrer vereinfachenden Darstellung der Gefühlswelt.

Dieser Tendenz entspricht es, wenn in Frankreich mit Ferdinand Zecca ein Mann zum Produktionsleiter der Filmgesellschaft Pathé Frères berufen wird, der als Komiker bekannt wurde und sich als Schauspieler und Regisseur mit kurzen Komödien und Melodramen einen Namen gemacht hat. Als Produktionsleiter dreht er 1905 mehr als 50 Streifen und überwacht die Arbeit der anderen Pathé-Regisseure. Ihre Aufgabe ist der konstante Ausstoß von Filmen, die die Erwartungen des Publikums erfüllen.

Während diese Filme fast ausnahmslos billige Machwerke sind, die oberflächlicher Unterhaltung dienen, setzt der Franzose Georges Méliès international technisch und künstlerisch Maßstäbe – seine effektvollen Werke zählen zu den am meisten nachgeahmten Filmen. Méliès ist nicht beim Melodram oder der Kurzkomödie stehengeblieben, er wagt sich an neue Genres: Bereits 1896 drehte er mit »La Manoir du Diable« den ersten Horrorfilm, ein Genre, zu deren Meistern er ebenso zählt wie im Bereich der Science-fiction oder des Abenteuerfilms. Mit dem »Zweistundenrennen Paris–Monte Carlo« greift er auf das gewaltige Interesse der Öffentlichkeit an Automobilrennen zurück und verarbeitet es zu einem spannenden Abenteuerfilm.

Während Frankreich das Filmland Nummer eins in Europa ist – die deutsche Filmproduktion ist 1905 wie schon in den Vorjahren unbedeutend –, hat sich in den USA eine Filmindustrie etabliert, die sich von der französisch-europäischen dadurch unterscheidet, daß nicht nur Melodramen und Komödien oder Science-fiction à la Méliès geboten werden. Die hervorragendsten Streifen, die jenseits des Atlantik entstehen, sind realistische Filme. Der bedeutendste Regisseur ist Edwin S. Porter, der 1903 mit »The Great Train Robbery« (»Der große Eisenbahnraub«) den gelungenen Prototyp eines neuen, als typisch amerikanisch empfundenen Genres kreiert hat: Den Western. Die realistischen Filme, die Porter und andere amerikanische Regisseure drehen, sind allerdings in der Regel kaum länger als ein Akt, in dem zwar sehr viel geschieht, in dem die dramaturgischen Möglichkeiten des neuen Mediums durch die Darstellung echter menschlicher Konflikte nicht erschlossen wird.

(Siehe auch Übersicht »Filme« im Anhang.

»Créations renversantes« (Unglaubliche Schöpfungen) ist eines der Melodramen, die 1905 unter der Regie des Franzosen Ferdinand Zecca entstehen.

Szene aus dem Actionfilm »Zweistundenrennen Paris–Monte Carlo« von Georges Méliès. Die Dekorationen der Méliès-Filme erinnern noch an das Theater. Sie bestehen aus bemalter Pappe oder sind gezeichnete Prospekte.

»L'Oie du réveillon« (»Die Neujahrsgans«), einer von Hunderten der typischen Klamaukfilme aus der Produktion von Pathé Frères

Dem gesteigerten Interesse an dem neuen Medium Film entspricht, daß die Vorführungen nicht mehr in Jahrmarktszelten, sondern in festen Häusern stattfinden. In den großen Metropolen entstehen Kinopaläste. Die Aufnahme zeigt ein Filmtheater in Paris mit einer Leinwand von insgesamt 16 × 21 m.

◁ Studio der französischen Filmgesellschaft Pathé Frères in Montreuil bei Paris. Die Gesellschaft wurde 1896 von den Brüdern Charles, Émile, Jacques und Théophile Pathé gegründet und hat sich zu einer der größten in Europa entwickelt. Pathé Frères produziert nicht nur Filme – Produktionsleiter wird 1905 Ferdinand Zecca –, sondern organisiert auch deren Vertrieb.

Plakat für eine Filmvorführung, die die Zeitschrift »Petit Journal« im Rahmen einer Werbekampagne in Paris veranstaltet. Gezeigt werden Aktualitätenfilme aus allen Bereichen: Politik, Gesellschaft, Sport, Sensationen.

Ein französischer Pionier des Films

Chronik Zur Person

Zu den Pionieren des Films gehört der 1861 in Paris geborene Georges Méliès. Nachdem er 1895 die erste Filmvorführung durch die Brüder Louis Jean und Auguste Lumière gesehen hatte, ließ er das Pariser Théâtre Robert-Houdin, das er 1888 gekauft hatte, umbauen und eröffnete es 1896 als Kino neu. Bereits in diesem Jahr drehte er 87 Kurzfilme. Außerdem eröffnete er in Montreuil bei Paris das erste französische Filmstudio.

Seither inszenierte und produzierte Méliès Hunderte von Kurzfilmen, die sich durch phantasiereiche Kulissen, eine durchgehende Handlung und Trickeffekte auszeichnen. Neben literarischen und volkstümlichen Stoffen behandeln sie auch Ereignisse der Zeitgeschichte. Die Filme erzielen weltweit so große Erfolge, daß Méliès 1903 in New York ein Vertriebsbüro eröffnet. Sein Meisterwerk ist »Die Reise zum Mond« (1902).

Hungerweihnacht für Arbeiter – Genuß für Reiche

Weihnachten. Für die große Masse des deutschen Volkes ist die Weihnacht 1905 eine »Hungerweihnacht«. Rinder- und Schweinefleisch sind für Arbeiter unerschwinglich (→ 29. 11./S. 195), aber auch Weihnachtsgänse sind für sozial niedere Schichten kaum zu bezahlen. Schuld, so die Industrie, seien die Unruhen und Streiks in Rußland: Hunderttausende von Gänsen, die deutsche Unternehmer bereits bezahlt hätten, lägen in russischen Eisenbahnwaggons und würden von dortigen Behörden nicht freigegeben (→ 20. 12./S. 208). Die Fleischnot ist der Grund für einen dramatischen Anstieg der Hunde- und Katzendiebstähle. Er zeigt, wie groß der Grad an Verelendung in der Arbeiterschaft noch ist.

Arthur Graf von Posadowsky-Wehner, der deutsche Staatssekretär des Innern, weist vor dem Weihnachtsfest jedoch die Meinung, die Lage der deutschen Arbeiter sei »traurig«, zurück: In keinem Land der Welt gehe es den Arbeitern besser als im Deutschen Reich; der deutsche Arbeiter sei »besser genährt wie der englische«. Nach Meinung des Ministers ist »billige Nahrung nicht der einzige Gesichtspunkt in der Wohlfahrt eines Volkes«, sondern »die Intelligenz und bewußte Selbstbeschränkung« müsse ebenso berücksichtigt werden.

Der Minister trifft hier vor allem die Meinung des Bürgertums, das

Der Weihnachtsbraten der Arbeiter; bittere Karikatur von Thomas Theodor Heine im »Simplicissimus«

Die »Berliner Illustrirte Zeitung« zeigt in ihrer Weihnachtsausgabe das Fest aus bürgerlicher Sicht.

aber trotzdem ein auf materielle Dinge gerichtetes Weihnachtsfest feiert. Unter den mit goldüberzogenen Nüssen, silbernem Lametta, Süßigkeiten und dem Weihnachtsstern geschmückten Tannenbäumen finden die Kinder der besser gestellten Kreise ihre in Seidenpapier gewickelten Geschenkpakete. Beliebt sind vor allem Malkästen, Gesellschaftsspiele, Federmesser sowie bunt lackiertes Spielzeug. Auf der Beliebtheitsskala ganz oben stehen technisches und Kriegsspielzeug. Nachdem der preußische Kronprinz Wilhelm während seiner Flitterwochen (→ 6. 6./S. 112) mehrmals mit einer sogenannten Kodak-Box in der Öffentlichkeit gesehen wurde, erfreuen sich auch Fotoapparate im Weihnachtsgeschäft großer Nachfrage.

Daneben bleiben Bücher der große Renner. Die Union Deutsche Verlagsgesellschaft in Stuttgart hat eine vielbändige Reihe von Jugendwerken herausgegeben, so das »Neue Universum«, das die interessantesten Erfindungen und Entdeckungen in einem Band vereinigt. Aus der »Kränzchenbibliothek« empfiehlt der Verlag für junge Mädchen »Im Krähennest« von Luise Glaß, während sich Graf Bernstorfs »Auf großer Fahrt, Erlebnisse eines Fähnrichs zur See« aus der »Kameradbibliothek« vor allem an Jungen richtet.

Spielzeug für Kinder aus gutbetuchtem Hause: Wasserbassin mit Kriegs-, Dampf- und Segelschiffen und weiterem militärischem Zubehör

5000 Mark kostet dieses technische Spielzeug »made in Germany«: Festung mit 1000 Soldaten aller Waffengattungen und 1,6 km Eisenbahnnetz.

»Der Sklave, wenn er die Kette bricht, ist zu fürchten«

Chronik Zeitzeuge

Der deutsche Nationalökonom Viktor Böhmert zieht in einem aufsehenerregenden Artikel in der Zeitschrift »Der Arbeiterfreund« eine kritische Bilanz der sozialen Situation im Deutschen Reich des Jahres 1905. Zugleich warnt er vor Bestrebungen, der Arbeiterschaft das allgemeine Wahlrecht bei den Reichstagswahlen zu entziehen:

»Deutschland steht am Jahresschlusse vor einem kritischen Tag seiner Erwerbsverhältnisse, da am 1. März die neuen deutschen Zollgesetze in Kraft treten sollen [→ 22. 2./S. 38] . . . Graf Posadowsky hat in einer der letzten Sitzungen vor dem Weihnachtsfest für die bedauernswerte Verbitterung der deutschen lohnarbeitenden Klassen eine gewisse Art unserer Verwaltung mit verantwortlich gemacht, ›die auch in den lokalen Instanzen noch manche kleinliche Gesichtspunkte aus dem alten kleinlichen Polizeistaat herübergenommen hat, die in unsere Zeit vielleicht nicht mehr passen‹. Der Leiter unseres Reichsamts des Innern . . . bezeichnete es als einen schweren politischen Fehler, ›daß es leider Gottes immer noch Kreise gibt, die in jeder Forderung der Arbeiter, sei es auf höhere Löhne, seien es Forderungen der Gesundheit, der Sittlichkeit, des äußeren Anstandes, einfach sozialdemokratische Forderungen sehen. Diese Auffassung trage wesentlich zur Verbitterung und zur Stärkung der Sozialdemokratie bei‹. Man wird die Berechtigung dieser Vorwürfe kaum bestreiten. Es werden jedoch . . . die sozialen Klassenkämpfe nicht aus der Welt geschafft, sondern nur allmählich ausgeglichen und gemildert werden können, weil sich diese Klassenkämpfe doch hauptsächlich aus den Unterschieden der Geburt, des Besitzes, der Berufsstellung, der Bildung und der menschlichen Anlagen und Charaktereigenschaften erklären und gerade in der Gegenwart noch dadurch verschärft werden, daß das allgemeine Wahlrecht den arbeitenden Klassen zwar für den Reichstag gewährt, aber in den meisten deutschen Landtagen und in den Gemeinden noch vorenthalten wird . . . Man darf vertrauen, daß mit dem Fortschreiten der allgemeinen Volksbildung, mit der Erhöhung der Löhne und der Herabsetzung der Arbeitszeit [→ 17. 4./S. 78] auch alle höheren Kulturgüter, zu denen die bürgerlichen Rechte und Freiheiten mit gehören, den weniger bemittelten Lohnarbeitern ebenfalls immer mehr zugänglich werden und daß die höher gebildeten und materiell günstiger gestellten Klassen dann in ihrem eigenen Interesse im Bunde mit den regierenden Klassen für eine wirkliche politische Gleichstellung aller Klassen, wie sie in Norwegen [→ 12. 11./S. 192], Frankreich, in der Schweiz und den Vereinigten Staaten von Amerika bereits besteht, ebenfalls eintreten werden . . . Nur der Sklave, wenn er die Kette bricht, ist zu fürchten, aber nicht der freie, gleichgestellte und gerecht behandelte Bürger. Das Wahlrecht der Unbemittelten ist ein politisches, aber zugleich ein ideell sittliches Recht . . . Möchte man in Deutschland endlich aufhören, das allgemeine Wahlrecht zum Deutschen Reichstag immer wieder anzufechten und mit der Entziehung desselben zu drohen und vielmehr die sozial versöhnliche Grundstimmung und Richtung unseres Reichsrechts und unserer Reichsverfassung durch eine weitere Ausbildung des Arbeiterrechts immer weiter befestigen und stärken«.

Französische Grußkarte mit Wünschen für ein gutes 1906. Durch die Marokkokrise befand sich Frankreich am Rande eines Krieges mit Deutschland.

»Bettelmann tritt ab – wir applaudieren nicht«

Unter dem Pseudonym Hans von Kahlenberg veröffentlicht die Schriftstellerin Helene Keßler den Artikel »Silvester 1905« in der Silvesterausgabe der bürgerlichen Zeitschrift »Die Woche«, der heftige Diskussionen auslöst:

»Ein altes, häßliches, graues Gespenst hat schweigend das Zimmer verlassen, und in der Wiege liegt ein rosiges, lächelndes, neugeborenes Amorknäbchen, 1906, das neue Jahr! . . . Was bringst du, hübscher Liebling, jedem einzelnen? . . . dem Reich frischsprudelnde Steuerquellen, dem Steuerzahler einen gespickten Beutel, dem deutschen Schwein einen recht fetten Mastwinter, den Herero und anderm Gesindel Hunger und Zähneklappern, [Alfred von] Tirpitz eine ganze, fix und fertige Panzerflotte, [August] Bebel eine neue Erbschaft . . . Wir wünschen Glück! Wir sind die höflichsten und liebenswürdigsten Leute: König Haakon [VII. von Norwegen] einen loyalen Storting und dem getreuen Storting einen gefälligen König, dem Sultan, diesem armen, kranken Mann, das bekannte Schlupfloch aus seinem Dilemma, Ferdinand [von Bulgarien] die Königskrone und eine Frau, dem Papa Loubet [Staatspräsident Frankreichs] die wohlverdiente Feierabendruh!
Den mageren, rausgeschmissenen Bettelmann [1905] hinter der Tür schaut keiner mehr an. Was hatte der Unhold uns gebracht? Russisch-japanischen Krieg und Frieden, ein englisch-japanisches Bündnis, französisch-englische Unklarheiten . . . Marokko, die russische Revolution, Mord, Totschlag, Verfolgung, Tragödie . . .
1905 hat alle Ursache, sich hinter die Kulissen zu schleichen, wir applaudieren nicht.
Aber 1906 bringt die Musterkonstitution, das Rezept zur allgemeinen Seligkeit, den Weltfrieden, der nach Roosevelt noch sehr, sehr weit und der Frau von Suttner ganz nahe liegt, bringt es uns ohne Zweifel um ein volles Jahr entgegen. Wir rüsten und rüsten fröhlich, die andern rüsten auch, konferieren, und die Zeitungen schreiben, lassen sich telegraphieren und telephonieren. O diese Telegraphen!«

Neue Postwertzeichen 1905 im Deutschen Reich

Freimarken-Ausgabe mit dem Motiv Germania, Friedensdruck in besserer Qualität auf glänzend satiniertem Papier. Im folgenden Jahr erscheint die 20-Pfg.-Marke in hellblau, der 50-Pfg.-Wert in hellchromgelb.

Anhang

Regierungen des Deutschen Reichs, Österreichs und der Schweiz 1905

Neben den Staatsoberhäuptern des Deutschen Reichs, Österreichs und der Schweiz sind in der Zusammenstellung die einzelnen Kabinette des Jahres 1905 aufgeführt. Hinter den Namen der wichtigsten Regierungsmitglieder steht in Klammern der Zeitraum ihrer Tätigkeit.

Deutsches Reich

Staatsform:
Kaiserreich
Kaiser:
Wilhelm II. (1888–1918)

Reichskanzler:
Bernhard Heinrich Martin Graf (ab 6. 6. 1905: Fürst) von Bülow (1900–1909)
Vizekanzler und Inneres:
Arthur Graf von Posadowsky-Wehner, Freiherr von Postelwitz (1897–1907)
Auswärtiges:
Oswald Freiherr von Richthofen (1900–1906)
Reichsschatzamt:
Hermann Freiherr von Stengel (1903–1908)
Reichsjustizamt:
Rudolf Arnold Nieberding (1893–1909)
Reichspostamt:
Reinhold Kraetke (1901–1917)
Reichsmarineamt:
Alfred von Tirpitz (1897–1916)

Gekrönte Häupter und Regierungschefs der deutschen Länder
Anhalt:
Friedrich II., Herzog (1904–1918)
Baden:
Friedrich I., Großherzog (1856–1907); Arthur von Brauer, Ministerpräsident (1901–8. 3. 1905) sowie Äußeres und großherzogliches Haus (1893–8. 3. 1905); Alexander Freiherr von Dusch, Ministerpräsident (8. 3. 1905–1917), Justiz (1901–1917) und Kultus (1901–1911); Adolf Freiherr Marschall von Bieberstein, Äußeres und großherzogliches Haus (8. 3. 1905–1911); Karl Schenkel, Inneres (1900–1907); Eugen Becker, Finanzen (1904–1906)
Bayern:
Otto I., König (1886–1913, geisteskrank); Luitpold, Prinzregent (1886–1912); Klemens (ab 1911: Graf) von Podewils-Dürnitz, Ministerpräsident und Äußeres (1903–1912); Max Freiherr von Feilitzsch, Inneres (1881–1907); Ferdinand Ritter von Miltner, Justiz (1902–1912); Hermann Ritter von Pfaff, Finanzen (1904–1912); Adolf Freiherr von Asch zu Asch auf Oberndorff, Krieg (1893–4. 4. 1905); Karl von Horn, Krieg (4. 4. 1905–1912); Anton Ritter von Wehner, Kultus (1903–1912); Heinrich Ritter von Frauendorfer, Verkehr (1904–1912)
Braunschweig:
Albrecht Prinz von Preußen, Regent (1885–1906)
Elsaß-Lothringen (»deutsches Reichsland«):
Wilhelm II. als Deutscher Kaiser (1871–1918); Hermann Fürst zu Hohenlohe-Langenburg, Statthalter (1894–1907); Ernst Matthias von Köller, Staatssekretär (1901–1908)
Hessen:
Ernst Ludwig, Großherzog (1892–1918); Karl Rothe, Ministerpräsident (1898–1906)
Lippe:
Karl Alexander, Fürst (1895–13. 1. 1905, geisteskrank); Leopold IV., Graf (1904–25. 10. 1905, Fürst 25. 10. 1905–1918)
Mecklenburg-Schwerin:
Friedrich Franz IV., Großherzog (1897–1918)
Mecklenburg-Strelitz:
Adolf Friedrich V., Großherzog (1904–1914)
Oldenburg:
August, Großherzog (1900–1918)
Preußen:
Wilhelm II., König (1888–1918); Bernhard Heinrich Martin Graf (ab 6. 6. 1905: Fürst) von Bülow (1900–1909), Ministerpräsident und Auswärtiges (1897–1909); Hans Freiherr von Hammerstein-Loxten, Inneres (1901–20. 3. 1905); Theobald von Bethmann Hollweg, Inneres (20. 3. 1905–1907); Georg Freiherr von Rheinbaben, Finanzen (1901–1910); Karl von Einem, genannt Rothmaler, Krieg (1903–1909); Karl Heinrich Schönstedt, Justiz (1894–21. 11. 1905); Maximilian von Beseler, Justiz (21. 11. 1905–1917); Theodor Möller, Handel (1901–19. 10. 1905); Clemens (ab 1916: von) Delbrück, Handel (19. 10. 1905–1909); Konrad (ab 1906: von) Studt, Kultus (1899–1907); Viktor von Podbielski, Landwirtschaft (1901–1906); Hermann von Budde, Öffentliche Arbeiten (1902–1906)
Reuß ältere Linie:
Heinrich XXIV., Fürst (1902–1918)
Reuß jüngere Linie:
Heinrich XIV., Fürst (1867–1913)
Sachsen:
Friedrich August III., König (1904–1918); Georg von Metzsch-Reichenbach, Ministerpräsident (1901–1906) und Inneres (1891–1906); Viktor Alexander Otto, Justiz (1902–1906); Konrad Wilhelm (ab 1907: von) Rüger, Finanzen (1902–1912); Paul von Seydewitz, Kultus (1892–1906); Max Freiherr von Hausen, Krieg (1902–1914); Georg von Metzsch-Reichenbach, Königliches Haus (1901–1918)
Sachsen-Altenburg:
Ernst I., Herzog (1853–1908)
Sachsen-Coburg-Gotha:
Karl Eduard, Herzog (1900–1918, mündig 19. 7. 1905); Erbprinz Ernst zu Hohenlohe-Langenburg, Regent (1900–19. 7. 1905)
Sachsen-Meiningen:
Georg II., Herzog (1866–1914)
Sachsen-Weimar:
Wilhelm Ernst, Großherzog (1901–1918)
Schwarzburg-Rudolstadt:
Günther, Fürst (1890–1918)
Schwarzburg-Sondershausen:
Karl Günther, Fürst (1880–1909)
Waldeck und Pyrmont:
Friedrich, Fürst (1893–1918)
Württemberg:
Wilhelm II., König (1891–1918); Wilhelm August von Breitling, Ministerpräsident (1901–1906); Julius Freiherr von Soden, Äußeres (1900–1906); Johann von Pischek, Inneres (1893–1912); Wilhelm von Breitling, Justiz (1896–1906); Karl von Zeyer, Finanzen (1898–1908); Karl Freiherr von Weizsäcker, Kultus (1900–1906); Albert von Schnürlen, Krieg (1901–1906)

Österreich

Staatsform:
Kaiserreich
Kaiser:
Franz Joseph I. (1848–1916)

Österreichisch-ungarische Minister
Minister des Kaiserlichen und des Königlichen Hauses und des Äußeren:
Agenor Maria Adam Graf Goluchowski (1895–1906)
Finanzen:
Stephan Freiherr Burián von Rajecz (1903–1912)
Krieg:
Heinrich Ritter von Pitreich (1902–1906)
Chef der Marinesektion im Reichskriegsministerium:
Rudolf Graf von Montecuccoli degli Erri (1904–1913)

Österreichische Minister
2. Kabinett Gautsch von Frankenthurn (1. 1. 1905–1906):
Ministerpräsident:
Paul Freiherr Gautsch von Frankenthurn (1897/98, 1. 1. 1905–1906, 1911)
Inneres:
Arthur Graf Bylandt-Rheydt (1. 1. 1905–1906)
Unterricht:
Wilhelm August Ritter von Hartel (1899, 1900–11. 9. 1905), Richard Freiherr von Bienerth (11. 9. 1905–1906)
Justiz:
Franz Klein (1. 1. 1905–1908)
Landesverteidigung:
Zeno Graf von Welser von Welsersheimb (1880 bis März 1905), Franz (ab 1908: Freiherr) von Schönaich (11. 3. 1905–1906)
Finanzen:
Mansuet Kosel (1904–1906)
Handel:
Guido Freiherr von Call zu Rosenburg und Kulmbach (1900–11. 9. 1905), Leopold Graf von Auersperg (11. 9. 1905–1906)
Ackerbau:
Ferdinand von Longueval Graf von Buquoy Baron von Vaux (1904–1906)
Eisenbahnen:
Heinrich Ritter von Wittek (1897–2. 5. 1905), Ludwig Wrba (2. 5. 1905–1906)
Staatsminister für Galizien:
Leonhard Pietak (1900–1906)
Tschechischer Landsmannminister:
Anton Ritter von Randa (1904–1906)

Schweiz

Staatsform:
Republikanischer Bundesstaat
Bundespräsident:
Marc-Émile Ruchet (1905)

Bundesräte
Adolf Deucher (Freisinnige; 1883–1912)
Joseph Zemp (katholisch-konservativ; 1892–1908)
Eduard Müller (freisinnig-demokratisch; 1895–1919)
Ernst Brenner (Freisinnige; 1897–1911)
Robert Comtesse (radikal; 1900–1912)
Marc-Émile Ruchet (radikal; 1900–1912)
Ludwig Forrer (freisinnig-demokratisch; 1903–1917)

Das Deutsche Reich, Österreich und die Schweiz 1905 in Zahlen

Die Statistiken für die drei deutschsprachigen Länder umfassen eine Auswahl von grundlegenden Daten. Es wurden vor allem Daten aufgenommen, die innerhalb der einzelnen Länder vergleichbar sind. Maßgebend für alle Angaben waren die amtlichen Statistiken. Die Zahlen beziehen sich auf die jeweiligen Staatsgrenzen von 1905. Nicht in allen gesellschaftlichen Bereichen finden jährliche Erhebungen statt, so daß mitunter die Daten aus früheren Jahren aufgenommen werden mußten. Das Erhebungsdatum ist jeweils angegeben (unter der Rubrik »Stand«). Die aktuellen Zahlen des Jahres 1905 werden – wo möglich – durch einen Vergleich zum Vorjahr relativiert. Wichtige Zusatzinformationen zum Verständnis einzelner Daten sind in den Fußnoten enthalten.

Deutsches Reich

Erhebungsgegenstand	Wert	Vergleich Vorjahr (%)	Stand
Fläche (km²)	570 777,5	–	1. 12. 1905
Bevölkerung			
Wohnbevölkerung	60 641 278	–	1. 12. 1905
männlich	29 884 681	–	1. 12. 1905
weiblich	30 756 597	–	1. 12. 1905
Einwohner je km²	106,2	–	1. 12. 1905
Privathaushalte	13 213 450	–	1. 12. 1905
Einpersonenhaushalte	965 759	–	1. 12. 1905
Mehrpersonenhaushalte	12 247 691	–	1. 12. 1905
Lebendgeborene	1 987 153	–1,9	1905
Gestorbene	1 255 614	+2,4	1905
Eheschließungen	485 906	+1,7	1905
Familienstand der Bevölkerung			
Ledige insgesamt	33 520 123	–	1. 12. 1900[1]
männlich	17 098 806	–	1. 12. 1900[1]
weiblich	16 421 317	–	1. 12. 1900[1]
Verheiratete	19 592 879	–	1. 12. 1900[1]
Verwitwete und Geschiedene	3 254 176	–	1. 12. 1900[1]
männlich	840 517	–	1. 12. 1900[1]
weiblich	2 413 659	–	1. 12. 1900[1]
Religionszugehörigkeit			
Christen	60 016 213	–	1. 12. 1905
katholisch	22 109 644	–	1. 12. 1905
evangelisch	37 646 852	–	1. 12. 1905
sonstige	259 717	–	1. 12. 1905
Juden	607 862	–	1. 12. 1905
Andere, ohne Konfession	17 203	–	1. 12. 1905
Altersgruppen			
unter 5 Jahre	7 370 158	–	1. 12. 1900[1]
5 bis unter 10 Jahre	6 406 173	–	1. 12. 1900[1]
10 bis unter 15 Jahre	5 838 491	–	1. 12. 1900[1]
15 bis unter 20 Jahre	5 319 199	–	1. 12. 1900[1]
20 bis unter 30 Jahre	9 568 041	–	1. 12. 1900[1]
30 bis unter 40 Jahre	7 401 212	–	1. 12. 1900[1]
40 bis unter 50 Jahre	5 693 679	–	1. 12. 1900[1]
50 bis unter 60 Jahre	4 373 358	–	1. 12. 1900[1]
60 bis unter 65 Jahre	1 646 449	–	1. 12. 1900[1]
65 bis unter 70 Jahre	1 199 996	–	1. 12. 1900[1]
70 bis unter 80 Jahre	1 281 551	–	1. 12. 1900[1]
80 Jahre und darüber	268 871	–	1. 12. 1900[1]
Die zehn größten Städte			
Berlin	2 040 148	–	1. 12. 1905
Hamburg	802 793	–	1. 12. 1905
München	538 983	–	1. 12. 1905
Dresden	516 996	–	1. 12. 1905
Leipzig	503 672	–	1. 12. 1905
Breslau	470 904	–	1. 12. 1905
Köln	428 722	–	1. 12. 1905
Frankfurt am Main	334 978	–	1. 12. 1905
Nürnberg	294 426	–	1. 12. 1905
Düsseldorf	253 274	–	1. 12. 1905
Erwerbstätigkeit			
Erwerbstätige	22 914 000	–	14. 6. 1895[1]
männlich	16 534 000	–	14. 6. 1895[1]
weiblich	6 380 000	–	14. 6. 1895[1]
nach Wirtschaftsbereichen			
Land- und Forstwirtschaft, Tierhaltung und Fischerei	8 293 000	–	14. 6. 1895[1]
produzierendes Gewerbe	8 281 000	–	14. 6. 1895[1]
Handel und Verkehr	2 339 000	–	14. 6. 1895[1]
sonstige	3 198 000	–	14. 6. 1895[1]
Betriebe			
Landwirtschaftliche Betriebe	5 558 317	–	1895[1]
Bergbau und Industrie einschließlich Bau- und verarbeitendes Gewerbe	2 146 972	–	1895[1]
Handel, Gastgewerbe, Verkehr	948 342	–	1895[1]
Außenhandel (Mio. Mark)			
Einfuhr	7 777,1	+ 7,5	1905
Ausfuhr	6 220,3	+ 9,1	1905
Einfuhrüberschuß	1 556,8	+ 1,5	1905
Verkehr			
Eisenbahnnetz (km)	54 680	+ 1,6	1905
Beförderte Personen (in 1000)	1 107	+ 8,4	1905
Beförderte Güter (in 1000 t)	438,0	+ 8,8	1905
Binnenschiffe zum Gütertransport (Tragfähigkeit in t)	4 873 502	–	31. 12. 1902[1]
Handelsschiffe/Seeschiffahrt (BRT)	3 517 647	+ 1,3	1905
Bildung			
Schüler an Volksschulen	8 966 107	–	1901[1]
Gesundheitswesen			
Ärzte	31 041	+ 1,9	1905
Zahnärzte	2 192	+ 5,4	1905
Krankenhäuser	4 478	+ 3,3	1905
Sozialleistungen			
Mitglieder der gesetzlichen Krankenversicherung	11 184 476	+ 4,4	1905
Rentenversicherung der Arbeiter	934 983	+ 4,2	1905
Finanzen und Steuern (Mio. Mark)			
Gesamtausgaben des Staates	2 195,2	+ 6,2	1905
Gesamteinnahmen des Staates	2 394,2	+19,4	1905
Schuldenlast des Staates	3 323,5	+ 3,1	1905
Preise[2]			
Index der Verbraucherpreise (1913 = 100)	85	+ 4,9	1905
Einzelhandelspreise ausgewählter Lebensmittel (Mark)			
Butter, 1 kg	2,46	+ 5,1	1905
Weizenmehl, 1 kg	0,35	±0	1905
Schweinefleisch, 1 kg	1,55	+17,4	1905
Rindfleisch, 1 kg	1,44	+ 4,3	1905
Kartoffeln, 1 Doppelzentner	6,05	– 6,1	1905

1) Letzte verfügbare Angabe
2) Durchschnittspreise in Berlin

	Bremen	Berlin	Breslau	Aachen	Stuttgart	München
Klimatische Verhältnisse						
Mittlere Lufttemperatur (°C)						
Januar	0,6	– 0,5	– 2,5	0,8	– 0,6	– 3,3
Februar	2,8	2,9	1,3	3,2	3,0	0,8
März	5,5	5,3	4,8	6,2	7,1	4,9
April	6,0	6,4	6,6	7,2	9,1	7,1
Mai	13,0	14,5	14,0	12,0	13,7	11,9
Juni	18,3	19,4	19,1	17,3	18,7	17,4
Juli	18,5	19,8	19,9	18,6	21,8	20,7
August	16,9	18,2	18,7	16,7	19,1	17,6
September	13,6	14,0	14,3	12,8	14,5	14,0
Oktober	6,2	5,8	5,6	5,9	5,6	4,0
November	3,9	4,3	4,2	4,5	4,7	3,2
Dezember	2,6	2,2	1,5	2,3	2,3	0,3
Niederschlagsmengen (mm)						
Januar	50,9	33,7	35,4	55,0	35,7	38,5
Februar	38,4	39,1	37,1	45,8	19,2	28,4
März	52,7	40,6	22,9	106,7	81,8	65,5
April	57,3	55,2	44,3	67,2	49,2	70,9
Mai	31,2	33,0	87,9	37,9	51,2	68,6
Juni	73,8	66,4	54,9	97,6	65,8	103,4
Juli	78,7	77,4	82,4	130,4	53,2	95,9
August	72,8	78,4	53,2	70,7	77,0	157,3
September	53,5	94,0	52,2	82,2	64,0	79,0
Oktober	165,9	85,4	43,2	143,5	89,2	116,1
November	42,4	53,4	51,9	114,1	35,4	71,3
Dezember	46,3	33,8	25,8	36,4	30,8	36,5

Österreich

Erhebungsgegenstand	Wert	Vergleich Vorjahr (%)	Stand
Fläche (km²)	83 838	–	1905[3]
Bevölkerung[3]			
Wohnbevölkerung	6 292 180	+ 1,0	1905
männlich	2 968 126	–	1900[1]
weiblich	3 034 579	–	1900[1]
Einwohner je km²	75,1	+ 1,1	1905
Privathaushalte	1 238 050	–	1900[1]
Lebendgeborene	181 685	– 3,3	1905
Gestorbene	142 673	+ 8,7	1905
Eheschließungen	47 887	+ 1,3	1905
Religionszugehörigkeit[4]			
Christen	24 898 475	–	1901[1]
katholisch	23 796 951	–	1901[1]
evangelisch	494 062	–	1901[1]
sonstige	607 462	–	1901[1]
Juden	1 224 711	–	1901[1]
Andere, ohne Konfession	27 522	–	1901[1]
Altersgruppen[4]			
unter 6 Jahre	4 031 571	–	1900[1]
6 bis 15 Jahre	5 480 608	–	1900[1]
16 bis 20 Jahre	2 467 178	–	1900[1]
21 bis 30 Jahre	4 202 427	–	1900[1]
31 bis 40 Jahre	3 320 476	–	1900[1]
41 bis 50 Jahre	2 693 038	–	1900[1]
51 bis 60 Jahre	2 072 934	–	1900[1]
61 bis 70 Jahre	1 279 102	–	1900[1]
71 bis 80 Jahre	507 591	–	1900[1]
81 bis 90 Jahre	91 405	–	1900[1]
über 90 Jahre	4 374	–	1900[1]

Erhebungsgegenstand	Wert	Vergleich Vorjahr (%)	Stand
Erwerbstätigkeit[4]			
Erwerbstätige	14 108 596	–	1900[1]
männlich	8 258 093	–	1900[1]
weiblich	5 850 503	–	1900[1]
nach Wirtschaftsbereichen			
Land- und Forstwirtschaft, Tierhaltung und Fischerei	8 205 574	–	1900[1]
produzierendes Gewerbe	3 138 800	–	1900[1]
Handel und Verkehr	1 036 483	–	1900[1]
sonstige	1 727 739	–	1900[1]
Betriebe			
Bergbau und verarbeitendes Gewerbe	832	–	1900[1]
Verkehr			
Eisenbahnnetz (km)	19 270	–	1900[1]
Beförderte Personen (in 1000)	158	–	1900[1]
Beförderte Güter (in 1000 t)	119,2	–	1900[1]
Straßennetz (km)	110 742	–	1900[1]
Bildung			
Schüler an			
Volks- und Bürgerschulen	3 490 616	–	1899/1900[1]
Realschulen	31 267	–	1899/1900[1]
Realgymnasien	4 998	–	1899/1900[1]
Gymnasien	59 649	–	1899/1900[1]
Studenten	20 857	–	1899/1900[1]
Gesundheitswesen			
Ärzte	10 558	–	1900[1]
Sozialleistungen			
Mitglieder der Arbeiterkrankenkassen	2 343 240	–	1900[1]

	Wien	Innsbruck	Salzburg	Klagenfurt	Graz	Feldkirch
Klimatische Verhältnisse						
Mittlere Lufttemperatur (°C)						
Januar	– 2,6	– 4,1	– 3,4	– 7,1	– 4,5	– 3,2
Februar	1,6	– 0,5	0,8	– 2,2	0,4	0,2
März	5,8	5,2	5,1	4,3	5,2	5,6
April	7,7	8,5	6,9	8,3	8,2	8,4
Mai	14,2	12,0	12,8	13,0	13,4	13,2
Juni	18,8	16,4	17,3	17,7	17,4	17,3
Juli	21,0	18,8	20,4	21,5	20,5	20,3
August	19,4	16,9	17,5	18,9	19,0	17,2
September	16,1	14,6	15,1	15,5	17,6	14,6
Oktober	5,8	3,9	3,9	3,5	4,8	4,2
November	4,3	3,7	3,3	2,2	4,1	4,1
Dezember	1,8	– 1,7	– 0,1	– 1,8	0,2	– 0,8
Niederschlagsmengen (mm)						
Januar	14	58	78	18	15	62
Februar	20	41	78	48	75	41
März	70	43	73	68	64	77
April	77	58	92	27	23	101
Mai	48	114	127	79	81	97
Juni	33	82	125	44	124	45
Juli	80	123	169	72	162	113
August	59	247	259	150	159	184
September	44	101	66	45	45	132
Oktober	50	103	171	100	99	99
November	135	76	112	191	141	67
Dezember	27	21	42	3	10	37

1) Letzte verfügbare Angabe
3) Gebiet der späteren Bundesrepublik Österreich
4) Zisleithanien (= österreichische Reichshälfte der Doppelmonarchie Österreich-Ungarn)

	Wien	Innsbruck	Salzburg	Klagenfurt	Graz	Feldkirch
Eistage (Temperatur unter 0 °C)						
Dez. 1904	1	13	8	19	4	–
Januar	14	12	18	26	19	–
Februar	3	4	3	8	2	–
März	0	0	0	0	0	–
Tage mit Schneedecke						
Dez. 1904	–	–	–	–	–	–
Januar	–	31	–	–	31	–
Februar	–	28	–	–	–	–
März	–	4	–	–	–	–
Sonnentage (Temperatur mind. + 25 °C)						
Mai	0	1	2	0	0	–
Juni	10	10	12	10	11	–
Juli	16	19	16	22	22	–
August	11	8	8	12	13	–
Sonnenscheindauer (Std.)						
Januar	87	–	–	88	–	–
Februar	47	–	–	75	–	–
März	76	–	–	121	–	–
April	138	–	–	178	–	–
Mai	215	–	–	171	–	–
Juni	231	–	–	205	–	–
Juli	293	–	–	304	–	–
August	254	–	–	272	–	–
September	149	–	–	209	–	–
Oktober	92	–	–	102	–	–
November	34	–	–	31	–	–
Dezember	53	–	–	48	–	–

Schweiz

Erhebungsgegenstand	Wert	Vergleich Vorjahr (%)	Stand
Fläche (km²)	41 323,99	–	1901[1]
Bevölkerung			
Wohnbevölkerung	3 510 936	+ 1,2	1905
männlich	1 627 025	–	1900[1]
weiblich	1 688 418	–	1900[1]
Einwohner je km²	85,0	+ 1,3	1905
Lebendgeborene	94 653	– 0,2	1905
Gestorbene	61 800	+ 1,5	1905
Eheschließungen	26 269	+ 3,0	1905
Ehescheidungen	1 206	– 3,0	1905
Familienstand der Bevölkerung			
Ledige insgesamt	2 013 707	–	1900[1]
männlich	1 018 686	–	1900[1]
weiblich	995 521	–	1900[1]
Verheiratete	1 081 715	–	1900[1]
Verwitwete und Geschiedene	220 021	–	1900[1]
männlich	66 222	–	1900[1]
weiblich	153 799	–	1900[1]
Religionszugehörigkeit			
katholische Christen	1 379 664	–	1900[1]
evangelische Christen	1 916 157	–	1900[1]
Juden	12 264	–	1900[1]
andere	7 358	–	1900[1]
Altersgruppen			
unter 5 Jahre	378 232	–	1900[1]
5 bis unter 10 Jahre	336 773	–	1900[1]
10 bis unter 15 Jahre	313 433	–	1900[1]
15 bis unter 20 Jahre	315 512	–	1900[1]
20 bis unter 30 Jahre	574 502	–	1900[1]
30 bis unter 40 Jahre	456 608	–	1900[1]
40 bis unter 50 Jahre	347 509	–	1900[1]
50 bis unter 60 Jahre	285 297	–	1900[1]
60 bis unter 70 Jahre	198 951	–	1900[1]
70 bis unter 80 Jahre	91 536	–	1900[1]
80 Jahre und darüber	17 080	–	1900[1]
Die zehn größten Städte			
Zürich	150 703	–	1900[1]
Basel	109 161	–	1900[1]
Genf	97 359	–	1900[1]
Bern	67 550	–	1900[1]
Sankt Gallen	53 796	–	1900[1]
Lausanne	46 732	–	1900[1]
Winterthur	40 961	–	1900[1]
La Chaux-de-Fonds	35 968	–	1900[1]
Biel	29 557	–	1900[1]
Luzern	29 255	–	1900[1]
Erwerbstätigkeit			
Erwerbstätige	1 470 352	–	1900[1]
männlich	1 055 898	–	1900[1]
weiblich	414 454	–	1900[1]
nach Wirtschaftsbereichen			
Land- und Forstwirtschaft, Tierhaltung und Fischerei	481 649	–	1900[1]
produzierendes Gewerbe	693 927	–	1900[1]
Handel und Verkehr	201 949	–	1900[1]
sonstige	92 827	–	1900[1]
Betriebe			
Landwirtschaftliche Betriebe	243 710	–	1905
Außenhandel (in Mio. sfr)			
Einfuhr	1379,8	+ 11,3	1905
Ausfuhr	969,3	+ 8,7	1905
Einfuhrüberschuß	410,5	+ 17,8	1905
Verkehr			
Eisenbahnnetz (km)	4 258	+ 1,6	1905
Bildung			
Schüler an			
Primarschulen	502 211	+ 1,9	1905
Sekundarschulen	46 904	+ 7,0	1905
Gymnasien	7 295	+ 5,6	1905
Studenten	7 676	+ 14,6	1905/06
Finanzen und Steuern (in Mio. sfr)			
Gesamtausgaben des Staates	116 716	+ 1,2	1905
Gesamteinnahmen des Staates	129 303	+ 12,1	1905
Preise			
Einzelhandelspreise ausgewählter Lebensmittel (sfr)			
Butter, 1 kg	3,00	+ 1,4	1905
Schweinefleisch, 1 kg	1,94	– 7,6	1905
Rindfleisch, 1 kg	1,54	+ 0,7	1905
Eier, 12 Stück	1,09	+ 5,8	1905

1) Letzte verfügbare Angabe

	Zürich	Basel	Bern	Genf	Davos	Lugano
Klimatische Verhältnisse						
Mittlere Lufttemperatur (°C)						
Januar	– 2,6	– 1,5	– 3,8	– 1,8	– 9,4	0,7
Februar	1,4	2,2	– 0,1	1,4	– 6,5	2,9
März	5,4	7,0	4,6	6,8	– 1,5	7,0
April	8,7	9,3	8,3	11,1	2,0	10,0

	Zürich	Basel	Bern	Genf	Davos	Lugano
Mai	11,6	12,3	10,8	12,1	6,6	13,0
Juni	17,1	17,7	16,4	17,8	11,3	18,5
Juli	20,5	21,3	20,1	22,0	14,5	22,9
August	17,3	18,1	16,8	18,6	11,6	19,8
September	14,1	14,4	13,5	15,1	9,4	17,4
Oktober	4,5	5,3	3,9	6,0	– 1,6	8,4
November	3,6	4,5	2,5	4,6	– 2,1	5,8
Dezember	0,2	1,7	– 0,6	1,2	– 6,0	3,1
Niederschlagsmengen (mm)						
Januar	51	36	43	26	82	41
Februar	27	21	16	5	36	49
März	129	60	125	92	63	72
April	123	94	150	51	95	213
Mai	107	93	109	70	98	374
Juni	104	90	114	37	100	213
Juli	97	43	81	18	134	222
August	240	178	268	189	304	413

	Zürich	Basel	Bern	Genf	Davos	Lugano
September	148	148	136	150	107	241
Oktober	106	69	78	39	66	20
November	83	73	109	159	91	223
Dezember	44	34	38	53	22	10
Sonnenscheindauer (Std.)						
Januar	76	84	97	69	104	148
Februar	86	89	123	116	103	159
März	87	70	107	94	117	171
April	157	128	149	141	165	194
Mai	177	156	181	171	177	141
Juni	239	216	228	206	203	214
Juli	330	312	328	301	247	318
August	201	201	215	224	196	232
September	108	108	126	127	168	173
Oktober	84	77	114	126	103	186
November	42	42	57	59	66	86
Dezember	29	48	38	20	123	130

Staatsoberhäupter und Regierungen ausgewählter Länder 1905

Die Einträge zu den wichtigsten Ländern des Jahres 1905 informieren über die Staatsform (hinter dem Ländernamen), Titel und Namen des Staatsoberhaupts sowie in Klammern dessen Regierungszeit. Es folgen – soweit vorhanden – die Regierungschefs, bei wichtigeren Ländern auch die Außenminister des Jahres 1905; jeweils in Klammern stehen die Zeiträume der Amtsausübung. Eine Kurzdarstellung gibt – wo es sinnvoll erscheint – einen Einblick in die innen- und außenpolitische Situation des Landes. Über bewaffnete Konflikte und Unruhegebiete, auf die hier nicht näher eingegangen wird, informiert der Anhang »Kriege und Krisenherde 1905« gesondert.

Abessinien (Äthiopien)
Kaiserreich; *Kaiser:* Menilek II. (1889–1911)

Afghanistan
Emirat; *Emir:* Habib Ullah Khan (1901–1919)
Seit 1879 erkennt das Land die britische Oberhoheit über seine Außenpolitik an.

Ägypten
Vizekönigtum des Osmanischen Reichs; *Khedive (Vizekönig):* Abbas II. Hilmi (1892–1914)
Britischer Resident: Evelyn Baring Earl Cromer (1883–1907)
Ägyptien wird faktisch regiert von den britischen Residenten. 1914 wird es unter Aufhebung der osmanischen Oberhoheit Sultanat mit einem von Großbritannien eingesetzten Sultan; 1922 wird es Königreich.

Albanien
Teil des Osmanischen Reichs bis 1912

Algerien
Französisches Generalgouvernement; *Generalgouverneur:* Célestin Jonnart (1900/01, 1903–1911, 1918/19)
Algerien ist ein politisch und wirtschaftlich dem Mutterland angegliedertes französisches Generalgouvernement.

Annam
Königreich unter französischem Protektorat; *König:* Thanh-thai (1889–1907)
Das Königreich Annam ist ein zur Indochinesischen Union gehöriges französisches Protektorat.

Argentinien
Bundesrepublik; *Präsident:* Manuel Quintana (1904–1906)

Äthiopien
Siehe Abessinien.

Australien
Bundesstaat im British Empire; *Premierminister:* George Reid (1904–5. 7. 1905), Alfred Deakin (1903/04, 5. 7. 1905–1907, 1907/08, 1909/10)

Belgien
Königreich; *König:* Leopold II. (1865–1909)
Ministerpräsident: Paul Graf de Smet de Nayer (1896–1899, 1899–1907)

Bhutan
Königreich; *Tatsächlicher Machthaber:* Ugyen Wangchuk (seit 1895, König 1907–1926)
Formale Staatsoberhäupter sind zwei Rajas. Das Land erkennt die britisch-indische Vormacht an, regelt seine inneren Angelegenheiten jedoch selbständig.

Birma
Provinz von Britisch-Indien

Bolivien
Republik; *Präsident:* Ismael Montes (1904–1909, 1913–1917)

Bosnien-Herzegowina
Seit 1878 von Österreich-Ungarn verwaltet (annektiert 1908); *Österreichisch-ungarischer Landeschef:* Eugen Freiherr von Albori (1903–1907)

Brasilien
Bundesrepublik; *Präsident:* Francisco de Paula Rodriguez Alves (1902–1906)

Bulgarien
Fürstentum; *Fürst:* Ferdinand I. (1887–1908, dann König 1908–1918)
Ministerpräsident: Radul Petrow (1901, 1903–1906)

Chile
Republik; *Präsident:* Germán Riesco (1901–1. 1. 1905), Rafael Rayes (1. 1. 1905–1906)

China
Kaiserreich; *Kaiser:* Te Tsung (Kuang Hsü; 1875–1908)
Regentin: Tz'u Hsi (1861–1887, 1898–1908)
Siehe den Anhang »Kriege und Krisenherde«

Costa Rica
Republik; *Präsident:* Ascención Esquivel (1902–1906)

Dänemark
Königreich; *König:* Christian IX. (1863–1906)
Ministerpräsident: Johann Heinrich Deuntzer (1901–14. 1. 1905), Jens Christian Christensen (14. 1. 1905–1908)

Deutsches Reich
Siehe S. 217.

Dominikanische Republik
Republik; *Präsident:* Carlos Morales (1904–1906)
Die USA garantieren am 20. Januar die Unversehrtheit der Dominikanischen Republik, übernehmen die Zahlung ihrer Schulden und üben die Finanzhoheit über das Land aus, das damit faktisch zum US-Protektorat wird.

Ecuador
Republik; *Präsident:* Leónidas Plaza Gutiérrez (1901–31. 8. 1905, 1912–1916), Lisardo García (1. 9. 1905–1906)

El Salvador
Republik; *Präsident:* Pedro José Escalón (1903–1907)

Finnland
Russisches Großfürstentum (1809–1917)
Siehe den Anhang »Kriege und Krisenherde«

Frankreich
Republik; *Präsident:* Émile Loubet (1899–1906)
Kabinett Combes (1902–19. 1. 1905):
Ministerpräsident: Émile Combes (1902–19. 1. 1905)
Außenminister: Théophile Delcassé (1898–6. 6. 1905)
2. Kabinett Rouvier (24. 1. 1905–1906):
Ministerpräsident: Maurice Rouvier (1887, 24. 1. 1905–1906)
Außenminister: Théophile Delcassé (1898–6. 6. 1905), Maurice Rouvier (6. 6. 1905–1906)

Georgien
Russische Provinz 1801/02–1918

Griechenland
Königreich; *König:* Georg I. (1863–1913)
Ministerpräsident: Theodoros Delijannis (1885/86, 1890–1892, 1895–1897, 1902/03, 1904–13. 6. 1905), Demetrios Rallis (1897, 1903, 26. 6.–11. 12. 1905, 1908/09), Jeorjios Nikolaus Theotokis (1899–1901, 1903, 1903/04, 11. 12. 1905–1908)

Großbritannien
Königreich; *König:* Eduard VII. (1901–1910)
Kabinett Balfour (konservativ; 1902–4. 12. 1905):
Premierminister: Arthur James Balfour (1902–4. 12. 1905)
Außenminister: Henry Charles Keith Petty-Fitzmaurice, 5. Marquess of Lansdowne (1900–4. 12. 1905)
Kabinett Campbell-Bannerman (liberal; 10. 12. 1905–1908):
Premierminister: Henry Campbell-Bannerman (10. 12. 1905–1908)
Außenminister: Edward Grey (10. 12. 1905–1916)

Guatemala
Republik; *Präsident:* Manuel Estrada Cabrera (1898–1920)

Haiti
Republik; *Präsident:* Alexis Nord (1902–1908)

Honduras
Republik; *Präsident:* Manuel Bonilla (1903–1907)

Indien (Britisch-Indien)
Britisches Vizekönigreich; *Vizekönig:* George Nathaniel Lord Curzon of Kedlestone (1898–1905), Gilbert John Elliot-Murray-Kynymmound Earl of Minto (1905–1910)

Indochinesische Union
Französisches Protektorat; das französische Kolonialgebiet Indochina besteht aus den 1887 vereinigten französischen Protektoraten Annam, Tonkin und Kambodscha, der Kolonie Kotschinchina und seit 1893 auch Laos.

Irak
Seit 1683 Teil des Osmanischen Reichs; Irak bleibt bis 1914 Bestandteil des Herrschaftsbereiches der »Hohen Pforte«. Nach Ausbruch des Ersten Weltkriegs wird der Irak von britischen Truppen besetzt, 1921 wird er Königreich.

Iran
Siehe Persien (amtlich »Iran« ab 1934).

Irland
Teil von Großbritannien; Irland ist seit 1801 dem Vereinigten Königreich von Großbritannien und Irland eingegliedert; 1921 wird es Freistaat.

Island
Unter dänischer Herrschaft; Island steht seit 1397 unter dänischer Herrschaft, seit 1874 mit beschränkter Selbstverwaltung.

Italien
Königreich; *König:* Viktor Emanuel III. (1900–1946)
2. Kabinett Giolitti (1903–4. 3. 1905):
Ministerpräsident: Giovanni Giolitti (1892/93, 1903–4. 3. 1905, 1906–1909, 1911–1914)
Außenminister: Tommaso Tittoni (1903–17. 12. 1905, 1906–1909)
Interimskabinett Tittoni (16.–25. 3. 1905):
Ministerpräsident und Außenminister: Tommaso Tittoni
1. Kabinett Fortis (27. 3.–17. 12. 1905):
Ministerpräsident: Alessandro Fortis (27. 3. 1905–1906)
Außenminister: Tommaso Tittoni (1903–17. 12. 1905, 1906–1909)
2. Kabinett Fortis (27. 12. 1905–1906):
Ministerpräsident: Alessandro Fortis (27. 3. 1905–1906)
Außenminister: Antonio Marchese Paternò Castello di San Giuliano (27. 12. 1905–1906)

Japan
Kaiserreich; *Kaiser:* Mutsuhito (1867–1912)
Ministerpräsident: Taro Katsura (1901–21. 12. 1905), Kimmotschi Fürst Saiondschi (21. 12. 1905–1908, 1911/12)
Außenminister: Baron Komura
Siehe den Anhang »Kriege und Krisenherde«

Jemen (Sana)
Imamat im Osmanischen Reich; *Imam:* Hamid Ad Din Jahja (seit 1904, König 1918–1948)
Siehe den Anhang »Kriege und Krisenherde«.

Jordanien
Teil des Osmanischen Reichs

Jugoslawien
Teil des Osmanischen Reichs und Österreich-Ungarns, Königreich ab 1918. Siehe auch Kroatien, Montenegro, Serbien.

Kambodscha
Königreich (unter französischem Protektorat); *König:* Sisovath (1904–1927)
Das Königreich Kambodscha ist ein seit 1887 zur Indochinesischen Union gehörendes französisches Protektorat.

Kanada
Bundesstaat (britisches Dominion); *Premierminister und Außenminister:* Wilfried Laurier (1896–1911)
Britischer Generalgouverneur: Albert Henry George Earl Grey (1904–1911)

Kapkolonie
Britische Kolonie; *Britischer Gouverneur:* Walter Hely-Hutchinson (1901–1910)
Ministerpräsident: Leander Starr Jameson (1904–1908)

Kirchenstaat
Siehe Papst.

Kolumbien
Republik; *Präsident:* Rafael Reyes Prieto (1904–1909, Diktator ab 20. 9. 1905)

Kroatien
Österreichisch-ungarisches Kronland; *Ban (ungarischer Statthalter):* Theodor Graf Pejacsevich von Veröcze (1903–1907)

Kuba
Republik; *Präsident:* Tomás Estrada Palma (1902–1906)

Laos
Königreich (unter französischem Protektorat); *König:* Sisavong Vong (1904–1959)
Das Königreich Laos gehört seit 1893 zur Indochinesischen Union.

Libanon
Teil des Osmanischen Reichs; seit 1864 ist das Gebiet um Beirut autonom und untersteht einem christlichen Gouverneur.

Liechtenstein
Fürstentum; *Fürst:* Johann II. (1858–1929)

Luxemburg
Großherzogtum; *Großherzog:* Adolf (1890–17. 11. 1905), Wilhelm IV. (17. 11. 1905–1912)
Ministerpräsident: Paul Eyschen (1889–1915)

Marokko
Sultanat; *Sultan:* Abd Al Asis (1894–1908)
Marokko ist französisches »Interessengebiet« (ab 1912 französisches Protektorat); der nördliche Teil des Landes ist spanisches »Interessengebiet« (ab 1912 Protektorat Spanisch-Marokko). Das Deutsche Reich wiederum fordert die Souveränität des Sultans.
Siehe den Anhang »Kriege und Krisenherde«

Mexiko
Bundesrepublik; *Präsident:* Porfirio Díaz (1877–1880, 1884–1911)

Monaco
Fürstentum; *Fürst:* Albert I. (1889–1922)

Montenegro
Fürstentum; *Fürst:* Nikola I. (Nikolaus I.) Petrovic Njegos (1860–1910, König 1910–1918)

Natal
Britische Kolonie; *Britischer Gouverneur:* Henry Edward McCallum (1901–1907)

Nepal
Königreich unter Militärherrschaft; *Ministerpräsident (erblich):* Maharadscha Sri Tschandra Schah Rana (1901–1929)

Neuseeland
Britische Kolonie (ab 1907 Dominion); *Premierminister:* Richard John Seddon (1893–1906)
Neuseeland hat seit 1852 eine konstitutionelle Verfassung und seit 1856 ein parlamentarisches Regierungssystem.

Nicaragua
Republik; *Präsident:* José Santos Zelaya (1894–1909)

Niederlande
Königreich; *Königin:* Wilhelmina (1890–1948)
Ministerpräsident: Abraham Kuyper (1901–3. 7. 1905, geschäftsführend 3. 7.–14. 8. 1905), Theodoor Herman de Meester (14. 8. 1905–1908)
Außenminister: Robert Melvil Baron van Lynden (1901–9. 3. 1905), A. G. Ellis (9. 3.–22. 4. 1905), Willem Marcus van Weede van Beerencamp (22. 4.–7. 8. 1905), Dirk Arnold Willem van Tets van Goudriaan (16. 8. 1905–1908)

Norwegen
Königreich (in Personalunion mit Schweden 1814–7. 6./26. 10. 1905); *König von Schweden und Norwegen:* Oscar II. (1872–7. 6. 1905, abgesetzt)
König von Norwegen: Haakon VII. (7. 11. 1905–1957)
Ministerpräsident: Francis Hagerup (1895–1898, 1903–11. 3. 1905), Christian Michelsen (11. 3. 1905–1907)
Siehe den Anhang »Kriege und Krisenherde«

Oranjefreistaat
Britische Kronkolonie seit 1900/1902

Osmanisches Reich
Siehe Türkei.

Österreich
Siehe S. 217.

Panama
Republik; *Präsident:* Manuel Amador Guerrero (1904–1908)
Die Verfassung von 1904 sieht das Interventionsrecht der USA vor, die davon mehrmals Gebrauch machen (1908, 1912, 1918).

Papst
Absoluter Monarch; *Papst:* Pius X., vorher Giuseppe Sarto (1903–1914)
Staatssekretär: Kardinal Raffaele Merry de Val (1903–1914)
Der frühere Kirchenstaat ist seit 1870 dem italienischen Nationalstaat eingegliedert. Erst 1929 wird durch die Lateranverträge der autonome Stadtstaat Vatikanstadt geschaffen.

Paraguay
Republik; *Präsident:* Juan Gaona (1904–8. 12. 1905), Cecilio Baez (8. 12. 1905–1906)

Persien
Kaiserreich; *Kaiser/Schah:* Mosaffar Ad Din (1896–1907)

Peru
Republik, seit 1825 von Bolivien getrennt; *Präsident:* José Pardo y Barreda (1904–1908, 1915–1919)

Philippinen
Seit 1898 (Seeschlacht von Manila) Kolonie der USA

Polen
Teil des Russischen Reichs (Zartum Polen), Preußens (Posen) und Österreich-Ungarns (Kronland Galizien)

Portugal
Königreich; *König:* Carlos I. (1889–1908)
Ministerpräsident: José Luciano de Castro (1886–1890, 1897–1900, 1904–1906)

Rumänien
Königreich; *König:* Karl I. (1881–1914, davor Fürst 1866–1881)
Ministerpräsident: Demetrios Sturdza (1895/96, 1897–1899, 1901–3. 1. 1905, 1907–1909), Gheorghe Cantacuzino (1900–1901, 3. 1. 1905–1907)

Rußland
Kaiserreich; *Kaiser und Zar:* Nikolaus II. (1894–1917)
Ministerpräsident: Sergei Juljewitsch Graf Witte (1903–30. 10. 1905, 1. 11. 1905–1906)
Außenminister: Wladimir Nikolajewitsch Graf Lamsdorff (1900–1906)
Innenminister: Fürst Pjotr D. Swjatopolk-Mirskki (1904–31. 1. 1905), Alexandr G. Bulygin (2. 2.–30. 10. 1905)
Kriegsminister: Viktor V. Sacharow (1904–4. 7. 1905, dann Generaladjutant des Zaren, ermordet 7. 12.), Alexandr F. Rediger (4. 7. 1905–1909)
Siehe den Anhang »Kriege und Krisenherde«.

Sansibar
Sultanat (unter britischem Protektorat); *Sultan:* Ali II. (1902–1911)

Schweden
Königreich in Personalunion mit Norwegen 1814–7. 6. 1905); *König:* Oscar II. (1872–1907, zugleich König von Norwegen 1872–7. 6. 1905, abgesetzt); mit der Führung der Regierungsgeschäfte betraut: Kronprinz-Regent Gustav (V.) (8. 2.–7. 6. 1905, 7. 8.–14. 10. 1905)
Ministerpräsident: Erich Gustav Boström (1891–1900, 1902–13. 4. 1905), John Ramstedt (vorläufig 13. 4.–2. 8. 1905), Christian Lundeberg (2. 8.–7. 11. 1905), Karl Albert Staaf (7. 11. 1905–1906, 1911–1914)

Schweiz
Siehe S. 217.

Serbien
Königreich; *König:* Peter I. Karadordević (1903–1921)
Ministerpräsident:
Nikola Pašić (1891/92, 1904–25. 5. 1905, 1906–1908, 1909–1911, 1912–1918; danach Ministerpräsident des Königreichs der Serben, Kroaten und Slowenen 1918, 1921–1924, 1924–1926), Ljubomir Stojanowitsch (28. 5. 1905–1906)

Siam
Siehe Thailand.

Spanien
Königreich; *König:* Alfons XIII. (1886–1931)
Ministerpräsident: Marcelo de Azcárraga y Palmero (1897, 1900/01, 1904–26. 1. 1905), Raimundo Fernández Villaverde (1903, 26. 1.–20. 6. 1905), Eugenio Montero Rios (23. 6.–2. 12. 1905), Segismundo Moret y Prendergast (2. 12. 1905–1906)

Thailand
Königreich; *König:* Phra Paramindr Maha Chulalongkorn = Rama V. (1868–1910)

Tibet
Autonomer Staat ab 1914; *Dalai-Lama:* Thupten Gjatso (1876 bzw. 1895–1933)
Pantschen-Lama: Tschökji Njima (1883–1937)

Tunis
Französisches Protektorat; *Bei:* Muhammad IV. (1902–1906)
Französischer Generalresident: Stéphan Pichon (1901–1906)

Türkei
Sultanat; *Sultan:* Abd Al Hamid II. (1876–1909)

Ungarn
Königreich als Teil der Doppelmonarchie Österreich-Ungarn; *König:* Franz Joseph (1848–1916, zugleich Kaiser von Österreich)
Ministerpräsident: István Graf Tisza (1903–1. 2. 1905, interimistisch 1. 2.–13. 6. 1905, 1913–1917), Géza Baron von Fejérváry (13. 6.–12. 9. 1905, interimistisch 12. 9.–16. 10. 1905, 16. 10. 1905–1906)

Uruguay
Republik; *Präsident:* José Batlle y Ordóñez (1903–1907)

USA
Bundesstaat; *26. Präsident:* Theodore Roosevelt (1901–1909)
Staatssekretär (Außenminister): John Milton Hay (1898–1. 7. 1905), Elihu Root (7. 7. 1905–1909)

Venezuela
Republik; *Präsident:* Cipriano Castro (1899–1908)

Kriege und Krisenherde des Jahres 1905

Die herausragenden politischen und militärischen Krisensituationen des Jahres 1905 werden – alphabetisch nach Ländern geordnet – im Überblick dargestellt.

Angola kämpft gegen Portugiesen

Die Herrschaft der Portugiesen in Portugiesisch-Westafrika (Angola) beschränkt sich faktisch nur auf die Küstenzone, die Unterwerfung der Stämme im Landesinneren wird 1905 ebenso wie schon seit Jahren mit großer Härte geführt. Den mit modernsten Waffen ausgerüsteten portugiesischen Soldaten stehen Stammeskrieger mit Speer, Pfeil und Bogen gegenüber. Wie ungleich dieser Kampf ist, geht u. a. aus der Meldung hervor, daß bei der Eroberung eines Krals bei Quissango am 27. Oktober 200 Eingeborene getötet werden, aber nur drei Portugiesen fallen.

Atjeh-Sultan besiegt Niederländer

Daß die gut ausgerüsteten europäischen Truppen auch empfindliche Niederlagen in Kolonialkriegen einstecken müssen, zeigt der Sieg der Eingeborenen am 3. Februar über die Niederländer auf Atjeh in Sumatra. Der Krieg der niederländischen Kolonialmacht zur Unterwerfung des Sultanats Atjeh dauert seit 1873 an.

Unruhen auf dem Balkan

Die Kämpfe zwischen bulgarischen, serbischen, griechischen, rumänischen und osmanischen Nationalisten in Makedonien erreichen 1905 ein derartiges Ausmaß, daß der britische Außenminister Henry Charles Keith Petty-Fitzmaurice Marquess of Lansdowne die makedonische Frage als das einzige Problem, das den Frieden in Europa gefährden könne, bezeichnet. So haben die Kämpfe im September zum Abbruch der Beziehungen zwischen Rumänien und Griechenland geführt.
Am 27. November besetzt eine internationale Flotte der Großmächte die osmanische Insel Müdüllü (Lesbos), am 5. Dezember wird auch Lemnos besetzt. Als die osmanische Regierung in Konstantinopel (Istanbul) daraufhin am 15. Dezember dem Vorschlag der Großmächte zustimmt, Makedonien internationaler Finanzkontrolle zu unterstellen, werden die besetzten Inseln wieder geräumt; die Region des Balkan ist damit jedoch noch längst nicht befriedet.
Makedonien untersteht der osmanischen Herrschaft, obwohl dort griechische, serbische, bulgarische und rumänische Minderheiten leben. Den Anstoß zum Ausbruch der Kämpfe gaben die nationalen Einheitsbestrebungen der Bulgaren. Bulgarien beansprucht ebenso wie Serbien den größten Teil Makedoniens für sich. Serbien wiederum meldet ebenfalls hegemonistische Ansprüche an.

Basuto-Aufstand in Südafrika

In Britisch-Südafrika erheben sich Ende September die Basutos gegen die Kolonialmacht. Nach Ansicht britischer Zeitungen ist der Aufstand zurückzuführen auf von der kapländischen Presse erfundene Nachrichten über Niederlagen der Deutschen bei der Bekämpfung der Aufstandsbewegungen in Deutsch-Ostafrika und Deutsch-Südwestafrika. Der Aufstand ist Ende des Jahres weitgehend niedergeschlagen.

Ausschreitungen in China

Der Sieg des »asiatischen« Japan über das »europäische« Rußland läßt in China den Kampf gegen das Ausländische und gegen das Mandschu-Regime wieder aufleben: Europäische Reisende werden überfallen, Missionshäuser gehen in Flammen auf, auf die Kaiserin wird ein Attentat verübt. Diese Meldungen lassen eine allgemeine fremden- und christenfeindliche Stimmung im ostasiatischen Raum ähnlich dem »Boxeraufstand« der Jahrhundertwende aufkommen.
Auch die Herrschaft der Mandschu- bzw. Ch'ing-Dynastie wird als Fremdherrschaft empfunden. Die westlichen Großmächte unterstützen das halbfeudale und halbkoloniale Mandschu-Kaiserhaus, da es die ausländischen Kapitalgesellschaften in China nach dem Wirtschaftsprinzip der von den USA proklamierten »offenen Tür« gewähren läßt. Die Mandschu-Regierung wiederum ist gezwungen, die ausländischen Mächte gewähren zu lassen, da das Land völlig überschuldet ist.
Da in China jegliche Opposition blutig verfolgt wird, formiert sich der Widerstand zunehmend im Ausland. Zu den führenden Köpfen dieser Auslandschinesen zählt Sun Yatsen. In Japan hat er große Teile der dort lebenden chinesischen Kaufleute und der chinesischen Auslandsstudenten für seine Pläne zur Errichtung einer Republik gewonnen. 1905 schließen sich unter seiner Führung verschiedene Oppositionsgruppen zum »Chinesischen Revolutionsbund« zusammen.

Aufstand in Deutsch-Ostafrika

Am 11. August beginnt in den Matumbibergen sowie in den Bezirken Donda und Liwale von Deutsch-Südwestafrika (Tansania) ein Eingeborenenaufstand, der sich rasch auf die ganze Kolonie ausweitet. Kaiser Wilhelm II. befiehlt die Entsendung von Marinesoldaten zur Unterstützung der Schutztruppen bei der Niederschlagung des Aufstands. Dies geschieht im Jahr darauf.

Krieg in Deutsch-Südwestafrika

Der blutigste Kolonialkrieg der deutschen Geschichte geht 1905 mit unverminderter Heftigkeit weiter. Der Hottentottenkrieg entwickelte sich aus einem Aufstand der Bondelswart-Hottentotten Ende 1903. Ursachen der Erhebung waren u. a. ein starker Zustrom weißer Farmer, die die Eingeborenen zurückdrängten, und die Verschuldung vieler Eingeborener bei weißen Händlern.
Als sich zusätzlich zu den Bondelswarts am 12. Januar 1904 die Hereros erhoben, forderte Generalgouverneur Theodor Leutwein militärische Verstärkung aus dem Deutschen Reich an, da seine Schutztruppen nicht in der Lage waren, die Revolte niederzuwerfen. General Lothar von Trotha erhielt den Oberbefehl. Während Generalgouverneur Leutwein die »Befriedung« der Aufständischen erzielen wollte, um die »Volkskraft« der Eingeborenen der Kolonie zu erhalten, will Trotha den Gegner ausrotten.
Reichskanzler Bernhard Graf von Bülow hat nach Protesten in der deutschen Öffentlichkeit den General angewiesen, diese Vernichtungsstrategie nicht mehr anzuwenden. Die Auseinandersetzungen enden 1908 mit der Vertreibung der Hottentotten auf britisches Gebiet.

Finnland erkämpft Autonomie

Nach monatelangen bewaffneten Auseinandersetzungen stellt Zar Nikolaus II. am 4. November die Verfassung und damit die Autonomie des russischen Großfürstentums Finnland wieder her. Finnland hatte unter der russischen Herrschaft bis in die 90er Jahre weitgehende innenpolitische Autonomie. Um 1890 setzte unter der Herrschaft von Nikolaus II. ebenso wie in anderen Teilen des Zarenreiches eine massive Russifizierungspolitik ein. 1899 hob Nikolaus II. in einem Staatsstreich die Autonomie des Großfürstentums auf und regierte aufgrund der russischen Reichsgesetzgebung autokratisch.
Die russischen Niederlagen im Krieg gegen Japan führten 1904/05 zum erfolgreichen Aufstand der Finnen gegen die Russifizierungspolitik.

Aufstände in Indonesien

Am 25. Oktober besiegen die Niederländer entscheidend die Truppen des Fürsten von Boni auf Celebes (Indonesien). Die Holländer hatten im 17. Jahrhundert die Portugiesen von der drittgrößten Sundainsel vertrieben und bis Mitte des 19. Jahrhunderts die meisten der islamischen Malaienfürsten unterworfen. Wie schon in den letzten Jahrzehnten kommt es auch 1905 zu Aufständen gegen die Kolonialmacht.

Japan stellt Korea unter »Schutz«

Japan übernimmt am 17. November durch einen »Schutzvertrag« die faktische Herrschaft über das Kaiserreich Korea. Damit leitet Japan nicht nur die Außenpolitik – bis Korea »stark genug« ist, seine Unabhängigkeit zu wahren –, auch die Verwaltung der inneren Angelegenheiten wird einem japanischen Generalresidenten mit Sitz in Seoul übertragen. Korea ist faktisch eine japanische Kolonie. Das Vordringen Japans auf dem südostasiatischen Festland geschieht nicht ohne den erbitterten Widerstand der Bevölkerung. Über das Verhalten der japanischen Kolonialherren in Korea werden ähnliche Grausamkeiten berichtet wie aus dem belgischen Kongostaat. Anders als dort formiert sich jedoch in Korea eine entschlossene Unabhängigkeitsbewegung.

Unabhängigkeitskrieg des Jemen

Seit 1904 kämpfen die Jemeniten unter der Führung von Hamid Ad Din Jahja um die Unabhängigkeit ihres Landes vom Osmanischen Reich. Noch 1904 entrissen sie den Osmanen die Hauptstadt Sana. Als im Frühjahr 1905 mehrere osmanische Bataillone zu den Aufständischen überwechseln, läßt sich Hamid Ad Din Jahja zum unabhängigen Kalifen ausrufen.
Mit der Entsendung weiterer 100 000 Mann in das Kriegsgebiet gewinnt die Pforte 1905 wieder die Oberhand und erobert am 3. September Sana zurück. Hamit Ad Din Jahja bleibt jedoch Imam des Jemen.

Panhellenen erheben sich auf Kreta

Die von nationalistischen Panhellenen dominierte Abgeordnetenkammer Kretas beschließt am 20. April den Anschluß der zum Osmanischen Reich gehörenden Insel an Griechenland.
Die Spannungen zwischen den griechisch-orthodoxen Kretern, die fast 70% der Bevölkerung auf der strategisch wichtigen Mittelmeerinsel bilden, und der moslemischen Minderheit entluden sich bereits 1897 in einem Aufstand gegen die osmanische Herrschaft und in der Proklamation des Anschlusses an Griechenland. Der Aufruhr wurde unter Mitwirkung der Großmächte niedergeschlagen, die Insel erhielt Autonomie.
Die neuerlichen Unruhen werden ebenfalls von Truppen der Großmächte unterdrückt.

Marokkokrise

Die Marokkokrise droht 1905, zu einem Krieg zwischen dem Deutschen Reich und Frankreich zu führen.
Zum Schutz der starken deutschen Wirtschaftsinteressen in Marokko erhebt das Deutsche Reich gegen die geplante französische Schutzherrschaft Einspruch. Durch die Landung von Kaiser Wilhelm II. in Tanger am 31. Mai betont es nachdrücklich die Souveränität des Sultans und die Gleichberechtigung aller Mächte im Lande. Dies löst die Marokkokrise aus. Frankreich hatte sich 1904 mit Großbritannien auf eine Teilung der Interessensphären in Nordafrika geeinigt und versuchte, mit der »friedlichen Penetration« Marokkos, sein nordafrikanisches Kolonialreich abzurunden.
In den nachfolgenden Verhandlungen zwischen Frankreich und dem Deutschen Reich verfolgt der französische Außenminister Théophile Delcassé einen harten Kurs.
Als Delcassé am 6. Juni 1905 zurücktritt, ist der Weg offen für eine internationale Marokko-Konferenz in Algeciras. Sie findet im April 1906 statt und endet mit einem Kompromiß, zeigt aber auch die diplomatische Isolierung des Deutschen Reichs.

»Revolution« in Norwegen

Das Storting, das norwegische Parlament, erklärt am 7. Juni einstimmig die Union mit Schweden für aufgelöst und den Unionskönig Oscar II. von Schweden und Norwegen als König von Norwegen für abgesetzt.
Damit will das Storting die seit 1814 bestehende Union der Königreiche Schweden und Norwegen beenden und unabhängig werden. In Schweden wird der Stortings-Beschluß als »revolutionärer Akt« gewertet, Teile der Öffentlichkeit fordern militärische Maßnahmen.
Der Konflikt wird durch Verhandlungen beigelegt. Am 26. Oktober unterzeichnen die Regierungen Schwedens und Norwegens die Konvention von Karlstad über die formelle Auflösung der Union. In einer Volksabstimmung sprechen sich die Norweger mit überwältigender Mehrheit für die Aufhebung der Union aus. In einer weiteren Volksabstimmung wird Prinz Carl von Dänemark zum König von Norwegen gewählt.

Revolution in Rußland

Unter dem Eindruck eines politischen Generalstreiks und blutiger Unruhen erläßt Zar Nikolaus II. das sog. Oktobermanifest. Darin verspricht er bürgerliche Grundrechte und den Zusammentritt einer gesetzgebenden Reichsduma. Mit diesem Manifest haben die bürgerlichen Oppositionsgruppen vieles von dem erreicht, wofür sie gekämpft haben. Der politische Massenstreik wird nach dem Erlaß des Manifests beendet. Es bilden sich bürgerliche Parteien. Auf dem großen Kongreß von Vertretern der Städte und Selbstverwaltungsorgane, der im November in Moskau tagt, wird das Oktobermanifest begrüßt, doch werden weitergehende Forderungen wie etwa die Abschaffung der Todesstrafe erhoben. Die Regierung Witte jedoch lehnt alle Forderungen ab, die über das Oktobermanifest hinausgehen.
Eine Beruhigung der innenpolitischen Situation tritt daher nicht ein. In Moskau, Petersburg und anderen Städten bilden sich sog. Sowjets (Räte) der Arbeiter- und Soldatendeputierten, die eine konstitutionelle Monarchie ablehnen und mit Streiks und Terroranschlägen auf den Sturz der zaristischen Willkürherrschaft hinarbeiten. Hinzu kommt, daß die nichtrussischen Völker – allen voran die Polen und die Finnen – ein gemeinsames Parlament für die gesamte Monarchie ablehnen. Sie fordern die Zerschlagung des alten Zarenreichs und ihre Selbständigkeit.
Die Unruhen, die nach dem Oktobermanifest andauern, entstehen jedoch nicht nur aus revolutionären oder nationalen Motiven: In ganz Rußland rotten sich Bauern und Kleinbürger zusammen, um im Namen des »heiligen Rußland« die Feinde des Zaren niederzuwerfen. Da sich unter den Revolutionären viele Juden befinden, kommt es zu Pogromen gegen sie.
Im Dezember sammeln sich die Gegner der Zarenherrschaft in Moskau und entfesseln einen Aufstand, der jedoch niedergeschlagen wird.

Russisch-Japanischer Krieg

Am 5. September wird in Portsmouth in den USA der Friedensvertrag unterzeichnet, der den 1904 ausgebrochenen Russisch-Japanischen Krieg beendet. Die Kapitulation von Port Arthur am 2. Januar und die Niederlage in der Seeschlacht von Tsuschima am 25. Mai waren die markantesten Ereignisse, die zur Niederlage des Zarenreichs führten.
Die Bedingungen fallen für Rußland jedoch milde aus. Es tritt nicht ganz Sachalin, sondern nur den Süden der Insel (bis zum 50. Breitengrad), die in Japan als altjapanischer Besitz angesehen wird, ab; Rußland behält den nördlichen Teil der mandschurischen Eisenbahn; Port Arthur mit seinem eisfreien Hafen, und der Südteil der Eisenbahn von Port Arthur 250 km nordwärts fallen an Japan.
In den Augen der Weltöffentlichkeit ist Japan durch den Russisch-Japanischen Krieg nicht nur zur Vormacht in Ostasien, sondern zu einer gleichberechtigten Großmacht aufgestiegen.

Ausgewählte Neuerscheinungen auf dem Buchmarkt 1905

Die Auswahl berücksichtigt nicht nur Neuerscheinungen von literarischem oder wissenschaftlichem Wert, sondern auch vielgelesene Bücher des Jahres 1905. Innerhalb der einzelnen Länder sind die erschienenen Werke alphabetisch nach Autoren geordnet (siehe auch den Übersichtsartikel auf S. 156).

Albanien

Gjergj Fishta
Die Laute des Hochlandes
(Lahuta e Malcís)
Versepos
In Zara erscheint der erste Band des dreiteiligen Versepos »Die Laute des Hochlandes« von Gjergj Fishta (1871–1940). Es gilt als das bedeutendste Werk der albanischen Literatur; die beiden anderen Teile erscheinen 1907 und 1930. In 30 Gesängen mit über 15 000 Versen besingt Fishta die albanischen Freiheitskämpfe gegen Slawen und Osmanen in der Zeit ab 1858 sowie die für die Albaner wichtigen Geschichtsereignisse. Das Werk ist in volksepischen, sieben- und achtsilbigen Versen abgefaßt und folgt der inneren Konstruktion albanischer Rhapsodien und Balladen. – Die deutsche Übersetzung des Gesamtwerks erscheint 1958.

Deutsches Reich

Gustav Frenssen
Hilligenlei
Roman
Von »edlen« und »starken« Menschen, »denen von Kind an ein Verwundern in den Augen steht, welche während einer frischen Jugend das dunkle Empfinden haben, daß sie etwas Tüchtiges erleben und erwirken wollen, und welche dann auch mit hellem Mut ins Leben hineingehen«, erzählt Gustav Frenssen (1863–1945) in dem im Berliner Verlag Grote erscheinenden Trivialroman »Hilligenlei«, von dem innerhalb eines Jahres 120 000 Exemplare verkauft werden. Bewußt tendenziös zeichnet Frenssen norddeutsche Verhältnisse und ihre Menschen als Gegenpol zur Verderbnis der Großstadt und als Quelle der Gesundung aus »völkischem« Geist.

Heinrich Mann
Professor Unrat oder
Das Ende eines Tyrannen
Roman
Der Roman »Professor Unrat oder Das Ende eines Tyrannen« von Heinrich Mann (1871–1950), erschienen im Verlag Langen in München, findet zunächst kaum Beachtung. Mann beschreibt die Geschichte eines »Machtmenschen«, der aus seiner Rolle eines Hüters der bestehenden Gesellschaftsordnung ausbricht. Unrat erliegt den Reizen einer Varietésängerin, der »Künstlerin Fröhlich«, wird ihr Narr und Zuhälter und empfängt in seiner Spielhölle manchen ehrbaren Bürger der Stadt, bis die Polizei ihn festnimmt und dem Treiben ein Ende setzt. Der zweite Teil des Romans interpretiert den ersten und zeigt »den Tyrannen von seiner Kehrseite«. Unrat, bisher in seinem Denken, Fühlen und Handeln ganz und gar Teil der staatlichen Untertanenideologie, findet durch die Leidenschaft für die Varietésängerin zu Menschlichkeit zurück und endet in der »Anarchie«. 1930 verfilmt Joseph von Sternberg den Roman mit Emil Jannings und Marlene Dietrich (»Der blaue Engel«).

Christian Morgenstern
Galgenlieder
Gedichte
Beim Verlag Cassirer in Berlin erscheint unter dem Titel »Galgenlieder« eine Sammlung lyrischer Grotesken von Christian Morgenstern (1871–1914). Die oft irrationalen Scherzgedichte und verspielten Reimereien sind der Versuch, die Menschen aus einer »materialistischen Gegenwart« herauszuholen, die »heute mit dem ganzen bitteren Ernst einer gott- und geistlos gewordenen Epoche als die alleinige und alleinigseligmachende Wirklichkeit dekretiert wird«, wie Morgenstern über seine »Galgenlieder« sagt. Die Welt erscheint in lauter isolierte Dinge zerfallen; jedes einzelne Ding repräsentiert eine rätselhafte, dämonische Welt, in der nichts unmöglich zu sein scheint: Die »Mittagszeitung«, von deren Lektüre man »satt« wird, die Uhr, die vor- und rückwärts geht, das »Warenhaus für Kleines Glück«, aus dem sich vereinsamte Menschen »gemischte Post« schikkenlassen können. Zu den berühmtesten Galgenliedern zählen »Das große Lalula«, »Das ästhetische Wiesel«, »Die Trichter«, »Die Geruchsorgel«, »Die unmögliche Tatsache« und »Der Schnupfen«.

Ludwig Thoma
Lausbubengeschichten
Aus meiner Jugendzeit
Erzählungen
Beim Verlag Langen in München erscheinen unter dem Titel »Lausbubengeschichten. Aus meiner Jugend« zwölf lose verbundene, humoristische Episoden aus dem oberbayerischen Lateinschülerdasein von Ludwig Thoma (1867–1921). Durch die Lausbubenstreiche begehrt der Erzähler gegen eine stupide Obrigkeitswelt auf. Dem Autor kommt es nicht auf Jux und Ulk an sich an, sondern auf die satirische Spiegelung der Erwachsenen durch einen Schüler. Das Buch wird ein großer Erfolg.

Frankreich

Charles Péguy
Unser Vaterland
(Notre Patrie)
Essay
In der vom Autor gegründeten Zeitschrift »Cahiers de la Quinzaine« und im selben Jahr in Buchform erscheint der nationalistische Essay »Unser Vaterland« von Charles Péguy (1873–1914). Angesichts der Ersten Marokkokrise gewinnt der Autor die Überzeugung, daß ein neuer Krieg zwischen Frankreich und dem Deutschen Reich unvermeidbar ist. Beschrieben werden im Rahmen einer Wanderung durch Paris die kulturellen Werte Frankreichs. Victor Hugo wird zum Symbol von Frankreichs historischer kultureller Mission, die es gegen einen Angriff aus dem Osten zu schützen gilt.

Romain Rolland
Johann Christof
(Jean-Christophe)
Romanzyklus
In Paris erscheint der erste Band des zehnteiligen Romanzyklus' »Johann Christof« von Romain Rolland (1866–1944). Das Thema umreißt der Autor 1912 im Vorwort zum letzten Band mit den Worten: »Ich habe die Tragödie einer Generation geschrieben, die im Schwinden begriffen ist.« Das Romanwerk spielt in der zweiten Hälfte des 19. Jahrhunderts und beschreibt das Leben des deutschen Musikers Johann Christof Krafft. In den in Paris spielenden Büchern liefert Rolland eine eingehende und kritische Beschreibung der Pariser Gesellschaft des Fin de siècle. Das zehnbändige Werk fordert auf zu moralischer Erneuerung und völkerverbindender Brüderlichkeit. – Die deutsche Übersetzung erscheint 1914 bis 1917.

Großbritannien

Edward Morgan Forster
Engel und Narren
(Where Angels Fear to Tread)
Roman
Der Gegensatz zwischen dem Innenleben des Menschen und der Scheinwelt gesellschaftlicher Konventionen ist das Thema von »Engel und Narren«, dem in Edinburgh und London erschienenen Erstlingsroman von Edward Morgan Forster (1879–1970). Dabei stellt Forster dem puritanischen englischen Leben das als natürlich aufgefaßte Leben der mediterranen Welt gegenüber. – Die deutsche Übersetzung erscheint 1948.

Nicaragua

Rubén Darío
Gesänge von Leben und Hoffnung
(Cantos de vida y esperanza)
Gedichtsammlung
Zu den Höhepunkten im lyrischen Schaffen von Rubén Darío (1867–1916) zählt die in Madrid erscheinende Gedichtsammlung »Gesänge von Leben und Hoffnung«. Darío verteidigt hier die Werte der spanischen Kultur gegenüber dem angelsächsischen Imperialismus und Materialismus. Darío zählt zu den Begründern des Modernismo, eines Stils, der die Lyrik in Spanien und Lateinamerika durch romantische und symbolistische Elemente grundlegend erneuerte und von den früheren realistischen Vorbildern entfernte.

Österreich

Rainer Maria Rilke
Stundenbuch
Gedichte
Beim Verlag Insel in Leipzig erscheint »Das Stundenbuch« von Rainer Maria Rilke (1875–1926). Es ist eingeteilt in die drei Bücher »Vom mönchischen Leben«, »Von der Pilgerschaft« und »Von der Armut und vom Tode«. Figur und Haltung eines Mönchs in der Zelle bilden den Ausgangspunkt, um sich mit großen und wesentlichen Dingen (»mit Gott«) auseinanderzusetzen. Im Gewand einer romantisch-antizivilisatorischen Utopie geht es zunächst um die Möglichkeit eines nichtkapitalistischen, von sinnvoller menschlicher Tätigkeit bestimmten Neubeginns. Die Hoffnung auf menschliche Erneuerung gibt dem Gottesbegriff seinen Inhalt. Im zweiten Teil ist der Pilger die zentrale Gestalt; er wird stärker mit den Zeiterscheinungen konfrontiert und auf ihre Widersprüche aufmerksam gemacht. Mit ungewöhnlicher Schärfe wird das Privateigentum kritisiert, das die Menschen unfähig gemacht habe, das Leben anders zu sehen als unter dem Aspekt des Besitzes. Hieraus resultiert der entscheidende Satz im dritten Teil: »Denn Armut ist ein großer Glanz aus Innen ...« meint die Freiheit von der Leidenschaft des Habens als Voraussetzung, um die übrigen Leidenschaften und Kräfte des Menschen entfalten zu können.

Rußland

Leonid A. Andrejew
Das rote Lachen
Fragmente aus einer aufgefundenen Handschrift
(Krasnyj smech
Otryvki iz najdennoj rukopisi)
Erzählung
Die Erzählung »Das rote Lachen« von Leonid Andrejew (1871–1919) erscheint zuerst in Berlin im russischen Original sowie in deutscher Übersetzung, wird jedoch noch im selben Jahr in Petersburg aufgelegt. Das Werk ist eine apokalyptische Vision von Grauen und Wahnsinn des Krieges am Beispiel der fiktiven Tagebuchaufzeichnungen eines russischen Offiziers beim Rückzug vor den Feinden während des Russisch-Japanischen Kriegs.

Dmitri S. Mereschkowski
Peter der Große und sein Sohn Alexej
Roman
In Petersburg erscheint unter dem Titel »Peter der Große und sein Sohn Alexej« der letzte Band der geschichtsphilosophischen Romantrilogie »Christ und Antichrist« von Dmitri S. Mereschkowski (1865–1941). 1896 erschien »Julian Apostata« und 1901 »Leonardo da Vinci«. In dieser Trilogie gestaltet Mereschkowski das Zusammenspiel von christlicher Ethik und rationalem Denken. In Exkursen entwirft er sein Ideal von einem »dritten Reich«, einer Theokratie, in der Hellenismus und christliche Orthodoxie miteinander verschmelzen. – Die deutsche Übersetzung von »Peter der Große und sein Sohn Alexej. Historischer Roman aus Rußlands großer Zeit« erscheint 1905. Die Übersetzungen von »Julian Apostata« und »Leonardo da Vinci« sind 1903 erschienen.

Schweden

Verner von Heidenstam
Der Stamm der Folkunger
(Folkungaträdet)
Roman
In Stockholm erscheint der erste Band des zweiteiligen Romans »Der Stamm der Folkunger« von Verner von Heidenstam (1859–1940). Thema dieses großangelegten historischen Romanwerks sind die

Anfänge der späteren schwedischen Königsdynastie der Folkunger. Der zweite Band erscheint 1907. – Die deutsche Übersetzung des Gesamtwerks erscheint 1909/10.

August Strindberg
Historische Miniaturen
(Historiska miniatyrer)
Novellen
In Stockholm erscheinen unter dem Titel »Historische Miniaturen« 20 Novellen von August Strindberg (1849–1912), in denen der Verfasser versucht, das Walten des »bewußten Willens« in der Entwicklung der Menschheit auf eine bessere Zukunft hin aufzuzeigen. Der Querschnitt durch die Geschichte der Menschheit reicht von der »Ägyptischen Knechtschaft« des Volkes Israel bis zu König Heinrich VIII. in »Old merry England« und der Französischen Revolution in »Gerichtstage«. – Die deutsche Übersetzung erscheint 1908.

Spanien

Azorín (eigtl. José Martinez Ruiz)
Auf den Spuren Don Quijotes
(La ruta de Don Quijote)
Literarische Impressionen
Eine literarische Darstellung Kastiliens und seiner Menschen als der Heimat des Ritters von der traurigen Gestalt ist das Thema einer Artikelserie von Azorín (1874–1967), die unter dem Titel »Auf den Spuren Don Quijotes« in Madrid erscheint. Dabei wird das Kastilien der Gegenwart so geschildert, als habe sich in den vergangenen 300 Jahren kaum etwas geändert; doch äußerlich herrscht »die Monotonie und die Verzweiflung der Stunden, die verrinnen, langsam, ewig, in einer Umgebung der Traurigkeit, Einsamkeit und Tatenlosigkeit«. – Die deutsche Übersetzung erscheint 1923.

USA

Jack London
Wolfsblut
(White Fang)
Roman
In dem in New York erscheinenden Roman »Wolfsblut« schildert Jack London (1876–1916) die umgekehrte Entwicklung wie in seinem 1903 erschienenen Roman »Ruf der Wildnis«. Während dort die Wandlung eines zahmen Schlittenhundes zum reißenden Wolf erzählt wird, wird in »Wolfsblut« ein wildes Tier gezähmt und zum Helfer des Menschen. Auch hier bewahrt er seine in der Wildnis erprobten Wolfseigenschaften: »Das Gesetz, das er gelernt hatte, bestand im Gehorsam gegenüber den Starken und in der Unterdrückung der Schwachen.« – Die deutsche Übersetzung erscheint 1928.

Edith Wharton
Das Haus der Freuden
(The House of the Mirth)
Roman
Ein Bestseller wird der in New York erscheinende Roman »Das Haus der Freuden« von Edith Wharton (1862–1937). Geschildert wird die New Yorker High-Society der 90er Jahre am Beispiel einer Frau, die vergeblich versucht, sich nach dem Verlust ihres Vermögens in der exklusiven Oberschicht zu halten.

Uraufführungen Schauspiel, Oper, Operette und Ballett 1905

Die bedeutendsten Uraufführungen aus Schauspiel, Oper, Operette und Ballett sind alphabetisch nach Ländern und innerhalb der Länder nach Autoren/Komponisten geordnet (siehe auch die Übersichtsartikel »Musik« auf S. 50 und »Theater« auf S. 84).

Deutsches Reich

Eugen d'Albert
Flauto solo
Oper
Am 12. November wird die Oper »Flauto solo« von Eugen d'Albert (1864–1932) im Deutschen Theater in Prag uraufgeführt. Anders als in der Oper »Tiefland« (1903), auf die sein Weltruhm gründet, schlägt d'Albert in »Flauto solo« einen heiteren Ton an.

Gerhart Hauptmann
Elga
Drama
Ein großer Erfolg wird die Uraufführung der dramatischen Ballade »Elga« von Gerhart Hauptmann (1862–1946) am 4. März im Berliner Lessing-Theater. Vorlage ist Franz Grillparzers Novelle »Das Kloster bei Sendomir«. Die Titelheldin, eine leichtlebige, sinnliche, verführerische Frau, treibt zwei Männer ins Verderben, die ihr bedingungslos verfallen sind.

Wilhelm von Scholz
Der Jude von Konstanz
Trauerspiel
Die Tragödie »Der Jude von Konstanz« von Wilhelm von Scholz (1874–1969) wird am 17. Dezember im Dresdner Hoftheater in der Urfassung uraufgeführt; die endgültige Fassung hat 1906 in Köln Premiere. Scholz, der in bewußtem Gegensatz zum Naturalismus eine Erneuerung der Klassik anstrebt, versucht in diesem Stück das klassische Drama mit der Einheit des Ortes und in den ersten vier Akten auch der Einheit der Zeit zu verwirklichen; der fünfte Akt ist ein lyrischer Epilog. Geschildert wird die Geschichte eines Juden im Konstanz des ausgehenden Mittelalters. Er fühlt sich weder dem Judentum noch dem Christentum zugehörig, wird von beiden Religionen angefeindet und begeht Selbstmord.

Fritz Stavenhagen
Mutter Mews
Drama
Das niederdeutsche Drama »Mutter Mews« von Fritz Stavenhagen (1876–1906) wird am 10. Dezember im Hamburger Stadttheater uraufgeführt. Stavenhagen versucht, damit das ernste niederdeutsche Drama zu erneuern, und übt Einfluß auf die Heimatkunst aus. Das Stück schildert, wie eine tyrannische Schwiegermutter ein glückliches Familienleben zerstört.

Richard Strauss
Salome
Musikdrama
Die Dresdner Uraufführung des Musikdramas »Salome« am 9. Dezember wird ein Triumph für den Komponisten Richard Strauss (1864–1949). Dem Werk liegt das gleichnamige Theaterstück von Oscar Wilde in der deutschen Übersetzung von Hedwig Lachmann zugrunde. Auf Kritik stößt die von vielen als anstößig empfundene Handlung. In Wien wird das Werk deshalb zunächst trotz Gustav Mahlers Bemühungen von der Hofoper abgelehnt und dort erstmals 1907 im Rahmen eines Gastspiels des Breslauer Theaters im Volkstheater aufgeführt.

Hermann Sudermann
Stein unter Steinen
Schauspiel
Die gesellschaftliche Wiedereingliederung eines entlassenen Strafgefangenen ist das Thema des Dramas »Stein unter Steinen« von Hermann Sudermann (1857–1928), das am 8. Oktober im Berliner Lessing-Theater uraufgeführt wird. Der Entlassene befreundet sich mit einer wegen ihres unehelichen Kindes ebenfalls von der Gesellschaft geächteten Frau und erwirbt sich die Achtung seiner Mitmenschen.

Siegfried Wagner
Bruder Lustig
Oper
Die Oper »Bruder Lustig« von Siegfried Wagner (1869–1930) wird am 13. Oktober im Hamburger Stadttheater uraufgeführt. Auch dieses Werk bedient sich bewußt volkstümlicher Elemente. Sie sind allgemein ein Kennzeichen der Opern, mit denen der Sohn Richard Wagners bekannt wurde (»Der Bärenhäuter«, 1899).

Frank Wedekind
Hidalla oder Sein und Haben
Schauspiel
Schönheit, Sexualität und Wahn sind die Themen des Schauspiels »Hidalla oder Sein und Haben« von Frank Wedekind (1864–1918), das am 18. Februar im Münchner Schauspielhaus uraufgeführt wird. Hauptfigur ist der häßliche, verwachsene, aber rhetorisch hochbegabte und fanatische Karl Hetmann. Er ist Inspirator und Propagator des Internationalen Vereins zur Züchtung von Rassenmenschen. Dabei handelt es sich um Menschen von außergewöhnlicher Schönheit, die die bürgerlichen Moralgesetze ablehnen und einander bedingungslos als Geschlechtspartner zur Verfügung stehen. Hetmanns Lehre hat ungeheuren Erfolg und wird publizistisch unterstützt von dem Verleger Launhart, der nur an Sensationsgeschäften interessiert ist. Zuletzt sieht sich Hetmann der Lächerlichkeit preisgegeben und erhängt sich.

Irland

George Bernard Shaw
Mensch und Übermensch
(Man and Superman)
Schauspiel
Als »Eine Komödie und eine Philosophie« bezeichnet George Bernard Shaw (1856–1950) sein Schauspiel »Mensch und Übermensch«, das am 23. Mai ohne das Zwischenspiel »Don Juan in der Hölle« im Royal Court Theatre in London uraufgeführt wird; die Uraufführung der Gesamtfassung findet 1915 in Edinburgh statt. Das Stück, das Einflüsse der Philosophie Friedrich Nietzsches verrät, vermittelt in langen Szenen mit langen Dialogen Shaws Evolutionstheorie am Beispiel des Geschlechterkampfs. Die vitale, selbstbewußte Ann verkörpert die Lebenskraft, ihr Vormund John, den sie nach einer Verfolgungsjagd zur Ehe zwingt, ist der Theoretiker des Lebens. Er wird als Denker gedeutet, der sich seiner Aufgabe bei der Schaffung des Übermenschen mitzuwirken, entziehen will. – Die deutschsprachige Erstaufführung findet am 7. Dezember 1906 in den Kammerspielen des Deutschen Theaters in Berlin statt.

George Bernard Shaw
Major Barbara
(Major Barbara)
Komödie
Eine Parabel über den Zusammenhang zwischen Religion und Kapitalismus sowie über die Möglichkeit gesellschaftlicher Veränderung ist die Komödie »Major Barbara« von George Bernard Shaw (1856–1950), die am 28. November im Royal Court Theatre in London uraufgeführt wird. Barbara Undershaft, die Tochter eines Waffenfabrikanten, kämpft als Major der Heilsarmee gegen das soziale Elend. In der Auseinandersetzung mit ihrem Vater erkennt sie, daß die Armut nicht durch Religion, sondern nur durch Macht beseitigt werden kann. – Die deutsche Erstaufführung findet 1909 am Deutschen Volkstheater in Wien statt.

John Millington Synge
Die Quelle der Heiligen
(The Well of the Saints)
Schauspiel
Der Gegensatz von Illusion und Realität ist das Thema des Dramas »Die Quelle der Heiligen« von John Millington Synge (1871–1909), das am 4. Februar im Abbey Theatre in Dublin uraufgeführt wird. Synge schildert die Geschichte eines blinden irischen Bettlerehepaars, Martin und Mary Doul, das von einem wandernden Heiligen für kurze Zeit sehend gemacht wird. Die beiden werden völlig enttäuscht von einer Welt, die sie sich bunt und voller Wunder vorgestellt haben, und entzweien sich. Um der Einsamkeit zu entgehen, finden sie als Blinde wieder zusammen, ziehen sich in den Bereich der Phantasie zurück und lehnen ein zweites Heilungsangebot ab. – Die deutsche Erstaufführung findet 1906 am Deutschen Theater in Berlin statt.

Italien

Pietro Mascagni
Amica
(Amica)
Lyrisches Drama
Am 16. März wird im Théâtre du Casino in Monte Carlo die Oper »Amica« von Pietro Mascagni (1863–1945) uraufgeführt. Die Titelrolle dieses Liebesdramas, in dem sich die Ereignisse bis zum tragischen Ende gerade überstürzen, singt Geraldine Farrar. Obwohl das Stück bei der Premiere viel Beifall erhält, kann Mascagni damit nicht an den Welterfolg von »Cavalleria rusticana« (1890) anknüpfen.

Lettland

Aspazija
Der silberne Schleier
(Sidraba Skidrautis)
Schauspiel
Als Aufruf zur Befreiung von der Herrschaft Rußlands gilt das Drama »Der silberne Schleier« von Aspazija, eigentlich Elza Rozenberga (1868–1943), das am 27. Januar kurz vor der russischen Revolution im Neuen Theater in Riga uraufgeführt wird. Die romantische Heldin des Stücks, Guna, macht der Gewaltherrschaft des Königs Targals ein Ende.

Österreich

Edmund Eysler
Die Schützenliesl
Operette
Am 10. Oktober wird die Operette »Die Schützenliesl« von Edmund Eysler (1874–1949) im Carl-Theater in Wien uraufgeführt. Mit diesem Werk kann Eysler den Welterfolg von »Bruder Straubinger« (1903) nicht wiederholen, erweist sich jedoch erneut als Meister der silbernen Ära der Wiener Operette.

Hugo von Hofmannsthal
Das gerettete Venedig
Trauerspiel
Am 21. Januar wird am Lessing-Theater in Berlin das Stefan George gewidmete Trauerspiel »Das gerettete Venedig« von Hugo von Hofmannsthal (1874–1929) uraufgeführt. Vorlage ist die gleichnamige Tragödie des englischen Dramatikers Thomas Otway (1682), jedoch verknüpft Hofmannsthal Liebes- und politische Handlung und überhöht sie symbolisch.

Franz Lehár
Die lustige Witwe
Operette
Unter der Leitung des Komponisten findet am 30. Dezember im Theater an der Wien in Wien die Uraufführung der Operette »Die lustige Witwe« von Franz Lehár (1870–1948) statt. Das Werk mit seiner Mischung aus Tänzerischem, Witzigem und Melodiösem markiert den Höhepunkt im Schaffen Lehárs. Die einzelnen Nummern erringen weltweit Popularität, besonders Danilos Auftrittslied »Da geh ich zu Maxim«, das »Vilja-Lied«, das Duett »Lippen schweigen« und die Szene der »Königskinder«.

Schweden

August Strindberg
Totentanz
(Dødsdansen)
Schauspiel
Haß und Liebe in einer unglücklichen Ehe, schauerlich verstrickt wie in einem mittelalterlichen Totentanz, dramatisiert August Strindberg (1849–1912) in dem zweiteiligen Schauspiel »Totentanz«, das am 29. und 30. September im Alten Stadttheater in Köln uraufgeführt wird. Die strenge Konzentration des Stücks und die entseelte Maskenhaftigkeit der Hauptpersonen stellt »Totentanz« trotz des realistischen Darstellungsprinzips in engen Zusammenhang mit den symbolistischen und expressionistischen Tendenzen, die Strindbergs späte Dramatik kennzeichnen.

Filme 1905

Die Filmproduktion steht 1905 noch ganz am Anfang. Entsprechend gering ist die Zahl der nennenswerten Filme. Bei ausländischen Filmen steht unter dem deutschen Titel der Originaltitel (siehe auch den Übersichtsartikel auf S. 212).

Frankreich

Ferdinand Zecca
Das Leben Harlekins
(La Vie de Polichinelle)
Ferdinand Zeccas »Das Leben Harlekins« ist der erste Film mit dem Komiker Linder, der später als Serienheld »Max« zu den berühmtesten Helden des Stummfilms avanciert. Er wird zu den ersten Stars der Filmgeschichte überhaupt.

Italien

Filoteo Alberini
Die Eroberung Roms
(La Presa di Roma)
»Die Eroberung Roms«, gedreht von Filoteo Alberini, ist der erste italienische Spiel- und Kostümfilm. Geschildert wird der Einzug des ersten italienischen Königs Viktor Emanuel II. in die »Ewige Stadt« im Jahr 1870.

Sportereignisse und -rekorde des Jahres 1905

Die Aufstellung erfaßt Rekorde, Sieger und Meister in wichtigen Sportarten. Aufgenommen wurden nur solche Wettbewerbe, die in den vergangenen Jahren bereits regelmäßig ausgetragen worden sind und ab 1905 kontinuierlich zu den Sportprogrammen gehören. Die Sportarten erscheinen in alphabetischer Reihenfolge.

Automobilsport

Grand-Prix-Rennen

Großer Preis von (Datum) Kurs/Strecke (Länge)	Sieger (Land)	Marke	Ø km/h
Gordon Bennett (5. 7.) Auvergne (550 km)	Lucien Théry (FRA)	Richard-Brasier	78,070
Ardennen (7. 8.) (590 km)	Victor Hémery (FRA)	Darracq	98,735
Coupe Florio (9. 9.) Sizilien (501,3 km)	Raggio	Itala	104,880
Tourist Trophy (14. 9.) Isle of Man (334,72 km)	Napier	Arrol-Johnston	54,390
Vanderbilt (14. 10.) Long Island (455,45 km)	Victor Hémery (FRA)	Darracq	98,963

Boxen/Schwergewicht

Ort (Datum)	Weltmeister (Land)	Gegner (Land)	Ergebnis
Reno (3. 7.)	Marvin Hart (USA)	Jack Root (USA)	k. o. 12. R.

Eiskunstlauf

Turnier	Ort	Datum
Weltmeisterschaften	Stockholm	4. 2.
Europameisterschaft	Bonn	22. 1.
Deutsche Meisterschaft	Bonn	22. 1.

Einzel	Herren	Ort
Weltmeister	Urlich Salchow (SWE)	Stockholm
Europameister	Max Bohatsch (AUT)	Bonn
Deutscher Meister	Karl Zenger (München)	Bonn

Fußball

Landesmeister

Deutschland	Union 92 Berlin – Karlsruher FV 2:0 (Köln, 21. 5.)
Schweiz	Grasshoppers Zürich
Belgien	Union St. Gillen
England	Newcastle United
Holland	VV Den Haag
Italien	Juventus Turin
Nordirland	Glentoran
Norwegen	Odd Skien
Schottland	Celtic Glasgow
Schweden	Oergryte
Spanien	Real Madrid
Ungarn	FTC

Landespokal

Österreich	Sportclub Wien
England	Aston Villa – Newcastle United 2:0
Holland	VOC
Nordirland	Distellery
Schottland	Third Lanark
Wales	Wrexham

Gewichtheben/Schwergewicht

Stoßen mit unfreiem Umsetzen
Weltrekord

Josef Steinbach	AUT	172,5 kg

Leichtathletik

Deutsche Meisterschaften

Disziplin	Sieger (Vereinsort)	Leistung	Datum	Ort
Männer				
100 m	August Göhmann (Hannover)	11,2	24. 9.	Hannover
400 m	Max Beckmann (Leipzig)	52,8	16. 7.	Mühlhausen
1500 m	Kristian Hellström (Berlin)	4:22,2	16. 7.	Mühlhausen
110 m Hürden	Vincenz Duncker (Mittweida)	16,2	23. 7.	Leipzig

Leichtathletik (Fortsetzung)

Deutsche Meisterschaften

Disziplin	Sieger (Vereinsort)	Leistung	Datum	Ort
Hochsprung	Paul Weinstein (Halle)	1,66	23. 7.	Leipzig
Diskuswurf	R. Friedrich (Leipzig)	27,07	23. 7.	Leipzig
40 km	Robert Petermann (Berlin)	3:05,52	9. 4.	Berlin

Weltrekorde (Stand: 31. 12. 1905)

Disziplin	Name (Land)	Leistung	Datum	Ort
Männer				
100 m*	Luther Cary (USA)	10,8	4. 7. 1891	Paris
200 m (Gerade)	Archie Hahn (USA)	21,6	31. 8. 1904	St. Louis
	Bernie Wefers (USA)	21,2 y	30. 5. 1896	New York
200 m (Kurve)*	John Maybury (USA)	21,2 y	5. 6. 1897	Chicago
400 m	Maxey Long (USA)	47,8 y	29. 9. 1900	Travers I.
800 m*	Charles Kilpatrick (USA)	1:53,4 y	21. 9. 1895	New York
1000 m*	Henri Deloge (FRA)	2:35,8	14. 7. 1902	Paris
1500 m*	James Lightbody (USA)	4:05,4	3. 9. 1904	St. Louis
Meile*	Thomas Conneff (USA)	4:15,6	30. 8. 1895	New York
2000 m*	Alfred Shrubb (GBR)	5:37,0	11. 6. 1904	Glasgow
3000 m*	Louis de Fleurac (FRA)	9:02,6	19. 6. 1904	Paris
5000 m*	Charles Bennett (GBR)	15:20,0	22. 7. 1900	Paris
10 000 m*	Alfred Shrubb (GBR)	31:02,4	5. 11. 1904	Glasgow
110 m Hürden*	Alvin Kraenzlein (USA)	15,2 y	18. 6. 1898	Chicago
200 m Hürden	Alvin Kraenzlein (USA)	23,6 y	28. 5. 1898	New York
400 m Hürden*	Georges Filiatre (FRA)	57,2	28. 6. 1903	Paris
Hochsprung*	George Rowdon (GBR)	1,97	6. 8. 1890	Haytor Camp
Stabhoch*	Fernand Gonder (FRA)	3,74	6. 8. 1905	Bordeaux
Weitsprung	Peter O'Connor (IRL)	7,61	5. 8. 1901	Dublin
Dreisprung*	Edwin Bloss (USA)	14,78	16. 9. 1893	Chicago
Kugelstoß*	Wesley Coe (USA)	15,09	5. 8. 1905	Portland
Diskuswurf*	Martin Sheridan (USA)	43,66	10. 9. 1905	New York
Hammerwurf*	John Flanagan (USA)	52,71	31. 7. 1904	New York
Speerwurf*	Eric Lemming (SWE)	53,79	31. 5. 1903	Stockholm
Frauen				
200 m*	Agnes Wood (USA)	30,6 y	17. 5. 1903	Pough-keepie

* inoffiziell, offiziell (auch später) nicht anerkannt
y = Yardstrecke: 220 y = 201,17 m; 440 y = 402,34 m; 880 y = 804,67 m

Deutsche Rekorde (Stand: 31. 12. 1905)

Disziplin	Name (Vereinsort)	Leistung	Datum	Ort
Männer				
100 m	Vincenz Duncker (Mittweida)	10,8	6. 8. 1905	Berlin
200 m	Max Wartenberg (Berlin)	22,6	23. 9. 1900	Hamburg
400 m	Johannes Runge (Braunschweig)	53,0	24. 7. 1904	Hannover
800 m	Johannes Runge (Braunschweig)	1:59,4	24. 7. 1904	Hannover
1000 m	Ernst Schultze (Berlin)	2:46,6	24. 9. 1897	Berlin
1500 m	Johannes Runge (Braunschweig)	4:17,0	19. 9. 1904	Magdeburg
3000 m	Hermann Friese (Hamburg)	9:36,8	23. 9. 1900	Hamburg
5000 m	Erich Lubach (Berlin)	17:01,6	16. 8. 1903	Berlin
10 000 m	Hermann Müller (Berlin)	35:22,2	23. 8. 1905	Berlin
110 m Hürden	Julius Keyl (München)	16,0	21. 8. 1904	Hannover
4 × 100 m	MTV 1879 München	46,8	17. 8. 1902	Frankfurt a. M.
3 × 1000 m	VfB Leipzig	8:53,4	14. 6. 1903	Magdeburg
Weitsprung	Johannes Buchheit (München)	6,51	23. 8. 1903	Frankfurt a. M.
Dreisprung	Paul Weinstein (Halle)	13,38	2. 5. 1905	Hamburg
Hochsprung	Paul Weinstein (Halle)	1,748	24. 6. 1904	Hannover
Stabhoch	Justus Müller (Fechenheim)	3,01	21. 8. 1904	Frankfurt a. M.
Kugelstoß	Franz Buchholz (Berlin)	12,04	6. 8. 1905	Berlin
Diskuswurf	Wilhelm Dörr (Frankfurt a. M.)	38,55	20. 8. 1905	Berlin
Hammerwurf	Oskar Müller (Frankfurt a. M.)	22,44	1. 9. 1901	Frankfurt a. M.

Pferdesport

Disziplin/Rennen	Sieger (Land)	Pferd (Stall)	Ort	Tag
Galopprennen				
Deutsches Derby		Patience	Hamburg	25. 6.
Trabrennen				
Deutsches Derby	M. Neuenfeld (GER)	Dr. Franz (Neuenfeld)	Berlin	1. 6.

Radsport

Rundfahrt (Etappen)	Plazierung/Name (Land)	Punkte	Zeit
Tour de France (11) Datum: 9.–30. 7. Länge: 2994 km 60 Starter, 24 im Ziel	1. Louis Trousselier (FRA) 2. Aucouturier (FRA) 3. Dorptignac (FRA)	35 61 64	110:26:58

Schwimmen

Deutsche Meisterschaften (Berlin)

Disziplin	Meister (Vereinsort)	Leistung
Männer		
Freistil 100 m	Emil Rausch (Berlin)	1:17,6
Freistil 1500 m	Emil Rausch (Berlin)	25:26,0
Kunstspringen	Otto Hooff (Berlin)	60,4
Mehrkampf	G. Hoffmann (Berlin)	39,2

Weltrekorde (Stand: 31. 12. 1907)

Disziplin	Name (Land)	Leistung	Datum	Ort
Männer				
Freistil 100 m	Zoltan Halmay (HUN)	1:05,8	3. 12. 1905	Wien
Freistil 200 m	Frederick Lane (AUS)	2:28,6	18. 8. 1903	Weston
Freistil 400 m	J. H. Tyers (GBR)	5:43,2	1899	
Freistil 800 m	B. B. Kiernan (AUS)	11:28,0	1905	
Freistil 1500 m	John Arthur Jarvis (GBR)	24:36,0*	1899	
Brust 100 m	E. Borg (GER)	1:30,2	17. 7. 1904	Jena
Brust 200 m	Erich Seidel (GER)	3:04,4	14. 8. 1904	Kochsee
Rücken 100 m	Wilhelm Proß (GER)	1:28,4	14. 8. 1905	Kochsee
Rücken 200 m	Walter Brack (GER)	3:11,0	1903	Dessau
Frauen				
Freistil 100 m	R. Schulz (GER)	1:57,6	1900	Hamburg
Freistil 200 m	M. Wöstenberg (GER)	4:31,0	1902	Hamburg

Deutsche Rekorde (Stand: 31. 12. 1905)

Disziplin	Name (Vereinsort)	Leistung	Datum	Ort
Männer				
Freistil 100 m	Emil Rausch (Berlin)	1:16,4	1903	Dessau
	H. Kahle (Berlin)	1:16,4	31. 7. 1904	Hermsdorf
Freistil 200 m	Ernst Bahnmeyer (Karlsruhe)	2:42,0	12. 3. 1905	Frankfurt
Freistil 400 m	Emil Rausch (Berlin)	6:07,4	4. 12. 1904	Wien
Freistil 800 m	Emil Rausch (Berlin)	13:11,4	7. 9. 1904	St. Louis
Freistil 1500 m	Emil Rausch (Berlin)	25:26,0	13. 8. 1905	Kochsee
Brust 100 m	E. Borg (Berlin)	1:30,2 E	17. 7. 1904	Jena
Brust 200 m	Erich Seidel (Berlin)	3:04,4 E	14. 8. 1904	Weißensee
Rücken 100 m	Wilhelm Proß (Heilbronn)	1:28,4 E	14. 8. 1905	Kochsee
Rücken 200 m	Walter Brack (Charlottenburg)	3:11,0 E	1903	Dessau
Frauen				
Freistil 100 m	R. Schulz (Hamburg)	1:57,6 E	1900	Hamburg
Freistil 200 m	M. Wöstenberg (Hamburg)	4:31,0 E	1902	Hamburg

* Zwischenzeit in einem Meilenrennen
E = Europarekord
Europa- und deutsche Rekorde wurden offiziell noch nicht registriert; der Schwimmer-Weltverband FINA, gegründet 1908, hatte rückwirkend bis 1904 Spitzenleistungen in seine ersten Rekordlisten aufgenommen.

Tennis

Meisterschaften	Ort	Datum
Wimbledon	London	22. 6. – 6. 7.
US Open	Newport/Rhode Island (Herren) Philadelphia (Damen, Mixed)	
Australian Open	Melbourne	
Internationale Deutsche	Hamburg	
Daviscup-Endpiel	Wimbledon	

Turnier	Sieger (Land) – Finalgegner (Land)	Ergebnis
Herren-Einzel		
Wimbledon	Laurie Doherty (GBR) – Norman E. Brookes (AUS)	8:6, 6:2, 6:4
US Open	Beals C. Wright (USA) – Holcombe Ward (USA)	6:2, 6:1, 11:9
Austr. Open	Rodney Heath (AUS) – A. H. Curtis (AUS)	4:6, 6:3, 6:4, 6:4
Int. Deutsche	M. G. J. Ritchie (GBR)	
Damen-Einzel		
Wimbledon	May Sutton (USA) – Dorothea Douglass (GBR)	6:3, 6:4
US Open	Elizabeth Moore (USA) – Helen Homans (USA)	6:4, 5:7, 6:1

Turnier	Sieger (Land) – Finalgegner (Land)		Ergebnis
Int. Deutsche	E. Berton		
Herren-Doppel			
Wimbledon	Laurie Doherty (GBR)/ Reggie Doherty (GBR)	– Frank L. Riseley (GBR)/ Sydney Smith (GBR)	6:2, 6:4, 6:8, 6:3
US Open	Holcombe Ward (USA)/ Beals C. Wright (USA)	– Fred B. Alexander/ Harold Hackett	6:3, 6:1, 6:2
Austr. Open	Randolph Lycett (GBR)/ Tom Tachell (GBR)	– E. T. Barnard/ B. Spence	11:9, 8:6, 1:6, 4:6, 6:1
Int. Deutsche	Wilding/Spitz		
Damen-Doppel			
Wimbledon	W. Longhurst (GBR)/ Ethel Thomson (GBR)	– Agatha Morton (GBR)/ May Sutton (USA)	6:3, 6:3
US Open	Helen Homans (USA)/ Carrie Neely (USA)	– Virginia Maule/ M. F. Oberteuffel (USA)	6:0, 6:1
Mixed			
US Open	Clarence Hobart (USA)/ Mrs. Hobart (USA)	– E. B. Dewhurst/ Elizabeth Moore (USA)	6:2, 6:4
Int. Deutsche	Oscar Kreuzer/Schmoller		

Abkürzungen zu den Sportseiten

AUS	Australien	IRL	Irland
AUT	Österreich	SWE	Schweden
FRA	Frankreich	UNG	Ungarn
GBR	Großbritannien	USA	Vereinigte Staaten von Amerika
GER	Deutsches Reich		

Nekrolog 1905

Bekannte Persönlichkeiten aus allen Bereichen des gesellschaftlichen Lebens, die im Jahr 1905 gestorben sind, werden – alphabetisch geordnet – in Kurzbiographien dargestellt.

Ernst Abbe

deutscher Physiker und Sozialreformer (* 23. 1. 1840, Eisenach), stirbt am 14. Januar in Jena.
Abbe war von 1870 bis 1896 Professor für Physik in Jena und stellte 1873 eine Theorie für mikroskopische Abbildungen auf. Er berechnete Linsenverbindungen, in denen es keine Farbstreuungen mehr gab, und schuf damit die Grundlagen für die moderne Mikroskopie. 1882 gründete er mit Otto Schott und Carl Zeiss die Jenaer Glaswerke Schott und Gen., 1889 wurde er Alleininhaber der optischen Werkstätten Carl Zeiss. Im selben Jahr gründete er die Carl-Zeiss-Stiftung zur Förderung vorbildlicher Arbeitsbedingungen und zur Förderung gemeinnütziger Projekte. Dieser Stiftung übertrug er 1891 die Firma Carl Zeiss und seine Anteile an den Jenaer Glaswerken.

Muhammad Abduh

ägyptischer Gelehrter (* 1849, Unterägypten), stirbt am 11. Juli in Kairo.
Abduh begründete die islamische Reformbewegung in Ägypten. Er propagierte den Islam als eine Religion der Vernunft und des Fortschritts, die sich mit dem wissenschaftlichen Zeitalter in Einklang befinden sollte. Sein Hauptwerk ist »Die Theologie der Einheit« (1897).

Oswald Achenbach

deutscher Maler (* 2. 2. 1827, Düsseldorf), stirbt am 1. Februar in Düsseldorf.
Achenbach, Bruder und Schüler des Malers Andreas Achenbach, schuf idealisierte Stadtansichten und Landschaften mit effektvoller Beleuchtung und Staffage (Nachtstücke mit Feuerwerk und Illumination).

Adolf von Luxemburg

Großherzog von Luxemburg seit 1890 (* 24. 7. 1817, Biebrich), stirbt am 17. November auf Schloß Hohenburg (Lenggries).
Adolf wurde 1839 Herzog von Nassau. Nach dem Sieg Preußens im Deutschen Krieg von 1866 mußte er als Parteigänger Österreichs Nassau an Preußen abtreten. Als 1890 der niederländische König Wilhelm III. starb und das in Personalunion mit den niederländischen Herrschern verwaltete Luxemburg unabhängig wurde, wurde er Großherzog von Luxemburg.

Rudolf von Alt

österreichischer Maler (* 28. 8. 1812, Wien), stirbt am 12. März in Wien.
Alt wurde mit seinen vedutenhaften Wiener Stadtlandschaften der bedeutendste Vertreter der österreichischen Vedutenmalerei im 19. Jahrhundert.

Adolf Bastian

deutscher Ethnologe (* 26. 6. 1826, Bremen), stirbt am 2. Februar in Port of Spain auf Trinidad.
Bastian, der alle Erdteile bereiste, begründete die moderne Völkerkunde in Deutschland. 1868 wurde er mit der Verwaltung der ethnographischen Abteilung der Berliner Museen betraut, 1886 wurde er Direktor des 1873 gegründeten Museums für Völkerkunde in Berlin, als dessen geistiger Gründer er anzusehen ist.

Per Theodor Cleve

schwedischer Chemiker (* 10. 2. 1840, Stockholm), stirbt am 18. Juni in Uppsala.
Cleve arbeitete hauptsächlich auf den Gebieten der Metallammoniak-Verbindungen und der seltenen Erden. Dabei entdeckte er 1879 die Elemente Holmium und Thulium. 1900 wurde er Vorsitzender des Nobelausschusses für Chemie. Das Mineral Cleveit wurde nach ihm benannt.

Heinrich Suso Denifle

eigentlich Josef Anton Denifle, österreichischer katholischer Theologe und Kulturhistoriker (* 16. 1. 1844, Imst/Tirol), stirbt am 10. Juni in München.
Denifle, Dominikaner und seit 1883 Archivar im Vatikan, schuf mit »Das geistliche Leben. Aus den deutschen Mystikern und Gottesfreunden des 14. Jahrhunderts« (1873) ein bahnbrechendes Werk zur Erforschung der mittelalterlichen Geistesgeschichte. In »Luther und Luthertum« (1904) zeichnete er ein negatives Bild des Reformators.

Albert Gustav Aristides Edelfelt

finnischer Maler (* 21. 7. 1854, Borgå), stirbt am 18. August in Borgå.
Edelfelt gilt als Hauptvertreter der naturalistischen Malerei in Finnland und als einer der wichtigsten Vermittler der französischen Kunst seiner Zeit; neben Akseli Gallen-Kallela ist er der bedeutendste finnische Maler des 19. Jahrhunderts. Er schuf Landschaften und Bilder aus dem finnischen Bauern- und Fischerleben sowie elegante realistische Porträts.

Walther Flemming

deutscher Anatom (* 21. 4. 1843, auf dem Sachsenberg bei Schwerin), stirbt am 4. August in Kiel.
Flemming leistete Grundlagenforschung auf dem Gebiet der Zellteilung bei Pflanzen und Tieren. Die nach ihm benannte Flemmingsche Lösung ist eine Chromosmiumessigsäure zum Fixieren der Gewebe für mikroskopische Untersuchungen.

Meyer Guggenheim

US-amerikanischer Industrieller schweizerischer Herkunft (* 1. 2. 1828, Lengnau/Aargau), stirbt am 15. März in Palm Beach in Florida.
Guggenheim wanderte 1847 in die USA aus. 1888 gründete er die Philadelphia Smelting and Refining Co., mit der er sich im Bergbau und der Hüttenindustrie engagierte. Mit seinen sieben Söhnen baute er die Firma zu einem der größten Unternehmen dieser Art aus.

Otto Erich Hartleben

deutscher Lyriker, Dramatiker und Erzähler (* 3. 6. 1864, Clausthal/Clausthal-Zellerfeld), stirbt am 11. Februar in Salò (Italien).
Obwohl Hartleben (Pseudonym Otto Erich), der von Beruf Jurist war, zu den Schriftstellern des Naturalismus zählte, waren seine frühen Dramen eher Konversationsstücke. Ein Sensationserfolg wurde die Offizierstragödie »Rosenmontag« (1900); sie handelt von der am Standesgegensatz scheiternden tragischen Liebe zwischen einem Leutnant aus alter Offiziersfamilie und einem Mädchen aus dem einfachen Volk.

John Milton Hay

US-amerikanischer Politiker (* 12. 10. 1838, Salem/Indiana), stirbt am 1. Juli in Sunapel/New Hampshire.
Hay wurde 1898 während des Spanisch-Amerikanischen Kriegs unter Präsident William McKinley Außenminister und behielt diese Stellung bis zu seinem Tod auch unter dessen Nachfolger Theodore Roosevelt. 1899/1900 erreichte er die Anerkennung der von den USA proklamierten Politik der »offenen Tür« durch die Großmächte. 1901 unterzeichnete er mit dem britischen Botschafter den Hay-Pouncefote-Vertrag, der den USA das alleinige Recht auf Erbauung und Verwaltung eines mittelamerikanischen Kanals übertrug (Panamakanal). Hay ist auch als Verfasser von Dialektballaden hervorgetreten.

Max Hirsch

deutscher Verlagsbuchhändler und Gewerkschafter (* 30. 12. 1832, Halberstadt), stirbt am 26. Juni in Homburg vor der Höhe.
Hirsch gründete 1868 gemeinsam mit Franz Duncker die Hirsch-Dunckerschen Gewerkvereine als Gewerkschaftsorganisationen, die sich am Linksliberalismus der Deutschen Fortschrittspartei orientierten und den Klassenkampf ablehnten. Von 1869 bis 1893 gehörte er als Mitglied der Deutschen Fortschritts- bzw. der Freisinnigen Partei dem Reichstag an.

Albert von Kölliker

schweizerischer Anatom (* 6. 7. 1817, Zürich), stirbt am 2. November in Würzburg.
Kölliker begründete die Zellularphysiologie (»Handbuch der Gewebelehre des Menschen«, 1852). 1848 isolierte er erstmals glatte Muskelzellen. Er erkannte die Nerven als die Fortsätze der Neuronen.

Leopold von Hohenzollern-Sigmaringen

deutscher Fürst (* 22. 9. 1835, Krauchenwies bei Sigmaringen), stirbt am 8. Juni in Berlin.
Leopolds Kandidatur für den spanischen Königsthron gab den Anlaß zum Ausbruch des Deutsch-Französischen Kriegs 1870/71. 1885 folgte Leopold seinem Vater Karl Anton als Fürst und Haupt der nichtregierenden Linie des Hauses Hohenzollern. Leopold war der Bruder des Königs Karl I. von Rumänien. Sein ältester Sohn Wilhelm wird sein Nachfolger, der zweite Sohn, Ferdinand, wird König von Rumänien.

Adolph von (seit 1898) Menzel

deutscher Maler, Zeichner und Grafiker (* 8. 12. 1815, Breslau), stirbt am 9. Februar in Berlin.
Menzel zählt zu den Hauptvertretern der deutschen Malerei im 19. Jahrhundert. Berühmt wurde er durch seine Federzeichnungen zu Franz Theodor Kuglers »Geschichte Friedrichs des Großen« (1841/42), mit denen er das Bild der friderizianischen Epoche für seine Zeitgenossen wesentlich prägte. In seinen Historiengemälden verzichtete er auf pathetische Darstellungen und betonte das Volkstümlich-Realistische (»Aufbahrung der Märzgefallenen«, 1848; »Tafelrunde Friedrichs des Großen«, 1850; »Flötenkonzert von Sanssouci«, 1852). Darüber hinaus malte er Szenen und Motive aus dem Alltagsleben, die den Impressionismus vorwegnehmen (»Das Balkonzimmer«, 1845), sowie technische Neuerungen (»Die Berlin-Potsdamer Bahn«, 1847; »Eisenwalzwerk«, 1875).

Constantin Meunier

belgischer Bildhauer und Maler (* 12. 4. 1831, Etterbeek bei Brüssel), stirbt am 4. April in Ixelles.
Meunier ist der prominenteste Vertreter der belgischen Bildhauerei im 19. Jahrhundert. Er stellt das Leben der sozial niederen Schichten dar und fand um 1880 zu seinem eigentlichen Thema, dem Industrieproletariat und der Arbeit unter den Bedingungen der Industrialisierung. Häufiges Thema waren die belgischen Bergarbeiter. Dabei entwickelte er unter dem Einfluß Auguste Rodins einen eigenen Stil, in dem er realistisch und symbolisch zugleich den Arbeiter heroisierte.

Élisée Reclus

französischer Geograph (* 15. 3. 1830, Sainte-Foy-la-Grande/Gironde), stirbt am 4. Juli in Torhout in Westflandern.
Reclus, der wegen seiner sozialistisch-anarchistischen Einstellung ab 1851 fast immer im Exil lebte, zählt zu den Begründern der modernen Geographie in Frankreich. Seine Hauptwerke sind »Die Erde und die Erscheinungen ihrer Oberfläche« (1867/68) und die »Nouvelle géographie universelle« (1875–1894), eine 19bändige Länderkunde der Erde.

Ferdinand von Richthofen

deutscher Geograph (* 5. 5. 1833, Carlsruhe/Oberschlesien), stirbt am 6. Oktober in Berlin.
Richthofen unternahm mehrere Forschungsreisen in China, Japan, Amerika und Südostasien. Ein Standardwerk wurde »China. Ergebnisse eigener Reisen und darauf gegründeter Studien« (1877–1912).

Amalie Skram

norwegische Schriftstellerin (* 22. 8. 1846, Bergen), stirbt am 15. März in Kopenhagen.

Skram gilt als bedeutendste Naturalistin der skandinavischen Literatur. Ihr Hauptwerk ist die Romantetralogie »Die Leute vom Felsenmoor« (1898), in der sie den Untergang einer armen Familie in der Hansestadt Bergen schildert. Ihre Bücher, in denen der Alltag vor allem der Frauen im Mittelpunkt steht, waren bei den Zeitgenossen umstritten; dem Bürgertum galten sie als zu radikal, der Boheme als zu feministisch.

Juan Valera y Alcalá Galiano

spanischer Schriftsteller (* 18. 10. 1824, Cabra/Provinz Córdoba), stirbt am 18. April in Madrid.

Valera lehnte den Naturalismus ab und verfolgte ein ästhetisierendes und klassizistisches Ideal. Diese Idealisierungstendenz hinderte ihn nicht an seiner Erzählhaltung der ironischen Distanz und an einer Orientierung an den großen Themen der Zeit. Zu seinen Hauptwerken zählen der psychologisch-realistische Roman »Pepita Jiménez« (1874) und »Die Illusionen des Doktor Faustino« (1875).

Jules Verne

französischer Schriftsteller (* 8. 2. 1828, Nantes), stirbt am 24. März in Amiens.

Verne schrieb halbwissenschaftliche utopisch-technische Abenteuer- und Zukunftsromane, die Erfindungen des 20. Jahrhunderts vorwegnahmen. Er wurde damit zum Begründer der Science-fiction-Literatur. Seit den 1870er Jahren wiesen seine Romane auch politische Tendenzen auf. Gesellschaftskritik tritt auch in einem seiner populärsten Werke, der »Reise um die Erde in achtzig Tagen« (1873), zutage. Weitere Werke: »Reise nach dem Mittelpunkt der Erde« (1864), »Von der Erde zum Mond« (1865), »20 000 Meilen unter dem Meer« (1870).

Lewis Wallace

US-amerikanischer Schriftsteller (* 10. 4. 1827, Brookville/Indiana), stirbt am 15. Februar in Crawfordsville/Indiana.

Wallace erlangte Weltruhm mit dem Roman »Ben Hur« (1880). Der Rechtsanwalt bekleidete u. a. 1881–1885 den Posten des US-amerikanischen Botschafters in Istanbul beim Osmanischen Reich.

Hermann von (seit 1890) Wissmann

deutscher Afrikaforscher (* 4. 9. 1853, Frankfurt/Oder), kommt am 15. Juni in Weißenbach in der Steiermark bei einem Jagdunfall ums Leben.

Wissmann war zunächst Offizier in einem mecklenburgischen Regiment. Er durchquerte von 1880 bis 1882 als erster Äquatorialafrika von Westen durch das Gebiet des Oberen Kongo und seiner Nebenflüsse zur Ostküste. 1884/85 erforschte er im Auftrag des belgischen Königs Leopold II. das Kongogebiet und befuhr als Erster Lula und Kosai. 1886/87 durchquerte er erneut Afrika. 1888 warf er im Auftrag der Reichsregierung den Araberaufstand in Deutsch-Ostafrika nieder. 1895/96 war er Gouverneur von Deutsch-Ostafrika. Er schrieb u. a. »Unter deutscher Flagge durch Afrika«.

Hendrik Witbooi

Hottentottenhäuptling (* um 1825), fällt am 3. November in der Schlacht bei Fahlgras in Deutsch-Südwestafrika.

Witbooi begann 1886 einen Raubkrieg gegen die Herero in Südwestafrika und wandte sich danach gegen die deutsche Kolonialmacht. 1893 wurde seine Hauptfestung Hoornkrans von den deutschen Schutztruppen erstürmt, 1894 geriet er in deutsche Gefangenschaft. Danach leistete er zehn Jahre lang den Deutschen Heeresfolge. 1904 löste er den Hottentottenkrieg aus.

Personenregister

Das Personenregister enthält alle in diesem Buch genannten Personen (nicht berücksichtigt sind mythologische Gestalten und fiktive Persönlichkeiten sowie Eintragungen im Anhang mit Ausnahme des Nekrologs). Kursive Zahlen verweisen auf Abbildungen.

A

B

C

D

E

F

G

Sachregister

Das Sachregister enthält Suchwörter zu den in den einzelnen Artikeln behandelten Ereignissen sowie Hinweise auf die im Anhang erfaßten Daten und Entwicklungen. Kalendariumseinträge sind nicht in das Sachregister aufgenommen. Die politischen Ereignisse stehen unter dem betreffenden Ländernamen. So wird das britisch-japanische Bündnis sowohl unter »Großbritannien« als auch unter »Japan« erfaßt. Begriffe zu herausragenden Ereignissen des Jahres sind direkt zu finden, z. B. »Marokkokrise« oder »Kolonien«. Ereignisse und Begriffe, die einem großen Themenbereich (außer Politik) zuzuordnen sind, sind unter einem Oberbegriff aufgelistet, z. B. Achtstundentag unter »Arbeit und Soziales«.

U

V

W

Quellen

Abbildungen

Archiv für Kunst und Geschichte, Berlin (13); ARTOTHEK Kunstdia-Archiv, Peissenberg (1); Bettmann Archive, New York, N. Y./USA (15); Deutsches Literatur Archiv, Marbach a. N. (1); Deutsches Theatermuseum, München (2); Fried. Krupp AG, Essen (3); Archiv Gerstenberg, Wietze (14); Harenberg Kommunikation, Dortmund (367); Historia-Photo, Hamburg (8); Historical Press Photo Collection, Stockholm/S (4); Institut für die Geschichte der Arbeiterbewegung, Berlin (4); Interfoto-Pressebild-Agentur, München (5); Keystone Pressedienst GmbH, Hamburg (7); Kunsthistorisches Institut der Universität Bonn (1); Robert Lebeck, Hamburg (2); Ingrid Loschek, Krailling (4); Michael Losse, Marburg (4); Österreichische Nationalbibliothek, Wien/A (1); Max-Reinhardt-Forschungsstelle, Salzburg/A (1); Schwaneberger Verlag, München (7); Sowjetunion heute/Informationsagentur Nowosti, Bonn (3); Karl Stehle, München (12); Süddeutscher Verlag Bilderdienst, München (22); Theatermuseum der Universität Köln (2)

Trotz größter Sorgfalt konnten die Urheber des Bildmaterials nicht in allen Fällen ermittelt werden. Es wird gegebenenfalls um Mitteilung gebeten.